編集復刻版

戦後改革期文部省実験学校資料集成　第4巻

水原克敏　編・解題

不二出版

〈復刻にあたって〉

一、原本自体の破損・不良によって、印字が不鮮明あるいは判読不能な箇所があります。

一、資料は、原本を適宜拡大し、二面付け方式で収録しました。

一、資料の中には人権の視点から見て不適切な語句・表現・論もありますが、歴史的資料の復刻という性質上、そのまま収録しました。

一、解題（水原克敏）は第1巻巻頭に収録しました。

（不二出版）

〈第４巻　目次〉

資料番号―資料名◆作成・編・発行◆出版社◆発行年月日……復刻版頁

〈Ⅱ　文部省実験学校の報告・教育実践（一九四七～一九五一年）〉

⑵東京学芸大学第一師範学校附属小学校

15―カリキュラムの構成と実際　カリキュラムの実験シリーズⅠ◆東京学芸大学第一師範附属小学校◆学芸図書◆一九四九・一二・一……-1-

16―学習環境の構成と実際　カリキュラムの実験シリーズⅡ◆東京学芸大学第一師範附属小学校◆学芸図書◆一九四九・一二・一……-105-

17―低学年カリキュラムの実際　カリキュラムの実験シリーズⅢ◆東京学芸大学第一師範附属小学校◆学芸図書◆一九四九・一二・一……-191-

18―中学年カリキュラムの実際　カリキュラムの実験シリーズⅣ◆東京学芸大学第一師範附属小学校◆学芸図書◆一九四九・一二・一……-299-

◎収録一覧

巻		資料名	出版社	発行年月日
〈Ⅰ〉文部省の動向				
第1巻	1	生活カリキュラム構成の方法	六三書院	1949(昭和24)年8月15日
	2	新教育用語辞典	国民図書刊行会	1949(昭和24)年6月20日
	3	昭和二十四年度実験学校における研究事項		1949(昭和24)年
	4	学習指導要領編修会議・教育課程審議会・初等中等分科審議会記録等		1949(昭和24)～1950(昭和25)年
	5	昭和二四年七月調査報告二　学習指導要領に対する小学校教師の意見(一般編)		1949(昭和24)年7月
	6	昭和二四年八月調査報告五　学習指導要領に対する中学校教師の意見の調査(一般編)		1949(昭和24)年8月
〈Ⅱ〉文部省実験学校の報告・教育実践(1947~1951年)				
第2巻		(1)東京高等師範学校附属小学校(東京教育大学附属小学校)		
	7	コーア・カリキュラムの研究　研究紀要(一)	柏書院	1949(昭和24)年2月25日
	8	教科カリキュラムの研究(上巻)　研究紀要(二)	教育科学社	1949(昭和24)年11月20日
	9	教科カリキュラムの研究(下巻)　研究紀要(二)	教育科学社	1949(昭和24)年11月20日
	10	広域カリキュラムの研究(上巻)　研究紀要(三)	教育科学社	1949(昭和24)年11月20日
第3巻	11	広域カリキュラムの研究(下巻)　研究紀要(三)	教育科学社	1949(昭和24)年11月20日
	12	コーア・カリキュラムの研究　研究紀要(四)	教育科学社	1949(昭和24)年11月20日
	13	学習目標分析表――カリキュラム構成の基底・能力評価の基準　研究紀要(五)	教育科学社	1949(昭和24)年11月20日
	14	学習指導目標分析表・生活能力分析表(試案)　研究紀要第六集	不昧堂書店	1951(昭和26)年11月7日
第4巻		(2)東京学芸大学第一師範学校附属小学校		
	15	カリキュラムの構成と実際　カリキュラムの実験シリーズⅠ	学芸図書	1949(昭和24)年12月1日
	16	学習環境の構成と実際　カリキュラムの実験シリーズⅡ	学芸図書	1949(昭和24)年12月1日
	17	低学年カリキュラムの実際　カリキュラムの実験シリーズⅢ	学芸図書	1949(昭和24)年12月1日
	18	中学年カリキュラムの実際　カリキュラムの実験シリーズⅣ	学芸図書	1949(昭和24)年12月1日
第5巻	19	高学年カリキュラムの実際　カリキュラムの実験シリーズⅤ	学芸図書	1949(昭和24)年12月1日
	20	評価と新学籍簿	宮島書店	1949(昭和24)年5月20日
		(3)東京学芸大学第二師範学校附属小学校		
	21	小学校のガイダンス	明治図書	1950(昭和25)年2月15日
	22	小学校社会科における地理及び歴史的学習　文部省実験学校研究報告	東洋館出版社	1951(昭和26)年6月20日
第6巻		(4)東京学芸大学第三師範学校附属小学校・附属中学校		
	23	小学校カリキュラムの構成	同学社	1949(昭和24)年7月25日
	24	中学校カリキュラムの構成	同学社	1949(昭和24)年6月10日
第7巻		(5)千葉師範学校男子部附属小学校		
	25	単元学習各科指導計画　小学一・二学年(文部省実験学校研究報告　第一集)	小学館	1947(昭和22)年6月20日
	26	単元学習各科指導計画　小学三・四学年(文部省実験学校研究報告　第二集)	小学館	1947(昭和22)年6月20日
	27	単元学習各科指導計画　小学五・六学年(文部省実験学校研究報告　第三集)	小学館	1947(昭和22)年6月20日
	28	単元学習各科指導計画　中学一学年(文部省実験学校研究報告　第四集)	小学館	1947(昭和22)年6月20日
		(6)長野師範学校女子部附属小学校・男子部附属小中学校		
	29	コア・カリキュラムによる指導の実践記録　小学一年	蓼科書房	1949(昭和24)年7月5日
	30	理科カリキュラム		1949(昭和24)年9月10日
第8巻	31	学習指導の手引　昭和二十五年度		1950(昭和25)年7月25日
		(7)奈良女子高等師範学校附属小学校・附属中学校高等学校		
	32	たしかな教育の方法	秀英出版	1949(昭和24)年5月10日
第9巻	33	奈良プラン　ホームルーム	東洋図書	1949(昭和24)年10月10日
	34	正しいしつけ	秀英出版	1950(昭和25)年10月20日
	35	中学標準教育課程	東洋図書	1950(昭和25)年11月15日

※資料3～6は翻刻で収録

東京学芸大学・第一師範附属小学校 編著

カリキュラムの実験シリーズ I

カリキュラムの構成と実際

東京 学芸図書出版社

序

シカゴ大学の一般教養の物理学教科書の最初のところに、アインシュタインの言葉が引用してある。「総ての科学の目的は、それが自然科学であろうが、心理学であろうが、われわれの経験を調整して、一つの論理的なシステムに帰結させることである」と。そうして科学の研究について、大学のプリントは次のように記してあった。科学研究でいちばん重要なことは、科学者の学説がどういうものであるかを知ることより、その学説の根拠となるところを理解することである。太陽への距離や、原子の大きさや、地球の年代を知ることより、そのことがどうして決定されたかがわかることが大切である。また遊星が太陽の周囲を運行することを学ぶより、それらの理論の基礎を理解することが重要であると教えている。真の理解は批判的評価から得られるもので、学説の結論に通暁しても、その目的を達することは出来ない。この考察は結局われわれを科学の方法の研究に導くのである。

あらゆる科学的知識の究竟的な資料は右によれば経験である。この点で附属小学校は経験の調整者として恵まれた場を与えられたものである。かような意味の科学者の立場において、われわれは新しい多くの教育学説の根拠の理解につとめ、その方法の現実的批判的評価にあたり、附属小学校としての新しい教育への基礎的な組織の構成と実験とを目標とすることにした。先ずはじめに学校の教育計画に立脚して、学校カリキュラムの形態を明確にした。翻訳のままでなく、またいわゆる Board of Education のカリキュラム型のそのままをとるのでもなく、これを経験に生かし、多くの問題をとらえ、それに対する解答を研究して、およそ実験的方法による附属小学校のカリキュラム形態を構成した。次に児童学習活動の実際と環境構成が課題としてとりあげられた。基礎学習も一つの教育計画の根本として強調された。

新教育と称するもの、コア・カリキュラムなども実験された。そして教育本来の目的に應ずるわれわれの態度を明かにし、目標と内容との一貫性を希求した。

なお附属小学校の研究体制は六学年をたてに三つのシステムを並行させている。Aは綜合的な生活経験課程のコースをとり、Bは学習指導要領に準ずるコースにより、Cは低学年において綜合学習を、高学年において分科した学習のコースをとるものである。そしていずれも九年課程としての実験を行っている。

以上の目標のため、現在一年及び二年には研究担任として、東京学芸大学の教育学・心理学担当の教官が配属されている。かようにして附属小学校は主事を中心に、全教官が眞摯に、そして情熱的な教育愛に、心魂をつくして教育の場にあたった。経験の調整と実験が重ねられた。

この度それらの研究記録が集められて、第一集より第五集までが刊行されるようになった。たがいに励ましあい、助けあって、ようやく今日の成果を得たのである。私は最近フィラデルフィア・パブリックスクールの社会科の研究発表である「生活と学習」というレポートを見た。その序文にこのカリキュラム計画の委員の数は三十九人であって、スタンフォード大学とコロンビア大学の教育学部の助言を得、またフィラデルフィア市の六百人の教員・校長・指導主事・教育委員の批判と示唆をうけ、インサービスコースの人達からも多くの協力を得たと記してあった。私共の研究も、ぜひかように広い方面からの忠言を願うものであって、新しい時代の教育振興のため、この機会に多くの御批正をいただきたく思っている次第である。

昭和二十四年十月

東京学芸大学長　木　下　一　雄

カリキュラムの構成と実際　目次

カリキュラムの実験シリーズ・（I）

カリキュラムの構成と実際

序説

—われわれの態度—

一、カリキュラムと現場教師

1、学校のカリキュラム　小学校のカリキュラムは、つきつめた意味では、児童のすくやかな成長発達を助成するために学校が用意した教育の計画的なプログラムであると解される。ここに「学校が用意した」というのは、教育基本法や学校教育法及びその関係諸法規が要求しているような国社会の要求、地方委員会や地域社会生活の事実からきている地域社会の要求に應えつつ、学校環境を整備して、児童の興味・能力・経驗などの實状に即して、最も具体的にたてられた教育計画をカリキュラムと考えるからである。勿論、骨子は国で示す部分もあるし、地域社会に共通な地方計画としてのカリキュラムは都道府縣の教育委員会において作製されるべき性質のものである。けれども、本当に社会の要求と学区児童の要求に合った具体的なものとするのは、学校である。学校においては、従って、国社会及び地域社会の要求が十分明かにされていなければならないし、人間としての児童及び興味においても能力においても経驗においても、いろいろ個人差のある学区児童の実体がわかっていなければならない。

新しい教育は社会の要求と児童の要求とに應じなければならないと言うとき、カリキュラムも、その基本において、この両要求に應ずべきである。そして、社会の要求を、假りに、人類社会理念から来る要求、国社会の要求、地域社会の具体的要求、等に分析して考え、児童の要求を、人間としての児童の要求―興味・能力・経験等に個人差のある児童の要求とに分けて考えるならば、カリキュラムは次のように考えられるだろう。すなわち、(1)国社会としての要求と人間としてまたは国民としての児童の要求との上に構成されたものは、国定カリキュラムであって、その地域化と個人差化は教授法または教育行政の問題とされる。地方教育委員会の作製したカリキュラムは、社会の要求として国社会の要求と委員会管区社会の要求を、児童の要求として、人間としての児童及び地域社会人としての児童の要求を、それぞれ満足するようなカリキュラムであって、学校現実や児童の個人差に具体化することは、教授法または学校管理の問題になる。学校カリキュラムは、実際に、人間としての、そして個人差のある児童の学習活動を、国社会及び地域学区社会の生活要求に應ずるように計画された教育プログラムであって、方法的な要求も学校管理的な要求も十分考慮せられているものであると考えられる。

２、**改善の必要感**　何故に、現行カリキュラムが改善せられなければならないか、について切実な必要感が痛感されていなければならない。この必要感は、一方において、社会事態が大きく変化し、教育に對する考え方が轉換したところから起るであろうが、具体的には、現行カリキュラム、例えば、社会科の進め方とか、理科学習の実際等に苦心を重ねた人々の苦心の中からもり上る。そして社会人は、直接児童の生活活動の上にカリキュラム改造の必要を発見するのである。この必要感にせまられてするわれわれ教育現場人にとって、カリキュラムの構成と展開は從って、常にカリキュラムの改造であり、改造の絶えざる過程であると考えられる。

３、**研究の過程**　私共は、昭和二十一年に新国語科、二十二年にかけて社会科・理科その他に関して各科毎の研究に専念した。そしてその主なるものは、「社会科の進め方」「理科学習の実際」等の面で世に問うたのであるが、そこに多くの問題を発見したので、カリキュラム委員会を設けて研究を進めた。それから二年、その間、各方面からいろいろ立派な研究が報告されたけれども、われわれは、学校の学習環境の現代化と学習形態の民主的轉換に多くの努力を拂って児童の学習活動そのものを充実する工夫をこらした。カリキュラム研究部の方で、部分的であるが一つの小さな試案が出ると早速これを実験してみた。そして必要な調査を整え、施設を工夫した。このようであったから、私共のカリキュラム研究は遅々として地に着いて這うような歩みで華やかさが少しもなく、今もなお這いつづけている。本書は、歩みつつある実験の過程における苦悩の記録である。

二、環境構成の裏づけと学習形態

生活経験学習といい、コア・カリキュラムと呼んでも、殆んどそれが狭い教室の中で教師を中心に進められるとしたら、時折校外に調査見学に出るとしても、それは教授技術の如何に止って、まことに生活学習の名に値しないではなかろうか。教師スタッフの問題や、教室・特別教室等の学校施設は勿論、例えば、少くともよく整えられて児童の学習活動に應ずるような学校図書館がなければ、児童はどうして自発的な「生活の在り方」(Way of Living) において学習できるだろうか。本当に生活学習の名に値するように児童の生活経験として学習が進められるためには、整備された学習環境の裏づけがなければならない。少くとも、十分、児童のものとなっている学校図書館の他、学校放送局・十六ミリトーキー、それから例えば顕微鏡幻燈・実物幻燈・紙芝居・人形芝居・劇化・音質のよい蓄音機などが十分学習の中に用いこなされて、すっかりカリキュラム化されていなければならないだろう。それから郷土参考室のような学校博物館とか創作鑑賞室とか科学室というような施設が学習室として十分に児童のものとなっていなければならない。このようになっていてこそ児童の学習形態は一変し、児童の学習の場は事実として教室の壁を越えて学校施設を使いこなし、学習の場は、堅実な在り方において学校の柵を越えて地域社会にのびて行くだろう。われわれ教育現場人にとって教育は事実であって、カリキュラム専門家のようにカリキュラムの理想的形式だけに興味を奪われることはできない。農夫はよい作物を作ることが仕事であって、美しい畝を追って作物を踏み荒してはならないのである。

三、目的目標に關連づけた内容

ことは極めて平凡な原則的なことであって、誰しも、内容は目標達成のための材料であり、目標に関連づけられない内容はおよそ意味がないと考える。けれども事実、カリキュラム構成にあたって、忠実にこの原理を貫き通しているという印象を、多くの報告書からわれわれは未だまざまざと受けることができなかった。

カリキュラムは教育の内容に関することであって、一定の構成手続きに従って試みられ、一通りの調査をまとめるだけでも相当繁雑な仕事であるため、ついその方に忙殺せられて結局それ等の羅列に終り勝である。けれども、わかり切ったことながら、それでは意味をなさないのである。われわれは、特にその点に注意して丹念にこの原則を貫こうとした。すなわち、学校の教育目標から更に各学年の具体的目標を導き、その達成材料として内容を配当した。目標は、(1)学習活動の指標として活動を導く力を持っていると共に、(2)活動の評価規準となるために、相当具体的なものとなったから、自然その数もかなり多くなっている。

四、全人的な成長発達と基礎学習の強調

カリキュラムといえばコア、コアと言えば生活単元の経験的学習と考えられ、カリキュラムの構成や問題は、ほとんど、コア・コースの単元設定と、その手続きに集中されている。そして社会の要求とみるべき世論は学力の低下を嘆く声に充ちている。われわれは、教育の本質から考えて、成長発達は全人的でなければならないと信ずる。社会生活の機能として要求される基礎的な諸能力は、理想的には、総て生活経験として学習されるから、別に基礎学習として特設する必要はないであろうが、われわれの今までの実験では学習形態上まだなかなかうまくいかない。それで生活学習と基礎学習とを分けて扱っている。カリキュラムの構成に当っても、生活学習の単元計画と基礎学習の能力表作成とを同じ重さで考えた。勿論、生活学習によって達成される能力はできるだけこれに期待し、かなり組織的な系統的練習を必要とする技能的なものを基礎学習と考える。そして、この基礎学習の指導計画に努力し、基礎学習を重視して全人的成長発達を特に強調する。

五、研究の体制

私共の学校は、児童を教育する本質的な使命の他に、附属学校として特殊な任務をもっている。すなわち、大学の研究施設であり、教生の観察・参加・実習の機関であり、実験実證をしなければならない。それで研究の体制としてA・B・Cの三つの型になっている。A・B・C共に一年から六年まで、各学年各一学級づつからなっているから、各学年三組の總計十八学級である。A学級は生活経験カリキュラムの研究にあてられている。B学級は現行の国語・社会・算数・理科・音楽・図画工作・家庭・体育及び自由研究のカリキュラム研究、C学級は低学年において統合学習、高学年に進むに従って分科体制をとる学級である。何れも実験中で、特にC学級の場合、現在は実施第一年であるから、假りに低学年でA学級的なもの、高学年でB学級的なことをやっているが、その移行が何処で如何に進められるべきかは大きな研究問題である。この三類型はそれぞれ独自の研究問題を持っているが、相互に切磋し合い影響し合って行きたいと思っている。

カリキュラム研究は大きな仕事であって到底短い歳月の間には望まれないので、九年研究の計画である。一年学級と二年学級には教育心理学の教授六名が各一名づつついて、研究面を担当し担任教師と協同して調査研究及び指導に当っている。まことに本書は、わずか二年間にわれわれが試みてきたカリキュラム改善の実験記録である。従って、なお改善されなければならない問題点が沢山ある。

第一章　わが校のカリキュラムとその構成

第一節　教育の基本的見地とわが校の教育方針

カリキュラムは明確な教育原理をその基盤に持っていなければならない。われわれは、教育に対して基本的に、次のような見地をとり、具体的に左に掲げるような教育方針をとる。

一、教育に対する基本的な見地

教育は児童のすこやかな成長発達を願う愛の科学であって、成長発達に関する科学的究明とこれを助成して個の完成を志向し、それによって社会生活を豊かにし発展することに貢献しようとするのである。だから、児童にとって、学校において学習する知識や・能度・技能と、日常の生活経験から得る知識や態度・技能との間に分裂があってはならないのである。日常の生活活動においても学校における学習活動においても、子供にとって学ぶことに変りはない。そこで、子供達は、丁度大人が大人として解決すべき問題を持っているように、子供達として現実の問題を持っている。そして、その立場において、能力程度に應じた解決を試みようとしている。この問題解決の過程を通して子供は成長し発達する。子供は、大人がそうであるように、子供として解決すべき問題を持ち生活を持っている人間として取扱われ尊重されなければならない。教育は大人の生活への単なる準備ではなくして生活それ自体なのである。

（一）　教育は成長発達である　　教育は一般に成長発達を助成する愛のいとなみであると解されている。併し、成長発達するということは、みずから伸びようとする厳粛にして偉大な力によっていとなまれる。そしてそれは社会に生活しているというだけの事實によって、丁度金魚が水中にあるという事実によって鰓を動かしているように進められている。人間形成の過程にはたらくものを広く教育と観するとき、成長発達は正しく教育である。これをより有効に進めるために組織し、計画し援助する人間活動も勿論、教育活動である。寧ろこの方を教育と考えるのが常識である。けれども教育はその根源において成長発達であり、成長発達はその根源においてみずから伸びんとする力によって進められる。

（二）　教育は社会機能である　　児童の「みずから伸びんとする力」は如何にして事実において伸びて行くか。それは生活社会の行動経験において、言語・文字・行動様式などと結びついて、考え方・感じ方・観方・行動の仕方などに一種の傾向が生ずる。その契機となるものは生活社会の持っている諸文化形象であり、その社会をはぐくんでいる風土自然である。児童の「みずから伸びんとする力」は、社会環象や自然環象を契機としてはたらいてゆく。これは個人の側からみれば成長発達であるが、社会の側からみれば社会化である。社会成員の個性的成長発達によって社会の精神的生命は維持更新されて行く。教育活動は、このような観点からすれば、社会は社会の新しい因子を社会化する機能を持っていると見做され、この機能によって自己の生命を維持発展させていると考えられる。

学校の教育も、基本的構造においては、このような一般社会における教育過程と同じように、社会環境を契機として児童の内部的な自発性が発動するところに営まれるのであるから、最も正しいそして最も有効な教育の方法は、正しい「生活のあり方」において、学習活動が営まれるように学習環境を調整してやることである。

（三）　教育は経験の絶えざる再構成である　　学習は経験によって営まれる。経験が社会化現象として成長発達を促しているということは、(1)経験によって人間の内的機能に一種の痕跡ができる、(2)その痕跡が爾後の活動を導き、(3)導かれた活動によって環境に働きかえす、というように、人間の内的機能に新たな意味と痕跡とを與えることである。このような意味をもたらさないような経験は、経験ではあり得ても学習ではない。学校教育は児童によい経験をさせるたけでなくて実はよく学習させなければならないのである。教育は児童たちが経験によって身につけたものに新たなる事態における新たな経験によって新たな意味と機能とを與えてゆくことである。すなわち、教育は単なる経験ではなくて経験の絶えざる再構成なのである。

二、わが校の教育方針

右のような教育観に立って、われわれは、教育の基本的な方針を次のようにとっている。

【一、個性の啓培】

教育は個性に應じなければならない。(一)個人差に應ずる教育——人にはそれぞれ身体的にも、精神的な能力にも、情緒や性質の上にも個人差があるばかりでなく、その成長発達にも遅速があって一様ではないから、教育内容にも方法にもこれに適應するような配慮がなされなければならない。(二)個性教育——教育は、右のような個人差に適應する教育的配慮によって、各個人一人一人が個人としてその天分を全うすることをねがい、特色ある個性を持った人間に育てることを目標とすべきである。Individual（個体）ということは、本来、不可分割という意味であって、分割されてはもはや人間ではなくなるような、分割されてはならない一個の人間を意味している。(三)人権の尊重——以上のことは一人一人の人間を尊重するという人道主義に立脚する教育的な信念である。

学校では、教育の機会が誰にも開かれていて、みんなその能力や程度、興味や必要に従って各〻その天分を残りなく発展させることができるようになっていなければならない。このことは、單に入学に関してばかりではなくて、学習のあらゆる過程において一人でも他人の犠牲にされてはならないという意味を含んでいる。この理想は、他の福祉を考えその自由な発展を認め合う社会においてでなければ望み得ないことであって、單なる個別指導や個人教育では果されない。個性が個性としての光を放つのは実に社会の一員として在る時である。教育の目標としている個性も、

個性を核として多方的に分化した社会的な人格性である。

小学校期の児童は、總じて、まだ個性が、はっきりしていない。それは可能性としては存していても、まだ行動や性格として実現されていないのであるから、学校としてはいろいろな経験をする機会を沢山用意して、どの子もみんな一人一人が興味をもって自分の能力を発揮することができるようになっていて、自然、自分の天分や能力を発見していくようになっていなければならない。中学校以上は漸次個性が明確になってくるので、その線にそうてこれをのばすように仕組まれていることが重要である。

【二、自発的な学習】

人は生れながらにして自ら生き自ら伸びる力を與えられている。例えば母は乳房を嬰児の口にもっていくことはできるが、自ら吸飲してくれなければ如何ともすることができないように、一切の教育の成否は、一にこの自発活動——（陶冶性と依存性を基盤とする自発活動）の如何にかかっている。幼少の故をもって、この自発性を輕視しその陶冶性と依存性のみを重視してはならない。俗的にも自分が好んでやることは困難も苦痛ではなく、苦しみも歓喜であるといわれている。方法上からいったばかりでもそうであって、更に自分で実際にやってみたことは身にしみて体得されるものである。学習活動も、この平凡にして極めて重要な原理を離れることは許されない。

教育活動において、かくて、児童の自発活動を振作する努力は極めて重要な部分を占めているから、その工夫には教育的な努力の大半を傾注しても必ず果さなければならないことである。興味豊かな学習環境の構成、活動目標の具体化、学習意欲の刺戟、学習活動の円滑なる進展を図るためのいろいろな心づかい、用具・図書などの準備、利用施設の調査なども、例えば内燃機関内の一つ一つのガソリン爆発のような役割をなして、関連的に児童生徒の自発活動を推進していくものであることに留意して、その配慮を怠ってはならない。

自発性にもとづく学習は児童生徒自らの必要(Needs)によって促され、興味によって導かれる。従って活動目標が学習者に切実なものであり、達成できるものでなければならない。即ち身近かではっきりしていることが必要である。

それから、どうしたら、その目標が達成されるか、についての方法、特に資料の在りか、つかいかた、などに関して十分な指導が行われていることが実際上に欠くことのできない要件となっている。そして「児童生徒に為し得ることは彼等にさせよ」。けれどもこの標語は、(1)児童生徒のなし得ることまでも教師や周囲の人が手を加えて彼らに本人の行動技能を抑圧し行動意欲を萎縮させ、活動から来る喜びを奪いとって、寄ってたかって消極的な人間にしてしまうことのあやまりを戒めていると同時に、(2)児童生徒の容易に為し得ないことまでも要求してはならないという戒めを含んでいる。適切な指導や暗示、それから基礎的な技能などは自発的な学習に欠くことのできない要件である。

【三、学校の社会化】

学校は地域社会と一緒でなければならない。このことは、(1)学習の問題や問題解決の資料を身近かな生活環境からとられなければならない、ことは勿論、(2)その解決の仕方、つまり、学習の方法や様式が社会的でなければならない、ということを意味している。教育活動は、個性豊かな洗煉された社会人の形成を目標としているからである。従って学校教育では、あらゆる生活地域の資料が十分活用されなければならないし、関係社会施設とは緊密な連繋が保たれ協力されていなければならない。

児童生徒の学習経験は、直接に、学校が用意している教育課程（Curriculum）や構成されている学習環境との関係として進められる。学校教育はこれをよそにしては考えられない。然るに、児童生徒の生活関心は教室の四つの壁をもって断ち切られはしないのであって、各自それぞれの家庭に属し家族と共に生活し、近隣と交わり、郷土社会に育まれて生活経験を重ね、たえず再構成して進めている。彼等の成長発達は、事実、それ等の諸生活経験を通して為されて来たし、現にいとなまれつつある。このような観点からすれば、学校の生活も、極めて大きな領域を占め、重要な役割を持ってはいるが、生活経験の全過程の中の一つと考えられよう。思えば、学校もまたコンミュニティの中の一施設（――特に人間の成長発達に直接関係する社会活動にはリーダーシップを持つことを本務とする――）として、コンミュニティと共にあり、共に栄えるものである。従って両者の関係は一体であって、コンミュニティが一方的に学校を

支配してはならないと同時に、学校は独善孤高であってはならない。学校の用意する学習環境は、学習する児童生徒の身体的・精神的両面の生活領域でなければならないから、広く生活領域社会の施設や事象が包攝され、教育課程には十分にコンミュニティ資料の活用が織りなされていなければならない。

学校の社会化ということには、結局、(1)学習内容の社会化、(2)学習活動形態の社会化、(3)社会人の形成、すなわち学習目標の社会化、という三つの方面が含まれているといえよう。

1、教育内容の社会化　学習は生活経験を通していとなまれる。従って、問題は生活環境との関係から生じ、解決への活動としての学習も生活領域の資料によっていとなまれる。はじめ、家庭・近隣・交友・学校等の生活を中心として行われるが、意識圏の拡大に伴って精神的情緒的社会的な生活領域が漸次拡まり且つ分化して、教育内容もまたこれ等狭い地域社会を超えて、次第に拡まり且つ分化してゆく。

2、学習活動様式の社会化　誰か一二のものが計画し、皆はただそれについて行くというのは民主社会における生活方式ではない。各自が、自分の生活として問題に持ちこれを自分の力量に應じて解決してゆくのが市民生活の在り方である。問題によっては協同し合議して計画をたて、力量や興味に應じて調査や研究を分担して、解決をはかるものもあれば、一人の場合もある。何れにしても、各人が主体である民主社会にあっては、各人が自ら計画し、進んで研究し実行してゆくのであるから、民主社会における教育は、幼少な時でも、この原則に従って、自ら計画し研究し実行してその習慣と技能とを身につけ、方法を会得しなければならない。学校においてもまた、同様の見地に立って、このような主体的態度と実行方法と技能を発達させるように、学習の活動様式を社会化されていなければならない。

3、学習目標の社会化　教育の目的は個性豊かな社会人の形成にある。（教育は社会的機能である――参考、本書九頁）常に自己の活動に主体的な保持する（おしつけられてするのではなくて自己の判断に従って行動する）と共に他を立て他人のよい活動を素直に認め、それを喜び、これを邪魔しないばかりでなく進んで伸ばしてやる寛容さを持つと

ーマニティの豊かな社会人でなければならない。そのようなところに、各人はそれぞれ存分にその特徴を発揮することができるし、それが皆んなの生活を幸福にする貢献ともなるわけである。このような一人一人の小さな力が讃って社会の向上発展が進められるのである。学習の目標は、このような見地に立つて生活社会の持つている問題を解決するためのものでなければならない。

【四、公共の福祉】

学校においては、児童生徒一人一人がお互に、常にグループの一員としてグループ全体の、皆んなの福祉を考え、喜んでそのために貢献しようとする心が伸ばされなければならない。

皆から喜ばれることをするのは楽しいことである。心が広く豊かな気持になつて世間からの重圧感を伴わない云わば安心の境地である。誰もがこのようにグループ全体の福祉を高めることに喜びと責任を感じ、お互にその貢献に感謝し合う時、お互のいいところがわかり、お互に尊敬し合う相互依存の気持が高まるであろう。そして、そのようなグループの一員であることに誇りと感激とを持つに至るであろう。民主的なグループの生活指導原理は実にこの点にある。

学校社会は、児童生徒が各々その能力や程度に應じて、みんなの為になる良いことをする機会を沢山用意して、その経験を奨励し方法を容易にして実行できるように工夫されていて、だれもが、この安心感と所属感とを経験し、その経験を通して自分の長所を知り、その点でグループに自分がなくてはならない存在であることを自覚していけるように導かれなければならない。

【五、連続的な全人的発達】

学校の教育課程は、各児童生徒の発達が中断されたり飛躍したりしないように発達の段階に即應して必要な時に必要なものが必要なだけ與えられるようになつていなければならない。更に学校生活と入学前の生活との間に断層があつてはならないし、学校期を超えて一般社会生活と連つていることを考慮して、学習活動の在り方も、それ等を貫いている

生活原理の上に立たなければならない。

学習活動はこのように児童生徒と生活環境との交互関係として展開される進行過程（on-going activity）であつて、これは生れた時から死にゆくまで小止みなくいとなまれているけれども、学校は、人生のうち、学習活動の最も旺盛で組織的な指導を必要とする時期に、各人のうちに秘められている天分を発展させるのに必要なふさわしい刺戟や機会を豊かに用意して、秩序ある提供をするために特設された社会施設である。だから、学校教育の直接の対象は児童生徒であつて、彼等の成長発達が入学前も在学中も卒業後も中断されずに進められるような仕方で、学習活動はいとなまれなければならない。

【六、合理的な生活・能率的にする技能】

生活が高度に科学化し、複雑になつて来ると、日々の生活を合理的にし能率的に措置してゆくことは限られた人生を有効に送る上に極めて重要なことである。学校はあらゆる機会を設けて科学的な原則に從つて生活を合理化し、能率的にことを運んでゆく方法と技術とを指導し、その心構えを養うべきである。

熱心に仕事に当つているようでいて一向に成果のあがらない場合がある。このような場合は大抵無雑作に能力がないと見做されているようであるけれども、世間では要領がまずいとされる場合が多い。教育的には後者の見解がとらるべきであると考えられる。能力の有無如何を断ずる前に、教育の眼は、方法がその仕事の性質を十分発揮するような合理的なものであつたかどうか、その人の力を十分発揮させる方法であるかどうか、の方法的吟味と改善にかかつているからである。

自発活動による個性の自由なる発達を目指している教育は兎角混乱喧噪を極め学力が進まないと非難されていた。正しい学習活動は決して無秩序な混乱の中では有効にすすめられない。学習の効果は、如何に教師が活動したかということよりも、児童生徒が如何に反應したかによつて決るし、教師の教えた量の如何よりも、児童生徒の学びとつた質と量によつて評價される。この反應の仕方・学び方が心理学的社会的原則に從つた合理的なものでなければならな

いのである。

人間生活を能率的に進めてゆくために必要な基本的な力、例えば、生活を時間的にすること、器物を手際よく使う能力、順序よく整頓する習慣とか、事態に適した計画を速かにたてて事に当る力とか、正しく速く読む、観察する、考えを要領よくまとめてわかるように表現する、数理的な処理が巧みにできる、というような基本的な技能や習慣は、学校において常になされなければならない継続的なことである。

【七、自 治 の 精 神】

学校教育課程には、民主社会の市民として必要な態度や習慣、心構えなどの大切なことを忘れてはならない。就中、自分のことは自分でする。ということは各個人が主体である民主社会の基本的な要請であった。これには、個人の主体性を主張する限り当然のことであると同時に、他人に迷惑をかけない、という態度、つまり他人の主体を侵さないという社会性を含んでいる。このことは次に、皆んな協同して、という態度、更に進んで、皆んなのためになるように行動する、ように教育されなければならないことを意味している。

1、自分のことは自分で　人間は自ら伸びようとする自発自展の力を持っていると共に、自ら発展しようとする貴い衝動を持っている。幼少な時は自分で手足を洗い自分で衣服を脱着し始末するというような簡単なことから、年齢や経験を積み心身の発達に伴って、この態度は自己研修に高められてゆく。そして、個人にとっても社会にとっても価値高い力が伸ばされなければならない。

2、協同の精神　学校は民主的な生活のあり方、特に協同の精神態度を涵養するように学校環境をしつらえ、子供達が共に遊び共に考え共に働く生活を通して徐々に自我を意識し、他我を立て協同生活の仕方を経験し体得するように導かなければならない。合議の上ことを処する態度、皆んなの承認するような行動をする気楽さ、合法的に規約や役員を決める手順、そして合法的に決められた規約や権威に喜んで従う態度、も養なわれなければならない重要なことである。なお規約や制度の改善及び実施に参加し分担する機会は、皆んなに開かれていなければならない。

3、リーダーシップ（Leadership）　子供の社会にも青年のグループにも成人の社会にも、およそ人間の集団生活の存するところには、このリーダーシップは事実に存在しているし、どんな政治形態の社会にあっても、生活の如何はこのリーダーシップの如何によって左右されているのであるから、現代の教育においてその民主的な在り方に関して眼を覆うて過すことは許されない。民主的なリーダーシップは、何よりも先ず、皆んなの理解と同情とを基礎として立っているもので、皆んなに承認され受け入れられるのでなければならない。決して或る者が支配し或る者が属従するという形のものであってはならない。リーダーシップは権力や威圧としてではなく、私心のないサーヴィスを本質としている。

4、献身と奉仕　個性の自由なる発達は、何時何処で妨害されるかわからないような社会にあっては望めない。従って各人がお互に他人の人権を認めその自由な発達を許し合うばかりでなく、そのような社会にするために各人が社会全体の安寧と福祉の増進に細心の注意を拂い、身を挺してその増進に努力するのでなければ誰がこの任に当るであろうか。民主社会は自力更生を本質としている社会なのである。

立派な民主的市民性、日本人としての民主的な在り方、明るい平和な住みよい日本にする道、これ等について各人が真剣に考え聡明な判断と率直な態度とをもって、(1)代表者を選び政府を任せ、(2)その施策に対して良識ある批判をなすと共に、(3)その権威に対して理解にもとづく服従をなすは勿論、(4)進んで、社会の安寧幸福のために献身奉仕する勇気と態度を持つように指導することは、民主社会における教育の極めて重要な任務の一つである。学校は、この高き理想をかざして、各人がそれぞれ、その分に應じて奉仕することのできる事態を設けて、絶えず実践を奨励して、順調な境遇にあっては勿論、社会の危機に臨んでも決して挫けないヒューマニスチックな勇気を振作すべきである。

【八、真理探究の精神と文化の愛好】

真実なるものを明かにしこれを求めようとする心理は、人間性情の基本にねざしている。人間は神秘にあこがれ本質を究明しないではおられないのである。真理探求の精神は人類文化を産み学を建設し生活を科学化した。人類の文化遺産を継承し保持し発展してゆく任務を分担している学校は、現代感覚をもつ新鮮な真理探求の精神を振作して学習を主体的にするとともに、文化高揚の素地を培わなければならない。

1、探究心　探究心は学習環境の新奇なものに向けられ、疑問という心理状態が興味に導かれて自発学習の過程を辿って進められる。モーチヴェーション(Motivation)として、われわれは興味を刺戟し疑問を起させるような環境構成に腐心するが、その努力は結局、児童生徒の探究心を叩こうとする工夫に他ならない。

子供の探究心は具体的なものによって触発される。だから各方面のいろいろな要素を含んだ環境を豊富に設定してその芽生えを育てて真理探究の精神を正しく導かなければならない。この場合も、具体的な生活経験から理論構成が進められるという研究の常道を、学校教育においては踏みはずしてはならない。

2、聡明な判断と方法の選定　社会事態はいろいろな要素が錯綜していて複雑を極めているから、広く全般を見渡し前後を考え併わせて、大きな視野から事態の本質をきわめるのでなければ、森に入って森を見ず、道を誤ってその非に気づかない探究になる。学校は、(1)常に探究的な態度をもってことの真実を明かにする。(2)と共に、聡明な判断と洞察とをもって正しい認識に立ち、いやしくも偏見に盲執して事を断ずるようなことのないように十分指導することを忘れてはならない。また、すべて事をなすには最もよい方法を選んで能率的に進めることが肝要であるから、学校の教育課程には、学習活動を能率的にいとなむために必要な基本的技能を十分修得することができるように配慮されていなければならない。そして、事態に応じて最も良い方法を選んで活用する選定力を併せ発達させることを忘れてはならない。

3、文化の愛好　文化遺産は、何れは先人の知性と苦心とによって形象化されたものであるから、現代人の新たなる探究心がこの文化形象に向けられた場合、当然、先人の辿った道を追体験するに相違ない。そこに先人の知性のひらめきと苦心にふれ、その偉大さを発見し畏敬の念を持つと同時に文化遺産に対する限りなき愛着を感ずるだろう。それ等の文化がわれわれの現実生活を如何に美しいものにし深いものにし、楽しい便利なものにしているかに気づけば気づく程、これを愛し更にこれを高めていこうとする意欲にかられる。学校の教育課程はこのような観点に立って展開されなければならない。

【九、豊かな情操と創造の精神】

ゆとりある豊かな人間性は、芸術によって潤おされ教養によって高められ知性によって清められる。そして人のためにする行動によって拡められる。如何に鋭い頭脳を持ち、如何に敏腕な人でも心にうるおいがなく、美に打たれ情に感ずることを知らないならば、豊かな人間性の持主とは言われない。ヒューマニズムの高揚をめざす学校の教育課程においては豊かな情操と創造の精神を培う用意を怠ってはならない。

1、芸術の世界　歌う心に邪念はない。口吟む人の心は晴れやかである。音楽を楽しみ、絵画を鑑賞し文芸に親しむ一と時は現実の苦悩を忘れて想像の世界を自由に飛びまわっている。人生を豊かにし生活を楽しいものにする教養を用意してやることは、学校にとってもまた楽しい仕事である。

2、子供の世界　子供の世界では、ポチが渡の畑で、ここ掘れワンワンと言ったり、電車が車庫に這入って、ネンネンしたりする。玉手箱から一すじの白煙が立のぼって急にお爺さんになっても少しも不思議がない。現実の世界と想像の世界との間に明確な区別がないからである。あっても二つの世界を自由に往復できるのである。子供はおのずからにして芸術の世界に生きて常に楽しい筈である。想像の翼に乗って楽しい世界を自由に駈け巡り、限りなく創造の世界を開拓する。

【一〇、健康と安全】

幸福な生活の最も基本的な要件は何といっても健全な身体であろう。この健全な身体とは、(1)健康で長命であるというばかりでなく、(2)その体力が旺盛で繁雑な文明社会の激務と修練に堪えて、(3)よくこれを成しおおせる技能に熟練しているということである。なお、高度に機械化された現代生活においては、不慮の禍を避けるために、更に安全Safetyということが生活と教育の重要な考慮に加えられよう。

生れたものが成熟するのは自然の原則である。学校はこの理法に従って正常な発達を遂げるように科学的な工夫をこらさなければならない。(1)先ず病疫や災禍から人体を保護する仕事。(2)健全な発達を促すために必要なよい習慣の養成、(3)健康の増進に必要な衣・食・住についての基礎的な理解と技能を養うこと。(4)スポーツやレクリェーションに関して正しい理解を持ち、これに参加して爽快明朗な気持を持ち心身の調和的発達をはかること。(5)そして旺盛な体力を養いすべての筋力を意のままに働かせて正確に活動し、環境の変化によく順應していろいろな作業をなしおおせるように熟練することである。強健と熟練と安全とは体育の三大力点である。

第二節　構成計画

一、改善計画の契機

カリキュラムの構成計画が問題にされるには、先ず、何故に現在のカリキュラムが改造せられなければならないか、に関する根拠がはっきりしていて、改造に対する切実な要求と必要感が痛感されていなければならない。そしてその改造意欲は実際からみて、およそ二つの方向から促されているようである。その一つは、カリキュラム理論の研究から、よりよいカリキュラムへの志向が動機となっている場合、他の一つは、実際に児童の学習活動及びその指導経験から来る場合、である。前者は、時潮に促される場合もあり、研究協議会等が、契機となる場合もある。図書・雑誌・パンフレット等の文献的研究によって促され確信づけられる場合もある。何れにしても、教育現場人においては、後者のように、例えば社会科の進め方とか、理科学習の実際、等に苦心を重ね、その苦心のなかからもり上った改造への要求として実感されなければならない。社会人はカリキュラム改造の必要を、直接、児童生徒の生活活動、特に卒業後の生活活動の在り方の上に発見する。

二、改造体制の組織

現行カリキュラムを改造しなければならない必要が、理論的にも実際的にも痛感されたとき、その必要感によって、これを解決する新たなカリキュラムを構成する計画が樹てられる。計画内容としては、(1)構成に関する一般系列を確立すること。これは、眞に要求を充すようなカリキュラムであるための構成規準である。(2)構成のための民主的な組織を設けること。これは、明確な教育原理に基づき、調査蒐集の可能なあらゆるデーターによって、国社会及び地域社会の要求と、人間としての学区児童の個人差に應ずるような本当の意味の、よいカリキュラムを構成するには、一人の学者の文献的研究ではおさまらないし、二・三の教師がパンフレットや報告書類を幾つか集めて適当に取捨しただけでは果されないからである。

そこで一般には、教育長、教育課程主事、指導主事のような教育行政官、教育学者、心理学者、社会学者のような権威者、校長及び教師、それに教育に識見ある一般市民などによって委員会が組織され、その綜合的な力によって一貫した活動がなされなければならないとされている。

その組織としては管理委員会（これは、教育目標の設定を最も主要な任務としているから目的設定委員會とも呼ばれる）構成委員会、実験委員会、及び改訂委員会を根幹として必要に應じて調査委員会その他特別の任務をもった委員会が適宜に設けられるのがよいとされている。

けれどもこれは地方教育委員会単位の地方計画樹立のための組織規準であって、学校カリキュラムの構成に際してはこの図式通りには行かない。われわれのような学校では教師の数に制限があり、それ等が殆んど同等に関心と能力を持っている上に、皆んな学級を持って直接、学習の指導に当っている。それに教育学・心理学関係の教授連は勿論、各科指導の専門教授連が緊密な協力の体制におかれているのである。初め委員会は一般基準に従って設定されたのであるが、この特殊事情に應じて漸次改訂されて行った。結局、管理・構成・実験・評價・調査（社會調査、児童調査、能力調査）の主導的役割を果す責任者が若干名づついて、教師全員が管理委員会の委員であり、同時に構成委員会の委員でもあり、実験・評価・調査の各委員会の委員でもあるという錯綜した組織になって、活動は各委員会とも殆んど並行して進められたが仕事は一定の順序を追うてあまり重複しないように統制づけられた。

この活動と並行しこれに重ねて、カリキュラムの裏づけとして、それを真に力あるものとするための学習環境の構成と、それがほんとうに児童のものとなって学習活動の形態が社会化されるために、委員会が設けられた。学校図書館、視聴覚教育、学校博物館（郷土参考室）、科学実験室、創作鑑賞室、健康教育、等である。これも総員二十名の教師で兼ねなければならなかった。

第二節　目的目標の設定

一、教育目標の設定に関する一般手順

教育を、目的目標の問題、その目標を達成するための内容、内容を目標に関連して生かすための学習指導法、及び効果の評価、の四つの領域に分け、カリキュラムを教育の内容に関する問題であると限定するならば、教育目標の設定に関する仕事は、本来、カリキュラム構成の主要部分ではないと言える。併し目標に対して、そこに到達するための内容を如何にするかということは、目標に関連して考察さるべき極めて重要な問題である。

教育目標はどのような原理に立ち、如何なる段階を経て設定されているか、ということはカリキュラム改善における重大な関心事である。これは基本的には、教育をどう考えるかという教育観に立っている。そして、(1)教育目的の根源は、社会の理想と課題でなければならない。それは社会成員である個人個人の活動として実現されて行く性質のものである。(2)従って、教育目標はその性質として、常に各人によって達成されつつ更に次の活動を導く指標でなければならない。(3)機能として見れば教育目標は、現実の学習活動を導く力を持ち、活動を評価する規範として働く。だから具体的で達成可能なものでなければならない。

目標設定の仕方には、(1)歴史的に集積された文化を伝達し、その価値を理解させ、これによって、精神や技能を訓練しようとする立場から設定される価値観に立つもの、(2)社会生活の機能を分析して社会生活に必要な能力を抽出して、教育目標をこれ等の能力の獲得という形で示そうとするもの、(3)望ましい行動特徴の分析によるもの、などがある。何にせよ、その手続きとしては、(1)社会理念を解明し、(2)学校教育によって充足される国社会及び地域社会の要求と、人間としてのそしていろいろな個人差をもった現実の児童の要求と能力とを発見しなければならない。これを発見する手続として、(1)包括的に、人間の本性と必要を研究する、(2)社会施設や社会傾向を調査分析する。(3)大人の社会生活活動を分析する。(4)専門家の意見を集めてその一致点を見出す。(5)その他多くのカリキュラムを蒐集して比較研究する、(6)教科書の分析などによる方法も試みられたことがある。これは教科書を教えるための研究としては缺くことができないが、教科書を選択するための規準であるべきカリキュラムの作製の規準としては適切でない。

実際には、他の五つの方法が組合わされて実施されている。そして大きく、二つ、すなわち、(1)社会理念の解明として、包括的に人間の本性と必要を研究し、国社会の要求を明かにするため、社会学・心理学・文化史等の研究による他、教育基本法、学校教育法及びその関係諸法規・学習指導要領の分析、専門家の意見を集めてその一致を見出すとか、多くのカリキュラム案を蒐集して比較検討するというような主として文献的な研究も必要である。(2)実際に地域社会の要求を調査することである。

二、調査対象としての地域社会の限界

一應、川口市とか福沢村というような市区町村の要求がそこの生活活動の調査分析から求められるだろう。けれども、当校のような場合は如何であろうか。政治・経済・学術・文化等の一切が集約されている国際色の極めて濃厚な大東京の郊外地域を生活基盤としている。限りに、広い意味の山手近郊の生活を捉え、これを対象として調査と分析が進

められるとしても、それ等は、極めて緊密な関係において全東京に連っている。家族の或る者は丸の内に勤め、買いものとか会合とかレクリェーションとか殆んど毎日のように都心に出かけて行く。一面、東京人の生活活動は多く日本を舞台として営まれている。しかも占領下にある今日は、単に貿易とか旅行などとは比較にならない切実な意味において、東京人の生活活動は直接諸外国との関係において進められている。この事実は、山手近郊という地域を対象とする調査分析が極めて緊密な意味で大東京に連り、全日本を含み、そして世界が滲透していると見られる。

調査の範囲は一般に地域社会とされているが、それは最も狭い意味では学区と考えられよう。併し乍ら、それは多くの場合行政区劃に制約されて経済的な関連が疎略にされ易い。この点に忠実なろうとすれば、勢い、地域社会の限界を超えて行く。この場合、それは大人が複雑な頭で考える限界で、われわれは、(1)客観的に現に子供をはぐくみ育てている生活経験の場として限界をひくか、(2)子供が大人になった時の生活の場に基準をおくか、(3)それとも、現在の子供の意識圏というかなり主観的な地域をとり、その拡大に伴って拡大すると考えるか、の問題も吟味されなければならないだろう。われわれは寧ろ大人が考える区域よりも、子供の生活経験の場として、強く彼等の成長発達に影響している範囲に重点をおくことにした。具体的には児童の生活の根拠と学校に近い所に濃く、遠ざかるに従って淡くなっていくのが適当と思われる。それは、当校のような、東京という広い首都の近郊地域にあって、広域学区制になっている特殊事情に基づくものである。

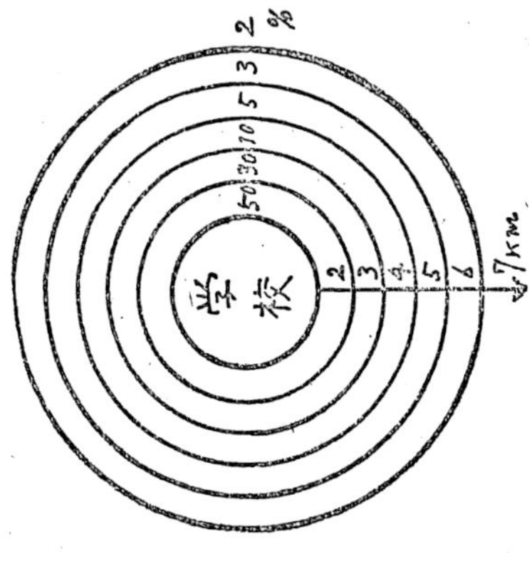

（上図は質問紙法による解答者の分布状況）

二、項目の選定

項目の選定はかなり複雑な経験を辿ったが、文献的研究による社会理念の解明と社会調査による地域社会の機能の分布とが中心である。

当校は、既に、社会科の単元設定、理科の単元構成等に際して各科的ではあるが、実際調査によって措定された教育目標と調査資料を持っているから、(1)これを再検討の一対象とされなければならない。(2)新めて、学習指導要領は勿論憲法及び教育関係諸法規に表明されている国社会の理念を分析して、一応、項目はたてられる。なお、われわれは、内外のこの種の研究報告十六種にあたってみた。

社会調査による地域社会の要求と、この文献的研究による社会理念の二つから、カリキュラム管理委員会は学校の教育目標として次の六十四項目をあげ、これ等を仮りに理解・態度（鑑賞を含む）・技能（習慣を含む）の三部に整理した。

理　解

1 健康	2 食事	3 被服
4 生活の設計	5 家庭民主化	6 家庭生活の合理化
7 社会正義	8 社会的理解	9 社会生活の発展
10 自治の精神	11 生産・消費・交通・運輸	12 教育
13 仕事	14 職業	15 新聞・雑誌・通信・ラジオ
16 数理	17 大自然の理法	18 児童文学
19 藝術	20 レクリエーション	

態　度（鑑賞を含む）

1 探究心	2 科学的態度	3 熱心
4 主体的態度	5 公明	6 批判的態度
7 確信	8 責任	9 気品
10 人間性と人格の尊重	11 交友	12 寛容

13 協調的	14 公徳心	15 遵法
16 礼儀	17 審美的	18 みだしなみ（健康）
19 学習の態度	20 民主的社会の発展に貢献	

技能（習慣を含む）

1 観察力	2 話す	3 聴く
4 読む	5 書く（綴る）	6 数量的処理
7 歌唱	8 弾奏	9 読譜
10 作曲	11 描写表現	12 造形製作
13 色彩	14 形	15 事態反應
16 運動	17 学習 (1)問題の把握 (2)計画の立案 (3)資料の蒐集（調査整理） (4)用具の整理 (5)辞書参考書類の使用（目次・索引・カタログ・手引などの使用）	18 道具の使用
19 器物の始末	20 司会・討議のすすめ方	

（註）技能（skill）は主として行動的なものを捉え、推理力とか判断力とかのような精神的なもの（mental abilities）は理解の方に含めた。

右の六十四項目について、それぞれ例をあげてその内容を平易に説明した調査票を造った。

手引は調査の主旨・回答の仕方・態度、等についてわかり易く、答えは三段のチェック式にしたり、各自、期待するところを性別・学年別、に回答するように仕組んである。

四、事例標本法による反應調査

東京を含めての山手近郊という広い意味でのコンミュニティと見做される全領域の総ての人に解答を求める完全調査は厖大なものになってわれわれには無理だから、自然、事例的標本法に依らざるを得ない。この方法では代表者の選択が結論を決定する重要な要件である。

職域代表制、地域代表制、社会階層代表制などいろいろあげられるであろうが、小学校の教育のような極めて一般的な基礎教育にあっては、各職域から代表者が選ばるべきであろう。

（職能別）	（代表者%）
会社	30
官公吏	10
商業及び公園	10
教師	10
医師	5
技術者研究所員	5
交通・通信所係	5
工場職員・製造業	4
未亡人	3
ジャーナリスト・出版業	3
無職	3
法務官・辯護士・警官	3
銀行・信託・保險	3
藝能・著述文化人	2
政治家	2
宗教家	1
農業地主	1
	100
	755人

この種別は正式のものでなく東京山手近郊の特殊事情から、(1)会社、官公吏、公園及び商業、教師をはじめ十七項をあげた。(2)そしてその人員の割当には考慮が拂われている。ここに、例えば、会社関係の中には役付級・一般社員のほか新興事業会社と思われるものを適宜含め、官公吏にも局課長級及び一般事務官・吏員にわたっている。教師は大学高専、の教授、新制中・小高校の教諭及び幼稚園も含んで殆んど半々になっている。戰後の現実を反映して、未亡人・無職、特にこの無職の中には舊皇族及び華族、それからパージを含んでいる。なおこの事例標本法は学年毎に男女同数に考えられている。

五、整理

(1)　頻数の算出　各学年毎に男女別に整理してその総計を出したのであるが、各調査人員が異なるので、学年による変化が見にくい。それで、各学年該当調査人員を一〇〇とする百分率を算出した。ここに掲げる数字は總てこの百分率である。

この結果から、

○各学年毎に重点をおかるべきもの

○男女児童によって期待されるところが異なるか

○学年として重点をおくべきもの

○学年程度による傾向

の四つの観点から整理してみよう。

(2)　各学年共に重んぜられるもの

理解	態度	技能
(T) (P) (M)	(T) (P) (M)	(T) (P) (M)
13 —48 ◎	1 —46 ◎	1 —55 ◎
10 —64 ◎	3 —43 ○	2 —51 ◎
16 —43 ○	2 —39 ○	5 —47 ◎
1 —42 ○	(8) —34 ○	3 —43 ○
7 —41 ○	(4) —42 □	19 —42 ○
8 —39 ○	(19) 32 □	20 —42 ○
19—36 ○	(4) 31 □	6 —40 ○
(註)		4 —35 ○

(T)…調査項目番號

(P)…その%

(M)…45%以上◎　35%以上○

(3)　男女によって区別があるか

		理解	態度	技能
(A)	特に男児に要求されるもの	(T) (P) 10 — 51 13 — 46 7 — 45 8 — 43 16 — 43 1 — 40 4 — 37	(T) (P) 1 — 53 3 — 47 2 — 42 14 — 40 8 — 39 19 — 37 4 — 36	(T) (P) 2 — 56 1 — 54 5 — 59 19 — 43 3 — 42 20 — 42 6 — 41
	特に女児に要求されるもの	13 — 50 10 — 43 16 — 42 1 — 41 19 — 38 17 — 36 7 — 35	1 — 39 3 — 38 (2) — 32 (8) — 28 (4) — 27 (9) — 26 (19)— 26	1 — 56 2 — 45 3 — 44 5 — 42 11 — 42 20 — 42 6 — 40
(B)	男児に多く	4　16 ((7))　((6)) ((8)) ((10)) 12	((1))　((8)) ((2))　((14)) ((3))　19 4 7	2 5 6 16 19
	女児に多く	1　19 5 ・ 20 13 17	ナシ（全部男に多い）	1　(19) 3　(10) 4　(15) 絶対量が僅少

B欄　(( ))…異性に対し多く要求されているもの
　　　(　)…要求が全体として低い(30%以下)でさまで重要でない

A・B共通 (T)…太字は調査項目番號(左)
　　　　　(P)…細字は相当%(右)

男女によって差異があるか

(A)欄は男女別にその重んぜられているものをあげたのである。

(B)欄は重要度の絶対量に関係なく男女を比較して多い方をあげた。(( ))印のあるのはその差が著しい場合である。

結局、大差は認められないという結論である。

(4) 学年として重点をおくべき調査項目番号

	理解	態度	技能
1	(T) (P) (T) (P) 10—56 17—36 13—45 5—15 1—43 8—35 7—39	(T) (P) (T) (P) 1—52 5—37 3—48 10—37 8—40 6—36 19—38	(T) (P) (T) (P) ((1))—59 5—51 2—56 20—40 3—55 6—38 19—53
2	1—65 19—47 13—61 7—41 16—53 17—37 10—50 12—36	1—65 4—41 16—37 3—55 8—38 18—37 2—48 14—38 6—35 19—48 13—37	((1))—66 5—49 17—40 2—64 11—44 20—37 19—53 4—42 13—35 3—52 12—41
3	10—52 1—41 8—48 16—40 13—45 12—35 7—42	3—54 16—38 8—53 2—37 1—48 4—37 9—38 19—35	((1))—51 3—42 2—51 19—41 5—48 6—36 20—43
4	13—54 (1)—34 16—44 (4)—34 10—42 (8)—34 7—35 (12)—34	1—55 19—42 2—50 6—37 3—50 4—43	((1))—54 4—42 3—35 5—48 6—44 17—48 19—40 2—47 20—40
5	8—47 7—42 10—45 13—41 16—43 19—36 4—42	1—54 6—34 2—44 (8)—31 3—40 (16)—31 20—39	((1))—49 3—38 2—44 6—38 5—44 20—43
6	7—48 4—43 10—45 8—42 16—45 5—40 13—44 17—37	3—52 8—40 1—51 7—37 4—48 9—35 2—46	((1))—49 5—40 2—46 20—39 6—43 19—43

（註）(T)…調査項目番號　(P)…%　—…共通＝アルモノ

(5) 学年程度による傾向

低学年→高学年	Understanding	Attitude	Skill
↘	(T) (1) (18) (20)	(T) (5)(6)(11)(13)(14)(15)(16)(19)	(T) (1)(2)(3)(4)(5)(7)(8)(11)(13)(14)
↗	(4) (7) (9) (11)	(10)	(6) (10)
∧	(2)(5)(8)(12)(13)(15)	(1) (3) (4) (8) (12)	(12) (14) (15) (17)
∨	(14) (17)	(9)	
〜	(16) (19)	(2) (20)	(18)
≀			(9) (20)
→	(2) (6) (10)	(7) (17) (18)	(16)

↘…低学年に重んぜられ高学年に進むに従って軽い

↗…低学年にはあまり期待されないが学年の進むに従って重んずる

∧…中学年に多く期待される

∨…低高学年に多く期待される

〜 ≀…ジグザクコース

→…学年によく変動はない

六、学校の具体的教育目標

わが管理委員会が辿った目標設定操作の過程は、地域社会調査による社会生活機能の分析、文献的研究による社会理念の解明、から資料的項目を選定し、これに対する反應調査を試みその結果に基づいて選定されたのである。

われわれは以上のような見地に立って、以上のような手段をとり方法によって次に掲げるような学校の具体的教育目標を設定したのであるが、それ等を包含して、わが校の教育がめざす理想的な子供の像を教育目標として描いた。すなわち、豊かな人間性をもった個性ある丈夫な社会人として、常に生活の運命を共にする社会全体の安寧と福祉とを考え喜んでこれに

教育目標（理解） その一　（24. 8. 1）

1. 健　　康	身体の保護保全及び健康を増進するために必要な基本的なこと（清潔，衛生，栄養，運動，睡眠，病気，生理等）がわかつている。
2. 生活の合理化民主化	主として家庭生活における食事，被服，手まわり用品，住居等の調整，手入，保存等の消費面を合理化し，家族各員の責務を自覚し相互親愛の上に民主的な楽しい家庭生活向上について清らかな理想を持っている。
3. 社会的理解	人間相互の協力依存の関係を理解し，社会正義に鋭い感覚を持っている。
4. 自治的精神	自分の生活をよく設計して合理的，能率的に，そして全体的にすすめると共に，社会全体の福祉と安寧を増進するための法律，秩序，民主的な政治機構に対して正しい理解を持っている。
5. 仕事と生産	勤労の意味，仕事の社会的價値に対して正しい理解を持ち，職業及び生産に関する知識を持っている。
6. 交通通信運輸	文化の発展，生活の向上にもたらす交通，通信，物資の交流，分配をあずかる運輸の意味とその現状を理解し，その発展を考える。
7. 新聞雑誌ラジオ	人間生活における意義と現状を理解し，その発達を考える。
8. 教　　育	教育の社会的機能，施設，進学及び学校社会の生活の正しいあり方がわかっている。
9. 数　　理	日常の生活や事象を数理的に理解し，合理的に処理する知識をもつている。
10. 大自然の理法と天然の資源	大自然の理法，四季の運行，生物，鉱物等の天然資源，それ等を支配している秩序に対して初歩的な理解をもっている。
11. 文　　学	童話，童謡等の児童文化に清らかな興味をもっていると共に詩歌，文章を理解することができる。
11. 藝　　術	絵画，音樂，劇，映画，自然の美しさ，裝飾等について，鑑賞し，基礎的な理解を持つ。

教育目標（態度） その二　（24. 8. 1）

1. 科学的な態度	ものごとを突込んで研究しようとする探究心と，考え方，判断処理の仕方などが，分析的，綜合的で計画性があり，科学的でわけもなく盲信したり雷同したりしない。
2. 主体的で責任を持つ	聞いたり，読んだりしたことや，見たことがらについては，よく批判，検討して，納得する。常に自律的に自分の判断と確信とに從って行動し，その結果に対しては責任を持つ。
3. 確信をもって熱心に	ものごとの本末をわきまえ，本質的なことには，積極的に根氣強く精魂を傾け，没頭邁進する。
4. 人格の尊重	我執にこだわらず常に他人の見地も尊重し喜んで，良い示唆を受け容れ，いろんな考え方や方法を試みようとする，公明な態度，從って交友も偽らず，それぞれのよいところを認め尊重し親しむ。
5. 協　　調	生を共にする人々について各人それぞれ個人差のあるところを考え，その正しい発展を喜び，力を協わせて共に働き共に樂しむ。
6. 礼　　儀	身だしなみ，動作，心ばえがすっきりして濁りなく，氣品があって，人につまらぬ不快感を與えないことは勿論，進んで快い氣持を抱かせるような應対をする。
7. 公共の福祉	自分のものは勿論，特に公共のものは，書籍，器物，資料，資源などすべて大事にして，皆んなが利用し恩恵に浴することが出來るように努め，また約束や規約，法律，よいならわしなどを遵守し努めて他に迷惑をかけないような行動をする。更に進んでは社会公共の福祉を増進するために積極的に貢献しようとする。
8. 審美的	美を愛し，鑑賞することを喜び，これを求めようとする。
9. 健康の習慣	健康を保持し増進するためのよい習慣を身につけている。

教育目標（技能） その三 (24. 8. 1)

1. 言語技術
   (1) 話す（自分の考えをはっきり正確に話すことができる。）
   (2) 書く，綴る（自分の考えを自由に正しく書き表わすことができる。）
   (3) 聴く（人の話を要点や主旨を正確にききとることができる。）
   (4) 読む（文字が読め内容を正しく把え評價することができる。）
2. 数量的処理
   (1) 計算（日常生活に必要な普通の計算ができる。）
   (2) 計量器の使用（日常生活に必要な普通の計量器を正しく使うことができる。）
   (3) 統計（事象を統計的に処理する能力がある。）
   (4) 図表（生活に必要な数量統計を図表に現わしそれを理解することができる。）
3. 道具の使用
   文化生活に普通な用具や機械器具，施設などを巧みに使いこなすと共に，手入れや始末がきちんとできる。
4. 家事の処理
   (1) 被服（衣服の手入，保存，つくろい及び簡單なものの仕立ができる。）
   (2) 食事（簡單な食事の支度，台所用品のよい使い方ができる。）
   (3) 清整（清潔，整頓，清掃がきちんとできる。）
5. 問題解決の技能
   (1) 觀察（事物を正確に觀る技能）
   (2) 洞察（事象の内容や意味を洞察する力）
   (3) 問題の把握（問題のありかをはっきり把える力）
   (4) 計画の立案（問題を能率的に解決するための計画を合理的にたてることができる。）
   (5) 調査・整理・蒐集（資料を能率的に調査蒐集し，それを整理する技能）
   (6) 辞書や参考書の使用（目次 索引，カタログ手引などを巧みに使う）
6. 事態反應力
   (1) 事態の本質をみきわめる。
   (2) 機敏にこれに対処する体制をととのえる。
   (3) 頭や手足，体を自由にこなして事態に應じた行動ができる。
   (4) 司会する能力，技術をもっている。
7. 音楽
   快く歌唱ができ，樂譜がわかる。簡單な樂器を奏することもでき，また一寸した作曲ができる。
8. 美術製作
   (1) 描写表現（絵に描いたり，図に現わしたりする技能）
   (2) 製作造形（有用な器物や美しいものを製作する）
   (3) 色彩感覚（色彩に関する感覚がはっきりしている。）
   (4) 形態感覚（ものの形態に関して正しい感覚がある。）

貢献しようとする子供——このような子供にしようとすることは、本校教育のあらゆる課程を通して一貫されている原則である。

広く現代科学に理解を持ち、複雑な社会事態に対して聰明な洞察を下して、民主的に行動し、豊かな情操と高き良識とをもってよく人の説をきき主体的に判断して盲從することなく、平和を愛し他を理解し人を容れ、常に社会全体の発展と福祉を願い、健全な身体と熟練した技能とをもって喜んでこれに貢献しようとするような人間——これがわれわれの遙かにめざす理想的人間像である。

七、学年の教育目標

カリキュラムの具体的な展開と実際の児童の学習活動に重点をおくわれわれにとって、具体的に学年の教育目標を持つことは切実な問題であって、それがカリキュラム構成の定本にあるか否かは、さまで問題ではない。学年の具体的教育目標の設定は二つの方面からなされる。その一つは学校の教育目標から演繹的に導き出す仕方である。他の一つはスコープとシークェンスによるカリキュラム枠組の相当欄から來るものである（第五節参照）。この枠組も所詮は、学校の教育目標と同一根源の社会調査による生活機能の分析から出ているのであるから、結局、両者は帰するところもまた一つであることができる筈である、この観点に立って、われわれは、これ等両方の交錯点に学年の具体的教育目標を定めた。

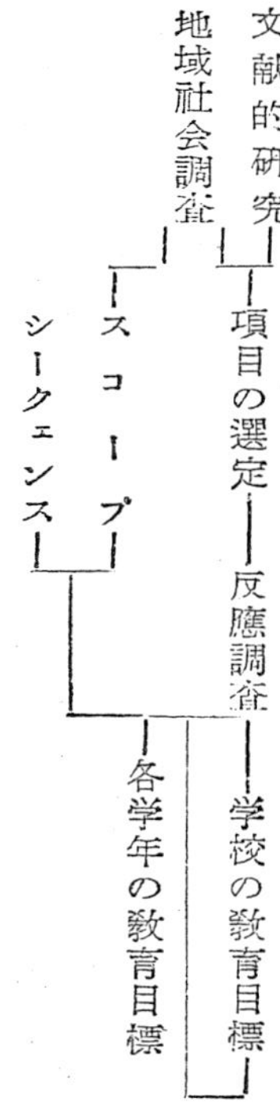

学年教育目標　（理解）　その一

(24. 8. 8)

	一　年	二　年	三　年	四　年	五　年	六　年
1.健康	気候の変化に伴う衛生 清潔の必要	気候の変化に伴う衛生 清潔の必要	かかりやすい病気と予防法 よい食物	栄養，運動，睡眠の必要	健康の必要條件（栄養，運動，睡眠，清潔）	生理 傳染病と寄生虫
2.生活の合理化民主化	所持品の合理的な扱い方	時間的生活	計画的生活	安全で便利な生活	自然資源と生活	合理的で民主的な樂しい家庭生活
2.社会的理解	お友達	グループ	学級社会	学校社会	社会正義の理解	公共の福祉に貢献の必要
4.自治的精神	家族の役割と責任	自治会の役員	学級自治会	学校自治会と市区の自治	日本の政治機構	世界の平和
5.仕事と生産	家のお手傳 近所の作物	家の職業	地域社会の生業	勤労の精神	日本の産物	世界の産物
6.交通通信運輸	家庭から学校までの交通。道路，電車，バス，郵便局	同　左	東京近傍の交通 電車，汽車，電話	同　左	日本の鉄道．船舶．電信	世界の船舶．空輸．無線電信．電話
7.新聞，雑誌，ラジオ	面白い雑誌	同　左	うちのラジオ，新聞	同　左	新聞社，放送局	校内放送 学校新聞
8.教育	学校の人々	学校施設	学級生活	学校生活	教育機関	進学
9.数理	基本的な数量（35．比較級．最大級） 素朴な形	基本的な数量（450．長さ）基本的計算（加法九々．減法九々） 素朴な形	基本的な数量（千，容積）基本的計算（乗法九々）加減筆算，算法。素朴な形	基本的な数量（一万，重さ）四則計算の意味と算法。小数の意味。素朴な形	基本的な数量（一億，面積体積）時間と時刻。分数の意味。基本的図形（平面．立体）	比の観念 函数の初歩観念 相似形 統計初歩
10.大自然の理法と天然の資源	学校家庭で飼育栽培している動植物	同　左	動植物の飼育栽培 土地，水の利用	生物の種類と生育 空と地面 熱と電池	生物の生態と相互関係。天気，暦，音，電磁石，機械道具，衣食住	生物の変化と利用。地球，宇宙。物質の利用，電気
11.文学	童話，童謠	同　左	冒険小説，歴史小説	同　左	科学物語	同　左
12.藝術	基本色を知る 形を集める 紙芝居 簡單な旋律．拍子	色の記憶 形を集め整理する 紙芝居 簡單な旋律．拍子	配色 形の蒐集，整理，保管 兒童劇 簡單な旋律．拍子	色の集め方，整理の仕方，形の蒐集，整理保管 兒童劇，人形劇 樂譜，形式，構成，旋律，拍子	色の集め方，整理の仕方 形態美 簡單な劇．映画 樂譜，形式，構成，音色，旋律，和声	混色 形の分解構成 簡單な劇．映画 樂譜，形式，構成，音色，旋律，和声

学年教育目標　（態度）　その二

(24. 8. 8)

	低學年	中學年	高學年
1. 科学的な態度	ものごとをよく考えようとする。	ものごとを突込んで研究し，わけもなく盲従したり雷同したりしない。	ものごとを科学的に考え，判断処理し計画性をもつ。
2. 主体的で責任を持つ	わからないことはわかるまできく。	納得の出來ないことは理解できるまで調査し，実験したり，話合ったりする。	物事を正しく批評，検討し，自律的に行動し，その結果に責任をもつ。
3. 確信をもって熱心に	一生けんめいに仕事をする。	熱心に根気強く勉強し仕事をする。	眞劍に自信をもって積極的に事にあたる
4. 人格の尊重	わがままをいわず，人のわる口をいわない。	誰とでもよく親しみ，けんかをしない。 自分に都合のよいことだけを考えない。	他人の意見を尊重し，誰に対しても公明な態度をとる。
5. 協調	兄弟や友だちと仲よくする。	兄弟や友だちと力を合せて仕事をする。	お互の長所を生かして，お互に協力する。
6. 禮儀	みなりをきちんとする。 あいさつをちゃんとする。	言葉遣や行儀を正しくする。 來客に対して禮儀正しくする。	禮儀作法を正しくする。 來客の接待などよくできる。
7. 公共の福祉	自分のものを大切にする。 約束を守る。 友だちに親切にする。 人のめいわくになるいたずらをしない。	学校のものを大切にする。 学校のきまりを守る。 学級や学校のためになることをする。 火の用心，交通道徳に気をつける	公共のものを大切にする。 規約，法律，よいならわしを遵守する。 社会の福祉に積極的に貢献する。
8. 審美的	美しい絵や，きれいな花等をそまつにしない。	絵画や自然の美を鑑賞すると共に自分の部屋や教室等の美化をはかる。	絵画．彫刻．建築等の人工美を鑑賞するは勿論，大自然の中に美を求め，更に学校や社会を美化するように努める。
9. 健康の習慣	歯をよくみがいたり，食事前に手を洗ったり，外から歸ったらうがいをする等のよい習慣をつける。 電車通学の態度，道路で遊ばない。	早ね早起き，よくかんで食べる。 手足の清潔好き嫌いをなくす等のよい習慣ができているかを反省して，積極的によい習慣をつくる。	冷水摩擦や適度の運動，適量の食事，時間的規律的生活をする等が健康に大切なことを意識的に認識して習慣化に努力する。

学年教育目標（技能）その三

(24. 8. 8)

	一年	二年	三年	四年	五年	六年
1. 言語技術	まとめて話ができる。 一應まとめて書き表わせる。 人の話をよくきく。 すらすらよめる。	まとめて話ができる。 一應まとめて書き表わせる。 假名はかなり早く正しく美しくかける。 人の話をよくきく。 すらすらよめる。	標準語をつかいこなす。 まとめた文章が作れる。 人の話をよく注意し持續してきける。 よく意味をとらえてよめる。	標準語をつかいこなす。 まとめた文章が作れる。速く正しく書ける。 人の話をよく注意し持續してきける。 よく意味をとらえてよめる。	自分からすすんで発表する。 思想的に自分の意見がまとめられる。 学習帳もきれいによくまとまっている。 人の話の要点をとらえてきくことができる。 速くよめて意味をよくとらえる。	
2. 数量的処理	100まで数える。 時計の見方	450まで数え方.書き方 加法九々 減法九々 長さの測定（物指） 一次元の表	1000までの数え方.書き方。 乘法九々 加法減法計算（筆算） 容積の測定（桝） 絵グラフ，棒グラフ	一万までの数え方.書き方。 四則計算，小数計算 重さの測定（秤） 距離の測定（巻尺） 折れ線グラフ 図を画く（コンパス，定木）	一億未満の数え方.書き方。 珠算加法.概数。 時間の計算 求積法の初歩 地図の見方	一億未満の数え方.書き方。 概算.簡便等の初歩。 珠算減法 角の測定（分度器） 円グラフ，正方形グラフ，帯グラフ，分数計算（法分数を除く）
3. 道具の使用	簡單な道具は一應使える。	簡單な道具を適確に使える。	簡單な道具を巧みに使える。	日常生活に普通な用具は巧みに使える。	日常生活に普通な用具は巧みに使え，手入や始末もきちんとできる。	普通の用具，機械器具が巧みに使え，手入や始末もできる。
4. 家事の処理	自分の食卓の支度や後片づけができる。 自分の身のまわりの清潔，衣服の脱着，靴の始末，家具の始末等が出來る。		食卓の支度や後片づけができる。 自分の部屋の清潔.整頓ができる。		台所用品のよい使い方ができる。 簡單な衣服のつくろいや，仕立ができる。 家の清潔.整頓のお手傳いができる。	
5. 問題解決の技能	動植物や社会事象の外面的なものを観察することができる。観察した事項をくらべて順序だてることができる。	素朴的に事物を観察できる。簡單な問題を捉える。素朴な計画を立てる。 簡單な調査蒐集ができる。	稍正確に事物を観察する。 問題のありかを捉えられる。 問題解決の計画が可成りよくできる。 簡單な資料を調査し蒐集し，整理する。 參考書を使いはじめる。		正確に事物を観察する。 事象の内容や意味を正しく判斷し洞察できる。 問題のありかをはっきり捉え，その解決の計画を合理的にたてる。 資料の調査.蒐集.整理がよくできる。 辭書.參考書が巧みに使用できる。	
6. 事態反應力	学級環境に適應した適当な生活行動ができる。	同左	学校環境に適應した適当な生活行動ができる。	学級自治会の司会ができる。図書館.科学室.創作室等特殊環境に適應した行動ができる。	学級自治会の司会ができる。図書館.科学室.創作室等特殊環境に適應した行動ができる。音樂会.運動会等の特殊環境に於て積極的に進めることができる。	学校自治会ができる。図書館.科学室.創作室等の特殊環境に適應した行動ができる。音樂会.運動会等の特殊環境に於て積極的に之を進めることができる。
7. 音樂	自然な発声技術を習得する。 簡單な拍子がわかる。 音程が正しくできる。		自然な発声技術を習得し発展する旋律.リズム.音程等が巧みに歌える。 簡單な樂譜がわかる。		自然な発声技術が向上する。 合唱技術，歌唱の表情技巧ができる。 簡單な歌曲が作れる。 簡單な樂器を奏することができる。	
8. 美術製作	素朴な絵が描ける。 素朴なものの形を造ることができる。	同左	自分の思う絵が相当にかける。 素朴な図案がかける。 簡單なものが製作できる。 色彩.形態.感覚がだんだんはっきりしてくる。	自分の思う絵が相当にかける。 簡單な製図ができる。簡單なものが製作できる。色彩.形態.感覚がだんだんはっきりしてくる。	色々な図案がかける。有用なものが製作できる。写実的な絵がかけるようになる。色彩.形態.感覚がはっりしてくる。	色々な図案稍精密な製図がかける。有用なものが可成り上手に製作できる。写実的な絵がかける様になる。色彩形態感覚がはっきりしてくる

第四節　カリキュラム・パターンと枠組の形成

一、カリキュラム・パターンの問題

カリキュラムの形式には純粋な教科カリキュラムと純粋な経験カリキュラムとを両極として、その中間に、この両者の性質を如何なる程度に含んでいるかの度合によってさまざまな形式が数えられる。純粋カリキュラムというのは、教科目制による教育課程のことであって、各教科目の内容は教材の性質によって系統づけられているのが著しい特徴点である。経験カリキュラムというのは、児童の生活経験による教育課程であって、内容は生活活動の群を単元として順序づけられている。今日、純粋な意味での教科カリキュラムは殆んど見当らないし、厳密な意味での理想的な経験カリキュラムも事実としては行われていないように思われる。

現行の社会科とか理科、それから家庭科などは、形の上では教科であり内容は全然教科カリキュラム的性質を止めず経験カリキュラム的であるという意味で両者の性質を大体等分に持っているとみるならば、より教科的なものとして、相関・融合・コア等のカリキュラム形式があり、より経験的なものとして、統合・コア等のカリキュラム形式が考えられる。

融合とか綜合 統合ということは、如何ように用いられることであって、何を如何なる原理に従って如何なる程度にインテグレート（integrate）したかの実体によってカリキュラム形式は定まるから、名称だけで形式を決定することはできない。またコア・カリキュラムも形式上、コアを持っているカリキュラムと言う意味でコアを成す部分と周辺をなす部分とを併せて呼ぶ場合と、そのうちのコア・をなしている部分のカリキュラムを意味する場合とがある。更に、何をコアするかによっても形式が変動する。例えば社会科をコアとするとか、社会科と理科をコアとするような場合は、

質的には何等広領域カリキュラムと変っていないから、より経験的性格をもっているとは言えない。また、いわゆるミニマム・エッセンシャルスとしての中学校、特に高等学校での必修共通科目と、大学の一般教養科目をコアと呼ぶ例もある。この場合は明かにより科目的である。小学校のカリキュラムにおいてコアと呼ぶ場合は、大体、広領域カリキュラムと同等以上に経験的性格を帯びていると言えよう。

どんな形式にするか、ということは、純粋にカリキュラム理論に立って考えられるほか、学校や児童の具体的現実からも考慮されなければならない。カリキュラムは児童の具体的な学習経験のためのプログラムであるから、その児童達の興味・能力・既習・経験等に基づかなければならないと同時に、カリキュラムによる学習経験が十分営まれるように教具・施設等の学習環境が整えられていなければならないし、学習の指導法・学校の組織・管理等もカリキュラムの必要を充すことができなければならない。或る中核的な問題として教師その人が十分練達でなければならない。カリキュラムはこのような具体的条件に制約せられて、実際に児童の学習経験活動となる。そして児童はこの学習経験を通して人間としての成長発達をとげ、社会理念と地域社会の要求が充されるわけであるから、カリキュラム形式の決定には対蹠的に言って二つの見地があると考えられる。その一つは、カリキュラムは児童・教師・学校等の現実に強く支配され、形式の決定もこれ等を条件としなければならないとする現実主義、他の一つは、理想的なカリキュラム形式をとって児童・教師・学校の施設・組織・管理等の現実をこれに相当するように引き上げて行く理想主義の立場である。国定カリキュラムの場合や地方教育委員会のカリキュラムの場合は、国または管区地域の一般的実情を条件として定められた「基準」(minimum standard) であって、この規準に及ばない学校や教師や児童を改善向上させる必要と責任がある。けれどもその規準以上に出ることは奨励さるべきであって、決して規準に画一してはならない。その点で一種の理想主義と言えよう。学校カリキュラムの場合は、国の規準、及び地方教育委員会のカリキュラムに依るにしても、事実として、これを学習活動に翻訳されなければならないから、その計画としてのカリキュラムは学校の現実に極めて緊密に関連してくる。端的に、学校現実に支配されていると言うべきであろう。よりよいカリキュラムに改善する熱意と研究と努力をもって学校現実

を高め、カリキュラムの評価につとめて再構成の絶えざる歩みを進めるべきは勿論であって、これは、その次の問題である。

二、枠組の形成

これは、いわゆるスコープとシークェンスの問題に関している。

１、スコープ　スコープのとり方には、従来、いろいろな方法が用いられて来た。例えば、算数とか国史というような教科目を一種のスコープとみてこれに関する教科書をその内容とするもの、教育目標から演繹する仕方、トピック法、作業単元によるもの、興味の中心によるものなどさまざまである。今日理論的にも実際的にも一般に承認せられているのは社会生活の機能を分析して求める方法である。これはカスウェルとキャンベルによって指導されたヴァージニア州案（ヴァージニア州のスコープ及びシークェンス委員会の「社会生活の主要な機能」は次の十一である。(1)生命財産・自然資源の保全　(2)物資や生産及びその分配　(3)物資の輸送及び人間の交通　(4)物資の消費　(5)娯楽　(6)美的欲求の表現　(7)宗教的欲求の表現　(8)教育　(9)自由の拡張　(10)個人の統合　(11)探険）＝Virginia State Board of Education; Tentative Course of Study for Core Curriculum of Virginia Elementary Schools, 1934, pp. 16—19＝にはじまり、その後各方面においていろんな研究が進められた。それ等の研究報告三十種を資料として、分析検討してスコープを九つに切ったミシシッピー案（「人間生活の問題と活動の領域」は(1)生命と健康の保持　(2)生計の維持　(3)家庭の維持　(4)宗教的欲求の表現　(5)美的欲求の満足　(6)教育の確保　(7)社會的活動に對する協力　(7)娯樂への参加　(9)物的状態の改善）＝Leonard＝をみても、社会的機能に関するリストは殆んど一定の傾向ができたように思われる。

この方法は、人間の社会生活において必要とされる要求を決定するために社会生活の機能を分析し、そこに明かにされた社会的要求によって学校における学習内容を選択する範囲を示そうとするものである。その分析の仕方には二つの道がある。その一つは、社会理念を解明し、国社会の生活要求を求めるために主として社会学・文化史・それからいろいろな法規類、或は研究報告などによる文献的研究、他の一つは、一定の地域社会の生活実態を調査分析して求める方法、である。この場合、社会生活の機能そのものを分析する立場と、社会生活は機能的には社会施設によって営まれるという見方から社会施設に着眼して、これを分類する人々とがあるが、施設の分析は二次的であろう。

何れにせよ、われわれ教育現場人としては、文献的な研究と実態調査による分析とを、二つながら怠ってはならない。公教育は、本質的にいって、国社会の理想や地域社会の要求に立脚すべきであるし、教育行政的見地からいっても国の要求する枠（学習指導要領）、地域社会の持つカリキュラムに指導されるからである。

社会機能の分析によるスコープの設定に理論的な基礎を与えるものとして強調されている点は、次のようである。(1)学校における児童の学習経験活動は、実際の社会生活と同質的な形において、営まれるように組織されなければならない。(2)従ってカリキュラムは実際社会の主要な生活活動に児童を導き入れ徐々に参加させるように構成されるべきである。(3)そのためにはあらゆる教科の学習は生活経験活動に統合されなければならない。(4)学習活動は児童が営む活動であるから、児童の興味に基づいて積極的になされるように計画されなければならない。(5)そのためには学習環境がよく調査されてある必要がある。

スコープ設定の手続として、事実われわれは文献的研究と地域社会の実態調査による分析と二つの方法を併せとった。文献的研究では、当校においてさきに設定された二つの試案の他、わが国で試みられた九つの研究報告と米国のN・E・A・カリフォルニヤ案、サンタバーバラ群案、オレゴン・ペンシルヴァーニヤ・ヴァージニヤ及びミシシッピー等の諸州の研究をも検討した。この場合、スコープ表だけで考えることは誤解を生じ易いので、どうしても、そのスコープが如何なる観点から如何なる方法によって選ばれるかの裏づけがなければ意味がないということを痛感した。地域社会の実態調査は調査範囲の問題、調査方法の問題、調査技術、整理方法、話し方などに錯雑した問題があって、教師達にとっては極めて貴重な体験であるが労力的にも時間的にも相当な負担である。結果は後記のように（第五章第二節）相当譲るべきものが出ていると思われる。結局われわれは、スコープとして次の十項をとった。(1)生命財産の保護保全　(2)自

然資源の保護利用　(3)物の生産　(4)物の分配・消費　(5)物の運輸　(6)交通・通信　(7)厚生・慰安　(8)教育　(9)　美的宗教的表現　(10)政治。

2、シークェンス　これは学習内容の学年配当の規準を示すものであって、主として児童の発達段階に伴う要求の発展系列と考えられるから、興味・能力・経験等の発達によって裏づけられている。けれども従来はいろいろな規準があった。そのうち明かに対蹠的な立場に立つものとして次の二つの方式があげられよう。その一つは教科カリキュラムにおいてとられるような、教材の論理的構造に従って「基本的なものから複合的なものへ」つまり「容易なものからむつかしいものへ」という順序で並べたもの、例えば算数の内容を示す教科書の要目順序。それから国史の系列のように全然その科目の性質に従って、難易は別として上代から現在へと年代の順に配列したもの等がある。これに対して、経験カリキュラムにおけるように、興味や能力の発達、時間観念や空間観念の発達に伴う生活領域或は意識圏の拡大に即して、拡大されて行く、身体的精神的な生活経験の領域における最も興味ある活動の中心を縫って学習経験内容が順序づけられる形式がある。けれども実際は、児童の生活経験にも論理的な発展の順序があり、論理的な教材系列にもおのずから心理的な要素が含まれてある。学習活動は児童の理解力と態度と技能力とを基盤として営まれ、それは興味によって起動され推進されるものである限り、「興味の中心」を根據とすべきは当然であって、それが論理的に発展と進行が保證されないならば、その活動は進められるべくもない筈である。

児童の要求は、人間としての児童から来る要求と、興味・能力・経験等の個人差を持っている個人としての児童から出る要求と、假りに分けて考えることが許されるならば、児童の成長発達に伴う段階的な要求系列もまた、この二面から考察されるだろう。勿論この両者は特定の児童群の実状を調査することによっても求められる。その意味は児童調査は極めて重要な資料を得る方法である。けれども一般に児童は如何なる順序に従って成長し発達するものであるかという一般的な傾向や段階的な特徴は児童心理学によって暗示される。われわれは、このような見地から、児童研究の方向を児童調査すなわち、社会意識、知的欲求（興味調査）、情意的発達、時間的意識、空間的意識、及び能力調査、発育調査等に求める。更に成長発達の一般的傾向を児童心理研究の文献に依った。そして設定技術的な面は、既にわれわれが持っていた二つの試案の他、シークェンスに関する内外の研究報告十六種を参考にした。

シークェンスは詳細なものから漸次大まかなものになりつつある。それは細かに規定して融通のない固定的なものとなることを恐れるからである。融通性のあるということは勝手にやれるという意味ではなく、更に具体的な実情に即することができるというこころづかいである。従ってこの原則は、国で示す場合や地方教育委員会で作る場合のことであって、各学校の実情に應じて融通できるようにという意図であろう。学校カリキュラムは実際のプログラムであるから、児童の個人差、学校

項目 ＼ 学年	低学年 一	低学年 二	中学年 三	中学年 四	高学年 五	高学年 六
社会意識	未分化的社会観		現実的社会観へ		社会観の分化・行動化	
知的欲求	直覚的		実證的		分析的・総合的	
情意的発達	童話的（未分化）		初歩的分化・過渡的段階		美的情操・客観的	
時間観念	未分化		現代と事物の変化		歴史的観念へ	
空間意識	学校・家庭	近隣・学校	山手近郊・近隣	東京近傍	日本・東京	（自分）世界・日本
技能的発達	色彩的 全身的・活動的		形態的や技術的な活動		絵画的 技術的	

現実の許す限り具体的で詳細なのが便利である。国や地方委員会の示した枠を学校の実情に即して具体化すべきであると言った方が実際的であろう。

スコープとシークェンスが定まればカリキュラムの枠組ができたのである。

第五節　生活学習の単元計画と基礎学習の技能表作成

カリキュラムは児童の全人的な成長発達を助成するための計画的なプログラムであるから、その内容は偏したもので

あってはならない。一般原則としては、社会生活の機能を分析して、社会生活に必要な諸能力をあげ、これを習得することによって全人的な成長発達が促されるように作成さるべきである。具体的には、スコープとシークェンスによる枠組の相当欄には、(1)先ず、スコープ毎にそこで要求せられる諸能力があげられ、シークェンスに應じて学年毎に順序づけられるべきである。(2)同様にして、スコープ毎に相当する生活課題があげられシークェンスに従って系列づける。ここに生活課題とは一般に問題単元と呼ばれているものであるが、われわれはこの一覧を課題表と言っている。

この「課題」とその課題を解決する「能力」とは表裏一体の関係にあるものであって、理想的に行けば、それ等の諸能力は総て生活学習のなかで生活経験として習得される筈のものである。表の上でも課題表と能力表は丁度重なるようになっている。けれどもわれわれの現状ではそれが完全に行かない。それで無理なく出来るものは、できるだけ生活学習において習得されるように計画するが、特に系統のやかましいものや、かなり継続的な系統的練習を必要とする技能的なものは、生活学習の外に基礎学習としておくことにした。勿論、基礎学習は、生活学習に直結していとなまれるものであって、決して孤立したものではない。

一、生活学習の単元計画

1、問題単元の選定と課題表の作成　問題単元はスコープ領域における社会生活の課題であって、それぞれシークェンスに従って学年毎に配列される。これ等の課題は児童の学習経験のなかで習得されることが期待され、構成上、資料単元の要素と考えられるから要素単元と呼ぶ人もある。また、この課題をそのまま資料単元としていう例もある。これはトピック的で児童の経験的な単元とは言えない。

2、資料単元の計画　われわれは学年毎に幾つかの「興味の中心」をあげ、児童の生活経験として期待されるような活動の単元とした。そしてこの資料単元は課題表にあげられた問題単元が行動的に総合される幾つかの群のことでもあるから、逆に、学年の資料単元は課題表にあげられた問題単元を要素としてあるということができる。そこに期待さ

課題表 No 1.

学年 / Scope	一年	二年	三年	四年	五年	六年
生命財産の保護保全	○たべ物をたべる時には，どんなことに気をつけたらよいか。 ○病気にかかった時には，どうすればよいか。 ○からだが丈夫になるにはどんな遊びがよいか。 ○身体の清潔について，どんな注意が大切か。 ○安全に，あそぶにはどのようなことに気をつけたらよいか。 ○乗物や道路では，どのようなことに気をつけたらよいか。 ○自分の持物を大切にするには，どのようなことに気をつけたらよいか。	○たべ物についてはどんな注意が大切か。 ○二年生頃に，かかりやすい病気には，どんなものがあるか。 ○からだが丈夫になるように遊ぶのには，どうしたらよいか。 ○丈夫なからだになるにはなぜ身体を清潔にしなければならないか。 ○乗物や道路ではどのようなことに気をつけたらよいか。 ○家のものを大切にするにはどうすればよいか。	○食物の腐敗を防ぐにはどうすればよいか。 ○かかりやすい病気の予防法は，どうすればよいか。 ○どうしたら，よいからだになるか。 ○私たちの町を安全に住みよくするために，どんな施設があるか。 ○どうしたら危険から安全に身をまもることができるか。 ○学級の物を大切にするにはどうすればよいか。	○どうして食物の好き嫌いは，いけないか。 ○病気にかからないようにするには，どうすればよいか。 ○丈夫な，からだになるにはどうしたらよいか。 ○よい生活をするためには，着物の選び方や，住居について，どのような工夫がいるか。 ○安全な生活をするには，どんなことに注意したらよいか。(防火・盗難予防等) ○学校の物を大切にするには，どうすればよいか。	○私たちの食生活は，どう行われているか。 ○病気とは，どんなものか，どうして病気になるか。 ○健康を増進するにはどうしたらよいか。 ○祖先は，自然の猛威を，どのようにして防ぎ生活を安定にしてきたか。 ○発明発見はどのように私たちの生活を豊かにしているか。 ○公共の物を大切にするには，どのようにすればよいか。	○食物は，どのようにして消化されるか。 ○傳染病や寄生蟲に対して，どのような対策をとらなければならないか。 ○私たちの，からだは，どうなっているか。 ○よりよい生活をするために環境を，どのように工夫したらよいか ○未開人や先進国の安全生活は，どのようになっているであろうか。 ○衣服や生活に必要な色々な道具を，ながもちさせるには，どうしたらよいか。

課題表 No 2.

Scope ＼ 學年	一年	二年	三年	四年	五年	六年
自然資源の保護利用	○学校や家ではどんな動植物を飼育栽培しているか。 ○動植物は，どんなにしてかわいがったらよいか。 ○水を使うときには，どんなことに気をつけたらよいか。	○私たちは，どのようなものを食べているか。 ○動植物は，季節によって，どのようにかわるか。 ○水道の水はどのように送られてくるか。	○動植物は，どのように人間の役に立っているか。 ○動植物はどのようにして飼育栽培すればよいか。 ○水や，土地はどのように利用されているか。	○生物には，どんな種類があって，どんな生活をしているか。 ○動植物の飼育栽培には，どんな方法があるか。 ○水道．瓦斯．電気等はどのように使えばよいか。 ○東京の自然資源にはどのようなものがあったか。 ○熱や電池は生活にどのように利用されているか。	○生物は，どのような，生活をして，どんな相互関係があるか。 ○天気予報は，どのように生活に利用されているか。 ○衣類の原料には，どんなものがあるか。 ○食物の原料には，どのようなものがあるか。 ○家屋はどんな材料を使ってたてられるか。	○生物は，どのように変化し，どのように生活に利用されているか。 ○電気は，どのように生活に利用されているか。 ○地球や，宇宙は，どうなっているか。 ○自然資源をもっとも有効に利用するにはどうしたらよいか。 ○日本に関係のある外国，の自然資源には，どんなものがあるか。
物の生産	○学校園，学級園にはどんなものが作られているか。 ○家では，どんなお手傳をしたらよいか	○家の近所にはどんな作物を作り，どんな動物が飼われているか。 ○家庭菜園にはどんな作物が作られているか。	○食物や衣料其他の品物はどのようにして生産されるか。 ○私達の町で生産されるものに，どんなものがあるか。	○私たち祖先は，自然環境をどのように利用し，衣食の生産を図ってきたか。 ○郷土ではどんなものが，どのようにして生産されているか。 ○東京の商工業は，どのように発達してきたか。	○農業は，如何に改善されつつあるか。 ○工業の生産は，どのようになっているか。 ○農業，工業，その他いろいろな生産は，どのようなところに発達するか。 ○物を生産するのに，どのような器械器具が利用されているか。	○生産を増大するには，どのようにしたらよいか。 ○文化の進展に近代工業は，どのように影響を與えているか。 ○輸出産業の現状は，どうなっているか。
物の分配・消費	○学用品を大切に使うにはどうしたらよいか。 ○学校や家の近くのお店では，どんなものを賣っているか。	○私たちは，食物や日用品をどのようにして手に入れるか。 ○物を買うには，どうするか。	○食物や衣料その他の品物は，どのようにして手に入れるか。 ○物を使うには，どんなことに気をつけたらよいか。	○いろいろの物資は，郷土ではどのように分配（配給）されているか。 ○お小遣を上手に使うには，どうしたらよいか。	○主食は，どのように分配．消費されているか。 ○配給品には，どんな種類があるか，またどのように分配．消費されているか。 ○物の上手な買い方は，どのようにしたらよいか。	○外国からは，どんな品物が，どのようにして，私たちの手にはいるか。 ○物を上手に求めるにはどうしたらよいか。 ○物を有効に使うには，どうしたらよいか。

課題表 No 3.

Scpoe ＼ 學年	一年	二年	三年	四年	五年	六年
物の運輸	○荷物はどんなにして運ばれるか。	○物は，どんなにして運ばれるか。	○食物や衣料その他の品物は，どのように運ばれてくるか。	○配給の物資や，郷土の商店の品物は，どのようにして運ばれてくるか。 ○学校給食の品物はどのようにして運ばれてくるか。	○工業原料や，生産品・農作物などは，どのようにして運ばれるか。	○外国との物の運輸は，どのようにしてなされるか。
交通・通信	○家から学校に来るにはどうして來るか。 ○手紙を出すにはどうしたらよいか。	○乗物には，どんなものがあるか。 ○手紙は，どのようにして相手に届くか。	○東京の交通路や，交通機関は，どのように発達しているか。 ○東京の通信網は，どのように発達しているか。	○郷土の交通路や交通機関は，どのように発達してきたか。 ○自然環境は，どのように交通や通信に影響を與えているか。	○日本の交通・通信は，どのように発達しているか。 ○発明・発見は，交通・通信を，どんなに発達させたか。 ○旅行するには，どんな注意が必要か。	○外国との交通・通信はどのようにしてなされているか。 ○交通・通信の機械化と，その原理は，どうなっているか。 ○旅行の計画はどのように立てて実行したらよいか。
厚生・慰安	○どんな，たのしいあそびがあるか。 ○休み時間を，どのようにすごしたらよいか。	○よいあそびには，どんなものがあるか。 ○土曜や日曜日を，どのようにすごしたらよいか。	○郷土の人達は年中行事を，どのようにたのしんでいるか。	○郷土の厚生・慰安の施設には，どんなものがあるか。 ○長い休暇は，どのように利用したらよいか。	○厚生・慰安の施設を，どのようにして役立たせたらよいか。 ○樂しい時間を持つにはどんな工夫をしたらよいか。	○外国では，どのように厚生や慰安を工夫しているか。 ○時間の餘裕を作り生活をたのしく健康にするには，どうしたらよいか。

Scope ＼ 學年	一年	二年	三年	四年	五年	六年
敎育	○学校では，どんな人から，お世話をうけているか。 ○いろいろのわからないことが，あったときにはどうしたらよいか。	○学校は，どんなことをするところか。 ○学校には，どんな施設があるか。	○鄉土の敎育施設には，どんなものがあるか。 ○学校の施設をどう使ったらよいか。	○東京には，どんな敎育施設があるか。 ○学校の施設を，どのように利用したらよいか。	○日本の敎育機関はどんなに，なっているか。 ○鄉土の敎育施設をどう使ったらよいか。	○將來は，どのような学校に進学したらよいか。 ○敎育施設を，うまく利用するには，どうするか。
美的・宗敎的表現	○机の中を，きれいにするには，どうしたらよいか。 ○自分が，あやまちをしたときには，どうしたらよいか。	○みなりには，どのようなことに気をつけたらよいか。 ○人があやまちをしたときには，どうしたらよいか。	○家の中を美しくするには，どうしたらよいか。 ○鄉土の祝祭行事にはどんなのがあるか。	○敎室を美しくするにはどうしたらよいか。 ○鄉土の祝祭行事はどんなのが行われてきたか。	○学校を美しくするには，どうしたらよいか。 ○国や宗敎上の祝祭行事は，どのように行われているか。	○生活を美しく，たのしくするにはどうしたらよいか。 ○日本に関係の深い国々の宗敎や，美術は，どのような特徴を持っているか。
政治	○学校には，どんなきまりがあるか。	○学校の自治会の役員には，どんなのがあるか。 ○学校のきまりはどんなにして守ったらよいか。	○学級の自治は，どのようにしたらよいか。 ○学校や学級のきまりは，なぜ守らねばならないか。	○学校の自治は，どうなっているか。 ○鄉土の自治は，どのようにして行われているか。	○学校の自治は，どうしたらうまく行くか。 ○日本の政治機関は，どのようになっているか。	○学校の自治はどのように進めていったらよいか。 ○外国の交際は，どのようになされるか。

れる能力も包含されるわけである。資料單元の数は次の表のように，低学年に多く，高学年に少くなっている。この資料單元一覽をわれわれは「單元表」とよんでいる。

單元一覽表

東京第一師範学校男子部附属小学校

月＼学年	一年	二年	三年	四年	五年	六年
4	たのしい学校	二年生になって	私たちの学校	学校自治	よい家庭生活	貿易（凡そ六週）
5	じょうぶなからだ	私のうち	私たちの生活	大昔の生活		生活の合理化
6	おともだち	丈夫なからだ	夏の生活	たのしい生活	鄉土の文化施設	（凡そ一週）
7	なつのあそび	たのしい夏				
9	秋の学校	たのしい秋	鄉土の交通		日本の農業と生活	
10	秋の学校		秋の学校	武藏野の秋	自然資源と生活	外国の生活と日本の生活（凡そ七週）
11	学校の近所	町の人	鄉土の慰安	世田谷の発達	日本の工業	

12	わたくしのうち		冬の生活			
1		たのしい冬		ひらけゆく東京	日本の交通	のびゆく文化（凡そ六週）
2	たのしい学げい会		弘道の町		日本の政治機関	
3	もうじき二年生	たのしい遊び		安全で便利な生活		

二、基礎学習の技能リストの作成

カリキュラムの構成といえば生活経験学習の単元計画だけに終始して、基礎学習に関しては、殆んど教科目制に放任されていて、そこで習得されるべきスキル（skill）のリスト（list）に関しても全く教科目制にあげられているのが、現状であろう。これは、原理においても実際においても、両者を全然別の層において考えているのであって大きな溝がある。単元の構成が教科目の垣根を撤って、生活経験に行動的に統合された活動単元に求めているとき、そこで発展されるべき諸能力もまた教科目的な枠づけは解かれなければならないだろう。そうでなければ生活の単元学習に直結した基礎学習を展開することは理論上ぎこちない。如何なる能力が涵養されなければならないかを要素的に詳細にあげる手がかりとして、従来慣れて来た教科目別に丹念にあげてみることもよいことである。併しそれだけでは、社会生活の機能を果すという見地からは示されないものがあるだろう。そこで教科目の他に、学校給食とか自治会活動とかのいわゆるガイダンス領域又は、課外活動の領域からあげることも必要であろう。

1、能力リスト作成の手順　(1)社会生活の機能を果すための諸能力を、前述のようにして、各教科目において従来から考えられていたものをあげるほか、児童の自治活動や課外活動の分野からもあげる仕方もあるが、これは一種の文献的、乃至は経験的方法であって、他に、社会機能の分析と児童研究とに関する調査に依るべく、スコープとシークェンスによる枠組の相当欄に、丁度、生活学習における問題単元を選定したように、スコープ毎にそこで必要とされ学習されることが期待されるような諸能力を丹念にあげられる。そしてシークェンスによって学年毎に配列されよう。

能力には、質的に言って、推理力とか判断力というような主として精神的な能力もあるし、話すとか描くとか上手に鋏を使うというような身体的な活動を伴う技術的な能力もあり、また、色彩とか音感とか形状のような主として感覚的なものもある。これ等のうち、精神的な能力は専ら生活学習に期待し、この能力リストには主として、感覚及び行動としていとなまれる技能的なものをあげた。

(2)これを整理する方法として、二つの形が考えられる。その一つは、生活学習の資料単元に重ねる方法である。これは、経験カリキュラムの本質から言って純粋な立場といえよう。他の一つは、技能の性質から国語的とか算数的とかにまとめることである。或は、このような操作は何れも無意味であってカリキュラムの枠組の相当欄にあげられたままでよいとも言えよう。われわれは、学校の教育目標に関連づけて「能力表」を作ってみた。（第五章第四節参照）

2、能力表の活用　取扱上からいって、技能には、例えば顕微鏡を使う能力というような二三回の経験で一通り習得できる類のものがある。これは生活学習において期待できよう。やや複雑で若干まとまった練習（drill）を行って、経験痕跡を刻印づけておく必要のある部類のものがある。これは生活学習の発展として単元の学習に直結して営まれるべき性質のものであるから、時間を特設して練習するようになっている例もあるが、われわれは、経験上、それは形式的になって、却って無理が生ずるおそれがあるという立場から生活学習に含めることにした。次に相当期間にわたって継続的な系統的練習を必要とするものがある。これをわれわれは基礎学習として営まれるべきものとした。このように、技術的な能力を二種類に分類して、かなり詳細に単元展開計画表に示した。これは、一つには生活学習において単元毎にそこで如何なる能力が発達されるように期待されているかを明かにしておくためであり、他の一つには、基礎学習の能力表を生活学習の各単元に直結するためである。（詳細は一・二学年については、カリキュラムの実験シリーズ第三集　低学年カリキュラムの実際　三・四学年については第四集　中学年カリキュラムの実際　五・六年については第五集　高学年カリキュラムの実際　参照）けれども基礎学習は、教科的色彩が強く、今後の研究に俟つべきところが多い。

第六節　単元の展開とカリキュラム評価

一、単元の展開

1、単元展開の順序　生活学習の資料単元、すなわち単元表に示された各々の大単元について、そこで期待されるいろいろな経験として、如何なる理解や知識、態度や鑑賞、技能や習慣が習得し形成されるかを相当詳細に計画することである。経験そのものの充実をはかるために施設や資料を調えて、ふさわしい環境を構成するための計画もここに含まれている。ここに単元展開のための地域社会調査が必要であり、児童の興味・能力・傾向等についても具体的な資料が必要である。この地域社会と児童と両者に関する具体的な資料に基づいてはじめて単元計画が営まれる。これが非常によく児童の興味と能力とを捉えているならば、児童自身が選んだ学習計画も学習活動もおのずからこれに一致し、期待された経験や能力が残りなく達成されるだろう。勿論、環境構成を上手にやって児童達が自然に資料単元に乗ってくるように導く工夫は教師の大切な教育技術である。何れにしても、カリキュラムの展開計画における単元は、教師の計画した資料単元であって、社会科学習要領補説ではこれを基底単元と言っている。実際の学習活動はこれを基底として営まれ資料として進められなければならないからである。そして実際の学習活動は、児童が活動主体であって、それが本当に児童のものとなるには児童の自主的な学習計画に基づくことが望ましい。児童が計画して実施する姿に切り替えられたものは学習単元と呼ばれる。

2、単元という用語　われわれは、スコープとシークェンスによる枠組のなかに盛られた生活課題を問題単元（または要素単元）、これを要素としてできた「興味の中心」を資料単元と言った。そしてこの教師によって計画された資料単元は、それが児童の学習活動となることを期待され、従って、学習指導計画の基体となるのであるが、それはどこまでも計画であって、それが本当に児童のものとなったときそれを学習単元と呼ぶといった。これ以外に教科単元その他いろいろあるが、われわれは単元という用語をこの範囲に限定して概念の混乱をさけようとしている。

3、単元計画のための調査　これにも社会調査と児童研究とがある。カリキュラム構成の場合の調査は、比較的一般的な傾向を狙っているのであるが、単元計画のための調査はより具体的なものを求めなければならない。ことに社会調査は第一に問題発見のためである。そして、その問題は社会機能の本質とその発展とにねざすものでなければならない。次に、社会調査は学習材料の種類及び所在の調査でもある。児童調査は一人一人の児童の興味・能力・経験・生活等に関する具体的究明にある。

4、単元の選定　手続きとしては、先ず問題を発見することである。次に発見された問題を教育の具体的目標に照して選定することである。一般に選定の規準としては、社会的に意義のあるもの、多くの人々にとってその解決が重要なもの、児童に興味あるもの、そして目標達成に必要なものでなければならない。選定はスコープによってなされ、シークェンスによって位置づけられ、教育の具体的目標によって方向づけられる。これが問題単元である。問題単元が「興味の中心」に焦点づけられて資料単元に変えられて行くことは前述の通りである。

5、単元の展開計画　これは資料単元の具体的な実施プログラムの計画である。展開の形式については第六章第三節を、その詳細については、一・二年については、本シリーズ第三集、三・四年については第四集、五・六年については第五集、を参照されたい。

6、学習環境構成の裏づけ　単元を具体的に展開するには、地域社会の諸施設を最大限に活用することは勿論である。そのためには、その実態をよく調査し活用目的と利用法と所在とを明確にしておかなければならない。

しかし乍ら、これ等は学習資料となるためにのみ存在しているのでない限りおのずから限度がある。純粋に学習活動の場を構成するために整えられた学校の学習環境を裏づけとして持つときにのみ、学校カリキュラムは真に児童のものとなるのである。（詳細は本カリキュラムの実験シリーズ第二集「学習環境の構成と実際」参照）

二、カリキュラム評価

そのカリキュラムによって促された児童の学習活動がよく行ったかどうか、ということはカリキュラムにとって決定的な問題である。けれどもカリキュラムの評価は単に学習効果の評価と同一ではない。カリキュラムそのものがよいか悪いかの問題であって、学習活動を然かあらしめた理由を、カリキュラムの構成手順に求めると共に、構成と展開の各段階、すなわち、単元計画の如何、枠組設定の如何、カリキュラムの構成計画においてこれに作用した計画動機・地域学区社会・学校環境・教師等の如何、社会調査や児童調査の方法・手順・及び結果の應用において、適確に児童の興味・能力・経験を捉えてよくこれを計画化していたか、社会の因襲や特定勢力などによってゆがめられていないか、等の如何が評價されなければならない。

1、**児童の学習活動**　これは学習活動が教育目標を十分果しているか、それが能率的にうまく行われたかどうかについて行われるのであるから、主として教師によって学習単元について評價される。これは児童自身によってもいとなまれる。從って、(1)学習目標毎にそれが如何ばかり果されたかの程度、(2)目標達成に有効な活動が選ばれ能率的に進められたか（方法）、(3)それが児童の成長発達に如何なる役割を果しているか（効果）、(4)社会生活の機能と問題の解決に如何ばかり寄與しているか（性質）、等に関して評價されるべきであろう。

2、**学習環境の裏づけと準備**　主として教師の準備に関することで、カリキュラムが期待する児童の学習活動が効果的にいとなまれるように、社会的施設や事象が十分児童の学習環境としてカリキュラム化されていたか、学校環境は施設においても教具においても組織においても十分にカリキュラムの裏づけとして整えられていたか、が吟味されなければならない。

3、**指導計画及び指導方法**　児童の興味・能力・経験等によっていとなまれる日常生活の課題が単元として扱われていたか、指導方法が民主的で且つ適切であったか。というような観点は忘れられてはならないことである。

以上は主としてカリキュラムの有効性または結果からみたものであって、（実際に関しては、本シリーズ第三・四・五集参照）単元の評價に関する仕事に属する。カリキュラム評價は、更に、

4、**カリキュラム構成の着眼・手順及び方法**　に関して試みられなければならない。

5、**カリキュラム構成の條件**　となり圧力となる要素に関しても評價されなければならない。

第二章　生活経験学習

第一節　生活経験学習の概念

一、研究の態度

わが校の教育目的を達するために、「何を」経験させるかということは、生活経験学習の意味と共にすでに述べた。（第一章第二・五節参照）ここでは「いかに」経験させるか、換言すれば、いかに学習させるか、いかに指導するか、ということをとりあげてみたいと思う。

めざすところは、わが校の経験カリキュラムの展開、学習方法の解明である。方法の問題であるから、「かくあるべきである。」というような原理は止めて、ただわれわれが毎日、雨の日も、風の日も、児童と共に経験を積み、共に歩んできた途をありのままに報告して批判をこいたいと思う。教科カリキュラムから何故経験カリキュラムに進んだか、その必然性もわかっていただきたい。また経験学習のむずかしさもその実際も知っていただきたいと思う。

経験学習に当って、われわれ同人はまず態度を規定してかかった。

第一にすべての事態を流動している形においてみることにした。そしてその本質をつかもうとした。何にせよすべて流動的なもので、自然界も人間界も常に変遷してやまない活動的なものである。しかるにわれわれは、ややもすると不動のもの、固定したもののようにながめがちであり、考えがちである。教育のあり方に就いても、何か決定されたものがあるかの如く思いこみ、それを絶対視する考え方が知らず識らずの間に、われわれの教育観に根をはっている。教育は社会的現実である。したがってその内容も、方法も絶えず変化し発展している。常に事象を適確にきわめ、事態にあうような対策を講じなければならないのである。児童をとりまく社会環境には、同一の事象は決して再び起り得ないのである。それ故にわれわれは日々の児童の生活を正しく観察し、日々に新な正しいねらいで積極的に進んでいこうと覚悟し今日まで進んできたのである。

第二は研究方法の一元化である。すなわち経験的学習に関する指導方法研究を合理化し目的化することであった。研究の組織化とも言われよう。教官全員がうって一丸となり経験カリキュラムの研究と実験に努めた。経験学習のあるべき姿を求めて止まなかった。しかし、学習するものは児童である。教官が経験学習の研究をしている際も、児童の学習は教育内容と力動的な関係を保ち、学習目標にむかって進められていなければならない。教官の経験学習指導の研究の成敗は、児童が学習目標にどう近接したかという点から評価されるのである。

第三は方法が科学的であることを強調した。必要にして十分な内容として配列された教科カリキュラムを、経験カリキュラムに構成しかえる操作は、資料が十分あっても極めて慎重を要することである。児童を科学的に観察し調査しなければならない。参考文献蒐集にもその研究にも社会調査にも或は実地踏査にも、できるかぎりの力で科学的な措置をとって進もうとしたのである。

かくわれわれは、態度と組織と方法の三方面に、このような考えをいだき、経験学習の研究に精進したのである。

二、経験学習とは

経験学習とは、経験カリキュラムと異名同体と考えることができる。経験カリキュラムは、児童に「何を」経験させるかという考えのもとに構成されたものであって、この経験内容を、静的な見地からながめて呼んだ名称であり、経験学習はこの経験内容を「いかに」経験させるかという動的な見地からながめて呼んだ名称である。経験カリキュラムとは児童のためにあの経験はさせておきたい、是非ともこの経験もさせておきたい、しかしこの経験は程度が児童の発達状態に適さないからこの点まで経験させようなどと、種々考えて、選択配列された、必要にして十分な経験のことで、つまり学習内容である。経験学習は児童の側からみた学習内容の方法的見地である。すなわち、教授法とか指導法とかいわれる立場を含めたものが、経験学習にあたると解することができる。

わが校はすでに述べた如く、教育は生活である、教育は成長である、教育は社会機能である、教育は経験の再構成である、という四つの見地に立っている。また経験することが学ぶことであると考えている。何故なら学習というのは行動を事態に適應させてゆく進歩的な過程であって、このことは経験の再構成を意味するからである。経験学習の課題はどういうように経験させていったらよいかにある。この課題を解決するために、われわれは二つの方面への配慮が必要である。その一つは、例えば木理をよく知ってこそ立派な細工ができるように、まず児童を知ることである。（第五章第三節及び第四節参照）その二は経験とはいかなることかと、その性格をきわめることが大切である。（第一章第一節参照）ここに、われわれの考える経験学習の輪郭をのべることとする。

経験カリキュラムはその完全な意味においては経験学習として児童に提示されよう。教育の目標からみて、また学習内容の性質からいって、更にわれわれの技術からいってやむなく分けて扱わなければならない実情である。すなわち経験単元の学習だけではおさまり切れないものがあってそこから派生して特に指導を要する基礎学習と、本校の特殊事情もあって児童の保健衛生をはかる健康教育との三方面をもつこととなる。表解するならば

経験学習
- 一、生活学習——生活経験中心
- 二、基礎学習——言語、数・量・形、音楽・造形等、特に継続的練習を必要とするもの
- 三、健康教育——保健・衛生

わが校においてはかように経験単元の学習を進めているのであるが、要は生活課題を解決する実力を身につけてやりたいことである。現在及び将来の社会を見通して、そうした社会に活躍する実践的社会人たらしめようと考えるからである。

第二節　教科学習から経験学習へ

一、経験学習への途

「何故、教科学習から経験学習へと変らなければならないか、われわれは指導法をかく切り替えなければならぬ必然性はどこにあるのか」こうした問にわれわれは、しばしば接する。教育家が何の考えもなく、無批判に、ただ新しい教育法だから、大ぜいの人がやっているから、ということで、児童の能力や学校の実状にそわない行動にかられることはできない。

われわれは教科学習から経験学習へ進んだ。それは次のような考えからである。「経験学習への必然性いかん」という前述の問の答にもなろうから、稍々詳細に述べることとする。

（イ）わが校の基本的教育目的が、豊かな人間性をもった個性ある社会人として常に生活と運命を共にする社会全体の安寧と福祉とを考え、喜んでこれに貢献しようとするような子供にするに在る。

こうした理想的人間像を形成するのに、教科学習は適切であろうか。

（ロ）一方こうした人間像の遭遇する社会的事態はすべて綜合的なもので、多くの教科に相当する内容が綜合された体系と形態とをもって迫ってくるのである。

（ハ）また、児童の現実生活、社会の生活課題は教科の体系と形態とをもっていない。

（ニ）コースオブスタディによってその意のあるところをたずねた。その一般編と各科編を通してみるに、教育の一般目標を示して、国家基準を備えているが、それは抽象的なもので地域化し、重点的に具体化しなければ、價値を発揮

しないものである。しかし各科の指導内容——教材についてもスコープとシークェンスとによって基準を示し、地域に即し、児童の能力の実態に即して具体化するように示している。コースオブスタディによって、教科組織を基準として教科カリキュラムを用意しても、それをそのままの体系と形態とで学習させてはならないことがよみとられる。文部省としても単元学習という経験を基底とする生活的な学習方式を基準として要求しているのである。

（ホ）児童を「生活の場」（Life Situation）に立たせて、あらゆる活動を「機能的体制」（Function Organization）に綜合してはたらかせたとき子供達は教科の枠を自然に越えて行った。われわれは丹念にその方向を観察した。そして教科カリキュラムの諸要素たる諸活動を機能的体制に再構成されなければ、生きた学習はさせがたいという事実を掴んだのである。すなわち、教科カリキュラムの諸要素たる諸々の活動を機能的にはたらき得られるように単元構成としてこそ、はじめて児童を生活の場（Life Situation）に立たせ得るのである。

（ヘ）教科別の単元学習がなされがる如く言われているが、それは事実不可能である。国語の単元学習、理科の単元学習のことばが用いられているが、それは、われわれが意味する真の単元学習ではない。教材に主体をおいた単元であり、教材単元であろう。われわれは、単元学習とは、学習者をして生活の場に立たせ得るような学習上の単元をいうのである。

各教科別に扱い、しかもその教材の生活化を旨として指導するとき、もう一歩進めて、児童の興味・欲求に即して各教科別に生活単元指導をしたならばどうであろうか。実際は内容の重複、或は内容の衝突が起って、時間も不足がちとなり、よい結果が得られないであろう。

（ト）ところが第四集に示すような単元「よい学級自治」という生活経験単元を用いたらどうであろう。私たちはもう四年生になったのだ。お互いに自覚をたかめよう。君も僕も学級員だ、今年こそよい学級をつくろう。こうした意欲のもとに児童がよい学級をつくり、よい児童たろうとする場合、このような単元をとることがよいのではなかろうか。よい学級はいかにあるべきか、よい学級の児童はいかにあるべきか、という生活課題がこの単元の中にふくまれている。

更に細かに見ればよい児童は時刻をよく守る、場所のきまりを守る、友人と仲よく遊ぶ、先生のおしえを守る、家庭の人を喜ばせる、ような行いをするということ等々をも含んでいる。始業時刻におくれないためには、何時に家を出たらよいかという数量的活動も、花を教室に運んで明るい教室にしようとする社会道徳的活動も、あるいは当番日記をよくつけよう、壁面に成績品をはろう、というような書写表現の活動も、すべて機能的に結びついてこの単元の中に学習できる。ここに経験学習の特質と能力がある。

以上で、教科学習から経験学習への歩みを述べた。

このような児童の生活経験を基底にして、生活課題をもって学習することを経験学習といい、こうした単元学習を真の単元学習として提唱したい。しかし、教科学習にも、すてがたい長所がある。また経験学習にも特質がある。心すべき事は経験学習の長所・短所を事前によく研究してかかることである。

二、経験学習の成立とその特質

経験学習は児童の生活経験を尊重するところから、体系的・基礎的修錬が軽んぜられるおそれがある。われわれが基礎学習とよんでいるものがおろそかになりがちである。

まず教科の枠をはずして、経験カリキュラムを構成するとき、二つの生活基準線が考えられる。その一は教科活動の綜合の線である。われわれの従来の教育経験から、児童の学習活動を観て立案体系づける線である。教科別指導をしている時、児童の学習活動を熟視して、この時代の子供に対するこれら教育内容は、こういうように統合すればよいと思うことがある。それを生かして単元を設定するのである。この場合、教科の目的と性格から、社会科の単元がひきあげられ、拡大されていくことは自然のようである。

その二は季節・行事の線である。行事といっても、学校行事・社会行事・国家行事・国際行事等々といろいろある。季節によってさまざまの行事が計画されている。これら行事は、ぽつりぽつりと断続的ではあるが、児童の生活と深いかかわりをもっている。したがって行事が生活課題の系列をなしている。端午の節句は七夕祭より早く児童の生活課題となるのが自然である。このことわりが単元の配列に考えられる。

その三は毎日の行動の習慣の線である。およそ児童の毎日の行動には習慣系列がある。起床から洗面・朝食、そして登校と毎日くりかえしているが、それらを反復するだけでなしに、少しずつでも向上をはからなければならない。こうした毎日の行動の発展系列に即應し、合致した学習体系も考えられるわけである。これを経験学習の単元作成の生活基準線のその三としたわけである。

以上三つの生活系列の基準線によって学習単元を作成し、学習の体系を立てるのが常道である。

かくて構成された経験単元は、児童をして生活の場に立たせることも、児童の活動を機能的に結びつけることも容易である。この点は経験学習の特質であり長所である。しかし、其の場だけの活動では十分徹底し得ないものがある。その単元の課題解決のために必要なもの、またつぎに来るべき単元課題の解決のために、なお何回か経験させ、習熟させなければならないものがある。この点がおろそかにされる弊がある。それが経験学習の缺陥である。用具的性格、技術的性格、基底的性格或はレクリエーション的性格をもち、系統的修練を要する程度の強いものは、徹底的に反復練習することがのぞましいのである。

われわれはこうした習熟を要するもの、再度経験させたいと思うものは、生活経験を基底とした単元学習からぬき出して別に体系をもち、単元学習と関連をもちつつ学習する。これを基礎学習とよんでいる。その内容は、言語、数量・形、音楽、造形、その他学校図書館利用等であって、経験学習がこれらの学習に短所をもっていればいるだけ、その缺を補って経験学習を提唱しようとした。したがって基礎学習については新たに項を起して後に述べることとする。

第三節　経験学習の展開

一、経験学習の展開にそなえて

1、展開の基調　　経験の展開に役立てようとするなら、重要なことは、経験の定義でなく、経験の特性であり、経験の成立についてのしらべであろう。摘記すると

○経験は、主体に対し認識的・感情的に影響を與え、意識内容の成分となる。

○経験は單に印象として止まるのみならず、つぎの経験への方向づけを與え指導する。

○経験の成立は單に五感をもって対象をうけいれるだけに止まってはならない。

○経験の成立には、主体が能動的に動いていく過程において、優れて成立する。

○経験は未経験の世界にまで、同質的な構造によって拡がっていく。

○経験はくりかえすうちに、無意識的に環境に適應して行動の型をつくる。

○経験を通して、文化形式を内面化して、自己の行動の型とする。

等は、展開の基調としてあげられる。しかしこうした書物による研究は更に児童の現実と結び、教育は具体的の事実であるという考えと直結してこそ意義あるものとなる。

2、環境の構成　　環境といってもその性格から二大別される。すなわち

（イ）学習に間接的な環境

（ロ）学習に直接的な環境

と分けて考えられるが（ロ）の単元学習に直接的な学校や教室はいうまでもなく、（イ）の「社会」のように、単元学習に

とって間接的な環境までも、目的化することが大切である。児童が勉強したい、研究したい雰囲気をつくってやる。学習の基盤をなす経験をいかにして成立してやるか、能力的に、刺戟的に、科学的に経験のできるように、環境を醸成することが大切である。

３、児童の要求の調査　調査にはいろいろあるが、この場合、特定の単元学習の展開にそなえて調査するのである。この調査が教育内容と児童との関連性をはっきり示すのであるから、展開の仕方、指導分野などを知らせてくれるので大切な調査である。

４、モーテヴェーションの工夫　能動的に主体が動いて、経験はよりよく成立するのである。身を通して学ぶこと、——Learning by doing の準備をしなければならない。モーテヴェーションは、学習指導方法の基本線であって、同時に出発点である。どうしたら児童が教育内容に興味をもち、努力をつづけていくかは、かかってこのモーテヴェーションの工夫に在る。ショーリングは次のようにしたら児童が興味をもつだろうといっている。すなわち

（イ）　学習目的をはっきりする。

（ロ）　児童の問題を解決する課業であること。

（ハ）　作業的、ワークショップ的な学習であること。

（ニ）　個人差に適應していること。

（ホ）　学習過程に変化があること。

（ヘ）　学習法が社会化されていること。

（ト）　全感覚に訴える学習であること。

（チ）　児童のもっている部分的経験から出発すること。

（リ）　成功のよろこびのある学習であること。

と、述べて右のような点に留意し展開の準備をするようにすすめている。

二、展開の一般的過程と留意点

展開の準備は、来るべき学習形態を予想してなされる。その学習の形態や様相については、当校発行の「社会科の新しい進め方」に或は本シリーズ第一集に詳細に述べてあるので、ここには省略し、一般的な学習過程と方法上の心やりを述べることとする。

経験学習は、経験に始まり経験の統括に終るということもできる。その間、児童の心理的過程は、一連の問題解決の過程にほかならない。新奇な契機を含み、疑問を誘発し、どうにか解決したいという意欲を起し、解決への努力をすることとなる。経験・疑問・解決の一途をたどるのである。資料を集め、仮説を立て実験し実證して、経験を組織立て、統括することによって、児童にとって経験が役立ち、其の後の経験を方向づけるようになるのである。

要するに経験学習の指導展開にあたっては、

常に児童をみつめ、学級の性格を生かし、

自発的創造的な活動をすすめ、

興味がいかにしたら継続するかを工夫し、

直接経験をできるだけ多くとりいれる。

活動の原理にもとづいて、身をもって学び、

目的にむかった学習であるように、

個性化して、個人の特質に應じ、

社会化して、社会的教養を心がけ、

統合原理によって、学習経験を意義あらしめることが大事である。統合統括してこそ知識や経験を眞に児童のものたらしめることができる。かくしてこそ経験学習が、目的の人間形成に役立ち得るのである。

第二章 基礎学習

第一節 基礎学習の意義

一、基礎学習とは

新しい教育のあり方は、児童の生活経験を正しく指導することによって、個人を完成させ国家社会の正しい進歩発展に貢献しうる社会の有用な一員とすことである。

学校における児童の生活経験は、学校生活という限られた時間・学校という社会的環境の制約のもとに、更に児童の能力や発達の程度に應じなければならないという爲に、社会の要求と児童の興味と欲求に基づいて経驗学習の指導計画がなされるのである。

こうして計画された経驗学習には、字を覚えたり計算方法を覚えたりすることは、直接の目的としてなされるものではないが、学習活動に際してはどうしても字を読み・書き・計算をしなければならない場合が出てくるし、それが出来なければ学習活動が満足に前進しない。このように経驗学習の實践に際して児童の基礎的な知識や技能が未完成の爲にしばしば障害に遭遇するであろう。児童はその障害を取り除くために、参考書を見・教師に聞き・必要な技術があれば経驗学習の活動をとめて、練習をしなければならない。こんなことをしばしば繰返しているうちに、終には児童が何の経驗学習をしているかさえ忘却してしまわぬとも限らない。これは泥棒を見て繩をなうのと同じで繩の出来た時分には泥棒は逃げてしまうであろう。それでは経驗学習に対する興味も意欲も失われてしまう結果になって、その学習効果さえ疑われるようになってしまう。それ故に経驗学習においてしばしば障害となるようなことを、あらかじめ予想して、前もってその障害を除去すべき基礎的な知識や技能を学習して置く方が、時間的にみても能率的にみても便利である。

又、学校における経驗学習は、児童の將来経驗するであろうすべての生活全部にわたって経驗させることは、時間的・環境的・能力的制約によって容易になし得ないことである。從って生活に必要な知識・技能が全部もれなく、しかも十分に、経驗学習を通して学習し得るとは限らない。殊に数理に関する基礎的知識・技能のように系統を追って習得しなければならぬようなものを、経驗学習に全部包含させることは到底不可能なことである。從って將来生活に必要な基礎的な知識・技能は一般的に原理的に学習しておく必要がある。

この前者の中には基本的な文字の読み・書き・辞書の引き方・基礎的な計算や測量等のように、経驗学習前にあらかじめ理解し練習しておく方がよいものと、話し方・司会の方法・計算の仕方・図表の読み方表わし方・道具や器具の使用等のように、経驗学習により動機づけられてその必要を感じ反復練習すればよいものとがある。しかもその中には学習活動の都度反復して練習する程度でよいものと、更に特に時間を設けて継続的に反復練習する方がよいものとが考えられる。

このように基礎的な知識を理解し、基礎的な技能を練習によって機械化し技術化する学習を、基礎学習ということにした。この基礎学習を要約すると次のようになる。

A、生活学習で、経驗を通して、習得することが予想される、基礎的な知識や技能。

a 経驗学習以前に、あらかじめ理解し練習しておく方がよいもの。

b 経驗学習にあたって、必要にせまられて習得すればよいもの。

(a) その都度反復練習すればよいもの。

(b) 継続して反復練習する方がよいもの。

B、児童の生活経験の学習には、直接しばしば表われてはこないが、将来生活に必要と思われる基礎的な知識や技能。

これら基礎学習は、練習によって機械化し技術化することが、基礎的の知識・技能として生活経験に応用し適用する為に必要なことである。それには一應、経験学習と切り離し特別に基礎学習の時間を設けることが便利である。

然し前述のbの(a)の場合、即ち経験学習にあたってしばしば遭遇し、その都度反復練習すればよいような、例えば、はさみの使用とか、話し方とか、司会の方法とか、基礎的な色彩や形態・感覚等は、特に練習の時間を設けなくてもよいであろう。

二、経験学習と基礎学習との関係

1、目的からみて　　経験学習はそれ自体が直接生活指導の学習であるのに対し、基礎学習は経験学習から動機づけられて発展した知識・技能の理解・練習の学習であり、又基礎学習として単独に理解・練習された知識・技能が経験学習に還元し、そこでさまざまの生活の中に一種の用具として活用されるものであって、経験学習が目的的・内容的な学習であるのに対して、基礎学習は方法的・用具的な学習であるともいえよう。

基礎学習は生活に必要な用具となる基礎的な理解・練習の学習であり、経験学習はその用具としての基礎的な知識・技能を生活に適用することにより、生活経験をより高く、より深く進展せしめることが出来るのであって、両者は全く立場は異なるが、しかもこの両者は車の両輪のように切離し得ない密接なる相互関係を持ちつつ進んでいくものである。

2、内容からみて　　経験学習は児童の生活経験そのものであるので、あらゆる教科的内容がその中に含まれているのに対して基礎学習は経験学習に動機づけられて知的・技術的に思考し練習し、又基礎的・原理的に知識・技能を理解し練習するのであるから、その学習は知識・技能の種類に従って類別されることが便利であろうから、在来の教科と度同じようなものが生ずるであろう。

当校に於ては、基礎学習をその内容によって①言語に関する学習②数・量・形に関する学習③音楽に関する学習④造形に関する学習⑤図書館その他の基礎学習に分けて考えている。

3、方法からみて　　学習活動の形態からみて、経験学習は多くの場合、グループ活動の形態がとられるであろうが、そのグループは社会的・分業的のグループであることが望ましく、能力差によるものであってはならない。そのグループは同一の問題又は作業に対する共通の興味と関心をもつものの集りであって、その中には種々の能力・才幹を持つものが混合されてくることは当然のことであろう。これに反して、基礎学習においてグループ形態をとるときは、その目的からみて、能力別グループ編成が望ましいことは論を俟たないところである。

又学習活動の段階からみて、経験学習においては普通次の五段階が考えられる。

(A)主題設定（発意）の段階　　(B)組織計画（計画）の段階　　(C)研究作業（実行）の段階
(D)概括整理（整理）の段階　　(E)評價反省（反省）の段階

基礎学習のうち数量形に関する学習において、考えられる指導段階を挙げると次の五段階になる。

(a)問題把握（導入）の段階　　(b)研究理解（助言）の段階　　(c)練習体得（練習）の段階
(d)應用発展（適用）の段階　　(e)整理反省（評價）の段階

この段階中(a)(b)(e)は、経験学習の(A)(C)(E)の段階にあたる両者共通のものであって、(c)の練習の段階と(d)の適用の段階が基礎学習として特に加わり、経験学習の(B)計画の段階は基礎学習において殆んど必要はないか、或は極めて軽く取扱われてよいであろう。

基礎学習は端的にいえば、練習を主とする学習活動といってもよいであろう。従って練習の段階は如何なる基礎学習においても最も注意して取扱うべきである。又基礎学習はその学習により習得した基礎的な知識・技能は、経験学習に還元されて始めて基礎学習をしたことの意味が発揮されるのである。この意味において、生活への適用の段階も亦基礎学習独特の活動段階として考えられるのである。

三、基礎学習と練習の原理

基礎学習においては練習が最も主なる部分をしめ、その練習によって基礎的な知識を永久に自己のものとして身につけ、基礎的な技能を完全に体得し、自由自在にいつかなる場合にも適用出来るようにしておかなければならない。

この練習を効果あらしめる方法として考えられることは次の二つである。

(A)必要を感じ、理解を伴い正しく練習する。(B)注意を集中し、反復して練習を持続する。

次に各項について練習の原理を述べてみよう。

(1)　**必要を感じ、理解を伴い正しく練習する。**

(イ)正しく理解した後に練習を始める　理解が不十分のうちに練習を始めることは意味がわからず練習をすることになり、その当座は効果を発揮しているようにみえても、それは決して長つづきせず又練習をやりなおさなければならぬような結果になる。

(ロ)誤謬の進入を常に予防する　練習の都度その始めにあたって、事柄を正しく理解しているか否かを確認してから練習にとりかかるべきである。例えば算法を誤って理解しそれを練習したことによって、かえって誤って固定され、それを訂正するのに骨折るようなことがしばしばみられる。これをさける為には、常に評価の結果を精細に検討し、誤謬があればその原因を究明して、正しい理解と結びつけておくことが必要かくべからざることである。

(ハ)形式的な反復のみでなく実生活に使用すること　形式的・機械的に反復練習するのみでなく、しばしば生活経験として具体的に実際的に使用することによって、その意味をより明確にすることが出来てより確実な知識・技能となる。

(ニ)先ず正確に、次に速さを　確度と速度とは何等抵触するものではなく、速度を増すことが必然的に確度を犠牲にするものではないのであるが、余りに速度を増そうとすることは往々確度を破壊することがある。生活経験への適用は、先ず如何なる時に如何なるものを使うべきかを考えるべきで、その為にも正確な練習を第一に着手すべきである。然る後に適用を容易ならしめ円滑ならしめる為に速度の練習を重ねるのがよい筋道である。然し必ずしも確度と速度の練習は画然と区別する必要はなく、途中においては普通並行的に行われるものである。速度の練習には、特に練習の合理化・簡易化の工夫に重点をおいて、より能率を挙げるように注意すべきである。

(ホ)個人差に適應した練習をする　児童の発達の程度、能力の差等を考慮して個人差に適應した練習が出来るように工夫すべきで、その為には能力別グループ学習や個別的助言指導が適切有効になされなければならない。

(2)　**注意を集中し、反復して練習を持続する。**

(イ)練習に対する必要感を持つ　注意を集中して練習をするには、先ず児童が練習に対してその練習が必要である所以を自覚させることが絶対に必要である。その必要感は単なる競争心や他人の強制によるものであってはならない。あくまで生活経験と結びついた必要感でなくてはならない。

(ロ)有意義な練習であることを自覚する　自分の現在練習していることが、生活経験に如何なる役割を果たし如何なる位置と相互関係を持っているか、又それが将来の生活経験に如何なる重要さにおいて使用され如何に役立つかということを理解して練習することは、無意義に無自覚に練習するのに比較してどれ程練習に対する意欲が高まり、注意が集中し、練習の効果があがるかもわからない。

(ハ)一時に多くの事柄の練習を企てない　児童は一時に多くの経験を組織づけることは出来ないから、一時に多くの事柄について練習をし、又一つの練習が未完成のままに更に高次の練習に移るというようなことは、注意を散漫にし精力の浪費となる。一時に一つの事柄の練習に全力をあげるのがよい。

(ニ)分散的に反復し、継続練習する　練習は一時に長い時間をかけて練習するよりも、短時間でも分散して反復し、然も練習効果の著しい期間は継続して練習することがよい。一定の材料を一日に十回宛三日間にわたって計三十回繰返して覚えるのと、一日の中に続けて三十回反復してやるのとでは、前の方がより有効であることはヨストの法則として実験心理学的に明かにされている。

(ホ)常に評価して練習効果を自覚する　注意を持続していつまでも関心を持つて練習を続ける為には、練習の進歩の状態が児童自身に明白になるよう評価を常に行つて、その結果に関心を持たせるのがよい。

以上基礎学習について總論的に述べたが、次に言語・数量形・音楽・造形・図書館・その他の基礎学習について詳述しよう。

第二節　言　語　の　基　礎　学　習

一、ことばの学習指導とその内容

呱々の声をあげて生まれた會つての嬰児は、晩年辞世を残して世を去つてゆく。人生何十年、ことばを離れた生活は片時もない。自己の思想・感情は、ことばによつて他人に傳え、他人の思想・感情もまた、ことばによつて受けいれる。ことばによつて学び・考え・すべてを理解し、ことばによつて表現する。ことばによつて喜び・楽しみ、ことばによつて怒り・悲しむ。全くわれわれは、ことばの世界に生活し、ことばの世界で伸びてゆく。

人生にこれほど大切なことばを、子どもたちは、どのようにして学んできたか。

1、ことばの学習と指導

(イ)生まれてから小学校入学までは、子どもは主に、母親を中心として、兄弟姉妹その他の家族、並びに近所の子ども達の間で、日常生活に必要な話しことばを、自ら進んで学んでいく。特に母親は、意識的・計画的・積極的に、わが子にことばの指導をし、日々のあらゆる機会をとらえ、実際生活に即し、お話により、歌唱により、子どもの欲求と興味に應じて、懇切丁寧に、繰りかえし繰りかえし教えて、倦むことを知らない。この努力と効果は偉大なものである。しかも入学期が迫ると、文字の指導に懸命である。

これらの家庭におけることばの学習と指導は、必ずしも系統的ではないが、言語の基礎能力を得させようとする明確な目標のもとに行われていることを、われわれ実際教育者は十分承知していなければならない。

(ロ)家庭に於て相当の言語の基礎能力を得てきた児童に、小学校ではどんな言語指導を行つてきたであろう。

特に進んだ研究をしている指導者は、正しい言語観の上に立ち、子どもの言語把握の実態調査にもとづいて指導の目標を立て、国語教科書を、生きたことばのはたらきに発展する導入の材料として、実生活に役立つ言語指導をしてきたが、一般の傾向としては、やはり、ことばの指導ということを軽んじて、ただ「教科書を教える」ことに終始したのではなかろうか。

最近、国語指導の研究も進み、その目標もはつきりつかむようになつてきたが、それでもなお、実際の指導は、まだまだ「教科書で」教えず、「教科書を」教えて満足している傾向が多分に見えるではないか。家庭の母親が、目的的にことばの指導をしていることを考えても、われわれは大いに反省せねばならぬ。

2、ことばの学習指導の内容

ことばの学習指導の内容は、児童の全生活におけるあらゆる言語活動で、聞くこと、読むことの理解面と、話すこと、作ること、書くことの表現面を考え、また、理解面の発展として創作・演出の指導をすることである。更にこれらのあらゆる言語活動の基底を流れて、ことばに共通性・社会性・客観性をもたせている語法の指導も当然ふくまれる。

文章の素材を覚えることが、ことばの学習ではない。国語教科書の全部を読み終つたことが、国語学習の仕上げではない。国語の学習時間を中心に、学校生活のあらゆる機会をとらえ、ことばの理解力・表現力から、更に発展して、鑑賞・創作・演出まで、常に目的的な指導をして、自発的な創造的な学習活動を活溌にし、これからの民主主義社会に働いてゆける人間として必要な国語の能力を養うことに、萬全の努力を拂わなければならない。

二、経験学習と言語の基礎学習

生活経験カリキュラムの経験学習は、その導入から展開・整理・評價まで、すべての段階の学習が、言語の力を中心として進められる。したがって、経験学習は、言語の助けをかりて展開すると同時に、言語の種々な面の練習の場となる。この学習によって、児童の言語能力は、ぐんぐんと伸びてゆく。

しかし、経験学習に於て、言語学習の全範囲にわたることは、もとより困難なことであるし、その系統的・段階的な指導は到底望めない。更に経験学習に於て必要な言語能力をあらかじめ学習しておかねばならない場合も多々出てくる。又直接、経験学習に必要でなくとも、将来の生活に必要であり、生活をより豊かに、よりうるおいのあるものに高めるために是非共学習しておかねばならぬものもあるわけである。ここに於て、経験学習の外に、言語の基礎学習の時間を特設して、系統的にその学習を指導する必要がある。

次に掲げた言語基礎学習系統案は、文部省の学習指導要領国語科編を参酌し、当校児童の言語の発達段階を考慮して作成したもので、各学年共、基礎学習の序に於て述べた指導の段階と方法を基底とし、更に次の諸点に留意して、この案の指導にあたっているものである。

(1) 常に言語学習として、目的的な指導をすること。

(2) 国語教科書や教材は、あくまで、言語学習の導入として、方便として、足場としてこれを取扱い、その発展的指導を忘れぬこと。

(3) 国語教科書の素材内容を、経験学習の参考に用いることは望ましいことであるが、これで言語の学習指導が十分に果されたと考えてはならぬこと。もちろん、この場合でも、言語学習という点に意を用いること。

(4) この系統案の学習項目を、経験学習の各単元とにらみあわせ、その学習指導の時機を適当にあんばいすること。ただし、必要に応じ、何回も練習の機会を設けて、その徹底を期すること。

(5) 言語の基礎学習といっても、従来の国語学習と変るものではない。できるだけ児童の生活と結びつけ、興味をもって学習するように工夫し、更に、児童の言語能力の個人差を十分考慮して指導すること。

言語基礎学習系統案

		一年	二年	三年	四年	五年	六年
理解	聞き方	○注意して人の話を聞きわける ○聞く時と話す時の区別をする ○ラジオの聞き方とその態度	同上 同上 同上 ○話の要点をとらえる ○話のすじを正しくつかむ	同上 同上 同上 同上 同上 ○話を鑑賞的態度で聞く	○話の内容、ことば、話しぶり等を、批評的態度で聞く 同上 同上 同上	同上	
（鑑賞批評）	読み方	○ひらがなを読む力 ○ページのくり方 ○教育漢字を読む ○声を出して、はっきり読む ○本や雑誌を好んで読む ○脚本を読む	同上 同上 同上 同上 同上 同上 ○かたかなを読む ○声を出さないで読む ○抑揚、断続に注意して読む ○横書きの文章を読む ○長い文章や一冊の本を読み通す ○文章の筋を正しくつかむ ○紙芝居を演ずる	○文章の内容を概括する ○文章の構造を理会する 同上 同上 同上 同上 ○声を出して、味わって読む 同上 同上 同上 同上 同上 同上	同上 同上 同上 ○文章の主題をとらえる 同上 同上 同上 ○声を出さないで、はやく読み、文章の筋をとらえる 同上 同上 同上 同上 同上 同上	同上 同上 同上 同上 ○種々の文体の文章を読解し、読みを工夫する 同上 ○外国の作品も好んで読む ○演出を鑑賞する 同上	○大人の新聞を読む 同上 同上 同上 同上 同上 ○演出を鑑賞的、批評的態度でみる

	表現（話し方）	読み方
（上から1段目）	○発音や語調に注意して話す ○標準語で話す ○せりふのいい方になれる ○ごっこ遊びの演出 ○脚本の演出（一年から六年まで）	
（2段目）	同上 同上 ○表情や身ぶりを工夫する ○紙芝居を演出する ○敬語をつかってていねいに話す ○文法的に正しい話し方をする	○詩を楽しんで読む
（3段目）	同上 同上 同上 同上 同上 同上 ○その場にふさわしい話題をえらんで話す ○その場によく合った声量で話し、集会での話し方を工夫する ○見たこと、聞いたことを、順序立て話す ○討議の時の話し方を工夫する	○詩の情景を読みとる ○子どもの新聞を読む ○文章を鑑賞的態度で読む ○シナリオを読み、その情景をつかむ ○語法に関心をもって読む
（4段目）	○論理的な話のはこび方になれる ○集会で司会者として話し方を工夫する ○すべての面を考えて、円熟した演出をする 同上 同上 同上 同上	同上 同上 同上 同上 ○ローマ字や文を読む ○辞書のひき方を知る ○素材を、ふえんする ○文章の内容を批評的態度で読みとる ○俳句、短歌を読み味わい、その情景を摑む
（5段目）	同上 ○電話で話ができる ○放送になれる ○感覚的な話し方をする 同上 同上 同上 同上	○詩情を味わって読む 同上 同上 同上 ○日常必要な語法の大要を理解する 同上 同上 同上
（6段目）	同上 同上 同上 同上 同上 同上 同上 同上 同上	同上 同上 同上 同上 同上 同上（感情把握）

	表現（創作・演出） 作文	
（上から1段目）	○二〇〇字程度の文章をつくる ○童謡・童詩をつくる ○手紙をかく ○絵日記をかく ○生活から取材した文をつくる ○句読点のつけ方をおぼえる ○かぎのつかい方をおぼえる ○推敲の仕方をおぼえる	
（2段目）	同上 同上 同上 ○普通の日記をかく 同上 同上 同上 同上 ○八〇〇字程度の文がかける ○簡単な記録をする ○紙芝居をつくる ○形容詞・副詞のつかい方になれる ○なぞなぞをつくる ○写生文をかく	
（3段目）	○長文をかく 同上 ○いろいろな相手に手紙をかく 同上 同上 ○叙景・叙事・叙情等各種の詩をつくる ○いろいろな感想文をかく ○推敲になるれ 同上 同上 同上 同上 同上 ○報告文をつくる ○童話をつくる ○よびかけをつくる ○新聞記事をかく ○新聞編集をする ○詩を散文にする ○説明文をかく	○批評の仕方を考える ○質問・疑問・提示の話に対する答え方
（4段目）	同上 ○短歌・俳句をつくる 同上 ○いろいろな観察日記をかく 同上 同上（読書感） 同上 ○ぐう話・逸話・傳説などをかく ○種々な記録の仕方 同上 同上 同上 同上 同上 同上 同上 同上 同上 同上 同上	同上
（5段目）	同上 同上 ○いろいろな用件の手紙をかく 同上 ○研究論文をかく 同上 同上 ○傳記・人物論をかく 同上 同上 ○脚本をつくる 同上 ○ラジオ台本、シナリオをつくる 同上 同上 同上 同上 同上 同上 同上 同上	同上 同上
（6段目）	同上 同上 同上 同上 同上 同上 同上 同上 同上 同上 同上	

表現	書き方	○ひらがなの形と筆順 ○視写の力 ○教育漢字の形と筆順 ○句読点・かぎの書き方 ○書き方用具の使い方	同上 同上 同上 同上 同上 ○かたかなの形と筆順	○聴写の力 同上 同上 ○黒板に伝言を書く ○横書をする 同上	同上 同上 同上 同上 同上 ○ローマ字の形と筆順 ○ローマ字の文の書き方 ○ペンの使用法 ○はやく美しく書く ○白紙に文字を書く ○図解する力 ○要点を符号でつづる	同上 同上 同上 同上 同上 ○文字の模様化 同上 同上 同上 同上 同上 同上 同上	同上 同上 同上 同上 同上 同上 同上 同上 同上
	作文			○物語・伝記の脚色をする ○笑話をつくる ○批評文をかく	同上 同上 同上 ○詩劇をつくる ○標語をつくる ○子ども会の規約をつくる ○講話の要点を記録する ○挿話をかく	同上 同上 同上 同上 同上 同上 同上 同上 ○散文を詩に改作する ○諸調査の取捨選 する	同上 同上 同上 同上 同上 同上 同上 択・摘出・要約を

第二節　数量形の基礎学習

一、数量形の位置

新しい教育は子供の生活を指導していくことに重点をおいている。経験学習はそれ自体が直接生活指導の学習であることは先にもふれたところであるが、子供の生活経験を常に再構成させ、子供たちが新しい生活を創造してゆくためには、基礎的な数量形や言語などが理解され、それらの技能が練習され、身につけられなければならない。そして自己の判断により、自分の意見や行動を決定してゆくことができるようになることが望ましいことである。

子供たちが自分の判断によって、ものごとを理解したり、批判したり、創造してゆく生活において、数量的な考慮を必要とするにあたって、それらの基礎をなすものが数量形である。

数量形の学習は経験学習において動機づけられ発展した数量形に関する知識技能の理解練習の学習であり、又基礎学習として単独に理解練習された数量形についての知識・技能が経験学習に還元されてゆくこととの二面が考えられるが、いずれにしろ、用具を用具たらしめて、日常生活においての数量的な資料を基礎として常に正しい判断、正しい批判ができるよう、そして生活を創造してゆくことができるように、数量的な面における基礎を確立していくのが基礎学習における数量形の担う面である。

したがって数量形の基礎学習は、従来の算数科そのものの学習でないことは勿論である。経験学習が目的的・内容的な学習であるのに対して、基礎学習は方法的・用具的であるといわれるのもこれがためである。

二、数量形の学習計画表

算数基礎学習案 その一

		一年	二年	三年
第一学期	四月	唱え方・数え方(1～5) {一つ二つ {1. 2. 3. 4. 5 順序数を数える(1～5) 数字を読むこと，書くこと (1～5)	加法の意味理解 全部でいくつか，全体はいくらか 和 20 以下 繰り上りなし	五分単位で時刻や時間を表わす 1日＝24 1時＝60分 かけざんの意味理解 「ばい」「かける」の語の理解 {二の段
	五月	唱え方・数え方 (1～10) {一つ二つ {4. 5. ……9. 10 書き方 (9まで) 数の増減	減法の意味理解 いくつからなっているか，その差はいくつかもういくつ必要か，いくつ残っているか 20以下で繰り下がらない場合 数範囲の拡張 450まで	{五の段 問題解決 二・五の段 三の段 } 九九 六の段 }
	六月	比較 大小．多少．長い短い．上．下 時計の見方……何時 名数 本，匹，羽，枚，人，台	(何十)＋(何十)及び (何十) －(何十) (基数)＋(基数) 繰り上がりあり	四の段 } 九九 八の段 } 七の段 } 九九 九の段 } 問題解決 4. 8. 7. 9 の段
	七月	唱え方 20 まで 読み方 20 まで かたち 四角・ま四角・長四角	七曜表の作製 一週は七日 加法減法による一段階の問題解決 加法九九	$1L=10dl$ L，dl ではかる 乗法九九のれんしゅう え．グラフ．読み方．かき方
第二学期	九月	数の数え方．数字のかき方 20 まで 数の唱え方 50 まで 数の増減 20 まで	(10以上)－(基数) くりさがりあり 減々法	1000までの数え方．かき方

算数基礎学習案 その二

		一年	二年	三年
第二学期	十月	数の分解と合成 10まで 数え方 二・四・六…… 比較 前後・高い・低い遠い・近い・あつい・うすい・あさい・ふかい	減法九九 メートル 問題解決(加減一段階)	除法準備 ××a＝b 交換の法則 問題解決
	十一月	最上級 時計の見方 午前・午後・何時半	(何＋何)＋(何＋)＝(何＋何) (何＋何)＋(何) 繰り上がりあり (何＋何)－(何) 繰り下がりあり	方位 磁石をつかって 三位数までの加減 くりさがり．上り一回 歩はば．指はば．両手のはば Kg 単位
	十二月	問題解決 数の合成，分解を用いて，かんたんにできるもの まる．三角．線．かど．たて．よこ	センチメートル (何＋何)＋(何＋何) 繰り上がりあり 問題解決 (加減一段階及かんたんな二段階)	わり算の意味理解 (÷) 問題解決 (自除・等分除)
第三学期	一月	唱え方 51～100 まで 数字をかく 35 まで	ためしざん 三数累加	一年間のカレンダー 一年＝12ヵ月 年齢のかぞえ方 満何才 年号
	二月	数の合成分解 (1～35) 数の増減 (1～35)	三数累減 問題解決 (十二月に同じ)	(三位数)＋(三位数) (繰り上がり二回) 0の意味理解
	三月	問題解決 円 表 東．西．南．北		(三位数)－(三位数) (繰り下がり二回)

算数基礎学習案　その三

		四年	五年	六年
第一学期	四月	四位数までの加法に減法 和 10000以下繰り上がり下がり三回まで 和の意味をまとめる {みんなでいくらか 合せていくらか 10000 までの数をかいたりよんだりする ↑	1億未満の数を書いたり読んだりする 問題解決	収支勘定（合線越金）
	五月	°概数をとって，数を読んだり書いたりする 1分単位で，時刻や時間をあらわす （二，三位数）×（基数） （基数）×（二，三位数） 被加数・加数が共に四位数 和 10000 以下 差の意味をまとめる（四つの場合）	目測によって長さや距離をはかる．正方形・長方形の面積を計算する 1a=100m² 1ha=100a 平行．垂直．鉛直線	領收書 預金申込書 勘定書 貯金 問題解決（乗除二段階）
	六月	$\frac{1}{100}$位までの小数を使って，量をあらわしたり，あらわした量を理解する 例 5.31m・こよみ・こずかい帳・店うり上帳	時間の単位 1分=60秒 $\frac{1}{100}$位の小数の加減まで そろばん加法 収支勘定	地図上でまがった道のりをはかる 複雑な円形の面積を方眼の数によってはかる（端下は5） 珠算減法
	七月	小数の概数をとる $\frac{1}{100}$位までの小数の加減（くりあがりさがり二回まで） 1Km=1000m $\frac{1}{10}$cm=1mm かんたんな案内図	問題解決 （乗・除一・二段階）	乗数三位数以上の乗法 積の位取りを，概算によって定める 相似形
第二学期	九月	折線グラフの見方・つくり方 二次元の表	立方体．直方体の体積またこれによって容積を計算する 水 1cm³ の重さは 1g 1m³=1000 l 1 l=1000cm³ 水平面．頂点．りょう． ↑面について	1町=10段 1段=10畝 1畝=30歩 1Kl=1000 l 1石=10斗 1斗=10升 1升=10合 1升=約1.82 l 除数三位数以上 ↑

算数基礎学習案　その四

		四年	↑ 五年	↑ 六年
第二学期	十月	直径・半径 コンパス，定規をつかってかんたんな図形をかく 1Kg=1000g	○ 被乗数・乗数が10, 100, 1000などの倍数であるときに0を処理してかける 同上除去の場合	◎ 分数×整数，分数÷整数 分数の加法，減法
	十一月	単位分数 正方形と長方形 ○	被除数五位，除数二位までの假商のたてにくい場合 時間についての加・減法 かんたんな地図や縮図 割合を比や分数の形であらわす	1t=1000Kg 1貫=1000匁 4貫=15Kg 1間=6尺 1尺=約30cm 1尺=10寸 1寸=10分 1町=60間
	十二月	↓ 被除数が四位数，除数が基数であまりのない場合 角（回転の量をあらわすものとして） 問題解決（乗除一段階）		正方形グラフ 帯グラフ
第三学期	一月	被乗数が二・三位数，乗数が二位数，あるいは被乗数が二位数，乗数が二・三位数の場合	あまりを剰余，分数の形で，また四捨五入によって処理する	分度器を使って角をはかる 1直角=90°一回転の角は360°円グラフにあらわさ
	二月	被除数が四位数，除数が基数であまりのある場合 除数に商をかけ，あまりのある場合には，これをその積に加えて，被除数	小数は分母が 10, 100, 1000などの特殊な分数である	れたものを，角度を測って，その割合をしらべる 分数を用いて量や比をあらわす 連比
	三月	に等しいことによってたしかめる 問題解決 （除・減 除・加）二段階）	主として分母が10までの分数を使って量をあらわしたり，あらわした量を理解する	

{四年の欄四月 加法 けんざんを入れる，五月 時刻表 問題解決四月へ（乗加 乗減）二段階）}

数量形の指導計画は改訂指導内容に規準をおき、社会と児童の実態に即して立案しなければならない。

「改訂指導内容」は普遍安当のものであるといいえないことは勿論であるが、われわれは一應基準は必要である。よりよき基準を求めつつ現在の基準を生かしてゆくことにした。

教科書は学習指導の方向を示したものにすぎないのであるから、教科書を教えるという考え方は新しい教育の要求するところではない。教科書は参考として大いに活用すべきものである。

かくして数量形の系統を前表のように立案した。更に、具体的には本シリーズの各学年編を参照されたい。

三、指導の在り方

数量形に関する学習においての指導段階を考察してみると、

A、問題把握（導入）の段階　　B、研究理解（助言）の段階　　C、練習体得（練習）の段階

D、應用発展（適用）の階段　　E、整理反省（評價）の段階

であるが、(A)(B)(E)の段階は経験学習の場合と同じ指導の方法であるが、(C)(D)の段階が基礎学習のもつ特殊な面である。基礎学習において習得した知識・技能は経験学習に還元されて、はじめて用具の用具たる價値を発揮することができるのである。

ここでは主として、練習体得の段階について考察してみよう。

練習の原理と基礎学習との関連は前述したところであるから、練習の段階の指導上大切な点を考えてみよう。

民主的教育においては、教師の強制によったり競争心の刺戟によって練習の効果をあげようとすることはさけなければならない。

児童自身が練習に対して意識的な欲求や必要感をもつことが第一に必要なことである。

例えば経験学習において、貿易の学習を進めてゆくと児童は円グラフと正方形グラフに抵抗を感じ、これを理解し書く技術を高めようと意識的な欲求をもつであろう。更に子供は必要感にせまられて学びたいと感ずるであろう。児童に最も切実な必要感を感じさせるために、どのような生活経験の場を設定してゆくべきかを児童と共に計画してゆくことが望ましいことである。

つぎに練習は、われわれの現在の経験の体制に如何に統合せしめられるかを理解した上で練習を行うべきである。

例えば先ず児童の具体的な生活経験から出発して、概略の形や概略の大きさが把握された上でこの経験が更に分化して精度を増すために技術の練習が大切である。又数を数えるにしても、單に機械的に数える練習をするのではなく、それが何を如何に数えようとしているものであるかを明らかにするために、その生活経験を整理し分類し組織した上で数える練習をすること、あるいは又各種の数の意味を明らかにした上で、反覆練習をし、更に生活経験の高度の組織づけの必要に伴って、計算過程の合理化をはかることが望ましい。練習は有意味な練習でなければならないことを强調するものである。

つぎに技術の練習においては正確の練習が先きに來るべきである。然る後に技術を容易にし円滑に運ぶようにするために、技術を速く用いる練習をなすことが望ましいことである。数量形の練習が子供たちの身につき、数量形の観念が経験学習に効果を発揮するようにするためには、一時に長い時間をかけて、後は全然練習する機会をもたないというような指導の計画はよくない。常に不断の時間をもつよう比較的短かく、一定の期間にわたって継続的になされるよう計画しなければならない。

技術の意味がよく理解されて後、分散的に反覆練習させることが技術を確立させてゆく最大の要件である。

児童が常に自分で自分の練習を導いてゆくことができるように、児童自身自己の進歩の状態を明白につかんでゆくために級友の評價や自己評價ができるようにすることがよい。ただ教師が評價してやるだけではあまり効果がないものであることを考えなければならない。

第四節　音楽の基礎学習

一、子供の生活と音楽

歌うこと、ひくこと、きくこと、つくることなど、音楽のどの部門を見ても子供とのむすびつきは非常に深い。幼児が無心に歌い、太鼓を打ちならして興ずる様子を見ても、母の子守歌に静かに眠っている子供や、即興的にメロディーを口にしてはしゃいでいるところを見ても、先天的に子供には音楽がそなわっているように思われる。勿論、こうした場合の音楽は音楽的には幼稚であるかも知れないし、或は音楽といえないかも知れない。然し、これは音楽の貴重な芽生えである。そしてこの芽をのばして、正しく、より高い音楽へと育てあげることが音楽の教育であろう。

子供に生れつきそなわっている音楽への関心・欲求・興味などは実は音楽の最も根本的な精神であって、音楽心とか音楽の精神とかいわれる高い音楽的生命へつながる貴重な心情である。この心情を身につけている子供たちは、その音楽生活の最も根本的な大事なものを生れながらにして持っているといえよう。ところで音楽を本当に身につけ究めてゆくためには、このような音楽を求める強い純粋な心だけではどうにもならない、音楽に必要な技術や知識がそれに伴って発展してこそ、はじめて音楽の塔が建てられるのである。即ち音楽の技術的・知識的な修得が是非必要となる。こうして音楽の精神・知識・技術が一体となり、子供の能力や欲求に應じて順序よく学習指導が行われて、はじめて子供の音楽の芽を成長させていくことが出来るのである。

二、経験学習と音楽

経験学習では子供の生活経験に基盤をおいて社会の要求とか子供の興味や欲求・能力などの基礎調査の結論に基いてこれを正常に豊かにのばそうとする。その教育計画にもとづいて設定された生活単元の理解を目的とした学習が行われる。その生活単元の中には濃淡の差はあれ必ず音楽的な学習が入ってくる。しかも音楽の学習に於ける歌唱・鑑賞・器楽・創作の分野の何れにも関連をもつ単元の学習もあれば、特に歌唱とか創作とかの一つ或は二つの学習活動によって十分単元学習の要求を満す場合もある。何れにしても経験学習では生活単元の理解が目的であって、音楽それ自身に目的と体系とを持った徹底した学習はのぞまれない。

前述のように、音楽の学習には知識や技術の修得が伴ってはじめてものになるので、これらが音楽学習の基礎をつくるものである。それは経験学習に於ける音楽的な学習の際にも幾分はその基礎となる事柄の学習は出来るが、このことに十分な時間と精力を注ぐことは単元学習の目的から見て出来ない場合が多いから、経験学習の音楽的な学習を円滑に進展させるためにも、音楽それ自身の教育のためにも知識や技術的修練のための特別な時間が必要となるわけである。

経験学習に於て生活単元にもられる音楽の学習は、概ね音楽の本質的な意味に於ける学習というよりは一つの補助・手段、乃至はリクリェーション的な立場におかれることが多い。生活単元の設定にあたり、またその学習の展開にあたって、教師も子供も実用主義の観念にとらわれたり、従来からの、よみかき・そろばんの知育偏重の流れにおちて音楽を未だに遊藝的に考える一般の傾向が、音楽を附隨的に考えたがる。

人間の本質的な欲求として、美を求めて止まない貴重な人生の小さい芽を正常にのばすために、もっと教師は広い視野で教育を見て、単元設定や学習の展開にあたって十分注意してほしいところである。そして生活単元の学習に於ける音楽の学習指導も、どこまでも単なるお役目的な扱いでなく、藝術的に深く高く指導してほしい。このことはとりもなおさず、生活単元の学習の徹底をもたらす所以でもある。

三、音楽の基礎学習

経験学習に於ける音楽の基礎学習は、前述のように音楽という技術を伴った藝術であるだけに練習の要がある。音楽を身につけるには、どうしても根本に音楽的な生命ともいうべき音楽へのあこがれ・求める心・歌ごころ・音楽精神といったような精神的なものが必要であるし、それに知識と技術とが一体となってはじめて生きたしかも身についた音楽となってくる。

経験学習といえども、音楽的な学習をしているその時間は完全に音楽の時間なのである。ただ目的が生活単元の研究にあるので、思いきってこれに時間をかけたり徹底して練習を重ねることは出来にくい。そこで経験学習の音楽的な学習は、出来る限り音楽的にも注意深く指導すると共に、基礎学習として基礎的な学習をする必要があるわけである。

基礎学習は出来るだけ経験学習と連絡を保って進めるが、経験学習の中の音楽的学習だけでは音楽として子供に学習させたいすべての基礎的な事項の修練を包含することが出来ないから、基礎学習によって体系的に、しかも音楽藝術の純粋な修練の立場から、これを継続的に反復練習して教育の完全を期したいのである。

音楽の基礎学習としては歌唱・鑑賞・器楽・創作の各部門について基礎的事項があるが、その相互間には相当共通する事項もある。それ等の事項の学習には子供の能力や環境・学年などを考慮し、一方には学習事項の体系や学習の方法上からの吟味などを加えて子供に興えなくてはならない。

基礎学習として特に指導上注意したい点は、基礎学習という言葉のもつ意味にとらわれ過ぎ、音楽の基本となる諸要素を各個ばらばらな修練に終始して、それが生きた音楽として働らく音楽の実体の学習を基礎学習としても十分にさせることを忘れないことである。無味乾燥な基礎学習の指導に子供を追込むことは、むしろ子供の音楽の芽をつむものであるから、常に基礎学習の必要感を十分にわからせて修練を積ませ、その結果を直ちに音楽の学習に生かすようにすべきである。

かくて経験学習の音楽的な学習と、基礎学習としての音楽の修練とが緊密に結びつきながら生活を高め豊かにさせ、音楽の理解を身を以て体得させながら、子供たちの小さい音楽的生命の成長を念願したいのである。

四、音楽の基礎学習一覧

	一　年	二　年	三　年	四　年	五　年	六　年
第一学期	○正しい発声 ○リズム ○拍　子 ○音　程 ○単音唱歌 ○諸楽器の名と音色 ○器楽演奏（リズム楽器） ○ハ調音階の読譜 ○楽典の初歩	○器楽演奏（木琴）旋律楽器を入れる ○和音感 二音・三音の識別 ○音　程 ○リズム ○拍　子 ○単音唱歌 ○ハ調階音の読譜と記譜 ○音階の歌唱 ○音楽の身体的表現	○ハ調の読譜 ○ハ調の視唱 ○和音感 一・四・五度 ○きれいな発声 ○音　程 ○リズム ○拍　子 ○単音唱歌 ○器楽演奏 ○記譜練習 ○音楽の身体的表現 ○楽器及び音色の理解 ○二部合唱の基礎練習	○へ調・ト調の読譜及び視唱 ○和音の識別（へ・ト調の一・四・五度） ○和音合唱 ○和音抽出唱 ○二部合唱練習 ○きれいな発声 ○表　情 ○音　程 ○リズム ○拍　子	○ニ調・変ロ調の読譜及び視唱 ○和音の識別（ニ・変ロ調にて一・四・五度） ○和音合唱 ○終止形合唱 ○和音抽出唱 ○三部合唱の練習 ○きれいな発声 ○表　情 ○音　程 ○リズム ○拍　子 ○記譜練習	○イ長調・変ホ長調の読譜及び視唱 ○和音の識別（イ・変ホ調一・四・五度） ○三・四部合唱の練習 ○終止形合唱 ○和音抽出唱 ○きれいな発声 ○表　情 ○音　程 ○リズム ○拍　子
第二学期	○ハ調音階の歌唱 ○ハ調階音の記譜 ○音の高低感 ○音の強弱感 ○音の長短感	○リズム譜とその奏法		○器楽演奏 ○楽典練習 ○記譜練習 ○音楽の身体的表現 ○楽器及び演奏の知識	○器楽演奏 ○楽典練習 ○音楽の身体的表現 ○楽器及び演奏に関する知識	○記譜練習 ○器楽演奏 ○楽典練習 ○音楽の身体的表現 ○楽器及び演奏に関する知識
第三学期	○リズム（二種類の複合） ○音楽の身体的表現 ○音楽の劇化	○簡単なハ調の視唱	○二部輪唱の歌い方			

第五節　造形の基礎学習

一、平面造形（図画）

造形は、平面造形と立体造形に大別される。ここでは平面造形について述べる。

平面造形の基礎学習としてとりあげなければならないのは、色彩・形相・構成・絵具の使いかたである。

よく晴れた空を青空というが、コバルト色に晴れわたったともいい、水色にすんだ空ともいう。木の葉の色を草色・青色・緑色と種々によぶ。よく晴れた空の色相は青である。コバルトを原料にした絵具の色に似ているからコバルト色といい、深い水は青くみえるので水色ともいう。木の葉の色相は緑であるが、誰の目にもよくふれ、よく知られている草の色であるから草色といい、よく茂っている草は青みをおびているのであおあおと茂っているというところからつい に草の色が青色で代表されるようになった。黒い馬を「あお」とよび、しろうりの一種を「あおうり」というのも青みがかっているところが強調されているわけである。

色名は種々ある。それを整理して秩序立て、色相とその色名から、特殊なニュアンスをもつ色名を区別しなければならぬ。そして、ことば数をへらして表現力を貧弱にすることなく、しかもまぎらわしくないようにしなければならない。彩度や明度についても同様。

生活経験の学習の中に色彩関係の事項が現われたときに、その指導をするのはもちろんであるが、そういうときに部分的に指導しただけでは、はっきり理解されにくいし、感覚としても鍛られない。標準の規格による色相をもっている自然物は少いし、色と色の相互関係がはっきりするように同時に現われてもこないから。またそのとき一度標準色をみても、それだけではっきりするわけでもない。基礎学習としてとりだすと、労少く効果の多い学習ができる。

形相では、遠近法と濃淡による立体感の表現が、構成では、色・形の組合わせ・便化などが、基礎学習にあげられよう。これらの表現能力は、だんだん発達するというよりも、大きな段階をなして、飛躍的に発達する。その時機に基礎学習として徹底的に学習しないと、それを概念的にいいかげんにかたづけてしまう生活態度をつくってしまう。一飛躍の時機に基礎学習をし、それを働らかせて経験学習を進め、又平素の経験学習から次の飛躍が孕んでき、次の基礎学習が生れるように進める。

絵具の使いかたは、絵具を使って、複雑高級な表現をする直前に、基礎学習として学習しないと、絵具や筆をもてあましてしまい、表現欲をいじけさせてしまう。本格的に絵具を使用する前に、図表をかいたり、くまどりをしたり、むずかしい技術を伴わないで、絵具の長所を利用するのが望ましいが、それだけで基礎学習をすることなく進め得るに至ることは困難である。

われわれは平面造形の基礎学習を次の表のようにとりあげる。学習の実際は、第三・四・五集で明らかにする。

学年＼事項	色彩	形相	構成	絵具
1	有彩色十一色の色名と色相 無彩色三色の色相			
2	一年と同じ			クレヨン重色
3	無彩色十一段階の明度 有彩色と無彩色との比較 当合の二—三色の配色	形体・色彩・明暗・陰影の正確な表現	色・形の便化 帯模様 鉛筆透写	二年に同じ
4	色集め、集めた色を明度と色相によって整理する 目立つ配色、目立たない配色、明るい配色	三年に同じ 遠近による形の変化	連続模様 あてはめ模様	
5	色集め、四年に同じ	四年と同じ	抽象形の模様	水絵具の使いかた、乾法・湿法

5	混色の実験 配色練習		複合形を基本形に分解する 毛筆速写 スケッチ 精密描写	
6	色集め　五年に同じ 色立体の一断面（純色・清色・濁色・明色・暗色） 配色練習	四年と同じ	複合形を基本形に分解し、分解した基本形を複合形に組合わせて構成する。 精密描写	

二、立体造形（工作）

1、基礎学習としての工作科のねらい　人類が今日の文化を持ち得たのは、祖先の殘した、言語・文章と共に絵画・彫刻・製作物すなわち造形的な物がもつ、と重きをなしているであろう。我々が祖先の恩恵に浴すると共に、社会の安寧と文化を進展させ子孫へのよき先達者でなくてはならない。基礎学習としての工作は今日ともすればおちいりやすい浅薄皮相な学習において、知的にも技術的にも学習を深化発展させる爲の位置を示さねばならない。ここにおいて、工作科学習としての目標を定め、我々の日常生活に缺くべからざる衣・食・住に対する理解より発展し、文化建設・社会生活・産業発展の爲の理解と技能とを養わねばならない。基礎なくして進歩なし、いかに生活経驗が豐富であつても基礎なくしては、それを生かし、より高く発展させる事はできない、我々は児童の経驗を尊重すると共に児童生活の発達を十分に存知して、この学習指導にあたらねばならない。

2、児童生活の発達

〔第一・二学年〕

（イ）物を作る力は絵を描くよりやゝおくれる。

（ロ）表現する場合、そのものを客観的な物とせず自分がその中に入りこむ（主観的である）。

（ハ）物の大小関係、物と物との関係が解らない。

（ニ）材料に対する強い関心はなく、身近な物を利用して自由に表現する。

（ホ）表現されるものが最初他人が見ても、意味が解りにくいが、児童自身段々と意味をつけて表現する様になる。

（ヘ）表現する場合、知識・技術・結果にとらわれることなく、大胆率直に喜びつつ純眞に行なう。

（ト）造形品を鑑賞する喜びは創作よりおくれる。

〔第三・四学年〕

（イ）主観的な物の見方から、漸次客観的になる。

（ロ）物の大小、物と物との関係に注意が出てくるが、一つのものに対する釣合が解らない。

（ハ）表現技術は進歩するが、直線や直角、円等はまだ正しくとれない。

（ニ）表現内容が豐富になるが、それと共に個人差が大きくなつてくる。

（ホ）工具・諸具・材料・作品に対する良し悪しの興味が増大する。

〔第五・六学年〕

（イ）物を客観的に見、それを知的に判断する力が強くなる。

（ロ）観察力が鋭敏になる、特に形や工夫の変化に注意が強くなる。

（ハ）観念的・象徴的な表現から漸次写実的な物に進む。

（ニ）造形品の実用價値や、美的價値の評價が強くなる。

（ホ）自己の作品に対する批判・評價が非常に強くなる。

（ヘ）自己の作品に不滿と自信を失い、表現の喜びを弱くする者もある。

（ト）新しい進んだ工具の使い方に興味を持つ。

三、基礎学習としての立体造形教材

事項＼学年	1	2	3	4	5	
形体	形集め 木や草の葉を集め形の類似にしたがって整理する 眞四角・長四角・三角	形集め 植物の種子や実を集めて形の類似にしたがって整理する 円・球	形集め 球・長い球・平たい球・卵形に属する物を集めて整理する	形集め 前学年の発展として、円柱・円錐直方体に及ぼす	複合形を基本形に分解する	複合形を基本形に分解
紙工	色紙・中厚紙による箱の作り方 空箱の利用 方眼紙の使用法 物を立たせる工夫	中厚紙を主とした家の作り方 動く物 組立て絵 袋の作り方	中厚紙を使用して実用品を作る 厚紙の使用になれさせる	厚紙を主として器物・筆箱・筆立・紙ばさみ等の立体的な物の製作になれさせる	乗物・建築物等に対し主として木工に対する副材として使用應用させる	前学年に同じ
製図	方眼紙のますを数える	同右	方眼紙を利用して展開図の作りかたとみかたになれさせる	読図・作図の初歩的能力をやしなう	投影図法による製図の初歩（方眼紙の利用）	投影図法による製図の
粘土	粘土のねり方初歩 食べ物 動物 乗物 人物	粘土のねり方 もとになる形 球・卵形・俵形・円 直方体・円柱・円錐台	粘土のねり方保存法になれさせる 器物・模型 建築物等を作らせる	手びねりにより器物を作る 植物・人物をまるぼりで作る 建築物の形を作る	写生または構想により主として立体的な作品を作る 植物・動物・器物・人物・建築物	前学年の発展と共に簡
木工				木材の使用途と種類についての初歩的な理解	木材の性質・利用價値の理解 実用品・箱・模型・遊び道具を作らせる	木材を主とした実用品
竹工	きびがら細工 ひごの切り方		竹の割り方 けずり方 たこ作り	竹を主とする工作法の理解 竹笛・筆巻・ピンセット等	前学年の発展として、竹の性質・まげ方を理解し実用品に及ぼす	前学年の発展として室
手芸					糸・布・わら等を利用した装飾品・遊び道具を作る	前学年に同じ
塗装				絵の具・ポスターカラーによる塗装法	膠着剤・緊結材料・塗装材料の種類・性質・使い方 にかわ・ニス・との粉等	前学年の発展としてこ
工具	鋏の使用 糊の使用 糊下紙の使用 粘土板の使用 物指しの使用 ナイフの使用	物指しの使用 ナイフの使用	物指しの使用 三角定木の使用 コンパスの使用	コンパス・三角定木・小刀・竹ひきのこぎり・竹割なたなどを使う能力を養う 工具に対する初歩的な理解とその使用法	木工具の使用法とその手入の方法・修理の仕方 のこぎり・かんな・のみ・ドリル・糸鋸・電気器具等	前学年の発展として工

6	し基本形を構成して新しい複合形を作る		方法 読図	単な描き方	の製作と、木製品の修理法	内装飾品を作る		れ等塗装材料のとき方作り方等の理解	作機械の使用法・手入法 帯鋸・自動式研磨機等

右の学習は各学年共、第三集・第四集・第五集において、児童の経験学習・単元と照し合せて各月ごとに取入れられ、展開されているので参照されたい。なお右の九部門に属しない、金工・動力機等は各学年のカリキュラムの中に示されているので、ここでははぶく。

第六節　図書館の基礎学習

基礎学習の面からみた図書館教育は、どのようなものでなくてはならないかについて述べる。

児童の学校図書館利用の活動は、いつも学習活動とともに行われ、又レクリエーションとして、行われるのである。この二つの場において、その場その場で具体的な実際的な利用についての指導がなされるのである。したがって、抽象的な説明をもってするよりは、場に応じた直接的な指導の方が、児童には理解しやすい。

たとえば、かなり技術的であると考えられるカード目録の使用については、やはり使用しなくてはならない。しかしまたその引き方がよくわからないというような折に、具体的に指導してこそ、確実な理解と能力が身につくのである。

このような指導の方針・態度は常に具体的にありたいのであるが、図書館利用にあたって、基礎的な理解と練習を要する問題が、学年の発達に應じて考えられる。

一・二年にあっては、読書態度・読書衛生・図書そのもの・図書館における態度、などについては、利用する折にその場に應じた指導が一体となってなされることがのぞましい。

紙芝居を利用したり、話合いをしたりする方法もあろう。そしてくりかえし、これらの問題について指導することが大切である。この学年にあっては、たのしく図書館が利用出来るということが、なによりも大切なことであって、本の扱い方はこうするものだなどと話をしたり、練習をしたりすることは、かえって児童の読書興味をそぐことになる。

この学年の指導は、むしろ教室における平素の学習に、その全体的な指導があるといってよく、教科書・ノート・学級文庫などをはじめとして、あらゆる学習の場、学習材料に対する態度こそ、図書館利用の基本的態度として考えられるのである。

三・四年になると、学習単元に應じた学習活動において、図書館教育の立場から、基礎的に学習しなければならない問題がある。

たとえば三年において文集をつくるということを通じて、とじ方、編集の仕方、表紙・目次のつくり方などについて基礎的な理解と、この練習が必要とされる。

また本の読み方として、上手なよみ方のために、要点のつかみ方、読書ノートのつけ方などについては、話合いや練習が必要とされる。

よい学級文庫にするために、貸し方、借り方、整理の仕方などが考えられる。

四年になると、学習活動も、図書館利用という方向にかなり接近してくる。その一例として辞書を使用したり、様々な主題に應じた参考書を利用するようになる。

このために、辞書の引き方については、指導と練習が、工夫された方法によってなされることが大切であるし、また図書分類についての概要、すなわち主類表程度の理解とこれへの習熟が必要とされる。書架の図書配列が主類によって判別出来ることは、この学年として無理ではない。

図書館利用の度数も多くなるので、閲覧・貸出についての手続きは、練習として誤りなく早く、きれいになるようにしなくてはならない。

五年になると、よい本を上手によむために良書選擇の基準について、一應の知識を持たなくてはならない。また分類法・目錄法について、概括的な說明をきき、これへの理解を深めて行かなくてはならない。さらに学習の深化にともなって、百科辞典の使用度数が多くなるが、索引の見方・使い方にも習熟して行かなくてはならない。

このように、五年になると、図書館利用のために、指導の時間が特別に考慮されることが必要になってくる。

六年としては、学習と平行して、カード目錄の引き方に習熟するために、この練習をする。とくに件名標目については理解して、この使用になれることが必要である。図書分類の実習や、簡單な修理の作業を行って、讀書生活への意義づけと共に、学校図書館への協力的態度を養ってゆくことは、大切なことである。さらに特殊参考書の使い方、数多い出版文化物利用の練習が、学習と並行してつまれてゆくことはのぞましい。

以上ごく簡略に系統的に、図書館教育における基礎的学習の体系について述べてきた。あくまで、実際的に指導されることが大切なのであり、より正しい図書館利用、より深い讀書指導のために指導されてゆかねばならぬ。そのためには、くりかえし指導されることは勿論のことである。

自分の生活をより深くし、將來の生活における正しい図書館利用ということも、こうして考えられるものなのである。

第四章 健康教育

第一節 健康の價値と目的

幸福な生活の最も基本的な要件は身体である。健康な身体の現代的價値は健康で長命なばかりでなく、その体力が旺盛で繁雜な文明社会の激務と修練にたえて、よくこれを成しおおせることである。高度に機械化された現代生活においては、不慮の禍をさけるために更に安全ということが生活の上に重要なことである。かくの如く健康は、殊に現代社会に於ける尊い存在である。

第二節 健康教育の教育上の位置

一、歴史的発達過程

二十世紀に入ってから、学校衛生ないし教育衛生に関する研究や実践が大いに発達するにつれて、学校における教育活動のすべてについて新しく衛生的見地から考察し直すようになった。学校教育に於ける衛生的問題は強く重視され全般的に考えられるようになった。この傾向はこれ迄の学校衛生の問題を、より積極的な健康教育の問題として展開せしめるに至った。特にアメリカにおいては、民主的教育の原理の確立と共に、最近二十年間に於けるこの方面の発達には非常に目ざましいものがあった。健康教育の発達には民主的生活観が重要な役割を果している。

わが国においてこの健康教育が注目されたのは、戦後来朝した米国教育使節団がその報告書の中に、これをとりあげたのによるといってよい。すなわち同報告書においては、健康が個人的・社会的道徳の出発点であることを強調し、しかも、この方面の努力が日本においてあまりに貧困であったことを指摘して注意を促している。それ以来この方面の努力は續けられているが、まだ一般にその理念が理解されるに至っていないため、單に知識に流れたり形式になったりして、学校教育の全面に亘って健康の維持と増進の見地が綜合的に浸透し難い状態である。

二、教育全般に於ける基礎

民主的生活観によれば、個人の精神と肉体の健康は、民主社会の維持と発展のために欠くことのできない條件である。しかして個人の幸福を保證し、個人と社会とが調和ある発展をとげるためには、その基礎として社会を形成する個人個人が健康であると同時に、各個人が相互に健康と安全を保持しようと協力する社会的態度がなくてはならない。すなわち民主社会を構成する基礎として、健康と安全を保持しようとする態度を形成することは特に重要である。このような考えのもとに過去の学校衞生は、教育の全面に於ける健康と安全の積極的組織づけとして新なる健康教育が再編成された。教育全般は健康教育を基盤としてその上に建設されてこそ、眞の成果が期待できるのである。

三、保健計画の立案及び内容

1、立案について　健康教育の目的を達成するには、先ず第一に保健計画の立案である。立案するにあたり必要な基礎調査として次のようなことがあげられる。

（イ）学校環境の実態　　（ロ）学校生活の実態
（ハ）児童の発育健康状態（現状と推移）　　（ニ）児童の生活実態
（ホ）児童の健康生活の実践力　　（ヘ）学校の衞生養護施設の現状
（ト）学校附近の保健衞生状態　　（チ）学校保健関係職員の設置及び活動状況

2、内容について　学校保健計画の内容として次のようなものがあげられる。

（イ）学校環境を健康的に整えること。　　（ロ）学校生活の健康的運営に関すること。
（ハ）学校保健事業に関すること。　　（ニ）健康教育の実施に関すること。
（ホ）学校保健関係職員の活動に関すること　　（ヘ）学校職員の保健の強化に関すること。

以上の如く健康教育は（ニ）に示されているように保健計画の内容としての一部門を占めている。健康教育は保健計画内容の中核であることは申す迄もない。健康教育の充実のために保健計画に示されている他の内容の存在があるとも言えるのである。

第三節　健康教育の内容

保健計画は健康教育を包含し保健事業の一切を含むものである。健康教育は前述の如く保健計画上の中核的位置にあり、児童の教育面に直接的なものである。健康教育の内容はこれを大別して三つの面から考えることができる。

一、健康の管理

これは担任・養護教諭・学校醫等によって児童の健康管理を行うことである。すなわち絶えず児童の健康状態の観察調査を行い、各人についての健康の程度を明かにし、適時個人的・集團的に指導を與えて各人の健康保持の活動を援助しようとするものである。この点に関しては児童の生活に結合させ、その自覚を促しつつ、これを積極的に推進させるべきである。この点について担任の存在は大きいと言える。

二、施設の管理

施設の管理とは、学校という生活の場所を健康的な場所とし、健康のために必要なあらゆる施設を十分利用出来るよう常に管理することである。一例としては、積極的に健康増進の場所としての学校を実現しようとする考え方に立つことである。教師と児童が協力して自己の生活の場所をより健康的な場所にしようと努力するところに、民主社会の理想が実現される。かくてこそ施設の管理も大きく教育的意味が持たされることになる。

三、健康に関する指導

これは個人的・社会的に健康を維持し、これを増進するために必要な知識・態度・技能・習慣を学習活動の全面に盛りこもうとすることである。単に知識として与えるのみでなく、学校・家庭その他の場所で児童が生活する時によき健康的習慣を身につけて行動するようにし、進んで社会的な健康維持に対して積極的に協力する態度を養おうとするのである。従って児童をよき健康の習慣に導くような一切の指導及び指導事項や、その基礎的知識を年齢・男女・能力・環境等により熟慮の上よく身につけさせるようにしなければならない。

以上は健康教育の内容を三つの面からあげたのであるが、具体的な面について述べることは少かったが、これは衛生のところを参照されたい。

四、内容の具体例

健康教育の内容は言うまでもなく教育の根本方針から出発するのであるが、直接的なところは健康の本質から導き出されるものである。健康な身体を育成させるには如何にすべきであるかを考えるとき、そこに健康教育の実践面が存在するわけであり、如何にすれば最も効果的であるかというとき、指導の必要が起ってくるのである。

健康な身体を育成させるには、実践可能なる細かい指導計画表が必要である。計画にもとづき実施されその後に結果の評価がされるのである。実践又は指導にあたって必要なものは調査物や諸統計物等の記録である。学級にては学級として健康教育に必要なる計画表や各個人に関係した表や諸統計物の掲示がよく、参考室は学級・学年・学校等に於ける表や統計物の整備が大切である。学級に於ける各人の指導は担任がその責任者であることは勿論である。学級の健康教育経営、又は健康室等については、本シリーズ第二集・第八章健康室の項にゆずることにする。

健康な身体を育成させるための具体的な事項として二つの面がある。その一つは積極的な身体活動の面を持つ「運動」であり、他の一面は消極的な予防面を持つ「衛生」である。以下運動についての具体的内容を述べることにする。

【一、運動】

体育は身体活動を通し健康増進を企図する健康教育である。体育の細部に亘ってここに説明することは都合により省略するが、体育が単に今迄の如く画一的、反心理的なものから脱して、興味中心、遊戯・競技・球技等を中心としたるのをとり入れ、生活に結び健康増進に結び、体育の日常化・生活化を目指すことは新しい方向を示すものである。体育の内容として次の如きものがあげられる。

（イ）**体育時間中の体育**　体育の実践を分類してみるとき(イ)体育時間中の体育(ロ)業間（レクリェーション的）体育(ハ)課外体育及びあそび(ニ)校内競技会（地域別対抗競技会）等である。

体育時間中に於ける学習は、児童が日常実施するであろう運動の中核となるもので、できるだけ基本的なものを学習することがよく、他の項に発展できる多角的な内容を包含していることが必要である。このように体育時間中における体育は、以上の如く業間のレクリェーションに、課外体育に、遊戯に、校内競技会に発展して行くべきものである。しかし高度なる体育は指導要綱に示されているところの精神修練を十分尊重し、常に強い大筋群や神経・循環系統等の諸機管を修練して強い体力を養わなくてはならない。この修練は主としてこの時間が受持つことを忘れてはならない。

（ロ）業間（レクリエーション的）の体育　業間に於ける体育はレクリエーション的であることが望ましい。作業の継行から起る精神的・身体的の疲労回復に対して行われるものであるから、その目的を達成することのできる軽いそして面白いスポーツや遊戯であることがよく、その方法については特に考慮すべきである。

（ハ）課外体育及びあそび　体育時間中に学習されたものは、課外体育や放課後の体育に発展してゆくべきものである。そこにも体育の生活化が当然生れてくるのである。

児童は、毎日始業前に、業間に、課外時に、あらゆる時間の機会をとらえ、場所の大小や人員の多少等を、それ相應に利用して運動や遊戯をしている。児童のあそびをみると感心するところが多々あるが、約七五〇名の児童にすれば何といっても狭く、各々勝手に運動をさせていると色々な弊害が生じてくる。弊害をあげると次のようなことである。

(1) 怪我をして危險である。　(2) 場所のとり合いが始まる。

(3) 自由に運動やあそびができない。　(4) 正しい運動やあそびが普及しない。

(5) そ　の　他

以上の弊害を除去し、一層正しい運動やあそびを奨励するために「運動場使用分担一覧表」を作成してこれを実施している。

〇運動場使用分担一覧表

この表について必要な事項は次に列挙する事柄である。委しくは省略して別の機会にゆずる。

(1) 運動場を区画する。　(2) 区画箇所の使用分担の日時を決定する。

(3) 使用上の注意事項を決定する。　(4) 野球についての実施規定を決定する。

野球は危險が多く、硝子の破損が多いので特に規定を決定した。

(5) 附属中学との使用上の約束を決定。

この方法は、非常に効果があり現在もなお続いている。委しくは別の機会にゆずる。

（ニ）校内競技会（地域別対抗競技会）　校内競技会の長所は今更申す迄もない。重点とするところは多々あるが、我が校は次のところを重点としている。

(1) 健康な身心の育成充実。　(2) 自治的活動の充実（児童の立案実施）。

(3) 校友の親睦や友情を深める。　(4) スポーツマンシップの養成。

(5) スポーツに対する理解及び体育行事の理解と実践力の養成。

以上の目的を果すために、競技会規約を作成して、競技会の運営を容易にするようにつとめた。規約の中には競技会実施についてのあらゆる必要事項を入れることがよいと思われる。

（ホ）体育の組織と運営　学校体育指導要項の精神を十分活かし、我が校の実状にかんがみ組織の充実に努力している。現在はP・T・Aの代表者によって厚生部があり活動の中心となっている。

児童の活動として大きいものは児童の自治組織の中の厚生委員と整美委員である。整美委員は学校の清掃美化の面に責任を持ち健康教育の面で大きく活動しているが、ここでは体育に関係している厚生委員について記すことにする。

厚生委員は四年以上の学級から男女各一名宛選出されているので、合計十八名である。その中から選挙方法により委員長一名と副委員長二名を選出する。委員会は毎週一回以上の相談日を設けて責任分担の事項について討論が行われる。委員は次のような仕事を持っている。

(1) 毎日の運動が、その分担箇所の通りうまく守られているかどうか、よくしらべる。運動の善導につとめる。

(2) 学級に於ける体育行事の立案・実施の中心者となる。

(3) 学校の体育行事の計画や実施に参與する。

(4) そ　の　他

以上の如き体育の日常化・生活化のために、厚生委員は責任の大きい存在にある。

（ヘ）体育管理　体育の実施が容易にできるためには、体育管理を十分にすべきことは申す迄もないことである。

体育管理として考えられる主なことは次のようなことである。

(1) 場　所　場所が運動することに適しているかどうか、よく検討する。危険なガラス等が落ちていないか、よくみる。

(2) 設備施設　運動を奨励することに必要な設備を考える。保健衛生の見地からも水呑場・足洗場の点も考慮しなければならない。尚現在の施設・設備を十分活用する方法を考究する。

(3) 用　具　運動の実施を容易にする第一のものは用具の整備である。用具の紛失を防ぎ常に充実した用具の整備には大きな工夫と努力がともなうものである。この点について一寸した工夫が非常によい効果を生ずることのあることを忘れてはならない。

(4) 組織の活用　厚生委員（児童）等の役員の活動を十分尊重し、常に体育運動実施についての具体的事項について、意見の交換を行い希望を述べ合い、自己の評価につとめるようにする。

(5) その他

【二、衛生】

新しい教育における体育衛生は、健全な社会を形成するために有能な人間をつくりだすところに主眼がおかるべきで知的教育を十分に消化し、身につける心身共に健全な人間を育成するにあると信ずる。体育自体が広い分野をもつ教育の一つの方法であると同時に、教育全般の進行の為の基盤をなすものである。このような意味で衛生を観るとき、体育衛生の内容は相当複雑なそして広い分野をもつことになる。我が国も終戦満四年を迎えたが、其の間ふりかえってみるときに、政治・教育・社会等に一大転換をなし、潮の如く流れよせる大波に棹さす暇もない現状で、恐らく足を地につけて、じっくり教育を考える余裕を持たないというのが現実ではなかろうか。体育衛生についてもやっと月刊雑誌が刊行せられて、これより誌上教育に乗りだそうとしているに過ぎない。体育衛生の施設・運営も旧態依然たらまだよい方で、その実態たるや荒廃そのものであるように思われる。然し何時までもこのままでは困る。次代を背負って立つ国民の教育にあたる我々は寸刻を惜んでも児童教育の為に一路邁進せねばならぬ。ここにわが校における衛生の実態を述べて、諸賢の御批判と御指導とをこう次第である。

1、衛生室の経営　衛生室は、学校医・学校歯科医・養護教論等の執務場所であり、児童休養の場所であるから、これ等のことを考慮して経営してある。

(1) 学校には学校における衛生養護を適切ならしめるために衛生室を設ける。

(2) 衛生室は之をわけて医務室と、休養室とし、夫々区画してある。医務室は主として身体検査・健康相談・救急処置・予防処置・其の他の衛生養護を行う。

(3) 衛生室は診査並びに休養の必要上なるべく使用に便にして、喧噪を避け通風採光の良好なる位置を選び煖房設備をする。

(4) 衛生室の備品は左の如くである。

医務室	身体検査用	休養室	医務室	身体検査用	休養室
一、机（診察用及び事務用）	一、身長体重計	一、寝台　三台	一一、手洗鉢及び台	一一、鼻鏡	一一、手洗装置
二、椅子	二、坐高計	二、枕	一二、石鹸用器	一二、鼻用捲綿子	一二、手拭掛
三、寝台　一台	三、巻尺	三、毛布	一三、薬品戸棚	一三、舌圧子	一三、石鹸容器
四、枕	四、萬国式試視力表	四、蒲団	一四、書類戸棚	一四、歯科用探針	一四、洗面器
五、器械戸棚	五、遮眼子	五、吸入器	一五、寒暖計及び乾湿計	一五、歯科用鑷子	一五、便器及び尿器
六、器械卓子	六、板付検眼レンズ	六、氷枕及び防水布	一六、屑籠	一六、聴診器	
七、診察器具入	七、色盲検査表	七、氷嚢	一七、汚物入	一七、体温計	
八、衝立	八、額帯付反射鏡	八、湯たんぽ	一八、痰壺	一八、検尿用器具一式	
九、手洗装置	九、耳鏡	九、[illegible]盥		一九、煮沸消毒器等	
一〇、手拭掛	一〇、耳用膝状鑷子	一〇、吸呑			

（イ）一学期の衛生教育指導内容

月	指導単元＼学年	一年	二年	三年	四年	五年	六年
四月	○生活の場を清潔に ○身体の発達と成長	○学校生活に馴れるにはどうすればよいか。 ○（イ）登校準備（ロ）登校の途中　学校での遊びなど。	○丈夫な身体になるにはなぜ身体を清潔にせねばならぬか。 ○手をきれいに	○掃除のしかた。 ○身体検査の結果は。	○美しい学級にするにはどうするか。 ○丈夫な身体になるにはどうすればよいか。 ○身体検査の結果は。	○身体の清潔を保つにはどうすればよいか。 ○身体検査の結果は。	○学校を清潔にするにはどうすればよいか。 ○私たちの身体はどうなっているか。 ○身体検査は。
五月	○運動 ○姿勢 ○休養睡眠 ○安全	○安全にあそぶにはどのようなことに気をつけたらよいか。 ○椅子のかけ方。 ○早起、早寝。 ○道路であそばない。	○身体が丈夫になるようにあそぶにはどうすればよいか。 ○登下校の時の注意。	○どんな運動が健康によいか。 ○姿勢を正しくするにはどうすればよいか。	○運動する時にはどんな注意がいるか。 ○運動を安全にするには、どうすればよいか。	○運動と健康との関係。 ○正しい姿勢を保つにはどうすればよいか。	○睡眠休養はなぜ必要か。 ○学校生活を安全に保つには、どうすればよいか。
六月	○歯の健康 ○梅雨と健康	○歯をきれいに、みがきましょう。 ○手や、顔をきれいに洗いましょう。	○むし歯にならないように ○汗が出たらよくふきましょう。	○むし歯はどうして防ぐか。 ○清潔な衣服を着るように。	○歯の病気にはどんなものがあるか。 ○住居を清潔にするにはどうすればよいか。	○歯を丈夫に保つには、どうすればよいか。 ○衣服や、身体を清潔に保つにはどうすればよいか。	○歯は、どんな役目をするか。 ○衣服など自分で洗濯しましょう。
七月	○夏の病気 ○食物の衛生 ○身体の清潔 ○水泳	○病気にかかった時どうすればよいか。 ○たべ物をたべる時どんなことに気をつけたらよいか。 ○洗面器の水に顔をつける。	○二年生ごろにかかりやすい病氣は。 ○たべ物についてはどんな注意が大切か。 ○浅い川や、池で水遊びする。	○かかりやすい病気の予防法。 ○食物の腐敗を防ぐにはどうすればよいか。 ○安全な沈み方、浮き方。	○病気にかからないようにするにはどうすればよいか。 ○どうして食物の好き嫌いはいけないか。 ○呼吸のし方、犬かき。	○病気とはどんなものかどうして病気になるか。 ○私たちの食生活はどう行われているか。 ○平泳ぎ。横泳ぎ。	○傳染病や寄生虫に対してどのような対策をとらなければならないか。 ○食物はどのように消化されるか。 ○遠泳

（ロ）二学期の衛生教育指導内容

月	指導単元＼学年	一年	二年	三年	四年	五年	六年
九月	○生活の場を清潔に ○予防接種	○長期間の休暇後の生活を徐々に ○予防接種の意義を知らせる。	○学級教室の清潔につとめる。 ○どうして予防接種をするか。	○学級教室の清潔並びに整頓をよくする。 ○どんな病気が流行するか。	○学級教室内外の清潔整頓に注意する。 ○同上	○学級教室、学校全体の清潔、整頓に注意する。 ○病気にならないようにするにはどうすればよいか。	○同上 ○腸チフス菌とはどんなものか、並びにその予防。
十月	○運動 ○休養睡眠 ○検便	○たのしく運動会をする。 ○睡眠を十分とるように。 ○検便をするわけ	○運動会には元気で。 ○どの位の睡眠をとっているか。 ○寄生虫はどんな害をするか。	○運動会にはどんな注意を守ってやるか。 ○運動後の休養の必要なわけ。 ○寄生虫駆除薬の服用について。	○運動会はなぜやるのだろうか。 ○同上 ○同上	○運動会の意義目的を知らせる。 ○運動と休養との関係。 ○寄生虫の種類とその予防法について。	○運動会の企画運営に参加する。 ○運動後の疲労回復と血液循環との関係。 ○同上
十一月	○規則正しい生活 ○皮膚の鍛錬	○食物はよくかんでいただく。 ○朝起きたら手拭で皮膚をまさつしていただく。	○たべすぎをせぬように。 ○同上	○食物についてすききらいがあるか。 ○自分で皮膚をまさつしましょう。	○同上 ○同上	○食生活の研究 ○冷水でまさつしましょう。	○食物の消化と営養素について。 ○同上
十二月	○病気の予防	○うがいを朝晩するように。	○同上	○外出からかえったらうがいと洗面をするように。	○同上	○この時期に発生する病気とその予防法について。	○同上

（八）三学期の衛生教育指導内容

月	指導単元	一年	二年	三年	四年	五年	六年
一月	○病気の予防	○手を洗ったらよく拭くように。○外出からかえったらうがいする。	○朝晩手をよくまさつする。	○「しもやけ」はどうして出来るか。	○「しもやけ」はどうして防ぐか。	○感冒はどうして予防するか。○衣服の衛生	○感冒の原因とその予防法についての研究。
	○環境の整理	○教室で、さわがないように。	○教室の窓は休憩時によくあけるように。	○清整を念入にする。	○教室の換気をよくする。	○暖房法について。	○住居の衛生 ○換気法
二月	○運動と健康	○寒さに負けないように。	○戸外で運動する。	○戸外で運動する。	○冬の運動と傷害。	○戸外運動と服裝。	○運動と傷害防止。
	○病気の予防	○予防接種はすすんでする。	○うがいをするように。	○どうしたらよいからだになるか。	○安全な生活をするには、どんなことに注意したらよいか。	○傳染病と、その予防生活について。	○結核の統計とその予防。
	○正しい姿勢	○机に向った正しい姿勢。	○本を読むときの正しい姿勢。	○正しい姿勢について。	○姿勢の矯正。	○姿勢と健康。	○正しい姿勢の模範を示すように。
三月	○健康の記録	○一年間にどれだけ成長したか。○どんな病気で学校を休んだか。	○一年間の成長をみる。○いつどんなけがをしたか。	○一年間に身長、体重が、どうかわってきたか。○病気欠席の原因について。	○一年間にどんなに発育してきたか。○一年間の傷害の原因。	○一年間の発育と学級平均との比較。○自己の運動能力と学級平均との比較。	○一年間の発育と学級平均との比較。○国民の健康（出生・死亡・罹病）率等の研究。
	○きれいな学級と学校	○教室をよごさないで、きれいに。	○きれいな教室にしてつぎにゆずりましょう。	○机や教室をきれいに。	○教室内外の分担区域もきれいに。	○來年は最上級であるから模範的にきれいに。	○最後を飾って、あらゆる場所の清潔に。

(1) **四月の指導目標**

（A） 新学年の当初であるからこの点を考えて指導目標を立てるべきである。一年生の入学当初の衛生生活の躾、二年以上の学年では新学年へ進級の喜びを利用して各児童に健康衛生生活のプランを立てさせ、実践のために努力させることが必要である。

（B） きれいな学校にする。

（C） 身体検査の結果を有効に活用する。

(2) **五月の指導目標**

（A） 正しい姿勢を保つ習慣と態度を養う。

（B） 各学年に適應した運動を奬励する。

（C） 過労は健康上害がある、ことについての理解。

（D） 睡眠休養の必要について理解を與え、正しい習慣態度を養う。

(3) **六月の指導目標**

（A） 歯を健康に保つ習慣態度を養う。

（B） 蠅や蚊を防ぐ必要を理解させ、その実践に努力させる。

（C） 梅雨の時期を健康で過す方法を理解並びに実践させる。

(4) **七月の指導目標**

（A） 夏の健康生活、特に病氣の予防生活に必要な習慣態度を養う。

（B） 夏に多い病気並びに食物の衛生等について理解を與え、清潔についての習慣態度を養う。

（C） 水泳についての安全にする習慣態度を養う。

(5) **九月の指導目標**

この二学期は一年を通じて最も気候よく特に九・十の両月は運動に最適の時期であるから身体の鍛錬に努力する反面、衛生方面にも留意をしなければならない。

（A）　教室並びに学校の清潔・整頓等に注意する。

（B）　腸チフスの予防や、ツベルクリンの皮内注射をする。

(6)　**十月の指導目標**

（A）　運動のシーズンである。秋季運動会を計画的にするように、上級学年には、その企画・運営に参加させる。

（B）　検便によって寄生虫の有無を知り、その駆除に努力させる。

(7)　**十一月の指導目標**

（A）　そろそろ涼しくなってくるので食慾を増す時期である。過食せぬように。

（B）　皮膚のまさつによって身体の強健を増すために、この月あたりから実施にうつるがよい。

(8)　**十二月の指導目標**

（A）　風邪におかされるころになる。うがいを奨励するように。

（B）　採光・暖房に注意する。

(9)　**一・二月の指導目標**

（A）　感冒・凍傷の予防生活を実践させる。

（B）　鼻の病気について理解させ正しい予防生活を実践させる。

(10)　**三月の指導目標**

（A）　自己の発育健康について理解を與える。

（B）　自己の運動能力について理解を與える。

（C）　自己の一年間の欠席理由について理解を與え、今後の正しい衛生生活を実践させる。

（イ）　学級と衛生室との連絡

学級担任は個々の児童に亘って、児童の顔つきによって健康異常を予知するとか、又は皮膚の湿疹・凍傷など早期に発見するとか、児童の学校生活中における健康衛生に常に留意し、もし異常があった場合には衛生室と連絡をとって、異常児童の診察・治療・休養等によって、その処置をとる。

衛生室においては、即ち学校全般の衛生に眼を向け、学校の清整、その他に注意し異常児童の診察、治療等の具体的面を取扱い、常にグラフを作製して学校衛生に努力すること。

（ロ）　清整の運営と実践

(1)　清整作業指導計画

清整作業によって如何なる性格の養成をねらっているか。

（A）　清潔・整頓の習慣。（B）　勤労の習慣。（C）　協働の習慣。（D）　環境衛生に対する理解。（E）　環境の美化。（F）　公共物に対する理解。（G）　物品（清整用具）取扱の態度の養成。

(2)　清整の運営面

（A）　教官の仕事の分担（特に仕事の重点でなるべく協力する）

（B）　主管教官（主管個所の清整指導、清整用具の管理）

高橋教官（清整用具の購入保管、一階の指導、整美委員の指導、並びに企画）

渡辺教官（三階、屋上の指導、美的環境への考慮、三階の指導）

木島教官（体育館及び舎外の指導、舎外用具の整備）

西村教官（二階の指導清整、用具の配給及び検閲、美的環境への考慮、一・二階の指導）

（C）　整美委員の活動

○日々巡視――整美日誌の記録・報告

月 六ノ一委員 五ノ三委員

火 六ノ二委員

水 六ノ三委員 四ノ一委員

木 五ノ一委員 四ノ二委員

金 五ノ二委員 四ノ三委員

○用具の配給・検閲

○美的環境の整備（お花・その他）

（D） 校舎環境衛生調査への協力

調査の結果を利用して、科学的な清整指導をする。

（E） 床の油引き

(3) 清整指導の予定表

四月	九月	一月
○用具の整備	○用具の整備	○用具の整備
○担当決定	○委員・班長会議	○委員・班長会議
○班長・委員任命	○大掃除	○大掃除
○委員・班長会議	○油ひき	○油ひき
○大掃除	○雑巾検査	○雑巾検査

2、健康室の経営　この項については、本シリーズ第二集・健康室の項にゆずることにする。

第四節　健康教育の指導

健康教育の指導にあたっては、健康教育の内容とするところ即ち、1健康の管理、2施設の管理、3健康に関する指導の具体的事項が渾然一体となり、児童の生活に結びつき、すべての学習と結び、実践を通して健康的な習慣を養い健康の維持と増進を図るように指導することが大切である。以下具体的な事項について述べることにする。

一、習慣形成と理解

習慣の形成は、健康教育の指導にあたっての根本的目標である。健康の維持と増進は健康的な習慣の形成樹立なくして期待することは困難である。前述の内容としてあげられた三方面は勿論、理想的な構想と運営の全きを期することが重要なことであるが、これ等が児童の活動に無関係に存在するならば何の意味も存しないことになる。あくまでこれ等の利用宜しきを得て、そこに生れる習慣形成事項こそ尊いものとなるのである。習慣形成は指導の根幹として尊い存在にあることは申す迄もないが、この習慣形成に直接的な役割を持つものは、実践と理解であると思われる。

二、健康教育指導要目

習慣形成のためには、実践と理解（健康的知識）が大切な存在にあるが、これを容易にするものは、前述の如き三方面の内容の充実と運営のよろしきを得るよう万全の環境を整備することである。それについて、その3〝健康に関する指導〟に含まれる一事項として健康教育指導要目の作成である。ついで指導計画をし、指導案を作り、実施し、結果の評価となる。

健康教育指導要目——→指導計画——→指導案——→実施——→結果の評価

健康教育指導案は各教材に亘ってよく検討し、作成することが望ましい。例えば手の清潔について指導案を考えて見ると、先ずその学年において形成されなければならない習慣態度や修得されなければならない知識について検討し、そのために指導者はどんな活動をするかを検討する。次に学習者に対する指導内容を検討し、更に指導のために必要なる設備教具を考える。最後に結果の評価について、その評価事項を検討する。これは一例に過ぎないが、以上の様にすることがよいと思われる。教材の全貌については、体育指導要綱を参照することがよい。各教材に亘っての習慣形成の具体的事項は都合により省略する。

三、健康教育と指導者

健康教育の指導の責任は全職員がこれにあたることは勿論であるが、わけても直接的なる責任者は学級担任であり、学校養護教諭であり、学校医及びＰＴＡ厚生部である。次は学級担任及び学校養護教諭の仕事と心構えについて述べることにする。

(1) 学　級　担　任

（イ）体育運動の実施及び実施後の衛生的躾
（ロ）毎朝の検査・健康的習慣形成事項・病気の早期発見（病気は一般的な病気と共に伝染病を含む）
（ハ）環境を最上の清潔にする。（主として教室の清掃）
（ニ）健康に対する知識を健康上の習慣に迄する。（学習教材との関係）
（ホ）その他

学級担任は学級児童の実態を一番よく知っているので、健康教育の責任は大きい。担任は、保健計画・健康教育の全貌を理解し、主事や養護教諭及び学校医と密接な連絡をとって指導の適切を期さなければならない。

(2) 養　護　教　諭

（イ）健康室経営の主導的責任にあたる。
（ロ）児童の病気外傷の手当治療を行う。
（ハ）学校全体の健康的環境の場を作る。（主として施設設備を利用しての健康的な環境）
（ニ）学校全般に亘る要注意児童に適切なる矯正及び治療を施す。
（ホ）集団検診・予防注射等の実施について、常に校医・主事・学級担任・保健所及びＰＴＡ厚生部等と密接なる連絡をとる。
（ヘ）学校全体の体格測定を実施し、その結果を図表化し、常に、全国平均、近隣の学校と比較対照して、我が校の児童の大要を知ることが出来る様につとめる。
（ト）その他。

養護教諭は、学校の健康面について、関係部所と常に密接なる連絡をとって学校全体の健康的な知識や習慣を助成せしめるよう努めることが大切である。

以上は学級担任及び養護教諭について述べたのであるが、これだけが指導者でなく前述の如く、他に全職員をはじめ校医・保健所・ＰＴＡ厚生部の存在があることを忘れてはならない。

四、健康室の利用

健康室の内容と使命は多々あるが、その中でも健康教育を実施する上に指導者が児童と共に常に利用されるものは健康室である。学習活動が展開されてゆくとき、健康問題の事項は数限りなく挙げられてくることは申す迄もない。これ等の問題に関してその解決の資料を与え、解決の実証をする任務を持つところは健康室である。健康室は児童の健康的な問題解決にも、くじけないだけの準備が必要である。要約するに健康室は、健康教育実施についての中核的存在であると言えよう。健康室については、三つの部門に分れている。1体育の積極面に関係する体育館。2衛生面に関係する衛生室。3栄養部面に関係する給食室。以上の通りである。健康室については、「第八章　健康室」の項を参照されたい。

以上健康教育の指導について、必要なる事項を述べたのであるが、要は健康的な習慣を形成して、健康の維持と増進を図るよう現実の生活実態を見つめて適切なる指導を施して行かれることである。健康は人間生活に於ける重要中の重要事であるにも拘らず、稍もすると等閑にふしている傾向が大である。当然のことであるが毎日の生活の中に活きた指導の**鍵**が潜んでいることを重ねて銘記しておきたい。

第五章　調査の実際

第一節　実態調査について

一、実態調査の必要性と重要性

教育に実態調査の必要なことは誰しも知っているが、日常の忙しさで行いがたいのである。実態調査の大切であることもよくわかっているのであるが、実際にはできにくいものである。さりとて実態調査をやらないでは、地についた教育はできないのである。

われわれは、日常の観察ですっかりわかるといわれる方もあろう。しかし、ただ自分ひとりで、僅かの児童についての観察・統計をもって満足してはいないであろう。それだけでは教育的良心はみたされないものと思う。また一般的普遍的な学者の調査研究は、具体的な自分の学級・学校の児童にとっては一つの参考にすぎないのである。

わが校においては、社会科の教科課程をつくるときに、すでに実態調査をした。ついで理科教科課程の研究のときにも児童の疑問調査を実行した。こんども実態調査を実施した。こうして何度でも調査をしようとするのは、左のような点から出発しているのである。

教育は具体的事実である。子供のうちにひそむ可能性を適切に刺戟して、その発達を促す仕事であり、教育は生活であると思えば、

（イ）　具体的な子供が知りたい。

（ロ）　児童のもつ現実の生活課題が知りたい。

教育は成長であり、発達である。生涯継続すべきもので、殊に学校期によく行われべきものであると思えば、

（ハ）　児童の発達に適應した教育方法を知りたい。

（ニ）　児童の要求・疑問・興味・社会的意識、地理的意識(空間的)・歴史的意識(時間的)・情意の発達等が知りたい。

教育は社会的機能であり、やがて民主的社会における社会人で、社会的グループの一員たらしめたいと思えば

（ホ）　社会人は児童にどんな要求をするか知りたい。

（ヘ）　社会人は学校教育にどんなことをのぞむかが知りたい。

教育は経験の再構成である。学習が経験であり、成長であると思えば、

（ト）　児童の現在までの経験が知りたい、どんな経験をしてきているか知りたい。

（チ）　家庭の人として児童に経験させてみたいことは、どんな経験か知りたい。

（リ）　児童の教育――児童への経験再構成に対する地域社会の人の要望が知りたい。

以上のような教育的見地から、実態調査をしたのである。

二、調査の実際

前にのべたような児童の現実が知りたい為に調査を実行した。静的な調査より動的な調査をしようと心がけた。児童・家庭・社会の全面にわたって落ちのないように工夫した。それぞれ目的をはっきりさせて、何のために調査するのかを明瞭にし、答えやすく、記入しやすいよう、調査しやすいように工夫した。部分的で足りるものは部分ですまし、全体にわたらなければならないものは、全体にわたって調査した。

わが校の具体的なよい教育設計を得るためにと調査したのであるから利用面は広い。すなわち

1、教育目的　2、教育目標　3、学年目標
4、スコープ　5、シークェンス　6、課題表
7、学習単元　8、学習指導案

等に活用する予想のもとに、時を得て、学校全員をあげて行った。左に実施した調査を表解し、なお後に新に項をおこして調査の方法や結果を詳しく述べることとする。

実態調査

（一）社会調査
（二）児童調査
　1　社会意識の調査　　2　知的欲求の調査
　3　情的方面の調査　　4　時間意識の調査
　5　空間意識の調査
（三）能力調査

第一節　社会調査

一、社会調査の方法

社会調査には、社会の自然的人的基盤・構造・領域・施設機関・社会的歴史的過程等いわゆる社会の実態調査に属するものと、社会のもつ生活課題の調査に属するものとがあって両者並行して調査されなければならない。

社会の実態調査は、過去において社会科及び理科のカリキュラム編成において実施し、学習の展開と並行して進められて来た。これはカリキュラム設計の重要な資料としても、また学習活動としても継続されなくてはならない。

経験カリキュラム構成に際しては、実態調査の基盤に立って、地域社会の生活課題を調査することとした。しかも学校が発する調査として、官庁や新聞社の調査部の発する調査と異なり教育を対象として記入されるであろうことを慮り、あらかじめ教育計画設定のための教育の具体的目標や、具体的な生活課題を知るための社会の要求調査ということを明らかにして実施した。

○　調査問題

◎社会調査の御依頼

○調査の目的　この調査は、教育計画を設定するにあたり、教育の具体的目標や具体的な生活課題（生活上の問題）を知るために、社会の要求を調査するものであります。

○記入上の注意　誠に厄介な調査でありますが、教育計画の確立のために御記入下さいますようお願い申し上げます。

1. 問題の要項が(1)から(13)まであります。この要項について、(イ)生活上問題になること。(ロ)教育上指導を強調すべきこと。(ハ)その解決の方法などについてお書きください。

2. 全項目について無理にお書き願わなくても結構です。

(1) 保健・衛生・災害・住宅問題など生命や財産を保護する立場から。
(2) 林産・水産・鉱産資源（岩石・土壌・動植物・気候など）自然資源の保護利用の立場から。
(3) 物の生産について。
(4) 物の分配・消費について。
(5) 物の運輸について。
(6) 交通や通信・報道について。
(7) 厚生・娯楽・慰安について。
(8) 芸術・美感・宗教などについて。
(9) 政治や政治機構について。

(10) 学校教育やその他社会の教育・教養の問題や施設について。
(11) 家庭生活について。
(12) 社会の進歩や国土の再建や国際問題などについて。
(13) その他

記載者　職業（具体的にくわしく）

○　調査の対象

1. 父兄の生活課題調査

各学級より任意見本法により八名宛選出し男女児・父母同数につき調査する。

2. 地域社会の生活課題調査

世田ヵ谷・目黒両区の完全就職者職業分類により、職域を基準として比例配当法により調査する。施設に依頼するものと、機縁法によって関係者に配布するものとに分けた。職業分類によって女子の比率も考慮し会社等に依頼するものは技術者と事務者を指定して各職層のものを含むように考慮した。

3. 近隣の学校に対して同問題を配布して学校関係者の声を調査する。

○回収の結果

種別	配布数	回収数	職業内容	主なる機関
男児の父	42	32		
女児の父	30	24		
男児の母	42	29		
女児の母	30	23		
（小計）	144	108		
1. 農業	10	4	農業	農業協同組合
2. 林業	1	1	林業農場経営	
3. 水産業	1	1	漁業会社	
4. 鉱業	2	1	鉱山業	
5. 建設工業	17	14	建築技師　建築士　設計士　建築会社	建設廳
6. 製造工業	81	57	重工業 造船 機械 自動車 ミシン 電気 製材木工 家具 繊維 製紙 ゴム 製菓 食品 バター 醸造 蒸溜 カメラ 万年筆 ヤスリ インキ 琺瑯 写眞	
7. ガス電気水道業	4	2	ガス　水道	東京ガス営業所　水道営業所
8. 商業	34	21	食料品 つくだに パン 文房具 八百や 酒 魚 肉 豆腐 菓子 古物 木材 デパート 輸出業 商会	デパート
9. 金融業	10	10	金融業 銀行 信託 生命保険 火災保険	銀行　保険会社
10. 運輸通信	19	14	運轉手	世田谷運送会社 東京急行（東横、玉川）運輸省 日本国有鉄道公社 新聞社 郵便局 電話局
11. サービス業	16	7	写眞師 料理人 家事使用人 ダンサー 浴場	
12. 自由業	21	20	代議士 区長 消防警察署長 区統計課長 教師（大、高、中、小校）出版業 演劇 彫刻 画家 歌手 辯護士 計理士 医師	区役所 警察署 消防署 区会 裁判所 学校
13. 公務及び團体	28	20		文部省 教育廳 都廳 外務省 大藏省 中央経済調査廳 食糧配給公團 酒類配給公團 洋服商組合 配炭公團
14. 漁業	13	7		
（小計）	257	181		

二、社会調査の結果

調査の集計結果の概要は次表の通りである。課題として教育目標と生活課題とが混然とした感はあるが両者共に生活課題を示すものであると同時に、児童の教育目標となるので双方共に挙げることとした。

解決の方向は学習展開・指導上に参考となる社会の要求であり、同時に実地見学地・施設として挙げたものも社会的要求として教育上の参考となるであろう。

◇生命財産の保護保全

問題の分類	課題内容	頻数 父兄	頻数 地域	課題解決の方向
(一) 保健衛生に関する問題	○公衆衛生思想を高めたい	三三	八一	
	○傳染病の理解と豫防とを実践させたい	九	二三	○講演を聞く
	○豫防医学・生理学に対する理解と実践をさせたい	一七	三七	○統計的に考察させる ○文化映画による理解
	○保健に関する良習慣を形成させたい	一七	二六	○紙芝居による理解
	○保健衛生に対する理解と関心を高めたい	三六	五七	○予防週間など宣傳による
	○病気に対する理解と手当法を知らせたい	七	九	○ラジオの利用
	○衣食に対する理解と実践をさせたい	八	三	○見学　衛生試験所・保健所
	○衛生・医療施設を増設・完備させたい	四四	一五	病院・警察署・療養所・傳染病研究所・
	○健康的な遊び場を増設させたい	四	七	赤十字博物館・汚物処理場
(二) 災害に関する問題	○天災地変に対する理解と予防の態度をもたせたい	一三	二六	○統計的理解 ○見学　消防署・防火住宅・アパート
	○火災予防の理解と責任を自覚させたい	一二	二二	
	○社会生活における災害予防の態度を養成したい	八		
	○警察力の充実をはかりたい		四	
(三) 住宅問題	○住宅の合理的な利用をさせたい	五	二一	○各自の住宅につき考察する
	○文化的で健康的な住宅にしたい	六	一九	○見学　模範的家屋・進駐軍家屋
	○住宅に関する衛生と災害への関心をもたせたい		九	
	○住宅難解決に対する関心をもたせたい	九	一三	

◇自然資源の保護保全

問題の分類	課題内容	頻数 父兄	頻数 地域	課題解決の方向
(一) 自然愛好	○自然に親しませたい	二	七	○遠足・自然観察
	○自然の恩恵に感謝させたい	二四	四	○造園・緑化運動の強化
	○自然美を鑑賞させたい	三		
	○環境美化について関心をもたせたい	二	八	
(二) 自然資源の愛護	○自然資源の愛護について関心をもたせたい	一〇	二九	○計画的利用採取　○代用物廃物利用
	○生物を愛護させたい	五	一八	○飼育栽培
	○天災からの資源の愛護をしたい	二	一	○防風林・気象予報の重視
(三) 自然資源の理解と開発利用	○自然資源の理解とその開発利用について関心を深めたい	一一	三五	
	○生物及び自然現象について科学的関心を深めたい	五	一五	○生態研究・自然観察
	○自然資源と人間生活との関係を理解する	六	一一	○製造工程の理解
	○日本の自然資源の実状を理解しその開発利用について理解させたい	一八	二三	○統計的な理解 ○科学的な開発法
	○自然條件と資源との関係と生活との関係	三	六	○気候・風土・天災と資源の関係
	○農産資源の理解と開発利用	三	二	○土地利用　○土壌の性質理解
	○林産資源の理解と開発利用	一二	一五	○植林の重要性　○濫伐の害
	○水産資源の理解と開発利用	五	九	○水産の重要性
	○鉱産資源の理解と開発利用	一	六	○石炭・石油の実状理解

◇物の生産

問題の分類	課題内容	頻数 父兄	頻数 地域	課題解決の方向
(一) 生産の意義・重要性	○生産の重要性、社会的意義、経済自立と生産の関係を理解させたい	一一	四二	
	○経済知識を身につけていきたい	三	九	

	○生産に対する興味・意欲を向上させたい	九	八	
(二) 生産方式・過程	○生産過程を理解させたい	三七	四九	○見学
	○合理的な生産方式をとらなくてはならない	一四	一五	製紙・製本・学用品・印刷・製薬・製菓・
	○創造的な生産を図らねばならぬ	四	一六	電球・家具・楽器・紡績・ミシン・製鋼工
	○輸出産業・重点産業を重視したい	三	一六	場
	○良品・必需品の多量生産を図らねばならぬ	一〇	二七	P・T・A関係者工場
	○生産の他部門・他産業との関係を理解する	四	二	新聞社・農牧場・試験場・展覧会・炭坑
(三) 生産要素	○各生産要素の関係を理解させたい	三	五	○実験的製作○工作作業○実習
	○労働の重要性・尊敬心をもたせたい	一	一〇	○菜園自営
	○労働問題を理解させたい	一	四	
(四) 生産品	○生産に対する努力と工夫を認識させたい	一一	一四	○読書・報道解説・映画
	○物に感謝し大切にさせたい	一一	一三	○討論
	○生産物の価値を認識させたい	四	八	○映画・幻燈
	○生産の現状と需給関係を理解させたい	四	九	○統計・図解
(五) 産業政策	○政府の施策を要望する	一	五	○技術者の講演
	○不自然な統制わくを撤廃したい	一	三	○外国との対比
	○労資は協調しなければならない	二	六	○廃物利用
	○貯蓄を強化したい	一	三	○標語作成

◇物の分配消費

(一) 分配の問題	○配給制度の合理化をのぞむ	一	一四	○配給主食の組合わせ・家庭持込
	○公平な分配方法をとってもらいたい	一八	三五	配給・学校配給の強化・貧者優先配給・勤労に應じた分配
	○分配機構を理解させたい	二七	一一	○販賣機構の改善・生産と消費の直結
				○協同組合の利用
				○社会機構の批判
(二) 消費の問題	○合理的な消費をさせたい	一七	二九	○生産の労苦を知る○更生利用
	○浪費をさけたい	一四	二五	○家庭の物資消費量・必要量を知る
	○国産品を有効に消費させたい	一	四	○消費の仕方を工夫させる
				○食物に対する態度○計器利用
(三) その他	○生産と消費の関係を理解させたい	一〇	一四	
	○需要と供給の関係を理解させたい	一〇	八	
	○自由経済と統制経済を比較する	九	一四	
	○その他の問題	九	二二	
				○見学 配給所・市場・魚市場・青果市場・工場・農家・農林省・横浜港

◇物の運輸

(一) 運輸の意義・重要性	○運輸と人間生活との関係を理解させたい	一二	五	
	○運輸の経済上の重要性を理解させたい	五	一三	
	○国家の再建のために輸送力の復興が必要であることを知らせたい	七	一	
	○物の價値と運輸の関係を理解させたい	一二	三	
(二) 運輸機関	○運輸機関の種類・構造・組織を認識させる	二	一	○運輸機関の実地見学
	○陸海水運の利害得失を知らせたい	三	四	○交通文化博物館の見学
	○海運の充実をのぞむ	七	八	○専門家の話を聞く
	○自動車輸送の便を知らせたい		六	○運輸機関の歴史的考察をする
	○道路の完備の必要を知らせたい		一	

	○物資輸送の経路を理解させたい	三	七	
(三) 態度	○運輸にたずさわる人に対して尊敬の念を持たせたい	三	二	
	○荷造りを確実にすることを知らせたい		一	

◇交通・通信・報道

(一) 意義・全般について	○交通・通信・報道の社会的意義を理解する	一一	二二	○見学
	○重要性を理解させる	九	一三	新聞社・放送局・中央郵便局・電話局・
	○昔から現代に至る発達を知らせ、祖先の労苦に感謝する	五	六	交通文化博物館・交通局・駅・市内見学 交叉点
	○先進国と比較する	二	一	○発明改良進歩の動機を学ばせる
(二) 交通について	○現状を理解し、交通機関のはたらきを知る	一	一七	○実践指導
	○交通難の原因調査・対策考究		三	
	○事故の調査をさせる	一	二	
(三) 通信・報道について	○政治・経済・文化との関係を理解させる		三	○新聞の見方の指導
	○機関の機能を理解させたい	二	四	○学級・子供・かべ新聞の編集
	○事故の調査をさせる	九	四	○報道の批判力
(四) 道徳	○交通道徳を昂揚し実践させたい	二二	三五	○ラジオの聞き方の指導
(五) 改善	○設備の改善をのぞむ	二	一二	○ラジオ番組の組替
	○サービスの改善をのぞむ	一	七	
	○企業の改善	一	二	

◇厚生・娯楽・慰安

(一) 施設について	○設備・施設の改善強化が必要である。	三〇	三三	○映画演劇についての当局の関心 ○慰安施設を地域別に○娯楽機関の子供への無料解放○公園○運動場○劇場の改善 ○養老院・託児所・授産場の増設 ○医療の国営・保険制度の充実
(二) 指導上望むもの	○芸能文化の鑑賞態度を十分つけさせたい	九	三三	○映画・演劇・音楽・美術の鑑賞
	○読書能力を昂めたい	五	九	○学校・公共図書館の利用 ○良書の推薦○読書指導
	○子供会（子供の集り）の充実をはかりたい	六	四	○子供会の運営
	○スポーツの充実をはかりたい	一四	二五	○施設の充実
	○太陽光線を十分受けさせたい	九		○早起き・運動・散歩・ピクニック

◇芸術・宗教

(一) 芸術	○芸術の意義を理解させたい	一一	一四	○芸術教育をさかんにする
	○人間完成の資として芸術を考える		一五	○幼時からの指導
	○芸術によって情操豊かな人間にしたい	四	二三	○芸術史を研究させる
	○芸術的趣味をもたせたい	七	二	○国宝を大切にする
	○施設を大衆的にしたい		九	
	○芸術を鑑賞する機会を多く与えたい	四〇	四三	
	○鑑賞力を与えたい	一〇	一四	
	○創作力を与えたい	三	五	
(二) 宗教	○宗教の意義を理解させたい	一一	一三	
	○子供のうちから宗教的なめばえを育てたい	八	二一	
	○学校の宗教的教育をのぞむ	四	八	
	○宗教を通して情操を豊かにしたい		一二	

	○宗教心の昂揚が大切である	八	一五	
	○宗教はあくまで自由でありたい	八	一三	
	○神仏に対し敬虔の念を持ち、祖先を尊ぶ態度をもたせたい	三	七	
	○愛と奉仕の精神を涵養したい		三	
	○邪教を排さなければならない		三	

◇政治

(一)政治一般	○正しい政治・民主政治のあり方を知らせる	二九	二七	○新聞・ラジオの利用
	○政治の行われ方を知らせたい	一四	一六	○講演会
	○政治の変遷を知らせたい	五	八	○時事問題解説、討論
	○生活と政治の関係を知らせたい	七	一七	○討論会
	○憲法・法律について理解させたい	一	二	
	○民主主義について理解させたい	一	一二	
	○政党とはどんなものか知らせたい	一	六	
	○政治教育はなすべきではない	三	一四	
	○現実の政治を見せるべきではない	三	七	
(二)政治機構	○政治機構について理解させたい	一〇	七	○議会傍聴・議事堂見学・模擬国会
	○政治機構はいかにあるべきか考えさせたい	二	六	○官庁見学・役所見学
	○外国の政治機構を知り比較させたい	二	五	○裁判所見学
	○議員の仕事について理解させたい	六		○議員の話を聴く
(三)選挙について	○選挙の意義について理解させたい	三	六	
	○選挙はどのようにしたらよいか知らせたい	一	六	
(四)自治について	○自治会はいかに運営すべきか理解させる	七	一三	○学級の民主的運営・自治会

◇学校教育・社会の教育教養の問題

(一)目的内容	○個性尊重の教育の徹底	一三	一四
	○人格完成の教育	三	九
	○公衆道徳の昂揚	五	一三
	○社会人としての実践教育	一三	一二
	○情操教育の徹底	二	八
	○祖国復興の清新なる教育	三	八
	○民主主義に徹した教育	一	八
	○成人教育・女子教育・国際協調教育		各一
(二)方法	○実物・実際・現場教育	二	五
	○二部教授廃止		三
	○自主的学習・処理		四
	○自由よりも或程度のわくをもつ教育	四	三
	(その他種々社会施設の利用意見あり)		
(三)施設	○一般教育施設充実	一一	一〇
	○図書館完備	三	九
	(その他視聴覚用具・学校環境施設の完備に対する意見多し)		
(四)教師	○教師の待遇改善	二	四
	○教師の人格と修養と熱意の向上	二	一
	○教育計画の確立		二

◇家庭生活

(一)生活の合理化	○家庭の科学化	八	一三
	○家庭生活の合理化	九	一八
	○文化生活の昂揚	五	八
	○生活の簡素化	六	九
(二)家族構成	○家族制度の美点を失わぬこと	八	二四
	○自由の尊重と責任の重視		二二
	○民主的に改革された家庭	九	一一
	○構成員の個性の調和		六
(三)生活態度	○明かるくうるおいのある家庭	一八	四九
	○責任をわかちあう	五	七
	○協調の精神	七	一〇
	○家庭愛の強調	二	一三
	(宗教・祖先崇拝・感謝・娯楽・勤労・規律・礼儀・向上・自立等種々あり)		
(四)子供の教育	○学校・家庭教育の同調		一四
	○秩序と尊敬	二	八
	○子供の世界を形成する	一	七

◇社会の進歩・国家・国際意識

(多岐に亘り一課題の頻数は少いので、総計の頻数を挙げ、頻数の多いもの一・二を挙げる)

(一)文化		七	一一
	○国際文化の進展に遅れぬよう努力	三	二
	○自然科学の発達を図る	二	二
(二)教育		二七	六七
	○教育方針の確立・内容充実	二	五

項目	内容		
	○国際社会の一員としての教育	二	五
	○民主主義的国家の認識	二	五
	○歴史教育の強調		七
(三) 人格		一二	一八
	○欧米を理解した国際人となる	四	四
	○品性高い人間となる	二	四
	○健全な思想教養をもつ世界人となる	三	一
(四) 道徳		八	八
	○社会道徳観念の徹底	一	五
	○道義の昂揚	四	一
(五) 国際情勢の理解		二六	二八
	○社会の進歩・国際情勢を知る	一四	
	○国内外の情勢を研究的に認識する		九
	○敗戦の現実を率直にといてよい	二	二
	○国際問題の偏らない理解	二	二
	○日本の国勢から己を知る	二	二
(六) 民族の襟度		二一	一九
	○民族としての襟度をもつ	一一	五
	○再建の意志強調	六	二
	○再建の責任・抱負・自信をもつ	二	三
(七) 国際親善と関係		二〇	二三
	○完全独立・講和促進	四	五
	○国際共存共栄の理念の強調	四	
	○MRA運動の理解	一	三
(八) 経済		一二	三四
	○産業振興	一	八
	○貿易の促進	一	七
	○国富を増す	二	五
(九) 政治		三	一三
	○都市計画の理解	一	一

第三節　児童調査

一、社会意識の発達

1、はじめに　一年から六年までの社会意識についての児童の総八〇〇項にのぼる答を次のように考えてゆくことにした。即ち児童が社会を綜合的にみている立場、言いかえるならば人格の完成ないし人格の発達といった綜合的な立場と、も一つは分析的な立場で社会機能、すなわちスコープとしての立場と、この二面から見てゆこうとした。それで人格の発達として予見したことは社会性の生長過程から、ことば、協力の傾向、自己表現の傾向、道徳意識、団体的行動などであり、社会機能としては次に示す表の生命財産の保護保全以下の十項目である。

2、綜合的な立場から　調査の結果を頻数によって表示すると左表のようになる。

第一に人格的な綜合的な立場から述べてみよう。それでまず述べておきたいことは児童の社会意識の基礎として社会

	項目＼学年	一		二		三		四		五		六		各項目の傾向
綜合的な項目	こ と ば	2%		1%		1%		1%		7%		5%		一般性
	戦争の原因	3%		1		4		3		2		1		時代的社会から影響
	悪人のいるわけ	1%		7		4		7		2		2		
	(インフレ)	(1)%		(1)		(1)		(6)		(4)		(4)		
	あ そ び	64%		20										社会のひろがり
	世 の 中	1%		11		9		12		9		5		
	日 本		74%	2	44	8	42	14	41	6	36	4	24	
	世 界					3				1		1		
	交 際	1%		1		11								人と人
	人 間 性							3		5		5		
	自 治	1%				1		1		2				その他
	性					(4)				1		(1)		
	そ の 他	1%		1		1				1		1		

社会機能別の項目													
	生命財産	10%		20		13		12		9		13	12.8%
	自然資源					1				1		1	0.3%
	生産	1%		5		7		5		6		4	4.6%
	運輸							2		1			0.5%
	分配消費	2%	29%	8	56	8	60	7	58	12	65	8	76	7.5%
	交通通信	3%				1		1		4		12	3.5%
	厚生慰安	2%				6		4		4		8	4.0%
	政治			2		4		13		16		18	8.8%
	教育	10%		18		17		10		5		10	11.7%
	宗教的美的	1%		3		3		4		7		2	3.3%

的交通機能としての「ことば」についての関心は全学年を通じて持たれているということであり、もう一つは現実の社会からの影響として「戦争のおこるわけ」「悪い人のいるわけ」「ものの價の高いわけ」などの戦争・道徳・経済についての関心が全学年を通じて、どの学年も八ないし九％を持たれていることである。つまり、全体的に約一〇％内外の社会意識の一般性をもつのであって、それは一つには内的な「ことば」から、もう一つは外的な「戦争」「道徳」「経済」としての社会的影響から洞察できるのである。なお「ことば」について五・六年で特に強調されていることは、ここで社会意識の深化を暗示するものである。

次に社会意識の場のひろがりであるが、一年は「遊び」が絶対的な頻数（六四％）を示しているが、その内容のすべてはいわゆる「ごっこ」であって、この「ごっこ」の世界に一年生は社会をみいだしているのである。二年生もそのような傾向をもつのであるが、あそびの内容もスポーツ的になり、頻数も二〇％に減じて、その非現実的な社会から、現実としての「世の中」への関心（一一％）をいちじるしくもちだしてくる。

それが三年になると「遊び」の姿は全くなくなって、「世の中」への関心と、もう一つ「日本」への関心、すなわち国家意識をもちだしてくる。その国家意識は四年で最高の一四％を示し、内容も「日本を独立させたい」「日本を富ませたい」など切実になってくる。

ところがこの傾向は五・六年になると一そう問題を現実的にとらえ、さらに行動化するために綜合的な立場をはなれスコープの立場、ことに「政治」の問題に移行する。

もう一つ「世界」への関心であるが、これは三年あたりから、出はじめて五年頃から「日本・世界を明かるいところにしたい」六年で「世界を一つにしたい」などと述べ、五・六年で世界に対する意識が明確になるようである。

最後に述べておきたいことは「交際」である。一・二年の「遊び」の関心が三年になると現実の社会へむけられると述べたが、それはさらに狭く人と人との関係にむけられて交際が強調（一一％）される。つまり「級友と家で話をしたい」「男の子も女の子も仲よく」などとさかんに述べられる。ところが、五・六年になると、その他人への関心が人間性をみつめ、自己を深めようとする傾向のものになってくる。つまり「人によって性格のちがうわけ」「約束と責任を重んじたい」「心の合うのがふしぎ」といった答がみられる。しかしながら他面、広い立場に立って「外人とも交際したい」「世界をたずねてみたい」と述べているのはおもしろいと思う。

以上、綜合的な立場について項目的に述べてきたが、ここで綜合的な立場の頻数が一年の七四％から学年の進むにつれて漸減していく理由を考えておきたい。で、それは前にもふれたのであるが、これは社会への漠然とした関心が次第に具体化し、行動化し、答の範疇が分化し、スコープの類型に移行してゆくのである。

次にスコープの立場から述べてみよう。

3、分析的な立場から　スコープの立場で一年生は全体の二九％にすぎないが、強調されるのは生命財産の保護保全と教育で、その内容は「きれいな着物をきたい」「よい家にしたい」「先生になりたい」「勉強のできるわけ」というた家と学校のごく身近かな立場のものである。二年生も大体同じ傾向を示すのであるが「家に人のすむわけ」「きものを大切に」「学校のできたわけ」「組にわけるわけ」とか、家や学校の関心が建物の機能とか現象とかいった概念的なものにまで深まってくる。そして全体としてスコープの頻数が五六％になり、綜合的な立場が分化して、分配消費なども強調され、現実の世の中への認識が生れつつある。

三年は六〇％を示し強調されるスコープは二年と大差はないが、内容的には「よその学校をみにゆきたい」「学校の博物館をつくりたい」「家をたてたい」「はたらきたい」といったように著しく積極的になる。四年のスコープの強調点は大体三年と同様であるが、異なる所は政治の強調（一三％）である。政治については三年にもみられたが、四年で「選挙をするわけ」「都市計画」「政府とは」など本格的なものになるのである。それから分配消費でインフレの疑問から始まって「(公)よりものの安くなるわけ」「株とは」といった経済問題が関心にのぼって（六％）くる。なお女児は四年、五年、六年と著しく「家を大切に」「楽しい家をたてたい」など家を強調する。

五年になると一般にスコープの分化的立場がきわめて強調（七五％）される。そしてスコープの全分野に関心が完全にゆきわたる。中でも強調されるスコープは政治・分配消費・生命財産・生産等である。ことに政治は約二〇％の頻数を示し内容も「議会」「よい政治家はいないのか」「共産党とは」など切実なものになる。分配消費についても「貨幣のはたらき」「子供銀行がしたい」などと強調される（一一％）。六年も一般的な傾向は全く五年と等しい傾向をもつが、すべてにおいていっそう強調される。すなわちスコープの立場の頻数は約七五％を示し社会意識の行動化の傾向を全学年を通じてもっとも強く示す。ことに政治は一八％で「経済九原則とは」「何主義がよいか」「解散のわけ」「平價切下げ」等を述べたすえ「人々のためによい政治家になりたい」と極めて積極的・具体的である。そして六年は五年より「世の中は矛盾だらけ」などと批判的になり、「自由主義とは」などと思想的になり、「人は何のために生きるか」などと哲学的になり「ポツダム宣言とは」などと国際的になり、全般的に著しく生きた社会の動きがとらえられてくる。

4、むすび　社会意識のシークェンスをみようとする時、まず全学年を通じて内的な立場からの「ことば」の自覚と外的な立場からの時代的社会的影響と思われる「戦争の原因」「悪道徳」「インフレ」についての各学年約一〇内外の関心で、これらは社会意識の一般的な傾向のものであり、基盤としてのものであるとみられる。

一・二年の社会意識は「遊び」を中心としたものであって、一般的に綜合的な未分化の社会意識が強調されて、スコープの分化的な立場にはあまり関心がゆきとどかない。ただ、しかし分化的な立場において直接的な生活環境から「きもの」「家」「先生」「学校」にはかなりの関心がもたれる。そのうちでも二年生の分配消費・生産などの現実の社会への注意をもちだし、「悪い人」に対する関心もたかまって子供なりの批判力が加わる。

三・四年の社会意識は現実的な社会への関心が強調され「遊び」の姿は全くなくなり、交際への関心がはらわれ、国家意識が明瞭になる。教育・生命財産・政治・分配消費・生産等のスコープが強調され、問題のとらえ方が自主的・積極的になる。つまり一・二年の現実から遊離する傾向のものがここで現実化され、積極化される。

五・六年の社会意識は一面には「ことば」「人間性」について関心が深められ、他面には現実的な社会への関心は綜合的な立場から分化し、行動化してスコープの立場が極めて強調され、またその視野は全スコープにおよぶ。そして特に政治・経済・社会の問題を現実の動きに即してとらえようとする。

なお、世界との関連においてものをみようとする関心のあることは注意したいと思う。

二、知的欲求

1　調査の方法　児童が、どのような知的の欲求をもっているかということをさぐることは、児童の発達段階を知るためにも、また学習指導を進めるためにもきわめて重要なことがらである。これが調査の方法は、種々考えられるが概ねつぎのようなものが考えられる。

○観察法＝児童の生活を観察して記録し、結果の考察によってしらべる。

○事例研究＝児童の生活経験の中、特色ある事例をつかみ研究する。

科学部門 分類	小分類の項目
数	A 数字　B 計算法　C 数学史
人間	A 発生　B 進化　C 遺伝　D 分類　E 生殖　F 構造　G 生理　H 運動　I 生長・生命・死　J 感覚　K 衣服　L 食物　M 住居　N 保健
動物	A 発生　B 生殖　C 進化　D 遺伝　E 分類　F 形態　G 生態　H 利用
植物	A 発生　B 繁殖　C 進化　D 遺伝　E 分類　F 形態　G 生態　H 利用
土と空	A 宇宙　B 空　C 太陽　D 月　E その他の星　地球（F 構造　G 生成　H 運行　I こよみ　J 時間・四季）　K その他　L 山　M 河湖（川）と海　N 其他　O 気象　P 天災
道具と機械	A 熱と火　B 光　C 音　D 電気・磁気　E 力と運動　F 機械一般　G 物質の変化　H 道具

○質問紙法＝一定の問題形式によつて質問し、筆答した結果から考察する。

○其　他＝面接。日記。等からの考察。

児童心理に関する文献による研究。

右のうち、質問紙法は、かなりの欠点もあるが集團的に調査ができ結果の整理も比較的かんたんで能率的であるから一般的であるといえる。当校の知的欲求の調査もこの方法によつて実施したのである。この調査は、単独に行われたのではなく、社会意識・情意的意識・空間的意識・時間的意識の諸調査とともに綜合的に行われたのである。すなわち、児童に、学校・家庭・社会について・衣食住について・科学について・宗教美術音楽等について・の五項目に関して、疑問・したいこと・おもしろいこと・等を自由に記入せしめ、社会意識や知的欲求……等の別に集計整理したものである。

知的欲求の整理は、集まつた資料として疑問を、科学・社会生活・宗教美術音楽・の三部門に分け、更に各部門をこまかく分類して統計整理したのである。部門の分類中とくに考慮を要したのは、疑問数の多い科学の部門である。科学の部門の分類は便宜上、およそ前表（一四〇頁）のように定めた。

2、調査の結果　左の表（一四三頁）は、さきに述べた調査方法によつて調査した結果の一部分である。表内の百分率は、各分類別の頻数を疑問總数（一四九九）で、除して得た商を百倍して得たものであるから、数値はすべて疑問總数に対する％を示すものである。

この表の観察によつて、児童の知的欲求のおよそを推察することができる。

まず、「科学」「宗教・美術・音楽」「社会生活」の三部門の總数に対する比率は、86％、11％、3％、であつて、科学部門が圧倒的な値を示している。これは、疑問調査をした場合に、疑問（知的欲求）の内容は、はなはだしく科学の面に傾くことを示している。云いかえると児童が自然の状態で知ろうと欲求するものは、科学的な内容をもつたものであることがうかがわれる。

疑問調査百分率表

分類＼学年		1　年	2　年	3　年	4　年	5　年	6　年	計	
科学	数	0.3	0.6	0.4	0.3	0.7	0.6	2.9	86%
	人間	3.5	4.1	4.8	3.5	7.4	6.6	29.9	
	動物	1.9	2.1	1.8	1.5	1.4	2.0	10.7	
	植物	1.2	0.7	1.4	0.8	1.1	0.8	6.0	
	土と空	3.8	3.5	4.2	4.1	4.5	4.4	24.5	
	道具と機械	2.3	1.1	1.4	1.5	2.9	2.8	12.0	
宗教		0.3	0.4	1.0	0.7	2.3	3.8	8·5	10.9%
美術		0	0	0	0.2	0.2	0.3	0.7	
音楽		0.1	0	0.3	0.5	0.3	0.5	1.7	
社会生活		0.1	0	0.7	0.7	0.7	0.9	3.1	3.1%
計		13.5	12.5	16.0	13.8	12.5	22.7	100.0	

社会生活についての疑問が、低学年には殆ど見えず、中学年で1.4％（三、四年合計）高学年1.6％（五、六年合計）を示しているのも、学年がすすむにつれて、社会生活に深い関心を示すようになることを物語っている。

宗教・美術・音楽等においても大体同じような傾向があらわれ、ことに宗教においては、低学年0.7％中学年1.7％高学年7.1％であって、きわめて明瞭に傾向があらわれている。

科学部門について、考察してみると、

まず数に関するものが比率が低く、学年によってもいちじるしい傾向は見出せない。

高学年にいたって⅓が上昇している程度である。

全学年を通じて比率の一番高いのは、人間に関するものであって、計においては、30％をしめている。このことから児童の知的な関心は、総体的に「人間」にむかうものであるということができよう。人間に関するものはどの学年においても殆ど首位を占めており、しかも、低学年7.6％、中学年8.3％、高学年14％、というような漸増の傾向をしめしている。

「人間」につづいて高い比率を示すものは、「土と空に関するもの」であり、合計において約25％の比率を示している。そしてこれは児童の問題を分析すれば直ちにわかることであるが、土と空のうち空に関するものが約80％を占めているのである。一見生活に無関係のようにみえる空に対しての関心がこのように高いことは、児童の知的傾向を解く大切なかぎである。土と空につぐものは、道具と機械の12％であるが、一年生に案外の頻数が集っていることが奇異の感をいだかせるが、これは、一年生は、身のまわりの道具にきわめて単純な疑問を数多くいだくことを物語っている。他の学年はおおむね漸増の傾向をたどっている。

動物の約11％が、道具と機械につづいている。低学年3.1％、中学年3.3％、高学年3.4％で、わずかに増を示しているが、おおむね変化のない関心をよせていることがわかる。

植物は科学部門のラストであって動物の約半分6％である。各学年とも動物の比率に下廻っていることはおもしろい。比率の移行は、低学年1.9％、中学年2.2％、高学年1.9％で、全学年を通じてたいした変動はみられないのである。全般的に関心が低いといわざるを得ない。けだし植物は静的であって、成長も動物のそれのように変化に乏しいので関心が満たされないのであろう。

以上は、疑問総数に対する各分類別の百分率表の考察から得た結果であるが、このような頻数をたよっての考察のみでは、疑問の質的な深さの傾向を逸するおそれが多分にある。次に疑問を少しく内容的に分析してみよう。

まず社会生活においては、三・四年の中学年においては、学校生活に関するものが多く、高学年にも、この傾向は見られるが、「政治のはじまり」「子供が共産主義をきらうわけ」「人種によって文化の差があるわけ」等の問題があげられ、日本乃至国際社会にまでひろがっていくのがみられる。

宗教に関しては、低学年は、「神さまはどうしていろいろなことがわかるのか」「神様はどうしてふしぎな力をもっているのか」というように神の存在をあたまから肯定してかかっている傾向があるが、学年がすすむにつれて、神の実在を疑ったり、否定したりする傾向がうまれてくる。六年になると、「各宗教の教えはどうか」「宗教はどうして起ったか」等の純粋の宗教としての問題にふれてくる傾向がみられる。美術音楽については特にみるべきものはみあたらない。

科学部門に入って、人間については、低学年においては、衣服・食物・住居についての単純なものが多く、発生・進化・遺伝・分類等に関するものは、四年生頃からでないと見られない。生殖については、すでに一年生から現われるが「人間はなぜたまごをうまない」の類であって、中学年において、「人間はどこから生れるか」高学年になると「人間は結婚しないと子供の生れないわけ」が相当多数の児童にとりあげられている。

生理や構造については高学年に多数で、いわゆる科学的な疑問の形をそなえてきている。土と空については、空に関心が圧倒的で「空はなぜ青い」の類の、空そのものに関係したものが全学年を通じている。宇宙や地球の生成・運行・こよみ等については四年以上に集中している。

機械と道具に関しては、全般的に電気に集中し、低学年では、音に関する疑問が多い。光については、中学年が関心をしめしている。物質の変化や、力と運動に関するものは、おおむね五・六年にかぎられている。低学年の特徴として「ガラスは何からできている」「けしごむでなぜきえる」「のりはどうしてねばる」の類の疑問はかなり多い。このような傾向は二年生にも漸移するが、三年生においては、ほとんど見られない。

動物と植物に関しては、動物では、低学年においては、「きりんの首はなぜ長い」「動物に毛の生えているわけ」等の形態に関するものが多く、中学年以降では、生態・発生・生殖・分類等に関するものが多くなる。

植物においては、低学年に「木はどうしてできたか」「種をまくと芽のでるわけ」等の発生や繁殖に関するものが見られ、中・高学年では、生態について、「肥料をやるとなぜそだつか」「冬葉のおちるわけ」等の生理や成長に関するものが増してくる。形態については、全学年殆ど関心をしめさないのはおもしろい。

紙面の都合できわめて粗雑な考察であったが、疑問調査の結果より児童の知的発達の傾向をうかがうに足りる資料をあげ、簡単な説明をこころみた。

これを要するに、児童の知的発達はきわめて直接的なものから間接的なものへ漸移し、全体的に動的なものをこのみながら学年の移行とともにやはり動的なものから静的なものにむかい、直観的なものから分析的なものへ、具体的なものから抽象的なものへ、浅い思考から深い思考へ、というように一定の系列と順序に従って移行するものであることがうかがわれるのである。

三、情意的意識

ここで使われている「情意的」という言葉は、普通に言われている「情操」に近い意味である。怒り・恐れ・驚き・喜びなどの身体的変化を多く伴う激しい複雑な感情状態は「情緒」と名づけられていて、情操は大体似ているが、高等な知的・観念的作用に伴っており、従って感情的調子があまり強くない点において情緒と区別されている。

情操はその主な種類として普通次の四種類があげられている。

1、社会的及び道徳的情操　大ぜいの人が集って社会生活をし、他人と協力して生活するためには、自然に或ることはなすべきことであり、また或ることはなすべからざることであるという心持が次第に起ってくる。これが社会的及び道徳的情操の起原であって、知能が発達し、社会関係が複雑になると同時に、道徳的な観念や思想も発達するから、これに伴って社会的・道徳的情操も次第に複雑となる。

2、宗教的情操　目に見え耳に聞える個々の物の上に、目に見えず耳に聞えない偉大な何ものかを考え、それに対して一方にはこれを恐れ、他方ではこれに近づきたよろうとする心が起る。これが宗教的情操であって、宗教的観念が発達するにつれて、この情操もまた複雑となり、同時に前の道徳的情操と密接な関係を生ずる。

3、美的情操　美を好み醜を嫌うのが美的情操であって、他の感情のように直接の生活作用もしくは社会的機能と関係のないのが特色である。美的情操の発達と共に、音楽・絵画・彫刻などについての理解や関心が進んでくる。

4、知的情操　人間には奇を好み新しいものをよろこぶ好奇心があって、めずらしいことや新しいことを知ったり考えたりすることに愉快を感じる。この時に伴う感情が知的情操である。

この調査によって明らかにしようとしたのは、児童の精神諸活動の中で情操を主とした面の当校児童における実態である。

実際の調査は、美術・音楽・宗教などについての疑問・興味・欲求という形式で行われたものであるから、内容は必ずしも情操に限定されない範囲を含む結果となったので、「情操」という言葉を避けて「情意的意識」とした。

以下、各学年毎に児童のあげた項目と、その特色について述べよう。

児童のあげた言葉は意味の類似しているものは一つにまとめた。従って項目は必ずしも児童のあげた言葉そのままではない。なお、ここにかかげたものは頻数三以上で、他の学年と比較して特色のあるものである。

(1)　第一学年

○神様や仏様はなぜ見えないか。またなぜものをたべないか。

○丈夫なからだになりたい。

○きれいな着物がきたい。

○図画や工作が上手になりたい。

○算数の計算が早くなりたい。

○おいしい食物がたべたい。

○いろいろな動物を飼いたい。

一年生では神様の存在そのものを問題とすることなく、神仏はあるものとして、その実態を疑問にしている。

平素学習などについて両親から言われたり、友達同志で話合っていることが暗示になって、学習成績について希望を持っている。

また衣食について强い欲望を持っているが、住居についてはほとんどふれていない。

(2)　第二学年

○なぜ神様はえらいか。神様を拝むわけ。

○家を金や銀で作り電気で動くようにしたい。

○家をもっときれいにしたい。

○動物と話がしたい。一度動物になりたい。

神仏の存在は一年生と同じように疑ってはいない。衣食には相変らぬ欲求を持ち、住についてもふれている。

童話的な空想の世界に住んでいて、アニミズムの傾向がまだ残っている。

(3)　第三学年

○機械を動かしたい。発明したい。作りたい。研究したい。

○日本は負けたから早く大きくなって立派な国にしたい。

○家を建てたい。着物を縫いたい。たべるのを作りたい。畑を作りたい。

○早く大きくなりたい。

○世界を一周したい。

○世の中をきれいにしたい。

○大きくなったら有名な人になりたい。お金持になりたい。

三年生になってはっきりでてくることは、人生の将来について夢や希望をのべていることである。時間的な観念の初歩的なものが見られると共に、空間的な観念についても同様な傾向にある。

また、自分の手でものごとをしてみたいという欲求もでていて、主客分化の第一歩にある。

(4)　第四学年

○神様は本当にいるか。

○家を明るい、たのしい所にしたい。

○自分一人で一日の生活をしてみたい。

○世の中に役立つものを一つでもよいから作りたい。

○いい音楽をたくさん聞きたい。　○日本の美術をさかんにしたい。
○ロボットを使ってみたい。

四年生になると、神の存在について一應疑問を持っている。これは五年六年にも同じように見られることであって、実際は神佛の存在を前提として一應疑問を持つ程度である。

音楽とか、美術とか、科学的なものなどに対してのように、三年までとは違って、はっきりとした対象について希望が述べられている。

主観がややめざめてきて、自立心がわずかではあるが頭をあげている。

(5)　第五学年

○学校ではもっと自分の好きなことをしたい。　○学校をもっとよい所にしたい。
○早く衣食住に困らないようになりたい。　○星の世界へ行ってみたい。
○鳥のように羽が欲しい。　○世界の王になりたい。
○漫画をかきたい。　○友だちともっと仲よくしたい。
○きものを作ったり、お料理をしたい。　○作曲をしてみたい。
○自分で家を建ててみたい。

五年生になると、生活への関心が具体的になり、また積極的になってくる。従って、自治会やこれに関するものが多くとりあげられている。現実的な仕事に対する興味も強くなっている。

一方、空想的な傾向もあって、「星へ行ってみたい」とか「羽が欲しい」などがあげられている。

(6)　第六学年

○神様は本当にいるか。多くの宗派ができるのは何故か。　○人の死後はどうなるか。
○心のまがった人がいるわけ。

○なぜもっと美しい心が持てないのか。　○世の中になぜ喧嘩があるのか。
○ピアノ、絵をもっとならいたい。　○天才的なピアニストになりたい。
○世界中仲よくしたい。

宗教については一段と理解が進んで、これまでには見られなかった宗派についての問題のような疑問を出している。

人間の心の問題には相当の関心が示されていて、具体的な細かいことにも神経を使っている。これは特に女子に強いようである。一般に女子はロマンチックになっているようで、漠然と藝能方面への希望を述べている傾向がある。男子は一般に具体的な仕事をはっきりとかかげて、それをしてみたいという強い欲求を持っている。

四、時間的意識

児童の実態調査の結果をまとめると、なまのままのことばをそのまま羅列すると、非常に具体的ではあるが、要を得ない。しかしそれを同じ意味にとれる項にまとめようとすると、やや整理者の主観があらわれてくるのは仕方がないと思う。然し児童のなまのままの意見を尊重してまとめる事が大切であると思う。この調査をするにあたって考えられるのは、時間的意識というものは、少からず、人間の生活の上で、働いているものである。この解釋の仕方も、いろいろあると思うが、人間は次のような意識を不知不識にもって自分の位置を知ることが出來る。即ち空間に於いて、大きさや位置を知ることが出來る様に、時間に於いてもその位置や長さを知覚し、直観しうる。それは意識していると感じなくとも、その時のながれの中に生き、歴史の中に生きている。しかし、これの発達には、地域環境・年齢によっての相違がみられ、ここに調査の意義が存する。

1、調査整理

（イ）全般的にみて　時間的意識としては、特に児童自身が認識したと考えて書いたとは思えないが、この項に対する頻数は、他の調査に比べて少いように思える。次の項目によって、即ち

家庭・学校・社会生活に関係するもの

衣・食・住に関係するもの

科学に関係するもの

宗教・美術に関係するもの

の通りに一應整理をしてみると、各項共に非常に頻数が少い。概して、やや全般に関心のみえてきているのは、五年生であって、各項目の、少いのが殆ど全般に渡って、頻数が上っている。然して、時間の流れの一こまにある自分の位置とか、歴史的な意向というものは、児童自身認識するほど直接的ではないと思われ、全般に物の起原とか、物の成因とかについての疑問とか興味の方が、関心の中心になっているように思われる。

（ロ）**低学年と高学年との比較**　低学年と高学年とを比較してみると、低学年に於いては先にあげた物の起原とか物の成因についてとかのものについて、少しく出ているが、高学年になると、これだけではなく、これらの関心の上に更に、関心が全般にわたり、頻数は少いが、世の中の変遷とか国の文化とか、いう広い面に目がむけられている。ただしこれは、低学年・高学年と判然とわけられているものではなく、低学年に出ている項目を、各学年にも、かさねて、ひろい項目にとっているのである。そして高学年に於いては、これらの項の外に、重ねて出ているのである。

考え方の面からみると、やはり、高学年は高学年として、低学年の綜合的なばくぜんとした関心よりも、実態を認識しようとする意欲が、調査の上にも出てきているように思われる。

2、各学年の特色

次に各学年について述べてみよう。

（イ）**第一学年**

この学年に出た項目は、次のものである。

○どうして人間が出来たのか。　　○食べるのははじまりと名前のおこりは。

○地球はいつごろ出来たか。　　○太陽や星はどのようにしてできたか。

等で、いわゆる時間的な認識よりは遠いように思われる。

（ロ）**第二学年**

この学年の調査から、見えたものは次のようなものである。

○いつ世の中がはじまったのか。　　○どうして日本の国のような国が出来たか

これは問題が大きくみえるが、単に一票ずつ、頻数が出ているというのにすぎない。

○学校や家はいつできたか。　　○一番先の種はどうしてできたか。

○一番先の果物はどうしてできたか。　　○太陽や星はどのようにしてできたか。

○機械ははじめ何からつくったか。　　○昔おしゃか様はいたか。

であり、第一学年と同じような傾向ではあるが、やや一年のものよりは、発展し視野をひろげていると思われる。

（ハ）**第三学年**

この学年では

○世界の終りはいつか。　　○昔の生活はどんな生活だったか。

○着物の歴史をしらべたい。　　○昔こわい動物がいたのに今いないわけ。

○太陽や星はどのようにしてできたか。　　○佛様や神さまはだれが考え出したのか。

○音楽はだれが一番始めに発明したか。

等であるが、二年のものよりは、視野がひろくなっている。が、しかし物の成因探究の域を出ないように思われる。

（ニ）**第四学年**

この学年の調査から、見えたものは次のようなものである。

○世界の終りはいつか。　　○昔の生活はどんな生活だったか。

○学校がこの土地にできたわけ。　○人間のことばのおこり、文字のおこり。
○算数はどうしてできたのだろう。　○数学はどうしてできたのだろう。
○いつごろから人は米やパンをたべ調理したのか。　○日本が農業をはじめたのはいつか。

等、世の中の変遷や昔の生活についての意識が芽ばえている。第三学年のものにくらべると、更に頻度が増している。

（ホ）第五学年

この学年のを見ると、先にあげた諸項目のものは一年から四年までのものと、かわりなく頻数がふえているが、更にその上に目あたらしくみえるのは、

○日本は今日どおりでいくと、どうなるのだろう——日本の将来について。　○これまでによくこれだけ世の中がまとまったものだ。
○家についてのうつりかわりをしりたい。

であり、特にまた宗教・美術に関するものがあらわれてきている。

○いろいろな宗派のもとは何か　○三百年前に宗教画の多いわけ。
○キリストは実在したか。　○カトリックはどうしてできたか。
○仏教はどのようにしてひろまったか。　○絵の歴史をしらべたい。
○音楽や美術の歴史について。　○楽器はいつごろ考えられたか。
○音楽はだれが一番始めに発明したか。　○美術や音楽のえらい人が同時代に多く出たわけ。

等である。これは、全体の表からみても、五学年のものの頻数が、調査全体に、ひろがって見えているものであり、児童の意識の限界もこの辺のところかと思われる。

（ヘ）第六学年

この学年の特色は次の様なものである。各項に出ている頻数は五年よりは、少くなって居り、宗教・美術、世の中の生活についての抽象的な疑問は少く、

○政治はどのようにして形を整えてきたか。　○神代時代の外国文化のとり方を調べたい。
○考古学の研究をしたい。　○歴史をしらべたい。
○宇宙のはては何か。　○死とは何か。

という様な項目があらわれていて、成人の観念からいうと、今までの所謂、歴史的な意識が見えてきていると思う。それだけ現在の自分たちの位置について、はっきりした知識を得ようとする意欲が見える。全体のまとめから考えると項目のなかにその内容のとらえ方如何によって、他の調査・社会意識・空間的意識・情意などに関係されるものではないかと思われるものも、少くなかったと思う。然しこれは、これらの相互関係の上に於いて、いずれの意欲もたすけあいながら、児童の成長の段階に於いて発達し、成長させていくものであることを知ることが出来る。

五、空間的意識の発達

1、空間的意識の意義

空間的とは時間的に対してよく使われることばである。時間がたての系統、すなわち歴史的であるように、空間はよこのひろがり、すなわち地理的な内容を持っている。

およそ人間が一個人として完成されるまでには、二つの大きな面の発達が考えられる。その一つは身体的な面であり他の一つは精神的な面である。精神的な発達の部面に入るものが空間的意識である。身体的な面を「成長」と呼べば、精神的な面は過去の経験によって行動が変って行くところの「学習」の面である。両者が互いに助け合っていくことによって健全なる発達が期待できる。空間的意識の発達については、地域・環境・年齢・男女等により相当の相違があるので、ここに実態調査の必要が当然となるわけである。わが校に於ける調査の状況は概略次のようになった。

2、調査整理・全般的傾向

（イ）　**全般的に著しいもの**　　一学年から六学年まで、男女共に多くみられるものは、宇宙すなわち太陽・地球・月・星・空などの成因・神秘に関係したものである。なお次に宗教的な問題に関係したものも多く浮びでている。この様な結果から児童の心理には未知の世界、不可思議の世界に対する関心度が非常に大きいといえる。

（ロ）　**低学年と高学年のちがい**　　低学年と高学年と比較対照してみるとき、あまり大きな変化はみられない状態である。これらを綜合してみると、小学校においては飛躍的発展は著しくないといえる。しかし学年の進むにつれて問題の焦点が非常に具体的・数学的傾向を示すようになってきている。

（ハ）　**美術・交通について**　　美術・交通については、学年の進むにつれて発展していく形は認められるが、その位の行動範囲かの地域的相違は、この調査方法からは認めることが出来なかった。この行動範囲の調査方法は別の方法をとるのであるが、ここでは省略することとする。

（ニ）　**考え方の発展**　　低学年から高学年に進むにつれて、考え方が、綜合的になり実践的になっていくことには、いちじるしいものがみられる。

３、各学年の特色

全般的傾向は前述のようであるが、これを各学年によってながめたとき、多少の変動が認められるので、次にそれを述べる。

（イ）　**第一学年**

この学年の調査からあらわれた項目のうち、特にいちじるしいものは次の通りである。

○地球はどうしてできたか。　　　　○世界はどうしてできたか。
○線路（電車・汽車など）は、どこからでてきているか。　　○世界一周をしたい。

以上の如くであるが、全般的に見て問題の傾向は児童自身の直接の生活面や、直接生命に関係したものが多く、単一的であり断片的である。

（ロ）　**第二学年**

この学年の調査からあらわれた項目のうち、特にいちじるしいものは次の通りである。

○世界とは何か。空はどこまであるか。　　○飛行機にのりたい。
○洋服と着物のあるわけ。　　　　○食物はどこからくるか。
○二階でがなぜあるか。　　　　○神様はどうして見えないか。
○見学や探検をたくさんしたい。

以上の通りであるが、全般的にみて問題の傾向は、第一学年と同じように、児童自身の直接生活面や、直接生命に関係したものが多く単一的であり断片的である。しかし問題の巾と深さとは、第一学年より発展した段階にあると思われる。

（ハ）　**第三学年**

この学年の調査からあらわれた項目のうち特にいちじるしいものは次の通りである。

○地球とはなにか。
　なぜまるいか。なぜうごくか。なぜ空や海があるか。なぜおちないか。
○日本と外国の着物と、建物がちがっているのはなぜか。　　○アメリカへ行きたい。外国へ行きたい。
○神やほとけの種類はなぜあるのか。
○鳥のように空をとびたい。　　○空にのぼりたい。
○動物のはじまりはなんであるか。　　○学校や駅がもっと近ければよい。
○ニネスコとはなにか。

以上の通りである。全般的にみて、この学年になると、国家観念や、交通に対する関心が深まってきている。衣食住に対する考え方は、別々なものでなく、綜合的な問題のとらえ方に進んでいることがはっきりしている。男女別にみると、宇宙に関係したものは男に多く、「鳥のように空を飛びたい」というような空想的なことは比較的女子に多くみられるが、他には大きな相違は認めることが出来ない。

（ニ）第四学年

この学年の調査からあらわれた項目のうち、特にいちじるしいものは次の通りである。

○赤道とはなにか。月とはなにか。太陽とはなにか。

○飛行機にのって、方々を見物したい。

○国々によって信仰のちがうわけ。

○各国の衣食住のちがいはなぜか。

○国々はなぜ別れたか。世界各国民の生活様式のちがいについて知りたい。

以上の通りである。全般的にみてこの学年になると、文化とか、生活の変化等の問題に焦点が向いてくる。旅行などについては、単なる旅行でなく、旅行の目的が宇宙の神秘探究にあるものと思われる。自然科学のめざめが強く感じられる。男女の相違はそれ程強く認められなかった。

（ホ）第五学年

この学年の調査からあらわれた項目のうち、特にいちじるしいものは次の通りである。

○火星とはなにか。宇宙には動くものと動かぬものとがあるわけ。

○なぜいろいろの宗教があるか。

○近隣は親睦をしたい。

○旅行をしたい。世界一周をしたい。星の世界に行ってみたい。

○日本にはなぜいい音楽がないか。日本をいい音楽国にしたい。

○国境や交通について世界中よく知りたい。

○民族によってそれぞれ顔形がちがうわけ。

○世の中にはいろいろの生活があるわけ。

○人間と他の動物の食物のちがうわけ。

以上の通りである。全般的にみて美術観念の発達が男女共にめざましく、交通の発展と近隣愛のめざめも大きい。この学年においては男子は宇宙に関係したものや冒険的なことが比較的多く、女子は近隣の親睦・生活的なこと、すなわち家庭的なことについての問題が多くなってきたようである。

（ヘ）第六学年

この学年の調査からあらわれた項目のうち、特にいちじるしいものは次の通りである。

○宇宙の広さはどの位あるか。地球の面積はどの位あるか。

○世の中にはいろいろの生活があるわけ。

○神は存在するものか。

○地図を製作したい。

以上の通りである。全般的にみてこの学年になると、実践的面が非常に拡大し、問題が直ちに実践に結びついてきている。物の存在についての関心度が高くなり、事物を数学的にみつめてゆく傾向が多分である。

4、調査分類の方法

児童のあげた項目が非常に多く、その上内容が空間的であるか否かについて考えさせられることも少くなかった。前に述べた中にも、果してこれが空間的な問題であるかと思うような項目もあるが、児童の心理的内面をみるとき、うなずける一面もあるのであげておいた。

各学年については頻数の多い項目をあげた。表現は児童の表現を主体とした。児童の表現は、多方面の内容が具体的にあげられているので、児童の表現を主体としながら、大きく大人の立場から次のようにした。

○自然科学的なもの。（宇宙の神秘その他）

○自然社会の両者を含むもの。

○藝術的なもの。

○娯楽的なもの。

○社会科学的なもの。（地歴的なもの・政治的なもの）

○宗教的なもの。

○哲学的なもの。

項目の内容については、その内容のとらえ方によって空間・時間・情意・社会意識の何れにも関係するのが少くなかった。空間的意識の発達は綜合的に時間・情意・社会意識等と結びつき、相助け合う如く発達して行くものであることをはっきり認める。

第四節　能力調査

児童の生活経験を基盤とする生活経験カリキュラムの単元を展開するに当って、まず問題になることは学習経験の内容についてである。その批判は当然、従来の教科カリキュラムの立場からなされるものであって、国語能力が低下するとか或いは図工的な能力が不十分であるというような点について指摘されている。

生活経験カリキュラムによる単元学習の内容が、或いは程度が高いとか低すぎるとか、また領域が偏するなどという点について、児童の生活経験そのものを見つめた結果から批判されるのではなくて、従来の教科の体系から見て論議されていることは、必ずしも当を得たものとは言えない。しかしながら、現状において生活経験カリキュラムの構成なり展開の技術的な面に未熟なために、児童の経験構成上に欠ける点が起る事実を率直に認めなければならないとするならば、これを補正するものは従来の教科カリキュラムにおける教科毎の学年別のいわゆる能力表であろう。学習内容や児童の学習活動を、この能力表によって規制しようとするのである。

このように能力表によって、生活経験学習を規正しようとすることは必要なことであるが、その能力表そのものが従来の教科カリキュラムの教科体系の立場から作られていることは原則上妥当ではない。われわれは当然このような能力表を乗り超えて、生活経験カリキュラム独自の能力表を作製しなければならない。

そこでまず、われわれは能力とは何であるかという問題を解決しなければならなくなる。能力とはしかしながら極めて実用的な概念であって、これを明確に規定することは極めて困難である。教育の核心的問題である能力について研究がこのように不十分で未発達であるのは、児童の生活を他の手段とする準備説の教育や、完成した概念の記憶学習を主体にした主知主義教育や、一般的能力という仮想の原理から導かれた能力説の教育の誤りであると言われている。

能力はつねに経験的に直接あらわれた現象を通じて推定される。すなわち他の因子から説明されない現象の一面が個人の能力に帰せられる。それは現実の心的生起の部分的な条件となるに過ぎないので、固定的・不変的ではなく、また環境的な諸条件に全然支配されるものでもない。この意味の能力は素質とも言われる。英語の capacity はむしろ素質に該当し、まだ開発されない能力、従って大部分生来的のものをさすが、ability は生来的のものであろうとも、修得的なものであろうとも、一定の仕事を成しとげる現実の力を意味しているものであると言われる。

そこで能力表を見た場合、そこに示されている能力は、年齢と共に増加した身長や体重のような成長を示すものであるか、それとも学習された結果得られている能力であるのかということが考えられる。実際においてはこの両者は全く密接に結びついていて区別することは困難であるけれども、この二つを区別して考えることは教育的に見て重要な意味を持つ。ここにおいて能力表を大きく二つに分けてみることができよう。

（一）　教育の目標を立てる時の基礎資料となる能力表

この能力表を作るためには、児童の自然成長が厳密に観察されなくてはならないであろうし、また英才教育・特殊児童教育の結果によって、児童の能力の限界なり特殊性・特異性が明確にされ、この結論を能力表にして、この能力表によって教育目標を設定し或いは規正しようとするものである。

（二）　教育の目標を立てた結果出来た能力表

これは設定された教育の目標を達成する上において、その目標を分析して、能力の部分を児童の発達に即して配列したものである。

この二つは実際においては前にも触れたように一体となって能力表を形成するものであるが、能力表をたえず改訂して、真に学習内容なり児童の活動を規正する正しい能力表にしようとするならば、この両者を理論上は明確に区別しておくべきである。

当校の能力表は、以上に述べた点にかんがみて、まず第一には、能力を従来の教科カリキュラムの各教科目の体系から見る立場を排して、当校の教育の目標の分析から出てきたいくつかの項目によって見てある。すなわち、

(1) 言語能力
(2) 数量形能力
(3) 道具の使用能力
(4) 家事の処理能力
(5) 問題解決能力
(6) 事態反應能力
(7) 音楽の能力
(8) 美術製作の能力
(9) 健康の習慣及び身体的能力（これは別項とする）

がそれである。

これらの能力分類の各項目は、学問的な観点から求められたものではなくして、真に当校教育の具体的な目標から考えられたものであるから、項目相互の間や全体的にみて、言語の上などにもいくつかの問題はあろう。われわれは実際家の立場からして、真に具体的にわれわれの教育計画や、教育活動を助けるものとして、この能力表を利用する立場から、この項目を決定した。

この項目に対して、果して児童の実態はどうであるか、この調査には次のような方法がとられた。

(1) 児童について直接調査する
（イ）各種作業や実験
（ロ）テスト

(2) 教師の観察
（イ）数人の教師の多年にわたる観察の結果について調査し、意見の一致をみたもの。
（ロ）特に学校給食・自治会活動・清掃・校外活動等に就いて。

(3) 保護者の観察
教師の場合に準じて統計的に処理された。

(4) 児童向読物の調査

(5) 各種文献の調査
（イ）文部省の各指導要領
（ロ）心理学者
（ハ）他校の能力表その他参考資料
（ニ）当校の各教科別能力表

以上のようにして明かにされた児童の能力発達の段階を、一年から六年にわけて表にしたものが、次にかかげてある能力表である。なお、身体運動能力がはぶいてあるのは、説明の便宜上これを健康教育の項にゆずったもので、この点について詳しいことは、本シリーズ第二集の健康教育の項を参照されたい。

この能力表は当校の経験カリキュラムの全体、つまり経験学習についても、また基礎学習に対しても利用されるべきものであって、単に経験学習についてのみのものではない。

各項目の能力は、これを更に細分するならば、なお相当な数にわたってあげられるが、紙数の制限もあるので全部はあげなかった。表中に◎のあるのは、その能力はその学年で一應完成されるべきであるという意味である。

【能　力　表】（各学年）

(一) 言語

番號	項目	学年1	2	3	4	5	6
1	標準語で話す	○	◎	○	○	○	○
2	敬語やていねいな言葉が使える		○	○	◎	○	○
3	その場にふさわしい話題をえらべる			○	○	○	◎
4	その場によくあった声量で話せる			○	○	◎	○
5	文法的に正しく話せる		○	○	◎	○	○
6	見たり聞いたりしたことを順序立てて話せる			○	○	◎	○
7	表情や身ぶりを使って話せる		○	○	◎	○	○
8	集会で話をしたり討議ができる			○	○	◎	◎
9	論理的な話ができる				○	○	○
10	人の話を聞きわけられる	○	○	◎	○	○	○
11	話の要点がとらえられる		○	○	◎	○	○
12	音読ができる	○	○	○	○	◎	○
13	默読ができる		○	○	○	○	◎
14	はやく読める				○	○	◎
15	子供の新聞が読める			○	○	◎	○
16	大人の新聞が読める						○
17	脚本を読める	○	○	○	◎	○	○
18	文章の組立を理解することができる			○	○	○	◎
19	文章の内容を概括できる			○	○	◎	○
20	ひらがなが読める	○	◎	○	○	○	○
21	かたかなが読める		◎	○	○	○	○
22	ローマ字が読める				○	○	◎
23	ひらがなが書ける	○	◎	○	○	○	○
24	かたかなが書ける		○	◎	○	○	○
25	ローマ字が書ける				○	○	◎
26	視写ができる	○	○	○	○	◎	○
27	聴写ができる			○	○	○	◎
28	句読点やかぎが使える	○	◎	○	○	○	○
29	二百字程度の作文ができる	○	◎	○	○	○	○
30	八百字程度の作文ができる		○	◎	○	○	○
31	長文が書ける			○	○	◎	○
32	手紙・日記が書ける	○	○	○	○	◎	○
33	記録ができる		○	○	○	◎	○
34	報告文を書ける			○	○	◎	○
35	童話を作れる	○	○	◎	○	○	○
36	詩を作れる			○	○	○	◎
37	和歌・俳句を作れる				○	○	◎
38	童話を作れる			○	○	◎	○
39	脚本を作れる					○	◎
40	傳説・物語の脚色ができる			○	○	○	◎
41	詩を散文にできる			○	○	◎	○
42	散文を詩にできる					○	◎
43	映画・演劇の批評文を書ける			○	○	○	○

(二) 数量

番號	項目	1	2	3	4	5	6
1	百まで数えたり読んだり書いたりできる	○	◎	○	○	○	○
2	四百五十まで数えたり読んだり書いたりできる		◎	○	○	○	○
3	千まで数えたり読んだり書いたりできる		○	◎	○	○	○
4	壹萬まで読んだり書いたりできる				◎	○	○
5	壹億まで読んだり書いたりできる					◎	○
6	百以下の加減ができる	○	◎	○	○	○	○
7	千以下の加減ができる		○	◎	○	○	○
8	壹萬以下の加減ができる				◎	○	○
9	そろばんを使って加法ができる					◎	○
10	そろばんを使って減法ができる						◎
11	乗法九九が使える			◎	○	○	○
12	(一位数)・(二位数)・(三位数)×(一位数)またこの反対				◎	○	○
13	(二位数)・(三位数)×(二位数)・(三位数)またこの反対				◎	○	○
14	乗数・被乗数が十・百・千などの倍数の時の処理ができる					◎	○
15	概算ができる						◎
16	(四位数)÷(基数)				◎	○	○
17	(五位数)÷(二位数)					◎	○
18	四捨五入ができる					◎	○
19	除数・被除数が十・百・千などの倍数の時の処理ができる					◎	○
20	(小数)×(整数) (小数)÷(整数)					◎	○
21	(分数)×(整数) (分数)÷(整数)						◎
22	棒グラフ・絵グラフがかける			◎	○	○	○
23	折れ線グラフがかける				◎	○	○
24	二次元の表がかける				◎	○	○
25	かんたんな地図や縮図が読める					◎	○
26	円グラフ・正方形グラフ・帯グラフがよめる						◎
27	時計の針がわかる	○	○	◎	○	○	○
28	金尺が使える	○	○	◎	○	○	○

(三) 道具の使用

番號	項目	1	2	3	4	5	6
1	鉛筆が使える	○	○	◎	○	○	○

番号	項目						
2	ペンが使える				○	○	○
3	コンパスや定規が使える				◎	○	○
4	根掘りが使える	○	◎	○	○	○	○
5	解剖器が使える				○	○	○
6	虫めがねが使える	○	○	◎	○	○	○
7	顕微鏡が使える				○	○	○
8	シャベルが使える			○	○	◎	○
9	くわが使える			○	○	◎	○
10	じょろが使える	○	◎	○	○	○	○
11	かまが使える			○	◎	○	○
12	捕虫網が使える			○	◎	○	○
13	ピンセットが使える		○	○	◎	○	○
14	巻尺が使える				○	◎	○
15	湿度計が使える		○	○	◎	○	○
16	体温計が使える		○	○	◎	○	○
17	温度計が使える				○	◎	○
18	マッチが使える		○	○	◎	○	○
19	消ゴムが使える	◎	○	○	○	○	○
20	「ます」が使える					○	◎
21	「はかり」が使える					○	◎

番号	項目						
22	分度器が使える					○	◎
23	ものさしが使える		○	○	◎	○	○
24	クレヨンが使える	○	○	◎	○	○	○
25	絵具が使える				○	◎	○
26	辞書が使える					○	◎
27	きりが使える				◎	○	○
28	のみが使える					◎	○
29	のこぎりが使える					◎	○
30	かんなが使える					◎	○
31	パレットが使える				○	◎	○
32	三脚・画架・筆洗が使える				○	◎	○
33	のり・のり下紙が使える	◎	○	○	○	○	○
34	万力が使える					◎	○
35	ドリルが使える					◎	○
36	糸のこぎり・糸のこぎり機が使える					◎	○
37	ねじまわしが使える				◎	○	○
38	やすりが使える					◎	○
39	千枚通しが使える		◎	○	○	○	○
40	けびきが使える					◎	○
41	ペンチが使える				◎	○	○

番号	項目						
42	ヤットコが使える				◎	○	○
43	金ずちが使える				◎	○	○
44	はさみが使える	○	◎	○	○	○	○
45	粘土板が使える	◎	○	○	◎	○	○
46	小刀が使える		○	○	◎	○	○
47	ロートが使える			○	◎	○	○
48	スタンドが使える				○	◎	○
49	試験管が使える		○	○	◎	○	○
50	アルコールランプが使える		○	○	◎	○	○
51	ガスバーナーが使える				◎	○	○
52	ビーカーが使える		○	○	◎	○	○
53	霧ふきが使える				◎	○	○
54	星座板が使える				◎	○	○
55	望遠鏡が使える				◎	○	○
56	コンロが使える				◎	○	○
57	針が使える					◎	○
58	アイロンが使える					○	○
59	庖丁が使える					◎	○
60	まな板が使える					◎	○
61	フライパンが使える					○	○
62	燃料器具が使える					○	○
63	型紙が使える					○	○
64	ストップ・ウオッチが使える				○	○	◎
65	出発合図用具が使える				○	○	◎
66	ボールが使える	○	○	○	○	○	◎

(四) 家事の処理

番号	項目						
1	掃除ができる			○	○	○	◎
2	靴の手入れができる			○	○	○	○
3	下駄の手入れができる			○	○	◎	○
4	食器を洗える			○	○	◎	◎
5	洗たくができる				○	○	○
6	衣服の手入れができる					○	○
7	衣服の修理ができる					○	○
8	料理ができる					○	○
9	前かけ・ぞうきんなどかんたんな裁縫ができる					○	○
10	衣服のしまつができる		◎	○	○	○	○
11	寝具のしまつができる				○	○	◎
12	来客の接待ができる					○	○
13	かんたんな買物ができる	○	○	◎	○	○	○

(五) 問題解決

1	事物・現象を正しく觀察できる	○	◎	○	◎	○	○
2	比較觀察ができる	○	○	○	◎	○	○
3	ものごとを因果的にみることができる			○	○	◎	○
4	計画を立てることができる	○	○	○	◎	○	○
5	資料を集めて整理することができる			○	○	◎	○
6	結論を豫想することができる			○	◎	○	○
7	參考書を利用することができる				○	○	◎
8	問題を自分でつかむことができる				○	◎	○
9	問題について人の意見をきくことができる				○	◎	○
10	問題を合議によって解決することができる			○	○	○	◎
11	事實から推理できる			○	○	◎	○
12	結論を自分で批判できる					○	○

(六) 事態反應

1	座長となることができる				○	○	○
2	議事を統括することができる				○	○	◎
3	よい指導者を選ぶことができる			○	○	◎	○
4	生活の計画を立てることができる			○	○	◎	○
5	ごっこ遊びや劇化の計画を立てることができる		○	○	◎	○	○
6	学藝会・音樂会を司会することができる					○	◎
7	危險から身を守ることができる	○	○	○	○	○	○
8	リーダーになって他を統率できる				○	○	◎

(七) 音樂

1	正しい発声ができる	◎	○	○	○	○	○
2	リズムがとれる	◎	○	○	○	○	○
3	單音唱歌がうたえる	◎	○	○	○	○	○
4	二部輪唱ができる			◎	○	○	○
5	三部輪唱ができる				◎	○	○
6	二部合唱ができる				◎	○	○
7	三部合唱ができる					◎	○
8	音階がうたえる	◎	○	○	○	○	○
9	音階の二部合唱ができる				◎	○	○
10	音階の三部合唱ができる					◎	○
11	譜がよめる	調ヘ ○	○	○	調ヘト ○	ニ変ロ ○	ホイ変 ○
12	譜をよんでうたえる			○	○	○	○
13	和音の分散唱ができる		◎	○	○	○	○
14	和音の單音抽出唱ができる			◎	○	○	○
15	和音合唱ができる				◎	○	○
16	歌詞の意味がつかめる	○	○	○	○	○	○
17	拍子をききわけられる	◎	○	○	○	○	○
18	リズムをききわけられる		◎	○	○	○	○
19	ハーモニーをききわけられる				◎	○	○
20	打樂器が使える	◎	○	○	○	○	○
21	旋律樂器が使える		◎	○	○	○	○
22	リズム譜がよめる		◎	○	○	○	○
23	リズム譜を見て演奏できる		◎	○	○	○	○
24	合奏ができる		◎	○	○	○	○
25	樂器による音色の識別ができる	◎	○	○	○	○	○
26	樂器を識別できる	◎	○	○	○	○	○
27	リズムを身体に表現できる	◎	○	○	○	○	○
28	獨唱・獨奏の鑑賞ができる	◎	○	○	○	○	○
29	合唱・合奏の鑑賞ができる			◎	○	○	○
30	樂譜の諸記號がわかる			◎	○	○	○
31	記譜ができる			◎	○	○	○
32	言葉をメロデーにうつすことができる			◎	○	○	○

(八) 美術製作

1	色の明度が見わけられる	○	◎	○	○	○	○
2	色の濃度が見わけられる			○	○	○	◎
3	色の彩度が見わけられる	○	○	○	○	○	◎
4	形の特徴がつかめる				○	○	◎
5	形の正否が見わけられる				○	○	◎
6	單純化することができる	○	○	○	○	○	◎
7	物の調和をとれる	○	○	○	○	◎	○
8	写生することができる	○	○	○	○	◎	○
9	新しい構想ができる	○	○	○	○	○	◎

第六章　学校生活—学校の運営

第一節　年間計画

一、年間計画の必要

いかなる仕事をするにも準備なしにはなされない。その準備には仕事をするに必要な設備や器具の用意と仕事の計画とがある。この設備とか器具によってその計画は或る程度の制約を受けることはあるが、むしろ計画如何によって設備なり器具の用意を改善し変更してゆく場合が多い。しかも仕事が困難であり複雑であるほど、綿密周到な計画が必要になってくる。

学校教育における学習指導という重要な仕事をなす際においても、準備が大切なことは論をまたないところである。学習指導における準備は環境や施設の整備と学習指導計画とである。殊に新しい教育のねらいである児童の生活経験活動を通じての学習指導においては、児童の生活経験をよく調査し、興味や関心・能力などを正しく把握して、これを教育目標に照らし、綿密周到な学習計画を作ることが絶対に必要なことで、環境や施設の整備にさき立ってまずなされなければならないことである。

学習計画には日々の計画・週間の計画・年間の計画等が考えられるが、自然現象や学校社会の行事は季節に應じて一年を周期として循環されていて、児童も又この自然現象や学校から、学習指導計画も当然一年を基準として計画され、週

間・日々の計画は年間計画を基にして更に具体化されたものでなければならない。即ち学習指導計画においては、一年の課程を社会や学校の行事・季節の郷土生活に合せて、学習活動と生活経験が一致するように考慮し、教育目標をいかにして達成するかの具体的且つ周到なる年間計画が、まず最初に考えられなければならない所以である。

二、年間計画の内容

年間計画は、児童生活に関連の深い学校や社会行事・季節的変化にはどんなものがあろうか、教育目標を達成するために如何なる生活経験を通じて学習活動を展開し、基礎的な知識技能を如何なる順序に従って学習させたらよいか、それには環境や施設を如何に利用するのがよいか等が、一目瞭然とわかるようにすることが大切であろう。

当校においては、左に掲げるような年間計画表を作成して、一箇年を通じ又各学年を通じての学習計画の連絡発展が、一覧できるようにしてある。

第〇学年教育課程年間計画表

月	生活暦	単元	経験学習		基礎学習					健康教育
			学習活動	生活指導	言語	数量形	音楽	造形	図書その他	

生活暦の欄には、児童生活に関係の深い学校行事・社会行事・季節の変化等を書き、生活経験並びに自然現象と学習活動との関係を明かにしてある。

単元の欄には、各学年の教育目標と、スコープを縦としシークェンスを緯として考えられた児童の生活課題と、学校

や地域社会の行事並びに季節等を基にして作った生活単元を書き、次の経験学習の欄には、その単元において展開を予想される学習活動と生活指導を、順を追って記入してある。

更に基礎学習の欄には、基礎的な知識技能の学習を言語・数量形・音楽・造形・図書館・その他に分類して、単元との関連を考慮の上、適当に各月に配列して書き入れ、健康教育はその本質的性格から見て、基礎学習に入れることも考えられるのであるが、従来の統計上より見た当校児童の特殊性にかんがみて、健康教育の欄を特に設けて、体育・衛生・健康の習慣養成等の事柄を記入してある。

校外の諸施設見学・実地観察や、校内の放送・映画・幻燈・図書・写真・掛図・模型・標本等の視聴覚教具や、図書館・科学室（生物・物象・計量）・創作鑑賞室（図画・工作・音楽）・郷土参考室・健康室（体育・衛生・栄養）等の特別施設等の環境や施設の利用については、特に欄は設けないで、単元並びに基礎学習・健康教育の学習指導計画に詳細に書き入れることにしてある。

尚この年間計画表には、夏季や冬季の長期休暇中の学習計画をも留意してある。当校の各学年の年間計画の実際は、本シリーズ第三・四・五集（低・中・高学年のカリキュラムの実際）を参照せられたい。

三、年間計画の活用

年間計画はこのようにして周到綿密に立てられてはあるが、これが直ちにそのまま児童の学習にあてはまるものではなく、あくまでこれは資料的な指導計画である。この資料計画を基にして、学級担任が各担任児童の実態に即した学習指導計画を立てなければならない。

そのまず第一に考えられるものは、単元並びに基礎学習・健康教育の学習指導計画であり、次に週間計画が考えられ、更に日々の経験学習・基礎学習・健康教育の学習指導案が持たれる筈である。かくして始めて年次計画がより具体化し、実際化し教育目標の達成に一段の光明が見出されるわけである。

次に当校で研究し実践しつつある経験学習における単元の学習指導計画並びに日々の学習指導案の形式を挙げておこう。この単元指導は一箇月や二・三箇月に及ぶこともある。それだけにこの指導計画の立案に際しては、周到綿密にして細心の注意をはらわねばならない。単元の学習計画の実例は、本シリーズ第二集「学習環境の構成と実際」を参照せられたい。

【単元の学習指導計画】

一、単　元

二、この単元をとった理由

1、児童の如何なる要求興味に基づくか。

2、社会的に如何なる意味を持つか。

3、単元の内容。

4、既有経験との関連。

三、目　標

この単元を学習することによって成し遂げられる学習活動を具体的に詳細にあげる。

四、開始計画

1、利用する施設・資料の調査及び児童調査

2、導入計画（着手するまでの計画）

五、予想される学習活動

1、主題設定（各段階に大体の予定時間を入れる）

2、組織計画

3、研究作業

4、概括整理

六、評　價

目標に照らして査證するように、目標に掲げられた理解・態度・技能・習慣その他に關して學習活動の完結した時を基準にするほか、學習中の活動に關しても取上げ、なお効果をはっきりさせる爲に、この單元に入る前の狀況を明らかにしておく。

	學習活動として	學習の結果	學習前の狀況		學習活動として	學習の結果	學習前の狀況
理解	3. 2. 1.			技能	3. 2. 1.		
態度	3. 2. 1.			その他	3. 2. 1.		

七、參考文獻

【學習指導案】

〇月〇日（〇曜）　　　氏名

一、本次の内容

單元の學習系列において占める本次の内容の位置を明かにする。

二、本次の目標

特に本次において期待される達成目標を、具体的に理解。態度・技能その他の面にわたってあげる。

三、學習資料

本次に利用予定の施設・図書・辞書・パンフレット・幻燈・紙芝居・放送・繪画・模型・標本・器具・実驗裝置・地図等の所在・手順・書名・頁などをあげる。

四、予想される學習活動

本次の學習活動は、主題設定・組織計画・研究作業・概括整理の何れの段階で如何なる學習の展開が行われるであろうかを書く。

五、評價並びに次の學習活動への備え

目標に照らして如何なる評價を行うか、次の學習活動のための課題とか問題とかの予約を書く。　以上

第二節　生活時程

一、每日の時程と時間

われわれ社会生活をなするのは、一日の生活においても起床・朝食・出勤・晝食等凡その時刻がきまっており、仕事・休養・娯樂・運動・睡眠等についても大体の時間的順序なり時間が定まっているものである。

家庭の一員であり、學校社会の一員である兒童が、一日の生活において又同じように時間的生活を営まねばならないのは勿論である。

學校は一定の時間内において、兒童に社会的集團的生活をさせつつ、その生活經驗を通して、將來の有爲なる社会人となるような教育をする場であるから、時間的にも計画を立てて一定時間内に最も有効適切な學習活動が出來るように

計画されなければならない。

ここに学校の生活時程を定める必要と、その生活時程を如何に活用するかの問題が生れるのである。

当校の毎日の生活時程並びに時鐘時刻は次の通りである。

教官朝会　前八・五〇――　九・〇〇
学習開始　　九・〇〇
運動集会　一〇・二〇――一〇・四〇
昼食休憩　一二・〇〇――后一・〇〇
校内清整　三・〇〇――　三・二〇
全校下校　四・三〇

学校の活動は、各通学地域からの教育児童の登校によって午前八時半頃から始まる。始業の十分前になると教官は教官室に集合し、その日の行事その他の簡単な打合せや報告をする。児童は教官朝会始めの合図によって、始業前十分であることを知り、図書館・科学室（生物・物象・計量）・創作鑑賞室（図画・工作・音楽）・郷土参考室・健康室（体育・衛生・栄養）等の特別教室で研究や作業をしていたものは、その整理をして各自の教室にもどる準備をし、運動場や屋上で運動していたものは手足を洗って、やはり教室へ入る用意をするのである。

九時学習開始の合図で各自教室に入って、教師をまち、教師と朝の挨拶を交してから、その日の計画その他について話合いを始める。話合いが終ると、その計画に従って学習を開始する。

十時二十分の合図で全校児童が運動場或は屋上・体育館等で約二十分間自由に運動をし、又必要に応じて集合をして十時四十分の合図で又学習を始める。

十二時の合図で昼食、全校給食が行われ、その間食事指導、食後は各自の自由時間、午後一時の合図で又午後の学習を始める。

三時の合図で四年以上の児童は各分担の清掃箇所に向かう。三時二十分の合図で約二十分の清整時間が終ると各自自由の課外時間で、運動をするのも、図書館・科学室・創作鑑賞室・郷土参考室・健康室等にいって研究したり作業するのも、或は下校するのも自由である。そして午後四時半の下校の合図で、児童全員下校し、後は翌日の準備をする教官が残り、順次仕事の終った教官が帰宅して学校の一日の活動は終るのである。

その間合図の時鐘を打つのは、学習開始時刻・自由運動・昼食休憩・校内清整の時間の終始及び全校下校の時刻だけである。従って経験学習や基礎学習或は健康教育の時間、又休憩時間などに何分位おくか等も各学年児童の発育程度やその日の状況に応じて、適宜に児童との話合いによってなされるのである。

唯各学年の配当時間によって特別教室を利用する学級の便宜の為に、運動集会・昼食休憩・校内清整の時間を除いた学習時間を、左の如く四十分毎の七時限に区切ってある。

（第一時限）　前九・〇〇――　九・四〇　　（第五時限）　後一・〇〇――一・四〇
（第二時限）　九・四〇――一〇・二〇　　（第六時限）　一・四〇――二・二〇
（第三時限）　一〇・四〇――一一・二〇　　（第七時限）　二・二〇――三・〇〇
（第四時限）　一一・二〇――一二・〇〇

二、週間時程と週間計画

学校生活は日曜毎に休みがあり、児童の学習生活は一應一週毎に区切って計画を立てることが便宜である。

しかも単元の学習指導計画は短くとも、三・四週間、長いのは数週間以上にわたるものもあるので、その学習経過に従って最初の計画とかなりのずれの生ずる場合が考えられる。従ってそれを補正し更に詳細な案を立てる為にも週間計画が必要である。

当校においてはこの週間計画を一層具体的にする為に、次のような週間時程表に週間計画を書き入れた学習計画表を作成している。

【週間時程表】

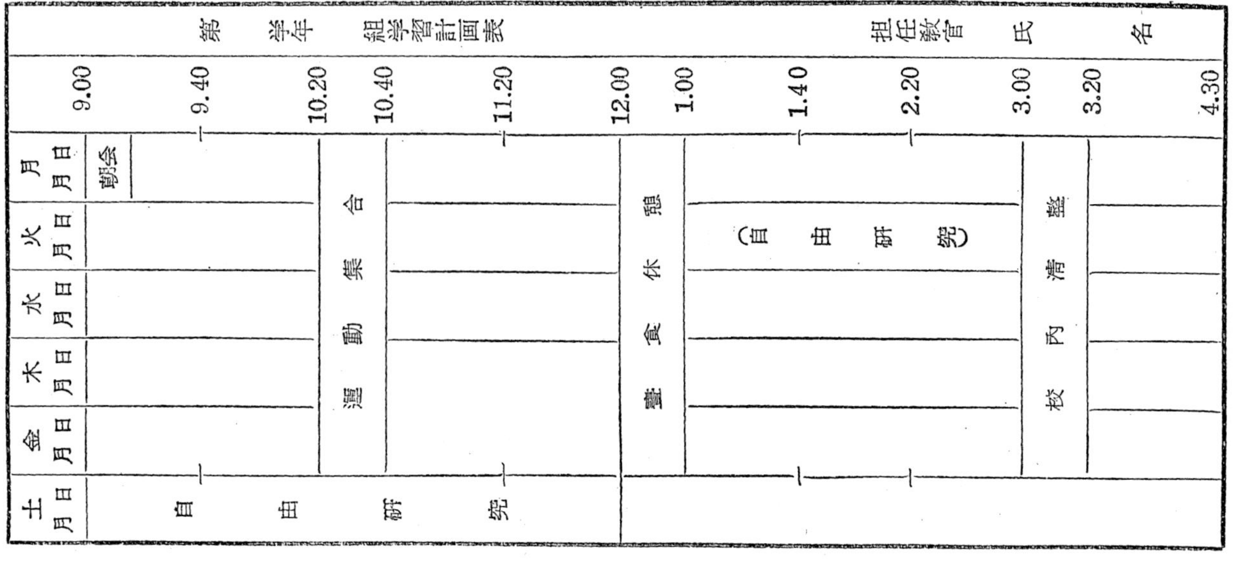

第　学年　組学習計画表　担任教官　氏　名

	9.00–9.40	9.40–10.20	10.20–10.40	10.40–11.20	11.20–12.00	12.00–1.00	1.00–1.40	1.40–2.20	2.20–3.00	3.00–3.20	3.20–4.30
月 月日	朝会		運動集合			昼食休憩				校内清整	
火 月日			運動集合			昼食休憩	(自由研究)			校内清整	
水 月日			運動集合			昼食休憩				校内清整	
木 月日			運動集合			昼食休憩				校内清整	
金 月日			運動集合			昼食休憩				校内清整	
土 月日	自由研究										

毎週月曜日には、全校児童の朝会を催し、その週の生活指導目標或は週間行事等について主事から話をする。その他生活指導や行事に関する指導を必要とする場合は適宜運動集会の時間に必要学年の児童を集めて話が出来るようになっている。これは教官会の折にあらかじめ、次の教官会までの間の集合については、曜（月日）・集合学年・要綱等の打合せをしておくのが原則であるので、週間計画表に予定して記入することが出来る。但し緊急を要する場合には、教官朝会で話合って自由運動後の集合の時間を使うか、或は昼食時に校内放送を利用して伝達するかを決定する。

尚この自由運動の時間は、学校放送の時間をも考慮してあるので、低学年は自由運動の前に、高学年は自由運動の後に適宜、学校放送の聴取計画をも織込むことにしている。

自由研究の時間は、学校における自由研究と家庭における自由研究とに分け、火曜の午後の学習時間は四年以上の児童の為の学校における自由研究時間とし、土曜は全学年家庭における自由研究の時間とし、児童は学校に登校しないで各家庭或は校外施設等において自由に研究するようにしている。即ち一週五日制の形をとっている。自由研究については次節に詳説する。

週間計画は毎週の終りに児童との話合いによって定めるのであって、学校学級行事・児童自治活動の為の時間の他、特別教室及び運動場等の使用に伴う特別時間の限定等をも考慮して、毎曜日の経験学習・基礎学習並びに健康教育に用いる時間を決定しなければならない。

更に天候その他により学習の変更を余儀なくされる場合等をも考慮して計画されるのが理想であろう。

尚、当校においては、経験学習の時間を「お仕事の時間」基礎学習の時間を「お稽古の時間」、健康教育のうち主として体育の時間を「運動の時間」と呼ぶことにしている。

三、年間時程

一年間を通じて週間計画や学習指導計画を立てる際に残された問題は、各単元や各種の基礎学習にどの位の時間を使うか、お仕事やお稽古・運動の時間の割合をどの位にするのがよいかということである。

この為には先ず各月の授業日数から割出した各月の学習時間数、更に各学期の学習総時間数、又六年間を通じてのお仕事・お稽古・運動の時間の割合等をも考えて、夏季や運動の季節には、運動や屋外における動植物の生育観察や校外見学等のお仕事の時間を増して、屋内におけるお稽古の時間を減らし、冬季や梅雨期には逆に運動や屋外のお仕事の時間を減じて屋内におけるお稽古の時間を増すというような季節を考慮した各学期・各月のお仕事・お稽古・運動の各学習時間数を定めて、それをもとにして週間計画の時程・学習指導の時間的計画を作らなければならない。

当校において研究している一年間を通じてのお仕事・お稽古・運動等の時間の割合は次のような基準に従っている。

学年		お仕事（経験学習） 社会科的	家庭科的	理科的	国語科的	算数科的	音楽科的	図工科的	お稽古（基礎学習） 言語	数量形	音楽	図工	家庭	運動（健康教育） 体育	研究 自由研究	自治会	行事
低学年	（一）	18%	0	9	13	9	9	9	9	6	0	4	0	14	0	0	100
	（二）	18%	0	8	13	8	8	8	13	8	0	4	0	13	0	0	100
	計	65%							22					13	0		
中学年	（三）	18%	0	8	12	8	4	8	13	8	3	4	0	12	0	2	100
	（四）	17%	0	10	10	4	3	3	13	10	3	4	0	10	10	3	100
	計	50%							30					11	9		
高学年	（五）	15%	4	9	6	3	2	2	12	10	4	4	5	9	12	3	100
	（六）	15%	4	9	6	3	2	2	12	10	4	4	5	9	12	3	100
	計	40%							40					9	11		

第三節　自治活動

一、自治活動とは

ここにいう自治活動とは、児童の自治的生活を意味するので、児童自らが自分たちの学校を、自分たちの学級を、また児童自身を、理想形態にまで仕上げようとする活動をいうのである。したがって指導者側よりみれば、生活指導である。自治活動と生活指導とは表裏一体をなするのであり、両者一体となってはじめてよい結果をおさめることができるのである。自治活動は指導の裏づけともいうべき指導者の助成があって全きを得るものである。学ぶ者はどこまでも児童であり、経験はやがてつぎの経験への方向づけを与えることを思えば、児童の主体性によって、学校を、学級を理想的な形態に整え、教育的環境にまでつくりあげることは、是非とも児童がやらねばならない。毎日の修練をもって達成しなければならないことである。

二、自治活動の目的

自治活動の旨とするところは、一般的には前述のことで明らかであると思うが、わが校では、

「学校内外の生活を正しく理解し、理想的学校社会の建設を期し、社会的な良識と性格を伸ばして、品の高い社会人となる。」

ということを目的としている。

「学校内外の生活を正しく理解し」とあるが、これは学習の内容といってよかろう。学校内外の生活を理解させることを実質的な目的とし、「理想的な学校社会の建設を期し」とあって毎日、学校社会の建設のために、学校社会という共同生活社会体のために貢献することを修練し、社会的良識と性格、すなわち民主的な常識と態度とを長養しようとすることを形式的目的としているのである。かくて毎日、学校社会への奉仕・貢献の努力は、やがて気品のある日本人たらんことをめざしているのである。

更にめざしている目標を摘記するならば、

1、人格を尊重し、よく協力する精神を培う。

2、自由を尊び、且つ責任感の強い性格をつくる。

3、公徳心を昂揚する。

4、よい指導のもとに自律・自治の精神を伸張する。

5、進取の気象を富まし、自発的な奉仕者としての精神を養う。

6、正義にもとづく正しい批判力を養う。

7、社会的事象についての正しい理解力を養う。

8、正しい言語・態度をつくる。

9、余暇を活用し、事に対し常に能率的な労作をする。

10、心身共に健康で明朗な性格を培う。

ということである。

三、自治活動の建設

自治活動は個人の活動がもとより大事であるが、学校社会の建設という立場から、個人よりは全体の活動が大切なのである。全体の中の個人としての活動が大事なのである。全体によって習慣形成された文化形式が大切なのである。文化形式が永い間に、多くの人によって形成され、その形式が個人に主観化され、吸収されて、学校社会も、個人も立派に形成されてゆくのである。そこで、ここに自治活動をどういうようにもりたてていったらよいかということを述べることとする。

1、個人は学校社会のきそくをつくる機関の一員であると同時に、きそくを施行する機関の一員であることの自覚をもつことが大切である。

2、個人の要求にせよ、全体の要求にせよ、児童に興える自治には、児童の発達程度により、自ら限界がある。学年の高い低いにより、自治の性格と分量を規定してかかることが大切である。

3、自治組織は、児童の発達程度に即し、やがて民主的社会の自治組織に活躍するのに適切な組織とすることが大切である。

4、その他、自治活動における、指導者（リーダー）と一般児童との関係をはじめ、討議法・多数決制等、指導者として考慮すべき点が多い。

四、自治活動の機構

1、学校の自治活動の組織

(1)一・二年生は児童の力の可能な範囲において自治活動をさせ、自分たちで、できることを別に組織をつくらないでする。

(2)三年は学級代表一名を選出して、学校自治活動に直接参加する。学級の自治活動は、学校の自治組織に準じてつくり、学年程度に実行する。

(3)四年生以上は左の委員をおいて、学校並びに学級の自治活動に貢献する。任期はいずれの委員も半箇年とする。

(イ)学級代表（二名、委員の中から選出）

学級を代表して学校自治会に出席し、学校の自治活動の進行をはかる。

学級自治会を主宰する。

学校・担任教官との連絡にあたる。

(ロ)生活委員（一名）

学校の生活規律の企画善導にあたる。

遺失物の取扱をする。

他の委員に属しない学校自治事項の処理をする。

(ハ)整美委員（一名）

校舎内外の清潔・整頓にあたる。

学校の美化をはかる。

備品の整備・修理にあたる。

(ニ)厚生委員（一名）

運動の企画・実践にあたる。

衛生についての向上をはかる。

給食に留意する。

配給のことにあたる。

(ホ)学藝委員（一名）

学藝会・音楽会・展覧会・研究発表会等の企画や進行にあたる。

学校園の利用を心がける。

(ヘ)図書委員（一名）

学校図書館のことにあたる。

学級図書の購入・整理・貸出のことにあたる。

学級と学校図書館との連絡をはかる。

(ト)経理委員（一名）

学用品部の活動のことにあたる。

学級と学用品部との連絡をはかる。

学級活動の経理にあたる。

(チ)科学室委員（一名）

学校の科学心を昂揚する。

科学室経営のことにあたる。

学級と科学室との連絡にあたる。

(リ)創作室委員（一名）

創作意欲をたかめる。

創作室の経営にあずかる。

(ヌ)放送委員（一名）

放送・聴取の運営にあたる。

放送・聴取の意欲をたかめる。

(ル)郷土室委員（一名）

郷土室の運営にあたる。

郷土室と学級との連絡をはかる。

(4)その他

清整班　三年以上は児童の発達程度により清整班を組織し分担区域の清掃にあたる。

2、学校の自治活動の機関

(1)全校児童総会

四年生以上の児童全体をもって、最も重要で且つ緊急を要する事項につき、委員総会で必要と認めたとき開催する。

(2)委員総会

自治委員全員をもって随時に開き、各委員会に属しない学校全般に関する重要事項を審議し、各委員からの提案を審議・議決して立法と執行の両面をもつ機関である。

(3)代表委員会

学級代表と各委員会の議長・副議長から組織し、委員総会の議題・方針などをきめ、また、簡単な学校全体のことについては委員総会を代行する。

(4)委員会

生活・整美・厚生・学藝・図書・経理・科学・創作・放送・郷土と各委員ごとに集り、分掌事務について審議し、規則をきめ実行に移す機関で、各分担された面に対する学校自治の中心的活動をする。一週一回開き、なお必要に應じて開く。

(5)学級自治会

右の如く各学級において開く自治会にして、委員会と密接な関係をもっている。学級の問題は勿論、学校自治会、委員会に提出する事項等を審議したり実行に移したりする。少くとも月一回以上ひらき、学級自治会としての形式をととのえて開くのは四年生以上である。

五、自治活動の実際

自治活動の実際を助成する面から述べることとする。児童が前記の目的で、すでに述べた組織で、活潑にもりあがってきた活動を、指導者側の生活指導係が、これに應じて起つのである。しかも、生活指導係は山彦の如く素早く、決して起ちおくれはしない。児童の欲求興味をしらべて、いわゆる新しい学習がなされるように、児童の自治活動を見通して、児童よりも早く、迎えて起つのである。指導内容をきため、指導の系統もすべて意図しているのである。

1、指導の内容

(イ)社会性指導（生活委員・郷土委員・放送委員・経理委員）

(ロ)健康の指導（整美委員・厚生委員）

(ハ)学業の指導（学藝委員・図書委員・科学委員・創作委員）

三部面に考え、訓練については、予防的訓練を学級にまかせ、全体的には構成的訓練をするように心組んでいる。

2、指導の系統

生活指導訓練の系統の一部を示せばつぎのようである。

要項＼学年	一年	二年	三年	四年	五年	六年
自治性	自律の習慣 遊びのきまりをつくりまもる	同上 自分たちでできることへの関心	学級自治のしつけ 清整 日直	同上 学校自治への関心と協力	学級自治に貢献	学校自治の指導
礼法	みなりをきちんとする 先生・お客へあいさつ 国旗を大切にする	同上	同上 品のある態度 内・外の国旗を大切に	同上	同上	同上 礼法を身につける
ことば	正しいことば	同上	品のよいことば	同上	同上 発表力をつける	同上
交通訓練	交通のしかた 道草 乗物の安全なのりかた	同上 廊下をしずかに	同上 乗物の中でぎょうぎよく	同上	同上	同上
集合訓練	時刻におくれない 口をむすぶ	同上 早く、しずかに	同上 よく話をまとめる	同上	同上 集合進行の関心	同上 進行ができるように
遊びの指導	安全なあそび いぢわるしない 内遊・外遊を守る	同上 仲よく 内遊びの工夫	よい遊び 同上 下校時刻を守る	よい遊びの工夫 人に迷惑をかけない 同上	下級生を導き 仲よく 同上	同上

施設のつかい方	便所の使い方 ロッカーのかぎをしめる 水道の栓をしめる	同　上	同　上 ごみのしまつ 流しのつかい方	同　上 特にていねいに	同　上	同　上
もののつかい方	校具をていねいにする もちものに記名する	同　上	同　上 校具の整理・保管	同　上 修理の関心	ものの修理	同　上
食事訓練	手を洗う えしゃくしてたべる よくかむ たべおわってえしゃくする	同　上 しずかによいしせいで	同　上 給食のせわ	同　上	同　上	同　上
放送聴取	だまってきく	だまってよいしせいで	よく話をまとめる	同　上	同　上	同　上
環境衛生	上ぐつ・下ぐつのくべつ 紙・手拭い・ハンカチをもつ	同　上 黒板ふきをはたく	同　上 日当り・換気	同　上	同　上 ほこりのしらべ	同　上 呼吸とほこり
環境美化	かみくずをちらかさない	同　上 お花をかざる	かみくずをひろう きれいにしよう 同　上	同　上 はながおれた標示物	同　上 美化の工夫 絵や花をかざる	同　上 物のおき方の工夫
避難訓練	火の用心 おちつき、人をおさない	同　上	同　上 すばやく、よいはんだんと行動	同　上	同　上 指導性をもつ	同　上 自治的な指導の立場に立つ

第四節　環境と施設

一、環境と施設の重要性

一年生に入学したばかりの子供が休み時間に、数名そろって廊下を走った。すると上学年の受持の先生が大喝一声「こらっ」としかった。その時、みんなの子供がぴったりとかけることをやめはしなかった。そうして相前後して私のところへ来た。ある者はおどろき、あるものはふるえ、ある者はさほどおどろきもしない。ある者は平然として「こわかないや」といっている。あんなに大きな声でおこられて「こわくないのかしら、一年生のくせに」と、私は思った。

この数名の子供に対して今、同じ事態がおこったのであるが、その態度はかくの如くさまざまであった。この子供たちの入学前の環境の相違がそうさせたのであろう。これまで家庭で、大きな声でしかられたもの、小さな声で「およしなさい」といわれたものとがあったのである。そしてそれに子供たちの性質が結びついて、それぞれ異なった性質・態度がつくられていたのであろう。子供に対する環境の影響は実に大きい。環境と子供とを離して考えることはできない。机上では環境を自然環境・社会環境・文化環境などと分けているが、実際にはブーゼマンの如く、家庭・大都市、農村・貧困階級というような類型によって分類した方が、対策が立て易い。子供を環境と一体の姿において観察して、各個人に適した対策を立てなければならない。環境こそ教育上大切なものである。

学校は教育を本来の機能とする集団である。学校をよい環境としなければならない。新教育は、今や学校のあらゆる営みを、児童の要求や個性に適合させ、生活問題に理解ある助力を與えるようにのぞんでいる。これまでの学校は、大量生産の方式に立ち、一齊教育によって児童の生活を画一的に統制し、個性を無視して一つの型に形成しようとした。新しい学校は、作物の内からの成長に培う農夫のように、個性の尊厳をみとめて、一人一人の個性の開発に理解ある協力、助成の手をさしのべ、生活問題を自主的に解決させながら社会生活の実践者を育てあげようとする生活学校にならなければならない。

そこでわれわれは、学校環境のあらゆる面に、経験をとりいれて、経験学習を提唱し、社会的経験を豊かにしようとしているのである。そして環境と施設とが児童教育に重要な位置をしめるのである。かのアメリカのデューイが「われわれは直接に教育するのではない。環境を通して、間接に教育するのである。」と述べ、学校を改造して、児童がそこで遊戯したり、作業したりする間に、おのずからのぞましい社会生活の経験を身につけてゆくような、理想の社会としての学校をつくろうとしたことも、なるほどとうなづかれるのである。

二、環境と施設の設営の目標

新しい学校教育は、ただ学級や学校を教育的に整えるばかりでなく、すすんで家庭や社会の理解と協力のもとに、児童の生活領域の全野を教育的な生活環境としようとしているのである。家庭・学校・社会と一環の形において常に児童にはたらきかけていると考えるからで、教育の場は、ひろく社会のうちにあるという認識の上に立っているからである。

さて、環境や施設の設営の目標はどこにどうおくべきであろうか。この基調の新しい教育思潮と学校の職能の上と、教育の主体である児童の人間学的考察の上に求めなければならないと思う。

これまでの学校の環境や施設は、児童と離れて静的に設営され、動的でなかった。また画一的で個性に応ずる用意が少かった。

これまでは、教育内容をわからせるためにばかり苦心され、児童を刺戟し、感じさせようとする配慮がなかった。

児童は教育の主体であり、この人間的個体は、心理物理的な力動的な場において、自己を均衡的に維持しようとする心理生理的な生活体系である。そうして歴史的社会の物質的・生活様式的な諸条件に制約されて居り、他面では、自分の在り方を自ら決めるものである。

故に児童を力動的な場に立たせるように、均衡を維持できるように、一面、均衡を破るように。また歴史的社会の物質的・生活様式的な諸条件の理解を興えるように、自分で身のふり方をきめるような機会に多く当らせるように設営されるべきではないであろうか。

環境や施設の設営の目標は、教育内容を理解させることに終始してはならない。児童をして、深く感じさせ、学習意欲を増して「研究したい」という境地においこむようにし、一面、児童の要求を満足して心安らかに、楽しいところとして設営することを要する。

知性の育成には現代科学を理解させねばならない。

人間性の陶冶には精神文化の正しき理解が必要である。

人格性も社会的・現実的実践の外に超越したものではない。

と考えると、環境や施設の設営は目的によって、新たに用意されることもあってよい。視覚・聴覚に訴える方法を研究することが大切である。

経験が問題経験として児童の間にもちあがってくるのは、その異常性や珍奇性によることが多い。しかしそればかりではない。児童の心構えや態度によることも多いから、ふだんから児童の心構えや態度をつくっておくがよい。

三、わが校の環境と施設の概要

環境を学校環境と範囲を限定して述べることとする。なお環境といい、施設といっても学校環境全般について述べる余裕をもたないので、ここでは、カリキュラムの実験研究と共に、強調されてきた施設について概要を記すこととする（詳細は本シリーズ第二集参照）。

一、学校図書館　三階建校舎の二階の中央の大きな部屋を当てている。児童の自発活動に備えての施設であるが、児童と教師に対して調査・レクリエーションおよび研究のための手段を提供する目的で、全校の教官・児童の利用に備えている。

2、**科学室**　その位置は一階の西南端に近く理科室に隣り、科学的趣向に備えて、機械いじり・観察・実験のできるように設けてある。

3、**創作室**　一階の北西端に一室を設け、児童自らが彼等の夢を、あるいは理想をいだいて何かやってみようとする室で、主として造形的な技術を生かすことが多い。求知心と活動性は児童の尊い性能である。大人にとっては自明のことも児童にとっては偉大な創造である。この室に楽しい創造的学習が行われる。別に二階の西南隅に音楽室がある。音楽的な創作はこの室でなされる。

4、**郷土参考室**　三階の南東校舎に郷土参考室をもっている。東京都の世田谷区・目黒区・渋谷区から通学するものが多いことと、これら三区から東京都への発展学習に便利にできている。

5、**映画・幻燈室**　学校図書館室をこれにあて、研究ならびにレクリエーションに備える。

6、**学芸会・発表会の室**　音楽室と講堂とをこれにあて、小規模のときは音楽室で、大規模のときは講堂をあてて、なるべく多く評価の機会をつくる。

7、**健康室**　一階の南東校舎の衛生室をこれにあて、児童の衛生状態を明かにし、児童の学習研究に備えると共に、自ら保健・衛生に積極的に心掛けるよう設備する。

以上、静的な設備の概要を記したのであるが、こうした設備は経費を要することとて、教官の熱心と政治的・経済的な面とが相俟って完備するのであることを附記しておく。

四、環境構成の手続

児童の生活環境は、静的な物的環境ではない。前述のように各種の室があっても、静的な環境としておいてはならない。児童がそこで実地に遊戯し作業する生活実験の場であり、行動・体験の場であり、意味をもった環境としなければならない。児童の生活環境は行動環境である。児童と環境とが一体となって意味をもったのが行動環境である。静的な環境を有意義な動的な行動環境とするにはどうしたらよいであろうか。わが校の生活環境の構成に先立って静かに思いかえしてみよう。

静的な施設環境は、それに血を通わせ、児童と一体化してこそ教育的な生活環境となることができる。

のぞましい行動環境の主体は、個々の児童である。

児童をとりまく施設としては、教室・特別室（児童図書館・科学室・創作室・郷土参考室・映画幻燈室・音楽室・健康室等）とがある。

単元学習上は、学級教室が直接的環境とし、特別室が間接的環境として使用され易い。

行動環境の主体である児童の活動場面により、学習を主とする環境と遊びを主とする環境とに分けて考えられる。

1、**学習環境の構成**

(イ)学級教室に単元に直結する設営をして、その単元学習の動機づけ、学習の打合わせにつかって、単元の学習の直接的環境として役立たせる。学習の進展につれて展覧会の室に、あるいは評価の室として役立てる。尤も特別室より出発する学習もある。

(ロ)特別室はむきむきによって単元学習の参考室として役立てる。

(ハ)児童をグループに編成して、学級があまり多岐にわたらず単元学習の目標にあうようにして特別室へもやって学習の興味を継続する。

2、**遊びの環境構成**

児童の生活は大部分が遊びと運動の生活である。遊びを楽しく安全にしてやって、学校生活を意義あらしめることは大事なことである。

(イ)遊びの場と時をつくる。運動道具や施設が楽しく大ぜいで使えるようにする。学校放送やレコード鑑賞もよく時をえてやる。

(ロ)子供会のような会合をもつ。唱歌・童話・ごっこ遊び・劇・舞踊など喜んでやったりみたりするようにする。

(ハ)学級教室をホームルームのようにつかって、児童と談話する時をもつ。家庭の人の如く、教師と児童と温い交渉をもつ時をつくる。

カリキュラムの構成と実際（終）

あとがき

われわれが新教育研究の末翼に立ち上った昭和二十年からここに五星霜、その間、連続したきびしい日々の教育現実の中に、愛する児童のすこやかな成長を念願しつつ、真の教育の歩みを求めてひたすら精進してきた。

毎週のカリキュラム研究会は、酷熱の夏の休暇にも、厳寒の冬の休みにも、生活の悪條件にも屈せず、續行されてきた。同僚の二人までが、研究の途上で病床の人となったが、われわれの研究は、すこしもたゆむことなく、更に累積されてきた。

ここにカリキュラムの実験シリーズとして、まとめあげられた五つの記録は、今日までの実験報告であって、われわれにとってまことに貴重な記録である。この努力の結晶が、いささかなりとも新教育の推進に益するところがあるとするならば、それは、われわれの何よりも幸いとする所である。敢えて世の多くの教育実験家各位の、心からの御叱正と御批判をお願いする次第である。

カリキュラムが日々改訂されることは、カリキュラムそのものの本質からくる宿命である。われわれはここに、希望と勇気を新たにして、明日のカリキュラムをめざして更に精進を誓うものである。

昭和二十四年十月八日

カリキュラムの実験シリーズ（全五巻）研究会員　（五十音順）

東京学藝大学・第一師範男子部附属小学校

主事　○五十嵐清止

○饗場一雄
加藤嘉男
○小堤勝郎
○高島久光
○西脇秀夫
仲憲三郎
○山崎幸一郎

大野忠男
○木島孝
○近藤嘉子
高橋利平
西村二郎
○増田耕一
大和淳二

○勝田榮三郎
○栗原靜一
○鈴木勇
○新國重人
○花村郁雄
○武藤重治
渡邊正

○印は第一集『カリキュラムの構成と実際』執筆者

『カリキュラムの構成と実際』執筆者

一

昭和二十四年十一月二十五日　印刷
昭和二十四年十二月　一　日　發行

カリキュラムの實驗シリーズ　I【カリキュラムの構成と實際】

定價　貳百貳拾圓
地方賣價　貳百參拾圓

編著者　東京學藝大學・第一師範男子部附屬小學校
發行者　長　里　靜
印刷所　東京都千代田區飯田町一ノ十八　河手印刷株式會社

發行所　學藝圖書出版社
本社　東京都杉並區下井草三十一
營業所　東京都新宿區牛込矢來町四四
電話九段(33)四六四七番
振替東京九九七五二番

當社出版書籍中、不完全な品には責任を負います。

學藝圖書出版社發行・教育書目（一部）

著者・書名	内容	體裁・定價
都立八高教授 松木茂 ガイダンス	新教育の中心目標ともいうべきガイダンスの組織とその運營について、アメリカの大學に學びアメリカの文獻に通じた著者が、豐富な體驗と多年の研究により最新の資料を縱横に生かしてまとめた研究と實驗報告。	B6判上製 二二〇頁 定價一五〇圓 送　三〇圓
聖學院高校教授 今井先 ホームルーム	生徒が民主社會の立派な成員となることができるよう教育的經驗を與えようとするその生徒活動と、生徒指導の組織ホームルームの正しい運營を理論的に實際的に解説、著者は文部省ホームルーム委員の新鋭。	B6判上製 二五〇頁 定價一五〇圓 送　三〇圓
櫻田小學校長 古川正義 櫻田カリキュラム	C・I・E指定、社會科の實驗學校として全國的に有名な櫻田小學校、その櫻田カリキュラムの全貌を最も具體的に發表した尊い實驗記錄。カリキュラム理論も本書により初めて生命を吹きこまれた教育界待望の書	A5判上製 二八〇頁 定價二五〇圓 送　四〇圓
前文部省教育研修所員 長里清 新しい性教育	新しい性教育を容易に世の父兄誰もがその家庭で、幼稚園小學中學高等各學校の全教師がその學校で、大膽に正しく實施できるように多くの實例を示しつつその理論的根據を明かにした唯一の性教育の指導書。	B6判上製 二〇〇頁 定價一三〇圓 送　三〇圓
早稲田大學教授 小澤恒一 新教育の哲學的基礎	日本の教育が何故に根本的刷新をせねばならなかつたかの必要性から說き起して新教育の方法を具體的にのべたもの特に小學校と中學校の實際教育にふれて興味深く且親しみやすく新教育の哲學的根本問題を說く。	B6判上製 二〇〇頁 定價一三〇圓 送　三〇圓

東京学芸大学・第一師範附属小学校 編著

カリキュラムの実験シリーズ II

学習環境の構成と実際

東京 学芸図書出版社

序

シカゴ大学の一般教養の物理学教科書の最初のところに、アインシュタインの言葉が引用してある。「総ての科学の目的は、それが自然科学であろうが、心理学であろうが、われわれの経験を調整して、一つの論理的なシステムに帰結させることである」と。そうして科学の研究について、大学のプリントは次のように記してあった。科学研究でいちばん重要なことは、科学者の学説がどういうものであるかを知ることより、その学説の根拠となるところを理解することである。太陽への距離や、原子の大きさや、地球の年代を知ることより、そのことがどうして決定されたかがわかることが大切である。また遊星が太陽の周囲を運行することを学ぶより、それらの理論の基礎を理解することが重要であると教えている。真の理解は批判的評価から得られるもので、学説の結論に通暁しても、その目的を達することは出来ない。この考察は結局われわれを科学の方法の研究に導くのである。

あらゆる科学的知識の究竟的な資料は右によれば経験である。この点で附属小学校は経験の調整者として恵まれた場を与えられたものである。かような意味の科学者の立場において、われわれは新しい多くの教育学説の根拠の理解につとめ、その方法の現実的批判的評価にあたり、附属小学校としての新しい教育への基礎的な組織の構成と実験とを目標とすることにした。先ずはじめに学校の教育計画に立脚して、学校カリキュラムの形態を明確にした。飜訳のままでなく、またいわゆる Board of Education のカリキュラム型のそのままをとるのでもなく、これを経験に生かし、多くの問題をとらえ、それに対する解答を研究して、およそ実験的方法による附属小学校のカリキュラム形態を構成した。次に児童学習活動の実際と環境構成が課題としてとりあげられた。基礎学習も一つの教育計画の根本として強調された。

新教育と称するもの、コア・カリキュラムなども実験された。そして教育本来の目的に應ずるわれわれの態度を明かにし、目標と内容との一貫性を希求した。

なお附属小学校の研究体制は六学年をたてに三つのシステムを並行させている。Aは綜合的な生活経験課程のコースをとり、Bは学習指導要領に準ずるコースにより、Cは低学年において綜合学習を、高学年において分科した学習のコースをとるものである。そしていずれも九年課程としての実験を行つている。

以上の目標のため、現在一年及び二年には研究担任として、東京学藝大学の教育学・心理学担当の教官が配属されている。かようにして附属小学校は主事を中心に、全教官が眞摯に、そして情熱的な教育愛に、心魂をつくして教育の場にあたつた。経験の調整と実験が重ねられた。

この度それらの研究記録が集められて、第一集より第五集までが刊行されるようになつた。たがいに励ましあい、助けあつて、ようやく今日の成果を得たのである。私は最近フィラデルフィア・パブリックスクールの社会科の研究発表である「生活と学習」というレポートを見た。その序文にこのカリキュラム計画の委員の数は三十九人であつて、スタンフォード大学とコロンビア大学の教育学部の助言を得、またフィラデルフィア市の六百人の教員・校長・指導主事・教育委員の批判と示唆をうけ、インサービスコースの人達からも多くの協力を得たと記してあつた。私共の研究も、ぜひかように広い方面からの忠言を願うものであつて、新しい時代の教育振興のため、この機会に多くの御批正をいただきたく思つている次第である。

昭和二十四年十月

東京学藝大学長　木　下　一　雄

学習環境の構成と実際　目　次

―第　一　部―

―第二部―

カリキュラムの実験シリーズ・（II）

学習環境の構成と実際

第一部

第一章　学校カリキュラムと学習環境

カリキュラムは学習内容に関する問題であって、一般に、学習指導の方法の問題とは区別して考えられている。そして学習環境の構成は、カリキュラムの問題であると同時に、より多く学習指導方法の問題とされている。けれども、こと学校カリキュラムに関する限り、われわれ教育現場人にとって、カリキュラムと学習環境の構成とを別にして考えることは、学校カリキュラムの性格から言っても、経験学習の本質からみてもできることではない。

一、学校カリキュラムの性格

およそ教育は社会の要求と児童の要求とに應じていとなまれるものであり、また、いとなまれなければならないとされている。ここに社会の要求に應じてというとき、その社会の要求とは如何なるものか。大まかに考えて、假りに人類社会生活の理念や国社会の理想と地域社会生活の実状から来る要求とに分けて考えるとして、地域社会生活は事実として都道府縣のような広域政治区画を意味する場合と学区地域社会を指す場合とがある。児童の要求も同様にして、人間としての児童または国民としての児童の要求と、興味や能力・経験・生活を異にしている個人としての児童の要求とに分けて考えるとする。

この分析の上に立って、教育の基本的な原則としての社会の要求と児童の要求とを満足させるようなカリキュラムとは何か、を考えるとき、人類社会生活の理念や国社会の理想から来る要求と、人間としてまたは国民としての児童の要求とを満足させるようなカリキュラムが考えられる。これは言わば国定カリキュラムであって、極めて大まかであって、それ自身としては、地域社会生活の特殊状況から来る要求や児童の個人差に應ずることはできないから、それは教育行政と学習指導法の問題に任せてある。この性質を誤信して、詳細な案を作りこれを全国のすべての地域のすべての児童に一律に要求しようとするとき强制画一となる。大まかな一種の要求水準であるから、それを地域化し個人差に應ずるようにするために、国に視学官をおき督学組織をもって、国定カリキュラムの具体的実施を見まもり指導する一方、教師は国定カリキュラムの内容としての国定教科書に依って、これを地域化し、児童の興味や能力や経験にあわせようとする。教師の仕事は教授法の工夫に集中される。けれども今やカリキュラムの国定制は放棄せられ、人類社会の理念や国社会の理想、及び人間としての児童及び日本人として共通な児童の要求は、憲法や教育基本法とその関係諸法規、及び学習指導要領として素材のまま提示されている。そして、カリキュラムの構成は地方教育委員会の仕事となった。

地方教育委員会は、社会理念を解明し、国社会の要求を明かにするほか、管区地域の社会生活の実態を調査してその要求を明かにし、他方、人間としての児童の要求を研究し、管区地域の児童に共通な要求を調査してその両者が満足するようなカリキュラム（地方教育委員会つまりBoard of Educationの作ったカリキュラムであるから假りにこれをボード・カリキュラムと呼ぶならば）を作成することになるだろう。これは、国定カリキュラムに比して著しく具体的で地域性があり、児童の個人差をも考慮されている。けれども、学区地域の社会生活及び学区児童の特殊性からみれば、なお一般的であって、学区地域の社会生活及び児童の個人差に應ずることは教育行政及び教師の学習指導法に依存している。そのために地方教育委員会には指導主事があって専らボード・カリキュラムの具体化を援助しようとしている。このボード・カリキュラムは完全な意味でカリキュラムとして社会の要求と児童の要求とに應えているとは言えない。

これ等に対して学校カリキュラムは、社会の要求として、国社会の理想、地方社会の要求、及び学区地域の社会生活から来る要求に應え、人間としての児童及び個人差ある児童の実態の上に構成されるから、ほんとうの意味で社会の要求と児童の要求とに應えたカリキュラムであると言えよう。ここでは教育行政も方法も殆んどカリキュラム化されていて、その明確な区別を意識することができない程である（本シリーズ第一集序説参照）。

もっとも、問題はまだここにも殘っている。その一つは、純粋な意味で学區社会、学校現実及び教師の実情に即し児童一人一人の興味や能力・経験・生活等に應えるためには、カリキュラムは児童一人一人について樹てられなければならない。そしてその限りにおいて、社会の要求と児童の要求とに純粋な意味で應えるものは個別カリキュラムであると言えよう。

けれども、このような「現実」に密着してカリキュラムが構成されなければならないとする現実主義は学校施設の優劣、教師の問題等に関する限り教育の機会均等という要求からは、如何に解決さるべきであろうか。教育の機会均等ということは低劣なものにとっては一種の理想主義的な性格を持つ。それは、学區社会内の問題としても考えられるし、一つの教育委員会管区内についても言える。また国としても人類としても考えられることである。教育は社会改善に進むべきであるという点からいっても、カリキュラムは一定の水準を保って、巾とゆとりのあるものが構成され、その実施に必要な最低水準（minimum standard）としての学習環境の裏づけと教師教育にはその作製者が責任をもつという原則で、その具体化は教育行政と方法の問題とするのが妥当ではなかろうか。この立場に沿うものがボード・カリキュラムであろう。そしてこの見地からは、教育は社会の要求と児童の要求とにどこまでも應えるものでなければならないが、カリキュラムについては、純粋な意味ではそう言いきれないことになる。

学校カリキュラムは、国の理想から来る要求、地方教育委員会のカリキュラムに依るにしても、それは、国社会の要求と地方教育委員会管区の地域社会の生活実態から来る要求、及び人間としての児童の要求、児童の要求のうち日本人に共通なもの、それから地域児童に共通なものを満すに過ぎないから、当然、学区社会の要求及び学区児童一人一人の個人差から来る要求を調査してこれに應えるものでなければならない。

ここに学校が用意する教育のプログラムは、強く学校の現実に條件づけられ、そのまま児童の学習活動として展開されるように構成されていなければならない。このことは、とりもなおさず、学校カリキュラムはこれにふさわしい学習環境が構成され、それが裏づけとされていなければならないという理論的根據をなすものである。

二、経験と学習

およそ経験学習という主張は経験によって学ぶということを原則に考えている。そこで、経験ということはどういうことであろうか。われわれは次のように考える。

児童は本来みずから伸びようとする力を持っている。その力は、身体的には栄養と呼吸と光線と水とを媒介としてみずからその機能を発揮して行く。精神的には社会のもっている言語・文字・音律・行動形式などを媒介として機能し、そこにものの観方・感じ方・考え方・行動の仕方などが漸次一つの傾向を持つようになり、理解や態度・技能などを身につけて行く。この過程はいわゆる成長発達の過程であって、また経験と学習の過程でもある。

そしてこのいとなみは、児童が社会に在るということだけによって、丁度われわれが空気中にあるということだけで絶えず呼吸を営んでいるように、絶えず営まれている。一言に、児童のみずから伸びんとする力は社会現象や自然環象を契機と媒介として機能をすすめて行く。われわれは、この事象を経験と考える。学校における児童の学習活動も、日常社会における経験活動と同様に、環境を契機として起動し、媒介として推進されるのであるから、最も正しいそして最も有効な教育の方法は、生活経験のあり方において学習活動が営まれるように学習環境を構成してやることであると信ぜられる。

学習は経験によって営まれる。経験によって児童の内的機能に一種の痕跡ができ、その痕跡が爾後の活動に影響し、影響された活動によって環境に働きかえす、というように、児童のみずから伸びようとする機能に新たな意味と痕跡が生ずる。われわれはこのような経験の痕跡による意味の獲得を学習と考える。従って、学習環境の構成は、単なる経験や活動の場の設定だけには止まらない。すなわち、ただ、同じような活動をひき起すような固定した環境であってはならない。常に新たなる経験を誘導し、それによって、経験の再構成が促され遂げられて、内的機能に新たなる痕跡を與え活動に新たなる意味が生ずるように、学習環境は構成されなければならない。学習環境は従って固定的なものであってはならない。常に変化に富んだ生き生きとして児童は迫るものであることが最も望ましい。経験による学習に対するこのようなわれわれの根本的な考え方からしても、学校カリキュラムが具体的な児童の学習活動に関する予定計画である限り、学習環境の構成計画とその裏づけをよそにして、学校カリキュラムを作製することはできない。

三、学習環境の構成

前述したように学習経験の成立する場は、学校環境には止らない。児童の経験領域において学習の場が構成される。ここに学習の場というのは、経験が学習活動としていとなまれる場合の、児童と環境との関係場面を意味する。学習の場はこの意味で、その成立する範囲から言えば児童の経験領域の各所において構成されるとみられるが、特に日常生活の営まれる地域社会であると言えよう。その質的な観点からすれば、例えば同じ古典でも十代に習った時と二十代に読んだ時と三十代に研究した時と四十代に味わった時と経験には変りはないが学習としては異なっていて、それぞれ受ける意味の深さが新たなように、同じ地域社会という環境においても構成される学習の場は興味の中心に伴って変る。また、この質的な観点から言えば物的ではないが、討議法というような形態においても学習の場は構成されるという意味から、われわれは一般に学習指導法に属するものとみられている討議法を学校カリキュラムの裏づけとしての学習環境の構成に含めて考えようとした。

学校図書館・科学室・郷土参考室・創作鑑賞室・健康教育室のような、直接学習活動の場として必要な施設、それから視聴覚教育・児童文化等はよく整備せられて、児童の学習環境として十分児童のものとなっていなければならない。その程度に應じて児童の学習活動は営まれ、学習形態は変化するだろう。われわれは、このような見地に立って、その整備と活用に渾身の努力を捧げている。けれども理想は遠くその実現はなかなか思うようには進まない。われわれの努力して来た現在までの研究と実験とを一先ずここに報告して、一層の整備と活用とを期する次第である。

第二章　生　活　指　導

生活経験カリキュラムにおいて、生活指導はどのような位置を占めるであろうか。

生活経験カリキュラムにおいては、生活を中心として学習経験の統一をはかろうとするのであるから、単なる知識や事実の断面的・機械的な教授は斥けられ、学習者の興味や要求に即し学習者自身が生活の現実において直面する様々の問題を解決することを通して期待される身体的・精神的・社会的発達を教育効果として収めようとしている。

われわれはあらゆる人間の中には自由への、そしてまた個人的並びに社会的な成長への無限の可能性の存在することを信ずる。人間は一人一人が他をもってかけがえのできない本質的なものをもっており、同時にまた彼は他の人々の活動に参加し、共同的に仕事を実行しようとする社会性をもっている。指導は個人的能力を発見して、それを社会的に、有用なものにするために各人に努力させてゆく立場のもので、学校教育としてはまず、根本的に学級社会において十分基礎づけられなければならない。この基礎の上に学校をあげて児童に民主的環境と民主的機会とをゆたかにあたえるところから、個性を社会的有用にまで高めようとするのである。

社会の刻々の変化は学校の窓を通して浸透し、学校は指導の大きな分担者となってきている。社会の大きな変轉のさなかにあって、児童は絶えざる成長を欲している。このような事態のなかで、如何にして児童の身体的・精神的健康を保持してゆくか、如何にして健全で満足な生活をしてゆくか、……ここに組織的な指導のもとに注意し、助言や援助が必要かくべからざる所以がある。

第一節　学校生活指導の目的

我が校では生活指導の目的を

「学校内外の生活を正しく理解し、理想的な学校社会の建設を期し、社会的な良識と性格を伸して品の高い社会人となるように助成する」ことにおいている。この目的を更に具体的に説明しよう。

「学校内外の生活を正しく理解」という立場は「社会関係について正しい理解を得させる」という本校教育の目標の内容を学校社会を中心に限定する立場であって、單純化され純化され均衡化された組織的学校社会、そして同じく学習を積んで人格の完成に努力する者からなる協同的学校、社会の人間相互の生きた関係・現実的環境・生活の基礎的條件を体験的に理解するように導いてゆくことである。

つぎに「理想的学校社会の建設を期し」という立場は「進んで社会の進歩と福祉をうながすような社会活動に参加するようにし」ということの内容を先ず児童の直接環境である学校社会に限定して、そこに協力し福祉を自ら増進させてよりよい社会の建設に貢献させようというのである。理想的ということは、いうまでもなく架空なものをいうのではなくて、どこまでも現実環境に根を下して、絶えず、よりよきものをきずきあげてゆくことを意味するのであって、そこに民主的社会のあり方があると考えられる。

それから学校社会を先ず理想的学校社会にするということは、混迷せる社会の現実に対する子供達の建設的反駁であるといえると思う。——日々理想的学校社会の建設につとめる児童の姿を見るときに、無限の愛らしさと、健気さと、そして尊さを覚える。

終りの「社会的な良識と性格を伸して、品の高い社会人となるように助成する」という立場は「学校内外の社会を正しく理解し、理想的学校社会の建設を期する」ことがそのまま公民としての素質を形成してゆく立場を述べたものであるる。即ち学校社会が完全な意味においての一般社会ではないが、学校社会を理解した能力は一般社会を理解してゆく力になってゆくし、学校社会に協力貢献する態度は一般社会に積極的に奉仕する力なり態度になってゆくものと信ずる。

それから「品の高い」ということばは、正しい伝統としての日本人らしい気品と自発的なる奉仕者（民主社会福祉と安寧と進歩のために貢献しようとする者）としての性格を持たせる意味を含んでいる。

もう一つ「助成する」という意味についてであるが、これは社会を理解するのも児童がするのであり社会に協力貢献するのも児童がするのであって、どこまでも児童の内のものである。それは全く児童本来の人間性・社会性の曲がることなく正しく素直に伸びて来たところの所産でなければならない。

従って、この児童の内的経験に対しては外から大人の結論を與えることはできないのであって、もし敢えて、そのような干渉をするならば児童の創造力の芽はつまれてしまい、それによって得られるものは形は具わるかも知れないが中味のない廃物同様のものとなる、といって勿論放任では雑草も茂り、わき芽も伸びて不十分な実入りとなる。そこで児童の指導の在り方として、先ず十分効果があり興味のもてる環境をそなえてやることであり、そして児童の自発心と相俟って助成し案内することである。この辺の消息を「助成する」ということばで表わそうとしたのである。

以上が学校社会の生活指導の目的についての考察であるが、ではそれをどのように具体化したらよいであろうか。

第二節　生活指導の目標

学校生活の指導を具体的に展開してゆくためには、指導すべき内容が検討されなければならない。そして検討する観点は社会学習の基本的なものであること、そして價値的であること、もう一つ広い社会的な要素を含むこと、の三点である。それは学校社会の環境そのもので、前述したように教育的に單純化されてその基本性が、そして純化されてその價値性が、更に均衡化されて、その要素の拡大性が各々強調されて形成されていることによって考えられると思う。

この立場から我が校の生活指導の目標を立案したのである。それは、

(1)　人格を尊重し、よく協力する精神を培う。
(2)　自由を尊び且つ責任観の強い性格をつくる。
(3)　公徳心を昂揚させる。
(4)　よい指導のもとに自律・自治の精神を持たせる。
(5)　進取の気象にとみ自発的なる奉仕者としての精神を養う。
(6)　正義にもとづく正しい批判力を養う。
(7)　社会的事象についての正しい理解力を養う。
(8)　正しい言語・態度をつくる。
(9)　余暇を活用し、事に対し常に能率的な労作をなすように仕向ける。
(10)　心身共に健康で明朗な性格をいだかせる。

以上は指導の目的を理念的に分析したものである。即ち「人格を尊重し、よく協力する精神を培う」「自由を尊び且つ責任感の強い性格を培う」「公徳心を昂揚させる」の三項は、先ず学校内外の生活において了解させたい基本的價値的根本要件でなければならない。いうまでもなく、新しい教育の基盤であるべきデモクラシーの理解は一つには自他人格の尊敬心と二つには協力善に対する協力の上に立つのであり又一面、民主主義を「あらゆる現実の自由の中に滲透している精神と考えるものこそ、民主主義を最もよく理解したものである」（合衆国教育使節團報告書）といわれるようにデモクラシーは自由の中に育つのである。そして責任はその自由の本質である。この意味において人格尊重と協力精神と自由及び責任を第一にあげたのである。

それから公徳心については、今日の社会に残念ながら最も欠乏しているものであり、その昂揚によらなくては美しく楽しい社会は生れ得ないと信ずる。それ故に公徳心も社会認識の一基本的要件とした。

つぎに「よい指導のもとに自律・自治の精神を持たせる」及び「進取の気象に富み自発的なる奉仕者としての精神を養う」の二項は、主に学校社会建設への積極的方法と、とるべき態度を示したものである。

つぎの「正義にもとづく正しい批判力を養う」「社会事象についての正しい理解力を養う」との二項は正しくそして広さのある社会的知性を、道徳的方面からと物的方面からと養いたいのである。そして第一項から第七項までを綜括する立場からいえば即ち目的でいう「社会的な良識と性格を養う」結果となってゆくのである。そして「正しい言語・態度をつくる」「余暇を活用し、事に対し常に能率的な労作をなすように仕向ける」「心身共に健康で明朗な性格をいだかせる」の三項は、引き続いて特に品の高い社会人としての在り方を述べたものである。この品の高い社会人を育てるということを特にここで述べたのは、それが我が校の生活指導のねらいでもある故である。

第二節　生活指導の在り方とその内容

生活指導の内容としては、

1. 社会性指導（生活・経理委員）
2. 健康指導　（整美・厚生委員）
3. 学業指導　（学藝・図書・科学・放送・郷土・創作室委員）

の三項を考えている。

生活指導の目標を達してゆく方法として児童の自治組織をとりあげる。学校に理想的社会の建設をしていく方法として考えられる自治活動は、新しい教育の生活指導の在り方である。

一つには新しい教育が人間性に立脚する以上、人間的要求としての自己活動を中心としたものでなければならないこと。二つには社会的要求として、われわれは一日も遊離することのできない社会的統制——民主主義としての——即ち政治性を認識すること。三つには学習の姿としての理解の方法としても、建設的活動の方法としても、行動的・実践的でなければならないこと。以上の三点から今日の教育に自治活動が重要視されなければならない。

ところで、その自治活動は児童の人格的未完成者であること、も一つは社会的理想を追究すること、即ち教育の陶冶的立場から、どこまでも限定されたものでなければならない。そこによりよい指導性を必要とする性格があるのである。

それから学校の自治活動は、先ず学級の自治活動にしっかり根を下したものでなければならない。これは自治活動が元来民衆（デモス）の如何によって決定されてゆくデモクラシーを基礎とする活動形態に直結する立場から自明のことであるといえる。

つぎに更に、その内容について考察してみよう。

一、社会性指導

社会を離れて人間の生活はあり得ないのであって、人はだれしも社会に生れ、社会に生活し、社会を構成し、高め、そして社会に死んでゆく。したがって人間は社会を正しく理解してこれに適應し更に明日の社会のために役立つ人間として社会の繁栄に積極的に貢献すべく宿命づけられている。そしてその営み自体がそのままわれわれの人生なのである。

それ故児童を早くから社会の一員として、公民としての正しい生活態度を維持するように指導することが人生に不可欠の要件であり、同時に社会性指導の必要が強調される所以でもある。その具体的項目としては、自治性（経済面としての経理も含む）、礼法・ことば・交通訓練・集会訓練・（時間尊重を含む）・遊びの指導・施設の使い方・もの（の）使い方・食事訓練・放送聴取・環境衛生・環境美化・避難訓練を考え、その体系を立案している（具体的には各学年編を参照）。

二、健康指導

健康指導は、児童の健康及び身体的発達に関係して適切な助言を與え有効な援助をなす一領域である。身体を保護して病気を予防する消極的面と、身体を鍛錬して強健にする積極的面とを考えることができる。この面に関しては「健康室」の章に具体的に述べてあるからその章を参照されたい。

もう一面は環境衛生の立場から健康保持・環境美化としての清掃訓練を考えなければならない。その指導の具体的項目としては、清整整頓の習慣・勤労の習慣・協同精神（責任）・環境衛生・指導性・環境美化・公徳心・（用具の取扱・便所の使用・ごみ捨て場・水のみ場）などを考え、その体系を立案した（具体的には各学年編を参照）。

三、学業指導

学校が児童の学習にとって最も好ましい環境となるよう継続的にいとなまれる一切の教育的助力を考える。新入時の特別指導、卒業時の進学指導はもとより、日常の学校生活において社会人としての文化的良識を学校社会を通して得させ、学校は楽しい生活の場となるよう導く。その施設としては、図書館・校内放送・科学室・創作室・郷土室・校内掲示板を考えている。それぞれの経営は児童の参加のもとに運営されている。

つぎに、これらを包含する組織をあげてみよう。

第四節　自治組織

つぎにあげる自治組織は昭和二十二年五月三日新憲法実施の日を中心に当時の児童役員会・学級会、そして児童総会を経て、その名称に至るまで児童をとおして生れたものである。尚その後、児童のもりあがる自治力によって年々その委員が増加され、はじめ五つの委員であったものが二十四年で十に発展したものである。

(一)　一・二年は児童の力に可能な小範囲の自治活動をさせて、自分たちのことを自分たちですることのできる喜びを感じさせ、一定の組織はつくらない。

(二)　三年は学級代表二名を選出して、学校自治活動に参加する。

(三)　四年以上は各学級から左の委員を選出して、常時自治活動をなす（委員は年二期交代、各学級より一名宛）

(1)　学級代表（二名、委員より選出）　学級を代表、中心になって学級自治会をすすめる。
(2)　生活委員　主に学校の生活規律面を分担する。
(3)　整美委員　主に学校の清潔・美化にあたる。
(4)　厚生委員　主に運動・衛生・給食にあたる。
(5)　学芸委員　主に学芸会・音楽会・研究発表会・学校新聞を分担する。
(6)　図書委員　主に児童図書館の企画運営にあたる。
(7)　経理委員　主に学用品部の企画運営にあたる。
(8)　放送委員　主に校内放送の企画運営にあたる。
(9)　科学室委員　主に科学室の企画運営にあたる。
(10)　創作室委員　主に創作室の企画運営にあたる。
(11)　郷土室委員　主に郷土室の企画運営にあたる。

(四)　他に各学級には清整班が組織され、校内の清掃にあたる。また学級独自の立場から以上の他に任意な組織がほどこされている。

さて最後に自治の姿としての学校生活の一日をながめてみよう。

第五節　学校生活の一日

登校　電車がホームにすべり込むと、子供たちは車からはき出されるようにホームに降りてくる。上級生は下級生の手をとって改札口へと急ぐ。下級生の世話をするのは上級生のうるわしい行いである。下級生にあやまちのないように生活委員会では常に議題にのぼることの一つである。「道は左側を通りましょう」(二十四年十一月一日から人は右側通行となる)これも生活委員会の決定事項である。時には生活委員は要所要所に立って指導することもある。はじめはなかなか実行してくれなかったが、この頃は道路に立たなくてもよく実行してくれると生活委員は喜こんでいる。

みんなが登校する頃は、もう学級の日直は、自分の室をきれいにしてくれている。各教室のスピーカー・廊下のスピーカからはみんなを迎えるが如く軽い音楽が流れている。時には「教室の窓をきちんとあけて、朝の清らかな空気をお部屋に入れましょう」と放送されることもある。この頃では放送がなくても窓はきちんときれいにあけられている。

朝礼　月曜日は週一回の朝礼である。朝礼の合図でブランコからも鉄棒からも校庭にあつまってくる。生活委員の司会で、きめられた位置に整列、みんなで「お早うございます」をかわす。主事先生のお話の後、生活委員から話があることもある。時にはみんなでうたを歌うこともある、又運動場の石拾いをすることもある。一通り終ると学藝委員のひくピアノの行進曲にあわせて教室に入ってゆく。

教室　教室に入ると教室の自治欄には自治委員会の決議事項が児童の手で書かれている。月曜の朝は委員から先週行われた各委員会の報告があり、それらについての討議がなされる。

廊下　休み時間の廊下の歩行は左側をしずかに通る約束なのだが、なかなか実行されにくい。休み時間が学級によって多少くいちがってくるので委員が指導しにくいこともあるが、よく生活委員会と問題になり、みんなで静かに歩くよう努力している。

集会の時間　十時四十分から集合の時間を設けてある。毎日実施するのではないが必要に應じて開いている。集会を必要とする時は、校内放送によって傳達される。勿論翌週の計画で集会を要する日は決定される。運動会の近い頃とか地域別対抗競技会などの頃になると厚生委員からいろいろ話があったり、学藝会や音楽会、研究発表会などが近い頃には学藝委員が壇に立つ。又図書館・科学室・創作室・郷土室からの報告の必要がある時や生活委員から生活規律について必要ある場合にも集会をすることがある。

晝休み　晝食の時、厚生委員は日直と協力して給食をする。みんなが手を洗って食事の用意をして、給食をくばってもらうころ校内放送が開始される。二十の扉・話の泉・劇など一週間毎のプログラムが前週、放送委員によって企画され各学級に傳達されている。又図書館の新刊図書が紹介されたり、臨時のニュースもこの時間に放送される。子供たちのすきな音楽の放送もある。衛生についても又食事が終って遊びに行く運動場の使い方についても、厚生委員は話合いをきまりをつくっている。図書を見ることについては学級図書でも図書館でも図書委員が工夫している。昇降口及び二階の広場にゆくと掲示板があり、そこには自治会の動き・きまり・学校新聞・上手な図画の作品等が見られる。投書箱に学校をよくしてゆくための意見を投書するのも、主に晝休みであろう。

掃除　午後の学習が終ると二十分間の掃除がある。三年生以上で校舎の内外を区分し、掃除道具の管理やら掃除の方法まで整美委員が心を配っている。なお校舎の所々に美しい花が飾られているのも整美委員の力による。やがて近くの駅までひろげたいと委員会では話合っている。

放課後(又は始業前)　委員会の多くは始業前又は放課後に行われる。それぞれの委員によって日を定めてあるが必要に應じて随時開かれている。場所は問題によっては主事室で行い、他は特別教室で行われている。始めは教官が委員会を開く機会を與えたが、この頃は児童から進んで委員会を開いている(研究部の立場から、一名宛指導教官が各委員会を分担している)。

校庭では始業前及び放課後は楽しく運動している子もある。又始業前三十分、放課後一時間は図書館が開館されているので、静かに読書に過している子もかなり多い。

各自治委員会に属さない大きな問題や特に必要ある時には委員總会を開く(震災慰問決議・学期終始の話合い等)。その他、各委員会の議長・副議長・学級代表からなる代表委員会があって、これは委員總会の議題や進行をあらかじめきめたり、他に必要によって行われる。

下校　下校の鐘が鳴るとスピーカーを通して放送委員の声が流れでる。下校のしらせである。校庭に運動している子も、図書館で読書していた子も学級で楽しく語合っていたグループも一齊に下校する。各学級では日直が学級の日誌であろう、つけ終って、窓をしめて教室をでてゆく。一番最後に残った委員は所々の処置の不十分なところをだまって手を加えていってくれる。

結び　自治委員はまことによい奉仕者であると思う。その奉仕者としての姿が一人一人の児童のものであり、そしてそれが学級を包含する。そっくり学校社会を理想化しようとする立場のものである時、子供たちにとって始めて、学校が価値ある自治的境環であるといえる。そのような学校社会を児童に提供する学校こそ新しい学校の在り方であり、われわれが考えてきた学校の自治も、このような新しい学校に位置するものでなければならない。

かくしてこそ児童は学校内外の生活を正しく理解できると共に、理想的学校社会の建設に喜びを感じ、その生活を通して、社会的な良識と性格の芽をそだて、品の高い社会人へすくすくと伸びてゆくものと信ずる。

第二章　地域社会

はしがき

過去の学校は、児童の経験の再組織という立場をとらず、単に既成文化の傳達のみを事としていたために、社会的な性格、自発的学習態度、創造的知性を発達させることに気づき且つ努力しながら、すっきりした成果をあげることができなかった。また、学校が現実の社会生活から孤立し、学校は学校の体制ですすめていたために、児童は学校を卒業しても、現実の社会生活に実践において無力であることを経験しなければならなかった。新しい教育においては、学級・学校・地域社会における集團生活を通して社会的性格を培うと共に、現実の社会の事象を学校の教育計画の中にとり入れて学校と地域社会との連絡を緊密にし、学習の内容と様式とを社会化することが強調されなくてはならない。

この生活中心の教育の立場から、地域社会学校としての問題が、とりあげられている。

第一節　地域社会の概念

オルセンは、「学校とコンミュニティー」にクックの次のような定義を引用している。

コンミュニティとは

(1)　人々のあつまりであって

(2)　接しあった領地に住んでいて

(3) 過去の経験によって結び付けられ
(4) 主な公共施設の数々を具えており
(5) その統一性を意識しており
(6) 時々おこる生活の危機に際しては、一つの共同体として働くことができる。

オルセンは右のようにコンミュニティの機能的な要素の分析について、その範囲として次の四つをあげている。

(1) 局地的
(2) 地方的
(3) 国家的
(4) 国際的

さらにコンミュニティの水準として

(1) 物的水準
(2) 慣習的水準
(3) 心的水準

の三つをあげ、機能・範囲・水準の三方面から、コンミュニティの構造を論じている。

このケックの定義を少しく考察してみると

(1) まず人口的集合の大きさ、構成であるが、これは先験的に決定することはできない。一つのコンミュニティとして作用し得るだけの大きさであり、また同質のものでなくてはならない。

(2) 連続的地域の観念は、単にコンミュニティがどこかに存在しているということを意味するにすぎない。それは地上に空間的範囲と地理的位置をもっているが、町や区などの行政単位、国勢調査区域の如き統計的単位と異なり、コンミュニティの範囲は固定してもいないし、形式的なものでもない。常に変化するので厳密に規定することができない。それは共通の文化的特性と地方意識を示す地域で政治の中心をもち、周辺には交通運輸機関の諸施設があり、鉄道線路・電線などがめぐらされている。この地域内に住む者は多かれ少かれ、コンミュニティの生活に参加するので、したがってそのコンミュニティに属することになる。

(3) 共通の経験によって統合されているというのは、人がコンミュニティの一員として一役演じてきた、あるいは意識している歴史的過去を内容としている。これは必ずしも正しいよりどころではない。古老などが語り傳えているような神話的意識の対象なのである。それは生ける過去であり、この集團の生存闘争の道標でもある。われわれの生活においては、不断に過去の歴史に対する評價がくりかえされているのであるが、この遺産の分け前に興ることは、そのコンミュニティの一員としての自覚、そこでの社会生活に感情的執着を持つ内部の人間としての自覚を興えることになる。コンミュニティの歴史的傳統に一致せんとする共通感情が生ずるのである。

(4) この地域はいくらかの奉仕制度を保有するのであるが、その制度よりはむしろ種類が現実には問題がある。人間の各種の基本的欲求に應じ、また集團の存続を可能ならしめるための種々なる制度や機関があってこそ、そこの住民はもしかれらがそうすることを欲するならば、その日常生活の大部分をそこで過すことになるのである。行政機関・交通運輸機関・厚生施設・保護機関・学校寺院・娯楽施設・店舗などがこの例である。

(5) 地方的一致の意識はいいかえれば、コンミュニティ精神のことで、郷土意識や祖国意識はその典型的のものである。これはコンミュニティがその成員にとって、思想感情の対象となっている事実を示すものにほかならない。かれらは何かにつけてコンミュニティの名をよび、その一員であることに誇りを感じ、その進歩的発展を念願する。この意識は外的環境に制約されるところが多い。僅かに道路や河川をへだてて一つの町が相互に敵視する二つの陣営に分れ、悪意や社会的距離の障壁によっていつまでも融和しないことがある。

(6) 最後にコンミュニティの共同意識を決定する最高テストとして、災害時における前後対策、一般福祉に深い関係を持つ問題の解決には協力して当りうるということがなければならない。何か不慮の災害か戦争などの異変がおこれば、われわれ日常生活の習慣的なくりかえしは容赦なく破られてしまう。こうした危機突破にうまく成功すると集團的結束はますます强固になり、共通意識は一体的感情にまで昇揚されるが、これが不成功におわるとかえって社会的解体がおこり、コンミュニティの存続は危い。この急激な社会変動時代に、團体的一致の行動をとり得る能力というものは、やはり適者生存の自然的テストとなる。

以上の基準を適用することによってコンミュニティの概念を他の類似な概念から区別することができる。

今日の情勢は地区毎の特殊性をさらに、全国的なものに綜合統一しようとする傾向を示しており、国家社会の意識は、ますます重要性を加えつつある。これがさらに国際社会への方向にあるのだが、国際社会ではすべてのコンミュニティが一色にぬりつぶされるのでなく郷土・地区・国家の特殊性や意識が没却されるわけではない。

次に水準について述べると

(1)　児童の理解に適当な物的水準の面で、文物・自然的資源・財貨の生産配給に直接関係のある生業や職業・コンミュニティの物理的背景（山岳・河川・街路・住宅・公園・水道・消防署・衛生施設・図書館・博物館・通信機関）などがこれで、ここでは集團生活の地理的・物理的方面のみが具体的問題となる。

(2)　慣習的水準の面で、広義の生活様式、すでに社会的に通用しているものの考え方・行儀の仕方が問題である。コンミュニティはいわば「習慣の揺籃」で、そこには礼儀・慣行・風習のような、非公式のものから、政治・経済・法制の公式の諸制度等、各種のイデオロギーが醞醸している。この水準は中等・高等学校の知能の成熟した学年に達してからである。そこで学生は労働者・警察官・実業家・官公吏・教育家・学者等の概念について知り、これらの人々の活動を観察することによって、かれらの社会生活への寄與に関しよりよき理解と共感をもつようになる。

(3)　心理的水準は以上の性行目的などの理解でこれは十分に成熟した知能のみが浸透し得る領域である。市政の一般的機構を知ることも大切であるが、市政の要路にある人々の個人的特徴なり世界観を知ることは、市政の運営を知る上に、はなはだ重要である。

このように生活中心の教育はあくまで、コンミュニティの効果的理解を目ざしている。

このオルセンの基準なり、水準なりを現実の日本に投影することには、幾多の問題がある。しかしこの意図するところのものを考察し、具現していくことは可能であるし、必要なことである。

日本は土地がせまくなり、文化も古いのでローカルなコンミュニティを明確に限定することは困難である。だからといって、心的水準にしても、物理的水準にしても、コンミュニティが消失したり、影がうすくなったりする所か、社会が複雑化すればするほど、他の集團より高い次元に立ってひろくふかい影響をおよぼす力をもつようになり、しかもローカルなものから他方、全国・国際的なものに至るまで、くぎりのない一貫したコンミュニティとしてはたらくようになり、强い人間文化の基礎となり、人間生活の支柱となるのである。

このようにして、輪廓が不分明で、伸縮自在であることは、さらにたかまって、ローカルな範囲と他の様々な範囲とが、一つのコンミュニティに重なって写し出され、はたらいているのである。各範囲のコンミュニティにおける具体的な特殊的な生活内容が、それぞれの位置を保ちながら重なりあって、一体となってはたらいているのである。これが力をあわせて人間文化の基礎を形成しているのである。

さらに過去の経験をつみ重ねて、その慣習や制度や文化と、それにもとづいて、現在の社会生活を展開しており、その現実の有機的な活動のうちに常に未来をはらみ、生み出してゆく。コンミュニティは自らの歴史をにない、自らの将来をつくり出すところの発展と成長とを内在させている。この彈力性の問題が、現代のコンミュニティの特質の中で、教育に関する問題で、第一に考えなくてはならないもので、これを発展させる責務をになっている。

第二に考えることは、コンミュニティは他の集團や社会生活のための手段や段階としてのみ存するものでなく、他の集團や社会生活を自らの手段とし、自分自身が奉仕や献身の対象となる所のものである。自己の保存理由は、他のどこにもなくて、自分自身の中にある。このように、自分自身に固有な價値をになっているコンミュニティは自己を維持し発展するために、いろいろな社会的な所産や、各種の社会集團などを生み出し、利用することになる。その中からとも有力なものの一つが、近代的学校なのである。

コンミュニティ以外の社会集團もまた、その自己保存の作用としての教育作用を何らかの形でもっていることを否定することはできないが、それは必ずしも「個人の成長発達の助成」へ向うものではなく、むしろ國体を至上とする全体主義的傾向を持つことが多い。これに対して、個の自由な発達を助けるという近代的な教育は、そのみなもとを近代的な弾力的なコンミュニティにもつものである。近代的な教育の主体をコンミュニティ以外の社会集團にもとめることはできない。コンミュニティは教育の眞実の主体であるばかりでなく、個の中にある價値の平等な伸長がコンミュニティ本来の傾向なのであり、したがって、ひるがえって現代の教育が個の育成を通じて自己目的的なコンミュニティを奉仕の対象とし、理想とすることは当然なことである。

第三に考えることは、コンミュニティの語原が意味する所の共同性である。コンミュニティは特定の利害や関心にもとづく結合ではなくて、生活の全面において結びついて、自然的な相互依存の関係を結んでいる人々の集まりなのである。生活共同体というのが適当かも知れない。それは、同時に感情的に人々がとけあった情緒的共同体でもある。さらに生活を共同にいとなんでいる各成員は、同一の共同体に属するとの意識をはっきりともち、いろいろな危機に際会しても将来の運命を共通にしている。生活を共同にすることそれ自身が教育作用であり、それによって人々の生活を深めるものである。コンミュニティ自身は本質的に教育的な役割をもつものであり、他の社会集團に対してもそれぞれの成員を教育して、その成立や発展のために土地をととのえるものであるともいえよう。

特定の利害関係によらない生活の共同が、常にのぞましい慣習や道徳、すぐれた文化を育てる温床となっている。道徳や法律などがそれぞれ独自の價値をもつようになるのは、その地盤となっているコンミュニティの生活共同的な自己目的性からくるものであり、藝術的な價値でさえ、つまりはコンミュニティ的な人間関係を基礎としているものと見られる。協力とか責任感とか同情とか尊敬とかの、のぞましい社会的態度がコンミュニティ的生活圏において養われ、逆にまたこれを支えることも明らかになるであろう。

こうした点に、コンミュニティ・スクールの成立の意義が存することもいうまでもない所であろう。

第二節　地域社会学校の教育的意義

(一)においてのべたコンミュニティの概念を理論的根據とし、教育活動を広くこのコンミュニティの中にとらえ、社会の問題と課題を中心として、学校教育の編成を行おうとする点に、コンミュニティ・スクールの成立が考えられる。

コンミュニティ・スクールの成立の背景は、世界の文明国に生じた大きな社会地盤の変動に根據を持つものである。

アメリカは、第一次大戰後、民主主義の線に沿うた社会的前進を企図したので、ここでは個人の知性の自由と経済上の平等をめぐって、はげしい検討が行われ、この苦しみを通しての教育的所産として、コンミュニティ・スクールを成立せしめたものと考えられる。わが国では、終戰後アメリカのこのコンミュニティ・スクールの影響によって、いわゆる地域社会学校として問題とされるにいたったのである。

1、教育は本質的に社会過程である　生活を離れては教育は存在しない。この場合、生活とは「興味」や「活動」を中心とした児童の心理的生活だけを指すものでなく、また現状維持的な今日の生活への適應を意味するものでもない。それは、社会は現実の仕組みを常に批判しながら変革されてゆくものであるという動的な社会観の上に立って、この不断に変革されてゆく社会生活こそ人間が作られてゆく基盤であるという意味で社会的過程としての生活を意味するのである。過去の教育運動は、こうした社会の動きゆく法則をとらえる理論、社会哲学を欠いていたと言われる。したがって、過去の人類の生活文化の傳達に止まったり、あるいは一層しばしば、現実の社会秩序を温存するに必要な文化財を児童におしつけたり、あるいは封建的な桎梏に対する反動的な現われとして、人間の自然的衝動を神聖視するところから、児童の衝動的生活を偏重したりする傾向にあった。コンミュニティ・スクールは大人も児童も分ち難く組み込まれて、過去の人類の遺産や傳統と未来への展望をはらみつつ、常に変革と改善を望んでいるこのきびしい現実の社会生活の中での、社会的・実践的生き方の中で、それに即して人間形成の機能、つまり教育が成立しているとみる。

2、意図的な教育の目標は社会改善におかれる　このことは、(一)のことから自然に出てくる。教育が、前述のように社会過程にほかならないならば、意図的な教育は意図的に編成された社会過程にほかならない。この社会過程編成の方向は進歩的社会勢力の指示するものであるが、それはすべての民衆の自由な討議と了解を経て得られるものである。だからわれわれの現実に生きている社会の中にあるさまざまな問題や矛盾――それは国民的・世界的連関の中にからみこまれているものであるが――を引き出して、それを社会的に協同して有効に解決し、われわれを取りまいている広大な社会秩序に改善を加えることに、公的学校の役割が第一義的に直結しなければならない。

3、社会的・実践的知性を備えた人間を作ろうとする　民主的な手続きを経て、「共通の関心」に貫かれたコンミュニティをもたらすためには、民衆の一人一人の社会的知性にまたなくてはならない。それは現実に直面している問題をきり拓き、すべての民衆の平等な福祉への配慮において、実践によって社会を動かすことのできる知的な実践力である。このような社会的知性は、現実に自分がおかれ、直接それと組み合っている社会の問題を実践的にときほぐしていくことを通じてのみ、体験的に獲得できるといわれる。この故に自己の生活が具体的にそこに根をおろしており、問題と矛盾を数多く持っている現実の地域社会が、そうした人間をつくる重大な教育的価値を持つものとして、当然問題となる。地域社会という意味でのコンミュニティは右のような教育方法からその意味づけを受ける。

かくして、コンミュニティ・スクールのコンミュニティという言葉のうちには、社会的知性の結集に基づく進歩的社会勢力を中心に仕組まれる「共通の関心」によって貫かれた共同体という意味と、これを実験させるのに必要な社会的知性の修錬の場である地域社会という意味が同時に含まれていることがわかる。前の場合は少くとも国民的な拡りを持ち、一層追求すれば世界を通じて問われている社会力の一環であって、こうした意味のコンミュニティ建設の要望を除いては、地域社会学校の意味づけは甚だしくぼやけてしまう。但しこの場合もコンミュニティ・スクールにおいては地域社会を単に手段として、或は教材として道具的に考えるということではない。地域社会の問題に目的的に取りつき、これを目的的に解決することを通じて、直接に国民的・世界的社会秩序の建設に参與する社会的知性の修錬が行われるものとされる。

第二節　地域社会学校のカリキュラム

コンミュニティ・スクールのカリキュラムは、郷土・地方・国家・世界という地域社会を、児童の発達段階による生活圏の拡大に應じて教材選択の地盤とするのであって、世間から往々にみられるような郷土社会にのみ教材を求めるカリキュラムは、コンミュニティ・スクールの正しい在り方ではない。さればといって、生活のよりどころである郷土社会をはなれて、普通教育の名のもとに、中心を失った国家的・世界的教材を画一的にもりこもうとするカリキュラムもまたコンミュニティ・スクールの正しい在り方ではない。

教育の民主化がそれの地方化を伴なうことは、今やまさに国法の要求するところとなり、教育委員会は「地方の実情に即した教育行政を行う」べき法律的責任を負わされた。しかしまた、国民の教育に関する統一的意思を国家からうばい去り、文字通りの地方割據主義を実現することは決して、コンミュニティ・スクールの理念ではなく、それはまた教育委員会法の精神ではない。

コンミュニティ・スクールは、そのカリキュラムをいわゆる生活経験カリキュラムとして構成する。すなわち教科別カリキュラムを去り、また社会科として豊かなカリキュラムにすら止まり得ないで発展してきた。

カリキュラム構成がこうした段階にまで前進したのはいかなる理由によるのであろうか。その根本の理由は、教育が実践的社会人の形成という新しい目的を追求することになり、この目的を達成するために児童の学校における生活形態と社会における生活形態とを、できるだけ一致させる必要が生じたからである。

新しい教育は各自が社会において生活課題を立派に解決し、そのなすべき仕事を有能になし得るように、人間を形成しようとする。有爲有能な実践的社会人が、新教育の目ざす理想的人間像である。

第四節　教育の社会化の原理と方法

第三節において述べたカリキュラムを実施するためには、学校と、地域社会との連絡を密にし学習の内容と様式とを社会化することが大切である。次の点において社会化の重要性がある。

一、民主的性格の陶冶

われわれがいま建設しようとして努力している民主社会は、共同の利益を増進すること、各個人の幸福を助長すること、の二つの主要な目的をもっている。この二つの目的の何れか一つよりも一層重要であるということはできない。両者は民主主義が維持されるためには根本的要件である。もしも個人の権利が軽視されるならば、われわれは全体主義に向う傾向がある。もしまた一般の幸福の要求が無視されるならば階級の分裂闘争、あるいは特権ある小数者の支配に向って動く。それ故に個人の自由と幸福とが社会共同の福祉と矛盾しないような社会をつくるのが教育の目標で、そういう社会は、社会的な性格即ち社会に対する理解と態度と実践力とをもった人間を構成メンバーとすることによってのみ可能である。ではそういう社会的性格は如何にしてつくられるか。それは単なる知識の傳達や形式的な教説によって養われない。性格は生活によって形成される。行動形式が先ず第一に民主的でなければならない。学習も改造されなければならない。このことは、学級における民主的生活を経驗するのでなければならないということである。

二、自発的学習態度の啓培

従来の学校では、教育といえば教師対児童のことで、教師は自分の持っている知識を児童に傳達することに考えた。すべては児童と教師との関係、個人的な交渉が支配的である。児童は独立した個人として自発的な学習態度をもっているとはいいにくい。眞の自発的態度は、教師中心の教室に生れるものでなく、自由と社会性とを基調とする民主的な教室において発展するものである。

三、創造的知性の発達

児童は児童なりの問題を持っている。これをせまい視野にとじこめては自由な発展はのぞめない。われわれは歴史を通して個人の偉大な業績を知ると共に、文化の発達は交通の盛んなところにめぐまれていることも知っている。教科中心主義においては、教室をば知識を暗記するところとした。この傳統的な考え方を捨てなければならない。人間の知性はもっと自由で、もっと創造的な微妙なものであって、それは自由な活動とその交通とによって成長するものであることを知らなければならない。

四、社会化と個性

学習における個性化と社会化は矛盾しないだろうか。むしろわれわれは、個性化のためにも社会化の必要を主張するものである。社会化とは興奮した群集心理によって動くことではない。また個性を失って凡俗化することでもない。むしろ逆である。個人の権威と個性の尊重とは民主社会の根本要素である。人間性の肯定のないところには民主主義はあり得ない。しかし一人のわがままも許されてはならない。力強い個人がその個性に應じて社会に協力し責任をもってゆくのである。そうすることが文化の進歩、社会の福祉にとって最もよい方途なのである。共同研究・共同製作の價値が漸く重んぜられるようになったが、それは共同の目的に対する各々の個性の協力を意味するのである。学校の社会化は学級のメンバーの自由と個性とを最高度に保證し、價値化しようとする意図に他ならない。

五、学習の社会化

これまで学校で習ったことが役立たなかったり、現実生活と矛盾したりすることが多かった。これはある点では整えられた環境として学校における生活に伴なう必然のものではあるが、根本の要因は学校が現実の社会生活を無視して偏狭的な学科の教授だけを事としていたのによる。生活の学習と、このようなギャップはのぞかなければならない。殊に刻々変化する社会に生きる世代にとっては、学校において学び得たものが直ちに、しかもつづいて役立つようでなければならない。このようにして彼等は始めて民主社会のよき形成者となるであろう。このことは学校及び学校の社会化の本旨であるともいえる。したがってこの目的を達するためには、単に学校内の人間関係を民主的にするだけでなく、何よりも学習内容を彼等の生活経験にとらなければならない。生活経験はそれ自体社会的である。従って取り上げられる問題や単元が児童の生活経験に根ざし、彼等の深い欲求や興味にもとづくものであったとき、眞にこのような社会化の趣旨を達成することができよう。

以上、新しい教育における社会化の重要性について述べてきた。この原理を現場の学級・学校にどのように生かしてゆくかについて、次に述べよう。

六、学級の社会化

児童があつまって生活する時、そこには個人と個人の交渉がある。しかしさらによく観察すれば、そこに社会があることを知る。学級という社会の雰囲気の中に児童が生活し、個人としての児童の行動がより多く社会性をおびている。即ち彼等の行動は環境によって引きおこされ、社会の是認によってその力を得る。仲間が與える肯定と否定とが彼等のかなしみであり、よろこびであり、努力への原動力である。

学級は単なる児童の集合ではない。それは一つの社会とし学級が児童に影響し、児童が成員として学級に反應するものであって、ここに学級の最も重要な教育的意義が存する。よき地域社会への協力者はまず、この学級において、指導されたものでなくてはならない。

１、よい学級社会の指標　学級を社会化するにはどうしたらよいか。ムアセルは社会化の指標として社会的感應と積極的な刺戟と民主的なグループの三つをあげている。

２、社会的感應　これはだれでも経験していることであるが、同じ仕事をひとりでするよりも仲間と一しょにする方が一層効果的である。勿論仕事の種類によってはひとりでやった方がよい場合もあろう。しかし多くの仕事は仲間と一しょになってある雰囲気の中に入れば、その雰囲気にさそわれて、仕事がたやすく運ぶものである。たとえば大勢で清掃作業をするとする。その時今日はなるべく、ていねいにやろうではないかということになれば、どんな人間でもていねいになり、しかもそのていねいさがおどろくほどの度合を示すものである。そのように、仕事に速さが必要であれば速さが生じ、注意が強調されれば注意が、正確さが要求されれば正確さが、生み出されるのである。そしてこの感應力はそのグループの全メンバーがその仕事を容易に見得るような場合には最も大となるのである。また集團の仕事がどんな種類の束縛も妨害も受けない時、この感應力がめぐまれるものであって、下手をすると教師のちょっとした言動がよい社会化への妨害となる。しかしまた機を得た巧みな言動は社会的な「はずみ」あるいは動力ともなって感應力を増大する。またリズムもそういう感應力を増大するもので、学習活動に「はずみ」を與え、劇化した後には何らかの小言も與えないでその自然な進行のリズムにまかせる時に最も効果的となるものである。

３、積極的な刺戟　児童たちの仕事に対する努力や適当な承認を與えることは効果的である。ただ、児童が教師のきげんをうかがうことに心をよせる結果とならないように注意しなければならない。児童の自主性・自発性はよい社会化の根本條件であることを忘れてはならない。

失敗に対する皮肉や批難や叱ることのような消極的・肯定的な刺戟よりも、成功にたいする称讃や、また快い暗示や朗らかな要求のような積極的・肯定的刺戟の方が一層効果的である。もちろん消極的な刺戟もある種の効果もないわけではない。しかしその効果は時間の経過とともに消滅しやすい傾向をもつと共に、がみがみしかったりすることは児童の心をいらだたせたり、おびえさせたりして教室を低調な暗い空気にみちびくおそれがある。これに対して積極的な刺較は愉快な明るい社会的雰囲気と楽しい人間的関係とをつくるのに力あるものであり、かかるクラスにおいて学習することができるならば、児童たちは真に幸福である。

要するに児童たちの自発性や努力を激励したり、責任感や成功を称讃したり、相互の援助を培うように計って、教室を愉快に仕事をし生活することができるような社会的事態にみちびいていくことが大事なのである。

4、民主的グループ　いかなる一人の意志も尊重されるとともに、いかなる一人のわがままも許されない集團が即ち民主的なグループである。したがって、そこには独裁とか屈服とかいうことはない。自由と協同と責任とがある。

民主的なグループにおいては、児童達の個性が解放され、いきいきした生気をもって自由に活動し、自らの必要と興味とにもとづく根づよい意欲が働き、真理探究の誠実なひとみが輝く。自治会・委員会・討議・作業・学習など学級のあらゆる面が児童たちの幸福な活動の舞台となる。そこでは個性に應じて感覚も感情も知性も、さまざまのニュアンスをもって躍動する。それらのすべては、お互に暗示となり、発見となり、創造となり、確信となって、弾力性ある豊かな知性、寛容と友情とに富む自由な人間性が養われてゆく。そこには暗記にかたまった頑固さもない。自分も立派な業績を追求するが、他人の業績にも心からのよろこびと尊敬とをもつ。自由と協力の精神とが支配し、共同の目標に向って互によい刺戟となり、推進力となり、たすけあい、責任をわけあういきいきした明るい、そして美しい民主的雰囲気がかもし出される。

集團的活動をする場合に不可欠な、指導と服従ということも、民主的グループにおいて考え直されることが必要である。指導ということは、一つの集團の共通問題をよりよく解決する方法として生れたものであるから、集團の各員がそれぞれ自己の得意とするところを出し合って、問題の解決に積極的に貢献することによって、各人が指導力を発揮することがのぞましい。

そして、自分より優れた考え方には服従するというのである。勿論、集團の活動をまとめていくのに最も適したものが統率者としてえらばれているのであるが、その者のみが指導者で、他はすべて盲従者であるというのではなく、民主

的なグループにおいては集團の各員が指導者であり、また服従者であるという精神が必要である。

5、学級の民主的組織　よく教育は愛であるといわれている。しかし愛の美名にかくれて教育の目標や方法の研究を怠ってはならない。ここに、教室に民主的な即ち協力的グループの事態をつくることは、好意とか一般的な親切とかいうようなものよりもはるかに重要であるということを十分强調する必要がある。あらゆる教師、あらゆる先見の明ある教師は、このことを明らかに理解しなければならない。必要なことは思慮深い自覚的な洗煉された組織である。

6、組織とその原理　一学級を小分團に分けたり、自治会をつくったりすることは社会化のための組織である。さらにまた一つの作業や一つの單元の学習なども、社会化された組織のもとになさるべきである。それではこの組織はどのような原理の下になされるのが効果的だろうか。ボッシングは次の四つをあげている。

(イ)　組織の形はできるだけ單純な型によってつくること。
(ロ)　採用する形式はクラスの要求に適應しなければならない。
(ハ)　役員は小数で、しかもそれはしばしば変更すべきである。
(ニ)　外見上の管理はしばしば委託することはあるとしても、教師は助言者として学級の重要な管理を維持すること。

以上は何れも重要な原理である。しかしこれらの原理は主として形式に関するものである。しからば心理的な原理として、いかなるものが取上げられるべきであろうか。第一は友好ということである。

いままでの学級における学習活動は競争の上に行われていた。点をとる競争、これが従来の学級の空気であった。ところが民主的社会の雰囲気は友好的でなければならない。他人の成功をよろこび、お互がたすけ合うような明朗な愉快な雰囲気となるように組織されなければならない。

次は協同感と責任感である。共通の目的あるいは共同の問題に向ってグループのメンバーが協同し、責任をわかつところに民主的な学習過程があるのであって「重要なことは自らの選択と意志とによって取り上げられた共通の仕事であるという感じと、それに対する共通の責任があるという感じとであるということを常に記憶しなければならない。」それ

ゆえ組織は問題を中心とするのがよい。

第三は学ぼうとする意欲である。「しなければならない仕事をもっている」と児童が自覚するところから出発するのが、新しい教育の根本的な方法原理であるが、これは生活の自覚からくる社会的な責任感を示すものである。責任感も協同感も生活の自覚からくる時に力がこもる。一つの学習事項が児童自身の生活にその動機を発し、それが自らの生活に決定的な価値があると感じた時に、真に学ぼうとする強い意欲がおこるので、効果的な学習はここから出発しなければならない。真の教室の社会化もこの根本に立つて行われる。

第五節　学校の社会化

社会化の趣旨は、学校における、人間関係を民主的にすると共に、青少年が家庭・学校・社会という一連の過程を矛盾やよどみなく歩み得るようにすることである。そのためには学校はすゝんで社会の事象を教育計画の中にとり入れ、学校内の経験と学校外の経験との連絡を密にすることによつて一層その教育力を効果的にすることが大切となる。このようにして始めて社会化の趣旨が達成できるであろう。しかし社会化といつても、それは単に現実社会の実態に即せしめるというのではなく、そこにおける社会悪や社会混乱をたくみに取り除き、児童の具体的経験を有効に適切に再組織する教育計画を持つということが本質をなしている。このようにして社会化の問題は単に学級だけで可能なのではなく、それは学校という共同社会の背景を無視できないし、より以上に学校がその中に存在する地域社会という動的な背景をもつてはじめて可能となる。

このように教室の学習を実際社会生活に近い様式ですすめるために、学校と地域社会との間に緊密な交渉がなければならない。例えば学校の教育計画としての教科課程の構成にあたつて、どのように経験領域をとつてくるか、またどのような方法によつてそのような経験をさせるかということが問題となる。この問題に妥当な解決を与えようとするのがコンミュニティ・スクールなのである。

この立場から学習方法の社会化に関してその方向を、オルセンは次のようにまとめている。

1、実際の資料　各種の書籍・雑誌・新聞・パンフレット・日記等、地域社会は教室で学ぶ理論の生きた資料を提供するというのである。

2、視覚的・聴覚的資料　直接的・感覚的なもの、即ち主として目と耳に訴えるものを実際社会は提供してくれる。聴覚的なものとしては例えばレコード・ラジオなどがあげられ、視覚的のものとしては、図表・グラフ・地図・実物標本・模型・絵・実体画・幻燈・映画などがあげられる。

3　専門家の訪問　これは児童に興味があつてしかも有益のもので、早速討議したり、実際にやつてみることのできる事柄について、その道に通じた人を学校に招いて実演してもらうことである。ここに大事なことは、あくまで向うの都合でおしつけられるのではなくて、教育的なカリキュラムの実施上必要なことについて行わるべきである。たてまえ上教育の責任主体は教師であつて、専門家の訪問はその補助資料でなくてはならない。地域社会は学校にとつて、かかる実際家・権威者の宝庫である。

4、インタビュー　その道の権威者を訪ねてある事柄について専門的な意見をきいたり、資料をもらつたりすることである。インタビューは

(イ)　権威者を実際にその職場や家庭に訪ねて、そこできくところに意味があるのであつて、教室でやるのは専門家の訪問に属する。

(ロ)　普通初めは質問・應答の過程を辿つて行われるが、型にはまつた應答や、仕組んだ実話は、その本旨に反する。

5、野外研究　本質的には、学校のアカデミックな学習の一環として組織的に行われる野外の実地研究を意味している。しかしながらこれには、例えば体育的効果というような別の意味が伴なう。明かに体育的な目的を主とした遠足とか、レクリエーションの目的で行われるハイキングというようなのは、正しい意味では、フィールド・トリップと呼

ばれるべきである。

な所要時間からいっても、数分ですむものもあり、ものによって一校時を全部使う場合もあり、次の時限にかかることもあるだろう。一日かかる計画もあれば宿泊を必要とするような野外実地学習もある。この永い場合は実地研究の分類に入れるのが妥当である。

6、**調　査**　地域社会の実態に関して実際に調査して、物的および社会的資料を得ることは、学習の重要な部に属する。個々の事物を明らかにするばかりでなく、事態の関係において力動する動態を明らかにすることが大切である。

7、**実地研究**　これは研究旅行や時日を要する実地調査などと本質を同じくしている。

実地研究は教室授業に対するものであって、領域からいうと、村や町・地方などの地域的社会から郡・県・国などを含み、時には外国まで含まれる。時間的には、数日間かかるものから、数週間或いは数ケ月を要する場合まで種々ある。実地研究は、一つのグループを作って行われ、そして各職員は、その間生活を共にして、共に働き一しょに学ぶのがたてまえである。

8、**奉　仕**　これは児童が公共の福祉に貢献するために活動することであって、普通相当の計画と、組織とをもった共同の仕事が多い。

9、**仕事の経験**　実際の職業につく前に、児童が実際にその仕事を経験してみることである。これは会社や銀行などの実務、農・工・鉱等の生産、役所や学校などの実際等について、実地に経験する実習経験を指している。

以上概略ではあるが、学習方法の社会化について、オルセンのことばを引用して説明したこの方法を、どのようにして教育課程にくみいれるかについては他にゆずるとして、ここにおいては、この新しい学習方法を取り上げて、児童が価値ある学習効果をあげ、地域社会におけるよき経験を持つようにすべきであることを強調しておく。

第六節　地域社会の実態調査

地域社会の実態を知ることと、児童の学習とには、密接な関係が存するというよりは、実態の上に立ってはじめて真のコンミュニティ・スクールとしての学習が行われるともいえるほどであって、その基盤となるは勿論、学習の展開にしても、教師の指導にしても、皆この実態調査の結果を度外視することはできない。

では実態調査はどのような方法によってなされるのか、その方法の概略を述べることとする。

◎　**児童の生活する社会の実態調査要項**

（イ）家庭の実態調査

・本籍地	・職　業	・家　族
・現住所	・住宅（敷地・建坪・部屋数）	
・児童出生以後住所変遷	・宗　教	

（ロ）学校の実態調査要項

・学校の歴史	・児　童（数・通学区域）	・一日の生活
・校地・校舎・運動場	・職員組織	・その他
・教室および施設	・主な行事	

（ハ）社会一般の実態調査要項

・部落（区）の位置	・地名の歴史	・建物・古蹟・風致区域
・沿　革	・区の歴史的人物	・特産物・史的由緒事項
・区の歴史	・開発に貢献した人々	

・面　積（都・区・町）
・地　勢（河川・台地・低地）
・自然現象（気候・風土）
・施　設
　学校・区役所・官廳・社寺・工場・交通・通信機関・動物園・博物館・天文台・気象台放送局・電話局・新聞社・港灣・名所舊蹟等
・住　民（人口）
　・人口増減
　・年齢別・性別・職業別
　・生計状態
　　・商業の種類別
　　・工業の種類別
　　・農業の種類別
　　・勤労者の種類別
　　・その他
　・風俗・習慣・概況
・敎　育

・学校数と種類
・図書館・博物館等の数
・敎化施設
・政　治
　・自治的組織
　・配給機構
　・行　政
　　行政組織
　　運営と実際
　・歳入・歳出
　　・各種費用
　　・予算・決算
　　・納税義務
・慰　安
　・公園運動場と利用状況
　・映画館の質と利用状況
　・子供のあそびの特色
　・ラジオ
　・新聞雑誌
　・郷土藝術

・その他の文化活動
・住　宅
　住宅数と人口の対比
　住宅の形式
・公衆福祉
　・民生委員の活動状況
　・社会事業團体及び施設と活動状況
　・防犯防火
・経　済
　・商店街とその特色
　・市場の状況
　・経済的特色
・年中行事
　正月・節供・彼岸・防火デー・祭祀等
・宗　敎
　・宗敎の種類と施設
　・迷　信
・交通・通信

・交通機関とその系統・活用
・通信機関と施設活動状況
・道路網と運輸機関

・生　活
　電気・ガス・水道等の施設・利用

・都市計画と区との関係

これらの調査は主として、ローカル地域社会の調査要項であり、本校の所在地世田ヵ谷区を主として目黒・澁谷・大田区を想定に入れて考えたものである。

地域社会に対する児童の態度、地域社会から受ける影響について調査することも考えられる。

(1) **家庭における生活実態調査要項**

(イ) 生活時間の分配
(ロ) 生活時刻の概況
(ハ) 家庭生活中の行動
(ニ) 家庭作業
(ホ) 家庭学習
(ヘ) 遊　戯
(ト) 読　書
(チ) ラジオ聴取
(リ) 娯　楽

(2) **学校における生活実態調査要項**

(イ) 通学状況
(ロ) 児童相互の関係
(ハ) 学習形態と児童心理
(ニ) 学校生活に対する児童の関心

(3) **社会一般における生活実態調査要項**

(イ) 社会事象・自然現象に対する関心と理解
(ロ) 政治的関心
(ハ) 国際的関心
(ニ) 社会的関心

(4) **児童社会における実態調査要項**

(イ) 交友関係
(ロ) 遊びの状態
(ハ) 金銭関係
(ニ) 道徳生活

以上、実態調査の数多い中、地域社会と児童の学習に関係のあるものと思われるものに限りあげてみた。さらに問題には調査の方法とその処理の方法がある。しかしここでは省略することとする。

第七節　む　す　び

身辺の小さい郷土社会の生活は、具体的に世界につらなっている。われわれの日々の食生活は世界の食糧事情の変化や連合国の対日援助政策のいかんによって直接に影響されている。われわれの学校・会社・官廳などにおける組合運動の消長は、日本の占領政策に対する米本国の輿論などを微妙に反映する。

地方新聞・ラジオ・映画によって世界の知識見聞を得ている。それらはつねに世界の動きをその身辺の小さい社会に取りつぎこむのである。郷土の生活は世界の動きを背景としている。コンミュニティ・スクールの教育をせまい郷土社会にかぎることは出来ない。世界が何であるか、それがいかに動いているかを、抽象的に概念的にではなく、具体的・実質的に学ぶためには、郷土社会の生活にむすびつけて学ぶほかはない。また郷土社会が何であるか、そこでいかに生活すべきかを本当に学ぶためには、世界とのつながりをたちきることはできない。こうした事情こそ、世界が一つであることを身にしみて体験させるのであり、小さい社会の世界的意義を深く考えさせるのである。

このような事態に即して、一つの世界と小さい社会とを結ぶように具体的なカリキュラムをつくることが、コンミュニティ・スクールの仕事である。勿論、郷土の学習に重点をおくか、世界の学習に重点をおくかは、児童の発達段階によって決定される。

このことは論争の題目でなしに実践的な課題である。

世界と郷土社会との中間には、国家もあり地方的な社会もある。それゆえに上に述べた関係は一そう具体的には国家および地方社会をなかだちとして、世界と郷土とがむすびつくことを意味する。児童の経験領域すなわち学習対象を、郷土から地方社会を経て国家へ、さらに世界へと遠心的に拡大するとともに、世界を背景として国家社会のことを学び国

家を背景として地方社会のことを学び、これらの背景のもとに郷土を学ぶというように求心的に集中することが、コンミュニティ・スクールの立場である。

内に地方社会および郷土を重んじ、外に世界を重んじつつ、平和な充実した生活をさせることを念願しつつ、この章を終りたい。

第四章　児童文化

第一節　児童文化と新しい教育

児童文化がどのように定義されどのように解釈されようとも、その理想的な形態は究極のところ教育の領域であることはまちがいない。問題は教育としての領域内で、いかなる位地にあるべきかということである。この点についてわれわれの見方は一つである。すなわち教育の全領域が児童文化そのものであるとする。児童文化を平たく児童のための文化、もしくは児童自身が持つ文化とみて、その内容を考える場合に、そのいずれもが児童の生活を価値あらしめるべく意図されていないものはないからである。前者の場合は、いわゆる児童のために良識ある児童文化人が用意して与えるものであり、従来は学校生活以外の文化財を主として考えたが、現在は学校教育の一切をも含めて考えるべき段階に到達している。後者は児童自身が主として学校教育及び特殊の教育環境においてする表現活動いっさいの所産としての文化である。したがってこれをおし拡げてゆけば、児童生活の内容そのものまで児童文化とみることができるのである。この最後の考え方は過去においてはあまり大きな支持を得られなかったが、新しい教育においては児童の生活経験を重視するたてまえからして、当然ここまでおし拡げて考えるべきなのである。

ところで、児童のための文化、即ち一言にしていえば与える文化といい、児童自身の文化、即ち生み出す文化といい、結局は一つである。単に生み出すことができるのであり、決して自然発生的に児童によって生産される文化というものはあり得ない。かりにあるとしても、その文化は原始人のそれと大差なく、児童文化としてその価値を大きく許すことはできない。何故ならば、文化というからにはそれ自体が児童の生活を価値あらしめると共に、その価値は児童の成長と共に具現されてゆくべき性質のものだからである。すなわち児童文化は児童のために与えられる文化であると同時に、児童の生活に再生産されてその生活に価値を与えるものでなくてはならない。したがって児童の教養のために創作されるもので、児童がこれに生活するところのものはすべて児童文化である。学校も家庭もその他の社会環境もすべてが児童文化の様式にすぎない。学校における教育は、そっくり全体が児童文化の形態である。ことに新しい教育は学校と社会とが直結している。学校教育とその外でいとなまれる教育との間にへだたりがあってはならない。たとえば学校外に児童文化の一形態が発生したならば、それを校内に輸入するまでもなく、学校はみずからその中に同じものを発見し、より教育的に児童に生活せしめることに努力するのが、新しい教育の在り方である。

さて、われわれは新しい教育において児童文化がいかなる位地にあるべきかを、端的に結論づけてきたが、要するに児童の生活経験そのものを教育の内容とする新しい教育にあっては、われらの生活を価値あらしめる経験を豊富に用意することがその根本的使命なのである。しかもそうした生活経験は、

(一)　児童のもつ興味・要求・問題と密接に関係していなければならないこと。
(二)　社会的・物理的な環境をできる限り多く利用してゆくようなものであること。
(三)　民主主義の精神を体得し易く、その価値の実現しやすいものであること。
(四)　学校と社会とを結合する重要な力となるものであること。
(五)　学校生活のいろいろな場面の融合を増進するものであること。
(六)　新しい学習の心理とよく一致すること。

等の條件を具えていなければならない。したがってこうした條件を満足させるためには、従来から学校内に存在していたいわゆる教科としての児童文化だけではまにあわない。そこで、かつては学校内にはなかった各種の児童文化がどうしても必要になってきた。また従来から校内にあって一部の進歩的な人々からはその価値を認められていながら、全般

的にはあまり優遇されていなかった各種の文化活動が、急に大きくクローズアップされてきたのである。たとえば劇化教育・図書館教育・視聴覚教育（映画・幻燈・紙芝居・人形劇・その他）いずれも従来の継子的存在から一躍その真價を認められたもの、嘗ってはなきに等しかったのが急に重要視されるに至ったものばかりである。さらに細かくみれば学習の方法面においても、單元学習・討議法・グループ学習等が大きくとり入れられ、教科の面では社会科・家庭科が新に誕生し、従来からあった同名の教科も、すべて前記の條件に照して新しい観点から意義づけされ組織しなおされて生れ変ったのである。なおその上これ等の教科は綜合され統合化されて科学教育・健康教育・創作教育等の名のもとに理論的根據と具体的方法とを確立して、それぞれの領域において児童の豊かな生活経験を用意している。なおこのほか自由研究・生活指導など、以上述べたすべてのものに関連を持つ問題もあり、新しい学校のすがたはまったく過去のそれと比較すべくもないほど多種多様な生活領域を持ち、價値ある生活経験の場を用意している。云いかえれば新しい学校には眞の児童文化が存在しているといえるのである。しかも豊かに純正に且つ整然として。

かくて、われわれの児童文化は今やカリキュラムの全面にその基盤を持った。あとはこの基盤の上において、それをいかに児童に生活させるべく位置づけをしてゆくかということにある。つぎは、この点について考察を進めてゆくことにする。

第二節　児童文化とカリキュラム

新しい学校においては、あらゆる教育のいとなみが児童文化であるといった。したがってそのいとなみの計画であるカリキュラムは、その正しい編成順序に従って作られた児童文化活動のカリキュラムであるといえよう。價値ある児童の生活経験を教育内容として、教育目標に照して取捨選択し、系統的段階に配列したものがカリキュラムであるとするならば、当然そういえる筈である。そしてそれら生活経験は児童の学習という形態を通してその價値を発揮し、児童の

心身に豊かなみのりを結んでゆく。一たん児童のものとなったそれらの経験は、再現されてより高次のものへ発展する素地となり、つぎつぎとこうした経験をくりかえすことによって児童はしだいに生長してゆく。即ち、われわれがいう児童の文化活動とは、云いかえれば学習活動にほかならないのである。

こうして考えてくると、児童文化のカリキュラムはまことに厖大なものとなってくるわけである。勿論、学校教育そのものを児童文化の形態であるとみる以上はこれは当然なのであるが、これはあまりにも広大にすぎる。そこでわれわれはそろそろ問題を整理し、ここで云わんとするところの焦点をはっきりさせなければならなくなった。いつまでもただ児童文化即教育であるといった一般論で考察を進めるわけにはゆかないのである。何となれば、この問題全体を究明するためには與えられたスペースはあまりにも少いし、またその必要もない。それは全五冊をもってその全貌を傳えるべく計画された本シリーズによってその使命が達成されるからである。そのうちの一冊の中でわずか一章において述べ得ることにはおのずから限度があり、到底よくなし得るところではないからである。

さて、いかなるカリキュラムといえども単に児童の生活経験のみを近視眼的に見て重視しているものはない。すなわち経験における能動と受動の二面のうち、一方の面にのみ眼をつけ、他方を忘れたようなカリキュラムであってはならない。これが極端になるとアメリカにおける初期の活動カリキュラムの主張者達が行ったような、児童中心の学校が生れてくる。二面のうち能動の面のみを強調して、ただ子供が動いて居さえすれば、或いは何かしているならば教育は進行していると考えたのがそれであった。また受動の面のみを強調した教科中心の学校もこの反対ではあるが、ともに健全なるカリキュラムとはいえないであろう。

いかなる接頭語をもつカリキュラムであっても、実際にこのような極端な学校はあるまい。現在においてはたとえ教科中心のカリキュラムであっても、教科書から学習に際して児童の実際生活から出発しないものはなかろう。また子どもの興味・経験・目的を重んずる場合でも、問題の解決に当ってはそれに関係した教科内容が参考にされるのである。そうでなかったならば学習にならないからである。つまり両者の本質的な相違はその力点の置きどころの違いにすぎな

いのである。どちらにあっても教科内容と児童の活動は共に含まれるのである。これはいうまでもないことであるが、改めて想起する必要がある。

そこでこれから児童文化としての教育活動を、そうした教科的なものとそうでないものとにわけて考えてゆこう。まず常識的に考えてみよう。そこで第一に現行の教科として一應の枠ができているものは省いて、いわゆる教科として独立していないものや、教科の中にとり入れられて部分的には生きているが、特にとり出して問題とすべきもの等に限って、それらのカリキュラムとの関係あるいは問題そのものの考察をなし、わが校における具体的な活動を述べてみようと思う。

こうした建前から、児童文化の分析をすれば、大きく浮び出てくるのは、本書の各章の題目である。生活指導に始まり生活経験の母体をなす地域社会の問題、さらに図書館教育以下第十一章の創作教育にいたるまで、これことごとくがカリキュラム運営の一環として、それぞれ重要な学習活動の支えをなすものばかりである。これらの教育もしくは経営がカリキュラムといかなる関係においてその機能を発揮し、いかなる形態において学習活動の場となるかについては、各章を参照されることによって明かであるので、ここで改めてふれることはしない。したがってこれらの題目で取り上げていないものについてのみここで論じようというのである。それならばこれ以外の問題というのは何か。新しい教育の発足とともに正しくその價値を見なおされて、大幅にその領域を拡長されたものとして、まず第一に劇化の問題があり、さらに従来からあることはあったが、教科ともレクリエーションともどっちつかずの立場におかれた、学藝会・運動会をはじめとするいわゆる各種の行事の在り方の問題がある。なおさらに細かくいえば、これ以外にも従来いわゆる課外活動といわれた多くの問題があるが、そのすべてに亘ってふれる余裕はないので、ここでは劇化の問題について前記のような観点から述べてみることにする。

第三節　劇化の問題

新しい教育において劇化による学習に期待するところは実に大きい。それは現に学習しているもののいろいろな概念を動作として表わすからである。すなわち表現を通して児童の経験は再経験されることになり、観念は整理され再構成されて、具体的に自己の体験内容を構成するようになる。児童の活動を通して学習を展開するという立場からすると、劇化は興味深くてまとまりのある、しかも変化に富んだ手段を提供する。この点からして自然な学習方法として劇化がとりあげられ、一つの問題をめぐって美的・藝術的な、また科学的・協同的な児童の活動を多方面に発展させるものとして重要視されるに至った。この劇化については、舞台の上で演劇として行われる狭義のものと、単に活動の劇化という広い意味のものとがある。

低学年の児童が興味をもって行ういわゆるごっこ遊びは、この広義の劇化に属するものである。児童は駅員や交通巡査の仕事をまねることによって、学習の興味を増すと同時に、単にことばの上で学ぶ以上によりよくその意味を理解する。中学年・高学年においても、社会科あるいはその他の教科においても、こうしたことはしばしば行われ、更に各種のグループ活動においても、その協同性を増すために利用されるなど、ますますその進出領域は広くなりつつある。もともと劇化は知識を消化統合せしめ、興味と変化に富んだ指導を可能にする性格を持っているのであるから、他の方法と並んでその活用は、学習指導上重要な意味を持っている。

狭義の劇化、即ち舞台で上演することを目的とした演劇の場合は、脚本を書くことから本読み・けいこ・上演というような正式な過程をとるのがふつうであるが、小学校の場合は必ずしも常にこの経過をとらなくてもよい。低学年にあっては脚本作りは略して、既成のものを上演してもよく、舞台といっても教室でもどこでもよい。要するに演劇の特質と欠点をよく理解してゆくことが肝要である。

学校における演劇、すなわち学校劇には次ぎのような教育的価値がある。

(一)　言語の理解力・表現力を発展させる。

(二)　自信と平静な性格を養う。

(三)　他人の思想・理想・情緒・行動について、その人の身になって理解するようになる。

(四)　協同作業の体験をするに絶好の手段を提供する。

(五)　演劇関係のあらゆる方面の仕事や役割についての理解や藝術に対する鑑賞力を深める。

(六)　自由かつ豊かな自発性・創造性を養い、個性の伸長を一層助ける。

以上は演劇に参加する者についてであるが、直接参加しない他の一般児童に対しては、

(一)　営利をはなれた教育的立場から、價値あるものを魅力に富んだ表現を通して與えることによって、児童の鑑賞能力を高め、学校の生活を豊かにする。

(二)　よく計画されよく組織されて上演された場合には、全校児童の気分を統一し、道徳的・精神的感情を高め、それがさらに児童の態度を助長して学習興味を一層増すことになる。

(三)　地域社会に対しては、その社会の人々によい意味の娯楽を提供し、それを通して地方文化の向上を促進することになる。

学校で行われる劇化の種類としては、

1、舞台劇　一般に行われる形式であり、これが小規模な場合は教室劇などともいわれ、内容によってさらに細かに分類される。

2、人形劇　人形劇のあらゆる特性を強く表現し、また幻想性に富んでいることから影絵とともに児童の興味に結びつき易い。特に児童自身の手で簡易に製作・演出される点が興味である。

なおこの外、紙芝居や野外デコレーション、あるいは、いわゆる山車などあるが、前者は劇化の問題としてより視覚教具としての價値や国語的・図画的表現領域等に多くまたがるので、ここでふれることはさける。また後の二者は小学校教育の場合にはあまり利用の機会もないので同様に省略することにする。

ところで、学校劇をカリキュラムの面に登場させる場合、一般には劇そのものを単元として取り上げることはすくない。それは単元を構成する脚本に、単元の構成要素のすべてを盛りこむことが不可能だからである。かりに盛り得たとしても、それは低学年あたりの、しかもサブ単元程度にしか位置づけはできない。かえって完全な単元形態になり得たときは、すでに演劇として枠をはずしたものになっているであろう。わが校の場合について云えば一年生の二月の終りと二年生の三月の始めに、学藝会というサブ単元として、演劇を主とした行事をとりあげているが、三年以上にはこれはみあたらない。これに反して、すでに述べた広義の劇化は全学年を通して用いられていることはいうまでもない。ただそれを、ここに一々明記する余裕がない。くわしくは第三集以下を参照されたい。しかし資料単元の中には明記されていることは事実であるから、カリキュラムにおける位置はすでに確立しているのは勿論であるが、劇化も他の学習同様、その時の進行いかんによって変更されたり、新に取り入れられたりすることが予想される。したがって資料単元中に必ずしも明記されないこともある。

さて最後に、学校劇を実施し運営する際の注意を述べて劇化の問題を総ることにする。

演劇を学校学級としてとりあげる場合については、まず次のことが慎重に考慮されねばならぬ。

(一)　年次計画をたてて計画的に進行実施する。演劇構成の年次計画は学年始めに一般の学校行事との関係を考えあわせて、種類・教材等に重複のないよう注意深くたてられなければならない。この計画によって時間的余裕を持ち、変化に富んだ広い分野の児童に参加の機会が與えられるようになる。

(二)　演劇研究会を作る。可能ならば専門家を指導者として教師がこれに参加し、他との連絡・時間配当・全児童参加の機会を作ること。演劇の研究、児童の創作指導の研究や実施、その他全体的な指導を行う。

(三)　小委員会は右の仕事を助けるもので、有能な児童や自由研究演劇班もしくは演劇クラブ等がこの仕事を行う。ここ

ではさらに役付・小道具・衣裳・舞台・音楽・照明・切符・宣傳・進行等の各係をつくるのであるが、小学校等の場合は適当に都合して必要なものだけ作ればよい。

(四) 学校劇は営利や演技の巧拙を目的としたものではない。むしろ上演の結果如何というよりも上演までの過程にその教育的意義を見出すようにすべきである。

(五) 児童の心身の発達に即した脚本を選ぶべきで、劇の選択を愼重にする。原則的には学習内容と密接な関係のあることを必要とする。

(六) 劇に参加したり関係したりする者よりも観客となるものが多いのであるから、劇の鑑賞能力を持ち、余暇を有益に楽しむ良い趣味を養うことが重要な目的であり、又そのような指導がなされなければならない。

(七) 上演に際して末梢的な点に無用な経費をかけたり、いたずらに派手をきそっていわゆる衣裳競争の弊をまねくようなことがあってはならない。

(八) あまりに藝術性に走って学校劇本来の目的を忘れたり、児童の過労を強いるような無理なけいこは愼しまねばならぬ。

(九) 学級等の小團体の場合には全児童に何らかの仕事を與えて、全員協力の喜びを感得するよう指導がなされなければならない。

この外にもあろうが、最少限度以上の各項の注意は守るようにすべきである。かくして、このような姿において学校演劇が上演される限り、その長所は十分に発揮せられて、児童の生活経驗を通して楽しく効果的な学習活動が展開されるであろう。

第五章　討議の学習

第一節　討議の意味

討議とはどういう意味であるか。「辭源」には、討議という熟語はあげられていない。討の意味を調べてみると、治也・征伐也・誅也・去也・尋究也・雜也等とある。いろいろな意見が雜じっているから、そのうちのどれが一番よいか尋ね究められ、よくない意見は征伐して誅してとり去り、円満に治めることになる。雜は意見を雜ぜてよくすることでもある。

議を調べてみると、言論也・謀也・事の宜しきを定むる也・謗訕（そしる）也・擇也等とある。言論をもって謀り、事の宜しきを定めるのであるから、悪い意見はそしられ、良い意見が擇ばれるのである。

辭源には、討論という熟語はあげられており、尋究討議し、以てその至當を求むる也、とされている。論の意味には、議也・說也・思也・理也・擇也等とあり、文心雕龍の「論とは、群言を彌論して、一理を研精する也」を引いている。

つまり、討議も討論も同じ意味である。日本の辭書には、討議も討論も両方あげられている。討議・討論は、人々が互に意見をかわして事の宜しきを尋究して定めること、尋究討議してその至當を求めること、群言を彌議して一理を研精するのであるが、われわれ日本人は、討論というと、激しく論戰するという語感をもつので、討議ということばの方を喜んで使うことになった。更にくだけて「話合い」といっても同じことである。

討議の意味を知ることによって、討議の学習指導の方法もおのずから、よく理解される。

第一節　討議のねらい

討議のねらいは二つある。

一、教育の目的としてのねらい

これは更に三つのねらいに分けてみられる。

1、**討議は児童を人間らしい人間に育てる**　世は相持ちという人間社会は、討議が媒介として大いに役立っている。聖書に「太初に言葉ありき」と記されている。また、人間は言語をもつ動物であると定義されている。言語は表現である。元来、自他の間にとりかわされるものである。

討議は人間のはじまりと共に古く、人間の住む限り広くおこなわれてきた。ただ国により時代によってその度合がちがったばかりである。りっぱに討議できることが、りっぱな人間の一つの條件である。

2、**討議は児童を文化人に育てる**　人は全体の中で個性を働かせるように生れている。文化は分化して進歩する。分化は綜合の根柢に立つ。綜合の媒介が討議である。

三人寄れば文珠の智慧といわれている。衆知を集めなければ偉大な仕事はできない。独断は大失敗の基である。人は討議することによって、独自の個性を発揮しながら、自分に欠けている性格を目覚まされ、伸ばされ、更によりよく個性を発揮することができる。人々がうまく討議することによって、文化社会は健全に育ってゆく。

3、**討議は児童をりっぱな日本人に育てる**　討議を身につけることが現代の日本にとってどんなに大切であるか、今更くわしくいうまでもあるまい。

二、教育の方法としてのねらい

1、**学習内容を豊富にする**　教師にも個性がある。どんなに綿密に教材研究をしても、一人の研究ではどこかに欠陥がある。子供だといってあなどれない。担任児童五十人あれば百の目玉が光る。教師の二つの目玉に入らなかったものがどしどし入ってくる。

討議の学習は、学習の直接の目標の結果に到達するばかりでなく、その過程に種々の性格が、能力が、働く。普通にみれば、副産物が多いわけであるが、今はそれがみな主産物にみられている。

2、**学習内容を深め、ほんとうに身についた学習になる**　たくさんある児童の目玉は、事物を広くとらえるばかりでなく、深くもとらえる。児童は、自身で直ちに深くはとらえなくとも、教師は児童の討議内容を資料にして、児童を深い方に導くことができる。

討議は、極端にいえば、一方の意見が一方の意見を食うか、逆に食われるかである。本気にならないわけにはいかない。全能力を発揮してくる。

第二節　討議の学習の長所と短所の救済

(一)　討議の学習は、積極的な自主的な創造性豊かな学習となるのが長所である。誰にも自愛性がある。討議に負けたくない。自ら進んで学習する。先生の話を聞いて覚えるのではない、自分達で意見を述べあってゆくのである。自ら考えなければならない。自ら作らなければならない。

その反面に、屁理窟をこね、揚足をとりはじめる。

屁理窟がこねられ、揚足がとれたら相当なものである。末たのもしい。はじめは少しは心配させられるが、児童はばかばかしくなって、間もなくやめてしまう。はじめは屁理窟でもこねる意気をかってやらないと早く上達しない。

大人になってから、討議らしい討議をはじめると、云い負かされた方が、勝った方をうらみに思うことが多いが、小さいうちに討議に馴れると心配はない。ひとを負かした喜びが、自分が負けても、悪かった自分を負かして、よい自分になった喜びと同じになる。

(二) 討議の学習は、お互の発言に啓発されて、広くて深い学習になり、個性を自覚し、世は相持ちという社会性が目ざめてくる。

これは長所であるが、幼稚な子供達に討議させていては、枝葉末節に走って、時間ばかり長くかかって、むだな時を過してしまうではないかという心配が起る。これは短所である。

教師も児童と共に学習生活をなし、助産婦役をつとめると、この短所は救われる。

教師が十分に教材研究をして、教師中心に整然とした授業をすれば、時間を有効に使ったことになるであろうか。みかけの上では、学級の全員がおとなしく一心に学習したようだが、受身で、奴隷的で、死んだ知識の堆積に終り、自主的に創造的に働く人間性を育てていないのではないか。つまり時間を空費したことになるではないか。

(三) 討議の学習は批判力・分析力を養い、真理に従って行動し、附和雷同することをなくする。はじめは、いい加減に調子を合わせて他人の意見に賛成する者も多いが、うっかりすると、共倒れになって、がっかりするから、これではならないと奮起してくる。

この反面に、冷やかな、人情味の少い人間に育てはしまいかという心配が起きる。

討議によって批判し征伐するのは、よくない意見である。学習者の共同の敵を倒すのである。いい加減な情実を当然とみて、人間味があるなどと思う人からみては冷やかのようだが、実は、真実なるものへの熱愛をもっているのである。お互に批判し合って、欠点を少くし、励まし合って進むのが本当に温い友情ではないか。人情味というていさいのいい言葉でカムフラージして、社会悪を平然とおこなっていてはならないのである。

(四) 討議に個性のある児童は、非常によくのびてよいが、小数のきまった児童の活躍ばかりが目ざましいのではないか。

教師よりはるかに能力のおとった特定の児童中心の学習になって、学習の効果があがらないではないか。

どんな学習内容にも、どんな学習方法にも、その方面に個性のある者は活躍し、その他はそれ程ではない。討議の学習に限らない。唯、討議は誰にも必要であり、誰でも、その人相応に学習の効果をあげるから、討議の学習をするのである。学級内では少しも発言しないではないかと思われる児童でも、休みの時間には、又家へ帰っては、かっぱつに何かを論じている。意志表示をしている。

分團学習を加えれば、広く大勢の活躍がみられる。このとき一言も発しない児童は一人もない。

討議の学習をはじめたばかりの頃は、最優秀の二・三人が活躍するばかりであるが、少したつと数名になる。だいたい分團長が分團を代表して発言する。更にもう少したつと、「分團長ばかりが発言していてはよくない。輪番にしてほしい。」という提案が現われる。児童中心で、教師中心より劣った学習であるのは、討議の学習をはじめた二・三ヵ月で、それ以後は、児童の衆知を集め、各個性を発揮しあう、有効な学習になってゆく。

頭のいい子がそろっていればいいが、そうでないと、効果があがらないという声もある。

唖では困るが、口を利く人間なら誰だって討議する。実は、唖だって、指話法などで討議する。個性を見つけ、それを伸ばそうとしないで、理知にすぐれた児童ばかりを優秀児としている教師から、低能児扱いされている児童が、休みの時間には、他の児童よりも一層よくしゃべっているではないか。何か討議をしているのである。適当な内容を適度に与えれば、誰だって討議する。

(五) 口はたしかに達者になる。しかし、書写能力がつかないではないか。

討議の学習に導こうと努力している二・三ヵ月の間は、この弊がある。けれどもその後は心配はない。

討議の学習といっても、学習時間中絶えず討議をしているわけではない。問題解決の資料を集めたり、分團研究の結果をまとめたり、研究発表の資料を作ったりするために書くことが必要になってくる。字を早く正しく書くことができないで、自らはがゆくなり、書写能力の必要性を強く感じてくる。そして書写の能力をつけようと要求してくる。また必要に迫られて書くから、自然に書写能力もついてくる。

(1) いつかは役に立つそうだから練習する。

(2) よい成績をとってほめられたい。

(3) ごほうびをもらいたい。

こんな気持で書取練習をするのとはわけがちがう。切実な生きかたとして書写の必要を感じ、学習生活の一節としておこなわれるのであるから、この方が本当に身についた学習になる。

第四節　討議の運用

(一) 討議の学習は、一つの有用有効な学習であって、唯一無二の学習ではない。その特性を知って、適当に運用しなければならない。

(1) 討議のよい機会であるか。

機会が悪いと時間を空費する。

(2) 討議に適した内容であるか。

討議に適していない内容であると水掛論になってしまう。

(3) 問題の焦点がはっきりしているか。

はっきりしていないと、内容がとめどもなく変轉してまとまりがつかない。

(4) 論據はたしかであるか。

不確実な資料からは正しい結論は出ない。観念の遊戯に終る。

(5) 分りやすい発言をしているか。

(6) 要点をよくとらえているか。

(7) 言語表現・造形表現・図表表現が適当におこなわれているか。

(8) いろいろの性格が調和よく働いているか。理づめで固すぎても、感情に走って熱しすぎても、遁辞すぎて気骨がなくても、時間や物の使いかたが悪くてもいけない。ユーモアがすぎて悪ふざけにおちてもいけない。

(9) 分團の討議と全体の討議が程よく組合わせられているか。

(10) 分析と綜合が適時に適当におこなわれているか。

(11) 討議の学習と、討議しない学習との均衡はよいか。

右のような点に注意して運用する。

(二) 学年別の運用

(1) 低学年

討議の学習は、低学年には適しないという声があるけれども、これはまちがいである。教師中心の授業をしていた時分でも、児童のおしゃべりは低学年に多かった。おしゃべりは、話合い・討議ではないか。低学年の児童が得意のおしゃべりを学習にとり入れるのが、低学年の討議の学習指導である。それには

(イ) 分團の話合いを多くする。

(ロ) 簡單なテーマをとらえて話合う。

(ハ) 仕事を多くして、話合いを少くし、また話合いの時間を短くして、一つ一つこじんまりまとめてゆく。

(ニ) 討議は、自分の意見を発表するばかりでは成立しない。相手の意見をよく聞かなければならない。低学年は聞きかたの指導に留意する。

(2) **中学年**

討議の学習は中学年からがよいという声をきくが、それはまちがいである。討議は中学年からと主張する人の討議とは、おとなびた討議を指しているので、子供の討議を知らないのである。中学年におとなびた討議を要求してはならない。

(イ) 分團の討議と、全体の討議を半々位にする。

(ロ) 討議のテーマをだんだん大きくする。どの位の大きさにしたらよいか。学級によってちがう。兒童だけでだいたいまとまる程度、教師が少し導くとまとまる程度がよい。どの位にするか、担任教師が判定する他はない。

(ハ) 討議によってまとめるのがよいか、討議をしても役にたたないか、兒童に判別させてゆく。

(ニ) 少数の、特定の兒童だけの発言をきらい、輪番に発表しようという気分になってくる。このとき、討議に不得手の者が番にあたったならば、教師や分團長が補佐してやる。下手だといってあざわらう態度をなくなさなければならない。

(3) **高学年**

(イ) 分團研究は下相談にすぎない。全体の討議が重点になる。しかし、分團研究をおろそかにしてはならない。確実な資料を集め、分析を細かにすることに十分役立つような分團討議に導く。

(ロ) 教師の理論を聞かないと満足しない状態から離れ、兒童が自主的に、独立的にまとめてゆくように導く。

(ハ) 討議のテーマは、学習の目標と一致してくる。

(ニ) 討議に得意な兒童がうぬぼれてくる。これには教師が相手になって、ぐんぐん深味に追いこみ、まだまだ自分の力は足りないという自覚に導く。やりすぎて反感をもたれたり、いじけさせないように注意して。

(三) 学習内容別の運用

(1) **社会科的・國語科的内容**

最も討議が多い内容である。しかし、多数決で全体におしつけてはならない。全体で実践すべきことは、一應はそれに従いながら、ちがった意見を参考にしつつ、更によりよく進展させるように心掛ける。

(2) **算数的・理科的・家庭科的内容**

客観的な事実を基にして討議を進めてゆく。意見が分れたときは、客観的な事実に照して、正否を判定するように導く。推論するにしても、客観的な根據から推論するのでなければならない。

感情としての事実と、自然科学的事実とは立場がちがう。ただ自然科学的事実に立って、宗教的・文化的眞実を一概に否定してはならない。

(3) **音楽的・図画工作的・体育的内容**

これ等の内容に討議は無用であるという声を聞くが、それはまちがいである。他の内容にくらべては、討議すべき事柄は少いが、鑑賞批評にはかなり多くの討議がおこなわれ得るし、それによって効果があがる。技法も理論的に理解するには討議が必要になる。

(四) 分團討議の運用

(1) **分團のつくりかた**

分團員については

(イ) 四人以上八人迄の人数で分團をつくる。

(ロ) 各種の性格・各種の能力をもった者をなるべく広く組合わせて通常の分團とする。

(ハ) 同じ性格・同じ程度の能力をもった者を集めた特殊分團をつくり、必要に應じて、通常分團から特殊分團にくみかえて分團研究をなし、それが終ったら又通常の分團にかえる。

(ニ) 分團の形体

① 分團が一まとまりになって話合いやすくする。

八人が二側に向いあつている細長い形などにすると、実際の学習には、四人ずつ二組になつたり、六人と二人に分れたり、五人と三人に分れたりする。

② 甚だしく不自然な姿勢をとらなくとも、全員が一齊に一方の黒板がみられるようにする。

一方にある大黒板が盛んに使われるのに、その方に背を向けて腰掛けている児童が何人もできるようでは、甚だよろしくない。

③ 分團討議から一転して全体の討議に移るのに、腰掛の向きをかえればよいようにする。

机をならべかえてもよいけれども、そうすると、はじめはよいが、だんだんならべかえがめんどうに思われ、つい不自然な姿勢の児童が多いままで、学習が進められるようになる。

(2) **分團学習への導き**

(イ) 作業單元をつくるとき、自分の意見を原案として、まず分團に提出し、意見をかわして案をねる。

(ロ) 全体の学習に活潑な意見がでないときは分團学習をする。試案が気軽にでてくる。

(ハ) 幾つもの意見がでて、どれにも多くの賛成者があるとき、どれがよいかを分團で研究する。

(ニ) 能力別に分れた方がよいとみんなが認めた時は特別分團学習とする。

(3) **分團討議中、教師は次の点に留意して指導にあたる**

(イ) いとぐちのみつからぬ分團はないか。

(ロ) 脱線している分團はないか。

(ハ) 意見が対立してもてあましてはいないか。

(ニ) 難関にぶつかつて、困りはてていないか。

(ホ) 浅い解決で満足してはいないか。

(ヘ) めいめいが個性を発揮しあつているか。

(ト) 学習の仲間から外れているものはないか。

(チ) 個人として、分團として、他に迷惑をかけているものはないか。例えば大きな声を出しすぎて。

(リ) 或る分團と他の分團とで交換した方がよい資料はないか。

(ヌ) 遲進児の個別指導。

(ル) 全体の動きをみて、これからまとめてゆく方向を考える。

——第二部——

第六章　学校図書館

第一節　学校図書館の設置の必要性

近年学校図書館運動のはなばなしい展開にともない、学校教育の重要問題としてとりあげられてきた。

しかし、そのとりあげかたが、きわめて表面的であり、一般的であるために、真の学校図書館の姿を具現し得ず、ひいては図書館教育のねらいとするところの読書指導においても、従来の国語教育の発展ぐらいにしか考えられていないむきもないではない。

ここに、新しく教育の活動の面に、学校図書館設置の必要性が生れてきた理由について述べてみたい。

新教育の実施にあたり、教育目標の新しい出発があり、新しい教育課程の改造があり、主体性を児童の活動におく学習活動展開の方法の考察があり、個人の成長発展を判定する評価を理論づけ実践化してきた。その他、ここにあげきれない問題をとりあげている。

これらを綜合すると、要するにカリキュラム構成とその展開における理論研究に、教育実践家は努力してきたといえると思う。

しかし、教育活動は児童が活潑な学習活動を実践してこそ、あり得るものである。理論構成だけでは、児童の成長発達はのぞめない。この実践的苦難の発展的過程として、また新教育の理論の実践化として、当然児童の学習活動に関する方法的問題に、われわれの視野が発展・拡大されてゆかなくてはならない。

かくして、学校図書館設置運動は、新しい学習指導の方法の研究・カリキュラムの展開の問題に伴って、近年とみに拍車がかけられていることは、この両者が密接なる表裏の関係にあることを物語るのである。

新しい教育における学習指導の方法原理は、結果するところ、自発的学習である。この問題は今日、単なる理論でなく、具体的方法の組織づけとしてとりあげられている。すなわち

一、学習は人間の一生を通じての問題として考え、このために学校において学習の態度と習慣を養うことに努力している。

二、学校では、学習活動を、生活現実の中で価値ある問題をとりあげ、これを解決しようとする意欲と努力する態度・能力を養っている。

の二つの過程がある。

この二つの立場から、従来の教師中心・教科書中心の学習は否定され、児童みずから、経験を整理し、実験し、創作すること、みずから必要な図書を求め、読みあさり、批判し、自分の知識を体系づけることが重視される。児童は、いかに学ぶかの方法を体得しなくてはならない。

問題解決のために、数多い図書及び資料を選択し、これをとりあげ、批判して、価値ある学習効果をあげてゆくことは、日々児童にみられる学習活動である。

しかるに、数多い図書と資料とが、児童の学習活動と、密接な関係になかったり、図書資料が分散されてあるために、利用に困難を感じて、全くかえりみられないのが現状である。

ここに、これらの図書及び資料を綜合的に科学的に、蒐集し配列し利用させる設備が必要となってくるし、これを利

用して学習活動を豊富に有効にさせるための、図書館教育の体系化が必要となる。図書館教育は要するに、「何を」「如何に」よむべきかの読書指導であるとも言える。

このようにして、学校図書館の設置、ならびにその教育は、日々の児童の学習活動のために必要であることがあきらかになったと思う。

教科別のカリキュラムにあっても、生活経験カリキュラムにあっても、またその中間をゆく広域カリキュラムにあっても、その展開と表裏一体となって存在しなくてはならないものである。

しかしここに、図書及び資料、いわゆる視覚・聴覚教具ばかりがその位置を占めるものではないと、自然科学方面の担当者は言う。

しかし、自然現象を観察すること、生物を飼育して継続観察する研究においても、広い全体の視野の中に、その結果を位置づけなければ、連関性もなければ、価値もない。広く資料をあさり、これと関係づけ比較することがなくてはならない。どちらか一方ということではなく、この両面はともに行われなくてはならない活動である。

また一面、図書によらなくては存在しない文化が存在し、読書によらないでは経験しえない事象がある。しかもこの領域は広い。

要するに読書することは、学習の直接的な機能であるし、図書及び資料は学習の重要な材料であるといっても過言ではない。

児童の学習活動の発展における読書の指導の場、これこそ学校図書館である。読書指導を行うに必要な施設こそ学校図書館である。

読書指導については、第二節において詳述してある。

学校図書館の設置の必要性の認識の次には、如何なる基準において設置したらよいかということになろう。このために『学校図書館の手引』はよき指導の書となろう。

さらに近く発表される学校図書館基準において、具体的に詳細に述べられることと思う。ここに述べることは許されないが、その項目だけあげておく。

1　基本原則について。　　　4　経　費
2　図書・資料の蒐集について。基準と態度　　　5　人の構成
3　建物・設備　　　6　運　営

ここに述べられた事項はあくまで基準である。学校の諸事情によって、その具体化は異なるのは当然である。そして着実にその発展を計画し、実行することが肝要である。

次に運営が問題になろう。もっとも新しい技術的な問題として、目録法・分類法については第四節に述べてある。さらにここで一つ加えるならば、自由接架式を原則とした閲覧方法をとることである。これについては、本校の実情を参観されればよい。またその実際については第五節において述べられてある

運営にあたる者としては、常に児童と共にあり、図書・資料にしたしみ、奉仕的に指導する能力と態度が要求される。

第二節　図書館教育のための指導単元

第一節で、図書館教育は、読書指導であり学習活動であると述べた。したがって図書館教育の指導単元設定も、要するに、読書指導のための単元設定ということになる。

一生を通じての読書生活の基盤を形成し、また学習活動を豊富に効果的にするために、単元の含む領域は、生活を含めた広範囲のものでなくてはならない。読書の経験を深化し拡大するために、指導の領域、児童の側からすれば、経験領域の決定が、単元設定の第一の仕事になる。

新しい図書館教育の問題について、資料は、きわめて少いのであるが、北カロライナ学校図書館手引や、メアリー・

ビーコック・ダグラス著の『学校図書館員手引』を参照して、本校においては、次のように決定している。

1　図書の愛護	5　百科事典	9　本のよみ方
2　本のこしらえ	6　図書館	10　特殊参考書
3　図書の選択	7　図書の分類	11　本の歴史
4　辞　書	8　カード目録	12　本の製作と配給

このスコープには、図書の愛護・本のよみ方・図書館のように一年から六年までの全学年に、単元を持つものもあり学年の発達に應じて、指導される単元をもっている。

第二に考えることは、いわゆるシークェンスの問題である。読書指導にあたっての第一に考える問題は読書興味についてである。この問題の結論として第三節中に読書興味の発達について、阪本一郎氏の調査の結果を表にし、読物に関する興味の発達段階を参考に述べてある。

又、児童の学習に関する参考書類の欲求調査の結果は、児童の実態調査として第一集におさめてある。さらに読書能力・言語能力については、能力表に説明されている。

又さらに経験領域は、学年の発達段階に應じて決定されており、身体的・心理的についても同じことが言える。

これらの諸要素は一体となって、読書指導におけるシークェンス決定の素材になる。

この発達段階は、児童個々の読書指導における基準でもあり、これを確定することはきわめて重要なことである。

このスコープとシークェンスとの重点のおさどころによって、単元が決定される。次に本校における各学年の指導単元一覧表をかかげることにする。

第一学年

(1) 本をかわいがろう　(2) たのしい図書館　(3) 本を読もう

第二学年

(1) 私たちの本　(2) 静かな図書館　(3) 本を沢山読もう

第三学年

(1) 文集をつくろう　(2) よい学級文庫にしよう　(2) 上手に本を読もう

第四学年

(1) 本のつくりをしらべよう　(3) 辞書を使おう　(3) 図書館を利用しよう

第五学年

(1) よい本を上手に読もう。　(3) 図書館のしくみと役目をしらべよう　(4) 分類をしらべよう

(2) 百科事典を使おう。　(5) 本の歴史をしらべよう

第六学年

(1) 図書館の仕事を手傳おう　(3) 特殊参考書を使おう　(5) 読書と生活

(2) カードの引き方になれよう　(4) 出版文化を利用しよう

以上のとおりである。

これらの単元の指導のねらいについて、全文を説明することは、紙面の都合ではぶくことにするが、第三節にその概略が述べてある。

スコープとシークェンスとの関係を表にして、その関係を一層明らかにしたい。

一、スコープとシークェンスと単元との関係

スコープ＼学年	1	2	3	4	5	6
図書の愛護	本をかわいがろう	私たちの本	文集をつくろう	本のつくり方をしらべよう	本の歴史をしらべよう	図書館の仕事を手傳おう

本のこしらえ			文集をつくろう	本のつくり方をしらべよう	本の歴史をしらべよう	図書館の仕事を手伝おう
図書の選択				本のよみ方を工夫しよう	よい本を上手に読もう	読書と生活
辞書				辞書を使おう	—→	—→
百科事典					百科事典を使おう	—→
図書館	たのしい図書館	静かな図書館	よい学級文庫にしよう	図書館を利用しよう	図書館のしくみと役目をしらべよう	図書館の仕事を手伝おう
図書の分類				図書館を利用しよう	分類をしらべよう	図書館の仕事を手伝おう
カード目録				図書館を利用しよう	図書館のしくみと役目をしらべよう	カードの引き方になれよう
本の読み方	本を読もう	本を沢山読もう	上手に本を読もう	本の読み方を工夫しよう	よい本を上手に読もう	読書と生活
特殊参考書						特殊参考書を使おう
本の歴史					本の歴史をしらべよう	—→
本の製作と配給						出版文化を利用しよう

これを読書指導の独自の単元とするか、他のカリキュラムの体系の中におりこむかは、教育全般の指導方針によってもちがってくるであろうし、また素材の性質によってもちがってくるであろう。しかし独自の体系をたてて一つの教科のように扱う場合にも他の教科との密接な関連を重んじなくてはならない。

これらの単元の指導の完成によって、はじめて図書館教育のねらい、読書指導のねらいが達せられ、正しい図書館利用の技能と態度が身につけられるのである。

本校においては、これを実験的に独自に扱った経験をもっている。しかしこれとても学習活動の発展として扱ったのであって、これをそのまま児童の問題とすることは、かえって興味をそぐことになる。

読書指導・図書館教育は何も時間を特設したり、場所がなくても平素の学習においても実際的に指導し得る。教科書一冊によってもなし得るし、ノートの扱い方一つにも方法がある。むしろ、たゆまない平素の指導こそ実をむすぶものである。図書館教育はまだ一年を経過したばかりであるので、六年にも一・二年の単元内容を指導することは当然で、学習の場において、教師の正しい適切な判断と指導が切望される。

最後に、本校における経験カリキュラムにおける単元との関係を表にして概要について述べたい。ただその単元の学習の時にのみ、図書館教育の単元が学習されるのではなく、これは主としてここで扱うという意味でくりかえし、平素の学習活動の中で指導されることは、言うまでもないことである。

二、経験カリキュラムにおける図書館教育の概要

月＼学年・単元	一年 単元	一年 図書館教育	二年 単元	二年 図書館教育	三年 単元	三年 図書館教育	四年 単元	四年 図書館教育	五年 単元	五年 図書館教育	六年 単元	六年 図書館教育
四	たのしい学校	○たのしい学校の図書館、読書・紙芝居・幻灯をみる	二年生になって	○静かな図書館になかよく本をよむ	私たちの学校	○よい学級文庫にしよう 学校図書館のことについて話をきこう	よい学校	○図書館を利用しよう 規約を守ろう	よい家庭の生活	○よい本を上手によもう 良書選択	貿易	○特殊参考書を使おう ○カードの引き方になれよう
五	じょうぶなからだ	○本をよむ姿勢	私のうち	○私たちの本 家庭における図書の愛護	私たちの生活	○上手に本をよもう 読書ノート	大昔の生活しらべ	○図書館を利用しよう 参考書類の利用	文化施設	○図書館の役目としくみをしらべよう ○分類をしらべよう	生活の合理化	○読書と生活 読書生活の合理化をはかろう
六	おともだち				夏	○文集をつくろう つくり方と意義	たのしい生活		農業生活	○百科事典を使おう 使用法になれよう		○図書館の仕事を手伝おう 合理化の実習

月												
七	なつのあそび	○本をよもう 夏休みの指導	たのしい夏	○本を沢山よもう 休み中の計画指導					○本のよみ方を工夫しよう 能率的な読書法		○上手に本をよもう	
九	学校の秋	○学校の図書館 たのしい読書 読書に興味をもたせる			郷土の交通	○よい文に学ぼう 図書のいろいろのあつめ方	武蔵野の秋	○辞書を使おう ○本のよみ方を工夫しよう 学習に利用				
一〇	学校の近所		たのしい秋	○本を沢山よもう 図書館を利用しよう 読書能力の増進	学校の秋	○上手に本をよもう 多読・精読へ			自然と資源 生活	○百科事典を使おう	外国の生活 生活の中の	○参考書を使おう 珍しい図書 アメリカの図書館
一一	私たちのくらし	○本をよもう ○おもしろい本をわかちあう 読書の指導			市場の人		遠い世界の発見	○図書館を利用しよう 研究資料の利用	工業と生活	○本の歴史をしらべよう 本の歴史 製本の過程 印刷		△図書の修理 整理の仕方
一二			町の人		冬の生活	○上手に本をよもう 読書計画						
一			お正月	○私たちの図書館 公共図書館の本			ひらけゆく東京	○公共図書館をしらべる	交通と通信	○百科事典を使おう	のびゆく文化	○出版文化を利用しよう 文化と生活との関係

月												
二	発表会				私たちの町	○文集をつくろう 文集のまとめ方 編集の仕方	安全で便利な生活		政治の機関	○国立国会図書館の見学		△図書の修理 整理の仕方
三	もうじき三年生	○学校図書館の思い出 たのしい読書	たのしいあそび	○たのしい図書館の利用				○本のつくりをしらべよう				

第三節　読書指導

一、読書指導の意義

読書指導とは児童を読書に親しませながら、読書する心と読書する力をはぐくんでいくことであるといわれる。また読書指導とは適当な書物を、適当な児童に、適当なときに提供することであるともいわれている。前者は平明で具体的な云い方であり、後者は抽象的な表わし方であるが、要するに児童の読書生活を正しく豊かに導いてゆくことが読書指導であるといっていることに変りはない。即ち、児童に正しい読書の方法や態度を学ばせたり、読書意欲や読書能力を身につけさせたり、進んでは図書の選択・利用から図書館の使用等まで、あらゆる読書に関する生活を指導してゆこうというのがその主眼なのである。単なる本の読み方を指導するというような皮相的なものではなく、新しい教育の在り方から必然的に要求される基礎的な指導領域が、読書指導なのである。したがって、わが校の場合は生活経験カリキュラムの一環としての読書指導であり、図書館教育なのである。その位置づけについては、すでに第一節・第二節において述べたとおりである。

二、読書指導の方法

読書指導、すなわち図書館教育の計画は前述のごとくであるが、これをいかなる方法で実施するかについて、述べてみたい。

まず指導の場ならびに指導者であるが、これは大きく二つにわかれる。一つは学習として又は学習の一部として担任が指導する場合と、随時適当な機会をとらえて図書館員――運営の中心になる教師や専任の事務員――が指導する場合である。前者の場合は学級または図書館をつかって指導が行われる。後者の場合は主として図書館であるが、全校的に共通な話題で指導する際は、集会の時間を利用したり、校内放送を利用したりすることもある。

担任が指導する場合も図書館員が指導する場合も、学校として計画された案によることは勿論であるが、強いてその内容に区別をつければ、担任は全般的な指導をするに対して、図書館員は主として図書館の専門的な面、たとえば分類に関することとか、目録に関すること、或いは図書館における読書相談というような面に指導の重点があるといえよう。

以下これらについて具体的にふれることにしよう。

第一の学習として読書指導の実際は、まず図書に興味をもつようにしむけることに始まる。その手段としてはどんな方法によるもよいが、学校図書館の存在に関心を向けさせたり、学級文庫におもしろそうな絵本や童話類をおいて自由に読ませるといったようなことから、次第に図書館に親しみを持たせ、自発的に本を読もうという意欲を起させるようにする。まず、こうして図書と児童を近づけることが一年二年あたりの低学年指導である。一方教科書の取扱いなどと関連して本を大切にすべきことや保管・整頓等の必要性を次第に学ばせたり、読書のしつけや図書館のきまりなどを身につけさせてゆくようにする。これらの指導は経験学習の単元を学習する際、学習の進行と共に展開されるように担任は予定しておく。あるいは特に図書館利用の時間に現場において集中的に指導する場合もある。たとえば図書の閲覧のきまりを現場において劇的に実演して遊びのうちにおぼえさせるとか、図書館利用のきまりを現場で説明するなど、基礎的な事項については、徹底的に低学年でしつけておかなくてはならない。

三年あたりから次第にその程度を高めるように、また学級文庫を活用して読書能力を多方面に伸ばすことを目ざすとともに、図書の知識に関する面を多少加味し、さらに学級文庫の管理・運用等を児童の手でさせたりして、技術的な方面も初歩的に学ばせてゆく。特にこの学年あたりから、そろそろ濫読の傾向を表わすことに注意して、徐々にくわしくよむことの指導を忘れてはならない。そのためには、ある程度内容を記録させるような読書記録をつけさせるのがよい。

四年以上になると、一般読物以外に学習と直接つながる読書の必要が起ってくる。すなわち社会科的な、あるいは理科的な参考書類とか辞書類である。そこで、どうしても目的的な読書について指導を進めてゆかなくてはならない。同時に書誌学的な面、たとえば本のつくり方とか、形態または印刷各部の機能といったようなことを学ばせ、正しく速く読むというような指導をしてゆく。

五年になると一層それが高まり、知識的な面も技術的な面も多くなってくる。図書の選択とか、能率的な読書のしかた――ノートのとり方など――とか、さらに百科事典の使用法とか、図書館のしくみについてまで、その視野が広められてゆく。特に図書館の科学的な図書整理の方法、すなわち分類法等について初歩的な理解を興える必要がある。自分の要求する本を早く確実に手にするためには、どうしてもこれが基礎になるからである。さらに文化財としての図書の歴史などにも及んで、文化と図書との考察なども、この学年あたりでは適切な指導題材となる。

いよいよ最後の六年では最高学年として図書館の実務に参与させることによって、一そう図書に対する知識や理解を深め、図書館の組織や機能、更に文化的・教育的価値というような点を、理論でなく体験によって具体的に知らせる。同時にカードの使用に馴れたり、学習に必要な特殊参考書の利用を学んだりするとともに、六学年の図書館教育のしめくくりとして出版文化の問題や読書と生活といった方面を学び、ここに一應の結末をつけるようにする。

以上各学年にわたって読書指導の段階を概観したのであるが、要するに学習として指導を系統的に進めるためには、そのまとまり、すなわち単元を作る必要があり、これが第二節にあげられた図書館教育の単元である。この単元の一つ一つを個々に説明することで、われわれの意図する読書指導の全貌を示し得るのであるが、その余裕がないのでやむを得ず、まとめて解説したのである。

なお、随時に適当な機会において指導する面としては、つぎのような点がある。

(1) 自由閲覧時間における読書相談

これは前記の学習活動として、研究時間に図書館が利用される以外の自由な時間において、主として図書館員によってなされる指導であるが、児童の読書に対して個々に相談相手になってやることである。児童が解決を欲する主題の図書を指示してやるとか、図書の内容について解説したり、重点を指摘してノートのしかたを指導するとか、あるいは読書の興味のかたよりを発見して方向を正しく導くなど、読書および図書に関する面のあらゆる点について、時には担任の指導と重複する方面にまで立ち入り、親身になっていわゆる相談にのってやることである。

(2) 読書奨励の各種の指導

この内容は非常に多いので数種の代表的な例をあげるにとどめるが、まず読書グループの結成をすすめることや、図書館における各種の催しを行うこと、あるいは新着図書の宣伝紹介、館内の展示による読書意欲の誘発、館内の美化、図書館ニュースの発行、さらに視聴覚教育の一環として、幻燈会・映画会・紙しばいや人形劇等——もちろん担任の指導の場合にもこれらは取り入れられるが——要するに機会を作り又はとらえて、常時児童と図書、児童と読書、さらに児童と図書館の間を近づけるために行う活動であって、これにはあとで述べるが、児童の代表者も参加して共に計画し共に実施するものである。

さて、こうした両面からの指導があってこそ、読書指導の効果があがってゆくのであるが、そのためには担任と図書館員の密接な協力と提携が絶対に必要であることはいうまでもない。同時に、こうした指導の根抵をなすものを両者が共々常に研究し合うことを忘れてはならない。そのうちでも特に大切なことは、児童の読書の興味ないしは要求について知っておくということである。

読書指導の第一の原理は、読書に対する児童の興味や要求をよく知ることにある。児導が心身の発達段階に應じて心理学的にいかなる興味や要求を持つかということは、多くの学者やその道の専門家の研究の結果が数多く発表されている。その一例として嘗ってわが校の主事であり現学藝大学の教授である阪本一郎氏が、昭和十九年に調査された読物に関する興味の発達段階を表にまとめたものを上に掲げる。

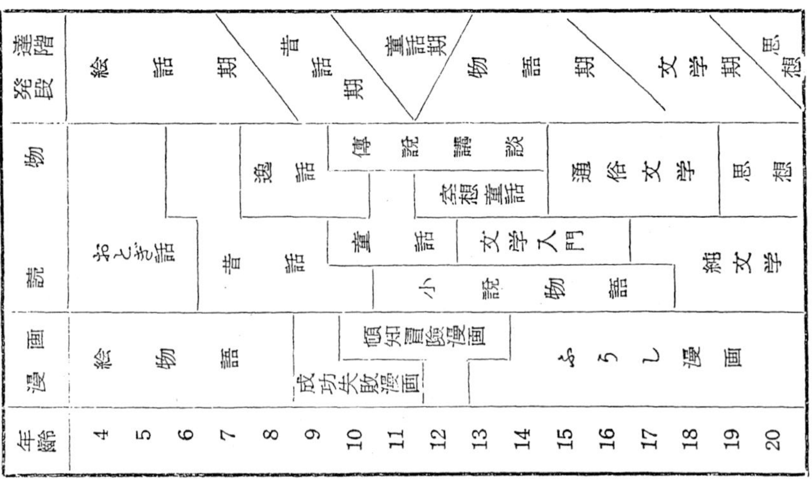

これは一般読物に関してなされた調査と研究の結果であるが、この外にも多くの文献があることはいうまでもない。われわれはこうした児童の読書興味や要求についてあらゆる機会をのがさず研究をすすめていかねばならない。結局はわれわれの仕事は児童を知ることが、まず先決問題なのである。かれらの心のうごきを鋭くたしかに捉えることによって、熱意と愛情を持つ教師においては、いくらでも手段や方法が生れるであろう。

第四節　図書の分類と目録

一、図書の分類法

図書を分類するとは、その内容によって論理的な順序に書物を集め各〻の本にその属している種類を示すような種別のしるしを與えることをいう。百貨店が各種各様な品物をその用途によって賣場を一定しているのは、そうすることによって客の便利を図り店の經営を合理化する手段である。ちょうどこれと同じように數多くの図書を能率的に利用しようとするなら、何等かの方法でそれを整理することが必要である。そうして整理された図書は何の整頓もされずあるよりは、はるかに有効に利用しやすいことはいうまでもない。図書館のように多數の図書を有するところではこうした整理は絶対に必要である。世界各国すべての図書館が何らかの方法でそれぞれ分類を採用しているのはこのためである。

分類の方法には各種の方式があるが、世界的に最もよく知られているのはアメリカの図書館界の泰斗であるメルヴィル・デューウイ氏によって一八七六年に發表された十進分類法（Decimal Classification）いわゆるD・C・である。このD・C・の根本原理は三けたの數字を用いてあらゆる書物を分類し必要に應じて小數点以下を更にいくけたにでも十進的に展開してゆく方法である。まず一番大きな主類表の十部門である。さらにこの各〻が十区分される。一例として自然科学をとってみるとつぎのようになる。なおこれがさらに十区分され、その上必要であれば小數点以下いくけたでも十区分されていくのである。例えば物理学のうちの力学に属し、さらに動力学のうちの直線運動に関する図書であるならばつぎのような分類番号がつくわけである。

000	總　　記
100	哲　　学
200	宗　　教
300	社会科学
400	語　　学
500	自然科学
600	工　　藝
700	美　　術
800	文　　学
900	歴　　史

500	自然科学
510	数　　学
520	天　文　学
530	物　理　学
540	化　　学
550	地　質　学
560	古生物学
570	生物学 人類学
580	植　物　学
590	動　物　学

531.31＝530(物理学)，531(力学)，531.3(動力学)，531.31(直線運動)

こうした展開が全部門に全綱目について行われるのである。その厖大さはおして知るべしである。このようにして分類すれば同種の本はみな一つにまとめることができる。

ところで十進式を日本式に編案したのが日本十進分類法（Nippon D. C.）すなわちN・D・C・である。これは一九二八年に森清氏によって發表され一九四七年に第七版が出ており、最近（一九四九年四月）その要目表が日本図書館協会分類委員会によって改訂出版されている。この主類表は次表の如くである。

日本十進分類法主類表

000	總　　記	
100	哲学・宗教	（哲学・心理学・道徳・宗教）
200	歴史・地誌	（歴史・傳記・地誌・紀行）
300	社会科学	（政治・法律・経済・統計 社会・教育・民俗・軍事）
400	自然科学	（数学・自然科学・医学）
500	工　　業	（工学・工業・家事）
600	産　　業	（産業・農林・水産・商業 交通）
700	藝　　術	（美術・藝術・運動・遊藝 娯樂）
800	語　　学	
900	文　　学	

この十部門が更に十区分され、更にまたつぎつぎと十進法式によって十区分されていくところはD・C・の場合と全く同様である。最新版のものでは小數点下についてはまだ發表されていないが、やがて近い將來第八版が出ることによってその全貌が明かになるのであろう。N・D・C・については日本の図書館の最も標準的な分類法であり、各地の図書館において容易にその実際に接し得られると思うので細部にわたる説明は省略することにして、肝腎なわが校の分類について簡單に述べることにする。

N・D・C・第七版の附録に児童用日本十進分類法というのがあり、さらに学校図書館協議会において現在審議中の小・中学校用の分類法もあるが、わが校ではそうした分類法によらずN・D・C・の簡略化した案を作り、それによっている。つぎ（次頁）はその分類表である。

この分類を採用している理由は大部分の子どもが附属中に進むし、学藝大学の図書館を利用する子も將來出てくる。更に一般の公共図書館のそれに早くから親しませるためである。これを採用して現在何等の不都合も感じていない。

さていよいよ、いかにして分類するかについて要点のみを記し次へ進むことにする。分類に當っての一般的原則は

(1) 形式が最も重要である文学を除いては、本を分類するとき先ず題名によってすること。

(2) ある本が同時に二つ以上の項目に属している場合は、どちらか一つに分類する。

(3) 内容が二つ以上にふれているときは最も重要であると思われる項目によること。もし重要度が同じであれば最初の

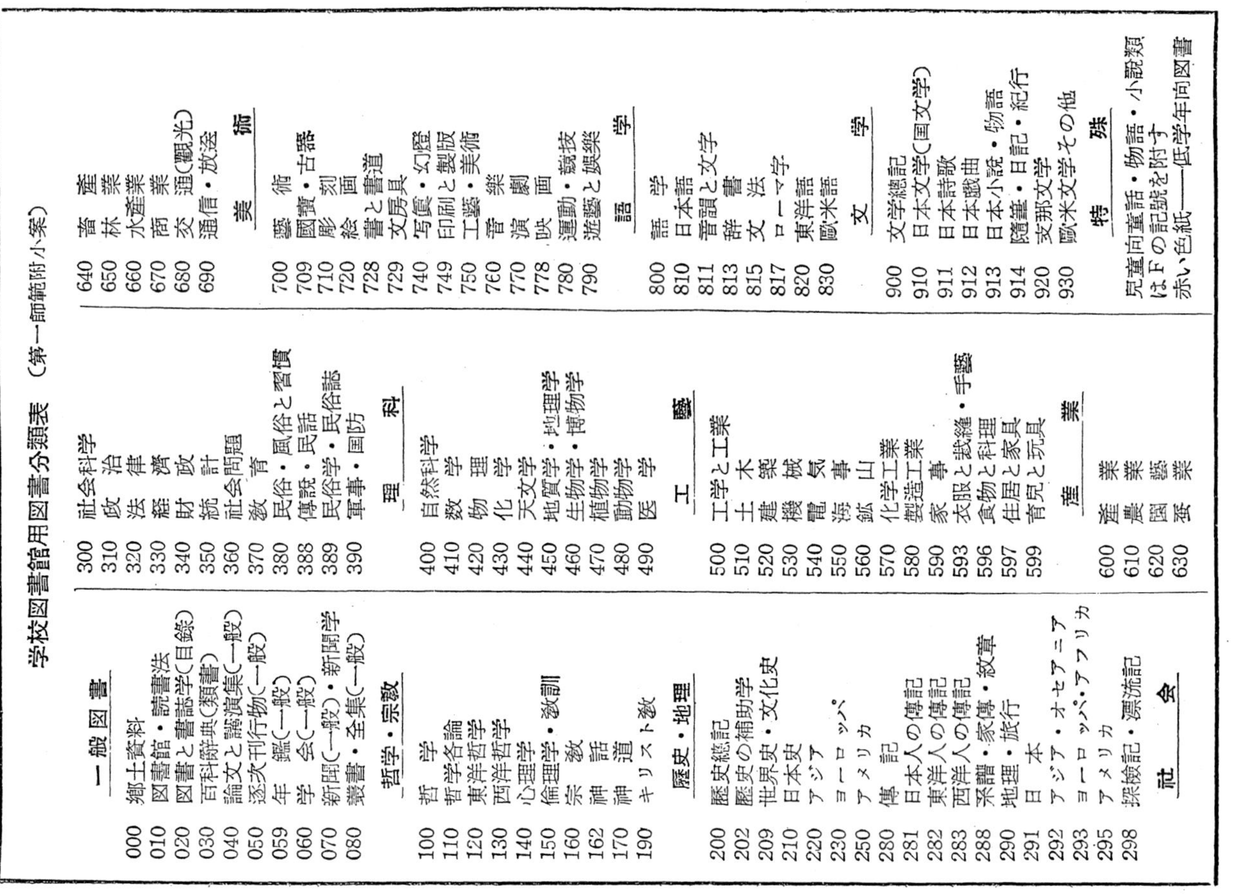

学校図書館用図書分類表　（第一師範附小案）

番号	分類
	一般図書
000	郷土資料
010	図書館・読書法
020	図書と書誌学(目録)
030	百科辞典(類書)
040	論文と講演集(一般)
050	逐次刊行物(一般)
059	年　鑑(一般)
060	学　会(一般)
070	新聞(一般)・新聞学
080	叢書・全集(一般)
	哲学・宗教
100	哲　学
110	哲学各論
120	東洋哲学
130	西洋哲学
140	心理学
150	倫理学・教訓
160	宗　教
162	神　話
170	神　道
190	キリスト教
	歴史・地理
200	歴史総記
202	歴史の補助学
209	世界史・文化史
210	日本史
220	アジア
230	ヨーロッパ
250	アメリカ
280	傳　記
281	日本人の傳記
282	東洋人の傳記
283	西洋人の傳記
288	系譜・家傳・紋章
290	地理・旅行
291	日　本
292	アジア・オセアニア
293	ヨーロッパ・アフリカ
295	アメリカ
298	探検記・漂流記
	社　会
300	社会科学
310	政　治
320	法　律
330	経　済
340	財　政
350	統　計
360	社会問題
370	教　育
380	民俗・風俗と習慣
388	傳説・民話
389	民俗学・民俗誌
390	軍事・国防
	理　科
400	自然科学
410	数　学
420	物　理
430	化　学
440	天文学
450	地質学・地理学
460	生物学・博物学
470	植物学
480	動物学
490	医　学
	工　藝
500	工学と工業
510	土　木
520	建　築
530	機　械
540	電　気
550	海　事
560	鉱　山
570	化学工業
580	製造工業
590	家　事
593	衣服と裁縫・手藝
596	食物と料理
597	住居と家具
599	育児と玩具
	産　業
600	産　業
610	農　業
620	園　藝
630	蚕　業
640	畜　産
650	林　業
660	水産業
670	商　業
680	交　通(観光)
690	通信・放送
	美　術
700	藝　術
709	國寶・古器
710	彫　刻
720	絵　画
728	書と書道
729	文房具
740	写眞・幻燈
749	印刷と製版
750	工藝・美術
760	音　楽
770	演　劇
778	映　画
780	運動・競技
790	遊藝と娯樂
	語　学
800	語　学
810	日本語
811	音韻と文字
813	辞　書
815	文　法
817	ローマ字
820	東洋語
830	歐米語
	文　学
900	文学総記
910	日本文学(国文学)
911	日本詩歌
912	日本戯曲
913	日本小説・物語
914	随筆・日記・紀行
920	支那文学
930	歐米文学その他
	特　殊
	児童向童話・物語・小説類はFの記號を附す
	赤い色紙——低学年向図書

ものに分類する。更にいくつもの内容が盛られている図書は、大多数の項目を含むような一般的題目のもとに分類すること。

(4) 要するに利用者の便を考え、最も有効に使われると思われるところに分類する。ただし、そこへ入れた理由は常にはっきりしておくこと。

以上で分類法について終るが、なおこの外、図書番号の問題があるが、これは要するに著者の姓の頭文字一・二字使用してもよいし、また適当に工夫すればよい。しかしわが校で採用しているのはカッター式分類法の原理から作られた日本著者記號表というものである。これはかなり進んだ方法である。国会図書館・国立図書館がこの方法によっている。残念であるが、この解説はここでは紙面の都合上省略する。

二、目　録　法

目録とは一言にしていえば、図書館蔵書の記録であり、目録法といえば図書索引のためのカード、即ち著者カード・書名カード・件名カードを作り、それを引きうるようにする過程をいう。目録は記録であるから必ずしもカードでなくともよいが、冊子式のものは不便な点が多いので現在はほとんどがカード式になっている。目録といえばカードというくらい、どこの図書館でも採用している。このカード式目録にはすでに記した三種の外に事務用目録・分類目録・辞書体目録等があり、事務用は文字通りである以外、すべて閲覧者のための目録である。なお目録法については、かなり高度な専門的知識と技術を要するものであり、ここで到底その徹底を期することは不可能である。別の専門書によって十分研究もされることを期待して、ここではある程度の理解を得ていただくぐらいで止めたいと思う。

大きな図書館では各種のカードを作るが、小・中学校程度の学校図書館では、せいぜい事務用・著者名・件名・書名もしくは分類程度のうち、前の方三種もあれば十分であろう。わが校のカードはその三種と分類カードの四種であるが、前三種については、その記入例を示し具体的に述べよう。（記入例は三省堂社会科文庫「図書館」岡田温著より）

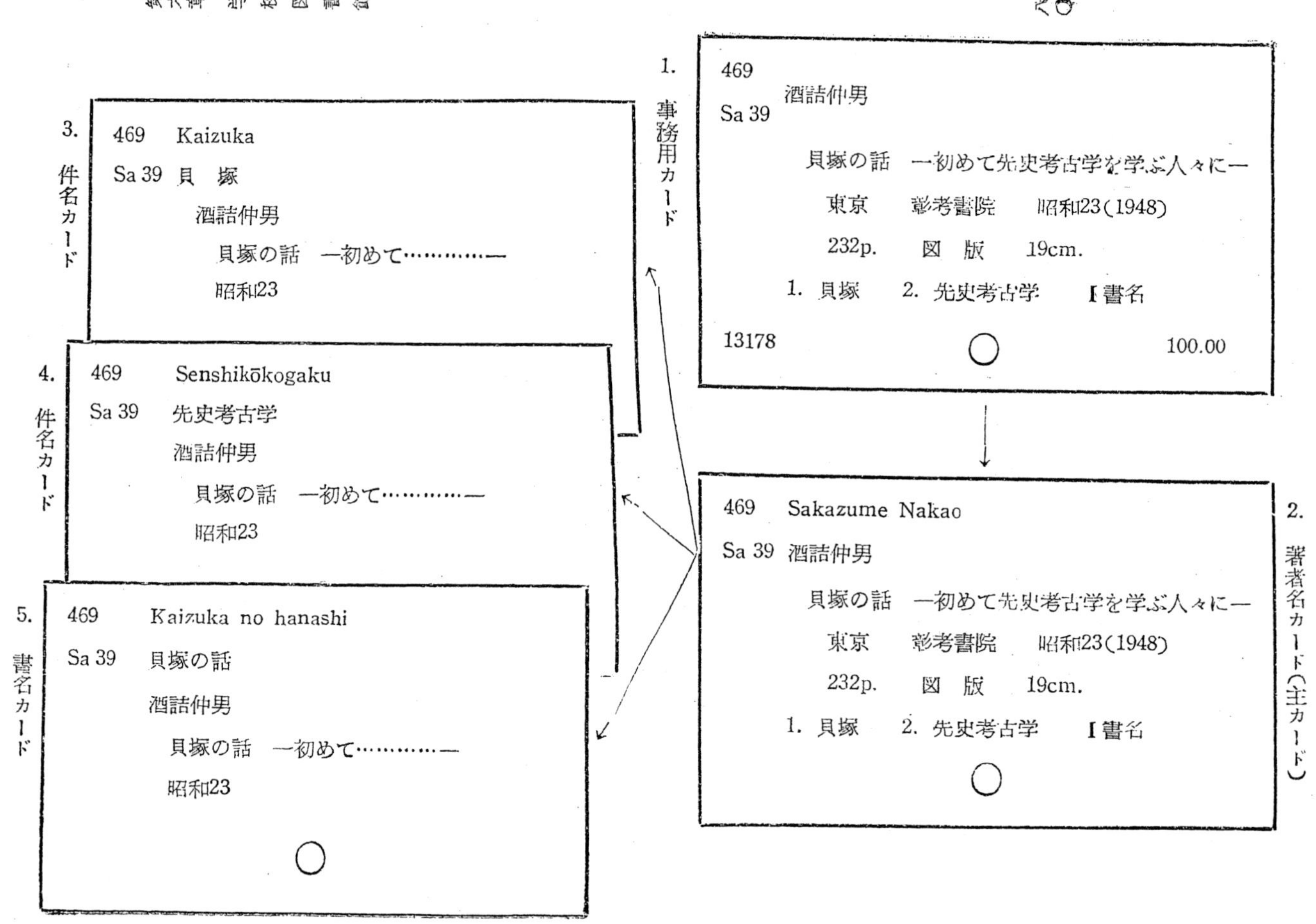

事務用カードと著者名カードのちがいは登録番號・價格等の事務的記入だけである。著者名カードを本記入といって他のカードの基本になるように完全記入をする。件名が二種あるのは、この書物は貝塚を中心にして書かれてあり、かつ先史考古学の入門書であり、そのどちらも件名として必要だからである。書名と件名の両カードは副記入といって省略された記入法である。なお実物のカードは縦七・五センチ横一二・五センチの大きさで、縦の右寄りに二本と横の上方に一本の直線がある。この横の上に書くのを標目といい、著者名カードでは著者の名前をかき、つぎに標題(書名・著者名・版次)、出版事項(出版地・出版者・出版年)、対照事項(巻冊数・ページ数・口絵・その他の図版・大きさ・装釘)、注記事項(叢書名注記・備考・内容細目)等を順次に記入するのであるが、それらのこまごましたことは専門書によって十分研究されたい。

なおそれぞれのカードにローマ字で書いてあるのは、それぞれのカードを、カードボックスに入れる際ABC順にいれるためである。またこれをふりがなでやって五十音とかいろは順にしてもよいわけである。わが校ではすべてABC順にしてまとめてある。

要するに分類にしてもカード作成にしても、かなり学問的な問題である。十分に研究してたしかなものを身につけたいものである。

第五節 図書館と児童の活動

学校図書館もすっかり軌道に乗った。子どもたちが朝早くから出入して読書に、研究調査に、また係の委員たちのかいがいしい手傳いぶりに、日一日とその活気をましてゆく。ここにその子どもたちの活動の点描をしてみる。

一、自由時間——始業前

「カンカン、カンカン。」小使室前の鐘がなる。すがすがしい朝の空気を破って校庭いっぱいにひびく。長いひもをリズミカルに引いているのは図書委員六年生のO君だ。

運動場はまだ人はまだらだが二階中央の図書館は長蛇の列である。借りた本を返す子が大部分だが、きのう読んだあのおもしろい本を他人に借りられないうちに読もうと楽しみにしている子もいる。貸出禁止の大辞典を早く借りて今日の学習に役立てようと、ノートをかかえてはりきっている子がある。室の中では数人の図書委員たちが書架の整頓や室内の美化に大わらわである。図書カードを学年別にそろえて本と引きかえの手順を考えている委員もいる。専任のN事務員もすでに忙しそうに新着図書の整理をしている。先生方はまだ見えないが、もうすでに学校図書館は活動を開始している。鐘が鳴り終ると同時に入口のドアが開かれる。かけ出したいのをはっと気づいて足音に気をつけ、静かにぞろぞろと入ってくる。

二、研究時間——授業中

三年生が楽しく静かに読書している。五年生が一グループ、六年生が二グループ、それに四年生が二・三人ぐらい、三年生の学級利用をじゃましないようなひそかな、それぞれこそこそささやきあいながら研究や作業をやっている。五年生はカロリーについて参考書とにらめっこしているようだ。六年生は貿易について何か表を書いている。四年生は社会科の参考書について書架を盛んにのぞきこんでいる。静かな、しかし豊かな活気に満ちた気分がたちこめている。明かるい窓を通して太陽がキラキラと見える。

三、再び自由時間——放課後

図書館はややざわめいている。しかし一人一人の子どもらの顔はさすがに運動場にいるときとはちがい、何か真剣な輝きにひきしまっているのがわかる。

雑誌を読んでいる者、童話をむさぼるように読んでいる者、百科辞典を開いて細かい字をうつす六年生、書架から引き出した本を貸出すべく図書カードにかいている子がたくさんいる。閲覧票の用紙の書き方がちがうといって教えてやっている委員がいる。おや二年生がまだいたらしい。六年の当番グループらしい五・六人がN事務員と担任の図書館係の先生のお手つだいをしている。新本の装備をやって書架に配列しているらしい。蔵書印・かくし印・受入印をおす者、図書カード・登録番号を書く者、レーベルに分類・図書・巻冊の番号を書きいれる者、それを糊で本の背にはる者、シェルフ・リストにその必要事項を書きいれる者、一人が一役ぐらいずつ引き受けた流れ作業から完全に装備の終った本が書架にふえてゆく。すぐにそれを借りて読む者がいる。先生は一番重要な分類をしておられる。なかなか一人ではきまらないようなのもあるらしい。机のはしに数冊つみ重ねてあるのでわかる。

こうしてしだいに四時が近づくころ、貸出されたあとに残る図書カードがうずたかくなる。図書委員のO君やK君、F君などがその整理だ。学年別にわけたり部門別にわけたりして図書館日誌の該当欄に統計的に記入する。閲覧票とあわせて閲覧人員の記入もする。所感も書かなくてはならない。やがて手伝いの六年生も仕事が終って帰ってゆく。図書委員が家路につくのは五時頃であろうか。かくて図書館の一日は静かに有意義に暮れてゆく。

四、ある時間——その一

二階の図書館の窓が全部閉じられている。外からみると黒い暗幕が重そうにたれているのがわかる。映画か幻燈か、一年生らしい笑い声がする。かわいい拍手がきこえる。

五、ある時間——その二

図書館の入口がしまっている。優先使用時間割をみると三年のM学級だ。紙しばいをやっているらしい。静かにドアをあけて入ってゆく。いくつかの視線がこちらを向いたがすぐ舞台の方に戻ってゆく。三年全部がおとなしにきっしりつきって、M先生の室に入った説明にうっとりと画面に見いっている。

六、ある時間——その三

「先生こんどの私たちの時間に人形しばいをここでやらしていただきたいのですが。」

五年のK学級のM子さんだ。

「いいですよ、どうぞ。」

来る学藝会への出しものを学級で總見して、批評会ののち出演グループをきめるという。

「K学級の人形しばいコンクールってわけだね。」

どんなものがでるか。七グループがやるのでは一時間ではむりだろう。つぎの時間は提供しよう……自問自答しつつ図書館を出る。

×　　　　×　　　　×

以上のスケッチから想像されるように、学校図書館は児童にとっては楽園であり、学校のオアシスであり知識の宝庫である。そして楽しい仕事場でもありミーテング・ルームでもある。

学校図書館の持つ性格は実に多彩である。こうしてある時は知識の泉となるがあるときは映画館となり劇場となる。更にときによっては、音楽会場ともなり学校放送局ともなる。現にわが校には完備した放送設備——もちろん聽取設備も——がある。ただそれを図書館にそっくり移動することができない。しかし近い将来にはマイクだけでも図書館に常備されるであろう　紙しばいやレコード、幻燈・映画のフィルムも着々増加しつつある。

かくしてわれらの子ども劇場であり映画館である図書館は、児童にとってもわれわれにとっても一そう楽しいところとなるであろう。

第七章　聽視覚教育

第一節　聽視覚教育の意義

聽視覚教育は、聽視覚教具を使用して行われるところのいろいろの教育活動を総合していうもので、眼を通して、視ることを中心とした視覚教育、耳を通して、聽くことを中心とした聽覚教育といい、人間の視覚や聽覚といった感覚的経驗に訴えて行おうとするのである。それ故に、聽視覚教育はその媒介するものによって異なる。聽覚教具を媒介として行われるものが、聽覚教育であり、視覚教具を媒介として行われるものが、視覚教育である。しかしこの両者は常に別個の状態において利用されるというのではなく、両者が夫々の特性を生かしつつ、結合された状態において利用されることが多い。

聽視覚教育が教育の方法として考えられるようになったのは何も新しいことではない。我が国では古くから、直観教授として、直接的な感覚的経驗を通して体驗として身につける体驗の思想と結びついて、行われてきていたものである。それ故にこの時代においては、体驗・直観ということに重点がおかれ、抽象や、法則の理解といったことは余り深く考えられなかった。

そこで現代の聽視覚教育が、從來の直観教授による教育の方法と異なるところは、現代の教育は児童の生活を中心とした教育であり、児童の生活経驗をもとにした教育であって、それに対しての指導が考えられなければならないところに、從來と異なるところがある。近代生活では体驗だけでは不十分であって、体驗したことが抽象化されてゆかなければならない。児童に始めいろいろの角度より体験をあたえ、この最初の体験から学習活動に発し、如何にして最高の抽象にまでこれをのぼらせることができるかということを考えてみたときには、その間に、いろいろの手段・方法が考えられる。

このいろいろの手段・方法によって、児童に生活経験としての体験を深めてゆくことができるようになる。それでは、その手段・方法として、如何なる聴覚教具を、又、視覚教具を考え活用すべきであろうか。

第二節　聴視覚教具とその活用

学習活動に利用せられる聴視覚教具を考えるときには、いろいろのものが考えられる。

狭い意味では、教具として、映画・幻燈・紙芝居・レコード・ラジオなどを考えるが、広く考えると、更に多くのものが含まれて来る。即ち、そこには、図書・文献・図表類・写真・実物・標本・模型・玩具・遊具・機械・器具・施設・装置などがあり、更に広く考えると、聴視覚教具という枠を超えて聴視覚教育において重要なものに、見学・演劇・演示・博物館といったものに及ぶのである。

一、映　　画

映画は聴視覚教育における代表的教具と考えることができる。この映画が教育活動の中に取り入れられるようになったのは何も新しいことではないが、それを利用する方法において、現代と過去とでは、大いに異なるところがある。即ち過去においては、映画で教育するために利用されたことが多かったが、現代においては、映画を学習活動に利用してゆくのであって、他の教具と共に、映画は映画としての特性が十分に生かされつつ活用されていかなければならない。即ち動的な変化を知ることは、他の教具によっては得ることのできないところである。又、自然の動きの忠実な再現と深いつながりを持っているものであるということは、得がたい特徴である。

映画にはフィルムにより十六ミリ、三十五ミリなどがあり、また夫々にトーキー、サイレントなどの種類があるが、学校、特に教室などで利用してゆくのには十六ミリが便利でよい。しかし映写機を設備し、フィルムも設備することは到底不可能なことである。映写機は別として、フィルムはフィルムライブラリー等をつくることによって、地区毎に設置していく方法を考えていくことが大切で、ライブラリーの内容については、常に児童の学習活動及び、日常生活を考えた上で、必要なフィルムを設備してゆくことが大切なことである。そして図書館における図書が利用されるように、映画も教育活動に、どしどし取入れられなければならない。映画を利用することは大変よいことであるが、今迄はそれ程利用されていない。利用されていない原因にはいろいろあるが、技術・運営・組織及び経費等に困難があったように思われる。

映画が聴視覚教具として、十分に活用されてゆくためには、活用しやすい状態に、教育活動の場が構成されてゆかなければならない。

そしてトーキーは固定されているからそのように利用されるが、サイレントは教師や児童の活動する部面が多く、学習資料としてはこの方が利用価値が高いと思われる。

二、幻　　燈

幻燈は映画と同様に重要な聴視覚教具である。幻燈は動かない写真である。映画を教育活動の中に利用してゆく上においては、多くの困難が感ぜられるが、それに対して幻燈は、映画の動的な面に対する欠点は有るものの、利用する上から考えて、映画以上に利用しやすい状態にあるといえる。幻燈は利用する面からいろいろと研究されて、現在ではフィルムスライド・実物・顕微鏡幻燈といったものが出ているが、何れも利用価値は大である。幻燈が映画にくらべて利用価値の大である理由として、使われる材料が、自分でも製作することができ、簡単に用意のできるもので、然も教育的効果を考えたときに、なかなか利用の途が広いということができる。

フィルムスライドは最近においては、数多く出るようになり、学習活動などに取入れて、利用するのに大変便利になった。しかしもっと積極的に幻燈を利用してゆく面から考えてみたときには、フィルムスライドにおいても、夫々の学校で、学校の学習活動を予想し、準備されている必要がある。そして児童が図書館において図書を利用して、自発的に学習活動を展開し、研究をしていると同じように、フィルムスライドも児童自身の手で取扱うことができるようになっていることが望ましい。そのために、解説用のテキストも、教師のためのものであってはならず、児童自身が読んで理解できる程度のものでなくてはならない。

幻燈は一日も早く児童自身のものとし、児童自身の手により活用することができるように、その取扱いについて指導することが大切なことである。

三、紙芝居

一般に児童は紙芝居を好み、紙芝居よりうける影響もまた大きいと見なければならぬ。それ故に、これを学習活動の中に取入れることを考えることは又非常に効果のあることである。しかし現在出ている紙芝居は、その内容において利用できるものが少いように思われる。そこで指導者としては、学習活動を予想し、製作してゆくことが大切である。又児童自身が学習活動の整理として紙芝居にまとめ、発表するように指導することが大切で、聴視覚教育はただ単にでき上った教具のみの活用を考えて行うところのものではなく、教師自らの努力により、創作された教具によるところの活用も考えられてゆかなければならず、この方面の研究こそ最も大切なものである。

四、レコード

レコードは聴覚教具の一つとして重要なもので、今迄一般に広く利用されてきていた。例えば、国語科における朗読法、英語科の会話や発音、珠算の読上算、音楽における鑑賞、体操のリズム化、その他いろいろのことに、レコードの特性が十分に生かされて利用されていた。レコードは蓄音機を使用するだけで実施することができ、取扱いが簡単であるので利用される範囲も広い。聴覚教具としては今迄の利用を更に広く、児童の学習活動及び日常生活の中に取入れてゆくことが大切なことである。そのためには、現在学校にあるレコードを調査し、更に必要なるレコードを備えつけ、それを如何に学習活動及び日常生活とむすびつけるかを考え、図書館において図書の選択が児童自身によりできるようになっていると同様に、レコードについてもレコードライブラリーをつくり、利用しやすいようにしておくことが大切である。

五、ラジオ(放送)

ラジオの使い方を考えてゆくと、いろいろの方法が考えられる。然しこのラジオをその使う方向より分けて考えてみると二つに考えられると思う。即ち学校放送と校内放送の両方の面で、共に現在の段階において重要な問題である。

(1) 学校放送

放送に学校を対象としての放送が行われるようになったのは新しいことで、現在の段階にいたるまでの間にはいろいろの変遷が行われ、研究されてきたが、今迄にたどってきた学校放送の問題はしばらくおき、現在における学校放送の問題について少しく考えてみることにする。

一般にラジオが普及し、ラジオによる影響は非常に大きなものがある。それに伴いラジオが聴覚教具としての利用という事も大いに考えられる。しかしラジオは一般を対象として行われるところの大衆的なものであり、それをそのまま利用してゆくことは不可能なことであるが、学校を対象として行われている学校放送は大いに利用していってよいものであるといえる。

しかし考え方からすれば、この学校放送すらも、「時間が自由にならず」「対象が高学年・低学年では不十分」「学習活動に直接何のつながりもない」「他の学習の時間に支障がある」などといったいろいろの問題から、とりあげることは不可能なことであるといわれるであろう。以上のように考えてきたのでは、ラジオばかりでなく、何も学習活動に利用してゆくことができなくなってしまうであろう。私たちが真に児童の生活を考え、学習活動を考えたときには、そこにあるすべてのものを一應聴視覚の対象として考えてゆかなければならず、ラジオもその一つである。

学校放送において、それを利用してゆくのに多少の無理は考えられても、それを利用してゆく側において研究してゆくべきである。何も学校放送は聴取すべきものであると強制されているものではなく、聴取は自由であるが、消極的であってはならず、もっと積極的になり、これにより児童に與えられる教育的な効果を、もっともっと考えて十分教育的に利用してゆかなければならない。

学校放送を利用してそれが学習活動に非常に関係の深いものであった場合には大いに児童にとってプラスとなり、例えそれが児童にとって直接関係のないものであっても、学校放送を聴取したその中から新しい問題を発見する場合もあるであろうし、又何か参考となった面もあるであろう、そのように考えた時には、決してマイナスとならず児童にとってプラスとなる。

積極的な利用と、正しい指導によって、学校放送の聴覚教具としての價値が向上する。

(2) 校内放送

学校放送は聴取を主体としたものであったに反して、校内放送は児童自らの放送を主体としたものである。学校放送の聴取が行われ、聴覚教具としてのラジオの利用が活溌に行われれば、それに対して、自分たちでも放送してみたいという欲求は必ず起り、児童の学習活動の場としてとりあげられることが考えられる。

学校放送は台本や材料が多くの専門家の手によって精選されたものであるが、それに対して校内放送で行われるものは、到底及びもつかないものであろう。しかし校内放送で行われるものは、前者に比してはるかに児童に近く、児童の学校生活と密接なつながりをもったものである。

ラジオを校内放送として如何に利用してゆくかということが教育的に問題点である。学習活動に関連を持って利用される場合もあるが、その他児童の登校時・昼食時・清掃時等といった時間を利用し、聴覚的な指導が行われる。しかし校内放送の施設を聴覚教具として利用してゆくことを考えるには、児童自身にそれに対する認識を深めさせてゆかなければならず、そのためには校内放送を解放し、児童自身の手によって行わせるようにすれば、真に生徒は放送という教具の性格を新たに認識することができる。自治組織の中に放送委員ができて、校内放送の運営が委員の手によって行われるようになってくれば、児童の学校生活と深いつながりをもったものになってくる。

放送施設は単なる学校の装飾や連絡のための設備としてあるものではなく、新しい教育の場における教具として利用されなければならぬ。

六、図　書

聴視覚教具の範囲を広く考えた場合には、図書も教具の一つと考えられる。文字を読み、さし絵を見て学習活動がすすめられてゆく以上この方面の活用が考えられ、教具として整備されてゆかなければならない。しかし図書については、他の教具と同じように整備される事も必要なことであるが、畢廸に図書館等において、分類・整理されている方がよい。（本書第四章・図書館を参照されたし。）

七、文　献

一般的な参考資料で、雑誌・新聞・パンフレット・日記・いろいろの記録、更に前記の図書などのいろいろのものがこの中にふくまれるであろう。以上のようなものは、それを教具としてとりあげる人の考えにより、立派に教具としての價値のあるもので、児童の学習活動及び、日常生活に関係の深いものであると認められた場合には、極力、集めてゆくように努力してゆくことが望ましい。

学校においては各種の参考資料を集めると同時に、集めた資料についての整理の方法についても考えてゆかなければならぬ。聴視覚教具の対象が広くなればなる程、整理がよく行われなければ、活用が行われなくなり、学習活動に及ぼす影響が大きい。

八、図表類

図表類の対象として考えられるものの中には、地図・掛図・写真・絵画・黒板・掲示板といったものがあり、これらのものは今迄にも学習活動の中にとり入れられて利用されてきていたものであり、何も新しいものではなく、今迄あったもの、更に今後の学習活動などに必要と考えられるものを、聴視覚教具として整理して更に利用しやすい状態におくことが大切である。

児童の日常生活及び学習活動を考えたときに、現在ある図表類だけでは満足されない場合が必ず生じてくる。このような場合には、教師の努力によって、自ら必要なるものを作ってゆくような努力が望ましい。本当に教具としての價値は、直接、接する児童の活動を考えた上で作られたものでなければならぬ。

九、実物・模型・標本・その他

学習活動が児童の生活を中心とし、一般社会を対象として展開されてゆく以上、そこには児童の生活の場を考えて、いろいろの聴視覚教具が準備され環境がつくられてゆかなければならないが、それは平面的なもののみではない。立体的なものの中からもこれに適当するものが見出される。生物のいろいろの実物や標本などもこの中にふくまれるところのものである。更に各種の実験のための機械・道具などといったものの中にも教具として必要なるものがあり、更に又、模型・玩具・遊具といったものの中からも教具として價値のあるものを見出すことができる。児童により多くの経験を與えることが、児童の学習活動を活溌なものにしてゆくことになり、多くの経験を持たせるために、いろいろの種類のより多くの効果的なる教具が準備されなければならない。

一〇、博物館

(一)から(九)までについては聴視覚教具としては個々のものであったが、更に広く聴視覚教具を考えたときには、個々のもののみを学習活動に利用するよりは、それらのいろいろのものを綜合し、組合せたものによる方が更に効果のある場合が多い。即ちここでとりあげて考えようとしている博物館は、一般社会を対象としてつくられてある各種の博物館もその中にふくまれるが、更に児童に密接な関係を持ったところのものである。即ちそれが小地域社会ごとにつくられる事も必要であるし、各学校ごとに施設の一部として、図書館と同じように、科学室・郷土参考室・創作室などの室がつくられることが必要なことである。

科学室は学習活動における科学的な研究問題に対して、児童自身が自発的に研究活動を行うことができるように設備された室で、そこには、科学的な聴視覚教具がいろいろと設備されていなければならぬ。（本書第七章・科学室を参照されたし。）

郷土参考室においては、郷土を中心とした、児童の社会的な問題に対して参考となる各種の教具・資料があり、社会的研究の場となるべきものである。（本書第九章・郷土室を参照されたし。）

創作室はその性格により二つに分けて考えることができる。即ち一つは音楽方面の研究であり、今一つは図画・工作方面の研究である。何れも児童の学習活動より発展して生じてくる創作活動に対して、研究を行うに必要なる聴視覚教具を設備した研究活動の場である。（本書第十一章・創作室を参照されたし。）

博物館として以上の設備を考えることができるが、更に広く学校全体が以上の性格を持つ事が大切で、児童の目にふれ、耳にきこえるところに、聴視覚教育として考えられる設備が行われてゆくことが大切なことである。

二、見学・演示・その他

見学・演示といったことを、他の教具と同じように取扱う事は、多少そこに無理は考えられるが、具体的な直接的研究の方法としては、見学・演示といったことも切り離して考えるべきものではなく、同等に考えられるものである。学習活動を行っている間にそこに問題をもち、その問題に対して研究の方法は色々と考えられるが、それに対して、児童に見学により、直接経験の必要を認めさせ、それの価値を認めた時には見学を行い、児童自身に直接経験せしめて経験により理解するよう研究の方向をすすめるべきで、そこに見学の聴視覚教育としての価値がある。

更に演示においても同じことで、学習活動のまとめとして、研究を劇化することも、児童自身が、研究したことを自ら経験することになり、更に発表することにより、それを見る者に対して、他の表現以上に研究を理解させることができるようになり、見学と同じように、体験により認識を深めることができるようになる。

聴視覚教具の対象として考えられるものについて記述してきたが、何も新しいものではなく、児童をとりまく環境より生じてくるものすべてが教具であり、それを如何に活用してゆくかが聴視覚教育として重要なものであり、児童の学習活動を考え、その問題発見の導入段階・研究活動・理解・整理・更に研究の発展、といったいろいろの段階においてすべてが環境をつくるのに必要なものである。更に日常生活から発生する問題に対しても、同じように、児童自身が研究し、理解できるようにもなっていなくてはならぬ。

新しい教育活動を展開するに当って、この方面の研究と、教具の充実が行われ、児童に対する環境が整備されなくて、本当に児童の健全なる学習活動を望むことは到底不可能なことである。

第八章　科　学　室

第一節　科学室のそなえるべき條件

教育は与えるところのものではなく、児童自身が体験するところのものでなければならぬ。特に科学的な面においては必要なことである。

学校又は家庭などにおいて、児童が、児童自身の生活の場や、単元学習を行っている間に、いろいろと問題をつかみ、問題に対して研究が行われているであろう。それらの問題に対して研究が行われるときに、科学的なる問題を研究し、処理し、体得して行く上において、この科学室は切実なる問題として、要求されてくる。

即ち、科学室は、一方において、児童に、科学的なる生活環境を与えるものでなければならず、科学室を中心として、いろいろの角度より整備されなければならぬ。又、他方、児童の生活経験を中心として行われる単元学習の面から考えて、学習活動の場として、常に利用しやすい状態になっており、研究がより向上するようになっていることが望ましい。

科学室は、以上のような児童の実態の上に立って設計せられ、常に運営されてゆかなければならぬ。

つぎに、児童の生活経験を中心として行われる学習活動の場として、整備せられ、如何に活用されてゆくかについて、学習活動の段階に従って考えてみることとする。

一、学習活動の導入として

いつの時代においても、この学習段階における導入は、非常に重要なもので、この導入の如何によって、それから行われる学習活動が活潑に行われもし、活動がにぶくもなる。

先ず学習活動を展開するに当って、よく児童の実態を調査し、児童の欲求と興味を考えた上で、より効果的なる学習環境を考え、環境を設定してゆかなければならぬ。

この場合、この科学室要求の問題が起ってくる。即ち、科学室はただ単に、静的存在としてあるのではなく、学習活動に働きかけるものとして重要なるものである。

科学室はでき上ったものとしてあるのではなく、児童の学習活動に先行し、児童の興味と関心を喚起し、欲求する科学的な問題を明確に把握することができるような、科学的刺戟環境として、常に新しいものとして、変化されてゆかなければならぬ。

更に科学室は、学習活動に必要な、科学的資料を提供するところでなければならぬ。即ち、科学室に環境が設定されると同時に、学級などにおいても、児童の身近に環境を作ってゆかなければならぬ。導入段階において学級に環境を作るには、掛図・写真・模型・映画・幻燈などといった、いろいろの種類の、より効果的なる科学的聴視覚教具を活用し、導入を円滑なるものとしてゆかなければならぬ。そこに、科学室が学習活動の導入として重要なるものがある。

二、研究理解の活動の場として

学習活動の導入において、科学室を利用したよりよい環境の設定は、児童に単元の目的をよく理解させることができ、又、よく目的にかなった問題の選択も行わせることができる。

問題の選択を行った児童が、研究の計画をたて、研究活動を行うには、いろいろと活動の場を求めて、研究を行うで

あろう。その場合、児童にはっきりと意識された科学的な問題を研究してゆくのに必要な、研究の場として、科学室が要求されてくる。

それ故に、科学室は児童の研究活動の場としていろいろのものが設備されなければならない。即ち、そこにはいろいろと児童の間に起った科学的問題の解決に役立つ種々の資料が必要となり、更に又、いろいろの科学的実験・実測の設備、及び、模型工作のための作業設備が必要となり、児童の研究活動を予想して準備されなければならない。これら科学室に準備されるものについては、第二節「科学室における施設と備品」の所において具体的に述べることにする。

科学室が如何によく整備せられ、いろいろのものが準備されても、それを活用するのは児童であり、科学室が本当によく活用されなければそれは全く意味のないことである。即ち、児童の立場に立って、活用しやすい状態におかれなければならぬ。貴重な研究活動の時間が有効に使えるように、設備・備品が明記されており、児童が自由に選択・活用できるようになっていることが望ましい。図書館に図書の索引カードがあるように、科学室にも、設備・備品・その他研究活動に必要な事柄に関する索引カードを設けておくのも、一案である。

要するに、科学室は児童のためのものであり、特別のものを除いてすべて児童に開放し、自由に、活潑に利用されるべきで、正しい指導の下におこなわれたこの室の利用は、児童の研究を更に活潑なものとし、いろいろの科学的な問題をよく理解することのできる活動の場となる。

三、学習活動の整理として

科学室は、児童の研究理解の活動の場として重要なるものであるが、同時に、学習活動の整理としても重要なるものである。研究活動は個人又はグループにより、いろいろの問題を、いろいろの角度より行い、問題の解決に向ってすすんで行くわけであるが、一方問題が解決された場合においては、それの整理も又いろいろの方法で工夫してまとめられる。

そこで整理を行う上に大切なことは、簡単で然も内容を十分に表現し、自他共に、よく理解できるようになっている

ことである。科学室は児童によりよい整理の方法に対する暗示を与え、更に整理発表されたものに対しては別の角度より整理されたものを示し、そこで比較研究の機会を与え、更に高い研究への意欲を起させ、同時に次の研究に対する準備をさせるようにする。

以上のように科学室は児童が整理を行うのに行いよいようになっていると同時に、児童の研究整理されたものについて、それの保管が行われるようになっていることも大切で、児童の研究整理されたものは、同じような問題について研究する児童の参考にもなり、又より高い研究をする上においても参考となるからである。即ち科学室は、児童に学習活動の整理の場として十分使われなければならず、又同時に科学室の整理も行ってゆかなければならぬ。

四、学習活動の発展活用として

以上のような学習過程をたどって、学習がすすめられた場合に、整理において一応、問題解決の結論がまとめられるが、それによって学習活動が終了するのではない。即ち、学習の結果、獲得された環境への科学的な適応が、更に高次の適応への基礎となり、これによって科学的経験の再構成ができることとなる。

新しい学習活動が展開される場合に、又、児童の日常生活の全領域において起る總ての科学的な問題に対して、科学室において養われた科学的経験が、活用されてゆかなければならない。

科学室は、児童生活のあらゆる角度より要求せられ、児童の活溌なる学習活動の場としてゆかなければならぬ。それ故に、児童の日常生活及び学習活動より起ると考えられる問題を予想して、科学室が設計されてゆかなければならない。

第二節　科学室の施設と備品

科学室は、児童生活の場として、常に活用しやすい状態になっていることが大切で、然も、児童の活動より、要求されるところのいろいろのものが、児童の身近に準備されていることが大切である。以下、科学室に設備されるものについてその主なものを記述する。

一、生物に関するもの

科学室における、生物関係の資料は、生物関係の研究そのものが、実物を対象として考えてゆかなければならないものが多いので、飼育・栽培といったことに重点がおかれて、いろいろの施設が考えられなければならない。

(1) **一般的なもの**

(イ) 掛図・絵画・写真・グラフ・ポスターなどの図表類。
(ロ) 参考図書。
(ハ) 映画フィルム・幻燈スライド。
(ニ) 児童の作品及び研究物。

(2) **生物研究のためのもの**

(イ) 飼育・栽培のための設備(水槽その他)。
(ロ) 顕微鏡及び同附属品。
(ハ) 動物・植物採集用の道具。
(ニ) 動物・植物解剖実験のための道具。
(ホ) 昆虫・植物の標本・つくるための道具。
(ヘ) 動物・植物の標本・スンプ標本・プレパラート。

二、空と土に関するもの

児童の疑問などの面を考えてみる時に、この空と土に関する問題は非常に多い。それ故に、この問題を解決するためのいろいろの資料が必要である。

(1)　**一般的なもの**

空と土の研究に関係あるもので、「生物に関するもの」の(1)を参照。

(2)　**空と土研究のためのもの**

(イ)　気象の観測をするために必要なもの（寒暖計・湿度計・湿度計・気圧計・風力計・風向計・その他）。
(ロ)　天気図・天気図記入用黒板・気象旗。
(ハ)　星座板・星の運行解明機・三球儀。
(ニ)　方位板・いろいろの種類の日時計・磁針。
(ホ)　天体望遠鏡。
(ヘ)　地球儀・地殻の模型・火山・地層の模型。
(ト)　岩石・鉱物・土壌の標本・化石の標本。
(チ)　岩石・鉱物・土壌採集の道具・プレパラート。

三、機械と道具に関するもの

児童の日常の直接生活と関係の深いもので、人間が高い生活をいとなむようになればなる程、より多くの機械や道具を工夫し、それらのものを使うようになる。科学室が学習活動の場として使われ、学習活動により多くの機械や道具が使われてゆくことが望ましいことで、小さい頃から、機械や道具に対する正しい認識が必要である。

(1)　**一般的なもの**

機械と道具の研究に関係のあるもので、「生物に関するもの」の(1)を参照。

単一のもののみでなしに、いろいろの機械や道具が綜合されているものについても参考となるものが多い。

(2)　**機械と道具研究のためのもの**

(イ)　力の実験のための機械又は道具。
(ロ)　光の実験のための機械又は道具。
(ハ)　音の実験のための機械又は道具
(ニ)　電気の実験のための機械又は道具。
(ホ)　その他、物象の実験のための機械又は道具。
(ヘ)　いろいろの化学的実験をするための機械又は道具（ガラス器具その他）。
(ト)　いろいろの種類の薬品。

四、算数に関するもの

科学室を設計し、その運営を考えて行く上には、理科的な面と同時に、基礎的な面としての、算数の研究指導に必要な施設も考えてゆかなければならない。この算数に必要な施設と、理科的な他の施設とは、密接な関係を持っていて、理科的な研究の場合においても、算数指導の対象としての数・量・形のいろいろの資料が、常に活用できる状態になっていることが大切である。

(1)　**一般的なもの**

算数の研究に関係のあるもので、「生物に関するもの」の(1)を参照

特にいろいろのものの統計・グラフなどの図表類を多く準備する必要がある。

(2)　**算数研究のためのもの**

(イ)　物指し・巻尺などといった長さを測定するための道具及びメートル原器。

(ロ) 天秤・さお秤・台秤などといった重さを測定するための道具及びキロメートル原器。
(ハ) メートル法・尺貫法などによる体積を測定するための容器。
(ニ) 児童の学習参考用の各種の時計及び時計の模型。
(ホ) いろいろの基本的な形を研究するための模型。
(ヘ) てんびん板及びてんぷするためのいろいろの道具。
(ト) おはじき・おはじきなどの遊びながらいろいろと数のけいこをするための道具。
(チ) そろばん及び簡単な計算器。
(リ) いろいろの形のびんや、石など、体積や重さなどの測定の練習をするための材料。

五、実 験 設 備

科学室は児童の日常生活及び学習活動に必要なる資料を準備すると同時に、児童自身が体験することができるよう実験設備がいろいろと考えられ、準備されなければならない。又つくられた実験設備が簡単に、常に使用できる状態になっていることが大切である。

○作業をするために必要とするもの

(イ) 模型工作等の作業をするための工作用の台。
(ロ) 工作をするために必要ないろいろの工具。
(ハ) 模型工作等をするに必要な図面類。
(ニ) 工作工具の正しい使用に関する指導図。
(ホ) 水道及び排水用の装置。
(ヘ) 燃料としてのガス使用のための装置。

(ト) 映画・幻燈の映写、写真の現像などをするために使用できる暗室。
(チ) いろいろの実験の検査に使用するメーター類。

六、その他の施設

児童の科学的な問題を解決するために、科学室の施設がいろいろの角度から、工夫され設備されたわけであるが、これは完成されたものではなく、まだ本当に完全なものであるとはいえない。即ち、児童の生活の全分野を対象として、科学室の設計が行われてゆかなければならない。

生物の活動の様子は、科学室の中にとじこもっていたのでは、正確に見ることはできない。即ち、学級園・学校園・花壇・緑蔭帯等をもち、そこにおいて直接、観察できる環境がつくられなければならない。

更に又、教室・廊下・階段等を利用して、長さ・角度などの表示をし、児童が日常生活と密接なる関係が持てるようにする。その他、科学年表・科学者の写真・略傳等が掲示され、科学的研究を活潑にする環境をつくってゆくことが大切である。

尚、今迄ここに示されていなかった面で、科学的研究の施設として重要なる保健に関するものは健康室を参考としていただきたい。

第三節 科学室の運営

児童の欲求を考えた場合、学習活動の場として、いろいろの施設が考えられるが、それが実現されない理由には、いろいろのことが考えられるが、消極的な面として、それの運営・管理といった方面の煩雑なことのために実現されない場合が多いが、積極的にこの波を乗りきらなければ本当によいものは得られない。それ故にこの運営にはつぎのことがいろいろと考えられてゆかなければならぬ。

一、施設の開放

従来は理科室というと鍵をかけ、いろいろと児童たちの喜ぶ研究の資料があつても、はるかに手のとどかないところにあり、単なる装飾的な存在としての価値しかない状態であつた。しかしこの様な状態では、真に児童の科学的な研究及び興味を、向上することは到底望むことはできない。

理科的な施設が開放されなかつた原因にはいろいろのことがあろう。即ち開放すれば必ず散乱され、高価な機械・器具が破損されるといつたようなことも、その一つに考えられる大きな問題であろう。しかし、これは、小さい頃から、正しい基礎的な指導が行われて行けば、必ず防げる問題である。多少の破損を恐れていたのでは、本当に大きな成果を期待することはできない。

開放するということは、唯単に自由にするといつたようなことではない。児童自身が自主的に、学習活動の場として利用してゆくといつた点において自由であり、開放するのである。その意味において、運営が児童の自治により行われるようになつて行くことが望ましいことである。更に、この科学室の管理と指導の合理化には、専従の指導の職員が必要で、常に児童の実態をつかんでおり、管理と同時に、科学的な問題をもつて、この室を利用する児童の学習の指導に当らなければならない。

学級はたえずこの科学室と連絡をとり、他の研究室と同様、一体となつて利用されてゆかなければならない。

二、運営の年次計画

科学室を学校施設の一つとして作つてゆく以上、それは唯単に、専従の指導の職員の考えのみによつて運営されてゆくことは望ましいことであるとはいえない。即ち、他の室と同様に、学校全体の広い立場から考えられてゆかなければ

ならない。たとえば、他の室などとも統合して、それぞれの室の研究のための、聴視覚委員会などを設け、そこで大綱を決定して科学室の運営に当ることが望ましいことである。

委員会においては、あらゆる角度より児童の実態を調査し、児童の生活及び単元による学習内容等を調査して、施設を考えてゆくことが大切なことである。その意味で、施設は固定したものであつてはならず、陳列資料・施設等は季節や児童の欲求等も考慮に入れて、適宜新しいものの配列が行われてゆくことが大切である。

施設を固定しないで配列を適宜変えてゆく方法には、いろいろの方法が考えられるであろうが、一應学期を対象として、考えてみることにする。

(1)　**第一学期**（四月—八月）

この期間は、季節的な方面から考えると春から夏にかけての時期であり、他の季節にくらべて、生物の最も活動する時期に当つている。

又一方梅雨の頃も含まれ、季節の移りめにも相当しており、そのために、この時期は物が腐りやすく、更にちよつとした不注意から大切な体をこわすといつたようなこともあり、健康的な方面にも大いに気をつけてゆかなければならない時期でもある。

それ故に、一学期における配列の重点は、生物方面の研究に役立つところのもの、及び、梅雨の頃から、夏にかけて気候のうつり変りを研究することのできるところのもの、及び保健的な面であるが、保健的な面は健康室において研究の場がつくられることが望ましい。

(2)　**第二学期**（九月—一二月）

この期間は本当に気候がよく、室の内外共に活動が活溌に行われる。長い夏休みで研究された多くの研究が発表され、秋の研究が開始される。

秋から冬にかけては、少しずつ、生物の活動の時期はすぎて、澄んだ夜空の星の研究とか、いろいろの道具の研究

などといったことが多く行われるようになる。

(3) **第三学期**（一月—三月）

冬の頃で、生物の活動は余り見られないが、春近い頃、生物はどのようにしているであろうか、又、冬の気候など他の季節では調べることのできぬことが多い。又、室内の機械・道具を中心とした研究も活潑になる。これらのいろいろの面の研究に必要な資料が必要となってくる。

第九章　健　康　室

第一節　健康室の概要と必要性

一、健康室の概要

健康室は健康教育を実施してゆくために、特に必要と思われる施設・用具・参考資料を、備えた室をいうのである。従って健康教育を具体的に実践してゆくために必要な一機関である。現在健康室として次のところを充当している。

(1) 衛生室・家事室及び給食室・その近くの廊下。

(2) 体育館。

二、健康室の必要性

身体は、幸福な生活の最も基本的な要件である。殊に現在における個人の健康と安全とは、民主的社会形成の上から重要な要件であり、学校教育の中に健康教育が全面的にとりあげられてきたのである。個人の精神と肉体の健康と安全は、前述のように民主社会形成の基礎として現在の民主教育の基盤をなしているのである。健康教育がここに大きくとり上げられるようになったことは正に当然のことである。特に健康教育はわが校の児童の健康実態からみて重要な使命を持つものである。健康教育の充実を図り、多面的な発展をさせる大きな役割を持つものが健康室である。かくの如く健康室は健康教育の具体的実践の一手段として必然的に生れてきたものである。

第二節　健康室の歴史

今迄の学校衛生や教育衛生は、新なる形において健康教育として組織づけられ、学校教育の積極的な面を受持つようになったのである。健康教育の歴史と共に必然的に要求されて生れた健康室の日は未だ浅いわけである。然し衛生室として消極的な姿で我が国の学校教育の組織の中に位置づけられていたことは、古い歴史が示している。現在に於ける健康教育の目的達成のために、新なる出発をした健康室は、今後に於ける研究と期待が大きいわけである。

第三節　健康室の範囲

健康室の範囲は、どこまでにすべきものであるか、これには種々論ぜられている。つまり健康的な條件を具有している室はすべて健康室であることになり、教室も運動場も大きく含まれてしまうのである。我が校に於ては、健康室として次のところをあげることにしている。

(一)　衛生室

衛生室は衛生的な面即ち児童の身体的状況の一切に対して指導し測定し治療してゆくところである。次にあげる項目は内容としての主なるものである。

(1)　治　療　(3)　予　防　(5)　身体測定

(2)　休　養　(4)　身体虚弱児・発育不完全者等

(二)　歯科治療室

(三)　家　事　室

(四)　給　食　室

(五)　体　育　館

第四節　健康室の仕事

健康室は健康教育を具体的に実践し充実をはかるために存在するものであるから、その目的達成のために大きく内容を検討すべきである。我が校の内容として次の三項を考えている。

(一)　内　容

(1)　治療予防の実践と施設の充実

(2)　運動衛生の実践事項の立案計画

(3)　諸調査・諸統計・諸記録及び参考資料の作成蒐集。

以上の三項について仕事の内容を一層密に考究し、健康室としての使命を果すように努力しなければならない。

(二)　具体的事項

内容の項で述べたところの三項を更に体育・衛生・歯科治療・給食等の面から検討してみることにする。

一、体育的な面

1、体育施設用具　体育の環境は、何といっても施設の充実が望ましい。施設も一般的施設ともいうべきものと、特殊的施設とがあることは申す迄もない。それは小学校に於ては、どこでも一般的に必要なものが準備されてゆくのである。もちろん、身体活動を年齢・性別により当然発達されることを予想して考えられた施設用具は必要であるが、地域の特殊性から不十分なる発達になっている事項があるとき、それに対する適切なる施設用具の充実を図る必要が当然起ってくる。この点については常に実態調査をし、他校及び一般と比較して、発達の限度をよくつかんでからのことが望ましい。我が校に於ては、この点について今のところ十分なる結論に至って居ないのは残念であるが、全般的に身体活動について、児童自身が比較的に軟弱にして一層の研究と実践とが必要とされ考慮されつつある。

2、**体育行事**　　体育的な行事は、体育指導要項に示されている如く、体育の目的に近づけるために、大切な事項である。この問題について一層計画的に理論的に推進して行くところは健康室であると考えている。体育が身体活動と精神修錬の両面を大きくとりあげている。精神修錬によって培われる社会性は、日常の身体活動によって養成される面も大きいのであるが、殊に体育行事によって得る収穫は著しいものがある。我が校に於ては殊に体育行事の運営については深い関心を持っているのである。我が校に於ける体育行事の主なるものをあげると、次のような事項である。

◎体育行事

○春季小運動会　　○校内競技会　　○体力測定

○水泳練習会　　（地域別対抗競技会）　　○その他

○校内水上競技会　　○秋季大運動会

以上は行事の主なるものである。行事の一つ一つについて説明することは省略するが、校内競技会の概略について述べることにする。

地域別対抗競技会規約　　（東一師附小体育研究部）

一、競技会は日頃修錬した運動の成果の発揮に努力すると共に児童の自治的なる活動を十分重視し、活動を通し体育スポーツの理解を深め得ると同時に社会的徳操の充実を期している。地域別編成のため上級生、下級生間の日頃の友情を一層深めにすることが出来る。児童の立案実施を通し、体育行事全般について理解し、これ等体育行事の実践をより容易にすることが出来る。

二、各チームは地域別に編成され四年以上を以て組織されることを原則とする。

三、競技会の企画運営全般は厚生委員が中核となり選出された役員も参加する。

四、各班毎に班長一名副班長二名を置き、厚生委員はその何れかの任につくことを原則とする。

五、競技種目及び時期は次の如く定める。都合により多少の変更はある。

○陸上競技会（男、女）　五月・十一月　　○送球大会（ハンドボール）（男、女）　六月・九月

○水上競技会（男、女）　七月　　○排球大会（バレーボール）（男、女）　七月・十月

○野球大会（男　）　六月・九月　　○籠球大会（バスケットボール）（男、女）　十月・二月

○蹴球大会（男　）　四月・十一月　　○その他

○相撲大会（男　）　五月

六、各競技のルールは児童の能力を参照して定める。

七、選手及び班員は役員の指示に従いフェアプレーの精神に一貫すること。班員の中に班の名誉を損う様な見苦しき態度の者があった場合は役員の協議により、その該当者だけ除名することがある。

八、各種目毎に優勝せる班に優勝旗又は優勝杯、又はこれに代るべきものを贈る。

九、本会の委員は競技会の実施にあたって次の順序により企画運営を行うことがよい。

（A）委員会の開催　実施種目の決定　期日決定　委員は班員に通知する

（B）班別出場選手名の提出　班によって相談の上決定　委員会に提出

（C）委員会により次の事項を決定する。（括弧内は配当人員）（（A）（B）が終ってのちに行う）

1. プログラム作成（選手名簿による）
2. 競技会当日の役割決定（原案は、委員長提出）　役割内容は別記

役割の主たるもの

イ、総務(1)　ロ、庶務(2)　ハ、進行(2)　ニ、召集(2)　ホ、出発及び競技合図(2)

ヘ、設備(3)　ト、準備(3)　チ、記録(6)　リ、審判(6)

（D）役割決定後各役割は各々の任務をよく自覚し準備するものは前日迄によく準備すること。

（E）実施

（F）反省会

一〇、役員と出場選手とは重なることが多い。重なることを避けるために、審判等当日直接的なるものを、あらかじめ委員長によって先生方に依頼することもよい。

附記＝当日の役割で殊に忙しいのは審判及び記録係である。記録係は陸上・水上の競技会の時、殊に忙しい。記録係の仕事の内容は左記の如きものである。

（A）出場選手名簿の整理　（B）試合組合せの掲示（中央広場）　（C）経過報告・経過記録
（D）決勝進行への記録　（E）その他の記録

3、**運動場使用状況**　児童は寸暇を利用して運動を行っている状態である。運動場の広さと人員の割合、運動の種類と人員の割合、このようなところから何等かの方法を案出して実践させないと、思いがけない弊害を生んでゆくのである。この点について、厚生部委員と教官側関係者と熟慮を重ねて次のような方法を考えて実施中である。運動場の使用分担区画を定めて、代る代る場所が巡って来るようにした。この方法を実施することにより、次のような好結果を持ちつづけている。

① 怪我が非常に減少した。
② 場所の奪い合いの争いがなくなった。
③ 全校児童全員が一度に運動出来るようになった。
④ その場所場所により正しい運動や遊びが実施されるようになった。

以上は運動場使用分担区画決定の後にきた結果である。この方法について委しく述べることは、都合により省略するが、概略を次に記すことにする。

◎**運動場使用分担区画決定と運動実施**

（一）運動場を十一に区画分割す。場所の広さと設備状況を考慮する。区画分割したところの状況は左の通りである。

1　野球Aコート
2　野球Bコート及びドッヂボールコート
3　遊　戯
4　走巾跳・走高跳
5　籠球コート
6　体育館　ドッヂボール・籠球・体操・遊戯
7　ドッヂボールコート
8　陸上競技・蹴球・その他
9　相撲場
10　綜合機械・遊び場
11　屋　上

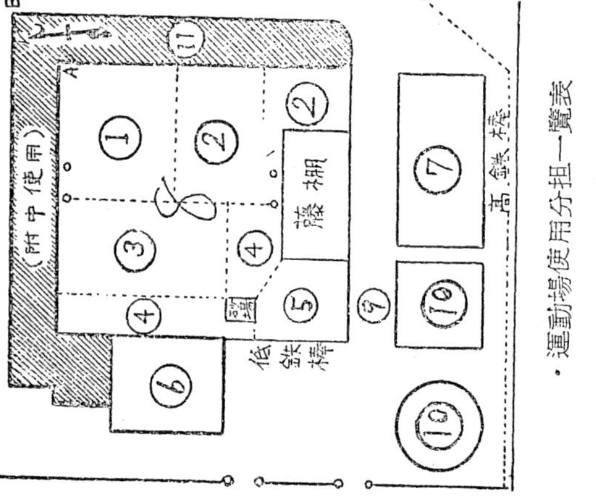

・運動場使用分担一覧表

その他　低鉄棒、高鉄棒及び藤棚下の使用は随時自由

（二）分担区画の場所を週と学級数を参照して決定する。我が校に於ては一週間に一回巡るように編成した。

（三）分担場所使用上の注意事項を決定する。

（四）運動のうち野球は危険を生じ易いので特に別の実施規定を設ける。

（五）附属中学との運動場の使用規定を約束する。

4、**厚生委員の活動状況**　厚生委員は、四年生以上の各学級から一名ずつ選出された役員にして、我が校に於ける自治活動の一分野を占めている。厚生委員は児童側を代表して体育運動に関する一切について相談し、指導の任にあたっている。この委員の活動が適当であるか否かは常に検討して善導すべきである。

5、**体育計画**　体育計画の立案実施は、体育を具体的に実施する上に是非必要なことである。この計画の立案実施については、常によく計画と実施状態とを考察して、適切なる方法に再計画することを考えるべきである。

体育計画の実施にあたっては、生活単元との関係を十分考慮し、相互に助け合って計画・実施のよろしきを得なければならない。

二、衛生的な面

1、衛生施設用具　衛生の施設用具は、健康教育の実施にあたり大切なことの一つである。衛生施設は学校の建物全体から考えることと健康室自体の充実の面からの両者から検討すべきである。

建物全体からみたとき、「衛生的施設如何」が検討されるであろう。健康教育が第一に目指す「健康に適した学習環境」の設定と合致するこの施設面は、常に検討し改善し、一歩一歩充実させなければならない。

施設面にて常に考慮すべきことは次の事項である。（含全般）

○衛生室　○手洗所　○足洗所
○撒水施設　○給食施設　○便　所

2、健康相談施設

3、衛生的知識及び習慣　健康指導の根本的事項は衛生的知識及び習慣の育成にある。この点については健康室だけが受持つのでないことは勿論であるが、知識及び習慣は教育の根本事項であるだけに、健康室でも常に鋭い眼をもって全校児童の実態をつかむ様にして適切なる指導方法をすることに努力している。

4、衛生的行事　衛生的行事の殆んど全部は健康室の仕事である。衛生的行事が健康教育の実施の上に尚又目的の上から適切であるか否かを常に検討していなければならない。衛生的行事として考えられるものは次の様な項目である。

○学期始めの大掃除　○歯科治療。　○定期身体検査
○清潔教育実践強調運動に対する実施。　○月例体格測定　○傳染病予防注射
○検便とその対策　○学期始めの臨時身体検査　○その他
○結核予防対策　○特別検眼

以上のことがらを一ヵ年間の行事として作成される。

5、給食室　給食室の衛生については殊に留意して、栄養が健康に及ぼす價値について常に考慮を図っている。栄養の具体的事項については常に学習と結びつけて行くようにつとめる。

6、委員の活動　委員の活動状況が適切であるかを検討してその善導につとめる。衛生的な面は主として整美委員が担当している。健康室の運営については、厚生・整美の両委員の活動に俟つものである。

第五節　身体検査の実施と活用

健康教育の年間計画の立案実施の上に、大きな役割を持つものは、児童を中心とした実態調査によるところが大きい。その中で最も重要なものの一つは、児童の身体検査状況である。われわれは、身体検査状況の適切な利用を考えなければならない。適切なる利用の一例として、次のようなことを考慮し、これを基盤にして一層具体的な内容を計画することが望ましい。

㈠　学校保健計画の内容と身体検査の地位

⑴　健康的な学校環境……設備・衛生

⑵　健康的な学校生活……教授衛生・学習衛生

⑶　学校保健事業

⑷　健康教育

㈡　新しい方向として次の事項が重視される。

(1) 個人に対する十分な調査をする。

(2) 結果をあくまで健康向上、疾病異常の処理に活用する。

(3) 全国又は近隣の学校と比較する。

(三) 学校の衛生養護の施設

(1) 衛生室の改善強化

(2) 健康相談機関の活用

(3) 病氣予防の處置・矯正方法実施

(4) 給食施設

(5) 特殊児童の取扱い

第六節 掲示物

一、掲示物表示の方法

掲示物はその表現する内容を出來るだけ具体的に、はっきりと示すようにすることがよい。この点から低学年は絵を多く入れ、色彩を豊富にする。高学年になるにつれて図表化しグラフの取扱いにする。つまり学年相應の学習に結び学年にわかり易い方法をとり入れることがよい。

二、掲示物にする範囲

掲示物は、健康室の仕事の大きい面である。掲示物は色々な範囲から取材すべきであるが、本校において考えられていることは次の項目である。

(1) **健康の基本的條件**

健康の基本的條件としてあげられるものに次の三つがある。

○水　○空気　○食物

以上の三点が健康に及ぼす具体的な事項を絵にし、又は図表化し、グラフ化するのである。

(2) **身体活動**

健康を身体活動の面から考察してあげられる事項が次の三つである。

○呼吸器系統　○循環器系統　○神経系統

以上の三点が健康に及ぼす具体的な事項を絵にし、又は図表化し、グラフ化するのである。

(3) **習慣形成上特に必要なるもの**

○身体清潔　○姿　勢　○救急処置及び看護法
○衣食住の衛生　○身体測定　○精神衛生
○休養睡眠・疲労恢復　○病気の予防
○皮膚の摩擦　○外傷の防止

以上の各項目を具体的内容に分類し、児童の生活実態に則して適当なる方法をとることがよい。

(4) **身体検査及び体力測定**

(5) **健康教育に必要なる参考資料**

第七節 学級と健康室

健康室は健康教育の具体的な実践の企画運営の室であると共に健康に必要な資料を持っている参考室でもある。健康室は各個人の健康上の問題について論ずることは勿論であるが、然し各個人については学級担任が重大なる責任を持つべきものであることは今更申す迄もない。各個人の面は、学級担任にゆずることにし健康室については学校・学年・学級等の団体的な事項について或は検討し、調査し、図表化して健康教育の目的達成に努力しなければならない。

健康的な学習単元であるとき、健康室の使命と存在は大きい。学習の展開は健康室に結び健康教育に結ばれてゆくべきである。つまり学級は学習を通して健康室と深い結びを持つ、そこで充実した生活単元が進められるものと思われる。

学級は健康教育を実施する上に、どんなことを計画して行くべきであるか。参考までに掲げることにした。

(一)　学校保健計画にもとづいた学級保健計画実践一覧表及び一覧表実践後の統計グラフ等
(二)　体格測定個別的図表化
(三)　体力測定個別的図表化
(四)　学級内陸上競技大会記録整理一覧
(五)　その他の事項

以上の実施及び図表化は児童の活動を尊重する。

第八節　健　康　室　の　運　営

前述の如く、健康室は学習の面と大きく結びついているので学習の展開にあたっては、常に利用され易いものであるので、運営の円滑な歩みを図らなければならない。要するに運営の主体は、健康室の教育的價値を十分に発揮出来るようにすることである。次の事項は、運営上特に注意し考慮すべきことである。

(一)　健康室の存在價値
(二)　健康室の人的組織の再検討
(三)　仕事の内容と分担の検討
(四)　自治委員の活動の状況
(五)　施設用具の再検討
(六)　その他の事項

第十章　郷土室の施設と経営

第一節　郷土室経営のねらいと性格

一、郷土室経営のねらい

新しい教育は、一方において個人の價値と權限を尊重しつつ、民主的郷土社会に生活してゆくに必要な知識・態度・技能の修得を期することである。そしてそのような個人の発達によって、民主社会にあって生活する社会的人間関係の尊重と、社会の成員としての自覚と、社会に対する責任の分担という社会的関係の完成が、そのねらいである。

従って、ことばを換えていうならば、新しい教育は、その方法に於ては、児童中心に行われ、児童の興味・関心・要求にもとづいて計画され、実施され、又その場に於ては、家庭・学校・郷土社会に於ける生活経験に立脚し、児童がこれらを理解し、これらの要請にこたえ、これらに協力・貢献する態度と技能を身につけた優秀な民主的社会人となることをねらっているわけである。

そこで、児童の学習も、郷土社会に於ける実際生活経験を通して展開され、その理解を深め、態度・技能をみがき、民主的郷土社会に対する高い理想をもち、その実現に努力するようになる。

この経験学習を展開するために、その導入として、学習環境を設定したり、学習発展の資料を提供したり、郷土の観察に便宜を與えたり、また研究室・作業室となって、その研究や整理を助け、この学習の目的を十分に達成させるために、郷土室は当然必要性をもち、その運営は、重要な意義をもつことになる。

郷土室運営のねらいは、全くこの点にあり、またその性格も、ここから生れ出るわけである。

二、郷土室の性格

(1) 経験学習の資料室としての性格

児童の経験学習が、家庭・学校・郷土社会に立脚し、これを究明して、その理解を深め、これが安寧と福祉増進に協力・貢献する態度・技能を養うにあることからして、これら家庭・学校・郷土社会の実態調査研究がその学習の重要な部分であることは明瞭である。然しながら、一つ二つの実態調査によって、その全体を推測することが可能の場合もあるが、不可能の問題も当然でてくる。されぱといって、すべての問題について、全部の実態を調査することは、不可能なことでもあるし、不必要な場合もある。

又、児童の欲求や関心は、ただわれらの郷土にのみ、とどまるものではない。その地域の拡がりは、学年の進むに従って、直接経験し得ない又観察不可能な他地方に延び、さては日本全国から世界の各地にまで及ぶことがあるわけである。

時間的にも、現代の郷土社会の実態を、了解しただけでは満足し得ず、大昔の郷土の有様と比較研究したい欲求も、でてくる場合もあるであろう。

このようにして、児童が社会の調査研究をする場合に、その手びきとなり、補充となり、意味づけ、價値づけとなり、新しい知識や経験を興える材料となるところの参考資料が、どうしても必要になってくる。

これらの資料は、当然郷土室に整備されるべきものであって、郷土室は、児童の経験学習の資料室としての性格をもつことになるわけである。

ただし、参考資料の中、文献や図書類は学校図書館に、科学の一般に関する参考資料は科学室に、体育衛生に関する参考資料は、健康参考室に整備されるため、それらを除いた残りのすべての資料が、郷土室に用意されることになる。

(2) 児童の研究作業室としての性格

学習単元の展開にあたって、児童は郷土の実態を調査する必要にせまられ、その手がかりを得るために、一グループが郷土室にとび込み、資料戸棚から、いろいろな参考資料をとり出し、大きな作業机のまわりに集まり、資料を調べながら調査の方法や内容について、話合いをし、研究をすすめる。また大体調査を終った或るグループは、その結果を整理するために郷土室に入り、作業机をかこんで討議をはじめる。自分たちの調査について考察したり、郷土室の資料と対照したりして、盛んな研究をする。

あるいは、調査研究の結果を、図にしたり、表にしたり、報告書を作成するために、大きな作業机をとりかこんで熱心な共同作業を開始する

このようにして、郷土室は、児童の学習単元の展開のために、非常に便利な研究室として、又作業室としての性格を発揮する。

(3) 教師の準備室としての性格

郷土室は、単に児童の学習のための要求に應ずる資料室・研究室・作業室であるばかりでなく、教師が学習単元導入のための環境設定の資料を整えたり、単元展開の腹案をつくるに便であるように準備されなければならない。教師が児童を指導する時、その単元に対して、予め調査され、備えつけられた種々の資料を見、これを研究しておいて、はじめて、児童の学習の方向づけもでき、研究の相談相手ともなり得るし、児童の調査研究の批判も、評價もできるわけである。郷土室が、教師の準備室としての性格をもつのはこの点にある。

(4) 児童のための社会文化室としての性格

児童も高学年に進むと、その興味の対象は、単にかれらの郷土にとどまらず、広く日本全土に及び、更に世界各国

の情勢と文化の動きにまでのびてくる。時々刻々に進展する国内ならびに海外文化のニュースに驚きの眼をみはり、国際情勢とその韓換に強い関心をもつて新聞雑誌に読みふけり、種々な疑問と大きな問題をつかみ、これが解決に鋭意努力することは、見のがすことのできない事実である。

これらの児童の研究心を助成し、刺戟し、そして理解を促進するために、積極的に社会文化や社会問題、国際情勢等に関する種々の資料を掲示展覧して、その理解を深めることは、郷土室経営の重要な一部面といわなければならない。ここに郷土室が社会文化室としての性格をもつことが、非常に望ましいことになるわけである。

第二節　郷土室経営の方法

一、経営の方針

(1) 郷土室は、学校の全児童・全教官共同に活用する資料室であり、研究作業室であるから、この経営の企画と実践には、全児童・全教官一体となつてあたることが一應当然とも考えられるが、しかし、これはもとより不可能なことであり、その経営には却つて統一を缺き、混乱をまねくことになる。

そこで児童側から一定の基準によつて、委員を選出し、数名の担当教官と共同経営にすることが最も能率的な有機的な方法である。特に学校内に於けるこの種の問題に、児童の自治的・自主的・自発的な活動を促すことは、新しい教育の大切なねらいでもある。郷土室経営委員会の組織は、次の通りである。

(イ) 学藝委員（四年以上各学級一名選出）
(ロ) 自由研究社会班正副班長
(ハ) 郷土室担当教官一名

この委員会は、月一回以上、定期的に開かれ、郷土室の資料や施設に対する不備な点や、改善すべき点などにつき検討し、その経営の方法についても協議し、それを実践にうつすわけである。

(2) 郷土室の施設をつくり、資料を集めたり、作つたりすることは、もとより一定の基準によつて、なされるわけであるが、これは後の項で述べることとし、この仕事に実際にあたるのは、前記の担当教官と委員であるから、これらの者は常に郷土室に眼をくばつて、新しくして時期によくあつた展示、それから各学年の児童の学習上の要求に應じられるような資料の整備ということに心がけてゆかねばならない。

(3) 郷土室に整備される資料の項目は、次の三つとすること。

(イ) 郷土社会ならびに日本及び世界に対する理解を與えるもののうち、比較的変化の少い静的なものをとつて常置常掲的資料として、蒐集作成して展示すること。

(ロ) 各学年の児童が、経驗学習をするにあたつて、その単元と密接な関係のある資料を用意し、単元の変るごとに、いつでも児童が調査研究のための要求に應じられるように、適当な位置に備えておくこと。

(ハ) 社会文化の発展や、国家ならびに世界の情勢の変化等を認識させ、理解させるために、常に新しいニュースを紹介する資料を集め、又は作成して一定の場所に展示すること。

なお、これらの内容は、後に詳細に列挙する。

二、郷土社会施設の実態と調査連絡

(1) 郷土社会の範囲

郷土社会の範囲については、広狭いろいろに考えられるが、社会生活の機能の各項目により、われわれが日常生活する上に最も関係の深い一定の地域を考えて、一應定めることが妥当である。しかし児童は低学年から高学年に進むにしたがつて、生活圏は順次拡大され、或る問題の解決のためには、その興味と関心は直接の生活圏を越えて、国内はもとより、遠く海外にまで及ぶことを考慮せねばならぬ。

当校に於ては、郷土社会を一應低学年では、家庭・学校及びその附近の直接環境から、世田ヵ谷区・目黒区・澁谷区を考え、高学年では大体、東京都全区域とその周辺を想定して、郷土室の施設と資料の整備にあたることにしている。

(2) **郷土社会施設の実態と調査連絡**

経験学習は、しばしば児童が郷土社会の実態を究明するために、その諸施設・諸機関を実地調査し、資料を蒐集したり、説明を聞いたりする。この場合、指導教官の便宜のためにも、児童の要求に應ずるためにも、郷土社会の諸施設の実態を調査し、これを地図に記入し、その連絡の方法等も書きそえておくことは、非常に必要なことである。そしてこれがまた、郷土社会の諸機関を示す重要な資料となるわけである。

当校に於て調査作成した郷土社会の諸施設の実態の内容は、次の資料の項に挙げる。

第三節　郷土室の施設と資料

一、郷土室の施設

郷土室は、前にも述べたように、資料室・研究作業室・準備室・社会文化室といった四つの性格をもって経営されるのであるから、できることなら、一教室乃至は二教室位の広さの部屋が欲しいわけである。そして一学級の児童全体が、この部屋で、研究し、作業し、又は報告会・研究発表会等が、できるようになっていれば、まことに申し分ないところである。

しかし、一教室はおろか、小さな一準備室も得られないというのが、各学校の現状であろう。この場合には、校舎の廊下や広場を利用したり、各学級教室を工夫し改造・整備して、郷土室としての役目をできるだけ果させて、児童の要求に満足を與えるように、教師は十分な熱意と努力を傾注して欲しいものである。

当校もまた、附属中学の併設によって、郷土室に一教室をあてることができぬため、小準備室をこれにあて、更に廊下や広場を利用することにしている。

郷土室の施設の概要は次の通りである。

(1) **資料戸棚**

(イ) 社会生活の機能別に資料を入れるもの
(ロ) 各学年別に、單元の展開に必要と思われる資料を入れて置くもの
(ハ) 児童の実態調査資料
(ニ) 社会文化資料
(ホ) 質問投書箱資料

(2) **学級作成資料戸棚**

各学級で、單元展開の際に作成したものを保管しておく。学級別に分けておく。

(3) **学習・研究一覧表**

各学年学習單元一覧表と、各学級の学習展開の状況を順次書きつける。低学年は担任教官、中・高学年は学級委員が記入し、自由研究社会部員の研究進度は、児童各個人で記入させる。そして他の児童の参考にし、又教官の指導の手がかりとする。

(4) **物産標本戸棚**

産業別・地域別に分類しておく。

(5) **模型戸棚**

機能別に戸棚の中、又は上に陳列しておく。

(6) **質問整理箱とその発表黒板**

郷土室の入口に設ける。日直委員・担当教官の手によって整理し、発表する黒板を備えておく。

(7) **絵葉書・写真・その他各地の資料戸棚**

地域別に仕切られた引出しの中におく。

(8) **地形図・地形模型戸棚**

五万分ノ一、二万五千分ノ一測量部地図と、小型の地形模型を入れ、大型のものは、壁面にかけるか、戸棚の上におく。

(9) **掛地図・歴史図掛**

日本・世界各地別、時代別に、地図掛にかけ、主として廊下に整理しておく。

二、郷土室の資料

(1) **常置掲示の資料**

郷土室の壁面、あるいは適当な場所に、長い期間にわたって展示し、児童が郷土室に入る毎に、これを観察し、理解しつつ、終に児童がこれらを常識としてしまうことをねらったものので、次に挙げたものは、その二三の例である。

○郷土の地図（世田ヵ谷・目黒・澁谷を中心としたものと、東京都を中心としたもの）

○日本地図・世界地図・地球儀

○郷土の地形図及び地形模型

○日本と世界の歴史年代対照表

○郷土社会施設実態調査表

世田ヵ谷区・目黒区・澁谷区を中心とした地図と、東京都を中心とした地図の大きなものを描き、左の施設を、それぞれの場所に記入しておく。（社会機能別）

△病院、消防署、警察署、電気会社、ガス会社、土木局、建設局

△蚕糸・工業・水産等の各種試験場、漁港、天文台、気象台、測候所、地震調査所、水路調査所、科学博物館

△農家、多摩川温室村、工場

△配給所、市場、銀行

△商港、駅、宿場、交通文化博物館

△放送局、電信局、電話局、郵便局

△公園、美術館、遊園地、映画劇場、都民文化館、都庁公園課、観光局

△官庁、議会、都庁、区役所、区役所出張所、自治会館

△図書館、動物園、植物園、新聞社、印刷所、文化研究所、技術研究所、伝染病研究所、博物館

△丸子多摩川、溝ノ口、世田ヵ谷城址、豪徳寺、宮城、日枝神社、上野、府中、国分寺址、神社、仏閣、教会

△貿易庁、貿易館、進駐軍宿舎、ホテル、司令部、外人経営の店、貿易展覧会、赤十字社等

(2) **単元展開の資料**

経験学習を展開する場合、児童は郷土社会の実態と取組んで、これを理解し、これに協力・貢献する態度・技能を身につけるわけであるが、郷土社会といっても、低学年の直接環境からはじまって、学年の進むにしたがい、東京都・日本・国際生活へと、児童の興味・関心の対象は順次拡大されるので、その学習の要求に應ずる資料を用意しなければならない。

しかし、各学年の単元をみると、程度や範囲の差こそあれ、相当に重複する部面もあるので、その資料はむしろ社会生活の機能別に作成・整備する方が便利である。そして、各月の各学年の学習単元の内容を調査して、それに應じられるように、機能別に整理された資料戸棚から資料を抜き出して、各学年の資料戸棚に用意しておくことがよいと思う。

使い終った資料は、再び機能別の戸棚にもどし、次の単元の資料と入れかえておくことも当然なことである。

又資料は、はじめから常に用意されるものばかりでなく、学習展開中に児童が作成するものもあることは、いうまでもない。

当校では、社会生活の機能として、次の十項目を考えている。

○生命財産の保護保全	○物の運輸	○美的宗教的表現
○自然資源の保護利用	○交通・通信	○政　治
○物の生産	○厚生・慰安	
○物の分配・消費	○教　育	

この他に、「外国・外国人の理解」という一項も加えて、資料を備えることにした。

各機能別の整備すべき内容は、非常に多数にのぼり、その全部をここに挙げることは、紙数がゆるさないので、概括した項目のみを列挙することにする。

(イ)　生命財産の保護保全――衣食住の生活・災害・人口・職業・生命財産保護の諸施設等に関する資料
(ロ)　自然資源の保護利用――林産・畜産・水産・鉱産資源・気候・観光産業・河川土壌岩石等に関する資料
(ハ)　物の生産――農業・工業に関する資料
(ニ)　物の分配消費――生活必需品・配給・物價・貨幣・商業・貿易・新聞雑誌等に関する資料
(ホ)　物の運輸――各種の物の運輸経路と施設・鉄道・汽船・自動車等の輸送状況・統計等に関する資料
(ヘ)　交通・通信――地図・海陸空の交通・通信機関施設とその状況・電信電話・ラジオ等に関する資料
(ト)　厚生・慰安――厚生慰安の諸施設・諸器具・年中行事・名勝舊蹟・観光地等に関する資料
(チ)　教育(教養)――図書館・学校・博物館・美術館・新聞社・印刷所・動植物園等の教養機関の資料
(リ)　美的宗教的表現――各種造形美術・神社・佛閣・教会等の建物と年中行事・米国人の風俗習慣等の資料
(ヌ)　政治――地方自治團体・中央政府等の諸機関・議会・政治区画・都市等に関する資料
(ル)　外国・外国人の理解――世界地図・外国人の生活・文化・国際関係・世界の人物等に関する資料

(3)　**新しい社会文化や國際情勢等を理解させるための資料**

社会は常に日進月歩である。時々刻々と新しい文化が創造され、発明発見は無限の境を驀進している。人間生活も、社会状態も、国際情勢も、変転きわまりない。

経驗学習に專念している児童も、これらの新しい問題に興味と関心の眼を向けぬ筈はないし、又向けさせて、種々の問題を取上げ、解説したり、批判したり、意見を述べさせたり、討議を行わせる等は、重要な学習である。

このため、指導者は常に社会の新しい問題に注意し、注意させ、ラジオ放送・新聞・雑誌等のニュースをとらえ、これらの切抜きを蒐録・展示し、或は記事を平易にして掲示する等の方法をとり、全校児童に対する絶えざる指導をすることが望ましいのである。

これらは、郷土室ばかりでなく、廊下・広場・運動場等、あらゆる掲示場・壁面等を利用することが一層、効果的である。

第十一章　創作鑑賞室

第一節　創作鑑賞室の必要性

(一) 新しい傾向の学習は、児童が、同じ目標に向って、それぞれ個性に應じて分担して研究し、その結果を学級全員に発表し、それを討議によって更にねってまとめる方法が多くとられる。個人又は分團が分担して研究した事項を発表するのは口頭によるのが多いけれども、このとき絵や図表を使うと非常に分りがよくなる。学級全員に示すのであるから、少くとも、洋紙一枚そのままの大きさが必要である。学校全体の研究発表会等にそなえる爲には、一そう大きく書かなければならない。特別の施設が欲しくなる。

(二) 新しい傾向の学習は、演劇化したり、紙芝居化したりすることが多い。舞台装置や扮装は、簡單にしても、大きな作品となって、普通教室では作りにくい。紙芝居の絵を描くにしても、大きく描かなければならないし、先に描いたのをならべておいて、前後の連絡をとらなければならない。広い面積の台が欲しい。

(三) 大きな作品を作るには、大きな筆やはけや絵具皿を使う。これ等は、使うときも、かたづけるときも、広い場所が欲しい。

(四) 自分の学級の作品は、学級教室に掲げられ、他の学級の作品は、他の学級内に掲げられるので、広く鑑賞することができない。鑑賞室があって、そこに各学年・各学級の代表作品が陳列されていると都合がよい。

(五) 実物によって、或は写眞によって、おとなの作品も鑑賞したいが、数多く用意して幾つもの学級教室に掲げること

はできにくい。特別の部屋が欲しい。

(六) 右の外は、第二節の(一)にあわせて述べることにする。

第二節　創作鑑賞室の運営

一、創作鑑賞室は次のような場合に利用する。

(1) 生活経験の学習單元や社会科・算数科・理科・家庭科の学習單元の展開のとき、研究し調査した結果を図や表に書いて、発表の用意をするとき。

(2) 国語の学習の発展として、又なかよし会・子供会・誕生会・学藝会等に出演する児童劇や紙芝居の準備の品を製作するとき。

(3) 実用に使う大きなポスターをかくとき。

(4) 大きな絵を力作するとき。

(5) 光線を調節して、物の明暗を程よくし、物の立体感を表現する能力をつけたいとき。

(6) 色相・明度・彩度・配色の基準を示して常にそれにふれ、色彩・明暗の感覚を鋭敏にする。

(7) 他の学級や他の学年の作品を鑑賞するとき。

(8) 種々の傾向のおとなの作品やその写眞版を鑑賞し、眼界を広くする。

(9) 製作用の大きなものを保管する。

(10) 共用の製作用具を保管する。

二、創作鑑賞室は次のように使用し、管理する。

(1) **学級別の使用**

これが一番多い。しかし、学級別の時間割を作ってみても、一校十八学級あるとすれば、一学級平均して一時間半位になって、大作には時間が足りない。次のように学年別に配当しておき、学習の実情に應じて、実際に使用する。

	午前	午後
月	一年	五年
火	四年	三年
水	二年	六年
木	五年	自由研究
金	三年	四年
土	六年	

或る学級又は或る学年が或る時期に長い時間にわたり度々使用したいときは、他の学級他の学年に交渉して使用權をゆずってもらう。

低学年は大作を作ることが少いので時間配当を少くしてある。それでも、なお高学年のために時間を割いてやることができる。

時間が多い少いばかりでなく、学習の進行状態によって、使用日の変更も必要になってくる。標準の時間割の他に、毎週の実際使用時間割表を用意して、決定しているものを記入すると使用に便利である。

(2) **学年別の使用**

新しい教育は、学級王国を作ってそこに閉じこもらず、学校全体の協力による学習をすることが望ましい。学年全体が協力して学習を進めることが望ましい。自由研究班の仕事や学校の行事・学年の行事に関する仕事がそれである。

(3) **特殊グループの使用**

自由研究や同好会などが使用する。特別に時間配当しなくとも、土曜の午後や他の日の自由時間が利用される。

(4) **創作鑑賞室の管理**

(1) 一人の教師が室主管になって管理の責任をもつ。

(2) 自由研究や同好会の指導教官・図工研究部教官・児童文化部の教官などによって創作鑑賞室管理委員会をつくり、施設や運営の向上をはかる。

(3) 四年以上の各学級から創作鑑賞室委員を一名ずつ選び、教師に協力し、或は自主的に施設や運営の向上をはかる。

(4) 委員は自己の属する学級や学年が使用するとき、準備や後片づけに責任をもつ。委員だけでは手不足であるから、各学級に創作室係を作って、委員に協力する。

委員や係は一学期又は前半期固定する。

第三節　創作鑑賞室の設備

(1) **大　机**

洋紙全紙大のものを製作するのには、横百七十五センチ、縦七十五センチの大きさがよい。紙を中央におき、用具や描写材料を左右において、二人又は四人で共同製作ができる。

高さはやや低目に、中学年を基準にし、五十五センチ、六十五センチのもの二種つくる。

引出しをつけ、引出しは、引き出して、絵具箱・道具箱を代用するようにする。縦三十五センチ・横二十五センチ・深さ十センチ位がよい。

引出しには番号をつけ、学級によって使用者を一定にする。自由研究にもそれを使う。これによって責任が明らかになる。

横二百七十五センチの大机も一つ二つほしい。百七十五センチのものをならべても使えるが、つなぎ目のないのがほしい場合があるから。

この大机には、洋紙の全紙が折らずに入る引出しもつける。

(2) **大　画　架**

画用紙・木炭紙の全紙が使える位の大きさのもの。

(3) **ボールドを壁面につける**

巾一メートル、長さは長い程よい。大きな作品は遠く離れてみなければ全体のつりあいがよくわからない。このボードに紙を鋲止めにして描くと、時々離れて全体を見ることができる。

(4) **小　机**

一人用である。めいめいで小さい作品を作るとき使う他に、ボードを使って大作をするとき道具をおく台に使う。

(5) **小　画　架**

十号画架位。それ以下であると画架の足がゆらゆらして描きにくい。

(6) **全紙用製図板**

これは製図に使うのではない。大作をつくりたい学級が二つ以上同時にできたとき、創作室を使えない学級が、学級教室にもちこんで使用する。

べニヤ板で間にあわせてもよいが、これは、たわんでゆらゆらして描きにくい。

(7) **鑑賞資料掲示壁面**

額縁に入れた作品、表装した作品を長期に亙って掲示する壁面と、鋲止め位で時々取りかえる壁面がほしい。

学年別に区切っておくと、発達段階がわかり、同学年の標準がわかって都合がよい。

色彩教育に関するものは、直射光線の絶対にあたらぬ場所にし、変色をふせぐ。

鑑賞室が別に設けられれば一層よいが、そうぜいたくもいえまい。校内に、大勢の目にふれ易く、光線の工合もよい場所をえらんで、壁面を利用するのも望ましい。

(8) **参考資料戸棚**

類別して入れておいて、引出しのまま持ち出して使用し、使用し終ったならば又もとにかえす。

これは、描写材料のまとまったものと共に、準備室に入れておけば好都合である。

(9) **創作室**

これは、多くは、南方からの光線をしゃだんするので、夏は暑くて冬は寒い。南側の壁面の上部と下部に通風装置をつける。

(10) **特殊な備品**

(1) 二メートル（一間位）の定規

(2) 大きな壺（野菜などがしおれないように保管する）

(3) 全紙製図用の大きなT定規

(4) 日本画用の小さい絵具皿（一人三枚平均ぐらいの数）

(5) 巾五センチ位の刷毛、巾一〇センチ位の刷毛

(6) 三人の児童が立っても十分ベッタに使える大きな布

以上は普通には備えられていなかったが、備えれば便利な特殊のものだけをあげた。他は省略する。学習の方法や人数によってもちがいがあるが、牛年もしてみれば、自分の学校に何がどれ程必要かわかってくる。

以上は平面造形用の創作鑑賞室について述べたのであるが、これから立体造形用のものについて述べる。

第四節　創作鑑賞室の必要と目標

◇創作鑑賞室としての工作室の必要性

人は誰でも自然の美しさに対しての強い愛着を持っている。思想・感情・経験などを表現しようとする意欲をもっている。人はこの意欲とそれを表現する方法を持ち、又それを理解しより一段と改善して来た為に、今日の文化を建設する事ができたのである。しからば人は何によってこれを表現してきたであろうか。言語・文章と共に、最も時代の感情

や文化を表現したのは、造形品によるものがすこぶる多い。私達はこの祖先の備えてくれたこれ等文化財をただ単に眺め利用するだけであっては、人類文化の発展進歩はあり得ない、今後更に私達の文化を生活を、高度のものにする為にはこれ等祖先の文化財を正しく受けとり、自分の持っている思想・感情・経験を正しくその中に生かし表現して行かなくてはならない。この点を深く考え、これに今日の教育目標として示された教育基本法の教育目的及び方針にしたがうと共に、工作科の目標を具体的に説明された学習指導要領図画工作編を、その特質に應じてとり入れ、達成しなくてはならない。ここに於いて、各学校ではそれぞれその特性に應じた目標が立てられねばならない。我が校に於いては次の三点を工作科指導の目標・ねらいとしている。

(一)　工作科に於ける造形作品に対する理解力の養成。

(二)　工作科に於ける造形作品に対する表現・技術の養成

(三)　工作科に於ける造形作品を鑑賞する態度の養成

右の目標を今少し具体的に示すなら、

(一)　造形作品・自然の美・装飾品について、基礎的な面から理解してゆく力。

(二)　日用品・実用品・有用な器物や、美しい物を製作してゆく。創造力・思考力・表現力・計画力・理解力の上に立った活動力を養成する。

(三)　美を愛し、祖先の文化を尊重し、鑑賞することを喜び、しかもこれを求めようとし、自分の日常生活の中にとり入れる態度を養ってゆく。

これ等の点に根拠を置いた時、又学校教育の中に工作教育がもうけられている以上、工作が児童の生活を豊かにする為にいかに重要であるかがわかる。ここに於いて、児童の欲求を十分に満足させ得る創作鑑賞室が是非欲しいものである。しかも工作は図画にくらべると、そうとうに動的になってくる為にどうしても創作鑑賞室の中に工作室としての別室を得ることを望む。児童の生活経験はそう広くはない。しかし與えようとすればいくらでもその方法はあり得る。文化財は私達の生活の中どこにでもある様に思われるが、より高度の物は社会では美術館である。学校に於いても創作鑑賞室をもうけ児童の作品をまとめると共に、伸び行く児童の思想・感情・生活経験をすなおに助長して行く、器具と作品を用意してやりたい。しかし現在の学校設備の状態に於いてこれを考える時、机上の空論になる様に思われるが、ぎりぎり一ぱいの教室数や、学校設備であればある程、なおさら教師の工夫と熱とによって一室を作る必要がある。いつも隣りの教室に気兼ねしながらやらねばならない工作、常に時間にしばられて児童の欲求を満す事のできない工作、私達は今一歩の工夫と反省をなすべきであろう。

第五節　創作鑑賞室の運用

創作室の必要性より出発した時に、最も大切な事として起ってくる事は室の運用である。児童に親しみやすくしかもそこに一定のきまりにしたがった運用活動が、なされなくてはならない。しからば児童に親しみやすい室とはどうあらねばならないであろう。第一に児童の自然欲求にこたえる室、すなわち活動性に満足を與え得る事と、創作の喜びにひたらせる事ができるのが第一條件である。第二に生活経験や学習の拡充がはかれる室、すなわち目と手の錬磨ができ、工藝品の文化的生活意義の理解ができる事。第三に自治的活動がなされること、すなわち協同製作ができる一方、自己の能力・技術を十分に発揮できる室でなくてはならない。これらの立場に立った時、当然、動的な運用活動面は児童の手によってなされ、教師は児童の良き相談相手であり、児童と共に教師自身も修養して行く立場で進まなくてはならない。この様に創作室の運用は教師・児童一体であるが、当然そこに教師としてなさねばならぬこと、児童としての役割と守るべき事があると思う。次にその一例を示してみる。

一、教　師

(1) 学校の教育目標と教育形体に照らし合せて、工作科学習の目標を立てる。

(2) 教育目標と児童のスコープ(Scope)、シーケンス(Sequence)を考え、工作科カリキュラム(Curriculum)を作る。

(3) カリキュラムに従った教具・材料を準備する。

(4) 創作室の管理上、工具に対する十分な注意が拂われねばならない。

(5) 児童の活動を常に見て、適切な指導がなされねばならない。

二、我が校に於ける実際活動

(1) 工作科の目標は第一章に記したので、ここではぶく。

(2) カリキュラムについては第一集・基礎学習及び第三集・第四集・第五集に、各学年月別に配当されているので参照されたい。

(3) 材料配給一覧（工作部予算による）　一人宛

左の一覧は学校P・T・A補助による配給であって、この他の材料はその都度購買部にて一括購入する。

学年 / 材料	一	二	三	四	五	六
色紙	3把	3把				
中厚紙	3枚	6枚	8枚			
厚紙			1枚	5枚	1枚	1枚
粘土	して120貫			1人150匁と		
竹材				四・五年用		
板柱材				1人50円の予定（模形セット又は素材）		
針金				四・五・六年用		
釘				四・五・六年用		
糊	して3樽			全学年分と		
塗料、染料研磨材	して準備			全学年分と		
自由研究用				四・五・六年用 1500円		
その他	て5000円			材料補充予備とし		

(4) 工具は四年以上各自揃える事をたてまえとしているが、創作室備品を自由に使用させる。その他工具の手入れ・消耗品の補充・数の点検・機械・工具の修理を行なう。

(5) 各学級担任との連絡・各室との連絡・児童委員との話合いをする。

三、児　童

(1) 児童の自主的活動として、委員を作る。委員長一名、副委員長一名、委員各学年一名又は学級一名、委員は四年以上の児童が選出によって学校より任命され、主として室の管理と児童の自主的活動の先達となると共に責任を持つ。

(2) 材料の必要な場合は材料使用簿に記入し教師に届け出る。

(3) 工作室配当時間外に室及び工具を使用する場合には、室使カードに記入し、使用後は工具返納箱にカードをつけて入れる。

(4) 工具に対する責任と、室の管理に各児童が責任を持つ。

(5) 委員は室の鍵を保管し、放課後、室を点検し、教師と連絡する。

工作室使用カード		
学年	組	氏名
使用月日	月	日
使用時間	時	時
工具名	(1)	(2)

第六節　創作鑑賞室の設備

創作鑑賞室の性質からいっても、又必要性からいっても、室は児童に親しみ易く明るい設備がなされねばならない事と、又それと同時に一面動的で活動に富んだ創造面が十分になされる様にする場合と、一面静的と考えられる藝術・美術鑑賞面を強く考え設備する場合との二面が考えられるが、現在の設備や児童の欲求面を考えた場合、やはり前の動的な創造面の設備がなされた室にしたい。しかし学年によって児童の活動や、欲求面も異なるので一應、低学年・中学年

・高学年の三分野から考えて見る。

(一) 低学年の為には多くの機械模型を準備し、それを動かし親しむ事によって、その構造や機能を理解させ、創造に対する関心と興味を興える。それが為には機械模型・児童作品陳列・広い場所と大テーブルが準備されたい。

(二) 中学年の為には低学年の発展として、物と物を組合す事によって一つの物を作るとか、日用品の器物とか、一面静的な作品や器物を用意し、その使用や機能を知らせたい。これが為にはセットを作る事の出来る工具と机が準備されたい。

(三) 高学年の為には自分の作りたいものを十分に創造出来る様に、工作機械と各種の工具を設備する。勿論、木材の切り方・削り方の練習も必要ではあるが、その面のみを強くするとなかなか創造の喜びに達する事がむずかしいので、切る削るなどの作業は機械力を應用させたい。其の他、創作に関する資料や図書は図書館と郷土室・科学室と連絡をとり、創作に関する参考資料を豊富にする。

(四) 本校に於ける機械・工具の設備

(1) 機械＝木工旋盤・動力式研磨機・帯鋸

(2) 工具（約一学級分四十五人使用可能）＝物指し・鋏・T定規・製図板・裁板・裁定規・竹挽鋸・竹割鉈・錐（三ッ目、四ッ目）・切出小刀・彫刻刀・両刃鋸・木槌・平鉋・金槌・のみ（一分、五分）・けい引・木ねじ廻し・直角定規・曲尺・小鋸・小鉋・木口台・竹削台・糸鋸・粘土板・左官ごて・牛田ごて。

(3) 其の他＝塗装材料・粘土焼窯・万力

(4) 今後の設備として、機械鉋・円鋸・動力塗装機等、室の営繕に関しては、はぶく。

第十二章　学習指導の具体例

一、資料単元

資料単元の特質は、(1)教師が用いるために教師によって準備されたものであり、従って、(2)それは児童の学習の計画として直ちに児童の手に渡されるべきものでなく、また (3)それはある中心的な問題をめぐって組織され、(4)一人の教師が用い得る以上の豊富な諸材料を含むべきであり、(5)学習の目的・活動・参考書表・学習に必要な諸材料等があげられていなければならない。

従って、これを実際に児童を動機づけ、彼等の仕事とするためには更に周到な方法を用いなければならない。

二、単元のもつ價値とその目標

ここに単元の具体例として、第六学年の単元「生活の合理化」をとりあげてみよう。

この単元を本校の具体的目標から眺めてみると、(6)合理的生活・能率的に措置する技能、(8)眞理探究の精神と文化愛好の精神、(10)健康と安全、(9)ゆたかな情操と創造の精神、(2)自発的学習、(4)公共の福祉などの諸項目を満足させると共にこれらの目標を通して、本校の基本的教育目的であるところの、一人一人の人間性をゆたかに発達させる機会を興え、そして児童を、よろこんで社会に奉仕しようとする子供にしてゆくことができる。

又これを六年生の課題との関係でみると、(3)どうすれば私たちは安全な生活ができるか、(7)時間の余裕を作るにはどんなふうに文化の施設を使えばよいか、又その時間を有効につかうにはどうしたらよいか、(2)社会を発展させるものは何か、(1)人々は仕事を通じてどのように協力するか、などの課題を解決すべきゆたかな機会を提供している。

つぎに児童の心意との関係から眺めると、

A　児童の発達段階との関係

(イ)　生活の合理化という概念は極めて広く且つ深い内容をもつものであるが、生活の合理化のこつは、われわれ（児童の生活を含めて）の生活から、切実な問題を見出して、それを知的に科学的に操作してゆくことであろう。したがってこの単元学習は、児童の知的な発達を著しく促進することが期待される。

(ロ)　生活の合理化は、生活の母体であるところの身体の発達については最も本質的な問題と考える。従ってこの単元学習は積極的には体力的に、消極的には衛生的に、生活経験が満されてゆくから児童の身体的発達も期待される。

(ハ)　生活の合理化は、身近かな一人一人の問題であると共に、どこまでも社会の問題である。従ってこの単元学習によって、児童はあらゆるところで、個人の生活の合理化がそのまま社会の合理化に通ずる立場をみとめるであろう。それ故、児童の社会的発達も大いに期待される。

B　児童の学習の動機がどのように満足されるか

(イ)　この単元の学習は児童にゆたかな学習経験をあたえるから、知的なものの考え方・処理のしかたは勿論、いろいろな表現形式による発表がもたれ、研究会や学芸会がもたれるであろう。

(ロ)　生活の合理化の学習は、きわめて身近かな、そして今まで気づかなかった問題の解決だけに、児童の好奇心はみたされると思う。

(ハ)　生活の合理化は考えるだけでなしに生活化しなければならないので、当然、児童の作業をこのむ傾向を満足させる。

(ニ)　この単元学習はゆたかに発表し合い、きいてまとめることができ、そして話合う機会をあたえる。

更に民主的社会に対する関係を眺めてみると、

(イ)　日本が今日あらゆる努力をして、民主的な文化国家を築きあげようとしているのであるが、その根本問題として国家活動のすべての分野に合理的な在り方がのぞまれている。そこで子供たちの生活の合理化という学習は、児童の能力としての立場から当然、社会問題としての広領域の合理化の広さなり深さに対して限定されたものでなければならないが、その本質的な社会的・国家的要求であることは洞察されるであろうし、それを通して民主的社会の実現に協力する素地が養われる。

(ロ)　民主的社会の相互依存の関係を、社会問題に通ずるこの身近かな単元学習から理解される。

この単元は以上のような価値をもっている。そしてこれを学習することによって、つぎのような学習効果をあげることができる。

【目　標】

1、理　解

(1)　血液のはたらきと循環
(2)　消化の機関とはたらき
(3)　呼吸の機関とはたらき
(4)　健康は環境に影響される
(5)　健康に適度な運動の必要性
(6)　健康に休息と慰安の必要性
(7)　よい食物のとり方
(8)　体の成長に必要な栄養素
(9)　伝染病のうつり方と予防法
(10)　人体には抵抗力のあること
(11)　寄生虫・蚊・はえの一生と駆除法
(12)　衣服の原料の種類と性質の見わけ方
(13)　衣服の手入れ法・保存法
(14)　石けんの製法と作用
(15)　和服と洋服の長短
(16)　台所用具の機能と保存法
(17)　物の燃え方とほのほの構造
(18)　石炭ガスの作り方とその性質

(19) 熱のうつり方
(20) 炭のつくり方と炭やまきの性質
(21) ガス・水・電気メーターの構造
(22) 飲料水に適する水の成分
(23) 水道・井戸の構造
(24) 金物の種類・性質・用途
(25) さびの性質とさび止めの方法
(26) メッキの仕方
(27) 木材の種類・性質と利用法
(28) 電気器具の構造・機能とよい使用法
(29) かびの生活とその種類と利用法
(30) 作業の能率化

2、技　能

(1) いろいろの繊維の比較観察の能力
(2) 数量的な考察の能力
(3) 計画力
(4) 病気の原因を考え推論できる
(5) すじ道の通った考え方ができる
(6) 体の働きと健康との関係が考えられる
(7) 衣服の手入れや保存処置がとれる
(8) 石けんの製法と良否鑑別ができる
(9) 健康を保つ能力
(10) 資料を集めて活用できる
(11) 実験に使う機械・器具を使用できる
(12) 薬品をあつかう能力
(13) 水道・井戸のつかい方と簡単な修理
(14) 水・ガス・電気メーターがよめる
(15) 水質をしらべることができる
(16) 燃料のつかい方と保存の能力
(17) 太陽熱が利用できる
(18) 金物で出来ているものを使う能力
(19) 木で出来ているものを使う能力
(20) 食物やその原料の保存能力
(21) 野菜や水を消毒することができる
(22) 電気器具が使える
(23) 酵母が培養できる
(24) 自分の意見をまとめて発表できる
(25) 科学的な報告書が書ける
(26) 資料をあつめ整理する能力
(27) 要点をとらえて聞く能力
(28) 簡単な設計図がかける
(29) 簡単な家具の修理・作成の能力
(30) 構成及び演出の能力

3、態　度

(1) 科学的作品に興味をもつ
(2) 科学的に注意深く行動する
(3) 事実にもとづいて道理を判断する
(4) 物事を関係的にみる
(5) 客観的に正確に記述し発表する態度
(6) 自主的に根気よく物事をなしとげる
(7) 物を大切にする
(8) 健康生活に対する積極的態度
(9) 進んで分担責任をはたす
(10) 身のまわりを美しくしようとする態度

三、単元の展開

資料単元は教師が用いるために、教師によって準備されたものであるから、児童の学習の計画として直ちに児童の手に渡されるべきものではないことは前述の如くである。又単元による学習の指導形態には、ある定まった一つの型があるわけではない。その単元の性質と学級及び学習の状況に應じつつ、常に単元の價値を生かしながら目標から逸脱せぬような指導の方法を工夫しなければならない。単元学習においては、目標をしっかりと見定めながら学習を進めることが何より大切なことである。つぎに一般的な指導の段階にしたがって、その具体的な展開を主として、特別室使用の立場からながめてみよう。

(1) 導入の段階

この段階の目的は単元の問題に関して児童の興味を刺戟して、これに対する学習意欲を起させ、この問題を学習の主題として児童が選定し、単元の目的に関して教師と児童とが一致してこれを確認することにある。

この単元に導入するために環境の設定が必要である。例えば、

◈健康室から、

1　体格測定表・体力測定表
2　検便検査一覧表
3　疾病調査表
4　マントー氏反応統計表

◈郷土室から、

1　輸入品グラフ
2　輸出品グラフ
3　時事問題についてのスクラップブック

◈科学室から、

4　病源菌の拡大図
2　人体の骨骼模型

◈図書室から、

1　映画フィルム＝消化の話・血液の循環
2　幻燈スライド＝蛔虫・伝染病・若杉君とツベルクリン・あなたはいつ結核になるか・ペニシリン・自転車等

以上のような資料が有効に活用されることによって、児童の興味は刺戟せられ、これに対する学習意欲は盛りあがるであろう。

かくして前単元の学習と種々の発展的なつながりにおいて、

1　学校生活はわれわれに何をのぞんでいるか
2　われわれの生活をゆたかにする方法として貿易だけに依存できるか
3　季節は梅雨期に入ろうとしているが工夫することはないか
4　体力測定の結果はどうだろう
5　蛔虫検査の結果はどうだろう

など活溌な討議が展開されるであろう。

導入の段階において視覚的手段……絵画・ポスター・展示物・幻燈・紙芝居・映画・見学等……聴覚的手段……話・事件・放送・討議等……を活用することは望ましいことであるが、なかでも討議は児童に問題のいろいろの方面を知る機会を興え、今まで無関心だったことにも深く興味を覚えるようになるものであって、導入の段階には討議は広く用いられる方法の一つである。

(2)　**組織の段階**

問題が決定された後、更に討議が進められて、通常この問題は更により小さな問題に或は活動に分析される。

前段階の討議の結果は、

1　衣服の合理化を中心とした活動
2　健康生活を中心とした活動
　○丈夫な体にしよう。
　○伝染病や寄生虫の対策を考えよう。
3　台所（食生活）を中心とした活動
4　住宅（住生活）を中心とした活動
5　その他（時間・労力・もの等）

このような学習活動の分野が問題構成へ発展して、研究と作業の段階に移行のために、つぎのようなグループが組織されるであろう。

1　衣服の合理化の研究グループ
2　健康生活についての研究グループ
3　伝染病・寄生虫についての研究グループ
4　読書と生活を中心とした研究グループ

5　台所（食）生活の研究グループ

6　住宅（住）生活の研究グループ

7　その他

以上のようにグループが組織される。それぞれのグループ毎によってその仕事を協同作業としてまとめる組織が必要であるからである。そして報告の仕方や研究予定時間・方法資料などについて予定表が作られなければならない。資料について教師は、児童の相談にのってやることが必要である。

このようにして、問題解決のための手続き全体に対する各個人の責任、團体内における協力等の態度がここに自ら養われるであろう。

(3)　**研究と作業の段階**

この段階の特色は資料を蒐集し、また単元に関係して、その完成に必要な諸材料を作成するにあるのであるから児童は研究と作業に真剣にうちこんでゆくであろう。学校図書館・健康室・科学室・創作室・郷土室は思う存分活用される。

A　**衣服の合理化の研究グループ**

グループ内は更に、

布地あつめと衣服の原料しらべ

繊維の性質と、みわけ方

衣服の保温作用の実驗

衣服の手入れと保存法

衣服の清潔・保持と石鹼の研究

衣服の改善――和服・洋服の長短

のような小さな問題に分析され、それぞれの分担がなされるであろう。

衣服の原料・繊維の性質、衣服の手入れ法や保存法、石鹼の使い方、衣服の歴史等を調べるために、図書館は十分活用される。

又、繊維の特徴を顕微鏡によって調べたり、薬品によってその見分け方を実驗したり、石鹼の製造実驗をしたりするためには科学室が活用される。

郷土室においては前学年の製作品をしらべたり、世界各国の風俗を人形などで調べたりする。

このように児童は自己の意志によって、自発的に研究を進め、作業を進めてゆくことによって前にかかげた目標の理解の項(12)、(13)、(14)、(15)を理解すると共に、技能の項(1)、(3)、(7)、(8)、(10)、(12)、(24)、(25)等を身につけ、(2)、(3)、(4)、(6)、(9)等の態度を形成してゆくであろう。

B　**健康生活の研究グループ**

このグループは更に、

○体格檢査・体格檢査のまとめ

○病気しらべと健康診断

○運動して汗が出て、脈搏の早くなるわけ

○血液の働きと循環

○消化の器官と作用及び消化障碍の原因

○食物のとり方と食物の栄養

○運動と休養と睡眠の必要その他

のように分析され、それぞれ分担されるであろう。つぎに各特別室の使用状況をあげてみよう。

健康室＝身体檢査表・体力測定表・　病気に関する図表

科学室＝人体模型・血液の循環図・消化器の図・神経系統の構造図

図書館＝微生物の話・栄養と食物・子供生理衛生物語・やさしい歯の科学

映画フィルム（消化の話・血液の循環）。幻燈スライド（傳染病・ペニシリン）

この研究と作業で

理　解　(1)、(2)、(3)、(7)、(9)

技　能　(3)、(4)、(5)、(6)、(24)、(25)、(26)

態　度　(2)、(3)、(6)、(8)、(9)

などの目標を達することができるであろう。

C　傳染病・寄生虫の研究グループ

このグループは更に

○学級の疾病調査と傳染病の種類

○傳染病の菌と病気の特色

○傳染経路と予防対策

○寄生虫の種類と傳染経路と予防法

○蚊・はえ・のみの一生と駆除法

これらのグループも図書館・健康室・科学室を思う存分活用するであろう。

例えば、

図書館＝年鑑・実験と観察の報告・微生物の話・寄生虫をどう防ぐか・子供生理衛生物語・やさしい歯の科学等

はえの一生・のみの一生（幻燈スライド）

健康室＝寄生虫統計表

科学室＝寄生虫の標本・菌を顕微鏡でのぞく

D　読書と生活を中心としたグループ

E　台所（食）生活の研究グループ

F　住宅（住）生活の研究グループ

G　その他

（D、E、F、Gについては省略）

以上の如くこの段階においては、教室を中心として、校内施設即ち図書館・科学室・創作室・健康室・郷土室の活用により児童の研究活動は有機的に活潑に、発展してゆくであろう。

勿論この外、見学・面接等校外に出る場合も考えられるが、ここでは校内施設にとどめて考察した。かくして児童は発表のためにプリントしたり・人体構造図・市地あつめ・体力表・繊維のスンプ・組の体格・体力グラフ・検査結果一覧表・傳染病関係の諸統計表・傳染病の傳染経路図、などがつくられ又、種々の実験を試みたり、舞台装置をつくったり多方面の活動がなされる。

(4)　総括仕上げの段階

この段階は学習活動が最高潮に達する段階であり、仕上げの段階である。児童が今まで研究したり作業したりした結果を児童相互又は社会と共にわかち合う時である。個人や分團の報告がなされたり、それについて活潑に討議がなされたりするであろう。又教室にはこれまでに作成されたグラフや表の種々の製作品が展示される。創作や美術作品を発表したり、劇化してこれを演じたり、人形劇・紙芝居が発表されたり、また新聞も作られるであろう。

種々の報告書や製作品をまとめて本をつくることもなされる。両親やその他の人々を招いて研究発表会をもつこともおもしろい。

(5)　評價の段階

これは、目標に照らして査諮さるべきであるから、目標に掲げられた理解・態度・技能・習慣その他に関して丹念になされなければならない。その時期は学習活動の完結した時を基準にする外、学習中の活動に関しても取上げられなければならない。なお効果をはっきりさせるために、この単元に入る前の状況を明かにしておくことも必要である。

以　上

学習環境の構成と実際（終）

あとがき

われわれが新教育研究の未墾に立ち上った昭和二十年からここに五星霜、その間、連続したきびしい日々の教育現実の中に、愛する児童のすこやかな成長を念願しつつ、真の教育の歩みを求めてひたすら精進してきた。

毎週のカリキュラム研究会は、酷熱の夏の休暇にも、厳寒の冬の休みにも、生活の悪條件にも屈せず、强行されてきた。同僚の二人までが、研究の途上で病床の人となったが、われわれの研究は、すこしもたゆむことなく、更に累積されてきた。

ここにカリキュラムの実験シリーズとして、まとめあげられた五つの記録は、今日までの実験報告であって、われわれにとってまことに貴重な記録である。この努力の結晶が、いささかなりとも新教育の推進に益するところがあるとするならば、それは、われわれの何よりも幸いとする所である。敢えて世の多くの教育実験家各位の、心からの御叱正と御批判をお願いする次第である。

カリキュラムが日々改訂されることは、カリキュラムそのものの本質からくる宿命である。われわれはここに、希望と勇気を新たにして、明日のカリキュラムをめざして更に精進を誓うものである。

昭和二十四年十月八日

カリキュラムの実験シリーズ（全五巻）研究会員

東京学藝大学・第一師範男子部附屬小学校

主事　○五十嵐清止

○饗場一雄　○大野忠男　勝田榮三郎
加藤嘉男　○木島孝　栗原靜一
○小堤勝郎　近藤嘉子　鈴木勇
高島久光　高橋利平　○新國重人
○西脇秀夫　西村二郎　花村郁雄
○伴憲三郎　増田耕一　武藤重治
山崎幸一郎　大和淳二　○渡邊正

○印は第二集『学習環境の構成と実際』執筆者

『学習環境の構成と実際』執筆者

一

昭和二十四年十一月二十五日　印刷
昭和二十四年十二月　一　日　發行

カリキュラムの實驗シリーズ　Ⅱ【學習環境の構成と實際】

定價　貳百貳拾圓
地方賣價　貳百參拾圓

編著者　東京學藝大學・第一師範男子部附屬小學校
發行者　長　里　靜
印刷所　東京都千代田區飯田町一ノ十八　河手印刷株式會社

發行所　學藝圖書出版社
本社　東京都杉並區下井草三十一
營業所　東京都新宿區牛込矢來町四四
電話九段(33)四六四七番
振替東京九九七五二番

當社出版書籍中、不完全な品には責任を負います。

書名	著者	内容	體裁・定價
ガイダンス	都立八高教授 松木茂	新教育の中心目標ともいうべきガイダンスの組織とその運營について、アメリカの大學に學びアメリカの文獻に通じた著者が、豐富な體驗と多年の研究により最新の資料を縱横に生かしてまとめた研究と實驗報告。	B6判上製 二二〇頁 定價一五〇圓 送三〇圓
ホームルーム	聖學院高校教授 今井先	生徒が民主社會の立派な成員となることができるよう教育的經驗を與えようとするその生徒活動と、生徒指導の組織ホームルームの正しい運營を理論的に實際的に解說、著者は文部省ホームルーム委員の新鋭。	B6判上製 二五〇頁 定價一五〇圓 送三〇圓
櫻田カリキュラム	櫻田小學校長 古川正義	C・I・E指定、社會科の實驗學校として全國的に有名な櫻田小學校、その櫻田カリキュラムの全貌を最も具體的に發表した尊い實驗記錄。カリキュラム理論も本書により初めて生命を吹きこまれた教育界待望の書	A5判上製 二八〇頁 定價二五〇圓 送四〇圓
新しい性教育	前文部省教育研修所員 長里清	新しい性教育を容易に世の父兄誰もがその家庭で、幼稚園小學中學高等各學校の全教師がその學校で、大膽に正しく實施できるように多くの實例を示しつつその理論的根據を明かにした唯一の性教育の指導書。	B6判上製 二〇〇頁 定價一三〇圓 送三〇圓
新教育の哲學的基礎	早稲田大學教授 小澤恒一	日本の教育が何故に根本的刷新をせねばならなかつたかの必要性から說き起して新教育の方法を具體的にのべたもの特に小學校と中學校の實際教育にふれて興味深く且親しみやすく新教育の哲學的根本問題を說く。	B6判上製 二〇〇頁 定價一三〇圓 送三〇圓

書名	著者	内容	體裁・定價
小學校における學級經營の新しい要領	東京高師主事 佐藤保太郎	新しき學校經營の在り方より、各學年の學級經營計畫の詳細について、東京高師附屬小學校の教官が同校における實際教育の成果と研究とを發表したもの、學級經營上のあらゆる問題ここに展開好評絶大の書。	A5判上製 一八〇頁 定價一五〇圓 送三〇圓
小學校における教科指導の新しい要領	東京女高師主事 堀七藏	小學校教育の目標を達成するがために、文部省の學習指導要領にもとづき東京女高師附屬各教官が研究討議したその實際教育により得た國語、社會、算數、理科體育、音樂、圖畫工作、家庭各教科指導要領を解說。	A5判上製 三四〇頁 定價二八〇圓 送四〇圓
小學校における學習効果判定の新しい要領	東京女高師主事 堀七藏	多年の傳統と權威ある東京女高師附小陣の勞作、新教育の焦點ともいうべき學習効果の判定につき各教科毎にその要領を詳細に解說したもの。前掲の學級經營教科指導の二著と共に新教育要領の三部作である。	A5判上製 三六〇頁 定價三〇〇圓 送四〇圓
小學校における理科指導の新しい要領	東京女高師教官 阿久澤榮太郎	さきに女高師より全國に發せられた兒童疑問調査に基き、新たなる理科指導要領を展開したもので、まさしく日本理科教育報告ともいうべき注目の書。指導目標學習の材料、學習指導計畫、學習指導の實際など。	B6判上製 五二〇頁 定價三〇〇圓 送四〇圓
小學校ダンスの實際指導	東京女高師教官 鈴木綾子	新しい小學校の樂しいダンスの正しい指導書、リズム練習から創作的表現指導の各學年教案、實際指導記錄や圖解や樂譜など多數を加えたすぐ役立つ教材解說。學校におけるダンス、低學年、中學年、高學年指導等	B6判上製 一八〇頁 定價一三〇圓 送三〇圓

東京学芸大学・第一師範附属小学校 編著

カリキュラムの実験シリーズ Ⅲ

低学年カリキュラムの実際

東京 学芸図書出版社

序

シカゴ大学の一般教養の物理学教科書の最初のところに、アインシュタインの言葉が引用してある。「總ての科学の目的は、それが自然科学であろうが、心理学であろうが、われわれの経験を調整して、一つの論理的なシステムに帰結させることである」と。そうして科学の研究について、大学のブリントは次のように記してあった。科学研究でいちばん重要なことは、科学者の学説がどういうものであるかを知ることより、その学説の根拠となるところを理解することである。太陽への距離や、原子の大きさや、地球の年代を知ることより、そのことがどうして決定されたかがわかることが大切である。また遊星が太陽の周囲を運行することを学ぶより、それらの理論の基礎を理解することが重要であると教えている。真の理解は批判的評価から得られるもので、学説の結論に通暁しても、その目的を達することは出来ない。この考察は結局われわれを科学の方法の研究に導くのである。

あらゆる科学的知識の究竟的な資料は右によれば経験である。この点で附属小学校は経験の調整者として恵まれた場を与えられたものである。かような意味の科学者の立場において、われわれは新しい多くの教育学説の根拠の理解につとめ、その方法の現実的批判的評価にあたり、附属小学校としての新しい教育への基礎的な組織の構成と実験とを目標とすることにした。先ずはじめに学校の教育計画に立脚して、学校カリキュラムの形態を明確にした。飜訳のままでなく、またいわゆる Board of Education のカリキュラム型のそのままをとるのでもなく、これを経験に生かし、多くの問題をとらえ、それに対する解答を研究して、およそ実験的方法による附属小学校のカリキュラム形態を構成した。次に児童学習活動の実際と環境構成が課題としてとりあげられた。基礎学習も一つの教育計画の根本として強調された。

新教育と称するもの、コア・カリキュラムなども実験された。そして教育本来の目的に應ずるわれわれの態度を明かにし、目標と内容との一貫性を希求した。

なお附属小学校の研究体制は六学年をたてに三つのシステムを並行させている。Aは綜合的な生活経験課程のコースをとり、Bは学習指導要領に準ずるコースにより、Cは低学年において綜合学習を、高学年において分科した学習のコースをとるものである。そしていずれも九年課程としての実験を行っている。

以上の目標のため、現在一年及び二年には研究担任として、東京学藝大学の教育学・心理学担当の教官が配属されている。かようにして附属小学校は主事を中心に、全教官が眞摯に、そして情熱的な教育愛に、心魂をつくして教育の場にあたった。経験の調整と実験が重ねられた。

この度それらの研究記録が集められて、第一集より第五集までが刊行されるようになった。たがいに励ましあい、助けあって、ようやく今日の成果を得たのである。私は最近フィラデルフィア・パブリックスクールの社会科の研究発表である「生活と学習」というレポートを見た。その序文にこのカリキュラム計画の委員の数は三十九人であって、スタンフォード大学とコロンビア大学の教育学部の助言を得、またフィラデルフィア市の六百人の教員・校長・指導主事・教育委員の批判と示唆をうけ、インサービスコースの人達からも多くの協力を得たと記してあった。私共の研究も、ぜひかように広い方面からの忠言を願うものであって、新しい時代の教育振興のため、この機会に多くの御批正をいただきたく思っている次第である。

昭和二十四年十月

東京学藝大学長　木　下　一　雄

低学年カリキュラムの実際　目次

―第一部―

―第二部―

— 第三部 —

カリキュラムの実験シリーズ・(三)

低学年カリキュラムの実際

第一章　序　説

第一節　われわれの態度

一、カリキュラムと現場教師

小学校のカリキュラムはつきつめた意味では、児童のすくやかな成長発達を助成するために学校が用意した教育の計画的なプログラムであると解される。ここに「学校が用意した」というのは、教育基本法や学校教育法及びその関係諸法規が要求しているような國社会の要求、地方教育委員会や地域社会生活の事実からきている地域社会の要求に應えつつ学校環境を整備して、児童の興味・能力・経験などの実状に即して、最も具体的にたてられた教育計画をカリキュラムと考えるからである。勿論、骨子には國で示す部分もあるし、地域社会に共通な地方計画としてのカリキュラムは都道府縣の教育委員会において作成されるべき性質のものである。けれども本当に社会の要求と学区児童の要求に合った具体的なものとするのは学校である。

学校においては、従って、國社会及び地域社会の要求が十分明かにされていなければならないし、人間としての児童及び興味においても能力においても、経験においてもいろいろ個人差のある学区児童の実体がわかっていなければならない。そして、カリキュラム構成には、何故に、現行のカリキュラムが改善せられなければならないかについて切実な必要感が痛感されていなければならない。この必要感は、一方において社会事態が大きく変化し教育に対する考え方が轉換したところから起るであろうが、具体的には、現行カリキュラム、例えば、社会科の進め方とか、理科学習の実際等に苦心を重ねた人々の苦心の中からもり上がる。そして社会人は、直接児童の生活活動の上にカリキュラム改造の必要を発見するのである。

この必要感にせまられてするわれわれ教育現場人にとって、カリキュラムの構成と展開は従って常にカリキュラムの改造であり、改造の絶えざる過程であると考えられる。私共は昭和二十一年に新しい國語、二十二年にかけて社会科・理科その他に関して各科毎の研究に専念した。そしてその主なるものは「社会科の進め方」、「單元による理科学習の実際」等の書として世に問うたのであるが、そこに多くの問題を発見したので、カリキュラム委員会を設けて研究を進めた。それから二年、その間、各方面からいろいろと立派な研究が報告されたけれども、われわれは、学校の学習環境の現代化と学習形態の民主的轉換に多くの努力を拂って、児童の学習活動そのものを充実する工夫に沒頭した。カリキュラム研究部の方で部分的でも一つの小さな試案が出ると早速これを実験してみた。そして必要な調査を整え、施設を工夫した。このようであったから、私共のカリキュラム研究は遅々として地に着いて這うような歩みで、華やかさが少しもない。今もなお這いつづけている。本書も、歩みつつある実験の記録報告である。

生活経験学習といい、コア・カリキュラムと呼んでも、殆んどそれが狭い教室の中で教師を中心に進められるとしたら、時折校外に調査見学に出るとしてもそれは教授技術の如何に止って、まことに生活学習の名に値しないではなかろうか。教師スタッフの問題や教室・特別教室等の学校施設は勿論、例えば、少くともよく整えられて児童の学習活動に應ずるような学校図書館がなければ、児童はどうして自発的な「生活の在り方」(Way of Living)において学習ができるであろうか。児童の生活経験として学習が進められるためには、少くとも学校図書館の他、学校放送局・十六ミリトーキーそれから例えば顕微鏡幻燈・実物幻燈・紙芝居・人形芝居・劇化・音質のよい蓄音機などが十分学習の中に用いこなされカリキュラム化されていなければならないだろう。それから郷土参考室のような学校博物館とか創作鑑賞室とか科学室というような施設が学習室として十分児童のものとなっていなければならない。このようになってこそ児童の

学習形態は一変し、教室の壁を越えて学校全体に拡がり、学校の柵を越えて地域社会に伸びて行くだろう。われわれ教育現場人にとって教育は事実であって、カリキュラム専門家のようにカリキュラムの理想的形式だけに興味を奪われることはできない。農夫はよい作物を作ることが仕事であって、美しい蝶を追って作物を踏み荒してはならないのである。

二、全人的な成長発達

カリキュラムといえばコア、コアと言えば生活單元の経験的学習と考えられ、カリキュラムの構成や問題は、殆んど、コア・コースの單元設定とその手続きに集中されている。そして、社会の要求とみらるべき世論は学力の低下を嘆く声に喧すしい。カリキュラムが基本において社会の要求に聞くべきならば、それだけでもこの声を無視してはならないだろう。われわれは、教育の本質から考えて、成長発達は全人的でなければならないと信ずる。社会生活の機能として要求される基礎的な諸能力は、理想的には総て生活経験として学習されるから、別に基礎学習として特設する必要はないであろうが、われわれの今までの実験では学習形態上まだなかなかうまくゆかない。それで生活学習と基礎学習とを分けて扱っている。カリキュラムの構成に当っても、生活学習の單元計画と基礎学習の能力表作成とを同じ重さで考えた。勿論、生活学習によって達成される能力は、できるだけこれに期待し、かなり継続的な系統的練習を必要とする技能的なものを基礎学習として考える。そして、この基礎学習の指導計画に努力し、基礎学習を重視して全人的成長発達を特に强調する。

三、研究の体制

私共の学校は、児童を教育する本質的な使命の他に附属学校として特殊な任務をもっている。すなわち大学の研究施設であり、教生の観察・参加・実習の機関であり、実験実証をしなければならない。それで研究の体制はA・B・Cの

三つの型になっている。A・B・C共に一年から六年まで各学年各一学級一組づつからなっているから、各学年三組の総計十八学級である。A学級は生活経験カリキュラムの研究にあてられている。B学級は現行の國語・社会・算数・理科・音楽・図画・工作・家庭・体育及び自由研究のカリキュラム研究。C学級は低学年において統合学習、高学年に進むに従って分科体制をとる学級である 何れも実験中で特にC学級の場合、現在は実施第一年であるから仮りに低学年でA学級的なもの、高学年でB学級的なことをやっているが、その移行が何処で如何に進めらるべきかは大きな研究問題である。この三類型はそれぞれ独自の研究問題を持っているが、相互に切磋し合い影響し合って行きたいと思っている。

カリキュラム研究は大きな仕事であって到底短い歳月の間には望まれないので、九年研究の計画である。特に一年学級と二年学級には、教育心理学の教授六名が各一名づつついて、研究面を担当し担任教師と協同して調査研究及び指導に当っている。まことに本書は、わずか二年間にわれわれが試みてきたカリキュラム改善の実験記録である。

第二節　カリキュラムの構成と展開

一、構成の一般的手順

一般的に言って、カリキュラムの構成と展開に関しては、（1）構成計画の樹立　（2）教育目標の設定　（3）カリキュラム・パターンの決定　（4）カリキュラム枠組の形成　（5）単元計画（6）単元の展開計画　等があげられている。これに先立って、われわれ現場人にとっては、何故に現在のカリキュラムが改善せられ再構成されなければならないか、に関する切実な要求と必要感が痛感されていなければならない。

1、構成計画の樹立　現行カリキュラムを改善しなければならない必要が、理論的にも実際的に痛感されたならば、これを解決するような新しいカリキュラムを構成する計画がたてられる。計画内容としては、（1）構成に関する一般原理を確立すること。これは構成操作の指針とし原則とする必要があるからである。（2）構成のための民主的な

人的組織を設けること。教育課程は明確な教育原理に基づき、調査蒐集の可能なあらゆるデーターによって國社会及び地域社会の要求と人間としての担任児童の要求と能力に即するような本当の意味のよい課程を構成するには一人の学者や一二の教師が文献や報告書の類を幾つか集めて適当に取捨しただけでは果されないからである。そこで一般には、教育長・教育課程主事・指導主事のような教育行政官・教育学者・心理学者・社会学者のようなカリキュラム研究の権威者・校長及び教師・それに教育に識見を持っている一般市民などによって委員会が組織されて、その力によって総合的な一貫した活動がなされなければ、ならないとされている。その組織としては、目的設定委員会（または管理委員会）・構成委員会・実験委員会及び改訂委員会を根幹とし、必要に應じて調査委員会その他特別の任務を持った委員会が設けられるのがよいとされている。併しこれは、都道府縣單位の地方計画構成のための組織基準であって、学校單位の改善カリキュラムの構成に際しては、この図式通りには行かない。

われわれのような学校では教師の数に制限があり、それ等が殆んど同等に関心と能力を持っている上に、皆んな学級を持って直接、学習の指導に当っている。それに秀れた教育学・心理学関係の教授連は勿論、各科指導の專門教授連が緊密な協力の体制におかれているのである。初め委員会は一般基準に從って設定されたのであるが、この特殊事情に應じて漸次改訂されて行った。（本シリーズ第一集第一章参照）

2、教育目標の設定　教育を、目的目標の問題、その目標を達成するための内容、内容を目標に関連して生かすための学習指導法及び効果の評價、の四つの領域に分け、カリキュラムを教育の内容に関する問題であると限定するならば、教育目標の設定に関する仕事は、本来、カリキュラム構成の主要部分ではないと言える。併し目標に対して、そこに、到達するための内容を如何にするかということは、目標に関連して考察さるべき極めて重要な問題である。

教育目標はどのような原理に立ち、如何なる段階を経て設定されているかということはカリキュラム改善における重大な関心である。これは基本的には、教育をどう考えるかという教育観に立っている。そして、（1）教育目的の根源は、社会の理想と課題でなければならない。それは社会成員である個人個人の活動として実現されて行く性質のもので

ある。(2)従って、教育目標はその性質として、常に各人によって達成されつつ更に次の活動を導く指標でなければならない。(3)機能として見れば教育目標は、現実の学習活動を導く力を持ち、活動を評價する規範として働く。であるから具体的で達成可能なものでなければならない。

目標設定の仕方には、(1)歴史的に集積された文化を傳達し、その價値を理解させ、これによって、精神や技能を訓練しようとする立場から設定される價値観に立つもの、(2)社会生活の機能を分析して社会生活に必要な能力を抽出して、教育目標をこれ等の能力の獲得という形で示そうとするもの、(3)望ましい行動特徴の分析によるもの、がある。何にせよ、その手続きとして、(1)社会理念を解明し、(2)学校教育によって充足される國社会及び地域社会の要求と、人間としての、そしていろいろな個人差をもった現実の児童の要求と能力とを発見しなければならない、これを発見する手続きとして、(イ)包括的に、人間の本性と必要を研究する。(ロ)社会施設や社会傾向を調査分析する。(ハ)大人の社会生活活動を分析する。(ニ)専門家の意見を集めてその一致点を見出す。など種々あるが、実際は社会生活の機能を分析し、これを中心として、これ等の諸方法を総合的に用い、児童の要求と能力とにらみ合わせて決定されるのである。

3、**カリキュラム・パターンの決定**　カリキュラムには、純粋な教科カリキュラムから純粋な経験カリキュラムまで、その中間にこの両者の性質を如何なる程度に含んでいるかの度合によってさまざまな形式がある。両者の性質を等分に持っているものとして廣領域カリキュラム(現行、社会科・理科等のように)をおくならば、より教科的なものとして、相関、融合、コア、などのカリキュラム型があり、より経験的なものとして綜合・コア等の型がある。コア・カリキュラムは内容の実体が極めて多義的であって、名称だけではその如何なるものかは理解されないからである。

カリキュラム形式の文献的研究は、教育現実の分析と並行して行われ、教育現実の改善に足場がおかれなければならないから、カリキュラム・パターンの決定は、強く学校の現実に支配される。教育は事実であって、常にこの事実といたわり、そして育てる立場に立って真に生きたカリキュラムをわれわれは求めようとしている。

4、**枠組の形成**　これは、いわゆるスコープとシークェンスの決定に関している。スコープのとり方には、従来、種々の方法が用いられていた。例えば、教科書に従うもの、教育目標から演繹する仕方、トピック法、学習活動の單元によるもの、興味中心によるもの、などがあるが、それ等は、主として児童研究と社会生活の機能の分析という方法が強調されている。カスヴェルとキャンベルによって指導されたヴァージニヤ案がその先駆的役割をなし、その後各方面でいろいろな研究がなされたのであるが、それ等三十種の資料を分析して九つにまとめたミシシッピー案をみても、社会機能に関するリストは殆んど一つの傾向を示している。我が國におけるこの種の報告もその域を脱していない。われわれもこれ等の資料に基づく文献的な研究と地域社会機能の分析によった。(本シリーズ第一集参照)

シークェンスは一般的傾向を見るには児童の発達に関する心理学の研究が必要であるが、基本的には、実際に自分の学校の児童が如何なる興味と能力とをもって、如何なる活動をしているかの実態を明かにして、これに基づかなければならない。(本シリーズ第一集参照)

二、生活学習の單元計画と基礎学習の能力表作成

カリキュラムの内容は偏したものであってはならない。一般に社会生活の機能を分析して社会生活に必要な諸能力をあげ、これが獲得という形で全人的発達を促すように作られるべきである。だから、スコープとシークェンスによる枠組の相当欄には、(1)先ず、スコープ毎に必要な諸能力があげられ、シークェンスに應じて、系列づけられるべきである。それを能力表といっている。(2)なお同様にして相当する課題を配当する。ここに課題とは一般に問題單元と呼ばれているものであるが、この表をわれわれは課題表と言っている。「課題」とそこで修得される「能力」とは、本来一体的なものであって理想的には、総て生活経験学習のなかで生活経験として修得される筈のものである。けれどもわれわれの現状では、特に系統を追って、かなり継続的な練習を要する技能的なものは、生活学習と別けて基礎学習とすることとなった。勿論、基礎学習は生活学習に直結していとなまれるものであって決して孤立したものではない。

二、問題單元の選定と單元計画

問題單元はスコープ毎にあげられた学習されるべき問題であって、それぞれシークェンスに從って学年毎に配列される。これ等の課題は兒童の学習経驗のなかに期待されている資料單元の要素と考えられるから、要素單元と呼ぶ人もある。これをそのまま資料單元にしているところもあるが、われわれは、これは相当詳細なものであるから、別に学年毎に幾つかのテーマを設け、これ等に課題表に示されたその学年の問題單元を包括して資料單元を作った。その單元において期待される能力も出來るだけこれに包含させようとしている。資料單元の数は、低学年に多く高学年に少い。この資料單元一覽を單元表と呼んでいる。

單元計画の第二段の仕事は單元表に示された各との大單元について、そこで期待されるいろいろな経驗をして、如何なる理解や知識、態度や鑑賞、技能や習慣が、習得形成されるかを相当詳細に計画することである。経驗そのものの充実をはかるために施設や資料を調えて、ふさわしい環境を構成する計画もここに含まれている。ここに單元展開のための地域社会調査が必要であり、兒童の興味・能力・傾向等についても具体的な資料が必要である。この地域社会と兒童と両者に関する具体的な資料に基づいてはじめて單元計画がいとなまれるからである。これが非常によく兒童の興味と能力とを捉えているならば、兒童自身が選んだ学習計画も学習活動もおのずからこれに一致し、期待された経驗や能力が残りなく達成されるだろう。勿論、環境構成を上手にやって兒童達が自然に資料單元に乗ってくるように導く工夫は教師の大切な教育技術である。何れにしても、カリキュラムの展開計画における單元は、教師の計画した資料單元であって、社会科学習要領補說では、これを基底單元と言っている。実際の学習活動はこれを基底として営まれ資料として進められなければならないからである。そして実際の学習活動は、兒童が活動主体であって、それが本当に兒童のものとなるには兒童の自主的な学習計画に基づくことが望ましい。兒童が計画して実施する姿に切り替えられたものが学習單元なのである。

第二節　本書の内容と活用のしかた

この『低学年カリキュラムの実際』は、一冊として独立している書物であるが、他の「第一集・カリキュラムの構成と実際。第三集・学習環境の構成と実際。第四集・中学年カリキュラムの実際。第五集・高学年カリキュラムの実際」の四集を合せて、当校の「カリキュラムの構成と実際」の一部を、なすものである。そして、低学年としての第一学年と第二学年のカリキュラムの実際をまとめたものである。

したがって、カリキュラム構成の手続きとか、学習指導の方法などの一般的な原則は、第一集・第三集にゆずり、この書物の大半は実際の解說、とくに生活学習の單元解說にあてられている。もっとも、この書物の單元解說などの具体的な事柄から、一般的な原則を推察することもできるが、構成手続きや、学習活動の原則を了解されるには、ぜひ第一集・第三集に眼を通していただきたく、また学年の進むにつれて、どのように発展するかという縦の系列を見究めるには、第四集・第五集を参照していただきたい。

以下、章を追って、低学年のカリキュラムの実際が具体的に解說されているが、その解說が、どのような意図にもとづいてなされたか、また、どんな内容をもち、どのように活用したらよいかを、一應ここで說明しておくことにする。

（一）第一章から第三章まで

これは、いわば第一集と第三集の圧縮版ともいうべきもので、「第一章　序說」は、第一集の内容に相当し、当校のカリキュラムの立場を述べたのであるが、「第二章　低学年の指導法」は、第三集の内容に相当し、低学年の指導法の大要を学級経営の立場を加味して述べてある。「第三章　低学年の兒童の実態」は、第一集の、調査の実際を簡潔にまとめたもので、低学年カリキュラムの一つの立脚点を示し　学習指導の具体的な展開の根拠となっている。

（二）第四章　低学年の指導目標

この章は、学校教育目標を、学年に応じて最も具体化したのであって、学習指導の諸計画は、この目標に向って集中されるわけである。学習活動は、生活課題を追って展開し、指導目標に到達するように指導される。

この意味で、生活課題と単元との関係を示し、理解・態度・能力の具体的な目標を設定してかかげた。従来、能力や態度についての目標は研究されていたものもあったが、理解の目標を、具体的に設定したのは少かったようである。

この具体的な指導目標を目標として、学習活動の展開を考えると、学習指導はいろいろな形態をとっても、学校の教育目標は達せられるわけである。したがって、この指導目標は、学習指導の諸計画の根本として、活用されなければならない。

（三）第五章・第八章　指導計画

指導計画は、年次計画・週計画・日課の順に解説されている。要は学習時程をどのように活用するかの根本をなす一カ年間の見通しと、週の計画と日の計画の一例をあげて、時間配当の展開の流れを示した。

（四）第六章・第九章　生活学習単元の解説

この書物の大半の頁数をここに集中して、なるべく具体的に単元学習の解説をした。この単元の解説は、どこまでも指導者側の計画であって、学校が児童に対して用意すべき諸計画の、最も尖端をなすものである。したがって、指導者は、これを資料として、児童の実態、環境の変化に応じて、有効適切に利用し、結果を反省し、よりよい資料となるように改定する。解説の項目について、少しく説明することとする。

（1）この単元をとった理由

これは学校としての単元設定の主体的な立場をあらわし

（イ）「児童の如何なる要求・興味に基づくか。」発達段階からと、最近の活動からの理由を。

（ロ）「社会的に如何なる意味を持つか。」社会の根本的な要求と、最近の事態からの理由を。

（ハ）「単元の内容」は、右の（イ）、（ロ）に答える幾つかの問題や論点からの理由を。

（ニ）「既有経験との関連」は、カリキュラム全系列から如何なる位置になり、どんな連関にあるかの理由を。

あげて、趣旨を述べてある。

（2）目　　標

これは、指導者の地域性や時代性から一方的に考案されるだけでなく、カリキュラム全系列からと、児童の活動を促がすものであるという立場から、単元を学習することによって期待される学習効果を具体的に詳細にあげてある。

（3）開 始 計 画

学習計画ではなく、学習展開前に必要な準備ともいわれるもので、利用する施設・資料・導入前の実態調査・着手計画をあげる。

（4）予想される学習活動

教師の計画から児童の活動に切り換えられて、どのように展開するか、導入—組織—研究と作業—概括及び仕上げの順に予想をあげる。もし計画がよければ、この予想と実際の活動とは一致するわけである。

（5）評　　価

目標に掲げられた項目について丹念に評価する。そして、導入前の状況・学習中・完結後・を比較し、反省の資料をうる。

（6）参 考 文 献

開始計画中の資料のところの文献とは違って、教師の参考文献である。

（五）第七章・第十章　基礎学習の指導

年次計画のところに掲げられたものを更にくわしく解説したものである。基礎学習については「第一集　第三章　基礎学習」に、理論的な解説と、系列を述べているから一切の解説をぬきにして表解した。生活学習と基礎学習との連関は、年次計画によって了解されたい。

—第一部—

第一章　低学年の指導目標

第一節　生活課題と単元との関係

一、第一学年

スコープ	生活課題	たのしい学校	丈夫な体	お友だち	夏の遊び	秋の学校	学校の近所	私のうち	発表会	もうじき二年生
生命財産の保護保全	○丈夫な元気な子になるにはどうしたらよいか		○	○	○			○		
	○たべ物をたべる時にはどのようなことに氣をつけたらよいか		○					○		
	○安全に遊ぶにはどのようなことに氣をつけたらよいか		○	○	○			○		
	○自分の持物を大切にするにはどのようにしたらよいか		○						○	
自然資源の保護利用	○動物や植物はどのようにかわいがったらよいか。	○	○			○	○	○		○
	○水を使う時にはどんなことに氣をつけたらよいか。		○		○	○				
物の生産	○学校や家や近所ではどのように動植物を育てているか。		○			○	○			
	○おうちや学校ではどんなお手傳いができるか。				○		○	○		

スコープ	生活課題									
消費物の分配	○学用品はどのように使えばよいか。	○						○		
	○学校や家の近くではどんなものを賣っているか。						○			
	○着物を大切にするにはどうしたらよいか。		○			○		○		
物の運輸	○荷物はどんなにして運ばれるか						○			
交通通信	○学校のゆきかえりにはどんなことに氣をつけたらよいか。	○	○			○	○			
	○手紙をだすにはどうしたらよいか。			○	○	○		○		
厚生慰安	○学校でたのしくくらすにはどうしたらよいか。	○	○	○	○	○	○		○	○
	○たのしく遊ぶにはどうしたらよいか。		○	○	○	○		○		
教育	○学校ではどのようにおしごとやおけいこをしたらよいか。	○		○	○	○		○	○	○
	○お友だちと仲よくするにはどうしたらよいか。			○	○			○		
美的宗教的表現	○教室をきれいにするにはどうしたらよいか。	○				○		○		
	○あやまちをした時にはどうしたらよいか。			○						
政治	○学校にはどんなきまりがあるか。	○				○				

二、第二学年

スコープ	生活課題	二年生になって	わたくしのうち	じょうぶなからだ	たのしい夏	たのしい秋	町の人	たのしい冬	もうすぐ春
生命財産の保護保全	①たべものにはどんな注意が大切か。			○	○				
	②二年生頃にかかりやすい病氣にはどんなものがあるか。			○					
	③丈夫なからだになるにはなぜ身体を清潔にしなければならないか			○	○				
	④乘物を利用する時や道路ではどのようなことに氣をつけたらよいか。	○			○		○		
	⑤家の物を大切にするにはどうすればよいか。		○		○				
	⑥盗難や火事を防ぐにはどのようなことに氣をつけたらよいか。				○		○		
自然資源の保護利用	①私たちはどのようなものをたべているか。			○		○			
	②動植物は季節によってどのように変るか。		○		○				○
	③水道の水はどのようにして送られてくるか。			○	○				
	④私たちの身のまわりにはどんな便利な道具があるか。		○						
物の生産	①家の近所にはどんな作物が作られ動物が飼われているか。					○			○
	②家庭菜園にはどんな作物が作られているか。		○		○	○			○
消費物の分配	①私たちは食物や日用品をどのようにして手に入れるか。						○		
	②お店へ行って物を買う時にはどのようにしたらよいか。						○		
物の運輸	①物はどのようにして運ばれるか。						○		
交通通信	①乘物にはどんなものがあるか。	○							
	②手紙はどのようにして相手に届くか						○		
	③駅や郵便局で働いている人々はどのようなことをしているか。	○					○		
	④よその家へお客に行った時にはどんなことに氣をつけたらよいか。							○	
	⑤お客さまが家へきた時はどんなことに氣をつけたらよいか。							○	
	⑥病氣見舞の手紙はどんなことに氣をつけてかいたらよいか。			○					

厚生慰安	①よい遊びにはどんなものがあるか。	○			○			○	○
	②私たちをたのしませる草花にはどんなものがあるか。		○			○		○	○
教育	①学校はどんなことをするところか。	○							○
	②学校にはどんな施設があるか。	○							○
美的宗教表現的	①みなりにはどのようなことに氣をつけたらよいか。							○	
	②人があやまちをした時にはどうしたらよいか。	○						○	
政治	①学校のきまりはどんなにして守ったらよいか。	○							○

第二節　指導目標

一、理解の目標

（イ）健　康

① たべ物の栄養上の價値を十分に利用するには正しいたべ方や氣持よく食事することが大切である。

② 人はいろいろの栄養分を必要とするからたべ物がかたよると、成長がおくれたり病氣にかかることがある。

③ ほどよい運動をすると育ちがよくなる。

④ きまり正しい生活は体をじょうぶにする。

⑤ 病氣にはうつるものと、うつらないものとがある。

⑥ わずかの注意でけがをさけられ病氣をまぬかれる場合が多い。

⑦ 予防注射は病氣を防ぐ。

⑧ 病氣にかかったら早く医者にかかり、注意を守るとなおりが早い。

⑨ 身体檢査の結果悪いところがわかったら早く適当な手当をすることが大切である。

⑩ 外で元氣にあそぶと丈夫になる。

（ロ）生活の民主化・合理化

① 遊び道具をうまく使わないと面白くない。

② 道具が少い時にはかわるがわる使うものである。

③ 遊ぶ時には着物に氣をつけないといためる。

④ 水はむだにしてはいけない。

⑤ 自分の持物はていねいに使わないと長持しない。

⑥ 先生の話ばかりでなく友だちの話もよくきかなければならない。

⑦ 身体檢査は順序よく静かにうけなければならない。

⑧ 着物は仕事によってふさわしいものを使う。

⑨ 室内遊びでは乱暴なのはよくない。

⑩ 成績品は大切にしまっておく。

⑪ お小遣いはむだ使いしてはいけない。

⑫ 毎日時間正しく生活することが大切である。

（ハ）社会的理解

① 友だちとは仲よくしなければいけない。

② 友だちが困っていたら親切にする。

③ 学校の道具は仲よく使う。

④ 学校には友だちが大勢いるので楽しい。

⑤ 教室はよごしてはいけない。

⑥ 四月二十九日は天皇誕生日、五月五日は子供の日である。

⑦ 團体行動をとるときには勝手なことをしてはいけない。

⑧ みんなで力を合せると大きな仕事ができる。

⑨ 病氣をしている人にはお見舞をしてなぐさめる。

⑩ 客を迎える時、客にゆく時には作法がある。

⑪ 品物は金錢で賣買される。

⑫ 近くの学校の生徒とも仲よくする。

⑬ 一人一人がわがままをすると、皆が楽しくなくなる。

（ニ）自治的精神

① 自分の身の廻りは自分で片づける。

② 自分たちの力で学校はもっとたのしくなる。

③ 自分で使った道具は自分でかたづける。

④ 学校にはいろいろのきまりがある。

⑤ きまりはみんなで守らないとみだれる。

⑥ みんなできまりを守るとたのしい生活ができる。

（ホ）仕事と生産

① 学校ではいろいろの動植物を飼育栽培している。

② 学校の動植物はかわいがらなければいけない。

③ 給食はいろいろの人の力で作られる。

④ 工夫するといろいろ面白いことができる。

⑤ いろいろの店があって、大勢の人がはたらいている。

⑥ 店はお客に都合がよいようにかざってある。

⑦ 練習をすると物事は上達する。

⑧ 仕事は一生けんめいしたり、注意深くしないとうまくできない。

⑨ 作物は長い間の努力で收穫される。

⑩ おかあさんはいそがしい。おうちではお手傳いをしなくてはならない。

⑪ おかあさん・おとうさんは私たちの世話をして下さる。

（ヘ）交通・通信・運輸

① 道路は車と対面交通をするように歩く。

② 廊下は静かに歩く。

③ 道路を歩く時、横切る時にはいろいろのきまりがある。
④ 電車の乗降は順序よくする。
⑤ 電車の中では静かにしなければいけない。
⑥ 電車はいろいろの人の力によって動かされている。
⑦ 乗物にはいろいろの種類があって、いろいろな力で動かされている。
⑧ 品物はいろいろのすじ道や通って運ばれる。
⑨ 手紙が配達されるまでには色々の人の手を通っている。

（ト）新聞・ラジオ・雑誌

① ラジオの放送は面白くためになる。
② 新聞や雑誌には面白い事や為になることがかいてある。

（チ）教　育

① 学校はたのしい所である。
② 学校にはいろいろの設備がある。
③ みんなで勉強する時には勝手なことはできない。
④ 図書館の本や学級の本はだいじに見る。
⑤ わからないことがあったら親や先生や友だちにきく。
⑥ 図書館では静かに本をみなければいけない。
⑦ 図書館にはいろいろの本がある。
⑧ 遠足はたのしいものである。
⑨ あやまちをした時には正直にあやまる。
⑩ 友だちの成績品を大切に取扱う。
⑪ 友だちの作品からいろいろ教えられる。

（リ）数　理

① 四百五十までの基本的数量。
② 基本的な計算の理解（加法九九・減法九九）。
③ 素朴な形の理解。

（ヌ）大自然の理法と天然の資源

① 動植物にはいろいろの種類がある。
② 動植物は季節によって生活のようすがちがう。
③ 動植物は成長してふえる。
④ 動物の体は生活に適した形をしている。
⑤ 動植物と人とは関係が深い。
⑥ 植物の成長には水・熱・光・肥料が大切である。
⑦ 太陽は地球に大きな影響を與えている。
⑧ 月はみちたりかけたりする。
⑨ 星はきまった動き方をする。
⑩ 天氣はいろいろにかわる。
⑪ 自然から大きな災害をうけることがある。
⑫ 機械を動かすには、人や動物の力を使うだけでなく、自然の力や電力・火力などを使う。
⑬ 物は熱・薬品などによって質がかわる。

（ル）文　学

① 童話・童謡などはよむ人をたのしませてくれる。
② 本にはいろいろ面白いことやためになることが書いてある。

（ヲ）藝　術

① みんなの力で教室をきれいにすることができる。
② いろいろの色がある。
③ 夜空は美しい。
④ 自然は美しい。
⑤ 歌を歌うとたのしい。

二、態　度

（イ）科学的態度

① 新しく工夫・考案する。
② わからないことをただす。
③ 落着いて仕事をする。

（ロ）主体的で責任を持つ態度

① きまりを守る。
② 自分の事は自分で処理する。
③ 自分の持物を大切にする。

（ハ）確信をもって熱心にする態度

① 仕事を熱心にする。
② 自ら進んで仕事をする。
③ 機敏に仕事を処理する。
④ 注意深く行動する。

（ニ）人格尊重の態度

① わがままをしない。
② 人の悪口をいわない。

（ホ）協調の態度

① 友だちに親切にする。
② 友だちと協調する。

（ヘ）礼　儀

① みなりをきちんとできる。
② 挨拶をする。

（ト）公共の福祉

① 公の物を大切にする。
② いたずらをしない。

（チ）審美的態度

① 身の廻りを美しくする。
② 美しいものを喜ぶ。

（リ）健康の習慣・態度

① 清潔を保つ習慣。
② 元氣に遊ぶ態度。
③ よい姿勢を保つ習慣。

三、能　力

（イ）言　語

① 標準語で話す。

② 順序をたてて話す。
③ 人の話をききわける。
④ 音読する。
⑤ 読んで意味をつかむ。
⑥ 脚本を読む。
⑦ ひらがなを読む。
⑧ ひらがなを書く。
⑨ 視写する。
⑩ 句読点やかぎを使う。
⑪ 八〇〇字程度の文をかく。
⑫ 手紙・日記をかく。
⑬ 童謡を作る。

（ロ）　数　量　形
① 四五〇まで数える。
② 一〇〇までの加減ができる。
③ 簡単な形をかく。
④ 時計がよめる。
⑤ 金銭が使える。
⑥ メートル・センチメートルがわかる。
⑦ まる・四角・三角がわかる。

（ハ）　道具の使用
① 鉛筆を使う。
② 根掘りを使う。
③ じょろを使う。
④ たま網を使う。
⑤ はさみを使う。
⑥ 粘土板・へらを使う。
⑦ けしゴムを使う。
⑧ クレヨンを使う。
⑨ のり・のり下紙を使う。
⑩ ボールを使う。

（ニ）　問題解決
① 観察する。
② 問題をつかむ。
③ 直覚的に判断をする。

（ホ）　事態反応
① 危険から身を守る。
② 整理・整頓する。
③ 学級内のいろいろな行動になれる。

（ヘ）　音　　楽
① 歌う。
② 譜を読む。
③ 独唱・独奏を鑑賞する。
④ リズムを身体に表現する。

（ト）　美術製作
① 写生をする。
② 物の調和をとる。
③ 色相を見分ける。
④ 物を作る。

第三章　低学年の児童の実態

児童の生活経験を基盤とする経験カリキュラムの具体的な計画を立てるに当って、まずなされなければならないものが、児童の実態調査であることは改めて言うまでもないことである。当校においてもいろいろな角度から児童の実態調査は行われたが、その詳細な点に関しては、このシリーズ「第一集　第五章　調査の実際」に譲ることにして、ここではその調査の結果を基にして、低学年の児童の実態についてあらましを述べることにする。

一、社　会　意　識

低学年児童の社会的な事象についての関心の内容をみると、「遊び」を中心とした総合的なものが多い。「遊び」以外の関心をスコープ別にみると、生命財産の保護・教育に関係したもので、ごく直接的なものである。例えば、

〇きれいな着物がきたい
〇きれいな家にすみたい
〇勉強ができるようになりたい

といったような身近なものである。

二年生になると、その他に物の分配消費・物の生産　関するものがみられる。

例えば、

〇やみ市のあるわけ
〇着物のねだんの高いわけ

〇燃料はどこから送られてくるか

などである。

「遊び」を主とするとは言っても、一年では「ごっこ遊び」が全部であるが、二年生になると、「野球」とか、かんたんな「蹴球」とか、スポーツがあげられている。「遊び」の中にも規則を認めようとする態度がみられるようになる。

二、知的欲求

低学年児童の疑問の領域は極めて直接的であり、いずれも皮相的なものである。

内容的にみると、動物・植物に関したものが最も多く、次が人間に関したものであり、空や土についてのものが最も少い。

宗教については、高学年の児童のように、神や佛の存在を一應問題にするようなことはなく、神佛の存在をはじめから承認して、その上に立って疑問を出している。

例えば、

〇なぜ神様は見えないのか。

〇神様や佛様はなぜものをたべないのか。

〇なぜ神様はえらいのか。

〇なぜ神様を拝むのか。

などである。

三、情意的意識

低学年児童にはアニミズムの傾向がみられ童話的・空想的な世界に住んでいる。

例えば、

〇金や銀の家に住んでみたい。

〇犬や猫と話がしてみたい。

〇一度動物になってみたい。

などである。

「ピアノをならいたい」というような希望を持っているものが、少数はあるが大多数のものは、藝術的なものには関心がない。多いのは衣食についての欲望であって、学校の成績をあげたい希望がその次である。

四、空間意識・時間意識

〇地球はどうしてできたか。

〇どうして人間はできたか。

〇地球はいつごろできたか。

〇空はどこまであるか。

など、低学年児童の空間及び時間的意識は漠然とした内容のものであって、具体的な内容を持ったものではない。このことはまだ十分分化していないことを一面において物語っているものと言えよう。

学習方法について低学年児童はどのような要求を持っているであろうか。当校の調査によると次のようである。すなわち、

「あなたは勉強を一人でするのが好きですか、それともみんなでするのが好きですか。」の問に対して、それぞれ次のように答えている。

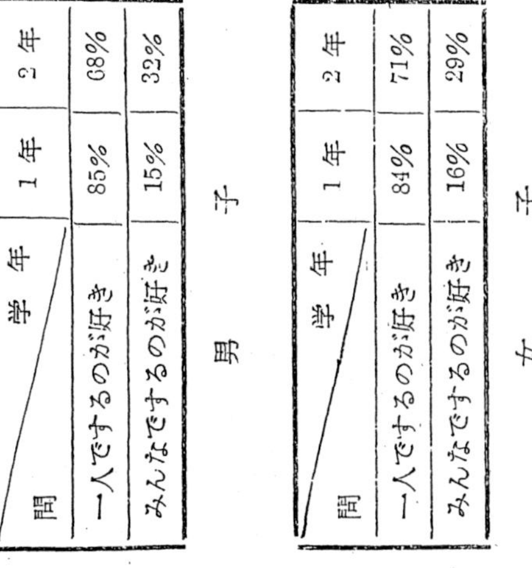

男子

問＼学年	1年	2年
一人でするのが好き	85%	68%
みんなでするのが好き	15%	32%

女子

問＼学年	1年	2年
一人でするのが好き	84%	71%
みんなでするのが好き	16%	29%

平均すると、八五パーセントまでが「一人ですること」を好んでいる。個人主義的である。

次に学校行事の中でどの行事に最も関心を持っているかを調べた結果によると、これは一年から六年まで大体同じ結果であって、

（1）運動会

（2）遠足

（3）映画会

の順序で、低学年ではこの他の音楽会とか展覧会などにはほとんど関心がない。

家庭における読書調査の結果によると、最も多いのは、漫画であって童話、物語がこれについでいる。二年生になると、これらの他に、理科的な読物や地理・歴史に関するものがいくつかあげられるようになる。

実態調査を通してみた低学年児童、それは家庭と学校を中心にしたごく狭い生活環境に住んでおり、従って、彼らの興味・関心・要求も大部分が、この二つのものを中心としたものによって占められている。心理的にみても、自己中心的であって、その推理力・思考力などは具体的であり、未分化的である。情緒は動きが著しく、何事も興味のある方向に動き、しかも長続きしない。

第四章　低学年の学習指導法

学習指導法について考察しようとするにはそこにはいくつかの観点があるであろう。学習段階に即してみるとか、指導様式からみるとか、或いはまた児童の活動の面からみることもできる。ここでは学習の進行、すなわち学習の段階に即しながら、低学年の学習指導上の留意点の主なものについて述べることにする。

学習の段階は普通次の三つにわけてみることができる。

（一）導入の段階

（二）研究理解・作業の段階

（三）整理・練習・應用の段階

以下この三つの段階について考察する。

一、導入の段階

この段階は学習の目標をはっきりとつかむと共に、学習意欲・興味をさかんにする段階である。

低学年の導入段階では、一度に多くの学習問題を設定したり、また長期にわたる学習、例えば経驗学習の單元の導入の場合などのように二・三週間も続く学習の全体の見通しを立てるようなことは困難である。そこで低学年のこのような学習の導入では、その單元の学習問題の中の一つをとりあげて学習し、その学習の発展の中に次の学習問題を織りこんでゆくようにする方法が考えられる。一つの問題の解決が次の問題への橋渡しになるように、連続的・発展的な学習指導法が工夫されなくてはならない。従って、導入段階が同じ單元学習の中で幾度か繰返されることになる。

導入の具体的な方法としては、児童の興味をひくような主として視覚・聴覚に訴える。しかも児童の豊かな想像力を刺戟するものが教室の内外にそろえられることが望ましい。

低学年の学習方法には「あそび」「ごっこ」の形がとられることが多い。この場合大切なことは、学習の目標が児童にはっきりとつかまれているか否かということである。学習目標がはっきりしていないと、この種の形態の学習活動は、単に児童の生活の反復を一歩も出ない、学習内容の極めて貧弱なものになるからである。

二、研究理解・作業の段階

この段階では、学習の方法をなるべく作業的な身体を使う動作的なものにする工夫が大切である。低学年の児童は興味も注意力も断続的であり、線香花火的であるから、その時々の興味や学習意欲をよくつかまえて、学習を展開させなくてはならない。それにはまず、靜的な学習形態がより動的なものに工夫されなくてはならない。

分團学習は低学年ではなかなか困難である。低学年児童はまだまだ自己中心的であり、他との協力ということはむづかしい。当校の実態調査の結果によっても、一年生では八割五分までが、二年生では六割八分までが、自分一人で学習することを好んでいる。分團の人数は一年生では四人が最も適当のようであり、二年生では四人か五人程度である。

学習方法としては、何々あそび、何々ごっこの形がとられることが多い。これは児童にとっては生活そのものとも言えるものであって、極めて興味を持って積極的ではある。しかし一面においては、導入段階にも述べておいたように学習内容の乏しいものになる危險が十分にある。指導者としてこの点について留意することとしては、一方では児童の生活実態をはっきりつかむことと共に、指導の目標をその生活の中にはっきりともりこむことである。児童がそれを自発的に氣づくように積極的に工夫させて、あくまで生活をより豊かなものにする努力を忘れてはならない。

低学年の児童の発表力は極めて貧弱である。一方彼等はさかんに大人や友だちに向って話しかけようとする。自由に話ができるようによい話相手になってやる努力が低学年の指導者には大切であって、研究・作業の段階でもなるべく個々の児童に接する機会を多くするようにしたい。

経驗学習で児童との話合いで学習を進める場合に注意しなくてはならないことは、児童の自由な思いつきにひきずられて学習の方向をあやまり、目標がはっきりしなくなったり、横にそれてしまうことである。また学級の二・三の優秀児童の発言に容易にひきまわされてしまう傾向が強いため、全員の生き生きとした学習が展開されないこともある。これらの問題については結局、指導者の学習内容についての明確な、そしていろいろな場合を予想した指導上の工夫が必要であろう。

三、整理・練習・應用の段階

低学年の経驗学習のまとめとしては、学級の誕生日会などの行事と関連させて、小学藝会の形をとることもよい方法である。これは記録を作ったりすることが、まだむづかしいとも考えられるが、同時に発表意欲をさかんにし、学習意欲を一層積極的なものにすることができるからである。

経驗学習で単元全体としては数週間にわたる大きなものであっても、具体的にはいくつかの学習問題を一つ一つずつ順次解決してゆく形になることは、導入段階のところでもふれたことである。従って一つの学習がすむ毎に次の学習の展開をうながすような整理が大切な点になる。

基礎学習では特に練習の部分は毎日短時間ではあっても繰返されることが望ましい。その結果についてはすぐに評價をすることが大切である。低学年の児童では、目の前に評價がはっきりとでないものには、興味や意欲が乏しいからである。

以上のような方法上の留意点に対して、これを別な面から眺めるならば、環境設定の問題が大きくとりあげられなくてはならない。このためには、教室はまず児童本位のものにもっと改められることを必要とするであろう。

―第二部―

第五章　第一学年の指導計画

第一節　年次計画

月	四	五	六	七
生活暦	入学式 新入生紹介式 (新入児童始めのPTA) 天皇誕生日	身体検査 (八十八夜) 子供の日 春季運動会 むし歯予防週間 (時の記念日)	(入梅) (夏至)	(たなばた) (学期末のPTA) ・終業式
単元	たのしい学校	じょうぶなからだ	おともだち	なつのあそび
経験学習　学習活動	(1)うれしい入学 入学のうれしさを味う (2)学校めぐり 学校の校舎内校庭をみてまわる (3)お庭の遊び 校庭でたのしく遊ぶ (4)たのしい教室 教室でたのしさを味う (5)きれいな教室 教室をきれいにする (6)子供会 みんなでたのしい会をひらく	(1)身体検査 身体検査をうける (2)春の種まき 春の種まきをする (3)うれしい子供の日 子供の日を祝う (4)遠足(多摩川) たのしい遠足にでかける (5)春の運動会 春の運動会をたのしむ (6)むし歯 むし歯にかからないようにする (7)うれしい給食 給食やお弁当を上手にたべる	(1)おみまい 病氣のお友だちをなぐさめる (2)ままごと遊び 木の葉でままごと遊びをする (3)お客さまごっこ お友だちのうちでたのしく遊ぶ (4)雨ふり 雨ふりや雨上りのようすをみる 長い雨ふりの遊びを工夫する	(1)しゃぼん玉遊び しゃぼん玉を作って遊ぶ (2)たなばたの子供会 星の話をきいたりみたりする たなばたの子供会をひらく (3)水あそび ふんすいやささ舟を作る 魚の絵あつめをする (4)夏休み 夏休みにはどんなことをするか 夏休みのくらし方を話合う
経験学習　生活指導	教室になれる 学校になれる 校庭になれる 教室でみんなでたのしむ 教室をきれいにする みんなで仲よくたのしむ	身体検査のうけ方 たねまきから育てる心 友だちの話をよくきく 團体行動(歩行・電車の乗降) きまりを守る 手足のせいけつ 歯のみがき方 歯を朝晩みがく 食事のしかた 食事の前の清潔	・病人がいる時の注意 ・仕事のあとしまつの態度 ・お客様に対するあいさつや態度 ・雨ふりの室内あそびの態度	・落着いた仕事 ・道具のしまつ ・話をよくきく ・教室をよごさぬ ・水あそびの注意 ・日なたの遊び ・きまりよい生活
基礎学習　言語	(返事のしかた)(登校下校の挨拶)(学校の印象を話す)教科書導入一部(ここ・ととと・わんわん・まる)(名をかく)	・教科書二部(いきましょう・いってきます・おはよう・いきましょう)三部(「すべるすべる」から「さようなら」迄)四部(「ただいま」から「しろいくも」)	(みまいの文)五部(おやすみなさい)・文字練習・いなかの一日導入(「よがあけた」から「おてつだい」	二部(「たろうえ」から「かるくなった」)三部(「みずぐるま」から「はがき」)(魚の名あつめ)・文字練習・絵日記・手紙の書方
基礎学習　数量	(物の位置)(たくさんの数)(一―五の唱え方数え方)(多い少い)教科書導入―位置・上下・多少―(一―一〇の唱え方数え方)(形日の丸)	(高い・低い・せいくらべ)(月日のよび方)(大小・高い・低い)(時刻のきそ)順序数・数字導入・時刻(何時)・数字練習(一―一〇)	・数え方唱え方(一―一〇)―じゃんけんとび―・二四六の数え方―おはじき―・一〇までの合成分解	(大小)・唱え方数え方(二〇まで)・たんざく・唱え方数え方(三〇)・時刻
基礎学習　音楽	(入学式の音楽)(すきな歌)たのしい学校(すきな歌)・レコード　春風ポルカ・こえをそろえて(手拍子)	・むすんでひらいて・くつがなる・えんそく(遊戯)・レコード　キューピーの観兵式	・なかよし・おにごっこ(雨ふり)(かたつむり)・レコード　カッコーワルツ	(しゃぼん玉)・レコード　ほたる　うみ　おうま・かくれんぼ・水鉄砲
基礎学習　造形	(砂あそび)(すきな絵)(紙くさり)(はなの絵)(日の丸の旗)	(遊ぶ子絵)(一日の生活)(鯉のぼり)(紙)(遠足の絵)(旗作り)(運動会の絵)(さいころ作り)	(色紙入れ)(時計作り)(木の葉・花びら工作)きれいな模様(お客さま)(雨ふり)・紙とんび(紙)	(しゃぼん玉の絵)(たなばたかざり)(七夕の絵)・ままごとのどうぐ(粘土)・絵日記のかき方
基礎学習　図書館其の他	・記念写眞・入学の印象。紙芝居・人形・舎内・舎外の施設・図書館導入・学級文庫	・健康室導入・学級園の導入・記念の木・丸子多摩川・球入れ用具　大歯ブラシ　むし歯　たべ物掛図	校庭の木・雲の掛図・学級文庫・図書館	・七夕の竹・スライド(星の話)・魚の掛図・絵日記見本
健康教育	(用便後の手洗い)(並んで歩く)(あぶない遊び)ねことねずみ	・唱歌遊戯(むすんでひらいて)・なわとび・唱歌遊戯(くつがなる)(えんそく)・唱歌遊戯(ちょうちょ)(歯みがき指導)(食前の手洗)	(じゃんけんとび)・鬼遊び(子ふやし鬼)・ねことねずみ(雨にぬれたときのしまつ)	・唱歌遊戯(しゃぼん玉・おうま)・川とび・リレー(水泳の注意)(きまり正しい生活)

月	生活暦	単元	経験学習		基礎学習					健康教育
			学習活動	生活指導	言語	数量	音楽	造形	図書館其の他	
九・十	・始業式 （水泳大会） 夏休展覧会 （自由研究発表会） （学期始ＰＴＡ） （秋分の日） 運動会予行 運動会	学校の秋	（1）夏休みの展覧会 夏休み中の生活について話合う 夏休み中の作品の展覧会を開く （2）虫あつめ ばった・こおろぎを採集する こおろぎを飼う （3）秋の種まき 春まきの草花の種とりをする 秋まきの種・球根をうえる （4）お月見 お月見をする やさい・くだものをしらべる （5）秋の運動会 運動会の種目を練習する たのしい運動会に参加する （6）遠足 上野動物園に遠足にゆく 動物しらべをする （7）たのしい学校図書館 学校図書館で本をたのしくみる	・きまり正しい生活 ・成績品の取扱方 ・虫の取扱方 ・あらしの日の登校・下校 ・植物を育てる態度 ・草花の取扱方 ・うちの一員としてのつとめ ・果物の暴食 ・力いっぱいの仕事態度 ・運動会のきまり ・団体行動（歩行・電車の乗降） ・生活と準備 ・放課後に図書館を使うしつけ	いなかの一日四部（「たまご」から「のらねこ」まで） （日記をよむ） （虫の名をかく） 五部（「ゆうやけ」から「つきよ」） ・いさむさんのうち導入 ・運動会 （絵本や童話の本をよむ）	・唱え方数え方（一―二〇）―ぶらんこ―展覧会の作品 ・数字練習（十一から二十） 唱え方数え方（三〇）―カレンダー ・形（円） ・唱え方数え方（五〇） 球入れ ・合成分解（十以内） 球入れ	（すきな歌） ・こおろぎ ・ゆうやけこやけ ・お月さま ・レコード　ガボット （校歌） ・ならんであるく ・はとぽっぽ ・レコード　さえずる小鳥	（夏休みの思い出） （展覧会の鑑賞） ・やさいとくだもの（粘土） （虫のえ） （種まきの継続観察） ・花（ちぎり紙） ・やさいとくだもの（粘土） （お月見のえ） ・くだもの（写生） （運動会のえ） ・どうぶつ（粘土） ・動物園（紙工）	・校内展覧会 ・姿勢図 ・たま網 ・飼育瓶 ・学級園 ・農具 ・スライド（木のみくさのみ・月） 見学（くだものや） ・スライド（動物園） （動物のしごと）	・整列競争 正しい姿勢 ・登校下校の安全 ・かけっこ ・手洗いの習慣 ・折返しリレー ・唱歌遊戯（ゆうやけこやけ・お月さま） ・運動会の練習 ・リレー（えんそく） ・動物物まね
十一	（文化の日）	学校の近所	（1）電車ごっこ 電車ごっこをする 駅の人についてしらべる （2）のりものしらべ のりものの種類をしらべる のりものを作る （3）学校の近所 屋上から学校の近所をみる 学校の近所の店・畑をしらべる （4）お店やさんごっこ 近所の店をしらべる お店やさんごっこをする （5）近所の学校 近所の学校を見てまわる	・電車利用の公徳 ・交通道徳 ・作物収穫感謝の念 ・店の商品に対する態度 ・お小遣の使い方 ・お使のしかた ・他校の生徒との関係	（電車ごっこの文や字） （のりものの名） ・えんそく （東西南北の字） （屋上の景色の文） （お店の名と分類） （お店やさんの文）	（円・銭） （長四角） ―キャップ （速いおそい） （方位） ・最上級 ・遠近高低大小 ・数え方唱え方（一〇〇） ・おちば―金銭の勘定	電車ごっこ ・木の葉 ・レコード ・かわいいお人形 ・ごむまりばんばん	・菊の花の電車ごっこの用具作り （のりもの作り） ・秋の景色（屋上からの景色） ・木の葉ならべ（模様） ・もよう ・お店（紙工）	・電車模型 オモチャ ・乗物模型及び掛図 ・スライド とり入れ ・近くの学校の地図	・電車ごっこ とびばこあそび ・ころころまわり ・球けり ・棒登り ・冬の衛生
十二	（勤労感謝の日） 図工展覧会 （学期末のＰＴＡ） （冬至） ・終業式	私のうち（三学期へ）	（1）おうちのたのしみ おうちのたのしさを話合う おうちの楽しい遊びを工夫する （2）てんらんかい 図工展覧会の用意をする 図工展覧会をみる （3）おかあさんのしごと おかあさんのしごとをしらべる おてつだいのしかたを工夫する （4）冬休み 冬休みの計画を話合う 冬休みの生活のしかたを考える	・わがままをいわない ・熱心に仕事をする態度 ・成績品の取扱方 ・自分の仕事 ・火の用心 ・おてつだいのしかた ・冬休みの生活のしかた ・成績通告表	・**いさむさんのうち** ・**かいもの** （おかあさんの文） （お正月の歌創作） （年賀状）	・数の合成分解（かずあて）―カードで ・時間 睡眠時間 ・問題解決 ・日数しらべ ・物のねだん ・年賀状の形	・たんじょう日 ・おつかい ・つみ木 ・レコード　メヌエット ・ラジオ ・おもちつき ・お正月 ・創作指導	（展覧会作品と鑑賞） （私のうち） ・買物かご（紙工） ・としのくれ	・展覧会 ・火の用心ポスター	・日月あそび ・リレー ・手つなぎ鬼 ・火いたずら
一	（元旦） 始業式		（5）新年子供会 新年の子供会を計画する 新年の子供会を開く （5）お正月 お正月のたのしさを話合う				（日の丸の歌）			

月	生活暦	單元	経験学習：学習活動	経験学習：生活指導	基礎学習：言語	基礎学習：数量	基礎学習：音楽	基礎学習：造形	図書館その他	健康教育
一・二	(成人の日) (大寒) (新一年入試)	私のうち	お正月休みに作った物を見合う お正月の遊びをしらべる お正月のたのしい遊びをする (7)お客さまごっこ お正月にお客にいったりお客が來たことを話合う お客にゆく時やお客が來た時の態度について話合う お客さまごっこをする (8)げんきなあそび この頃の遊びについて話合う 屋外の元氣な遊びを工夫する 　風車・雪だるま 屋内のたのしい遊びを工夫する 　かげえ・あぶりだし この頃の病氣予防を考える 冬の生き物のようすを見る	・(成人の日の話) ・たべものや夜ふかしの注意 ・お客にゆく時 ・お客が來た時の作法 ・学校の來客に対する態度 ・道具の扱い方 ・火の用心 ・持物の取扱(マスク・えり巻・手袋) ・友だちのみまい	・おばさんのうち (お正月の思い出の文) —推敲のしかた (かるた作り) ・なかよし (みまいの手紙をかく)	・こよみの見方・七曜表の見方 ・数の合成分解(一〇) カード作 カード遊 ・数え方唱え方書き方(一〇〇) (なわとび) ・数の合成分解(一一〇) (だるまおとし・カード遊び) ・形—かげえ・風車・色板ならべ	・たこの歌 ・なわとび ・雪だるま レコード おもちゃの兵隊	・お正月の絵 (かるたつくり) (箱—中厚紙) (おみやげごちそう作り) (お客様ごっこの絵) ・冬のあそび(風車) ・かばん(紙工)	・たこ はね ・学校図書館	・しせい ・なわとび ・子ふやし鬼 ・雪だるま ・雪なげ ・かげふみ鬼 寒中の衛生
二	音樂会	発(表会)	(1)音樂会 学校と学級の音樂会を計画する 音樂会をりっぱにする話合い 音樂会の練習をする 音樂会を開く (2)学藝会 学校と学級の学藝会を計画する	・熱心な練習 ・音樂を聞く態度 ・話合いを進める要領	・五つのとびら ・おはなし	・数え方唱え方(一〇〇) 窓ガラス ・数の合成分解(一〇〇まで完成)	・音樂会 ・すずめのおやど ・こぶとり	樂器(写生)		・唱歌遊戯 すずめのおやど
	(桃の節句) ・学藝会	(発)表会	学藝会をどんなにするか話合う 種目を整理してプロをつくる 学藝会の練習をする 学藝会の準備をする 学藝会の進行について話合う 学藝会を開く 学藝会の反省会を開く	・道具を取扱う態度 ・発表演出の技能	(劇のれんしゅう) 脚本の読み方・演出の仕方	・形(ひしもち)	(ひなまつり)	(学藝会の道具作り) (おひなさま紙工)	・おひなさま	・手つなぎ鬼 ・なわとび
三	(学年末PTA) ・終業式 ・卒業式	もうじき二年生	(1)うれしい二年生 二年生になるうれしさを話合う 入学以來の思い出を絵や文にかく・成績品をまとめる 二年生になっての希望を話合う (2)春を迎えに 春のきざしを見てまわる 学級園の手入れをする 春を迎えるたのしさを文にする 春やすみの生活について話合う	・成績品の取扱 ・学用品の取扱 ・卒業式の作法 ・春休みの生活	・紙しばい (一年生の思い出の文—紙芝居にする) ・文字練習	・総練習 ・順序数一 ・一〇〇の合成分解 ・問題解決	・春を迎えに ・もうじき二年生 ・うぐいす ・レコード 小鳥のセレナーデ	(紙芝居) (先生の顔) (寫生)	・紙芝居の見本と舞台 ・春の野(校外)	・球けり ・かけっこ

第二節　週間計画

一、第一学年の学習時間の算出基準

学習指導要領一般編による第一学年の時間配当は次の通りである。

國語	社会	算数	理科	音樂	図工	体育
175 (5)	140 (4)	105 (3)	70 (2)	70 (2)	105 (3)	105 (3)

1. 1 年間35週
2. ( )内週平均

これを当校の実情に照してみると、本年度（昭和二十四年度）においては

第一学期十四週（四月十一日から七月十六日まで）

第二学期十六週（九月五日から十二月二十四日まで）

第三学期十一週（一月九日から三月十九日まで）

で合計四十一週になる。しかし、週間の端数及び、特殊行事のために、若干学習週間が減少するので、年間学習週間を三十八週としている。おな、祝祭日その他の関係から、実学習時間は、三十五週計算による週平均時数を、そのまま三十八週にうつしてよいことになる。

さて、生活学習と基礎学習・健康教育の時間配当はどうなるかというと、次の表の通りになる。

	内容	割合と時数	合計
経験学習	社会科的	18% (4)	65% (15)
	理科的	9% (2)	
	國語科的	13% (3)	
	算数科的	9% (3)	
	音楽科的	9% (2)	
	図工科的	9% (2)	
基礎学習	言語	9% (2)	22% (4)
	数量形	6% (1)	
	音樂	0	
	図工	4% (1)	
健康教育		14% (3)	13% (3)
		100% (22)	100% (22)

備考
1. %と時間は切上げ切捨で小計は一致しない。
2. 経験学習の内容は心組で合計%でゆく。
3. 経験学習の点線以下と基礎学習とは重なるときがある。
4. ( )の中は週平均時数

この表から、特別教室の配当や、学校管理などの点から、また週計画の心組として、次のような時間割に当る日課表を作っておく方が便利である。

第一学年一組学級学習計画表

時刻	月	火
9.00		
9.40	(音樂)	ジラ)
10.20		自
10.40	言語	
11.20	体育	
12.00		晝
1.00		

水	木	金	土
（オ	（図書）		
由	運	動	
言語		数量形	
体育	図工	体育	
	食		

備考　1.　空欄は経験学習
　　　2.　土曜日は５日制で庭家学習とする

二、週間計画のたて方

週間計画は、年次計画と資料單元及び基礎学習を見通し、前週の活動状況を基にして計画する。

三、週間計画例

第2学期9月　第16週

時刻	月（12日）	火（13日）	水（14日）	木（15日）	金（16日）
9.00	朝会 夏休みの作品展覧会 ・作品の整理 （名まえしらべ 作品についての話合）	○夏休みの展覧会 ・作品の整理 （分類提出）	○夏休みの展覧会 ・飾り方の話合い	○体格測定 ・うけ方 ・せいけつ検査	○自由研究発表会 見学 ・聞き方
9.40	ラジオ			○言語 ・いなかの一日 うさぎ	○夏休み作品展覧会 ・みる態度の話合い ・み方の話合い ・作品の批評
10.20	自由		運動		
10.40	○水泳大会見学	○言語 ・いなかの一日 にわとり	○数量形 ・まりつきの話合い ・まりつき	○夏休みの展覧会 ・案内状をかく	
11.20		○体育 ・かけっこ	・唱え方数え方（二〇） ・数字練習	・折紙をつくる ・飾つけをする ・机腰掛の移動	
12.00	給食	給食	給食	給食	給食

第三節　日課表

一、日課のたて方

週計画がたつと、それをもとにして、児童との話合いによって、週の実行計画が、前週の終りの日なり、その週の始めにたてられるわけである。週の始めは、月曜のことがわからないから、前週の終りの日がよい。しかし、一年生は一週間の長い間の事は記憶できず、また必要も少いから、前日に次の日のお仕事やおけいこを話合っておき、当日の朝の話合いの時間に、その日の日課を話合いによって、きめる方がよい。ただ、指導者としては、一日の流れを週計画に基づいて更に綿密に立て、実施した後に計画と違ったことを記録して、カリキュラム改定の資料とし、また、次の日の計画の基とする。

日課は、毎時毎時を研究授業の授業案のように、細かく立てるのは繁雑であるが、頭の中には、研究授業に用いられるような細案は常にもっていなければならない。

二、日課の例

昭和二十四年九月六日（火）

九・〇〇——九・一五

朝の挨拶・体の調子のしらべ・でき事の報告・今日の学校全体の予定の話・今日の学級のお仕事やおけいこについての話合い

九・一五——一二・〇〇「秋の学校」の学習

〇二学期になってすぐしなければならないお仕事について話合う。

・くさむしり・おそうじ・展覧会の作品の処理・お道具の整理・身体検査

〇その一つ一つについての要領を手短かに話合う

・くさむしり——校庭・学級園

・おそうじ——机の中・ロッカーの中・机の上・教室のすみ

・展覧会の作品の処理——学校にもってきてみんなにみせる

・お道具の整理——学校で使うものを揃えておく。学校に置いておくものをもってくる

〇今日すぐしなければならないことをきめて実施する。

・机の上の名札はがし

・机の中とロッカーの掃除

・学級園の手入—草むしり

〇今日のお仕事の反省をする。

・きめたお仕事は完全にする

・仕事をしたあとのせいけつ

一二・〇〇——〇・三〇——給食と昼食

〇・三〇——〇・四五

一日の反省・明日の予定（いなかの一日）

注意（学校のお道具をみんな持ってくる）

帰りの挨拶・下校

第六章　第一学年の生活学習単元の解説

第一節　たのしい学校

一、單元一　たのしい学校

二、この單元をとつた理由

（１）兒童の如何なる要求・興味に基づくか

（イ）待ちこがれた学校にあがつてうれしい反面、不安でたまらない。

（ロ）学校はどんな所か、見るもの聞くもの、すべてに興味を感ずる。

（ハ）学校にはいつたからには、折紙・教科書・体操などの勉强が早くしたい。

（２）社会的に如何なる意味を持つか

（イ）課題との関係

①動物や植物はどのようにかわいがつたらよいか。

②学用品はどのように使えばよいか。

③学校のゆきかえりにはどんなことに氣をつけたらよいか。

④学校でたのしくくらすにはどうしたらよいか。

⑤学校ではどのようにおしごとやおけいこをしたらよいか。

⑥教室をきれいにするにはどうしたらよいか。

⑦学校にはどんなきまりがあるか。

（ロ）社会との関係

①入学の喜びにあふれている反面、環境の変化や生活のしかたの変化によつて、不安や疲労を感ずる。早く学校に馴れて、学校は面白い所、たのしい所という親密感を持たせ、喜んで学校に通うようにしたい。

②学校へくると、自己中心の生活を修正しなくてはならない。先生に馴れ、友だちに馴れ、新しい生活が、協調を必要とする社会性が理解して、たのしい生活にはいるようにしたい。

③学校で珍しいものは、すべて共同の品物である。共同の品物を共同で使うとともに、自分の持物・共同の物を大切に取扱うよう氣を配る習慣をつけたい。

④家庭生活をはなれては、自分の事は自分でしなければならない。不安やあせりを増さない程度に自律的・自主的な態度をつけたい。

⑤登下校・遊び・交友を通じて危險のないよう十分に注意したい。

（３）單元の内容

（イ）うれしい入学。＝入学式、新入生紹介式を中心として、学校はたのしい所であるという事を印象づける。

（ロ）学校めぐり。＝学校のようすを一通りのみこんで、さあこれから勉强しようという氣持をおこす。

（ハ）お庭の遊び。＝校庭で安全にたのしく遊ぶことを覚える。

（ニ）たのしい教室。＝教室はたのしい所であるという印象を興え、みんなでたのしむ共同生活の味を味う。

（ホ）きれいな教室。＝学習する教室の中を、いつもきれいにしておく心構えをつくる。

（ヘ）子供会。＝大勢の友だちを得て、学校はたのしい所であるということを理解する。

（4）既有経驗との関連

すべて新しい経驗を得るわけであるが、幼稚園に通っていた兒はその長所を発揮して短所は早くつみとり、幼稚園に通わなかった兒には、氣遅れがしないように励ます。

三、目　　標

（1）この單元で学習される理解の目標

（イ）学校にはいろいろの設備がある。

（ロ）学校はたのしい所である。

（ハ）学校にはいろいろのきまりがあって、自分勝手なことはできない。

（ニ）学校にはいろいろの人がいて世話をしてくれる。

（ホ）学校にはいろいろたのしい遊び道具がある。

（ヘ）友だちとは仲よく遊ばなくてはいけない。

（ト）あぶない遊びがある。

（チ）遊び道具は上手に使わないと面白くない。

（リ）学校の道具はかわるがわる使うものである。

（ヌ）遊ぶ時にはきものに氣をつけないといためる。

（ル）学校には友だちが大勢いるのでたのしい。

（ヲ）ラジオの放送は面白い。

（ワ）図書館には、いろいろの本がある。

（カ）図書館の本は大事にみる。

（ヨ）教室はよごしてはいけない。

（タ）自分の身の廻りは自分で氣をつける。

（レ）自分の持物はていねいに使う。

（ソ）みんなの力で大きな仕事ができる。

（ツ）自分たちの力で学校はもっと楽しくなる。

（ネ）先生の話ばかりでなく、友だちの話も聞かなくてはいけない。

（ナ）わからない事があったら、先生や親や友だちに聞く。

（ラ）四月二十九日は天皇誕生日である。

（ム）学校のゆきかえりにはけがをしないように氣をつける。

（ウ）学校ではいろいろの動植物を飼育栽培している。

（ヰ）学校の動植物はかわいがる。

（ノ）水はむだにしてはならない。

（オ）花にはいろいろの色がある。

（2）この單元で学習される態度

（イ）落着いて仕事をする態度。

（ロ）きまりを守る態度。

（ハ）自分の事を自分で処理する態度。

（ニ）自分の持物を大切にする態度。

（ホ）仕事を熱心にする態度。

（ヘ）注意深く行動する態度。

（ト）わがままをしない態度。

（チ）挨拶をする態度。

（リ）公のものを大切にする態度。

（ヌ）身のまわりを美しくする態度。

（ル）美しい物を喜ぶ態度。

（ヲ）せいけつを保つ習慣。

（ワ）元氣に遊ぶ態度。

（３）この單元で学習される能力

（イ）言　　語

①標準語で話す。②順序をたてて話す。③人の話をききわける。④視写する。

（ロ）道　具　使　用

①鉛筆を使う、②クレヨンを使う。③のり下紙・のりを使う。

（ハ）事　態　反　應

①危險から身を守る。②整理整頓する。

四、開　始　計　画

（１）單元導入前の実態調査

（イ）うれしい入学、

①入学前の保育歴・病歴・性格・趣味嗜好・家族状況・交友状況。父兄。

②入学してどんなことをしたいか。児童。

③能力調査（知能・体力・技能）。児童。

（ロ）学　校　め　ぐ　り。

①学校の中でどんな所を知っているか。児童。

②この学校に何度位來たか。児童。

（ハ）お　庭　の　遊　び。

①お庭でどんなことをして遊びたいか。児童。

（ニ）そ　　の　　他。

①学校へはいって、どんなことが心配か。児童。父兄。

②入学当初どんな事に氣をつけてほしいか。父兄。

（２）利用する施設・資料

（イ）施設＝音樂室・学校園・学級園・校舎内・校庭・図書館・学級文庫・砂場・水呑場

（ロ）資料＝入学者原簿・音樂教科書（一年――三年）・兎・つみ木・絵本・レコード（春風ポルカ）・前年度一年生の図画・國旗

（３）導　　入

入学式に引続いて、「うれしい入学」によって教室のようすを知り、「学校めぐり」をして学校のようすになれる。やがて「お庭の遊び」を覚えて、教室・校庭の自由な行動ができるようになると「たのしい教室」の建設も進んで「きれいな教室」を作ってますます学校になれて、日々喜んで学校に通うようになった時に「子供会」を開いて、友だちの力で更にたのしい学校生活が展開されるようになる。

五、予　想　さ　れ　る　学　習　活　動

（1）**うれしい入学**（六時間）

（イ）入学式の朝登校して、学校の朝のようすを見る。

（ロ）入学式に参加する。

（ハ）入学式後、自分の教室・席・学校の名・組の名・受持の先生の名を覚え、翌日の行動をきく。

（ニ）新入生紹介式に参加する。学校の生徒の大勢いるのを見る。上級生の挨拶をきく。

（ホ）朝礼に参加して、朝の学校のようすをみる。

（ヘ）入学式当日の印象や入学についてのうれしさを話合う。

（ト）先生から面白い紙芝居・人形芝居などをみせてもらう。

（チ）友だちに自分の名前を紹介する。

（リ）便所・ロッカー・下駄箱・昇降口を見てまわり・いろいろのきまりを聞いて覚える。

（ヌ）手の洗い方・水のみ場の使い方・ハンケチの使い方を覚える。

（ル）登下校の挨拶・返事のしかたを練習する。

（ヲ）登下校の注意について話合う。

（ワ）学校にはいってどんなことをしたいかを話合う。

（カ）はやくよい子になるにはどうしたらよいかを話合う。

（ヨ）みんなのすきな歌を歌う。

（2）**学校めぐり**（六時間）

（イ）学校の中でどんな所を知っているか話合う。

（ロ）学校の中で見たい所を話合う。

（ハ）並んで歩くことを覚える。

（ニ）校舎内を見てまわり、教室や設備の使い方についてのきまりを先生から聞く。また学校に働く人々のようすをみる。

主事室——教官室——小使室——衛生室——給食室——科学室——図書館——六年教室（上級生の学習振り）——音楽室——屋上

（ホ）本校校舎内をめぐり、学長・分校主事のお話をきく。

（ヘ）屋上では校舎の全景や近所の景色をみる。また、たのしく歌を歌う。

（ト）校舎内めぐりの印象について話合い、当分の間単独に行ってはならない所をきめる。

（チ）本校校庭を一廻りする。

本校玄関——附属中——本校運動場——プール

（リ）附属小学校校庭をまわって、遊び場を見つけ、たのしく遊ぶにはどうしたらよいかを話合って遊ぶ。

運動場——ジャングル——すべり台——総合器械——かちどき山

（ヌ）学校園・学級園を見てまわり春の植物のようすについて話合う。花のようすをみる。

（ル）うさぎ・魚などに餌をやったり、数えたりする。

（ヲ）学庭めぐりの印象について話合い、当分の間、単独に行ってはならない所をきめる。

（3）**お庭の遊び**（三時間）

（イ）校庭で上級生の遊ぶようすを見る。

（ロ）総合器械でたのしく遊ぶ。

（ハ）器械を使って遊ぶ時にはどうしたら仲よく安全に遊べるかを話合う。

（ニ）みんなで一つになって遊ぶ。（猫と鼠）

（ホ）砂場で、山や川、橋などを作って遊ぶ。

（へ）お花見をして、花びら集めをする。
（ト）校庭でどんなことをして自由に遊べるかを話合う。
（チ）遊び時間に自由に遊ぶことを覚える。

（4）**たのしい教室**（六時間）

（イ）お教室でたのしくすごすにはどんなことをしたいかを話合う。
（ロ）先生のお話・紙芝居・ラジオなどを見たり聞いたりする。
（ハ）お友だちのお話や歌やなぞなぞを聞く。
（ニ）絵本・つみ木・輪なげなどを見たり、したりする。
（ホ）使った本や道具のしまつをする。
（ヘ）音楽室へいってたのしい歌を歌ったり、リズム楽器を使ったりする。
（ト）図書館にいって本をみたり、幻燈を見たり、レコードを聞く。
（チ）雨の日には、静かに教室ですごすことを話合う。
（リ）すきな絵をクレヨンでかく。

（5）**きれいな教室**（六時間）

（イ）どうしたらきれいな教室になるかを話合う。
　（お花・窓・紙くず・持ち物）
（ロ）机の中の整頓のしかたについて話合う。
（ハ）学用品の取扱い方・記名の有無について調べる。
（ニ）お花を持ちよって花びんにさす。
（ホ）お花の名・花の色を見て、色の名をおぼえる。

（へ）みんなのかいた絵をはって、絵についてのお話を友だちにする。
（ト）紙くさりを作って教室にかざる。折紙も一しょにかざる。
（チ）教室のせいとんについて話合う。
　学級図書・黒板・むち・掛図・先生の机の上・成績品。
（リ）これからもきれいな教室にするように話合う。

（6）**子供会**（三時間）

（イ）四月二十九日は何の日であるかを話合う。
（ロ）何月生れが何人いるかをしらべる。
（ハ）誕生日には、どんなことするかを話合う。
（ニ）学校でも誕生日をお祝いする。子供会もこれから毎月開こうときめる。
（ホ）四月の子供会の開き方について話合いをする。
（ヘ）四月の子供会のために、国旗をかいてかざる。
（ト）四月の子供会を開く。四月生れの人が、自分のすきな歌やお話やなぞなぞをする。

六、評　　価

評価は学習活動の完結した時を基準にするが、効果をはっきりさせるためには、単元導入前の状況と、学習活動中においても取上げられなければならない。そして、評価は、どこまでも目標に照して、円念にされなければならない。

	項目	学習前の状況 +2	+1	0	−1	−2	学習活動中 +2	+1	0	−1	−2	学習の結果 +2	+1	0	−1	−2
理解	○学校にはいろいろの設備がある。				○				○				○			
	○学校はたのしい所である。			○				○				○				
	○学校にはいろいろのきまりがあって、自分勝手なことはできない。					○			○				○			
	○学校にはいろいろの人がいて世話をしてくれる。				○				○				○			
	○学校にはいろいろのたのしい遊び道具がある。			○				○				○				
	○友だちとは仲よく遊ばなくてはならない。			○				○					○			
	○あぶない遊びがある。				○				○				○			
	○遊び道具は上手に使わないと面白くない。					○			○				○			
	○学校の道具はかわるがわる使うものである。			○				○				○				
	○遊ぶ時にはきものに氣をつけないといためる。				○				○				○			
	○学校には友だちが大勢いるのでたのしい。				○				○				○			
	○ラジオの放送は面白い。			○				○					○			
	○図書館にはいろいろの本がある。					○			○			○				
	○図書館の本は大じにみる。				○				○				○			
	○教室はよごしてはいけない。				○				○				○			
	○自分の身の廻りは自分で処理する。			○				○					○			
	○自分の持物はていねいに使う。				○				○				○			
	○みんなの力で大きな仕事ができる。					○			○					○		
	○自分たちの力で学校はもっと樂しくなる。					○				○				○		
	○先生の話ばかりでなく、友だちの話も聞かなくてはいけない。					○			○				○			
	○わからない事があったら先生や親や友だちに聞く。			○				○				○				
	○四月二十九日は天皇誕生日である。					○			○				○			
	○学校のゆきかえりにはけがをしないように氣をつける。			○				○					○			
	○学校ではいろいろの動植物を飼育栽培している。					○			○				○			
	○学校の動植物はかわいがる。				○			○					○			
	○水をむだにしてはならない。			○				○				○				
	○花にはいろいろの色がある。		○					○					○			
態度	○落着いて仕事をする。				○				○				○			
	○きまりを守る。					○			○				○			
	○自分の事を自分で処理する。				○				○				○			
	○自分の持物を大切にする。			○				○					○			
	○仕事を熱心にする。			○					○				○			
	○注意深く行動する。				○				○				○			
	○わがままをしない。				○				○					○		
	○挨拶をする。			○				○				○				
	○公の物を大切にする。				○				○				○			

	○身の廻りを美しくする。				○				○				○			
	○美しいものを喜ぶ。				○				○				○			
	○清潔を保つ。				○				○				○			
	○元氣に遊ぶ。				○				○				○			
能力	○標準語で話す。			○					○				○			
	○順序をたてて話す。					○				○				○		
	○人の話をききわける。				○				○					○		
	○謄写する。					○				○				○		
	○鉛筆を使う。				○				○					○		
	○クレヨンを使う。				○				○				○			
	○のり・のり下紙を使う。				○				○				○			
	○危險から身を守る。				○				○					○		
	○整理整頓する。				○				○					○		

七、参考文献

学習指導要領各科編、低学年理科の実際、新学籍簿と評價、社会科の新しい進め方、児童文化技術　觀察と参加、指導、学習指導。

第二節　じょうぶなからだ

一、單元二　じょうぶなからだ

二、この單元をとつた理由

（一）児童の如何なる要求・興味に基づくか

（イ）みんなでたのしく、元氣な遊びをしたい。
とくに、運動会に参加して、かけつこや唱歌遊戯をしたい。

（ロ）電車にのつてあこがれていた遠足にいつてたのしく遊びたい。

（ハ）かねて聞いていた給食やお弁当を学校でたのしくたべたい。

（ニ）いつも元氣で、休むことなく学校にゆきたい。

（２）社会的に如何なる意味を持つか

（イ）課題との關係

①丈夫な元氣な子になるにはどうしたらよいか。

②たべ物をたべる時には、どのようなことに氣をつけたらよいか。

③安全に遊ぶにはどのようなことに氣をつけたらよいか。

④自分の持物を大切にするにはどのようにしたらよいか。

⑤動植物はどのようにかわいがつたらよいか。

⑥水を使う時にはどんな事に氣をつけたらよいか。

⑦学校や家や近所ではどのように動植物を育てているか。

⑧きものを大切にするにはどうしたらよいか。

⑨学校のゆきかえりにはどんな事に氣をつけたらよいか。

⑩学校でたのしくくらすにはどうしたらよいか。

⑪たのしく遊ぶにはどうしたらよいか。

（ロ）社会との関係

①喜んで学校に通い、友だちと仲よく元氣に遊んでほしい。

②学校生活をするようになって、生活全体の調子がかわったが、それらになれて、きまり正しい自律的生活ができるようにしたい。

③身体のせいけつに自分から氣がつくような習慣を得させたい。

④登下校・遊びなどを通じて、わずかな注意によって危險のないように氣を配るようにしたい。

⑤共同生活にはいって、特に團体的行動になれさせたい。

（3）単元の内容

（イ）身体檢査＝春の定期身体檢査をうけるに当って、檢査のうけ方・病氣に対する心構えを理解する。

（ロ）春の種まき＝種をまいて育てる楽しみを味い、学級園の仕事を通じて野外の健康的仕事に楽しむ。

（ハ）うれしい子供の日＝子供の日の行事を経驗して、元氣に生活できるたのしさを味う。

（ニ）遠足＝たのしい遠足にいって元氣に遊ぶ。

（ホ）春の運動会＝春の運動会に参加して、元氣一ぱいに活動する。

（ヘ）むし歯＝むし歯にならないように歯みがきの習慣・はみがきのしかたを身につける。

（ト）うれしい給食＝たのしみの一つである給食を中心にして、食事のしかた・たべ物の注意を理解する。

（4）既有経驗との関連

身体檢査は入学試驗の時に経驗したことであろうが、親の手傭いをうけないことがはじめてであり、今後も月例などで度々繰返される。種まき・遠足・運動会は始めての経驗であるが、入学前に多少は見ているであろう。その経驗をもとにして出発する。むし歯・給食は、一年間を通じて、常に管理を十分にしなければならない、健康への習慣形成の出発点となる。

二、目　　標

（1）この単元で学習される理解の目標

（イ）外で元氣に遊ぶと丈夫になる。

（ロ）身体檢査は靜かにうける。

（ハ）自分の身の廻りは自分で片附ける。

（ニ）きまりはみんなで守らないと行われない。

（ホ）病氣にかかった時には早く医者にかかり、注意を守るとなおりが早い。

（ヘ）身体檢査の結果悪い所があったら、早く医者の手当をうけることが大切である。

（ト）せいけつにすると病氣にかかることが少い。

（チ）きまり正しい生活をすることは、じょうぶなからだでくらすのに大切である。

（リ）学校ではいろいろの作物を作っている。

（ヌ）植物は成長してふえる。

（ル）植物の成長には水・熱・光・肥料が大切である。

（ヲ）自分で使った道具は自分で片附ける。

（ワ）学校には友だちが大勢いるのでたのしい。

（カ）五月五日は子供の日である。

（ヨ）みんながきまりを守るとたのしい生活ができる。

（タ）電車を使う時には順序よく乘降する。

（レ）電車の中では靜かにしなければならない。

（ソ）團体行動をとる時には、勝手なことをしてはならない。

（ツ）たべ物の栄養上の價値を十分に利用するには、正しいたべ方や、氣持よく食事することが大切である。

（ネ）きものは仕事によって都合のよいものを使う。

（ナ）みんなで力を合せると大きな仕事ができる。

（ラ）わずかの注意でけがさけられ、病氣をまぬかれる場合が多い。

（ム）歯は朝晩みがくのがよい。
（ウ）水はむだに使ってはいけない。
（キ）人はいろいろの栄養分を必要とするから、たべ物が、かたよると成長が遅れたり、病氣になることがある。
（ノ）給食はいろいろの人の努力で作られる。

（２）この単元で学習される態度

（イ）わからないことをただす態度。
（ロ）落着いて仕事をする態度。
（ハ）きまりを守る態度。
（ニ）自分のことを自分で処理する態度。
（ホ）自分の持物を大切にする態度。
（ヘ）仕事を熱心にする態度。
（ト）注意深く行動する態度。
（チ）わがままをしない態度。
（リ）友だちと協調する態度。
（ヌ）公の物を大切にする態度。
（ル）いたずらをしない態度。
（ヲ）身のまわりを美しくする態度。
（ワ）せいけつを保つ習慣。
（カ）元氣に遊ぶ態度。
（ヨ）よい姿勢を保つ習慣。

（３）この単元で学習される能力

（イ）言語＝①標準語で話す。②順序をたてて話す。③人の話をききわける。④音読する。⑤ひらがなを読む。⑥ひらがなをかく。⑦視寫する。⑧手紙をかく。
（ロ）数量――①数える。
（ハ）道具の使用＝①鉛筆を使う。②じょうろを使う。③はさみを使う。④けしゴムを使う。⑤クレヨンを使う。⑥のり・のり下紙を使う。
（ニ）問題解決――①観察する。
（ホ）事態反應＝①危険から身を守る。②整理整頓する。
（ヘ）音楽＝①歌う。②リズム体現。
（ト）美術製作＝①写生する。②物の調和をとる。③色相を見わける。④物をつくる。

四、開始計画

（１）導入前の実態調査

（イ）身体検査
①脱衣・着衣が一人でできるか否か。児童。父兄。
②医者に対する態度はどうか。父兄。
（ロ）春のたねまき。
①種まきの経験があるかどうか。児童。
②どんな野菜や果物が作りたいか。児童。
（ハ）うれしい子供の日。
①五月の節句・子供の日・誕生日に家庭でどんな催しをするか。児童、父兄。
（ニ）遠　足。
①遠足にいった経験についての調査。児童。
②どこへ遠足にゆきたいか。児童。父兄。
（ホ）春の運動会。
①どんな運動会にしたいか。父兄。
②運動会には何をしたいか。児童。父兄。
（ヘ）むし歯――歯のみがき方・みがく習慣――父兄。児童。

（２）利用する施設・資料

（イ）校　内
①施設＝衛生室・学級園・音楽室・拡声装置。
②資料＝姿勢掛図（立、坐、歩）・時計大模型・植物成長掛図（あさがお、いんげん）・農具・大鯉のぼり・レコード（キューピーの観兵式）・運動会用器具（等級旗、紅白球、紅白球入れ用かご・綱引用綱）電車模型・むし歯掛図・食品掛図。
（ロ）校外施設・資料
鯉のぼりのぼりの立っている所・多摩川（丸子或は二子）・碑文谷公園

（3）導　入

体格測定・校医身検のはじまる頃に「身体検査」を導入する。そのころ屋外の遊びの中で眼にふれる学級園の様子から、「春の種まき」を取扱い、続いて鯉のぼりを中心にして「うれしい子供の日」を展開する。子供の日の行事から、発展してみんなで、たのしい「遠足」に出かけ、ぼつぼつ依線的に行われていた運動会の練習から「運動会」にはいる。やがて、六月四日を中心に「むし歯」にはいり「何でもたべましょう」から「うれしい給食」に発展する。

五、予想される学習活動

（1）身体検査（十五時間）

（イ）誰が高いか、せいくらべをする。

（ロ）一番高い、一番低いをきめる。

（ハ）せいの高さとじょうぶな体とは関係のないことから、じょうぶな体になる話合いをする。

（ニ）近く身体検査がある話を先生から聞いて、どんな事に気をつけたらよいかを話合う。

（ホ）何を検査するかを先生から聞く。

（ヘ）身体検査のうけ方ごっこをする。

①きものの着脱。②きものの名前。③きもののたたみ方。④体重計・扁平測定機の乗り方。⑤校医の検査のうけ方。

（ト）身体検査をうける。

（チ）身体検査の結果について先生から話をきく。

①病氣の名前。②病氣のなおし方。

（リ）病氣にかからないようにするにはどうしたらよいかを話合う。

（ヌ）清潔に氣をつけることを話合って、清潔検査をする。（頭髪・爪・ハンケチ・ちり紙）

（ル）身体検査の絵をかく。

（ヲ）絵を中心にして、元氣な子供になるためにはどうしたらよいかを話合う。

（ワ）元氣に自由遊びをする。

（カ）一日の健康生活を話合って絵をかく。

（2）春の種まき（三時間）

（イ）草花の掛図を見る。

（ロ）外で元氣で遊ぶばかりでなく、息仕事をするのもよいことを先生から聞く。

（ハ）学級園にどんな草花や野菜を作りたいか話合う。

（ニ）種子をもちよる。（学校では、朝顔・つるなしいんげんを用意する）

（ホ）学級園の手入れをする。

（ヘ）種まき（朝顔・いんげん）をする。

（ト）世話のしかたについて話合い、毎日ようすをみることにする。

（チ）道具のしまつ、手や足を洗う。

（リ）たねまきのようす、発芽のようすを絵にかく。

（ヌ）入学記念の木を植える。

（3）うれしい子供の日（九時間）

（イ）五月五日は子供の日であることを聞いて、たのしみについて話合う。

（ロ）学校ではどんな事をしようか話合う。

（ハ）鯉のぼりの歌を歌う。

（ニ）鯉のぼりを紙で作ってかざる。

（ホ）飾りつけのすんだ教室で、五月の子供会を開く。

（ヘ）子供の日のたのしさについて話合う。

（ト）子供の日の行事・鯉のぼりなどを中心とした絵をかく。

（4）遠　足（十五時間）

（イ）子供の日に出かけた所の話合いから、遠足の経験について話合う。

（ロ）先生から、遠足にゆく話をきく。

①場所。②日時。③準備その他

（ハ）どのようにしたらたのしい遠足ができるか、日程について話合う。

①遠足の歌をうたう。②どんなに遊ぶか。

（ニ）家でゆく遠足と、学校でゆく遠足の違いを考えて遠足にゆく時氣をつけることを話合う。

①道の歩き方。②乗物の使い方　③きもの、④持物。

（ホ）遠足の予行をする。（禅文谷公園）

（ヘ）遠足の予行の反省をする。

（ト）遠足の前日に明日の注意を話合う。

①集合のしかた。②時間。③持物。④行動。

（チ）遠足にゆく（丸子多摩川）

①集合。②歩行。③乗車。④川原の見学。⑤川原の遊び。⑥あぶない遊び。

（リ）遠足の前夜のことの話合いをする。

（ヌ）遠足で面白かったことを道順を追って話合う。

（ル）遠足のようすを絵にかく。

（5）春の運動会（十八時間）

（イ）運動会の或る種目の練習のすんだあと、先生から運動会のある話をきく。

（ロ）運動会を見た経験について、種目などの話合いをする。

（ハ）運動会には、どんなことをしたいかを話合う。

（ニ）運動会の練習をする。

①かけっこ。②紅白球入れ。③唱歌遊戯。④旗入れ競争。⑤綱引。⑥リレー。

（ホ）運動練習後の清潔や手洗場の使い方について話合う。

（ヘ）たのしい運動会にするにはどうしたらよいかを話合う。

①力一ぱい。②練習。③きものはきもの。④きまりを守る。⑤見方。⑥應援のしかた。

（ト）運動会に参加する。

（チ）運動会のたのしかった話。もっとよくするにはどうしたらよいかの話合いをする。

（リ）運動会の絵をかく。かんたんな説明をつける。

（ヌ）絵をはって、絵の説明の話合いをする。

（6）むし歯（九時間）

（イ）六月四日を中心にして、むし歯予防週間のあることを校医先生から聞く。

（ロ）むし歯になって困った経験について話合う。

（ハ）各自の歯の数・みがき具合をしらべる。

（ニ）むし歯の段階図をみて、自分のむし歯とくらべる。

（ホ）どうしたらむし歯にならないかを話合う。

（ヘ）歯みがきの練習をする。

（ト）歯みがきを忘れない工夫として、表をつけるようにする。

（チ）一ヵ月位たって、その表の成績をくらべる。

（7）うれしい給食（十二時間）

（イ）何でもたべないとじょうぶな歯にならない話をきく。

（ロ）給食に出るもののすききらいについて話合う。たべ物の絵をみる。

（ハ）給食はどのように作られるかを見学する。

（ニ）大勢の人の力で給食ができることを先生から聞く。

（ホ）食事の前の態度について話合う。

（ヘ）食事のしかたについて話合う。

①全部の歯を使ってかむ。②よくかむ。③ゆっくりたべる。④たのしくたべる。

（ト）お弁当や給食をたのしくたべる。

（チ）弁当をたべた後しまつをする。

（リ）すきなたべ物の絵をかく。

六、評　　価

（省略。単元一　参照のこと）

七、参考文献

学習指導要領各科編、低学年理科の実際、新学籍簿と評價、社会科の新しい進め方、教養價分析表（第一出版社）

第三節　お と も だ ち

一、單元三　お と も だ ち

二、この單元をとつた理由

（1）**兒童の如何なる要求・興味に基づくか**

（イ）入学以來一ヵ月位たつと、学校にも漸くなれてくるが、それと同時に活潑になつて、友だちとの爭いが多くなつて困る。爭いの少い学校生活にしたい。

（ロ）雨ふりの續くこのごろ、家の中でのたのしい遊びをしたい。

（ハ）友だちの家に遊びにいつたり、友だちを家へよんだりしたい。

（2）**社会的に如何なる意味を持つか**

（イ）課題との關係

①丈夫な元氣な子になるにはどうしたらよいか。

②安全に遊ぶにはどのようなことに氣をつけたらよいか。

③手紙をだすにはどうしたらよいか。

④学校でたのしくくらすにはどうしたらよいか。

⑤たのしく遊ぶにはどうしたらよいか。

⑥学校ではどのようにおしごとやおけいこをしたらよいか。

⑦友だちと仲よくするにはどうしたらよいか。

⑧あやまちをした時にはどうしたらよいか。

（ロ）社会との關係

①学校になれるに從つて爭いごとも多くなる。なるべく爭いのないよう、友だちと仲よく学校生活をさせたい。

②自分の意見や氣持と一致しないことがおきる集團生活に、どう処していつたらよいか、その中に眞の友だちとの生活をうちたててゆく　民主的な基礎を養いたい。

③氣の弱い兒・病弱な兒に同情するやさしい氣持をもたせたい。

④いろいろの道具の取扱いやしまつを上手にさせたい。

（3）單 元 の 内 容

（イ）おみまい＝病氣で休んでいる友だちのことを思つて、おみまいをする。

（ロ）ままごと遊び＝木の葉や花びら・小枝などを使つてままごと遊びをする。

（ハ）お客さまごつこ＝友だちの家へゆく時、友だちが家に來たときのたのしい遊びをごつこ遊びにする。

（ニ）雨ふり＝雨ふりのようすをしらべ、雨ふりの遊び方を工夫する。

（4）**既有經驗との關連**

ままごと遊びは家庭生活の延長であるが、病氣見舞やお客さまごつこは家庭生活でよく味つた事であり、更に学校という共同生活から必然的に発展してゆく經驗の拡充である。から尤の事については、前單元の学習內容の発展となる。

三、目　　標

（1）**この單元で学習される理解の目標**

（イ）友だちとは仲よく遊ぶ
（ロ）友だちが困っていたら、親切にする。
（ハ）病氣をしている人は見舞ってなぐさめる。
（ニ）客を迎える時、客にゆく時には作法がある。
（ホ）室内では乱暴に遊んではいけない。
（ヘ）外で元氣に遊ぶのは体のためによい。
（ト）図書館の本や学級文庫の本は大事にみる。
（チ）あやまちをした時には、正直にあやまる。
（リ）植物にはいろいろの種類がある。
（ヌ）植物は季節によって生活のようすがちがう。
（ル）天氣はいろいろにかわる。
（ヲ）自然から大きな災害をうけることがある。
（ワ）工夫するといろいろ面白いことができる。

（２）この單元で学習される態度

（イ）新しく工夫考案する態度。
（ロ）わからないことをただす態度。
（ハ）きまりを守る態度。
（ニ）自分の持物を大切にする態度。
（ホ）仕事を熱心にする態度。
（ヘ）わがままをしない態度。
（ト）友だちに親切にする態度。
（チ）友だちと協調する態度。
（リ）挨拶をする態度。
（ヌ）公のものを大切にする態度。

（３）この單元で学習される能力

（イ）言語＝①標準語で話す。②順序をたてて話す。③人の話をききわける。④音読する。⑤ひらがなを読む。⑥ひらがなを書く。⑦視写する。⑧手紙をかく。
（ロ）数量＝①数える。②加減ができる。
（ハ）道具使用＝①鉛筆を使う。②はさみを使う。③クレヨンを使う。
（ニ）問題解決＝①観察する。②直覚的に判断する。
（ホ）事態反應＝①整理整頓する。
（ヘ）音楽＝①歌う。

（ト）美術製作＝①色相を見分ける。②物をつくる。

四、開始計画

（１）導入前の実態調査

（イ）おみまい＝①お友だちが病氣になったらどうしますか。児童。
（ロ）ままごと遊び＝①どんなままごと遊びがすきですか。②交友調査（すきな友だち。きらいな友だち。その理由）
（ハ）お客さまごっこ＝①お友だちの家に遊びにゆくとどんなことをしますか。児童。②友だちの家に遊びに出すか、友だちを家によぶか、どんなことをするか。父兄。
（ニ）雨ふり＝①雨はどこからふるか。ふった雨水はどこへゆくか。児童。②雨ふりには、どんな遊びをするか。児童。父兄。

（２）利用する施設・資料

（イ）校　内　施　設
学校園・植樹帯・音楽室・図書館。
（ロ）校　内　資　料
木の葉遊びの掛図・雲の絵・タヤけの絵・雨量計。

（３）導　　　入

前單元「うれしい給食」の病氣のことから、友人の病氣欠席を考え「おみまい」にはいる。その「おみまい」から仲よく遊ぶ一つとして、木の葉で「ままごと遊び」にはいり、やがて「お客さまごっこ」に発展する。かくして、近ごろの雨ふり続きのうち遊びの工夫と、雨の観察をかねて「雨ふり」の学習に発展する。

五、予想される学習活動

（1）**おみまい**（九時間）

（イ）すききらいしなくなったかどうかを話合う。

（ロ）この頃多い病気と、その原因について話合いをする。つゆ時の衛生について話合う。

（ハ）病気にかからないように気をつけるポスターをかく。

（ニ）病気で休んでいる友だちを調べる。

（ホ）病気についての経験を話合う。

（ヘ）病気で長期欠席している友だちに対して、どうしたらよいかを話合う。

（ト）病気で休んでいる友だちに見舞いの手紙をかく。絵もかく。

（チ）手紙や絵を代表のものがもってゆく。

（リ）代表者から、見舞いを渡したようすについての話をきく。

（2）**ままごと遊び**（六時間）

（イ）木の葉の掛図・木の葉の細工を見て、木の葉でままごと遊びをする話合いをする。

（ロ）どんなにおままごとをしたらよいかを話合う。お店やごっこにする。

（ハ）どんなお店ができるか、お店の種類をあげて組分けをする。

（ニ）木の葉や花びら、木の枝を使って、お店の品物をつくる。

（ホ）お店ごとに品物の賣買をする。

（ヘ）お店やごっこのしかたがうまくゆかない所を話合って改める。

（ト）お友だちと仲よく遊ぶ工夫について話合う。

（チ）お店やごっこをやめて、あとしまつをする。

（3）**お客さまごっこ**（十二時間）

（イ）おみまいに行った友だちからの返事をみんなで聞く。

（ロ）お友だちの家やお客さまにいった時の経驗について話合う。

（ハ）お客さまの言葉をあつめる。

（ニ）お友だちの家で遊ぶときに、気をつけることを話合う。＝①挨拶。②おかあさんの許可。③乱暴をしない。

（ホ）お友だちの家でどんな事をして遊ぶかを話合う。

（ヘ）お客さまごっこをする計画をたてる。＝①グループを二つに分けて、挨拶のしかたを考える。②遊び方を考える（折紙・本・遊戯・歌等）

（ト）お客さまごっこをする。

（チ）お客さまごっこの延長として、六月の子供会を開く計画をたてる。グループで何か一つ行うことにする。

（リ）六月の子供会を開く。

（ヌ）お客さまごっこ、子供会の反省会を開く。

（4）**雨ふり**（十二時間）

（イ）近ごろの遊び方について報告する。

（ロ）その名前をかく。

（ハ）雨ふりの多いこの頃の内遊びの仕方について、よい工夫を話合う。（おはじき・本・つみ木・まりつき・絵・折紙・図書館等）

（ニ）雨ふりの歌（てるてるぼうず・かたつむりの歌）などを歌う。

（ホ）てるてるぼうずを作る。

（ヘ）てるてるぼうずのききめについてためす。

（ト）雨ふりのようすを見る。

（チ）雨上りのようすを見る。

（リ）雨がふるわけについて考える。雲のようすを見る（絵をみる）

（ヌ）雨ふりが長く続いて洪水になった時の通学や、その災害について話合う。

（ル）雨ふりの時の休み時間の遊び方について反省する。

（ヲ）雨ふりに使う道具（カッパ・かさ、長靴など）のしまつのしかたについて話合う。

（ワ）雨ふりの絵をかく。

（カ）雨ふりの歌をつくる。

六、評　　価

（省略。単元一　参照のこと）

七、参考文献

学習指導要領各科編、低学年理科の実際、新学籍簿と評価　社会科の新しい進め方、天氣はどのようにかわるか（文部省五年教科書）。

第四節　なつのあそび

一、單元四　なつのあそび

二、この單元をとつ　理由

（１）兒童の如何なる要求・興味に基づくか

（イ）つゆがあけて、からりと晴れる日がくると、夏らしい遊びにあこがれる。

（ロ）暑さがだんだん増すにつれて、汗ばみ、すずしい遊びを求める。

（ハ）はじめて迎える夏休みは、不安でもあり、何か期待するものもあるが、どうしたらよいか指導を欲する。

（２）社会的に如何なる意味を持つか

（イ）課題との關係

①じようぶで元氣な子になるにはどうしたらよいか。

②安全に遊ぶには、どのようなことに氣をつけたらよいか。

③水を使う時には、どんなことに氣をつけたらよいか。

④手紙を出すにはどうしたらよいか。

⑤学校で樂しくくらすにはどうしたらよいか。

⑥たのしく遊ぶにはどうしたらよいか。

⑦学校ではどのようにおしごとやおけいこをしたらよいか。

⑧お友だちと仲よくするにはどうしたらよいか。

（ロ）社会との関係

①夏の生活は何といっても自主的な保健上の習慣をつけることにある。一年生には、一年生らしい病気予防・安全な遊びを身につけさせたい。

②社会的に保護される立場にある者であるが、夏休みなどの生活を通じて、一歩前進して親やその他の人々の世話がなるべくかからないようにしたい。

③規則正しい学校の生活から離れて、夏休みを迎えるのであるが、その前から、夏休みの生活を考えて、規則正しい生活ができるようにしたい。

（3）単元の内容

（イ）しゃぼん玉遊び＝しゃぼん玉を作ってたのしい夏の遊びの印象を深める間に、工夫の態度を身につける。

（ロ）たなばたの子供会＝たなばたの行事にちなんで、たのしい子供会を開き、発表力をねる。

（ハ）水あそび＝夏の遊びとして水に関係した遊びをたのしくする。

（ニ）夏やすみ＝夏休みの生活が、有意義にできるように計画をたてる。

（4）既有経験との関連

「しゃぼん玉遊び」「たなばたの子供会」「水あそび」は内容こそちがうが、その遊び方は、前単元までに、友だちとの協調ということで、しばしば取扱われて来た。しかし、夏休み」については、はじめての経験であるから、どのようなものか、どのようにすごしたらよいかを、しっかり身につけるようにしたい。

三、目　標

（1）この単元で学習される理解の目標

（イ）工夫するといろいろ面白いことができる。
（ロ）星はきまった動き方をする。
（ハ）夜、星は美しい。
（ニ）動物にはいろいろの種類がある。（魚）
（ホ）わずかの注意でけががさけられ、病気をまぬかれる場合が多い。
（ヘ）予防注射は病気を防ぐのに役立つ。
（ト）きまり正しい生活をしなくてはいけない。
（チ）病気にはうつるものと、うつらないものがある。
（リ）いろいろの色がある。
（ヌ）いろいろの形がある。
（ル）学校には夏休みがある。
（ヲ）手紙はいろいろの人によって運ばれる。
（ワ）自分で使った道具は自分で片附ける。
（カ）水はむだにしてはいけない。
（ヨ）道具は人の力ではたらく。
（タ）成績品は大切に取扱う。

（2）この単元で学習される態度。

（イ）新しく工夫考案する態度。
（ロ）落着いて仕事をする態度。
（ハ）仕事を熱心にする態度。
（ニ）自ら進んで仕事をする態度。
（ホ）注意深く行動する態度。
（ヘ）わがままをしない態度。
（ト）友だちと協調する態度。
（チ）公のものを大切にする態度。
（リ）いたずらをしない態度。
（ヌ）身の廻りを美しくする態度。
（ル）清潔を保つ習慣。

（3）この単元で学習される能力。

（イ）言語＝①標準語で話す。②順序をたてて話す。③人の話をききわける。④音読する。⑤読んで意味をつかむ。⑥ひらがなを読む。⑦ひらがなを書く。⑧視写する。⑨句読点やかぎを使う。⑩手紙・日記をかく。⑪童話をつくる。

（ロ）数量＝①数える。②加減ができる。③時計がよめる。

（ハ）道具の使用＝①鉛筆を使う。②はさみを使う。③クレヨンを使う。

（ニ）問題解決＝①観察する。②問題をつかむ。③直覚的に判断をする。

（ホ）事態反應＝①整理整頓する。

（ヘ）音楽＝①歌う。②独唱独奏を鑑賞する。③リズムを体現する。

（ト）美術製作＝①色相を見分ける。②物を作る。

（チ）運動能力——（走・投・跳）

四、開始計画

（1）導入前の実態調査

（イ）しやぼん玉遊び＝①夏にはどんなたのしい遊びがあるか。児童。②夏にはどんな所にゆきたいか。児童。

（ロ）たなばたの子供会＝①たなばた祭りにはどんなことをするか。児童。父兄 ②子供会はどんなにしたいか。児童。

（ハ）水あそび＝①水あそびには、どんなしかたがあるか。児童。②泳ぎにゆく時には、どんなことに気をつけたらよいか。児童。

（ニ）夏休み＝①夏休みには、どんな生活をさせたいか。父兄。②夏休みの指導として、夏休み前にどんなことを学校で取扱つてほしいか。父兄。③夏休みには、学校としてどんな催しをしてほしいか。父兄。児童。

（2）利用すべき施設・資料

（イ）校内施設＝科学室・音楽室・図書館・プール・創作室

（ロ　校内資料＝しやぼん玉の絵・たなばたの竹・星の話スライド・魚の種類掛図・昨年度一年生の夏休み成績品（絵日記見本）・時計大模型・水鉄砲・夏の遊びのスライド。

（3）導　　入

雨ふりが続つて、急に晴れ上り夏らしくなつた頃「夏の遊び」の掛図或はスライドで、夏の遊びを導入し、第一に

「しやぼん玉遊び」にはいる。続いて「星の話」のスライドから「たなばたの子供会」にはいり、更に「水遊び」に発展する。この頃から、ぼつぼつ「夏休み」への伏線をはつて「夏休み」の学習を展開する。

五、予想される学習活動

（1）しやぼん玉遊び（五時間）

（イ）「夏の遊び」のスライドを図書館で見て、夏のたのしい遊びについて話合う。
①遊びの種類。②夏ゆきたい所。③そのほか夏のたのしみ。

（ロ）しやぼん玉遊びの歌をうたう。

（ハ）しやぼん玉遊びの経験について話合う。

（ニ）しやぼん玉遊びの準備をする。

（ホ）石けん液を作る。

（ヘ）しやぼん玉遊びをする。
①高くとばす。②大きいのを作る。③そのほか、かわつたふき方をする。

（ト）しやぼん玉遊びの面白さについて話合い、絵と文を絵日記式にかく。

（チ）しやぼん玉遊びの歌を作つて、歌う。

（2）たなばたの子供会（十時間）

（イ）スライド「星の話」を図書館でみる。

（ロ）たなばたまつりの経驗について話合う。

（ハ）たなばたまつりを学校では、子供会として開く話合いをする。
①七月の誕生者調べ。②子供会のプロ作成。③日程をつくる。④当日の役割をきめる。

（ニ）たんざくをつくる。

（ホ）たんざくに絵や字を書き竹につるす。

（ヘ）たんざくのほかに、紙くさりや折紙や切抜をつくつてかざる。

（ト）教室をきれいにする。

（チ）その間に子供会の練習をする。

（リ）子供会の案内をうちの人にかく。

（ヌ）たなばたまつりの話（天の川・おりひめ・ひこぼし・星座）を聞く。

（ル）子供会を開く。

（ヲ）夜空をながめる。

（ワ）たなばたまつりのようすを絵や文にかく。

（カ）子供会の反省をする。

（3）水あそび（十時間）

（イ）プールの水泳を見学する。
（ロ）泳ぎ方のいろいろについて話合いをする。
（ハ）泳ぎについて氣をつけることを話合う。（大人と一しょ・入る前・入り方・出てから）
（ニ）一年生のできる水あそびについて話合う。
（ホ）ささ舟をつくって浮かして遊ぶ。
（ヘ）水鉄砲を使って遊ぶ。
（ト）噴水を作って、水車などを廻して遊ぶ。
（チ）魚とりの状景図を見て、経驗について話合う。
（リ）魚の名あつめをする。それを絵にかく。

（4）夏休み（十五時間）

（イ）夏休みの話を先生から聞いて、休みの日数を数える。
（ロ）休みの長いことに驚いて、計画を考える。
（ハ）夏休みには、どんなことをするかを話合う。
①おしごと（絵日記・絵・工作・など）
②おけいこ（字の練習・テキストなど）
（ニ）夏休み中のおしごとのしかたについて話合う。
①絵日記のかき方。②手紙のかき方――手紙がどんなに運ばれるかを話合う――③おてつだいの種類。
（ホ）夏休み中の日課表・日程をきめる。自分の考え・おかあさんの考え・先生の考え。
（ヘ）夏に多い病氣の名前をあげる。
（ト）その病氣の防ぎ方について話合いをする。
①たべ物。②寢冷え。③ひるね。④外出。⑤帽子。⑥安全。
（チ）終業式に参加して一学期の反省をする。

六、評　價

（省略。單元一　参照のこと）

七、参考文献

学習指導要領各科編、低学年理科の實際、新学籍簿と評價。

第五節　秋の学校

一、單元五　秋の学校

二、この單元をとった理由

（1）兒童の如何なる要求・興味に基づくか

（イ）たのしかった第一学期の学校生活を思い、長い夏休み中には、休みが早く終ればよいとさえ考え、ここに再び学校生活がはじまると、第一学期にもましてたのしい生活が展開されるように願う。
（ロ）第一学期に経驗した学校でのいろいろの遊び・歌・お仕事・遠足・運動会・子供会などのたのしい事を早くしたい。
（ハ）夏休み中の生活経驗や、労作を友だちに発表したり、友だちのを見たり、聞いたりしたい。
（ニ）九月から十月にかけて、庭にすだく虫の声・月・くだもの・草花などの自然の美しさに興味を感ずる。

（2）社会的に如何なる意味を持つか

（イ） 課題との關係

①動物や植物はどのようにかわいがったらよいか。
②水を使う時にはどんな事に氣をつけたらよいか。
③学校や家や近所では、どのように動植物を育てているか。
④きものを大切にするにはどうしたらよいか。
⑤学校のゆきかえりにはどんなことに氣をつけたらよいか。

⑥手紙をだすにはどうしたらよいか。

⑦学校でたのしくくらすにはどうしたらよいか。

⑧たのしく遊ぶにはどうしたらよいか。

⑨学校ではどのようにお仕事やおけいこをしたらよいか。

⑩友だちと仲よくするにはどうしたらよいか。

（ロ）社会との関係

①一学期間の学校生活から、長い夏休みを経たが、まだまだ学校生活になれたとはいえない。そのために、親も児童も不安を感じ、さらに、一般社会から保護されている域を脱しない。早く、保護の手や、迷惑をかけることを少くして、自律的に生活できるようにしたい。

②長い夏休みの自由な生活の情勢が残って、学校生活をたのしみつつも、疲労を感ずる。一方しだいに身体の発育も盛んになって耐久力もでてくる。学校生活になれて、落着きがでてきたら、本格的な学校生活をさせたい。

（3）単元の内容

（イ）夏休みの展観会＝夏休みのたのしかった経験をふりかえって、新たな生活意欲をおこす。その間に、たのしくくらすのには努力の必要なこと、成績品を大切に取扱うことを理解する。

（ロ）虫あつめ＝夏休みの経験から発展して、本校校庭で虫の採集をし、虫の生活を理解するとともに愛育の念を養い、道具の取扱いになれさせる。

（ハ）秋のたねまき＝秋の自然にふれ、秋の草花の美しさを味うとともに、栽培の意欲を高めて、植物を育て、道具の扱い方になれさせる。

（ニ）お月見＝秋の夜の美しい情緒を味い、月見に関連して、月の変化・くだもの・くだものやの理解を深める。

（ホ）秋の運動会＝秋のたのしい運動会に参加して、せい一ぱいがんばる態度を養い、その間に、協力の精神・身体や衣服のせいけつを理解する。

（ヘ）遠足＝動物園に出かけ、動物の生態・形態を観察するとともに愛育の念を高め、公園や電車などにおける公衆道徳を理解させる。

（ト）たのしい学校図書館＝各種の本々読むことによって、本に対する親しみを深めるとともに、読書力を養う。初歩的な図書館のきまり・本をよむ態度・姿勢を習慣づける。

（4）既有経験との関連

（イ）「夏休みの展覧会」は、単元一の「きれいな教室」から単元七の「展覧会」に発展する。

（ロ）「虫あつめ」は夏休みの経験から、単元七の「げんきなあそび」に発展する。

（ハ）「秋のたねまき」は単元二の「春のたねまき」からの継続で、今後二年生まで続く。

（ニ）「お月見」は単元四の「七夕の子供会」に関連し、くだものやについては、単元六の「お店やさんごっこ」に発展する。

（ホ）「運動会」は単元二の「春の運動会」の発展で、秋の大きな行事となる。

（ヘ）「遠足」は単元二の「遠足」に関連し、次の単元六「学校の近所」の導入として大きな役割をはたす。

（ト）「たのしい学校図書館」は単元三の「雨ふり」のレクリエーションからの発展で、本格的な図書館利用を得させる。

三、目　　　標

（1）この単元で学習される理解の目標

（イ）成績品は大切にする。

（ロ）一生けんめいしないとよい仕事はできない。

（ハ）学校には友だちが大ぜいいるのでたのしい。

（ニ）本はだいじにみなければならない。

（ホ）図書館では静かに本をみる。
（ヘ）練習をすると物事は上達する。
（ト）みんながきまりを守るとたのしい生活ができる。
（チ）みんなで力を合せると大きい仕事ができる。
（リ）電車の乗降には順序を守らなければいけない。
（ヌ）わからないことは、先生や親や友だちにきく。
（ル）仕事は注意深くしなければいけない。
（ヲ）生物にはいろいろの種類がある。
（ワ）生物は季節によって生活のしかたがちがう。
（カ）動物の体は生活に適した形をしている。
（ヨ）植物の成長には、水・熱・光・肥料がいる。
（タ）自然から大きな災害をうけることがある。
（レ）自然は美しい。
（ソ）月はみちたりかけたりする。
（ツ）ほどよい運動はからだを丈夫にする。
（ネ）きものは仕事によってつごうのよいものを使う。
（ナ）図書館にはいろいろの本がある。
（ラ）本にはいろいろ面白いことがかいてある。
（ム）いろいろの店があって、大勢の人が働いている。
（ウ）店はお客につごうのよいようにできている。
（ヰ）歌はたのしいものである。
（ノ）遠足はたのしいものである。

（２）この単元で学習される態度

（イ）自分の持物を大切にする態度。
（ロ）公のものを大切にする態度。
（ハ）いたずらをしない態度。
（ニ）きまりを守る態度。
（ホ）友だちに親切にする態度。
（ヘ）友だちと協調する態度。
（ト）仕事を熱心にする態度。
（チ）自ら進んで仕事をする態度。
（リ）機敏に仕事をする態度。
（ヌ）落着いて仕事をする態度。
（ル）工夫考案する態度。
（ヲ）注意深く行動する態度。
（ワ）美しいものを喜ぶ態度。
（カ）清潔を保つ習慣。
（ヨ）元氣に遊ぶ習慣。

（３）この単元で学習される能力

（イ）言語＝①標準語で話す。②順序をたてて話す。③人の話をききわける。④音読する。⑤ひらがなを読む。⑥ひらがなを書く。⑦句読点やかぎを使う。⑧手紙をかく。⑨童謠を作る。
（ロ）数量＝①数える。②加減ができる。③かんたんな形をかく。④時計がよめる。⑤金錢が使える。
（ハ）道具の使用＝①鉛筆を使う。②根掘りを使う。③じょうろを使う。④たま網を使う。⑤粘土・粘土板を使う。⑥クレヨンを使う。⑦のり・のり下紙を使う。⑧ボールを使う。
（ニ）問題解決＝①観察する。②問題をつかむ。③直覚的に判断する。
（ホ）事態反應＝①危險から身を守る。②整理整頓する。
（ヘ）音樂＝①歌う。②譜をよむ。③リズム体現。
（ト）美術製作＝①物を作る。②色相を見分ける。
（チ）運動能力＝（跳・投・走）

四、開始計画

（１）利用すべき施設・資料

（イ）校内施設・資料

①施設＝各学級展覽会場・本校校庭の草むら・科学室・郷土室・音樂室・健康教室・学校図書館・創作室。

②資料＝昆虫標本・鳴く虫の標本・鳴く虫の掛図・昆虫図鑑　飼育瓶・根掘り・くわ・じょうろ・秋まき種子・秋の草花図鑑・花びん・胴らん・木の実草の実の掛図・月のえいきの図・お月見の状景図・粘土・粘土板・くだものの掛図・春の運動会の図画・運動会用具・上野動物園のスライド・動物掛図（けもの、魚鳥）東京模型・大東京地図

（ロ）校外施設・資料

上野動物園（又は井ノ頭文化園）

果物屋（三谷町マーケット或は第一師範駅前）、八百屋（学校前）

（2）着手計画

（イ）導入前の実態調査

①夏休みの展覧会

a、夏休み中どんなことをして遊んだか。（どこへいったか）児童及び父兄。休み中の便り。

b、夏休み中どんなくらしかたをしたか。（生活態度・病気）父兄。休み中の便り。

c、夏休み中どんな学習をしたか。提出作品。

d、二学期になってどんなことをしたいか。児童。

e、二学期になってどんなことを望むか。父兄。

②虫あつめ。

a、虫をつかまえたらどうするか。児童。

b、すきな虫ときらいな虫。児童。

③秋のたねまき。

a、いままでにどんなたねをまいたことがあるか。児童。

b、今度学級園にどんなものが作りたいか。児童。

④お月見。

a、秋のお月見には、どんなことをするか。児童・父兄。

b、お月様のことで、どんなことがききたいか。児童。

⑤秋の運動会。

a、運動会にはどんなことがしたいか。児童・父兄。

⑥遠足。

a、遠足はどこにゆきたいか。児童・父兄。

b、動物園にいったことがあるか。何が一番おもしろかったか。児童。

c、動物園から帰ったら、どんなことをしたいか。児童。

⑦たのしい学校図書館。

a、どんな本がよみたいか。児童。

（ロ）導入。

前単元の「夏休み」の学習が終って夏休みにはいり、この単元の「夏休みの展覧会」は約束されていたわけで、自然に「夏休みの展覧会」にすべりこむ。二学期の始め、勇んで登校した子供たちに「二学期にはどんなことがしたいか。」という問かけから、この単元の全内容は展開する。

「夏休みの展覧会」を計画展開している間に、校庭の草むしり作業が行われ、子供たちはここでバッタなどを発見し、それが契機となって「虫あつめ」に発展する。一方校庭の草むしりは、学級園の手入れとなって「秋のたねまき」が自然に準備され「秋のたねまき」を行う。これが秋の草花に対する興味をそそって、校外の野趣を尋ねる動機となり、さらに「お月見」に延びてゆく。お月見は、秋の果物、学習を内容にふくんで、たのしい月見行われる。一方秋の運動会が計画され、ぼつぼつ練習がはじまるころ「運動会」をとりあげて、更にまちにまった秋のたのしい「遠足」をする。やがて落着いた学習を望む頃となって「たのしい学校図書館」の学習にはいる。

五、予想される学習活動

（1）夏休みの展覧会（二十時間）

（イ）始業式に参加する。

（ロ）二学期にはどんな事をしたいか、どんなたのしい事があるかを話合う。

（ハ）夏休みの生活について話合う。

①休み中の面白かったことについて話合う

②休み中の苦しかった事について話合う。

③休の色の黒さくらべをする。

④休み中病気をした人の数を数える。何日位ねたか、その原因を聞く。

⑤休み中の印象的な場面を絵にかく。

（ニ）休み中の成績品を整理してもってくる。

①グループで絵日記をみたり読んだりする。

②作ったものを見せ合う。

③作品をいためないようにするにはどうしたらよいかを話合う。

（ホ）休み中の作品をどのようにしたらよいかを話合う。

（ヘ）どのように作品を展覧したらよいかを話合う。会場をつくる。

（ト）成績品をならべたり、手傳ったりする。

（チ）作品に説明や名札をつける。

（リ）家の人に展覧会の案内状をかく。

（ヌ）展覧会はどのように見たらよいかを話合う。
①見学のしかた。②見るところ。③学級のみんなの成績。
（ル）校内の展覧会をみてまわる。
（ヲ）展覧会の結果について話合う。
①よい作品。②よい学級。③陳列のしかた。④見学のしかた。
（ワ）展覧会の作品から、夏休みの生活のしかたの反省をする。
（カ）来年の夏休みには、どんなことをしたいかを話合う。
（ヨ）夏休みの作品の保存のしかたについて話合う。

（2）虫あつめ（六時間）

（イ）校庭の草むしり作業に参加する。
（ロ）作業の途中にとび出して来たバッタを、作業が終ってからとることにする。
（ハ）本校校庭でバッタとりをする。
（ニ）とったバッタをどうするか話合う。
（ホ）バッタとりから、秋の虫しらべをする。
①どんな虫がいるか。
②どんな鳴く虫がいるか。
（ヘ）なく虫と、なき声をかいてみる。
（ト）なく虫（コオロギ）をさがしにゆく。
（チ）コオロギを教室や家でかってみる。
①なき声。②なき方。③たべ物。
（リ）コオロギについてしらべたことを絵や文にかく。
（ヌ）コオロギをその後どうするかを話合う。

（3）秋のたねまき（十四時間）

（イ）校庭の草むしり作業に続いて、学級園の手入れをする。
（ロ）春まいた草花（アサガオ）の手入れや、種とりをする。
（ハ）春まきの草花が終えたあとに何をまきたいか話合ってきめる。この頃家庭ではどんなたねまきをするかも話合う。
（ニ）たねまきのしかたについて話合う。
（ホ）地ごしらえやつみごえを入れる。
（ヘ）種まき・植付けをする。
（ト）その後のせわのしかたについて話合う。
（チ）まきおわってからせわをして、生長のようすを見たり、簡単な記録をしたりする。
（リ）この頃さいている草花をみてまわる。
（ヌ）美しい草花や、野草を集めて、教室の花びんにさす。家庭でもする。

（ル）秋の草花の絵をかいて、絵あつめをする。名まえもかく。
（ヲ）もっと美しいものはないかと、学校の近所の野原に出かけて、野草の美しいものをさがす。
（ワ）野草の美しいものを集める。名まえをおぼえる。
（カ）その際、秋の野草の実に興味がひかれ、草の実集めをする。灌木の木の実も集める。
（ヨ）草の実・木の実集めをして、みんなで標本をつくる。

（4）お　月　見（十五時間）

（イ）野草集めから、お月見の近づいた話をする。
（ロ）こよみについて先生から話をきき、九月・十月のひと月の日数を数える。
（ハ）お月見の経験を話合う。
（ニ）これからしらべたいこと・したいことを話合う。
①月の形のかわるようすを記録する。
②どうしたら丸い形がかけるかを工夫する。
（インクびんや、ちゃわんを使う）
③月のかたち、月の表面についてのわからないことを先生からきく。
④「お月さま」に関係した歌をうたう。
⑤お月見のおそなえものについてしらべる。
⑥お月見は学校ではできないから、その日に九月・十月の子供会を開くことにする。
⑦「お月さま」のうたをつくる。
（ホ）お月見のおそなえものの、くだものについて、くだものやさんにいってしらべる。
①どんなものがあるか。（名まえをかく）
②どんなにかざってあるか。
③ねだん・産地・廣告・看板。
（ヘ）八百屋さんにもいってしらべる。
①どんなものがあるか。（名まえをかく）
②どんなにかざってあるか。
③ねだん・産地・廣告・看板。
（ト）お月見のそなえものをつくる。
①粘土で、くだものと野菜をつくる。②色紙と画用紙でくだものと野菜をつくる。
（チ）子供会の計画をたてる。
①種目をきめる。
a、グループで一つする。
b、九月・十月に誕生した人は、個人個人でとくべつにする。
②子供会の役割をきめる。
③練習する。

（リ）子供会の案内状を家の人にかく。
（ヌ）子供会の準備をする。
①会場をつくる。
②教室をかざる。お月見のおそなえものにつくった、花ものや野菜を並べる。野草をかざる。
（ル）子供会を開く。
（ヲ）お月見のようすについて話合う。
（ワ）お月見の絵をかく。
（カ）子供会の反省会を開く。
（ヨ）月のえいき（盈虧）はこの後も、もうすこし続けて観察し記録する。

（5）秋の運動会（二十時間）

（イ）運動会の練習がはじまった事から、春の運動会の思い出について話合う。
（ロ）春の運動会の図画をみる。
（ハ）運動会には、どんな事をしたいかを話合う。
（ニ）種目のきまったことを先生から聞く。
（ホ）紅白の組分けのしかたについて話合う。
（ヘ）演技の練習をする。（綱引・かけっこ・ゆうぎなど）
（ト）上級生の練習をみて、みんなでもっと上手にしようと、種目毎に工夫を話合う。
（チ）どうしたらたのしい運動会ができるかを話合う。
①力一ぱい。②練習。③仲よく。④おうえん。⑤よくみる。⑥たべ物。⑦運動の服装。⑧持物。
（リ）家の人に運動会の案内状をかく。
（ヌ）運動会の準備をする。
①教室をきれいにかざる。
②こしかけの名札つけ。
③持ってくるもの（はちまき・ぼうし・べんとう）
（ル）元氣できまりよく運動会をする。
（ヲ）運動会がすんで後かたづけをする。
（ワ）運動会のたのしかったことを話合う。
①どの種目が面白かったか。
②もっとたのしくするにはどうしたらよいか。
（カ）運動会のことを絵にかいたり文にかいたりする。

（6）遠　足（二十時間）

（イ）運動会が終って、次のたのしみは何かを話合う。
（ロ）動物園の幻燈をみる。
（ハ）動物園にゆく期日・目的について先生から話をきく。
（ニ）動物園にいった事のある経験について話合う。
（ホ）どんな動物を知っているか名をあげる。
（ヘ）動物を種類によって分けて名まえをかく。
（ト）見た事のあるもの・ないものの経験を話合う。
（チ）動物はどんな仕事をするかしらべる。
牛・馬・犬・ねこ・にわとり・小鳥。
（リ）動物園にいってかえって来たら、どんなことをするかを話合う。
（ヌ）動物園はどこにあるかを話合う。
（ル）動物園のような所がほかにもあるかを話合う。
（ヲ）どんな準備をしていったらよいかを話合う。
①服装。②動物のえさ。③その他の持物。
（ワ）集合・解散の場所・時刻について先生から話をきく。
（カ）どうしたらたのしい遠足ができるかを話合う。
①道の歩き方。②電車の乗降。③電車の中。④動物園の中の歩き方。⑤えさをやっていい動物とやってはいけない動物。⑥たべ物。
（ヨ）元氣できまりよく遠足にゆく。
（タ）帰ってきてから、遠足のようすについて話合い、文をかく。
（レ）絵で動物園をつくる。
①どんなにつくるか話合う。
②画用紙のきりぬきで動物園をつくる。
（ソ）粘土で動物をつくる。
（ツ）紙でつくった動物園・粘土でつくった動物を並べて展覧会を開く。
（ネ）展覧会を前にして「動物園の動物まね会」を開く。
（ナ）動物にちなんだ歌をつくる。

（7）たのしい学校図書館

（イ）学校図書館にゆく。
（ロ）今までに図書館をどんなに使ったかを話合う。
（ハ）これからは、どんなに使いたいかを話合う。
（ニ）図書館の使い方について話合う。先生からも図書館のきまりについて話を聞く。
（ホ）本を出して読む。
（ヘ）本をかたづける。
（ト）もっと、どんな本がほしいかを話合う。
（チ）本をかわいがるには、どうしたらよいかを話合う。
（リ）今後「図書館をどのように使いたいか」の話合いから、自由に利用してよい時間ときまりを、先生からきく。

六、評　　価

（省略。単元一　参照のこと）

七、参　考　文　献

学習指導要領各科編、低学年理科の実際。

第六節　学　校　の　近　所

一、単元六　学　校　の　近　所

二、この単元をとった理由

（1）児童の如何なる興味・要求に基づくか

（イ）学校への通学途上に眼にふれる電車・自動車・店・畑などに興味をもって、それらの動きや変化にいつも眼をむけている。

（ロ）屋上から眺めることを喜ぶとともに、そこから眺められる学校・畑・店がどんなになっているかに興味をもつ。

（ハ）屋上から眺められる近くの小学校を見るとき、同じ小学校の児童と通学途上よくあうことがあるが、その学校を見て来たい。

（2）社会的に如何なる意味を持つか

（イ）課題との関係

①動物や植物はどのようにかわいがったらよいか。

②学校や家や近所ではどのように動植物を育てているか。

③おうちや学校ではどんなお手傳いができるか。

④学校や家の近くの店ではどんなものを賣っているか。

⑤荷物はどんなにして運ばれるか。

⑥学校のゆきかえりにはどんな事に氣をつけたらよいか。

⑦学校でたのしくくらすにはどうしたらよいか。

（ロ）社会との關係

①社会生活を営むには、必ず規律があり約束がある。一年生ながらにその約束を守ることによってたのしい生活ができるようにしたい。例えば電車の利用・商店から品物を買う場合など。

②人々は物の生産や物の分配、交通通信などのために働いていることによって、生活が合理的に営まれてゆく。この中にあって、一年生は一年生らしく、品物を大切に取扱い、しかも生産の妨げにならないような態度を養ってゆきたい。

③近所の学校の生徒とよく争いを起すことがある。学校の中だけでなく、近所の学校の友だちとも仲のよい生活をしてゆくようにしたい。

（3）単元の内容

（イ）電車ごっこ＝遠足から発展して、電車がどのように動かされているかを理解して、電車利用の態度を養う。

（ロ）乗物しらべ＝電車ごっこに引續いて乗物をしらべ、それらがどんな役目をもっているか、どんなにして動いているかを理解する。

（ハ）学校の近所＝屋上から学校の近所を眺め、人々がそれぞれの仕事をもって働いている事を理解する。

(ニ) お店やごっこ＝学校の近所のお店やしらべから、お店がどんなになっているか、どのように利用したらよいかを理解する。

(ホ) 近所の学校＝近所の学校の生徒とはどのように交わればよいかを考え、親しさをますようにする。

(4) 既有経験との関連

(イ) 「電車ごっこ」は、電車通学の者は毎日経験していることであるが、一学期に、遠足に行って、乗降や駅員の働きには一通りの理解をもっているだろう。

(ロ) 「のりものしらべ」は、通学途上或は絵本などで知っている。更に、その目的・利用方法などをしらべる。

(ハ) 「学校の近所・お店やさんごっこ・近所の学校」は、日ごろの家庭生活や、通学途上の経験をもとにして、更に単元七の「おかあさんのしごと」に発展する。

三、目　標

(1) この単元で学習される理解の目標

(イ) 電車はいろいろの人によって動かされている。
(ロ) 道路を歩く時・横切る時にはきまりがある。
(ハ) 動物や植物は人の生活と関係が深い。
(ニ) 作物は長い間の努力で収穫される。
(ホ) 品物はいろいろのすじ道を通って運ばれる。
(ヘ) お店の品物はお客様に都合のよいように飾ってある。
(ト) 品物は金銭で賣買される。
(チ) お小遣いはむだに使ってはいけない。
(リ) 店の品物は大事に取扱わなければいけない。
(ヌ) 近くの学校の生徒とも仲よくしなければいけない。

(2) この単元で学習される態度

(イ) 新しく工夫考案する態度。
(ロ) わからないことをただす態度。
(ハ) 落着いて仕事をする態度。
(ニ) 仕事を熱心にする態度。

(ホ) 自ら進んで仕事をする態度。
(ヘ) 機敏に仕事を処理する態度。
(ト) 注意深く行動する態度。
(チ) わがままをしない態度。
(リ) 友だちと協調する態度。
(ヌ) 公のものを大切にする態度。
(ル) いたずらをしない態度。
(ヲ) 元氣に遊ぶ態度。

(3) この単元で学習される能力

(イ) 言語＝①順序をたてて話す。②人の話をききわける。③音読する。④読んで意味をつかむ。⑤ひらがなを読む。⑥ひらがなを書く。⑦視写する。

(ロ) 数量＝①数える。②加減ができる。③かんたんな形をかく。④金銭が使える。

(ハ) 道具の使用＝①はさみを使う。②粘土板を使う。③クレヨンを使う（一應完成）。④ボールを使う。

(ニ) 問題解決＝①観察する。②問題をつかむ。③直覚的に判断する。

(ホ) 事態反應＝①危険から身を守る。②整理整頓する。

(ヘ) 音楽＝①歌う。②譜を読む。③独唱独奏を鑑賞する。④リズムを身体に表現する。

(ト) 美術製作＝①写生する。②物の調和をとる。③色相を見分ける。④物をつくる。

(チ) 運動能力（跳・走・投）

四、開　始　計　画

(1) 利用すべき施設・資料

(イ) 校内施設・資料

①施設＝科学室・郷土室・学校図書館・創作室・体育館。

②資料＝電車模型・電車の絵本・電車のおもちゃ・信号機模型・乗物模型・乗物の絵本・乗物掛図・学校の近所の

建物說明図・稲のとり入れスライド・近所の学校の配置図・通貨見本。

（ロ）校外施設・資料

①第一師範駅と三軒茶屋駅の見学。

②農家のとり入れの様子見学。

③学校の近所の店見学（文房具店・本や・雜貨店・其の他）

④近所の学校見学（駒繋・中里・旭・鷹番・五本木）

⑤近所の公園見学（鶴ヵ窪・碑文谷）

（2）着手計画

（イ）導入前の実態調査

①電車ごっこ。

a、学校の近くには、どんな電車が走っているか。兒童。

b、電車を動かすには、どんな人がどんなお仕事をするか。兒童。

c、電車にのる時には、どんな注意がいるか。兒童。

d、電車通学上指導してほしい点。父兄。

②乗物しらべ。

a、乗物にはどんなものがあるか。兒童。

a、乗物はどんな力ではしるか。兒童。

c、乗物についてどんなお仕事がしたいか。兒童。

③学校の近所。

a、学校の近くにあるもので、どんなものがしらべたいか。兒童。

b、学校へくる途中で、どんなおもしろいことをみたり聞いたりするか。兒童。

④お店やさんごっこ。

a、お店やにはどんなものがあるか。兒童。

b、お小遣はどのように使っているか。兒童。父兄。

⑤近所の学校。

a、近所には、どんな学校があるか。兒童。

b、近所の学校のお友だちと仲よくするには、どうしたらよいか。兒童。

（ロ）導　　入

前單元の「遠足」から帰って、電車や地下鉄を使った経験から「電車ごっこ」にはいる。電車ごっこをもっと上手にするために、実際に駅にいって調べ、更に諸道具を整えて電車ごっこをする。これから発展して、学校の近所を通っている乗物調べから「乗物しらべ」にはいり、学校の近所を屋上から眺めて「学校の近所」を調べる。屋上から眺めたもののうち興味の湧いたものの中「お店しらべ」「農家しらべ」「近所の学校」しらべに発展する。

五、予想される学習活動

（1）電車ごっこ（二十五時間）

（イ）電車の模型や掛図をみる。黒板にかかれた電車ごっこの伏線ともなる線路・駅・信号機の絵をみる。

（ロ）動物園にいった時どんな乗物にのったかを話合う。

（ハ）電車の構造・電車の乗降について話合う。

（ニ）みんなで電車ごっこをする。グループで電車を紐で作って走る。車掌・運轉手・乗客・停車場を作る。

（ホ）もっと本当のように電車ごっこをしようと話合う。

（ヘ）計画を話合う。何をきめたらよいかを話合う。役割。配当・線路・信号・きっぷ。

（ト）駅の様子を調べてくる。

a、第一師範の駅に見学にゆく。

駅に働く人（駅長・出札係・改札係・駅手）電車を動かす人（車掌・運轉手）

乗り方・降り方・切符の買い方。

b、三軒茶屋に見学にゆく。

電車を動かす人（車掌・運轉手）・交通整理の様子・道路横断のきまり・交通巡査から話をきく。

（チ）電車ごっこの用意をする。

a、役割をきめる。全員で行う。配当をきめる。

b、線路をつくる——線路工手。

c、信号機をつくる——信号手。

d、電車をつくる——紐・電車の切抜の絵・方向板。

e、駅の名札・きっぷ・腕章・笛を用意する。

f、乗り方・降り方を工夫する。

乗りすぎない、まっている人。

（リ）電車ごっこをする。

（ヌ）電車ごっこのことを絵や文にかく。

（ル）電車ごっこの反省会を開く。

（2）乗物しらべ（十五時間）

（イ）電車ごっこの反省から、学校の近所を通る乗物の名前をあげる。

（ロ）更に廣く乗物の名をあげて、分類する。電車・自動車・自轉車・汽車・船。

（ハ）乗物集めをする。

絵をかく。おもちやを集める。写眞や絵を集める。いろいろの型のものを集める。

（ニ）乗物の展覧会を開く。

（ホ）乗物のはたらき（どんな仕事をするか）を話合う。

（ヘ）どれが速いかを話合う。

（ト）何の力で動くかを話合う。

（チ）すきな乗物を粘土・厚紙で作ったり、絵にかいたりする。

（3）学校の近所（十二時間）

（イ）屋上から学校の近所の景色をみる。

（ロ）方位を調べて、東西南北に分けて、見えるものを調べる。

a、近くに見えるもの（郵便局・文房具店・パン屋・住宅・農家・畑・電線）

b、やや遠くに見えるもの（東横線・都立高校・玉川上水給水塔・畑・森・煙突・公園）

c、遠くに見えるもの（ガスタンク・星製薬）。

d、東西南北に分れて、屋上から見えるものの絵をかく。

（ハ）学校の廻りを歩いて調べたいものをきめる。

（ニ）農家にいって、「とり入れ」の様子を見る。

（4）お店やさんごっこ（二十時間）

（イ）学校の近所のお店調べをする。

a、どんなお店があるか。

b、どんな物を賣っているか。

c、お店の人はどんなに働いているか、見たり聞いたりする。

d、お店には、品物がどんなに並んでいるか。

e、お店の品物を買う時にはどうしたらよいか、話合い、お店の人から子供への注意をきく。

（ロ）学校の購買部の様子をみる。

（ハ）お店の見学をもとにして、お店やごっこの計画をたてる。

a、グループによって店をつくる。

b、商品・正札・看板を作る。

（ニ）お店やごっこの方法について話合う。

a、お金を作る。b、賣買して遊ぶ。c、客を親切に迎える。d、商品について説明する。e、買手もいろいろ聞いてから買う。f、商品の少くなった時はどうするかを話合う。

（ホ）お店やさんごっこの反省をする。

（ヘ）お店やさんごっこの文をかく。

（ト）おつかいの仕方について話合う。

（チ）お小遣いの使い方について話合う。

（リ）十一月の子供会を、商品を陳列した所で開く。

（5）近所の学校（八時間）

（イ）屋上から見えた近くの学校には、どんなものがあるかを話合う。

（ロ）そのほか、近くの小学校には、どんなのがあるかをあげる。名前をかく。

（ハ）近くの学校の生徒とどんな交渉があるかを話合い、近くの学校の生徒とも仲よくしなければ困ることを話合う。

（ニ）近くの学校の生徒と仲よくするには、どうしたらよいかを話合う。

（ホ）近くの学校めぐりをする。

駒繋——中里——旭——（鶴ヵ窪公園）——（碑文谷公園）——鷹番——五本木。

（ヘ）学校めぐりの印象について話合う。

（ト）親善の印に作品の交換をする。

（6）単元の概括

電車ごっこ・乗物しらべ・学校の近所・お店やさんごっこ・近所の学校で作った作品を展覧して学習の反省をする。

六、評　　価

（省略。単元一　参照の事）

七、参考文献

学校指導要領各科編、低学年理科の実際。

第七節　私のうち

一、單元七　私のうち

二、この單元をとった理由

(1) 兒童の如何なる要求・興味に基づくか

(イ) 学校生活にも慣れ、友だちにも慣れてきて活潑な活動をするようになったこの頃、自分の生活を自主的にもっと拡充したい。

(ロ) 年のくれを迎え、お正月を迎えて、たのしい遊びを中心として、たのしい家の生活をしたい。

(ハ) 家や近所での面白くないいさかいを、何とか解決して、たのしい生活にしたい。

(ニ) 寒さを迎えて、家の中でくらすことが多くなるが、その家での生活をたのしいものにしたい。更に寒さに適應した生活をみつけたい。

(2) 社会的に如何なる意味を持つか

(イ) 課題との関係

①じょうぶな元氣な子になるにはどうしたらよいか。

②たべ物をたべる時にはどのようなことに氣をつけたらよいか。

③安全に遊ぶには、どのような事に氣をつけたらよいか。

④動植物はどのようにかわいがったらよいか。

⑤おうちや学校ではどんなお手傳いができるか。

⑥きものを大切にするにはどうしたらよいか。

⑦手紙を出すにはどうしたらよいか。

⑧たのしく遊ぶのにはどうしたらよいか。

⑨学校ではどのようにお仕事やおけいこをしたらよいか。

⑩お友だちと仲よくするにはどうしたらよいか。

⑪教室をきれいにするにはどうしたらよいか。

(ロ) 社会との関係

①友だちを通じ、友だちの家を通じて、比較的に自分の家庭生活がわかって來た時期に、家庭や近所での生活の指導をしたい。

②学校での共同生活に慣れて來たこの頃、家庭での共同生活・自主的な生活の関係を理解して、保護されている立場から、自主的な生活にはいらせたい。家庭の手傳いなども、家庭生活の理解の上にたって自主的にさせたい。

③学用品・家庭用品の道具の取扱いにも慣れさせたい。

④家の貧富などについてもおぼろげながらわかってくるが、家庭の経済狀態も考えて、わがままな生活をしないような理解をもたせて、家の共同生活を理解させたい。

⑤お正月には客の出入が多いが、或る程度の禮儀もわきまえさせたい。

⑥寒さを迎えるにあたっての衞生上の注意や元氣な遊びを指導したい。

(3) 單元の内容

(イ) うちのたのしみ＝うちの生活のたのしみを考え、家族が協力して、たのしい生活を建設することを理解する。

(ロ) 展覧会＝学校行事の図工展覧会に作品を出して、家の人と共に參観する喜びを味い、自分の仕事を熱心にすることで、家の生活が明るくなることを味う。

（ハ）おかあさんのしごと＝おかあさんのしごとを調べて、これではお手傳いをしなければならないし、一方自分の事はできるだけ自分でしなければならないことを理解する。

（ニ）冬休み＝冬休みの生活について計画する。

（ホ）子供会＝たのしいお正月に集つて、子供会を開く。

（ヘ）お正月＝たのしいお正月の遊びを中心として、遊びの指導をする。

（ト）お客さまごつこ＝お客にゆく時、お客様が來た時の作法や遊びについて理解し、きものやたべものに対する態度を養う。

（チ）元氣なあそび＝寒さを迎えて、元氣に遊び、寒さに対する衞生について理解し、家庭生活の自主性を高める。

（4）既有經驗との關連

（イ）「展覧会」は既に單元五で「夏休みの展覧会」で取扱つた。學校行事の一つとして、單元の学習の中に含めて、家庭との連絡を十分にとる。

（ロ）「うちのたのしみ」「おかあさんのしごと」「冬休み」は個人的には今迄にいろいろ經驗されているし、また個人差が多い。夏休みの生活の反省から材料が得られるであろう。

（ハ）「子供会」は学校としての月例の誕生会の意味で開いて來た。それに新年のおたのしみ会として新しい經驗である。

（ニ）「お客さまごつこ」は、單元三の「お客さまごつこ」の発展である。

（ホ「元氣な遊び」は、單元一の「たのしい教室」單元四の「しやぼん玉遊び」に連絡して、積極的な遊びを指導すると共に、冬の衞生を取扱う。

三、目　　標

（1）この單元で学習される理解の目標

（イ）わがままをするとみんなが楽しくなくなる。

（ロ）自分たちの力で学校はもつと楽しくなる。

（ハ）友だちの成績品からいろいろと教えられる。

（ニ）みんなの力で教室は美しくなる。

（ホ）おかあさんは忙しい。

（ヘ）おうちではお手傳いをしなくてはならない。

（ト）両親は私たちをせわして下さる。

（チ）自分の身の廻りは自分で片附ける。

（リ）自分で使つたものは自分で片附ける。

（ヌ）きまり正しい生活はからだのためによい。

（ル）友だちとは仲よく遊ぶ。

（ヲ）あぶない遊びがある。

（ワ）学校には友だちが大勢いるので楽しい。

（カ）新聞や雜誌やラジオには楽しいことがある。

（ヨ）お客にいつたり、お客様を迎える時には、作法がある。

（タ）病氣にはうつるものとうつらないものとがある。

（レ）わずかな注意でけがさけられ、病氣をまぬかれることがある。

（ソ）病氣になつたら早く医者にみてもらい、注意を守るとなおりが早い。

（ツ）病氣をしている人には、見舞つてなぐさめる。

（ネ）動植物は季節によつて生活のしかたがちがう。

（ナ）天氣はいろいろにかわる。

（ラ）機械を動かすには、人や動物の力を使うだけでなく、自然の力や電力・火力を使う。

（ム）物は熱やくすりで質がかわる。

（2）この單元で学習される態度

（イ）新しく工夫考案する態度。

（ロ）わからないことをただす態度。

（ハ）落着いて仕事をする態度。

（ニ）きまりを守る態度。

（ホ）自分の事を自分で処理する態度。

（ヘ）自分の持物を大切にする態度。

（ト）仕事を熱心にする態度。

（チ）自ら進んで仕事をする態度。

（リ）機敏に仕事をする態度。

（ヌ）注意深く行動する態度。

(ル) わがままをしない態度。
(ヲ) 友だちに親切にする態度。
(ワ) 友だちと協調する態度。
(カ) 挨拶をする態度。
(ヨ) 公の物を大切にする態度。

(タ) いたずらをしない態度。
(レ) 美しいものを喜ぶ態度。
(ソ) 清潔を守る習慣。
(ツ) 元氣に遊ぶ態度。
(ネ) よい姿勢を保つ習慣。

(3) この單元で学習される能力

(イ) 言語＝①順序をたてて話す。②標準語で話す。③人の話を聞きわける。④音読する。⑤読んで意味をつかむ。⑥ひらがなを書く。⑦句読点を使う。⑧二〇〇字程度の文をかく。⑨手紙日記をかく。⑩童話を作る。
(ロ) 数量＝①数える。②加減ができる。③かんたんな形をかく。④金銭が使える。
(ハ) 問題解決＝①観察する。②問題をつかむ。③直覚的に判断する。
(ニ) 事態反應＝①危険から身を守る。②整理整頓する。
(ホ) 音樂＝①歌う。②譜を読む。③独唱独奏を鑑賞する。
(ヘ) 美術製作＝①写生する。②色相を見分ける。③物を作る。

四、開始計画

(1) 利用する施設・資料

(イ) 校内施設・資料
①施設＝校内展覧会・創作室・音樂室・科学室・学校園・学級園
②資料＝昨年の展覧会作品・火の用心のポスター・睡眠時間表・絵日記・年賀状見本・かるた見本・凧・冬の病氣統計・だるまおとし・あぶりだし材料・雪だるまや雪うさぎの掛図・かげ絵遊びの掛図

(ロ) 校外施設・資料＝歳の市・正月のおかざり・クリスマスツリー・雪景色

(2) 着手計画

(イ) 導入前の実態調査

①展覧会
a、展覧会にはどんなものを作りたいか。兒童。
b、展覧会はどのようにしたらよいか。父兄。
②おうちのたのしみ
a、おうちではどんなことがたのしいか。兒童。
b、おうちではどんなことがいやか。兒童。
c、家庭生活のどのようなことを今後指導してほしいか。父兄。
③冬休み
a、冬休みにはどのようなことをしたいか。兒童。
b、冬休みには、どのようなことをさせたいか。父兄。
④お正月
a、お正月にはどんなたのしいことがあったか。もっとたのしくするにはどうしたらよいか。兒童。
b、正月の生活を反省して、今後どのようなことに氣をつけて育てたいか。父兄。
⑤お客さまごっこ
a、お客さまがきた時にはどうするか。兒童。
b、お客様にゆく時には、どんな事に氣をつけたらよいか。兒童。
c、來客の時、或は客にいった時に、子供たちがどのようにしたらよいと思うか。父兄。
⑥げんきな遊び
a、このごろはどんな病氣にかかりやすいか。それを防ぐにはどうするか。兒童。
b、この頃の寒い時に、どんな遊びがしたいか。兒童。
c、寒さを迎えてどんな事に氣をつけているか。またどんな事を望むか。父兄。

(ロ) 導　　入

前單元の学校めぐりで、学校間の交歓から作品の交換をしたことから、それぞれの学校が勉学に努めている。そして、それは一の目に見えた作品となって現われる。今度の学校にも図工展覧会があるから、一生懸命に作品を作ろうということから、「展覧会」の学習にはいる。その展覧会の感想を親から聞くことから「おうちのたのしみ」にはいり、両親のたのしみと、自分たちのたのしみを考え「おかあさんのしごと」の理解に発展する。そして、冬休みを迎えることから「冬休み」にはいり、新年の「子供会」を計画して、たのしい新年を迎える。新年にはいってから、正月の思い出として「お正月」を取扱い、更に「お客さまごっこ」に発展する。「お客ごっこ」の遊びから、元氣なたのしい生活は丈夫なからだを必要とするので「元氣な遊び」にはいって、丈夫なからだを考え、元氣な遊びや、冬の自然の調和に眼をむける。

五、予想される学習活動

(1) 展　覧　会（十五時間）

（イ）近くの学校の生徒の作品を見て、鑑賞する。
（ロ）近くの学校の生徒も努力している事を考える。
（ハ）近くの学校に図工展覧会がある話を聞く。
（ニ）どんな作品を展覧するかを話合う。
（ホ）今までの作品を集めてよい物をえらぶ。
（ヘ）よいと思うものがないもの、また新しくつくりたい作品をきめる。
（ト）展覧会の作品を作る。
（チ）説明や名札をつける。
（リ）作品を先生と一しょにかざる。教室をきれいにかざる。
（ヌ）家の人に展覧会の案内状をかく。
（ル）どのように展覧会をみてまわったらよいかを話合う。
①作品に手をふれない。②面白いもの、よいものをみる。③自分の苦心と人の苦心とをくらべる。
（ヲ）展覧会を見てまわる。
（ワ）展覧会のことについて親から話をきく。
（カ）展覧会の反省をする。
①見学態度。②陳列のしかた。③説明のつけ方。④面白いもの、よいもの。⑤よい作品の出来たわけを考える。
（ヨ）教室を片附ける。
（タ）作品の保存について話合う。

(2) おうちのたのしみ（六時間）

（イ）展覧会の事をおうちではどんなに話していたかを話合う。
（ロ）おかあさんやおとうさんは、どんな事をお喜びになるかを話合う。
（ハ）うちではどんなことがたのしいかを話合う。
（ニ）うちのたのしい事を絵にかく。
（ホ）うちではどんないやなことがあるかを話合う。
（ヘ）もっとたのしいうちにするには、どうしたらよいかを話合う。

(3) おかあさんのしごと（十二時間）

（イ）おかあさんはどんなに私たちの事を心配しているかを話合う。
（ロ）おかあさんは私たちのためにどんなお仕事をしてくださるかを話合う。
（ハ）おかあさんの仕事をしらべる。
（ニ）おかあさんのお仕事を絵にかく。
（ホ）おかあさんがどのように忙しいか、家中の睡眠時間をしらべる。
（ヘ）おかあさんの忙しいのを見てどうしたらよいかを話合う。
（ト）自分の事は自分でするように話合う。自分でできる事は何かをさがす。
（チ）お手傳いできる事をさがす。
（リ）お手傳いのしかたを工夫する。

(4) 冬　休　み（九時間）

（イ）家では、この頃どんな事に忙しいかを話合う。
（ロ）年のくれと、お正月を迎える用意について話合う。
（ハ）町のようすをよくみる。
（ニ）お正月はあと何日かを毎日数える。
（ホ）お正月と冬休みを迎えるたのしさについて話合い、冬休みには、どうするかを考える。
①絵日記。手紙。おてつだい。たのしい遊びなどについて話合う。
②一月五日に子供会を開く計画をたてる。
a、持ってくる遊び道具。b、遊び方。c、会の進め方。
（ヘ）冬休みに入る前に十二月の子供会を開く。

(5) 新年の子供会（一日）

（イ）一月五日に集まって子供会を開く。

（ロ）たのしい遊びや、歌やお話会を開く。

（6）お　正　月（十二時間）

（イ）お正月のでき事をみんなで話合う。
遊びの話・うれしかったこと・面白かったこと。

（ロ）お正月のたのしかった事を絵にかく。

（ハ）冬休みの作品を集めて小さい展覧会を開く。

（ニ）お正月の遊びの名をかく。

（ホ）みんなでたのしいお正月の遊びを工夫する。

①したい遊びの名をあげる。

②かるた作りをする。つくったかるたで遊ぶ。

③たこをつくる。つくったたこをあげる。

（ヘ）お正月の遊びについて、反省をする。
よい遊び・遊び場所・危険な遊び。

（7）お客さまごっこ（十時間）

（イ）お正月にお客さまがいらっしゃった時のことを話合う。

①その時のおかあさんの様子について話合う。＝a部屋のせいとん。b、お行儀。c、接待・たのしい物を見せる・ごちそうする。

②お客さまがきた時の注意について話合う。＝a、お友達と遊ぶ。b、挨拶。c、作法。

（ロ）お客様に行った経験について話合う。

①服装——よい着物の使い方。②乱暴や無作法をしない。

（ハ）お客さまに行ったり、迎えたりした時の挨拶の言葉を集めて書く。

ごめん下さい。よくいらっしゃいました。どうぞおあがり下さい。ありがとうございます。こんにちは。こんばんは。さようなら。

（ニ）お客さまごっこをすることを話合う。

①どのようにするか工夫を話合う。

a、グループを一家として迎えたり、行ったりする。

b、お客さまと一しょに遊ぶことにする。

②お客さまごっこの用意をする。

a、尋ねる目的——遊びに行く。b、おみやげをつくる。cごちそうを作る。d、遊ぶことを考える。e、挨拶を考える。

（ホ）お客さまごっこをする。

（ヘ）お客さまごっこの反省会をする。＝遊び方・道具の取扱い方。

（8）元気なあそび（十八時間）

（イ）この頃の病気について調べる。

（ロ）病気で休んでいる友だちをしらべて、みまいの手紙をかく。

（ハ）寒さにまけないようにするには、どうしたらよいかを考える。

①病気予防について話合う。

a、マスクや手袋をして、寒さを防ぐ。

b、かぜを引いたら、早く休む。流感はなだちにうつすから休むようにする。

②寒さにまけないように元気に遊ぶ。

（ニ）どんな遊びがよいかを話合う。

①外遊び（かげふみ・ボールなげ・鬼ごっこ・手つなぎ鬼・雪だるま・雪合戦・まりつき・なわとび）

②内遊び（本・おままごと）

③どんな日には、外遊びはいけないか話合う。

a、冷たい風の日・雪や雨の日・曇って寒い日。

（ホ）たのしい外遊びを工夫する。

①雪の日に雪だるまや雪合戦をする。またその絵をかく。

②風ぐるまを作ってまわして遊ぶ。

③日なたでかげ絵遊びをする。

（へ）たのしい内遊びを工夫する。

①あぶり出しをする。

②つみ木・だるまおとしをする。

③学校図書館で本をみる。

（ト）寒い所と暖かい所とは、どのように違うかを見てまわる。

①日なたと日かげの土地のようす。②氣溫の違い。③冬の生物のようす。

（チ）元氣な遊びについて、家で工夫したことを話合う。

（リ）火の用心について、用心を話合い、ポスターをかく。

六、評　　価

（省略。単元一　参照のこと）

七、参　考　文　献

学習指導要領各科編、低学年理科の実際。

第八節　発　表　会

一、単元八　発　表　会

二、この単元をとつた理由

（1）児童の如何なる要求・興味に基づくか

（イ）音楽の時間の独唱や独奏を講堂でしてみたい。また入学式の時のような音楽をみんなでしてみたい。

（ロ）子供会を他の学級、他の学年と一しよに開き、たのしい劇をみたい。

（ハ）自分たちの力で、たのしい劇を練習して、みんなの前でしてみたい。

（2）社会的に如何なる意味を持つか

（イ）課題との関係

①自分の持物を大切にするにはどうしたらよいか。

②学校でたのしくくらすにはどうしたらよいか。

③学級でたのしくくらすにはどうしたらよいか。

（ロ）社会との関係

①大勢の前で臆せずに発表する態度を養いたい。自分の主張なり技術を臆せずに発表する自信をもたせたい。

②音楽会・学藝会などを通じて、人々をたのしませ、自らも楽しむという社会性の上にたつたレクリエーションの味を味わせたい。

③一年生には一年生らしい計画性をそろそろもたせたい。

④音楽会や学藝会などで見る態度を養いたい。

⑤自分の使う道具を自ら工夫して作り、しかも道具を大切に使う習慣を養いたい。

（3）単　元　の　内　容

（イ）音楽会＝学校の音楽会に参加するとともに、学級の音楽会を開いて、演奏する態度、聞く態度を養う。

（ロ）学藝会＝学藝会を計画して、学藝会を開き、劇をしたりみたりする。

（4）既有経験との関連

（イ）「音楽会」は春に「小音楽会」として既に経験したことであり、音楽の時間に、しばしば二つの鐘として経験している。これを音楽会として学校の行事に参加するとともに、学級としての会も開いて、発表と聞く態度を経験する。

（ロ）「学藝会」は、しばしば「子供会」として経験してきたものを、発展的に取扱う。

三、目　　　標

（1）この単元で学習される理解の目標

（イ）練習をすると物事は上達する。

（ロ）みんなの力で大きな仕事ができる。

（ハ）一人一人が勝手なことをしては、みんながたのしくならない。

（ニ）工夫すると面白いことができる。
（ホ）学校には友だちが大ぜいいるので楽しい。
（ヘ）道具は仲よく大切に使わなくてはならない。
（ト）自分で使ったものは自分で片附ける。

（２）この単元で学習される態度

（イ）新しく工夫考案する態度。
（ロ）きまりを守る態度。
（ハ）自分のことを自分で処理する態度。
（ニ）自分の持物を大切にする態度。
（ホ）仕事を熱心にする態度。
（ヘ）自ら進んで仕事をする態度。
（ト）注意深く行動する態度。
（チ）わがままをしない態度。
（リ）友だちと協調する態度。
（ヌ）挨拶をする態度。
（ル）公のものを大切にする態度。

（３）この単元で学習される能力

（イ）言語＝①標準語で話す。②順序をたてて話す。③人の話をききわける。④読んで意味をつかむ。⑤脚本を読む。
（ロ）数量＝①数える。②加減ができる。③かんたんな形をかく。
（ハ）問題解決＝①観察する。②問題をつかむ。
（ニ）事態反應＝①整理整頓する。
（ホ）音楽＝①歌う。②譜　読む。③独唱独奏を鑑賞する。④リズムを身体に表現する。
（ヘ）美術製作＝①物の調和をとる。②色相を見わける。③物をつくる。

四、開始計画

（１）導　　入

（イ）導入前の実態調査

①音楽会・学藝会の経験の有無。
②音楽の特殊技術・舞踊などの特殊の稽古。

（ロ）導　　入

音楽会の練習がぼつぼつ始められた頃に、学習を開始する。音楽会が終って、来るべき、三月三日の「ひなまつり」のある頃に何かの催し物をほしいという心持ちから「学藝会」を導入する。

（２）利用する施設・資料

（イ）施設＝音楽室・創作室。
（ロ）資料＝音楽の教科書・簡易楽器の曲・簡易楽器・國語教科書・脚本集・マイクと拡声器・おひなさま。

五、予想される学習活動

（１）音　楽　会（十五時間）

（イ）今までの学校の主なる行事について、どんなことがあったかを話合う。
（ロ）今度音楽会のある話を先生から聞く。
（ハ）音楽会の経験について話合う。
（ニ）学校の音楽会の外に、学級の音楽会を計画する。①グループで一つ。②希望する個人。③組全体の種目。
（ホ）プログラムをつくる。
（ヘ）練習する。
（ト）開会・進行などの役割をきめる。
（チ）音楽会の案内状をかく。
（リ）音楽会を開く（学校の音楽会は一年は前半で退場するから、その後半を使うのもよい）
（ヌ）音楽会の反省会を開いて、感想を文にまとめる。

（２）学　藝　会（二十時間）

（イ）音楽会に続いて、学藝会のあることを先生から聞く。
（ロ）学藝会の経験について話合う。
（ハ）時間の都合で、学校の学藝会には、みんな出られないから、どうするかを話合う。

（ニ）一月と三月の子供会をかねた学級の学藝会を開くことを話合う。

（ホ）学藝会の計画をたてる。グループで一つ演出することにする。

（ヘ）劇によい脚本をさがす。劇の外に音楽や、舞踊も入れることにする。

（ト）種目を整理してプログラムを作る。

（チ）練習をして、舞台装置などの準備をする。

（リ）学藝会の案内状をかく。

（ヌ）学藝会の当日のことを話合って用意をする。①教室をかざる。②ひなまつりの飾りつけをする。

（ル）学校の学藝会に参加する。

（ヲ）学級の学藝会を開く。

（ワ）学藝会の反省会を開く。

（カ）学藝会のようすを絵や文にかく。

六、評　　価

（省略。単元一　参照の事）

七、参考文献

学習指導要領各科編、脚本集。

第九節　もうじき二年生

一、単元九　もうじき二年生

二、この単元をとった理由

（1）児童の如何なる要求・興味に基づくか

（イ）三月の声を聞くとともに、学校中で最も進級のうれしさを感じ、早く二年生になりたいと願う。

（ロ）寒い学校生活からそろそろ開放されて、春を迎える喜びに、眼は自然の移りかわりにもそそがれる。

（ハ）こうして、一カ年間の学校生活のまとめと二年生への用意をしようと決意する。

（2）社会的に如何なる意味を持つか

（イ）課題との関係

①動植物はどのようにかわいがったらよいか。

②学校で楽しくくらすにはどうしたらよいか。

③学校ではどのようにお仕事やおけいこをしたらよいか。

（ロ）社会との関係

①不安と喜びとですごした過去一カ年の生活が、身辺をめぐる多くの人々やみずからの努力でうれしい二年生を迎えることができた感謝と、自信の態度をもたせたい。

②積極的に二年生になったら、みずからの力でこうしたいという希望や夢を持たせて、明るい生活にはいらせたい。

③過去一カ年間の成績品や学用品を整理して、眼の前に努力の結晶を積上げることによって、更に着実な生活にはいらせたい。

④一カ年の生活を通じて、一年生ながらに反省する態度をもたせ、自主的な生活ができるようにしむけたい。

⑤家庭・学校を通じて、自分の力、友だちの協力による力によって成長して来た自覚をもたせたい。

（3）単元の内容

（イ）うれしい二年生＝うれしい二年生への希望と、過去一カ年の生活の反省をして、二年生への心構えを持つ。

（ロ）春を迎えに＝自然の移りかわりに眼をむけ、自然や社会の調和の中に成長の喜びを味う。

（4）既有経験との関連

「うれしい二年生」は過去一カ年の学校生活・家庭生活の経験をもとにした反省と、それにもとづく希望の構成であるり「春を迎えに」は、単元五の「秋のたねまき」単元七の「元気な遊び」の中で学習した自然の移り変りに対する継続観察などに連がりをもつ。

三、目　　　標

（１）この単元で学習される理解の目標

（イ）いろいろの人のお世話をうけて生活し成長する。
（ロ）学校はたのしい所である。
（ハ）物事は練習すると上達する。
（ニ）成績品は大切にしまっておく。
（ホ）動植物は季節によって生活のようすが違う。
（ヘ）天氣はいろいろにかわる。
（ト）太陽は地球に大きな影響を與える。

（２）この単元で学習される態度

（イ）わからないことをただす態度。
（ロ）きまりを守る態度。
（ハ）自分の持物を大切にする態度。
（ニ）自ら進んで仕事をする態度。
（ホ）美しいものを喜ぶ態度。
（ヘ）元氣に遊ぶ態度。

（３）この単元で学習される能力

（イ）言語＝①標準語で話す。②順序をたてて話す。③人の話をききわける。④音読する。⑤読んで意味をつかむ。⑥文をかく。⑦童話を作る。
（ロ）数量＝①数える。②加減ができる。
（ハ）問題解決＝①観察する。②問題をつかむ。③直覚的に判断する。
（ニ）事態反應＝①整理整頓する。
（ホ）音楽＝①歌う。②リズムを体現する。

（ヘ）美術製作＝①写生をする。②色相を見分ける。

四、開　始　計　画

（１）利用する施設・資料

（イ）校内施設＝学校図書館・学校園・学級園・創作室・音楽室。
（ロ）校内資料＝一年間の写眞帳・保存成績品・紙芝居。
（ハ）校外施設・資料＝春の野（駒沢ゴルフ場附近）

（２）導　　　入

（イ）導入前の実態調査＝一年生の生活の中で、特に改めたいことについて、父兄から、その希望を個人別・学級全体の傾向について調査しておく。
（ロ）導入＝「一年生の思い出」から「二年生への希望」へ導き、更に「春の野」に出て、春を迎える喜びへと発展する。

五、予想される学習活動

（１）うれしい二年生（二十時間）

（イ）入学以来の記念写眞を実物幻燈でうつす。
（ロ）入学以来の思い出を右の写眞によって話合う。
（ハ）入学以来の思い出を印象の强いことがらをあげては文にする。
（ニ）「一年生の思い出」というような題で、右の思い出を紙芝居にする（グループ或は個人）。記念に先生の顔をかく。
（ホ）二年生になる喜びについて話合う。
①二年生になったらどんなことをしたいか。
②二年生になったらどんなことを改めたいか。おかあ

さん。

③二年生になる喜びを文にかく。

(ヘ)入学以來の成績品を整理しておくことを話合う。

(2) 春を迎えに(十五時間)

(イ)レコードで「小鳥のセレナーデ」をきく。

(ロ)更に唱歌「うぐいす」を歌う。

(ハ)近頃のお庭や畑・野山のようすについて話合う。

学校園・学級園を見て廻り、手入れをする。

(ニ)春のようすを野原に見に行くことをきめて、用意について話合う(採集用具)。

(ホ)校外に出て春のおとずれをたずねる。

(ヘ)春のおとずれを絵や文や童謡にする。

①どんなに整理したらよいか。

②どのように保存したらよいか。

③成績品を整理したものを陳列してみせ合う。

(ト)卒業式に参加する心構えについて話合う。

(チ)春休みのくらしかたについて話合う。

(リ)春休みの計画をたてる。

(ヌ)たのしい子供会を開く計画をたてる。

(ル)たのしい子供会を開く。

(ヲ)卒業式に参加し、成績通告表や進級の証書をもらう。

六、評　價

(省略。要領單元一 参照のこと)

七、参考文献

学習指導要領各科編、新学籍簿と評價、低学年理科の實際、社会科の新しい進め方。

第七章　第一学年の基礎学習の指導と健康教育

月	四
言語	(●先生の話をよく聞く) (●返事「はい」になれる) (●自分の名前をいう) (●友だちの名前をいう「君」「さん」) (●登下校の挨拶「いってまいります」「さようなら」「おはよう」「ただいま」) (●元氣に話をする) (●学校の印象を話す) (●動物や花の名をいう) (●絵本を見て話をする) ◎教科書導入(一部) ここ●とと●わんわん●まる ・絵を見て話合う ・ことばを読む ・動作化す ・自分の名前を書く ・鉛筆の使い方
数量形	(●物の位置) ・自分の席の位置!前から何番目! ・特別室・教室・遊び場・便所・ロッカー・昇降口・机の中・図書棚 (●たくさんの数) ・友だちの人数 ・全校兒童の数 (●唱え方数え方、五まで、●うさぎの数羽匹 (●多少・高低・上下) ・花びら、ジャングル ◎教科書導入 位置・上下・多少・唱え方数え方五まで ・唱え方数え方十まで ・ぶらんこ遊び ・紙くさりの色紙 (●高低・上下・長短)
音楽	(●入学式の音樂を聞く) (●すきな歌) みんなしっている歌をたのしく歌う ・たのしい学校 みんなで樂しく声をそろえて歌う (●すきな歌) レクリエーションとして随時歌う ・レコード鑑賞 春風ポルカ ・こえをそろえて
造形	(●砂あそび) 砂場で、いろいろの形を作って遊ぶ (●すきな絵) のびのびと自由にかく(能力の実態調査を兼ねる) (●紙くさり) 色紙で紙くさりを作り教室をかざる。隣と結び後と結んでだんだん長くする。 すきな折紙を作って一しょにかざる。 ・はなの絵(寫生) 美しい花を見てかく
図書館其の他	●入学記念寫眞 ●入学式の余興 ●入学のたのしい印象(紙芝居・人形芝居・立絵) ●校舎内施設 特別教室・図書館・教官室・主事室・小使室・給食堂・便所・校舍外施設 ●本校・附中・本校グランド・プール・山・総合器械・ブランコ・スベリ台・学校園・学級園 ●うさぎ ●図書館導入 ●学級文庫 ●図書館 幻燈・本 ●レコード(春風ポルカ)
健康教育	(●便所の使い方) (●用便後の手洗い) 洗い方・ハンケチの使い方 (●並び方) 朝礼の並び方練習・並んで歩く練習 整列競争 (●遊び方) 危險な場所(運動場の中央) 危險な遊び方(すべり台・ぶらんこ・ジャングル・鉄棒) (●廊下を静かに歩く練習) ・総合器械・ジャングル遊び ・元氣な自由遊び ・ねことねずみ ・ジャングルの鬼遊び

月	言語	数量形	音楽	造形	図書館其の他	健康教育
四	・書く時の姿勢 ・ノートの使い方	・つみ木、紙くさり (●形 日の丸の旗作り)	(●きれいな声で、手拍手も加えて歌う。)	・日の丸の旗、クレヨンの使い方	・つみ木 ・大國旗	(●教室の清潔—下ばき上ばきの別・紙くず
五	(●友だちみんなによくわかる話方) ・教科書二部 いきましょう・いってきます・おはよう・いきましょう。 ・絵を見て話し合う ・ことばを読む 動作化す ・ページのくり方 ・本をよむ姿勢 (●一日の生活について話す) (●種の名をかく) ・教科書三部 「すべるすべる」から「さようなら」まで。えほんから字 (●子供の日の行事について話す) (●運動会のようすについて話し、絵や絵の説明をかく)	(●高低・最上級) せいくらべをして高い低い一番高い低い (●唱え方数え方発展) ぶらんこの交代で二〇まで (●時刻の基礎—一日の生活—午前午後何時 (●唱え方数え方) 種の数を数える (●月日のよび方) たねまきの日をおぼえる。子供の日をおぼえる。 (●大小・高低) こいのぼりの比較で大小・高低・形 (●時刻の基礎—遠足の日程を中心として、午前・午後・何時) ・順序数・数学導入 運動会用旗取競争の旗作りで一—五まで	(●むすんでひらいて) 動作化する。 シンバル・タンブリン・ミハルス・トライアングル・鈴などのリズム楽器の導入(名と使い方) (●くつがなる) リズム楽器を使って ・たのしく歌う。 動作化しつつ歌う。 唱歌遊戯として演出 ・えんそく (●附点リズムの練習) ・ちょうちょ 音名視唱・遊戯演出 (●遠足ですきな歌) (●運動会用唱歌遊戯) 靴がなる。ちょうちょ ・レコード鑑賞 キューピーの観兵式	(●遊ぶ子の絵) 人物を中心に大きく (●一日の生活) 一日の生活のトピクをとって絵物語のようにかく。 (●種まきから、その後の芽の変化を画く) (●鯉のぼり) 紙でひ鯉まごい矢車吹流しを作って棒につける。形が難しそうであったら、印刷して切抜きにする。 ・鯉のぼりの絵を画く (●えんそくの絵) 遠足の絵を画く、簡単な説明をつける。 (●旗取競争の旗作り) 数字一—五を中心とした旗をつくる。 (●運動会の絵) 絵に説明をつける。	・学級園をきめる ・記念の木を選定する ・健康室の見学 ・大時計模型を使う ・遠足は丸子多摩川 小遠足は碑文谷公園 ・運動会用具をそろえる。	(●唱歌遊戯むすんでひらいて) 行進をしながら、手だけ動作する。 (●身体検査をうける前の日の入浴と清潔) ・衛生検査 月例体検測定の時に爪・頭髪等を調べる (●唱歌遊戯くつがなる) 一番及び二番、体形は二重円で行う。 ・リレー かけっこ・折返しリレー・置換リレー (●えんそく) (●唱歌遊戯ちょうちょ) 円形で二人一組でする。 ・運動会 かけっこ・旗取競争 唱歌遊戯(靴がなる ちょうちょ) 球入れ
六	・教科書四部 「ただいま」から「くろいくも」まで。 ・教科書五部 おやすみなさい ・絵をみて話合う ・ことばを読む ・動作化して演出 ・字の練習 ・教科書総練習 ・文字練習(筆順) ・朗読練習(話調) (●病氣みまいの簡單な文を書く) ・教科書いなかの一日導入(「よがあけた」から「おてつだい」まで (●お客さまごっこで挨拶のことばをかく) ごめんください・よくいらっしゃいました・どうぞおあがりくださいなど。	・数字練習(一—一〇) ・さいころを轉がしでは出てくる数を数字でかく。 ・カードを作って、集合数から数字練習をする。 ・テスト(一—五までの数え方) (●時刻—時計を作る) 時の記念日にちなんで午前・午後・何時音によって時刻をしる。 ・数え方唱え方(一—一〇) ・じゃんけんとびをグループでする。 ・おはじきで二四六の数え方になれる ・発展として二〇まで範囲を拡げる ・十までの合成分解おはじきで数あてをする。二人一組。	・なかよし 五線・線・間・ハ調 音階・音名 ・おにごっこ リズム 発声 身体的表現 (●雨ふり・かたつむり レクリエーションとしてたのしく歌う。 ・レコード鑑賞 カッコーワルツ くつがなる変奏曲 旋律を口ずさむまで繰返す。 ・器樂を主に靴がなる	(●さいころ作り(紙) 印刷を切抜いてはり合せて箱型にする) ・色紙入れ 図用紙に展開図を印刷したものを切抜きもよう・口は創作 (●時計をつくる) 印刷したものを切抜く。 (●木の葉の工作) ままごと遊びで、木の葉を中心として工作をする。発展として、枝・花びらも使う。 ・きれいなもよう 有彩色十一色、無彩色三色の色名と色相 色紙とクレヨン併用 (●お客さま・雨ふりの情景の絵をかく) (●紙とんび(紙工)	健康室 大歯ブラシ・むし歯段階図・食物の種類掛図 ・給食室の見学 ・校庭の木 先生の案内で引率しながら木の葉を採集する。 ・学級文庫 ・図書館 雨ふりに使う。 ・科学室 雲の寫眞及び幻燈スライド	(●歯みがき) 朝晩みがくしつけ。 歯のみがき方実習 (●食事のよい習慣) 食前手を洗いうがいをする。全部の歯を使ってよくかむ。たのしくたべる。食後うがいをする。 ・体格測定—衛生検査 (●病氣予防) たべ物の注意 たべすぎのみすぎ (●じゃんけんとび) (●鬼遊び—子ふやし鬼 一人の鬼が友だちをつかまえると、友だちも鬼になり、鬼がふえる。場所限定。 ・ねことねずみ (●雨にぬれた雨具・きもののしまつ)

月	言語	数量形	音楽	造形	図書館その他	健康教育
七	・いなかの一日(二部)(「ねたろう」から「かるくなった」まで) ・自由読・音読・黙読 ・絵の観察と疑問の話合いと形容詞の理解 ・文字練習 (●しゃぼん玉遊びの絵と文) ・いなかの一日(三部)(「みずぐるま」から「はがき」まで)取扱は二部と同様 (●たなばたまつりの短冊に文字をかく) (●子供会の案内状を家の者にあててかく) (●魚の名あつめで、魚の名をかく) ・一学期に習った文字練習 (●絵日記のかき方練習) (●葉書の書き方練習)	(●大小) しゃぼん玉の大小 ・唱え方数え方(11—20まで)数字練習—何ができるでしょう—順序数をかいて犬・猫・馬の顔にする (●形—長四角・真四角) たなばたの短冊作りを中心として、色紙を使って、長四角・真四角を取扱う。結局として三角に及び具体的な物を見つける ・合成分解練習(1—5) ・唱え方数え方(30まで)—夏休みの日数調べ・夏休みのテキストのページ調べ。 (●時刻—夏休み日課表	・しゃぼん玉 ・四拍子の歌になれる ・リズム楽器を用いて歌に合せて合奏する ・動作化する ・レコード鑑賞 はたるこい・うみ・おうま ・器楽あそび むすんでひらいて・ちょうちょ・くつがなるを中心にして木琴を使い旋律を出すようにする。 ・かくれんぼ 発声　リズム ・水鉄砲 楽典　四分音譜	(●しゃぼん玉遊びの絵 絵日記の書き方の伏線として、絵と文とをかくようにする (●たなばたのかざり) 短冊作り—はさみの使い方—紙くさり、折紙等で竹をかざる たなばたまつりの絵をかく。 (●おままごとの道具) 粘土導入。あまり作るものを制限しないでままごとに使う物なら何でもよいことにする。粘土は少な目に渡す。焼く。 ・水あそび(ちぎり紙) 水あそびのようすを色紙を切って台紙にはる。 (●絵日記の書き方) ノート式・巻紙式	・しゃぼん玉の道具 ・たなばたの竹 ・図書館 幻燈スライド (夏の星座) (星の話) ・魚の掛図 ・昨年の一年生の夏休み作品 ・絵日記見本	・唱歌遊戯(しゃぼん玉遊び・おうま) 創作的振付を加味してまとめる。 ・体格測定と衛生検査 月例〃格測定の時に爪・頭髪・手足・体・ハンケチの清潔 ・川とび 縄・マット・白墨などで川を作ってとぶ ・リレー(置換・折返しリレー) (●水泳の注意) 準備運動・深い所・上ってからの清潔・大人とゆく。 (●きまり正しい生活) 夏休みの生活をきまり正しくするように日課をきめて、表にする。

月	言語	数量形	音楽	造形	図書館その他	健康教育
九	・いなかの一日(四部)(たまご・うさぎ・あひる・のらねこ) ・家でかう動物の観察と表現を一体として理解する。 ・読み方・話し方・書き方 (●日記のよみ方) ・友だちの絵日記をよむ。よいのをよむ。 (●展覧会の案内状をかく。) ・いなかの一日(五部)(ゆうやけ・おふろ・ゆうかたのてつだい・ゆうかた・ろばた・つきよ) ・夕方から夜にかけての生活の表現を理解する。 (●お月見の作文—簡単なもの。童謡の創作 (●果物・野菜の名をかく)	・唱え方数え方(一一—二〇) ・ぶらんこ・まりつきで数え方唱え方を練習する。 ・二〇までの数字練習 ・順序数を追って形を作る。 (●展覧会の個人提出点数を数える—枚・冊・匹・羽・人・台を導入する) (●虫あつめで、虫の数を数える) ・おはじきを使って二四六と二〇まで数える ・つみ木のつみあげ競争で数を数える ・テスト(指定数指摘) (●月齢から三〇まで書く) (●円の導入) ・お月さまの円をのり瓶などでかく。	(●すきな歌) ・夏休みの思い出の中で、休み中におぼえたすきな歌を歌う。 ・こおろぎ ・ゆうやけこやけ ・器楽に合せてリズムを生かす。 ・動作化して遊戯演出 (●お月さま) ・二拍子とリズムの変化を理解させる。 ・リズム楽器で合せる ・リズムを動作化す。 ・ト音記号・四分音譜縦線・副縦線の理解 ・創作指導 ○レコード鑑賞 ガボット(ゴセック)	(●夏休みの思い出) ・夏休み中の印象の強い場面をのびのびとかく。 (●展覧会の鑑賞) ・友だちの力作のよい点、他の学級や上級生のよい点をみる。 ・野菜と果物(粘土) ・練習作として、形のとり方、へらの使い方を覚える。更に「すきなもの」を作る。 (●虫の絵をかく) (●種の絵、種まき以後の継続観察をかく) ・草花(ちぎり紙) ・色紙をちぎって、秋の草花を表現する。 (●野菜と果物(粘土)(色紙) ・お月見の供物として作る。 (●お月見の絵)	・校内の展覧会を最大限に利用する。 ・正しい姿勢図 ・創作室 粘土の作品見本 ・虫あつめの虫はやたらに殺さぬこと ・こおろぎを飼育瓶でかう。 ・採集用具 たま網 ・学級園 農具として根堀り・鍬・じょろ ・スライド ・木のみ・くさのみ・動物園・動物のしごと・月 ・見学 果物屋・八百屋の店	・整列競争 ・新しい並び方になれる。 (●正しい姿勢) ・歩く姿勢・すわる姿勢・書く姿勢 (●登校下校の安全) ・道路・電車の安全 ・かけっこ・折返しリレー ・機敏な走力をねる。 運動会の伏線 ・體格測定 身体の清潔・爪や頭髪の衛生検査 ・手足の清潔 食前・運動後の清潔 ・唱歌遊戯(ゆうやけこやけ・お月さま) ・スキップ遊びや創作も加えてたのしく。 運動会の伏線

月	言語	数量形	音楽	造形	図書館其の他	健康教育
一〇	◉教科書いきいきくんのうち導入（運動会） ・教科書を一通りみる ・運動会を読む。（自由読・音読・黙読） ・生活教科書としての表現のしかたを理解する。 ・文字練習 （●運動会の案内状を家庭の人に対してかく） （●運動会の文をかく。友だちと読合って、素朴な推敲をする。 ◉教科書（動物園） ・自由読・音読・黙読 ・表現について、分節の筋をつかむ。表現のよい所を理解する ・文字練習 （●遠足の文をかく） （●動物の名をかく） （●電車ごっこの文や字	（●形―円） 月のえいきをかくために糊瓶の底などで円をかく。月のえいきをかく。 （●唱え方数え方（一―一〇〇） 運動会の紅白球入れを数える。50までの数字をかく。 ・合成分解練習（5まで） カードで数あてをする。二人一組でカードの表に5までの数字、裏に分解したものをかいて、あてる。 （●時刻―遠足の日程） ・合成分解の基礎（10まで）―十個の球を箱に入れる。〇×を数える。 （●電車ごっこ） キップで円錐長四角	（●校歌） 運動会に歌う校歌を練習する。 ・ならんであるく。 リズムの身体的表現 歩く練習 はとぽっぽ リズムを正しくとることから舞踊表現に発展してゆく ・レコード鑑賞 さえずる小鳥 描写音楽の写実性 ・創作指導（動物の歌） ・電車ごっこ 発音　速い律動の中に正しい発声発音 音程　音程を保つ	・くだもの（写生） 秋のくだもの（柿・りんごなど） 色相・丸味を出す。 （●運動会の絵） ・動物（粘土） （●動物園―紙工―） グループで動物園を紙で作り、立てる。 ・菊の花（写生） （●電車ごっこ―電車の絵・キップ・電車） （紙工）	・運動会用具 ・創作室 粘土見本 ・動物園（上野或は井ノ頭） ・動物園のスライド ・動物のしごとスライド	（●運動会種目の練習 球入れ・綱引・かけっこ・唱歌遊戯・リレーなど。 ・リレー 運動会で興味をもったリレーを紅白に分けてする。 ・体格測定と衛生検査 ・棒登り・鉄棒遊び。 棒登りはなるべく高くあがる。鉄棒遊びは、跳上り下り、回転遊びなど。 ・唱歌遊戯（おうま） 創作的に振付ける。 （●動物ものまね） 動物の行動を身体で表現する遊技会を開く。 ・ころころまわり（マットで自由にまわる） ・電車ごっこ（継走）

月	言語	数量形	音楽	造形	図書館其の他	健康教育
一一	（●のりものの名をしらべてかく） ◉教科書（えんそく） ・自由読・音読・黙読 ・表現に即して観察のよい所、表現の細かい所を理解する。 ・文字練習（筆順・かなづかい） （●屋上から見える物の名をかく） （●東西南北の文字） （●屋上から見た景色を文にかく） （●お店の名―何々やさん―をかいて、品物によって分類する） （●お店やさんごっこの用品に文字をかく―かんばん・ねだん表 （●お店やさんごっこのようすを文にかく）	（●遠いおそい） のりもののしらべについて、のりものの遠いおそいを考える。 （●形の比較） のりものの形をくらべる。特に自動車。 （●方位・最上級） 方位東西南北を屋上でしらべる。東西南北の関係を図に表わす。遠近・高低・大小の上に一番をつけて最上級を表わす。またそのものを見つける。 ・唱え方数え方（一〇〇） おはじきを用いて百枚の束を作る。十枚ずつ十で百の数え方。 ・数の合成分解（15以下） お店やごっこの金銭勘定で合成分解理解	・木の葉 二拍子の軽快さ リズム楽器を加える ・レコード鑑賞 かわいいお人形・どんぐりぱんぱん	（●のりもの作り） ・粘土でのりものを作る。 ・のりものの絵をかく ・厚紙でのりものを作る。 （●屋上からの景色） 東西南北にグループを分けて、四方をかく。 ・秋の景色（写生） ・木の葉ならべ。 おちばをいろいろにならべかえて、いろいろの模様をつくる。ならべたら、鉛筆で形をとる。またかえる。 ・きりがみもよう 色紙を切って並べて模様を作る。 （●お店やさんごっこ。かんばん、店（紙）	・乗物模型各種 ・乗物掛図 ・乗物スライド ・とり入れのスライド ・病の一生の映画 ・農家の見学 ・お店の見学 ・近くの学校の所在を示す地図 ・近くの学校の見学	・とびばこ遊び。 踏越・跳上下・またぎ越しなどを跳力と巧緻性をねる。 ・ころころまわり マットで転廻をする なるべく柔軟に ・体格測定と衛生検査 ・球けり 紅白に分れて手をつなぎ、球をけって、列後に出たら負。 素朴な蹴球として、エンドラインに球が届いたら勝 （●お店やさんごっこに関連してカイダイを注意する。） ・棒登り ・冬の衛生 ひびあかぎれにならないよう手足の清潔 教室の清潔

月	言　語	数量形	音　楽	造　形	図書館その他	健康教育
二 一	◉教科書（いさむさんのうち） ・一家のたのしい生活を読解する ・自由読・音読・黙読 ・表現の細かさ、心理描写を味う。 ・文字練習 ◉教科書（かいもの） ・かいものにいった時の観察・生活描写を読解する。 ・読み方・書き方 （◎おかあさんの仕事しらべで、いろいろの仕事をしらべてかく） （◎お正月のうたの創作）まちどおしい、たのしいお正月を表わす歌をつくり、歌う。 （◎年賀状の書き方）絵入りの葉書の書方 （◎絵日記の書き方）	・数の合成分解（十の補数） カードの表に数字、裏に補数を書いて、二人一組で補数あてをする。 （◎時間―家族の睡眠時間を棒グラフで表わし、その長さから、睡眠時間の長短を推定する） ・問題解決（文章による事実問題の解決） （◎日数しらべ―もうあと何日でお正月、毎日板書する） （◎物のねだんしらべ―通り道のお店のねだんを調べる） （◎年賀状の形―長四角	・たんじょう日 ・おつかい ・つみ木 ・ラジオ ・レコード鑑賞 メヌエット（ボッケリーニ） ・おもちつき ・お正月の近づいた氣持を示して歌う。 ・お正月 お正月の嬉しい氣分を表現する。 ・創作指導（お正月のうた） お正月の歌に、節をつける。	・展覧会用作品 粘土・写生・思想画は、今までの作品中より選び、なお不足している部面を作る。 （例えば模様、写生） ・おうちの人 おとうさん・おかあさんの姿、おかあさんのお仕事姿などをかく。 ・私のうち 自分のうちの外観を写生する。 私たちの家のたのしい集いをかく。 ・買物かご（紙工） ・としのくれ 歳の暮の町のようすをかく。 （◎年賀状の書き方―来年の十二支の絵）	・展覧会 ・火の用心のポスター	・日月あそび 円板をころがして、表（紅）か裏（黄）が出たら、その組が反対側をつかまえる。 ・体格測定と衛生検査 衛生検査は、とくに耳のうしろのあかや手足のひび。しもやけの状態を調べる。 ・リレー 置換或は折返し ・鬼遊び（手つなぎ鬼） 範囲をテニスコート位に狭くし、一人が鬼が他の人をつかまえると、二人で手をつないで他の人を追いかけ、三人四人と手をつないでゆく。四人になると、二人に分れ、鬼がふえる。 （◎火いたずらに注意）

月	言　語	数量形	音　楽	造　形	図書館その他	健康教育
一	（◎お正月に読んだ本の中で、面白かったものをお友だちに読んで聞かせる） （◎お正月のごちそう・おかざりの名をかく） ◉教科書（おばさんのうち） ・生活教科書としての表現の細かさ、筋の運び方を理解する。 ・読み方・書き方・話し方 （◎お正月のたのしかったことを文にする） ・なるべく細かく長くかく。 ・対話形式を入れる。 ・句読点やかなづかいに氣をつける。 ・隣の友達に推敲してもらい、又自分でする。 （◎かるたを作る）	◉数え方唱え方 ・一月のこよみをつくる。こよみの見方になれる。七曜表をつくる。七曜の漢字をよむ。 ・かるたの枚数を数える。五〇枚、二五枚を重ねて、厚い薄いをみる。 ・順序数を並べてたどり象の形をつくる。―何になるでしょう― ・なわとびで五〇まで数える。 ・百まで唱える練習 逆に唱える練習 ・数字の練習（35まで） ・病氣で休んだ日数を数える。 ◎合成分解（10までをカードを作って系統的に練習する。）	（◎日の丸の歌） ・たこの歌 楽典 二分音譜二分休譜 ・なわとび ・創作指導 冬の歌をつくって、節をつける。 ・雪だるま 附点のリズム 美しい声とはっきりした発音 ・レコード鑑賞 おもちゃの兵隊	（◎冬休みの展覧会） 冬休み中に作った作品の展覧会を開く。 （◎かるたつくり） グループで一組のカルタをつくる。 ・お正月の絵 たこあげ・はねつき・すごろく遊びなどのお正月の絵をのびのびとかく。 ・箱（中厚紙） かるた入れなどの生活に結びついた実用的箱を作る。 （◎お客さまごっこのおみやげやごちそうをつくる） （◎冬のあそび（冬の元氣な遊びをかく） ・風車（紙）柄のあるものと、ころがすものと二つつくる。	・姿勢図 ・健康室 病氣しらべ ・科学室 だるまおとし	・冬のしせい ポケットに手を入れた姿勢・背中を丸くした姿勢 ・なわとび 長縄・短縄 ・体格測定と衛生検査 ・手ふやし鬼 範囲を狭くし、最初から鬼を多くして、活動的にする。 ・感冒予防 マスク・ほこり・うがい。 ・雪だるま・雪なげ。 予め下着、足袋の着がえを用意するとよい。 ・かげふみ鬼 ・寒中の衛生 教室のほこり予防

月	言語	数量形	音楽	造形	図書館其の他	健康教育
二	◉教科書（なかよし） ・人と協調してゆくにはわがままを通すことをさけて、生活することを理解する。 ・読み方・書き方 （◉おみまいの手紙） 病氣で休んでいる友だちに見舞文を出す ◉教科書（五つのとびら） ・考える力を養う。 ・読みながら考える。 聞きながら考える。 ・五つのとびらごっこをする。 ◉教科書（おはなし） ・話の内容と筋の運び方を理解し話し方話のまとめ方をねる。 （◉学藝会の劇の練習） 脚本の讀み方・演出のしかたを理解する	（◉形―かげえ） 一つの形でも傾によっていろいろ変る面白さをみる。 ・形―色板ならべ、おはじきならべ。 ・合成分解（10まで反射的にできるように練習する） ・数え方唱え方（一〇〇） ・窓ガラス・生徒の数 ・階段の数・屋上のコンクリート板などを数える。 （◉形―ひし形） ひなまつりの菱もちの模型を紙でつくる重ねて切ること、切ったものを拡げて直觀する。	・すずめのおやど 歌謡劇に演出することを考え、身体表現を加えつつ歌う。 （◉音樂会種目練習） （◉音樂会鑑賞） ・こぶとり 歌謡劇に演出することを考えて歌う。 ・おさるのゆうびん リズムダンス的に舞踊表現する。 ・春を迎えに 呼かけ式に動作化する （◉おひなさまの歌）	（◉かばん）（紙） 中厚紙でかばんを作る。展開図・糊のつけ方・紙のきり方になれさせる。 ・樂器（写生） 音樂会に関連して、樂器の音色と名がわかるように、写生する。（スケッチ風） （◉学藝会の道具作り） お面・バック・小道具など。 （◉ひなまつり） ・おひなさまを作る。 ・菱もちをつくる。 ・ごちそうをつくる。	図書館 言語や脚本をよむ。 ・おひなさま	・歌謡劇 すずめのおやど こぶとり おさるのゆうびん ・体格測定と衛生検査 ・なわとび ・手つなぎ鬼 ・子ふやし鬼
三	（◉学藝会の案内状をかく） （◉学藝会をみる。その感想文をかく） ◉教科書（かみしばい） ・はなしの筋をつかみ文意をつかむ。 ・紙芝居の書き方と演出のしかたを理解する。 ・紙芝居をつくる。一つの話をみんなで作ってみる。 （◉一年間の思い出を紙芝居にする。それを演出する） ・一年間に習った文字練習。	・総練習 ・順序数―10まで、唱え・讀み・書く。 合成分解10までの範囲が完全にできること。 ・増減―35までの増減がわかること。 ・問題解決―事実問題を解決する。	・もうじき二年 ハ調読譜の基礎練習 ・うぐいす きれいな発声 やさしく美しく歌う 歌唱表現 ・レコード鑑賞 小鳥のセレナーデ （◉思い出の歌の会） 一年間に習った歌を歌う会を開く。	（◉紙芝居） 一年間の思い出をグループによって紙芝居にする。 （◉先生の顔）写生 思い出の一つとして先生の顔を写生する	・図書館 紙芝居の見本と舞台 ・校外 春の野	・体格測定と衛生検査 ・かけっこ ・リレー

——第三部——

第八章　第二学年の指導計画

第一節　年次計画

月	生活暦	單元	経驗学習		基礎学習					健康教育
			学習活動	生活指導	言語	数量	音楽	造形	図書館その他	
4	入学式 始業式 花まつり（八） 身体検査（中旬） 天皇誕生日（二九）	二年生になって	①新しい教室 ○新しい教育についての話合い ○作文「二年生になって」 ②たのしい春 ○「春の声」「花まつり」を読む ○春の景色をパノラマに工作する ③学級園 ○学級園の手入とたねまき ○季節だよりの記入 ④遠足 ○獣をしらべる	○新しい教室に早くなれるようにする ○学用品の整理整頓など自分のことを自分でする	○人の話を聞きわける ○（春の声）を読む ○「ことばあつめ」を読む ○敬語で話すこと ○作文—（二年生になって）（えんそく）	①わなげあそび ○加法 ○一次元の表をかく ②いろいろなもんだい ③たねまき ○センチメートル	①お友だち ○歌唱 ②春 ○歌唱 ③ひばり ○歌唱 ④春がきた ⑤さくらさくら鑑賞 ⑥春 ○器楽	①春の景色 ○紙細工 ②春の草花 ○写生 ③のりもの ○思想画 ○紙細工	○静かに本を読む ○図書館の利用法 ○創作室 レコード鑑賞 ○学級園 たねまき ○季節だよりの記入法	①運動 ○鬼遊び ○リレー その他 ②衛生 ○姿勢 ○清潔 ○食事 ③定期身体検査
5	憲法記念日（三） むし歯予防デー（四） こどもの日（五）	わたくし	①きれいなうち ○大掃除の経驗を話合う ○大掃除の図画をかく ○家をきれいにする工夫について話合う	○外出先から帰宅した時には手足や衣服をきれ	○ラジオを上手にきく ○「はやとり」を読む	①おみせごっこ ○減法 ②いもなえ ○加法	①とけいのうた ②おたまじゃくし ③小鳥	①ある日の絵日記 ○思想画 ②家に飼う動物	○粘土の使い方 ○レコード鑑賞 ○器楽合奏	①運動 ○鬼遊び ○リレー その他
	運動会（下旬）	のうち	②べんりなうち ○道具しらべ ○「とけいのうた」の練習 ③たのしいうち ○家に飼ってある動物しらべ ○粘土細工をする ○草花の写生をする	いにしてから家へはいること ○物を粗末にしないこと	○「はやとり」の紙芝居をする ○写生文をかく ○かたかなの練習	○減法 ○数範囲の拡張	○歌唱 ④アメリカ巡羅兵 ○鑑賞 ⑤おうまの器楽	○粘土細工 ③草花 ○写生	○標本を観察する	②衛生 ○歯 ○衣服 ○姿勢 ○大掃除 ③体格測定
6	時の記念日（一〇） 入梅 夏至	じょうぶなからだ	①病氣にならないようにするにはどうしたらよいか。 ○傳染病の紙芝居・幻燈をみる ○梅雨期には物のくさり易いこと ○病氣にならない工夫 ②病氣になったらどうするか ○経驗発表 ○國立東京第二病院の見学 ○「お医者さんごっこ」をする	○食前には必ず手を洗うこと ○病院や医師などに対して親しみを持つ態度	○詩をよむ（かえり道）（高い高い） ○「白うさぎ」を読む ○紙芝居を作る ○紙芝居を演出する	①けっせきしらべ ○加法 ○一次元の表をかく ②学用品しらべ ○ダース	①せいくらべ ○歌唱 ②ざんぶりこ ○歌唱 ③雨ふり ○歌唱 ④スケーターワルツ ○鑑賞	①しんたいけんさ ○思想画 ②つゆのころ ○思想画 ③病院 ○思想画	○幻燈をみること ○掛図や図表の見方 ○略図を見ること	①運動 ○鬼遊び ○リレー その他 ②衛生 ○食後の休憩 ○病氣 ③体格測定
7	たなばた祭（七） おぼん（一五） 終業式	たのしい夏	①たのしい夏の遊び ○分團でいろいろな遊びをする ○たのしく遊んだことを作文にかく ○「水でっぽう」「花火」の歌をならう ②夏の空 ○星の話をきく ○夏の天氣をしらべる ③学級園 ○学級園の手入 ○たねまき（九月） ④夏休み ○生活日課表を作る ○学習・遊び・お手つだいを計画する	○生活を規則正しくするようにする ○かいぐいをしないこと ○一学期の学習をよく反省して將來の参考にする	○長い文を読むこと（五人の子ども） ○自分の観察したことなどをゆっくりと話すこと ○日記をかくこと	①たのしい夏休み ○七曜表 ○問題解決 ○加法九九 ②けいさんのおけいこ ○加法 ○減法	①たなばた ○歌唱 ②花火 ○歌唱 ③水でっぽう ○歌唱 ④花火 ⑤たなばた ⑥うさぎ ○鑑賞	①もよう ○図案 ○無彩色について色相 ②すきなもの ○粘土細工	○読書計画を立てる ○玩具を使って遊ぶ ○星座の図を見る ○昆虫図鑑をしらべる	①運動 ○鬼遊び ○水遊び その他 ②衛生 ○清潔 ○午睡 ○食物 ○なま水 ③体格測定

月		9	10	11	12
生活暦		始業式 夏休み作品展覧会 秋分の日	運動会 遠足	文化の日（三） 七五三の祝（一五） 勤労感謝の日（二三）	冬至 終業式 クリスマス（二五）
單元		たのしい夏	たのしい秋	町の人	
経験学習	学習活動	⑤夏休みの思い出 ○研究発表会をする ○作文をかく ○図画にかく ○夏休み作品展の計画を立てる	①運動会 ○運動会について話合う ○運動会の図画をかく ○運動会の事を作文にかく ○「かけっこ」の歌をならう ②遠足 ○秋の野山に行って学習をする ○遠足の図画をかく ○秋の景色をパノラマに作る ○採集した虫の飼育 ○遠足の費用について計算する ③やさいとくだもの ○このごろのやさいやくだものの調査 ○学校園のやさいの手入れ ○やさいくだものの写生 ○やさいくだものを粘土で作る。 ○やさいやくだものについて作文をかく	①いろいろな店 ○商店街で調査する ○紙細工を作る ○「お店ごっこ」をする ②交番 ○交番でお巡さんから話をきく ③消防署 ○火災について話合う ○消防署のはたらきを考察する ○消防署の人から話をきく	○「火の用心」のポスターをかく ○「風の日」の歌をならう ④郵便局 ○郵便局へ行った経験の話合い ○郵便局へ行って話をきく ○郵便局のはたらきを考察する ○郵便局の画をかく ○「郵便ごっこ」をして遊ぶ ○ポストの歌をならう ○「手紙」の歌をならう
	生活指導	○新学期の学校生活に早くなれるようにする ○学校の行事などには次第に兒童の協同計画をするように導く	○團体行動をする時のやくそくをしっかり守ること ○自分の持物や使用した器具などのあとしまつをしっかりすること	○学校の帰りに道草をくわないこと ○家庭のお手つだいをよろこんでする ○火の用心に氣をつけること	○寒さに負けないように元氣で学習するようにする ○年の暮のあわただしい空氣の中で交通事故などのないように氣をつけること
基礎学習	言語	○友だちの話をきいてその要点をつかむこと ○文章のすじを正しくつかむこと ○四〇〇字程度の作文をかく	○長文を読むこと（かぐやひめ） ○脚本を読むこと ○紙芝居を演出する ○敬語やていねいな言葉を練習する ○かたかなの練習	○文章のすじを正しくつかむこと（この町）（がんのなかま） ○形容詞副詞を使って文章を上手にかく	○話の要点をとらえること ○抑揚・継続に注意して読む ○順序立てて話すこと ○日記をかくこと
	数量	①夏休みの思い出 ○減法 ○減法の意味理解 ②学級園の草花 ○減減法 ③けいさんのおけいこ	①うんどうかい ○メートル ○問題解決 ②えんそく ○問題解決 ○減法九九 ③けいさんのおけいこ	①かいもの ○計算 ○一次元の表をかく ②おみせごっこ ○問題解決 ③けいさんのおけいこ	①かるたのはこ ○センチメートル ②もうすぐお正月 ○問題解決 ○七曜表 ③けいさんのおけいこ
	音楽	①虫の声 ○歌唱 ②かけっこ ○歌唱 ②メヌエット ○鑑賞 ④虫の声 ○器楽	①てるてる坊主 ○歌唱 ②かかし ○歌唱 ③どんぐりころころ ○歌唱 ④鉛の兵隊 ○鑑賞 ⑤かかし ○器楽	①石やさん ○歌唱 ②きしゃ ○歌唱 ③大男の行進 ○鑑賞 ④汽車 ○器楽	①風の日 ○歌唱 ②ポスト ○歌唱 ③手紙 ○歌唱 ④わらの中の七面鳥 ○鑑賞
	造形	①夏休みの思い出 ○思想画 ②ポスター ○図案	①うんどうかい ○思想画 ②えんそく ○思想画 ③秋の景色 ○写生 ○パノラマ ④やさいとくだもの ○写生 ○粘土	①ふでたて ○紙細工 ②きれいな箱と模様 ○紙細工 ○図案 ③手さげ ○紙細工 ④郵便局 ○思想画	①かるたのはこ ○紙細工 ○図案 ②こま・たこ ○紙細工 ③消防自動車 ○思想画
	図書館その他	○ポスターについてしらべる ○ポスターのかき方の工夫 ○レコード鑑賞 ○展覧会のかざりつけの工夫	○レコードの鑑賞 ○器楽の演奏 ○略地図を見ること ○大倉山太尾公園 ○向丘遊園地	○掛図を見る ○紙芝居を演出する ○幻燈を見る ○商店街や消防署を訪れて調査したり資料を集めること	○読書記録の初歩的なとり方 ○掛図を見る ○幻燈を見る ○商店街や消防署を訪問して話をきいたり資料を集める
健康教育		①運動 ○鬼遊び ○徒競走 その他 ②衛生・ ○姿勢 ○手足耳鼻の清潔 ③運動会の練習	①運動 ○リズム遊び ○物語り遊び その他 ②運動会 ③衛生 ○傷害防止 ○うすぎの習慣 ④遠足 ⑤体力測定 ⑥体格測定	①運動 ○鬼遊び ○リレー その他 ②衛生 ○傷害防止 ○うすぎの習慣 ○体格測定	①運動 ○鬼遊び ○リズム遊び その他 ②衛生 ○うすぎの習慣 ○手足の摩擦 ③体格測定

月		1	2	3
生活暦		元日 七草（七） 成人の日（一五）	節分（三）	上巳の節供 母の日（三） 学藝会（三） 春分の日（二一） 終業式 卒業式
単元		たのしい冬		もうすぐ春
経験学習	学習活動	①たのしいお正月 ○お正月のたのしかったことについて話合う ○たこを作ってあげる ○七曜表を作る ○「はねつき」の歌をならう ○「お正月」の図画をかく ○「お正月」のたのしさについて作文する ②雪や氷 ○「雪」（国語教科書）を読む	○積雪量をセンチメートルであらわす ○雪を観察する ○氷・霜柱を観察する ○「冬の景色」を図画にかく ○「大さむ小さむ」の歌をならう ③冬の庭 ○冬の芽の観察 ○映画「冬の芽」を見る ○虫類の越冬生活の観察 ○「ウサギ」・「ニワトリ」の観察 ○「春を待つ」の歌をならう ○「春を待つ」の曲を器楽で演奏する	①ひなまつり ○ひなまつりについて話合う ○おひなさまを作る ○「お客さまごっこ」をする ②学藝会 ○学藝会の計画を先生からきく ○学藝会の画や作文をかく ③早春の野 ○早春の野山のようすを観察する ○季節だよりをまとめる ○「春が來た」の歌をならう ④もうすぐ三年生 ○二年生一年間の反省 ○「二年生の思い出」を作文する
	生活指導	○寒さにとかくとじこめられがちの児童たちに積極的な生活態度を養う	○室内で遊んだり学習したりする時の心構え ○寒さに負けないように元氣よく戸外に出て遊ぶこと	○学級の共同で使用する机・椅子・学級文庫などを大切にして次の学年に引継ぐこと ○学藝会や卒業式など他人の迷惑にならないように注意すること
基礎学習	言語	○落着いて人の話をきく ○長文（うらしまたろう）を読む ○声を出さないで読む ○写生文をかく（雪）	○友達の話を比較しながら聞くこと ○文章のすじをつかむこと ○詩（四季）を読んで内容をつかむ ○ひらがなかたかなを上手に速くかく	○劇や脚本を見たり聞いたりしてすじをつかむこと ○脚本を読む ○脚本の言い方になれる ○二年生の思い出を八〇〇字程度の作文にかく
	数量	①お正月 ○問題解決 ○加法 ②ちょきん ○円銭 ○三数累加 ③けいさんのおけいこ	①雪 ○センチメートル ○計算 ②いろいろないもんだい ○一段階となかんたんな二段階の問題解決 ③けいさんのおけいこ	①もうすぐ三年生 ○問題解決 ○一次元の表をかく ②けいさんのおけいこ
	音楽	①はねつき ○歌唱 ②大さむ小さむ ○歌唱 ③お早よう ○歌唱 ④トルコ行進曲（ベートーベン） ○鑑賞	①雪 ○歌唱 ②冬 ○歌唱 ③春を待つ ○歌唱 ④ガボット ○鑑賞 ⑤春を待つ ○器楽	①赤い鳥小鳥 ○歌唱 ②まわりっこ ○歌唱 ③春が來た ○歌唱 ④春がきた ○鑑賞
	造形	①手紙さし ○紙細工 ○物指の使い方 ②冬の景色 ○思想画 ○パノラマ ③でんわ ○紙細工	①春を待つ ○写生 ②おひなさま ○紙細工 ③学藝会 ・ぶたいのかざりつけ ・大道具 ・小道具 ・出演者の服装の工夫	①季節だより 季節だよりをまとめて各季節の生物暦を作る それを図画にかく ②もうすぐ三年生 ○思想画
	図書館その他	○図書の愛護 ○理科実験具の正しい使い方	○映画「冬の芽」を見ること ○虫めがねを使うこと	○図書愛護 ○季節だよりをまとめる ・図表・生物暦
健康教育		①運動 ○鬼遊び ○雪遊び その他 ②衛生 ○しもやけの予防 ○かぜをひいた時の注意	①運動 ○鬼遊び ○リズム遊び その他 ②衛生 ○顔耳口鼻の清潔 ○しもやけの予防 ③体格測定	①運動 ○鬼遊び ○リレー その他 ②衛生 ○手足の清潔 ○眼の清潔 ③毎月の体格測定

第二節　週間計画

学習指導要領一般編によると、二年生の一年間の学習総時数は、八四〇時間であり、一週の平均総時数は、二十四時間となっている。当校の経験カリキュラムの時間数の細かい割当は、一應この一般編に示されたものを基準として算出されている。すなわち一週間の総時数を次の率に配分する。

（１）経驗学習　　六五％…………約十五時間

（２）基礎学習　　二三％…………約　六時間

（３）健康教育　　一二％…………約　三時間

更に経験学習・基礎学習ともに、それぞれ一應の配分率を定めて、学習内容が偏ることをさけている。まず、経驗学習では

①社会科的な内容のもの…………一九％……約四時間

②理科的な内容のもの………………八％……約二時間

③言語的な内容のもの…………一四％……約三時間

④数量的な内容のもの………………八％……約二時間

⑤音楽的な内容のもの………………八％……約二時間

⑥図工的な内容のもの………………八％……約二時間

基礎学習では

①言語………………十二％……約三時間

②数量形………………七％……約二時間

③造形…………………三％……約一時間

④音楽と図書館その他についての時間は特別に設けず、経驗学習の時間に含めてある。

以上のような基準を一應立てて、これによって、われわれは年次計画に基づいて、一週間の教育計画を立案する。これらの百分率はあくまで一應の基準であって、このような基準を設ける理由は、学習計画の科学性・客観性を確保する一助であるにすぎない。

次にかかげるのは、当校二年一組で実施された週間計画を示したものである。

時刻＼曜	月 6月20日	火 21日	水 22日	木 23日	金 24日
9.00–9.10	朝礼	話合	話合	話合	話合
9.10–9.20	話合				
9.20–10.20	じようぶなからだ（病気になった時の身体の変化）	じようぶなからだ（見学計画）	じようぶなからだ（国立東京第二病院見学）	じようぶなからだ（見学報告のまとめ）	じようぶなからだ（病院について作文をかく）
10.20–10.40	自由運動	自由運動			自由運動
10.40–11.20	言語（詩）	数量形（基数）＋（基数）		言語（詩）	言語（詩）
11.20–12.00	体育	体育			数量形（基数）＋（基数）
12.00–1.00	昼食（校内放送）				
1.00–1.40		造形（つゆのころ）			体育

第二節　日　課　表

◎昭和二十四年六月二十四日（金）

〇九・〇〇――九・一〇　話合いの時間

朝のあいさつ――今日の学習予定について

〇九・一〇――一〇・二〇　経験学習

作文――「病院」

（イ）話合い――分團毎――見学の感想を思い出しながら

（ロ）めいめいであらすじをきめる

（ハ）数名の児童があらすじを発表する

（ニ）作文用紙の配布――記載上の注意を聞く

（ホ）作文する

（ヘ）よみなおし

（ト）提　出

〇一〇・二〇――一〇・四〇　自由運動――運動や必要な自分の仕事をする自由な時間

〇一〇・四〇――一一・二〇　言語の学習

國語教科書（三）五六頁――五七頁――「カナリヤ」の鑑賞

〇一一・二〇――一二・〇〇　数量形の学習　「けいさんのおけいこ」

（基数）＋（基数）　繰上りある場合

〇一二・〇〇――一・〇〇　晝食と休憩

（イ）晝食・給食　（ロ）校内放送をきくこと　（ハ）休憩

〇一・〇〇――一・四〇

（イ）鬼遊び――「ねことねずみ」　（ロ）リレー――置換え競走

〇一・四〇――下校

（イ）一日の反省　（ロ）帰りの挨拶

朝の話合いで大切なことは、一日の学習計画を立てると共に、学習への興味を高め、また昨日までの学習についての反省・評價がはいっていなければならない。経験学習をいつもはじめにすませて、午前中の後半に基礎学習を置くことがきまっているわけではない。これは、その日の経験学習と基礎学習の両方の学習内容をにらみ合わせて決定されるべきである。

例えば、経験学習の内容が造形的な技術的なものである時は、後半もしくは午後にまわして、前半に基礎学習をすませる。二年生の程度では疲労が学習に相当影響するから、この点は十分教師が配慮すべきである。

第九章　第二学年の生活学習単元の解説

第一節　二年生になって

一、単元一　二年生になって

二、この単元をとった理由

（1）二年生になった児童のよろこびを基盤として

今まで最下級であった自分たちの下に、新しく一年生を迎えるということは、児童にとっては非常なよろこびである。このよろこびを、「よい二年生になろう」という生活を一層高めようとする自覚に導いて、この学年のスタートを切ろうとするのである。さらに眼を校庭や校外の自然に轉ずるならば、それはまさに百花咲き乱れる陽春である。ともすると、とじこめられがちな冬の生活から解放されて、陽春を迎えて児童の心身の活動は活潑となって、二年生になってのよろこびは、このためにも一段と強められよう。

（2）単元の内容

一般的な学習態度や生活についての心構えの他に、二年生になって新しく変った教室の清潔・整頓・装飾・秩序などにも関心をむけ、また校庭や校外の自然を相手にして、豊かな学習を展開しようとする。なお校外にでかけて学習することは、すでに何度か経験したことであるから、ここでは駅を中心として乗物について学習して、社会公共施設に関して初歩的な理解をする。

（3）交通機関の理解

当校の児童の約半数が毎日交通機関を利用して通学している実態からみて、交通機関の理解、その利用上の心掛けについて学習して、交通機関に従事して働いている人々への理解と感謝の心を養うと共に、安全に通学できるように注意をうながす。

（4）既有経験との関連

一年生の単元一「たのしい学校」、単元二「じょうぶなからだ」、単元六「学校の近所」などと関連がある。なおこの単元のスコープをあげるならば、生命財産の保護保全④、交通・通信①③、厚生娯楽①、教育①②、美的宗教的表現②、政治①がある。（第二学年課題表参照）

三、目　　標

（1）理　　解

（イ）学校の近所には、電車・バスなどいろいろな交通機関がある。

（ロ）交通機関に従事する人たちの仕事は人命や荷物を運ぶ大切な仕事であるから慎重にしている。

（ハ）乗物にのる時にはあわてず人をおしのけたりしないこと。

（ニ）駅には、駅長・改札係・出札係など大ぜいの駅員が働いている。

（ホ）道路を歩く時は道の真中を歩いたり、車道を歩いたりしないこと。

（ヘ）みんなが注意したり、整頓したりすることによって、学校はよりたのしく美しくなること。

（ト）みんなで共同に使う学校のものは、おたがいに大切にしなくてはならない。

（チ）天氣には晴・曇・雨・雪などがある。

（リ）天氣は春・夏・秋・冬の季節によってちがう。

（ヌ）ツバメは土やわらで巣を作る。

（ル）ツバメの子は親に養われて大きくなる。

（ヲ）ツバメは空をとびながら虫をとるのに適した形をもっている。
（ワ）多くの鳥は木の上に巣を作る。
（カ）アメンボウ・ゲンゴロウ・タガメなどはそれぞれ水中の生活に適した形をもっている。
（ヨ）アサガオ・ホウセンカ・ヘチマ・カボチャなどの種は暖かな時まいて、水をやらないと芽がでない。
（タ）春になると暖かになって、野山は若葉や美しい草花でつつまれる。
（レ）「花まつり」は四月八日で、おしゃかさまの生れた日である。

（2）能　力

（イ）簡単な調査・資料蒐集をする能力。
（ロ）簡単な報告をかく能力。
（ハ）季節だよりを継続して記録する能力。
（ニ）ヘチマ・カボチャ・ヒマワリなどを栽培する能力
（ホ）ヘチマ・カボチャ・ヒマワリなどの生長を継続観察する能力。
（ヘ）虫を飼育する能力。
（ト）学級の人数の変化をしらべたり、比較したり、数量的な観察をする能力。
（チ）比較観察の能力。
（リ）自然を観察し図画工作に表現する能力。

（3）態　度

（イ）他人と協力する態度。
（ロ）他人に迷惑をかけない態度。
（ハ）学校のきまりや交通上のきまりを守る態度。
（ニ）物を尊重し大切に使用する態度。
（ホ）自然に親しむ態度。
（ヘ）生物を愛育する態度。
（ト）自分のものを大切にする態度。

四、開　始　計　画

（1）利用する施設・資料

（イ）校内施設

①学級園・学校園
②郷土室（学校附近の略図、季節だよりのまとめ）
③科学室（電車・自動車など乗物の模型・掛図）
（ロ）資　料
①第一師範駅略図、模型　②掛図（花まつり）
③掛図（池や小川の生きもの）　④掛図（春の草花）
（ハ）校外施設
①第一師範駅　②碑文谷公園、駒繋公園

（2）着手計画

（イ）新しい教室内外の一應の整備——前学年からの引継をした教室内外を一應整備しておく。
①机や椅子の数、その破損の有無。
②掲示板や壁の展示物をとる。
③白墨・黒板拭などを用意する。
④清掃
新しい氣持で登校してくる児童を迎える教室は、これから児童の活動によって、いろいろに飾られ、充実されてゆくように簡素にして清新なものでありたい。
（ロ）背面黒板の利用——二年生になってのよろこびをあらわした短い文・詩などをかいておく。
（ハ）新しい座席表を用意しておく。
（ニ）休暇中の成績物で、絵日記・写生など適当なものがあったら展示する。

五、予想される学習活動

（1）導入（四時間）

（イ）二年生になって学校の生活で変ったことや感想を主にして話合う。
①教室が変ったこと。　②一年生が入学してうれしい。
③校庭のサクラをはじめとして草花が美しく咲いている。
（ロ）話合いをまとめて、次のような作業単元を決定する。
①新しい教室。　②たのしい春。　③学級園。　④遠足。
これらの作業単元の以下に述べるような学習内容について、大体に話合っておく。

（2）**研究と作業**

（イ）新しい教室（十時間）

①新しい教室の机・椅子をはじめとして学習用具・学級文庫などについてしらべる。

②学級の人数の変化をしらべる。

③分団に番号または組の名をつける。

④教室のきまりについて話合う。

⑤教室をきれいにすることを相談する。

⑥よい二年生になるにはどうすればよいかを話合う。

⑦きまったことで主なことを黒板にかく。

⑧作文「二年生になって」

⑨「お友だち」の歌を練習する。

（ロ）たのしい春（二十八時間）

①サクラの花の下で遊ぶ。

②「春」の唱歌を歌う。

③「春が来た」の歌をレコードで鑑賞する。

④「春の声」（國語二）を読む。

⑤「ひばり」の唱歌を歌う。

⑥「花まつり」（國語二）を読む。

⑦春の草花を写生する。

⑧春の景色をパノラマに作る。

⑨「春」の曲を楽器で合奏する。

（ハ）学級園（八時間）

①学級園について計画を立てる。

○どんな草花をうえるか

○場所はどうするか

○世話のしかた――当番

②学級園の手入れをする。

③たねまきをする。

百日草・ホウセンカ、ヒマワリ・アサガオなど

④学校園にヘチマ・カボチャ・トウモロコシのたねをまく。

⑤たねをまいたものの生長のようすをよく観察し、記録することを話合う。

⑥季節だよりをかく。

○日附・天氣・温度・季節の特徴で氣のついたこと

○背面黒板に氣のついたことを適宜記入して、あとでまとめて各自の季節だよりに記入する。

（ニ）遠足（四十二時間）

①遠足の計画をする。

○目的地・集合場所・集合時刻など

○利用する交通機関

○持物

○学習の予想

○遠足のあとの学習の予想

②交通機関について特にしらべることにして計画をする。

③春の野山でいろいろな遊びをする。

④池や小川の生きものをしらべる。

⑤「ひばり」の唱歌を歌う。

⑥駅についてしらべる。

○働いている人、その数

○主な施設・道具

○駅の人から話をきく

○駅を利用する時の注意を話合う

○駅の歴史

⑦乗物の図画をかく。

⑧駅や電車の模型を共同製作する。

⑨電車ごっこをして遊ぶ。

⑩作文「えんそく」

⑪採集した虫や魚を飼育する。

⑫季節だよりをかく。

（3）**概括及び仕上げ**（四時間）

（イ）この單元で学習した主なことを思い出して話合う。

（ロ）成績物や製作品などを展示する。

①春の景色・草花・乗物の図画や工作品　②駅についての調査の記録　③駅の模型　④季節だより

六、評　　價

	学習活動として					学習の結果					学習前の状況				
	+2	+1	0	−1	−2	+2	+1	0	−1	−2	+2	+1	0	−1	−2
1、理　解															
①学校の近所には、電車・バスなど色々な交通機関がある		○				○						○			
②交通機関に従事する人たちの仕事は人命や荷物を運ぶ大切な仕事であるから愼重にしている		○					○							○	
③乗物にのる時にはあわてず人をおしのけたりしないこと	○					○							○		
④駅には、駅長・改札係・出札係など大ぜいの駅員がはたらいている。	○					○								○	

⑤道路を歩く時は道の真中を歩いたり車道を歩いたりしないこと	○						○							○	
⑥みんなが注意したり、整頓したりすることによって、学校はよりたのしく美しくなること		○						○						○	
⑦みんなで共同に使う学校のものはおたがいに大切にしなくてはならない		○					○							○	
⑧天気には晴・曇・雨・雪などがある	○					○							○		
⑨天気は春・夏・秋・冬の季節によってもちがう	○					○							○		
⑩ツバメは土やわらで巣を作る	○					○								○	
⑪ツバメの子は親に養われて大きくなる	○					○									○
⑫ツバメは空をとびながら虫をとるのに適したからだを持っている			○					○						○	
⑬多くの鳥は木の上に巣を作る		○					○							○	
⑭アメンボウ・ゲンゴロウ・タガメなどはそれぞれ水中の生活に適したからだを持っている			○					○						○	
⑮アサガオ・ホウセンカ・ヘチマ・カボチャなどの種は暖かな時まいて水をやらないと芽がでない			○				○							○	
⑯春になると暖かになって野山は若葉や美しい草花でつつまれる		○					○						○		
⑰「花まつり」は四月八日で、おしゃかさまの生れた日である	○					○								○	
2、能　力															
①簡単な調査・資料蒐集をする能力	○						○							○	
②簡単な報告をかく能力	○						○							○	
③季節だよりを継続して記録する能力	○							○						○	
④ヘチマ・カボチャ、ヒマワリなどを栽培する能力	○						○						○		
⑤ヘチマ・カボチャ・ヒマワリなどの生長を継続観察する能力	○						○							○	
⑥虫を飼育する能力			○				○						○		
⑦学級の人々の変化をしらべたり比較したり数量的な観察をする能力		○					○						○		
⑧比較観察の能力			○					○						○	
⑨自然を観察し図画工作に表現する能力		○						○					○		
3、態　度															
①他人と協力する態度		○						○					○		
②他人に迷惑をかけない態度		○						○					○		
③学校のきまりや交通上のきまりを守る態度		○						○					○		
④物を尊重し大切に使用する態度			○				○							○	
⑤自然に親しむ態度		○					○						○		
⑥生物を愛育する態度		○					○						○		
⑦自分の物を大切にする態度		○						○					○		

七、参考文献

①学習指導要領　社会科編　補説　（文部省）
②学習指導要領　理科編　（同　右）
③学習指導要領　図画工作編　（同　右）
④学習指導要領　算数・数学篇　（同　右）
⑤学習指導要領　国語編　（同　右）
⑥学習指導要領　音楽編　（同　右）
⑦学習指導要領　一般編　（同　上）
⑧学校指導法　（教師養成研究会叢書）
⑨社会科の新しい進め方　（東京第一師範男子部附属小学校）
⑩単元による低学年理科の実際　（同　右）
⑪単元による高学年理科の実際　（同　右）
⑫学習大辞典　社会科篇1　（玉川出版部）

⑬学習大辞典　天文気象篇　（玉川出版部）
⑭学習大辞典　植物篇1　（同　右）
⑮春の野外植物　（本田　正次）
⑯小学植物教材研究　（松原　益太）
⑰小学動物教材研究　（福井　玉夫）
⑱理科の実験　生物　（木場一夫他）
⑲鳥の生活と巣箱　（山階　芳麿）
⑳私たちの鳥　（内田清之助）
㉑交通と通信　（三井　高陽）
㉒日本の気候　（中原　孫吉）
㉓園芸作業の実際　（三木　末武）

第二節　わたくしのうち

一、単元二　わたくしのうち

二、この単元をとった理由

（1）やがてくる梅雨期や盛夏にそなえて、五月も上旬末頃から、東京ではどこでも清潔週間が実施され、家の内外の大掃除も行われる。平素には動かさない家具の下をはいたり、たたみをあげたり薬品をまいたりなど各家庭にとっては相当に労力のかかるしかし大事な行事の一つである。児童はこのような仕事を見たり、その一部を手傳ったりすることによって、この行事に大きな関心と興味を持つであろう。

（2）「うち」を学習の直接の対象としてとりあげることは、一年生の第二学期に行われている。この時には学習の内容は主として、家庭の人にむけられていた。二年生の「わたくしのうち」の学習内容は大体次のようなものを主とする。

（イ）家の内外の清潔・整頓

（ロ）家の内外を美しく装飾する工夫

（ハ）家にはどんな道具があるか。

（ニ）道具はどんなふうに便利に作られているか。

（ホ）家を住みよくまた楽しくするためにどんな草花が植えられたり、小動物が飼われているか。

これをスコープ別に眺めてみるならば、

（イ）生命財産の保護保全⑤

（ロ）自然資源の保護利用②④

（ハ）物の生産②

（ニ）厚生慰安②（第二学年課題表参照）

に関する生活課題である。

（3）二年生の児童の程度では家庭や学校の生活環境にはたらきかけて、積極的にこれを美しくしようとしたり、整頓したり、便利にしたり、することを望むことは無理である。この単元でねらっていることは、そうした生活環境に自主的にはたらきかけようとする初歩的な態度を養うことを第一にしている。同時に家庭で平素よく使われる道具に理解を與え、また飼育され栽培されている動植物の生活にも関心を深め、更には平素の清潔整頓について理解させ、このような仕事や手傳いの一部を分担することによって、家庭のよりよき一員になろうとするのである。

三、目　　標

（1）理　解

（イ）家の内外を清潔に保つためには家中の人が協力しなくてはならない。

（ロ）家へあがる時にはよごれた衣服やきたない手足であがらないようにする。

（ハ）家の内外は清潔整頓に氣をつけていつもきれいにしておかなくてはならない。

（ニ）家庭をたのしくするためにいろいろな草花を植えたり、生きものを飼ったりする。
（ホ）魚には、フナ・コイ・キンギョなどいろいろな種類がある。
（ヘ）ウサギは季節によって毛の色やはえ方が変る。
（ト）フナ・コイ・キンギョなどは、ひれ・うきぶくろなどがあって、水中の生活に適したからだをもっている。
（チ）ハトは通信に使われる。
（リ）小鳥や虫の中にはよい鳴声をもっていて人をたのしませるものがある。
（ヌ）鉄はひろく材料として使われている。
（ル）さびないカネは、さびつかないので、ほうちょうやいろいろな道具に使われる。
（ヲ）機械や道具はそれぞれのはたらきをもっている。
（ワ）風力・水力・バネ・ゼンマイを使って機械を動かす。
（カ）機械や道具を使うと仕事が早くらくにできる。
（ヨ）はかり・ミシン・ホッチキスなどを使うと手でするよりも正確にできる。
（タ）火ばし・かんきり・せんぬきなどの道具を使えば仕事が安全にできる。

（２）能　力

（イ）物ごとを関係的にみる能力。
（ロ）家庭にある簡単な道具を適確に使う能力。
（ハ）家庭にある簡単な道具を使って工作する能力。
（ニ）家庭にある簡単な道具を用途・材料などによって分類する能力。
（ホ）道具や簡単な機械を整理・整頓する能力。
（ヘ）家庭菜園や庭に作った作物や草花を栽培する能力
（ト）愛玩用に家庭で飼っている動物をかわいがって飼育する能力。
（チ）簡単な報告をかく能力。
（リ）家庭を飾る簡単な工作品を作る能力。
（ヌ）家の模型を作る能力。

（３）態　度

（イ）家の内外の清潔・整頓などについて家族の人々と協力する態度。
（ロ）環境を美しくしようとする態度。
（ハ）物を大切にして乱暴に使わない態度。
（ニ）家族の一員としてお互いに分担責任を果す態度。
（ホ）環境に興味を持つ態度。

（ヘ）協力して仕事をする態度。
（ト）自分のものを大切にする態度。
（チ）美しい草花や絵・工芸品などを粗末にしない態度
（リ）生物を愛育する態度。

四、開　始　計　画

（１）利用する施設・資料

（イ）校内施設

①図書館　○清潔週間ポスター・幻燈　○清潔週間の紙芝居　○動物図鑑・掛図
②科学室　○簡単な電気器具
③創作室　○かんな・のこぎり・のみ・きり・ねじまわしなどの簡単な工具　○せんぬき・かんきりなど簡単な日用器具類

（ロ）校外施設・資料

①児童の家庭のある各地区の大掃除を施行する時日についての資料
②清潔週間実施について細目を記入した区役所衛生係発行の文書
③児童の家庭で飼育している動物を調査したもの

（２）着手計画

（イ）教室に清潔週間のポスターをはる。
（ロ）各児童の家庭の大掃除の時日をしらべさせて黒板の表に記入する。
（ハ）かんな・のこぎり・なた・かんきりなど簡単な道具・器具類を教室に展示する。
（ニ）小鳥・金魚・犬などのいろいろな種類を示す掛図　図鑑を展示する。
（ホ）単元一「二年生になって」で学習した「新しい教室」の時に教室内外の清潔・整頓に関する事項を背面黒板に

かく。

五、予想される学習活動

（1）導　入（四時間）

（イ）話合い

①この頃家庭で近所といっしょになってしたり、しようとしている仕事について。

②大掃除を手傳った児童の経験発表。

③大掃除の時使った便利な道具について。

④家庭でそのほか日常使う便利な道具について。

⑤大掃除のすんだあと家族の話合ったこと。

⑥家庭をいつもたのしく美しくしておく工夫について。

⑦学校の清潔・整頓・装飾。

（ロ）ポスターを見ること。

（ハ）清潔週間についての紙芝居を見る。

（ニ）学習の題目を決定する。

①きれいなうち　②べんりなうち　③たのしいうち

（2）組　織（二時間）

（イ）「きれいなうち」の学習は大掃除についての学習を中心として、全員でいっしょにする。

（ロ）家庭の器具・道具の調査は各分團毎に二三個ずつ分担して研究する。

（ハ）家庭に栽培されたり、飼育されている植物・動物については、各自で家庭のものを研究する。

（ニ）分担して研究した結果は発表して、それを全員が簡単な記録にまとめる。

（3）研究と作業

（イ）きれいなうち（十二時間）

①大掃除の経験を話合う。

○ふだんの掃除との違い

○児童のできるお手傳い

○大掃除のすんだあとのようす

○家の近所のようす

②今頃大掃除をする理由の考察。

③大掃除の図画をかく。

④大掃除のことを作文する。

⑤家の内外をいつもきれいにしておくにはどうしたらよいかを話合う。

○消極面（よごさない注意）

○積極面（一層きれいにする工夫）

⑥美しい部屋の模型を工作する。

（ロ）べんりなうち（十時間）

①家庭でよく使われる簡単な道具の名をあげる。

②分担していろいろな道具をしらべる。

○名前

○使い道・使い方

○どんな材料で作られているか

③「とけいのうた」の練習をする。

④研究を発表してそれについて話合う。

⑤いろいろな道具の絵と簡単な文で学習結果をまとめる。

（ハ）たのしいうち（十五時間）

①うちの中をたのしくするためにどんなことがなされているかを話合う。

②うちの中をたのしくするために草花を庭に咲かせたり、実のなる木を植えたり、動物を飼ったりすることを話合う。

③各自の家庭について調査する。

○名前

○どんな花や実がつくか

○動物の生活のようす・たべもの・飼い方など

④愛玩用の動物のいくつかについて、写眞や掛図によって、いろいろな種類のあることをしらべる。

○犬　　○金魚

○ウサギ　　○小鳥

⑤家に飼ってある動物について作文する。

⑥家に飼ってある動物を粘土で作る。

⑦「おたまじゃくし」「小鳥」の唱歌を練習する。

⑧草花の写生をする。

（4）概括及び仕上げ（二時間）

（イ）道具・生きものの分担研究の結果は、発表されたことを基にして、簡単な説明と絵を主にして、一覧表のような図表に各自まとめる。（用紙は教師が線を記入したものを用意するとよい）

（ロ）記録物の展示

六、参考文献

①単元一「二年生になって」の参考文献の①から⑨まで。
②学習大辞典　動物篇（玉川出版部）
③学習大辞典　化学篇1（同　右）
④住居のうつりかわり（國立博物館編）
⑤小学動物教材研究（磯井　玉夫）
⑥魚と私たち（檜山　義夫）
⑦動物・植物と人間（稲葉左馬吉他）
⑧動物生態学講話（小井順一郎）
⑨日本の魚（岡田彌一郎）
⑩工作入門（藤浦　敏雄）
⑪工具の話（長谷喜久一）
⑫すまいの話（木村幸一郎）
⑬家庭生活（龍山　京）

第二節　じょうぶなからだ

一、単元三　じょうぶなからだ

二、この単元をとった理由

（1）四月のはじめに、二年生になって学校生活への心構えを話合った時、第一にでてきたことは、「学校を休まないようにしよう」ということであった。これは健康ということが、積極的に一層体力をねるとか、健康を増進するというような意味よりは、むしろ病氣にならないようにしようというような消極的な形でとらえられているものといえよう。四月から五月にかけて行われた春の運動会や遠足が、積極的なものであるとするならば、やがて梅雨期ともなって六月を迎えると、学校でも家庭においても、児童は食物を主として病氣にならないための注意を多く聞かされることであろう。連日雨が降り続いて児童の生活はいろいろな点で制約されるし、またものがじめじめしてかびやすくなっていることは、児童によく体験されている。

このような児童の現実生活の上に立って、児童の関心を病氣を中心とした健康問題にむけようとするのである。

（2）梅雨期があければ盛夏を迎え、やがて夏休みともなり、児童の日常生活はややもすると不規則に流れがちになり消化器系統の病氣の起りやすい時期である。

従って、この単元の病氣についての問題も、一般的なものよりも特に食物と日常生活を規則正しくすることをとりあげて学習を展開する。

（3）病氣にならないように努力する一方、もし病氣になってしまったらどうするかという問題も、児童にとっては大きな関心である。家庭で療養する場合、また医師の世話になる場合など、すべての児童の経験していることである。薬をのんだり、医師や両親のいうことをよくきくなど療養上の心構えや、また病院の社会的機能を理解し、その利用上の心構えなどについて学習を展開する。

（4）この単元は、一年の単元二「じょうぶなからだ」の発展であり、三年の単元二「私たちの生活」、四年の単元三「たのしい生活」などと連絡する。

スコープとしてあげられるのは、

○生命財産の保護保全①②③

○自然資源の保護利用①③

○交通通信⑥

などである。

なお、学習内容は児童の発達段階からみて、抽象的になることをさけて、つとめて具体的に生活と事実とをよく結びつけるようにする。

三、目　標

（一）理　解

（イ）梅雨期にはものがくさり易い。

（ロ）病院は病気をなおしたり、病気にならないようにからだを守る所である。

（ハ）病院には医師・看護婦・事務員など大ぜいの人が働いている。

（ニ）病院の中は内科・小児科・歯科・外科・眼科・耳鼻咽喉科などに分れている。

（ホ）病院にはいろいろな医療器具がある。

（ヘ）病気にはいろいろな種類がある。

（ト）病気にはそれぞれの手当法がある。

（チ）病気になると熱がでたり、からだがいたんだり、食物がまずくなったりする。

（リ）病気をなおすには薬をのんだり、医師の援助が必要である。

（ヌ）手足・身体・衣服の不潔は病気になり易い。

（ル）食物はよくかんで、なんでもたべることが大切である。

（ヲ）たべすぎはおなかを悪くする。

（ワ）ノミ・シラミ・ハイ・カなどは病気のなかだちをして、健康を害う。

（カ）條虫・十二指腸虫などは人や動物に寄生する。

（ヨ）ハイはくさいものによく集る。

（タ）カは晝間は暗い所にかくれている。

（レ）魚介・卵・肉・乳などは人の主な食物である。

（ソ）米・麦・大豆・野菜・果物は人の主な食物である。

（ツ）丈夫なからだになるためには、毎日を規則正しくおくることが大切である。

（ネ）病人に対しては特別な心づかいが必要である。

（２）能　力

（イ）資料を集める能力。

（ロ）病気などの事実について調査する能力。

（ハ）事実から簡單な推論をする能力。

（ニ）病気の原因と結果について、ものごとを因果的にみる能力。

（ホ）簡單な報告をかく能力。

（ヘ）「お医者さんごっこ」の演出をする能力。

（３）態　度

（イ）専門家の意見をよくきいてそれに従う態度。

（ロ）社会公共施設に理解を持ち協力する態度。

（ハ）わがままを言わない態度。

（ニ）迷信を事実によってたしかめる態度。

（ホ）自分から疑問を起す態度。

（ヘ）よい習慣を身につけようとする態度。

四、開　始　計　画

（一）利用する施設・資料

（イ）校内施設及び資料

①健康室　○身体清潔についての掛図　○衣食住の衛生掛図　○休養睡眠の掛図　○病気予防の掛図　○各種医療器具及び用品

②図書館　○傳染病の幻燈　○ノミ・ハイ・カの害についての幻燈　○傳染病の紙芝居　○「お医者さんごっこ」の紙芝居

③郷土参考室　○國立東京第一病院の略図　○國立東京第一病院の概要図表

（ロ）校外施設及び資料

①國立東京第一病院（東京都目黒区大原町）

②東京都衛生試驗所（新宿区百人町四の五三九）

②東京公衆衛生研究所（澁谷区隱田一の一一一）

（2）着手計画

（イ）教室の展示物

○入学以来の身長と体重の増加を示した棒グラフの大きな図表　○最近の毎日の欠席状況を示した表　○衛生ポスター

（ロ）児童めいめいについて今までにかかった病名をしらべさせる。

（ハ）家庭にある主な医療品や医療器具をしらべさせる。

（ニ）最近かかった病気について、発病の原因　経過・薬・手当などについてしらべさせておく。

五、予想される学習活動

（1）導　入（四時間）

（イ）四月以来の欠席状況について話合う。

○欠席した理由　○欠席の多い日・少い日

（ロ）病気欠席児童からその時のようすの発表をきく。

○病名　○どんな原因で病気になったか　○からだのようすがどうなったか　○手当のようす　○病院へ行った時のようす　○どんな薬を使ったか　○なおるまでにかかった日数

（ハ）身体検査の結果について教師が話をする。

（ニ）この頃特に家庭でからだのことについてどんな注意をうけているかを話合う。

（ホ）梅雨期から盛夏にかけて、これからいろいろ悪い病気が多くなることを話合い学習問題を次の二つにまとめる。

①病気にならないようにするにはどうしたらよいか。　②病気になったらどうするか。

（2）組　織（二時間）

（イ）「病気にならないようにするにはどうしたらよいか」の学習方法。

①各分團でしらべる。　②各分團の代表が発表して全員でそれをまとめる。

（ロ）「病気になったらどうするか」の学習。

①最近病気をした児童の発表をきく。②各自の家庭の医療品や器具を調査して、それを発表して全員でまとめる。

③病院の見学は全員でする。

（3）研究と作業

（イ）病気にならないようにするにはどうしたらよいか。（二十時間）

①分團毎に話合う。

○病気になる原因から考える

○この頃家庭でからだのことについてどんな注意をうけるか

○掛図・ポスターなどをみて

②分團の代表児童の発表を全員できく。

③傳染病の予防の紙芝居や幻燈をみる。

④梅雨期でものが腐敗しやすいことを観察する。

⑤「つゆのころ」の図画をかく。

⑥梅雨期にはものが腐敗しやすいことについて話をきく。

⑦「ぎんぶりこ」「雨ふり」の歌を練習する。

⑧これから流行する病気についてしらべる。

⑨病気にならないように注意することを全員で話合って主として次の点にまとめる。

○食物をよくかんでなんでもたべること

○毎日を規則正しくおくること

○歯みがき・食前の手あらいなどよい習慣をつけること

⑩「しんたいけんさ」の図画をかく。

⑪「せいくらべ」の唱歌をならう。

（ロ）病気になったらどうするか。（三十二時間）

①病気になった時のことを話合って、病気について次のことをしらべる。

○二年生ぐらいの子供のかかりやすい病気

○その病気になるわけ

○病気になった時のからだの変化

○手当法

○両親はじめ家族の心配や苦心

○医師の手当

②健康室へ行っていろいろな医療器具や医療品をしらべる。
③病院見学の計画をする。
④国立東京第一病院を見学する。
　○働いている人・その数
　○施設
　○外来患者数・入院患者数
　○働いている人や患者さんたちのようす
⑤病院見学の報告をかく。
⑥病人に対してどのようにしたらよいかを話合う。
⑦病院について作文する。
⑧長期欠席児童がいたら病気見舞をする。
⑨「お医者さんごっこ」をする。
⑩病院の絵をかく。

（4）**概括及び仕上げ**（二時間）

（イ）「病気にならないための注意」はポスターにまとめたり、標語にしたりして、教室の内外に展示する。また家庭にも、もち帰らせる。

（ロ）誕生会などに「お医者さんごっこ」を上演する。

（ハ）「丈夫なからだになるにはどうするか」を紙芝居に作って演出する。

六、参考文献

（1）単元一「二年生になって」の参考文献の①から⑩まで。		（9）衛生教育の理論と実際	佐藤　正
（2）児童生理学	服部　光平	（10）教育的衛生	大西永次郎
（3）児童生理学講話	林　　髞	（11）運動衛生学	吉田　章信
（4）常識としての生理学	加藤　元一	（12）衛生学講義	横田千之助
（5）生理衛生学提要	岡田瑚一郎他	（13）栄養と食物	高木　良一
（6）学校養護提要	本図晴之助	（14）栄養講話	沢村　眞
（7）児童衛生	岡田　道一	（15）最新栄養総論	川上益喜二
（8）日本児童衛生学	岡田　道一	（16）寄生虫学提要	小泉　丹

第四節　たのしい夏

一、単元四　たのしい夏

二、この単元をとった理由

（1）連日のうっとうしい梅雨があければ、からりと晴れ渡った青い空には、强い日光に輝く白い雲が美しい姿を見せる。雨降りつづきで、学習にも遊びにもいろいろなことで何となく生活に制約を感じていた児童たちにとっては、夏はまさに待望の季節である。いろいろな「水のあそび」さては「とんぼ・せみなどの虫とり」をはじめとして、自然を相手とした活潑な活動が繰りひろげられよう。

これらの「遊び」の中に学習問題をみつけて「遊び」をより一層内容豊かなものに発展させようとするのである。

（2）七月七日は「たなばた」であって、星にちなんだ行事である。急に加わった暑さ、青く澄んだ空に浮かぶ夏の雲、児童の関心や興味は自ら大空にむかう。天体のことについて二年生の児童の程度では、ごく初歩的な理解に止めなければならないが、大空のことについて児童の関心と興味を高めておく程度にする。

（3）やがて第一学期も終れば夏休みである。「長い休みをどのようにしてすごすか」これは児童にとっても、また学校や家庭にとっても大きな生活課題である。この単元は夏休みを中にはさんで、その計画と反省を前後に行って、この生活課題にこたえようとするものである。

（4）この単元は、一年の単元四「なつのあそび」の学校内容の発展である。

スコープをあげるならば、

○生命財産の保護保全①③④⑤⑥

○自然資源の保護利用②③

○物の生産②

○厚生・慰安①

などが考えられよう。

三、目　　標

(1) 理　解

(イ) 道路や危険な場所で遊ぶことはよくないこと。

(ロ) 水道の水をむだにしてはならない。

(ハ) 花火などで火あそびをする時には火の用心に氣をつけること。

(ニ) 星は時間がたつと位置がかわる。

(ホ) 北極星はいつも北にある。

(ヘ) 星座には大熊座・小熊座・琴星・わし座などがある。

(ト) 天の川は星のあつまりである。

(チ) 雲にはいろいろな形がある。

(リ) 雲はそれぞれ高さがちがう。

(ヌ) 空氣はおしちぢめることができるが水はおしちぢめにくい。

(ル) 昆虫にはトンボ・セミ・ハチ・チョウ・バッタなど非常に種類が多い。

(ヲ) 土の中にはミミズ・アリ・クモ・ヨトウムシなどがすんでいる。

(ワ) アリは土中に巣をつくる。

(カ) チョウは春にでるものと夏にでるものと色や大きさがちがうものがある。

(ヨ) 多くの昆虫は、夜明かるいものに集る。

(タ) 地虫・クモなどにさわると死んだように動かなくなるものがある。

(レ) 夏咲く花にはヒマワリ・アサガオ・カンナ・サルスベリ・アザミなどがある。

(ソ) ヘチマ・カボチャには根・茎・葉・花　実・種がある。

(ツ) キウリ・ヘチマはまきひげでものにまきつく。

(ネ) たいていの草花の葉や茎は日光の方へむこうとする。

(2) 能　力

(イ) 夏のいろいろな遊びの中に科学の原理を應用する能力。

(ロ) 海岸で拾った貝類や雲の形などを分類する能力。

(ハ) 資料を集める能力。

(ニ) いろいろな遊びの中で簡單な工作をする能力。

(ホ) 自然物や人工物を觀察しそれを図画に表現する能力。

(ヘ) いろいろな遊びや簡單な工作を安全にする能力。

(ト) 昆虫などを採集して飼育する能力。

(3) 態　度

(イ) 物を大切にして粗末に使わない態度。

(ロ) 計画を立てて行動しようとする態度。

(ハ) 根氣よくものごとをやりぬく態度。

(ニ) いろいろな遊びをする中に工夫考案して新しいものを作りだす態度。

(ホ) 一生けんめいに仕事をする態度。

(ヘ) 他人と協力して仕事をする態度。

四、開　始　計　画

(1) 利用する施設・資料

(イ) 校内の施設・資料

①科学室　○水鉄砲・ポンプの玩具　○ふん水　○おもちゃの水車の各種類　○水車の掛図・模型　○夏の星座表　○雲の形・高さなどを示した図や写眞

②図書館　○昆虫の図鑑　○星の神話の紙芝居　○たなばたまつりの掛図

③健康室　○睡眠時間や食事の時刻など毎日の生活時刻を示した図表

(ロ) 校外の施設・資料

①夏休みの生活について、次のような点に關して各家庭の報告をうけておくこと。

○大体の毎日の生活日課表　○特に児童の遊びにゆく場所　○主な旅行予定地・その期間

（２）着手計画

（イ）前の単元三「じょうぶなからだ」のまとめの中に「よい遊び」にふれて、この単元の伏線とする。

（ロ）「梅雨がいつあけるか」について児童に問題を與えて、本格的な夏を迎えることに關心をむける。

（ハ）昨年の夏休みの優秀作品を展示する。

（ニ）夏休みになる期日・日数を早くから掲示し、また家庭にも通知するなどして、夏休みの計画をたてるように話す。

（ホ）「たなばた」についての挿図を展示する。

（ヘ）夏の遊びのいろいろな場面を示した挿図や写眞を掲示する。

五、予想される学習活動

（１）導　入（四時間）

（イ）話合い

①梅雨があけていよいよ夏になったことはどんなことでわかるか。

②たなばたについて。

③夏休みをどんなふうにすごしたらよいだろうか。去年の夏休みのこと。

④夏の遊びについて。

（ロ）昨年の二年生の優秀作品を見たり、作文や日記を読む。

（ハ）夏休み中の学級園のせわについて相談する。

（ニ）話合いを次のような学習問題にまとめる。

①たのしい夏の遊び　②夏の空　③学級園　④夏休みの計画　⑤夏休みの思い出

（２）組　織（一時間）

（イ）「たのしい夏の遊び」は分團毎に相談してその中から一つを選んで、分團毎に学習する。あとで製作品や工夫した点、おもしろかったことなどを全員に発表する。

（ロ）「たなばた」は全員いっしょに学習する。

（ハ）「学級園」は分團毎に作業する。

（ニ）夏休みの計画やその思い出は、全員の話合いをすませて、個人別にまとめる。

（３）研究と作業

（イ）たのしい夏の遊び（二十四時間）

①夏の遊びについて分團毎に話合う。

○水あそび

○しゃぼんだまあそび

○水鉄砲

○ふんすい

○水車　○舟あそび

○花火　○ささ舟

②遊び方や作り方などを話合う。

③各分團毎に「遊び」をきめる。

④材料の用意や製作をする。

⑤分團毎でいろいろな遊びをしてたのしく遊ぶ。

⑥「たのしく遊んだこと」を図画にかく。

⑦「たのしく遊んだこと」を作文する。

⑧全員で図画や作文をもとにして話合う。

⑨「水でっぽう」「花火」の歌をならう。

（ロ）夏の空（十二時間）

①「たなばた」の星の話の紙芝居を見る。

②「たなばた」のかざりを作って教室にかざりつける。

③星の話をきく＝＝○よく知られている星・星座○北極星　○時刻の星の場所

④夏の天氣をしらべて毎日季節だよりにかく＝＝○晴雨の区別　○氣温

⑤雲について観察する。

⑥写眞・図表などによって雲の名前や高さなどを調査する。

⑦「たなばた」の唱歌を歌う。

⑧夕立の前後の空・ふり方・あとの地面のようすなどをしらべる。

（ヘ）学級園（八時間）

①学級園の手入れをする。（七月と九月）

②虫を採集して観察する。（七月と九月）

③「かぼちゃの花」（国語二）を読む。

④やさいやくだもののすきなものを粘土で作る。

⑤秋のたねまきをする。

○球根（スイセン・ヒヤシンス・チューリップなど）

○草花（サンシキスミレ・ノボリフジ・ヒナギクなど）

○エンドウ・ソラマメ

⑥ヒヤシンスの水栽培をする。

⑦栽培日誌を季節だよりにかく。

（ニ）夏休みの計画（六時間）

①夏休みの日数を計算する。

②七曜表を作る。

③生活日課表を計画する。

○時間的な規制

○学習内容

○おてつだい

○遊び

④昨年の一年生の日記や作文を読む。

⑤夏休みについて話合う。

（ホ）夏休みの思い出（十五時間）

①夏休みの思い出を話合う。

②夏休みの研究発表会をする。

③夏休みの思い出を作文する。

④夏休みの思い出を図画にかく。

⑤夏休みの作品展覧会の計画をしてそれを準備する。

（4）**概括及び仕上げ**（五時間）

（イ）「たのしい遊び」「夏の空」の学習は七月中にすませるので、休みになる前にまとめる。

○製作品の展示　○たなばた　かざりつけ——この日に誕生会など学級の小学藝会をする。

（ロ）夏休みの作品や、その思い出で作ったものはすべて学校全体の「夏休み展覧会」に出品展示する——各学年の作品を見学してその感想を話合ったり、作文したりする。

六、参考文献

（1）単元一「二年生になって」の参考文献の①から⑨まで。

（2）学習大辞典　植物篇　（玉川出版部）

（3）学習大辞典　天文気象篇　（同　右）

（4）新しい昆虫採集と標本の作り方　（新村　太朗）

（5）海と生物　（内海富士夫）

（6）昆虫図絵　（植村　利夫）

（7）益虫と害虫　（植村　利夫）

（8）海岸の植物研究　（向坂　道治）

（9）理科の実験　生物　（木場一夫他）

（10）発明物語りと科学手工　（渡辺　軍治）

（11）天気予報の話　（畠山　久尚）

（12）魚貝図絵　（瀧　　庸）

（13）百万人の工作　（青木　好蔵）

（14）よい虫わるい虫　（高島　春雄）

（15）四季の虫　（岩田久二雄）

（16）夏の野外植物　（本田　正次）

（17）日本昆虫図鑑　（松村　松年）

（18）趣味の昆虫採集　（加藤　正世）

第五節　たのしい秋

一、単元五　たのしい秋

二、この単元をとった理由

（1）「暑さも彼岸まで」とやら、九月も秋分をすぎれば、残暑も去って、天高くあくまですみきって朝夕の風もめっきり涼しくなり、いよいよ秋のおとずれを感ずるようになる。この好季節を迎えて、学校は運動会や遠足など多彩な行事を繰りひろげる。この運動会や遠足、それは児童にとっては学校行事の中でも最もたのしみ深いものである。「りっぱな運動会をするにはどのようにしたらよいか」「たのしい遠足をより一層たのしくするにはどうしたらよいかし児童のもつ興味や関心を正しく導いて、これらの大きな行事の内容をより一層豊かなものにしようとするのである。

（２）学校内外の自然を眺めるならば、ここにはまた自然の大きないとなみが強く児童の心をとらえる。

田んぼには黄金色の稲穂が重い穂首をたれ、畑には大根・キャベツ・白菜などが姿を見せ、更に、くだもので は、カキ・ナシ・リンゴ・ブドウなどが東京のくだものやの店頭に見られるようになる。まさに「みのりの秋」である。やさいやくだものは日常見なれたものではあるが、児童を畑や木の下へつれていってその自然のままの姿を見せるとあらたな感激や興味を覚えるであろう。また、それを児童自身の手でとりいれさせれば、一層深いよろこびを感じるであろう。そして、おぼろげながらも、自然の偉大な力、自然の恩恵について理解し感謝の気持を持つようになる。

（３）従って、この単元で学習を予定する事項としては、

（イ）運動会　（ロ）遠足　（ハ）やさいとくだもの

である。この単元は、一年の単元五「秋の学校」と連絡がある。

（４）スコープをあげるならば、次のようになる。

○自然資源の保護利用①　○物の生産①②　○厚生慰安②

三、目　　標

（１）理　　解

（イ）運動会や遠足をたのしくするには、みんながきまりをよく守り、協力しなければならない。

（ロ）運動会の競争には勝っても負けても一生けんめいでなくてはならない。

（ハ）田んぼや畑にはいって作物をあらすことはよくない。

（ニ）秋になるといろいろなくだものややさいができて人をよろこばせる。

（ホ）秋咲く花には、ススキ・ナデシコ・キク・オミナエシ・キキョウ・ハギ・リンドウなどがある。

（ヘ）サクラ・イチョウ・アオギリなどは落葉するが、スギ・マツなどは落葉しない。

（ト）ヌルデ・ウルシ・ニシキギ・イチョウなどの葉は秋になると色が変って落ちる。

（チ）チューリップ・ヒヤシンス・スイセンなどは球根でふえる。

（リ）カキ・クリ・ブドウ・ナシ・リンゴなどは実がなって人をたのしませる。

（ヌ）カキ・ブドウなどは人に実をたべられて種をまきちらす。

（ル）イノコズチ・ヌスビトハギ・ヤブジラミ・トウコギ・エノコログサなどの種は動物のからだについてまきちらされる。

（ヲ）長さをはかるには「メートル」の単位を使う。

（２）能　　力

（イ）物と現象をすなおに正しく見る能力。

（ロ）運動会の競走の距離や場所などを測定する能力。

（ハ）野菜やくだものを比較観察する能力。

（ニ）ソラマメ・エンドウなどの成長を測定する能力。

（ホ）球根・草花などを栽培する能力。

（ヘ）落葉樹・常緑樹を比較観察する能力。

（ト）木の葉やドングリなどを作って簡単な工作をする能力。

（チ）くだもの・紅葉など自然の美を理解する能力。

（リ）自然の美を図画に表現する能力。

（ヌ）草花・豆類の生長を継続観察する能力。

（ル）運動会や遠足について一部の簡単な計画をたてる能力。

（３）態　　度

（イ）おたがいに分担の責任をはたす態度。

（ロ）他人と協力して仕事をしようとする態度。

（ハ）自然に親しむ態度。

（ニ）自然の恩恵に感謝しそれを尊ぶ態度。

（ホ）計画をたてて行動しようとする態度。

四、開　始　計　画

（１）利用する施設・資料

（イ）校内の施設　資料

①郷土室　○大倉山及びその附近の略地図

　　　　　○校庭の落葉樹・常緑樹の種別を示した図

②科学室　○木の葉・ドングリ・マツカサなどの細工物

③創作室　○やさい・くだものの粘土細工品

（ロ）校外の施設及び資料

①遠足目的地

○大倉山太尾公園及びその附近（東横線大倉山駅下車徒歩約五分）

○向ガ丘遊園地及びその附近（小田急線稲田登戸駅下車徒歩二十分）

②八百屋さん

（2）着手計画

（イ）背面黒板の学校行事予定表に運動会・遠足の日時を掲示する。

（ロ）遠足の目的地の二・三の地点の名をあげておく。

（ハ）秋の野山の自然をかいた図画をたくさん展示する。

（ニ）運動会のポスターを用意する。

（ホ）「季節だより」の記入と連絡して、この頃のやさいやくだものを調査する。

（ヘ）木の葉・ドングリ・マツカサなどの細工物や成績物を展示する。

五、予想される学習活動

（1）導　入

（イ）話合い（四時間）

①九月末から十月いっぱいにかけての学校の行事について。

②運動会のようす。

③遠足の場所・その場所の野山・草花などのようす。

④これから畑に多く見られるもの。

（ロ）家庭にカキ・クリなどの木がある児童に、実のなっているようすを発表してもらう。

（ハ）話し合いの結果を次の三つにまとめる。

①運動会　②遠足　③やさいとくだもの

（2）組　織（一時間）

（イ）運動会の学習は全員いっしょにする。

（ロ）遠足の計画は全員でたてる。遠足地での学習や帰ってからの学習は分團毎でする。

（ハ）「やさいとくだもの」の学習は分團毎にして、成績品を全員で鑑賞する。

（3）研究と作業

（イ）運動会（二十四時間）

①運動会の大体の計画を先生からきいてそれを基にして話合いをする。

○種目――五十メートルの距離

○出場した時、見ている時の注意

○たのしいことの予想

○去年の運動会の思い出

②簡単なポスターをかく。

③運動会の前日には教室の整頓や明日のことについて特に話合う。

④運動会へ参加する。

⑤運動会の翌日、昨日のことの話合い。

○出場した種目についての感想

○見ていての感想

⑥運動会の図画をかく。

⑦運動会について作文する。

⑧「かけっこ」の歌をならう。

（ロ）遠足（二十四時間）

①遠足の大体の計画を先生からきいてそれを基に話合う。

○目的地のようす
○持って行く物・用意する物

②秋の野山へいって
○田畑の作物・空のようすなどの観察
○草花つみ
○虫とり
○木の葉あつめ・木の実ひろい
○草花や木の実で遊ぶこと

③遠足から帰っての話合い。
④遠足について図画をかく。
⑤「秋の景色」のパノラマを工作で作る。
⑥「どんぐりころころ」「てるてる坊主」の歌をならう。
⑦「虫の声」「かかし」の歌をならう。
⑧採集してきた虫を飼育する。
⑨おし葉を作る。
⑩季節だよりをかく。
⑪遠足について作文する。
⑫遠足の費用について計算する。

（ハ）やさいとくだもの（十八時間）

①このごろのやさいの調査。
②このごろのくだものの調査。
③学校園のやさいをとりいれる。
④くだもののたねあつめをする。
⑤やさい・くだものを写生する。
⑥やさい・くだものを粘土で作る。
⑦やさい・くだもののいろいろについて比較する。
⑧「私のすきなやさい」「私のすきなくだもの」についての作文をかく。

（４）概括及び仕上げ（四時間）

（イ）運動会の結果、例えば五十メートル競走の優勝者などについては、これを平素の衛生問題と結びつけておく。

（ロ）遠足から帰って成績物はそれぞれ教室の適当な場所に展示する。

六、参考文献

（１）単元一「二年生になって」の参考文献①から⑨まで。
（２）学習大辞典　植物篇１　（玉川出版部）
（３）昆虫図絵　（植村　利夫）
（４）益虫と害虫　（植村　利夫）
（５）理科の実験　（木場一夫他）
（６）動物・植物と人間　（稲葉左馬吉他）
（７）鳥の生活と巣箱　（山階　芳麿）
（８）昆虫図絵　（植村　利夫）
（９）私たちの鳥　（内田清之助）
（10）よい虫わるい虫　（高島　春雄）
（11）四季の虫　（岩田久二雄）
（12）日本昆虫図鑑　（松村　松年）
（13）昆虫写真生態　（八木誠政他）
（14）秋の野外植物　（本田　正次）
（15）四季と植物　（本田　正次）
（16）植物学講話　（牧野富太郎）
（17）四季の草花　（中路　正義）
（18）植物大辞典　（村越三千男）
（19）趣味の植物採集　（牧野富太郎）
（20）武蔵野の草と人　（太田　三郎）
（21）東京近郊めぐり　（河井　酔茗）

第六節　町　の　人

一、単元六　町　の　人

二、この単元をとった理由

（１）二年生の児童の生活環境は家庭と学校を中心とした狭い領域である。しかしこの中からも社会事象としてはすでに、商店・交通機関・駅・病院などについて学習してきた。この単元においては、これまで学習してきたものについても一層理解を深めると共に、その他にも児童がよく見聞しまた利用するものをとりあげて、社会生活について理解を養め、よりよい生活ができるようにしようとするのである。

（２）単元五「たのしい秋」の学習の最後は「やさいとくだもの」で、児童は八百屋さんやくだものやさんなどについて調査をした。東京のこのようなお店にどのようにしてやさいやくだものは運ばれてくるか、どこからくるかなどの問題をはじめとして、商店の機能やその実際の販賣上のことなどについて多くの問題を持つ。この單元においては、まず兒童のこのような問題を基にして商店について一層理解を深め、この商店を中心にして兒童の關心や興味の深いものを地域の実情に應じてとりあげる。

（3）十二月の声をきくと、町には歳末の何となくあわただしい氣分が流れて商店街は活氣を呈してくる。月の始めには例年「防火週間」が設けられ、消防自動車が宣傳に廻ったりする。一年の中でも火災の最も多くなる季節を迎えるに当って、消防に從事している人々の苦労を理解するようにする。

（4）この單元の主な学習内容としては次のような事項である。

〇いろいろな店　　〇郵便局

〇交番　　〇消防署

この單元は一年の單元六「学校の近所」、二年の單元一「二年生になって」の学習内容と連絡がある。

（5）スコープをあげるならば、

〇生命財産の保護保全④⑥　〇物の分配と消費①②

〇物の運輸①　〇通信交通②③

などである。

三、目　標

（1）理　解

（イ）警察官・消防関係の人たちはいつでも仕事ができるように用意している。

（ハ）いろいろな物資を入手したり使用したりする上に社会の人々は、たがいに助け合っている。

（ニ）社会の人々はいろいろな仕事をして郷土のためにはたらいている。

（ホ）家庭では物を入手するのにいろいろな店を利用している。

（ヘ）私たちの住んでいる町にはいろいろな店があって私たちの生活をよくしてくれる。

（ロ）社会奉仕は他人のことを思いやる心から生れること。

（ト）店によってそれぞれ賣っている品物がおよそきまっている。

（チ）火事を出さないようにするには火の用心に氣をつけなければならない。

（リ）火を消すには水・土・砂などをかけて消すことができる。

（ヌ）長さをはかるには、センチメートルという單位がある。

（2）能　力

（イ）物ごとを関係的にみる能力。

（ロ）「お店ごっこ」の遊びを演出する能力。

（ハ）いろいろな店について調査する能力。

（ニ）「お店ごっこ」に使う物を工作する能力。

（ホ）分担して仕事をする計画をたてる能力。

（3）態　度

（イ）「お店ごっこ」をしたり、調査をしたり、協力して仕事をする態度。

（ロ）社会事象に興味を持つ態度。

（ハ）工夫考案して新しいものを作りだそうとする態度

（ニ）他人に迷惑をかけないようにする態度。

（ホ）分担した責任を完全に果そうとする態度。

四、開　始　計　画

（1）利用する施設・資料

（イ）校内の施設・資料

㊀図書館　〇いろいろな店の掛図

〇魚屋・八百屋などの品物入手の順序方法を示す掛図

〇消防署の活動（幻燈）

〇防火デー（紙芝居）

○「お巡りさん」（紙芝居）
○「ゆうびんやさん」（紙芝居）
○防火デーのポスター
○歳の市のようすを示す掛図
②郷土室　○学校附近の略図
○学校附近の消防署の配置図

③科学室　○消防ポンプの模型
（ロ）校外の施設・資料
①学校前・第一師範駅附近の商店街
②世田谷區下馬三丁目巡査派出所
③世田谷師範前郵便局
④世田谷消防署（世田谷区三軒茶屋）

（2）着手計画

（イ）前の単元で学習した八百屋さん、くだものの屋さんに最近並んでいるやさい・くだものの調査図表を展示する。
（ロ）児童がこの頃家庭でどんな手傳いをするか、またおつかいにはどんな店にゆくかをしらべさせる。
（ハ）よくおつかいにゆく店について調査する。
○店の名・ある場所　○はたらいている人・その数
○賣っている品物　○何に使う品物であるか
（ニ）前の二年生の製作した商店・商店街の模型・消防署・交番の図画を展示する。

五、予想される学習活動

（1）導　入（四時間）

（イ）前単元の「やさいとくだもの」の学習で調査した、八百屋さん・くだもの屋さんについて話合う。
○店のようす・品物の並べ方　○店の人　○品物の賣り方
○店の人・買いに来る人の言葉　○主な品物のねだん
（ロ）お店へ買物に行った時の経験発表。
（ハ）町に働いている人にはまだどんな人たちがいるかを話合う。

（ニ）この単元の学習内容を次のようにまとめる。
①いろいろな店　②交番　③消防署　④郵便局

（2）組　織（一時間）

（イ）いろいろな店——分團学習
（ロ）交　番
（ハ）消防署
（ニ）郵便局
（ロ）〜（ニ）学級全体で学習する

（3）研究と作業

（イ）いろいろな店（三十三時間）
①児童がおつかいによくゆく店について話合う。
②児童のよくゆく店の名をいくつかあげて分團で一つずつ分担して調査する。
○店の名・場所
○賣っている品物・何に使う品物か
○働いている人・その数
○店内のようす
○主な品物のねだん
○買いにくる人・人数
○店の人・買いにきた人の言葉
③商店のはたらきを考察する。
④國語四「この町」を読む。
⑤店の図画をかく。
⑥「買い物」の作文をする。
⑦紙細工で店を工作する。
○センチメートルを使う
⑧「お店ごっこ」をする。
○看板・品物など図画や工作で作る
⑨「石やさん」の歌をならう。
⑩「きしゃ」の歌をならう。
（ロ）交番（十時間）
①交番について話合う。
②学校附近の交番を地図でしらべる。
③交番を訪問して巡査の話をきく。
④巡査の話を作文にかく。
（ハ）消防署（二十時間）
①防火デー・防火週間・避難訓練を中心にして、火災

　に ついて話合う。
②火災の原因・火災の多い季節などの紙芝居・掛図をみたり、話をきく。
③消防署のはたらきを考察する。
④消防署を訪問して署の人から話をきく。
⑤「火の用心」のポスターをかく。
⑥消防署の見学を作文にかく。
⑦「風の日」の歌をならう。
（ニ）郵便局（二十二時間）
①児童のあつかいでポストや郵便局へいったことを話合う。
②郵便局に見学にゆき局員の話をきく。
○施設
○働いている人・その数
○どんな仕事をしているか
③郵便局のはたらきを考察する。
④郵便局の絵をかく。
⑤「郵便ごっこ」をして遊ぶ。
⑥「ポスト」「手紙」の歌をならう。

（4）**概括及び仕上げ**（五時間）
（イ）年の暮の商店街のようすのふだんとのちがいを自由研究とする。
（ロ）店の紙細工は、学校全体を合わせて商店街を作り、交番・郵便局・消防署などを作る。（但し時間に余裕がある場合）
（ハ）お巡りさんや消防署の人々に感謝の手紙をかくこともよいことである。

六、参　考　文　献

（1）単元一「二年生になって」の参考文献①から⑨まで。
（2）学習大辞典　社会科篇1　（玉川出版部）
（3）学習大辞典　社会科篇2　（同　右）
（4）少年朝日年鑑　昭和二十四年版　（朝日新聞社）
（5）火災と消防　（矢島　安雄）
（6）地震と災害　（鷺坂　清信）
（7）新しい警察　（渡邊宗太郎）

第七節　た　の　し　い　冬

一、単元七　たのしい冬

二、この単元をとった理由

（1）新しい年を迎えて年齢を一つづつ加えた児童のよろこびは、生活をよりよくしようとする積極的な努力に導かれなくてはならない。こうした気持があってこそ、お正月のたのしさもその正しい意義を得ることであろう。「たのしい冬」の学習は、まずこのお正月を迎えることからはじまる。
（2）春・夏・秋とそれぞれ四季の移り変りに従ってたのしい生活をくりひろげてきた児童にとっては、冬もまた「たのしい冬」である。しかしともすると、とじこめられがちな児童の冬の生活を、積極的なものにするためには、例えば室内でたのしく遊んだり、戸外に出て雪や氷で遊んだり、また冬の生物を観察したりするなど、いろいろな工夫や努力が必要であろう。
（3）この単元の学習内容は、一年単元七「私のうち」二年単元四「たのしい夏」単元五「たのしい秋」と連関がある。

三、目　　　標

（1）**理　　解**
（イ）家族がたのしく暮すためにはおたがいに協力しなくてはならない。
（ロ）よその人が家へ見えた時やよその家へ行った時には礼儀を守らなくてはならない。
（ハ）たのしく遊ぶためにはわがままをしないこと。
（ニ）お小遣いをむだづかいすることはよくない。

（ホ）人のあやまちはゆるすこと。
（ヘ）太陽は熱と光を興えてくれる。
（ト）雪や氷はとけて水になる。
（チ）雪は結晶している。
（リ）氷は水の表面にはる。
（ヌ）地表の水分がこおると霜柱になる。

（ル）サクラ・コブシ・トチノキ・ヤマブキ・ウメなどの芽は鱗片によって寒さから守られている。
（ヲ）虫をはじめ多くの生きものは冬は地中や物かげにかくれている。
（ワ）立春の日から暦の上では春である。

（２）能　力

（イ）自然物・自然現象をすなおに正しく見る能力。
（ロ）事実から推論をする能力。

（ハ）みなりをはじめ、自分の持物の整頓など自分のことは自分でする能力。

（３）態　度

（イ）自然に親しむ態度。
（ロ）自分から進んでものごとを究明しようとする態度。

（ハ）兄弟姉妹仲よくしようとする態度。
（ニ）科学的作品に興味を持つ態度。
（ホ）注意深く正確に行動する態度。

四、開　始　計　画

（１）利用する施設・資料

◎校内の施設・資料

①図書館　○正月のいろいろな遊びをしている挿図　○雪の映画・幻燈　○生物の越冬生活の挿図　○映画「冬の芽」

②科学室　○「たこ」「こま」の各種　○氷についての実驗用具

③学校園　○ニワトリ・ウサギ小屋

（２）着手計画

（イ）この単元の学習は第三学期になってからはじまるわけであるが、二学期末から、前の単元「町の人」の「暮の商店街」や「お正月の買物」と結びつけて、導入しておく。
（ロ）お正月のいろいろな遊びや、冬の室内・室外のたのしい遊びを示した挿図や写眞などを展示する。
（ハ）冬休みのはじめから毎朝霜のおりたようすをしらべて、季節だよりにかく。
（ニ）お正月の絵日記をかいた児童があったら展示する。

五、予想される学習活動

（１）導　入（四時間）

（イ）話合い

①たのしかったお正月――いろいろな遊び　②室内・室外のあそび　③この頃の外のようす　④絵日記をよむ。

（ロ）冬の「たのしい遊び」を話合う。

○室内　○室外

（ハ）学習題目を次のようきめる。

①たのしいお正月　②雪と氷　③冬の庭

（２）研究と作業

（イ）たのしいお正月（三十時間）

①お正月のたのしかったこと、おもしろかったことの発表。

○おもしろかった遊び

○お客様

○お年玉

○年賀状について

②はねつきをする。

③たこを作ってあげる。
④「はねつき」の唱歌を歌う。器楽で演奏する。
⑤「お早よう」の歌をならう。
⑥七曜表を作る。
⑦「お正月」「冬の遊び」の図画をかく。
⑧お正月のたのしい思い出について作文をする。
（ロ）雪や氷（四十時間）
①国語四「雪」を読む。
②雪の降る前の空模様をしらべる。
③積雪量をセンチメートルであらわす。
④雪を観察する。
⑤映画「雪」を見る。
⑥雪だるまを作ったり、雪合戦をする。
⑦氷・霜柱を観察する。
⑧冬の景色を図画にかく。

⑨「冬の景色」のパノラマを作る。
⑩「雪」について詩を作る。
⑪季節だよりをかく。
⑫「大きな小さな」の歌をならう。
（ハ）冬の庭（二十五時間）
①冬の芽の観察。
②映画「冬の芽」を見る。
③冬の芽を図画に写生する。
④虫類の越冬生活の観察・採集。
⑤ウサギやニワトリのようすの観察。
⑥春を待つ自然の姿について話合う。
⑦春を待つ野山のようすを図画に写生する。
⑧「春を待つ」の唱歌を歌う。
⑨「春を待つ」の曲を器楽で演奏する。

（３）概括及び仕上げ（六時間）
（イ）雪や氷の観察・虫などの越冬生活の観察など、優秀なものを選んで全員でその発表をきく。
（ロ）「冬の景色」の図画・工作の作品を展示する。

六、参考文献

（1）単元一「二年生になって」の参考文献①から⑨まで。		（4）冬の生物	（中山　周平）
（2）学習大辞典	（玉川出版部）	（5）植物の観察	（松村　義敏）
（3）発明物語りと科学手工	（渡辺　軍治）	（6）百万人の工作	（青木　好意）
（7）四季の虫	（岩田久二雄）	（10）暦と生活	（三省堂編修所）
（8）動物生態学講話	（小泉順一郎）	（11）学習大辞典　天文気象篇	（玉川出版部）
（9）レクリエーション	（上田　久七）		

第八節　もうすぐ春

一、単元八　もうすぐ春

二、この単元をとった理由

（１）前の単元の学習で児童は冬の動物や植物について学習した。そこには寒い冬の生活にたえながら、やがて来る春を待って休みない自然のはたらきが続けられていることを見とったことであろう。二月も中頃をすぎれば、もう「春遠からじ」で、野山にも何となく春の気色が動く。学校も三月の声を聞くと、上旬にはひなまつりにちなんで学藝会が行われ、それがすめばどの学年も一年間のしめくくりをつけて、やがて進級のよろこびに児童の胸はおどる。
（２）従って、この単元でとりあげる学習の展開としては、
（イ）ひなまつり　（ロ）学藝会　（ハ）早春の野　（ニ）もうすぐ三年生
である。

三、目　　標

（１）理　　解
（イ）三月三日はひな祭といって女の子のためにおひな様をかざって、子供を祝福する日である。

（ロ）大ぜいの人がいっしょに集ったりした時は勝手に口をきいたり、立歩かないなど、やくそくを守らなければならない。
（ヘ）人のあやまちはゆるしてあげること。
（ニ）友だちは仲よく親切にして助け合うこと。
（ホ）動物は魚・虫・鳥・けものなどにわけることができる。

（2）能　力

（イ）学藝会の種目を演出する能力。
（ロ）四季の変化を比較し、それぞれの季節の動植物などを比較する能力。
（ハ）簡單な図表を作る能力。

（3）態　度

（イ）他人と協力する態度。
（ロ）自然に親しむ態度。

（ヘ）カエルの卵は親のせわをうけなくてもかえって子になる。
（ト）多くの植物は冬は生長しない。
（チ）雲・風向・氣温などの継続観祭で天氣を予知することができる。
（リ）春・夏・秋・冬とそれぞれ季節に應じて生きもののようすは変る。

（ニ）一お客さまごっこ」の演出能力。
（ホ）一年間の生活を反省して、それをまとめる初歩的能力。

（ヘ）友だちに親切にし、仲よくしようとする態度。
（ニ）環境に興味を持つ態度。

四、開始計画

（1）利用する施設・資料

（イ）校内の施設・資料

①図書館　○ひな祭の掛図・人形・かざり段　○学藝会演出種目についての資料　○早春の野山に見られる草花の掛図

②科学室　○季節だよりのまとめ（図表）

（ロ）校外の施設・資料

①二子玉川から丸子多摩川へかけて一帯の土手　②温室村の温室の見学

（2）着手計画

（イ）二月の誕生会のすんだ後で、三月の誕生会の計画を話合い、その準備をさせておく。
（ロ）季節だよりのまとめをしたいくつかの成績物を展示する。
（ハ）もうすぐ三年生になるよろこびをあらわす詩や短い文を掲示する。

五、予想される学習活動

（1）導　入（三時間）

（イ）話合い

○三月三日はひな祭であること
○学藝会（去年の思い出）
○学藝会がすむともうまもなく二年生も終ること
○二年生の学習のまとめをすること

（ロ）学習の計画

①ひな祭の準備　②学藝会の準備・練習　③二年生の学習のまとめの計画

（2）研究と作業

（イ）ひな祭（十時間）

①ひな祭について話合う。

②おひなさまを作る。（分團毎に）
③「お客さまごっこ」をする。

④学級全体のおひなさまをかざって、学級小学藝会をする。

○計画　○プログラムの作成

○進行

（ロ）学藝会（八時間）

①学藝会の計画を先生からきく。

②学級の出演について話合う。

③種目・分担・練習の相談をする。

④出演者の演技を全体で鑑賞したり、批評し合う。

⑤学藝会に参加する。（出演と見物）

⑥学藝会について話合う。

⑦作文や図画にかく。

⑧「赤い鳥小鳥」「まわりっこ」の歌の練習。

（ヘ）早春の野（十二時間）

①校外に一日遠足して早春の野山のようすをしらべる。

②動植物の観察・採集。

③季節だよりの記入。

④季節だよりをまとめる。（図表）

○四季のそれぞれの生物

○季節の特色

⑤「春が來た」の歌をならう。

（ニ）もうすぐ三年生（十時間）

①二年生の一年間の反省。

②成績物をまとめる。

③三年生になっての心構えについて話合う。

④「二年生の思い出」を作文にする。

⑤教室の机・椅子その他を整頓する。

六、参考文献

（1）單元一「二年生になって」の参考文献①から⑨まで。

（2）学習大辞典　植物篇1　（玉川出版部）

（3）学習大辞典　天文氣象篇　（同　右）

（4）理科の実験　（木場一夫他）

（5）天氣予報の話　（畠山久尚）

（6）日本の氣候　（中原孫吉）

（7）ぼくらの演劇　（八田元夫）

（8）兒童劇集　（久保田万太郎）

（9）兒童劇集　上　（坪内逍遥）

（10）学校劇脚本集　（小島寅夫）

（11）劇のすきな子どもたちへ　（宮津博）

（12）十二のとびら　（宮津博）

（13）新兒童劇教室　（津村秀男）

第十章　第二学年の基礎学習の指導と健康教育

月	言語	数量形	音楽	造形	図書館その他	健康教育
四	①聞き方【一】 ○注意して人の話を聞きわける ○ラジオを上手に聴く【一】 ②読み方【六】 ○「よびかけ」（春の声）を読む ○詩（花まつり）をたのしんで読む ○「ことばあつめ」を読む ○声を出さないで読む ③話し方 ○発音や語調に注意して話すこと ○敬語・ていねいな言葉を使って話すこと ○標準語で話すこと ④作文【三】 ○「二年生になって」「えんそく」について二〇〇字程度の作文をすること ○句読点・かぎのつかい方 ⑤書き方【二】 ○句読点・かぎの書き方	①（わなげ遊び）【三】 ○加法の意味の理解 ○加法 （基数）＋（基数）｝ （＋何）＋（基数）｝和が 20 以下 繰上りなし ○一次元の表をかく ②（いろいろなもんだい）【三】 ○和が二十以下繰上りのない加法による一段階の問題解決 ③（たねまき）【二】 ○物指を使うこと センチメートルを使って長さを測ること	①（お友だち） ○歌唱 ○和音感 ○音階の歌唱 ②（春） ○歌唱 ○ハ調階音の読譜と記譜 ○拍子 ○音楽の身体的表現 ③（ひばり） ○歌唱 ④（春が來た） ○鑑賞 ⑤（さくらさくら） ○鑑賞 ⑥（春） ○器楽 ○旋律樂器（木琴）を入れる	①（春の景色） ○クレヨン・色紙画用紙を使って春の景色をパノラマに作る ②（春の草花） ○写生 ③（のりもの） ○電車・汽車・自動車などいろいろな乗物の思想画 ○いろいろな乗物を画用紙を使って工作する ○有彩色十一色の色名と色相について特に指導する【四】	①図書館 ○静かに本を読むこと ○利用のよい仕方 ②音楽創作室 ○レコード鑑賞 ○器楽合奏 ③学級園 ○たねまき ○栽培日誌をかくこと ④科学室 ○季節だよりの記入 ○虫の飼育 ⑤第一師範駅 ○駅員から話をきく ○報告をまとめること	①運動【五】 ○鬼遊び（子ふやし鬼） ○リレー（折返しリレー） ○模倣遊び（汽車ぽっぽ） ○ボール遊び（球送り） ②衛生【二】 ○姿勢を正しくすること ○手足の清潔 ○教室の内外を清潔にすること ○食事についての衛生 （a）よくかむこと （b）なんでもたべること ③定期身体検査【五】 ○身長・体重・胸囲・座高の測定 ○校医の診断 ○耳鼻咽喉・眼の検査 ○聴力検査 ○歯の検査 ○糞便検査

月	五	六
言語	①聞き方 ○ラジオを上手に聴くこと ②読み方 ○抑揚断続に注意して読む ○「はやとり」を読む【四】 ○横書きの文章（季節だより）を読むこと ○文章のすじを正しくつかむ ③話し方 ○文法的に正しい話し方をすること ○紙芝居（はやとり）の演出をする【二】 ④作文 ○絵日記（大掃除）をかく ○簡単な記録（季節だより）をする ○写生文をかく【三】 ⑤書き方 ○かたかなの形と筆順	①聞き方 ○病院の見学などに行って話のすじを正しくつかむこと ○話の要点をとらえること ②読み方 ○詩（かえり道）（高い高い）をたのしく読む ○文章のすじを正しくつかむ ○声を出さないで読む（白うさぎ） ○紙芝居（白うさぎ）の脚本を読む ③話し方 ○紙芝居（白うさぎ）を演出する ○文法的に正しい話方をする ④作文 ○紙芝居（白うさぎ）を作ること ○病院の見学について四〇〇字程度の作文をする ⑤書き方 ○かたかなの形と筆順
数量形	①（おみせごっこ） ○減法の意味の理解 ○減法 （基数）−（基数） （＋何）−（基数） 20以下で繰下りなし ②（いもなえ） ○数範囲の拡張四百五十まで ○十を単位にして数えること ○計算 （何＋）＋（何＋） （何＋）−（何＋） ③（けいさんのおけいこ） ④（いろいろなもんだい）	①（けっせきしらべ） ○加法 （基数）＋（基数） 繰上る ②（学用品しらべ） ○一次元の表をかく ○加数と被加数とを交換して答をたしかめること ○差と減数との和が被減数となることによって減法の答をたしかめること ③（けいさんのおけいこ） ○加法・減法の練習 ○ダースを使うこと ④（いろいろなもんだい）
音楽	①（とけいのうた） ○歌唱 ○音階の歌唱を練習する ②（おたまじゃくし） ○歌唱 リズムの指導 ③（小馬） ○歌唱 拍子（二拍子） リズム楽器で練習する ④（アメリカ巡邏兵） ○鑑賞 ⑤（おうま） ○器楽 リズム楽器を用いてリズムを正確にとる	①（せいくらべ） ○歌唱 ○器楽 比較的長いうたの練習 三拍子 ②（ざんぶりこ） ○歌唱 きれいな発声と正しい音程 ③（雨ふり） ○歌唱 ハ調の読譜 ④（スケーター ワルツ） ○鑑賞 軽快なリズムの音楽に親しむ
造形	①（ある日の絵日記） ○思想画 【三】 ○五月の行事を中心とした家庭の一日の生活の中から取材する ②（家に飼う動物） ○粘土細工 ○形についての比較 ○粘土や粘土板の取扱について ①（草花） ○写生 ○色相について	①（しんたいけんさ） ○思想画 ○春の身体檢査のことを思い出してかく ②（つゆのころ） ○思想画 ○梅雨期の児童の生活の中から取材してかく ③（病院） ○思想画 ○病院の建物や働いている人のようすを主とする ○一枚の大きな画用紙に各分團毎に共同製作することもよい
図書館その他	①図書館 ○家庭の図書に対する愛護 ②創作室 ○いろいろな道具を分類すること ○粘土を使う ○レコード鑑賞 ○器楽合奏 ③科学室 ○動物をけもの・鳥・魚・虫などの標本・はく製で観察すること	①図書館 ○「傳染病」「ノミ・シラミ・ハイ・カの害」などについての幻燈を見ること ○紙芝居の演出 ②健康室 ○各種掛図の見方 ③郷土参考室 ○略図を見ること ④國立東京第二病院 ○施設・働いている人・患者数などを調査すること
健康教育	①運動 ○鬼遊び（子ふやし鬼・ねことねずみ） ○リレー（置換リレー） ○リズム遊び（おうま・スキップ遊び） ○模倣遊び（大掃除） ○物語遊び（野遊び） ○ボール遊び（球送り） ②衛生 ○歯をみがくこと ○「はな」をかむこと ○衣服の清潔 ○正しい姿勢 ○教室内外の大掃除 ③毎月の体格測定 ○身長・体重・胸囲の測定	①運動 ○鬼遊び（ねことねずみ） ○リレー（置換リレー） ○リズム遊び（スキップ遊び） ○物語遊び（野遊び） ○機械遊び（鉄棒遊び） ②衛生 ○食後の休養 ○二年生の頃にかかりやすい病氣とその予防法 ○つゆの頃になりやすい病氣とその予防法 ○食物の良否 ③毎月の体格測定 ④体力測定 ○走力（五〇メートル） ○投力 ○跳力（走幅跳） ○懸垂力

月	七
言語	①聞き方 ○聞く時と話す時の区別をする ②読み方 ○長文（五人の子ども）を読むこと ○文章のすじをつかむこと ○抑揚継続に氣をつけて読むこと ③話し方 ○自分の観察したことをゆっくりとわかるように話すこと ④作文 ○たなばたの小学藝会でなぞなぞを作ること ○日記をかくこと ⑤書き方 ○かたかなの形と筆順 ○句読点・かぎの使い方
数量形	①（たのしい夏休み）［四］ ○七曜表を作る ○一週間は七日である ○加法・減法による一段階の問題解決 ○加法・減法によるかんたんな二段階の問題解決 ②（けいさんのおけいこ）［二］ ○加法九九 （基数）＋（基数）＝（十何） （十何）—（基数）＝（基数） （何十）＋（何十）＝（何十） （何十）＋（何十）＝百 （何十）—（何十）＝（何十）
音楽	①（たなばた） ○歌唱 ・音楽の感じに対する理解 ・正しい音程 ②（花火） ○歌唱 附点音譜のリズムの理解 ③水でっぽう） ○歌唱 たのしいあそびのうた ④（花　火） ⑤（たなばた） ⑥（うさぎ）　鑑賞
造形	①（もよう）［三］ ○図案 ○方眼模様・草花の形を使った模様・虫の形を使った模様などを工夫する ○無彩色三色について色相をしらべる ②（すきなもの） ○粘土細工 ○すきなものを製作する
図書館その他	①図書館 ○よみ方・読書計画 ②科学室 ○科学的な玩具を使って遊ぶこと 水鉄砲・ポンプ・ふん水・水車 ○星座の図を見ること ○昆虫図鑑を見ること ③健康室 ○睡眠時間・食事の時刻など毎日の生活時刻表を見ること
健康教育	①運動 ○水遊び（水かけっこ・伏面競争） ○鬼遊び（子ふやし鬼） ○リズム遊び ②衛生 ○身体の清潔 ○汗でぬれたものを着ていないこと ○暑い時は午睡をすると体が休まること ○日向に出る時は帽子を必ずかぶること ○なま水をあまり飲まないこと ○アイスキャンデーや氷水をたくさんたべることは身体によくないこと ③毎月の体格測定

月	九
言語	①聞き方 ○注意して人の話を聞きわける ○話の要点をつかむ（夏休みの思い出） ②読み方 ○友達の書いた日記や作文をよろこんで読む ○文章のすじを正しくつかむこと（みんなのもの）（一まいの紙） ③話し方 ○発音や語調に注意して話すこと ○みんなにわかるように氣をつけて話すこと（夏休みの思い出） ④作文 ○（夏休みの思い出）四〇〇字程度の作文をかく ⑤書き方 ○漢字の筆順に注意する
数量形	①（夏休みの思い出） ○減法　（十何）—（基数）　繰下る場合 ○減法の意味の理解 ○いくつ残っているか ○いくつなくなったか ○差はいくつか ○もういくつ必要か ②（学級園の草花） ○減減法によって十何引く基数の練習 ③（けいさんのおけいこ）
音楽	①（虫の声） ○歌唱 細かいリズムの動きと発音 ②（かけっこ） ○歌唱 元氣なリズム ③（メヌエット）［モーツアルト］ ○鑑賞 ④（虫の声） ○器楽 ○動物の鳴き声・物音からリズム・旋律を見出すこと
造形	①（夏休みの思い出） ○思想画 ○夏休み中の生活や見聞したことから取材する ②（ポスター） ○図書 ○夏休み作品展覧会のポスターをかく ○文字を図案化することを工夫する ○運動会についてのポスターをかく
図書館その他	①科学室 ○木の葉・ドングリ・マツカサなどの自然物を工夫して細工物や模様を作る ②創作室 ○ポスターについて工夫する ○展覧会の飾りつけなどを工夫する ○レコード鑑賞 ○器楽演奏
健康教育	①運動 ○鬼遊び（場所取り鬼・ねことねずみ） ○徒競走（五〇メートル） ○リズム遊び（えんそく・おうま） ○物語遊び（お祭り） ○器械遊び（棒登り） ○ボール遊び（球けり） ②運動会の練習 ③衛生 ○姿勢を正しくすること ○手足口鼻の清潔 ○教室内外の清潔整頓 ④学期一の校医の身体検査 ⑤毎月の体格測定

月	言語	数量形	音楽	造形	図書館その他	健康教育
十	①聞き方 ○長い話でもあきずに聞く ○話のすじを正しくつかむ ②読み方 ○長文(かぐやひめ)を読む ○文章のすじを正しくつかむこと ○声を出さないで読む ○脚本を読む ③話し方 ○紙芝居(かぐやひめ)を演出する ○相手によって語調をかえること ○敬語やていねいな言葉の練習をする ④作文 ○運動会や竹尺について六〇〇字程度の作文をする ○紙芝居を作る ⑤書き方 ○かたかなの練習	①(うんどうかい) ○メートルを使って長さをはかること ○一メートルは百センチメートルである ○五十メートル以下の距離を巻尺で測る ○加法減法による一段階の問題解決 ②えんそく ○加法減法による一段階の問題解決 ○減法九九 ③(けいさんのおけいこ)	①(てるてる坊主) ○歌唱 楽しくうたう ②(かかし) ○歌唱 歌の意味の理解 ③(どんぐりころころ) ○歌唱 正しい音程 ④(鉛の兵隊) ○鑑賞 ⑤(かかし) ○器楽(リズム楽器) ○リズム譜とその奏法	①(うんどうかい) ○思想画 ②(えんそく) ○思想画 ③(秋の景色) ○写生 ○パノラマに作ること ○秋の自然の美とその特徴を観察しそれを表現する ④(やさいとくだもの) ○写生 ○クレヨンの重色について ⑤(木と草の実や種あつめ) ○植物の種子や実を集めて形の類似によって分類整理する	①図書館 ○読書指導 ○読書興味の増進 ②創作室 ○レコード鑑賞 ○器楽演奏 ③科学室・郷土室 ○植物の種子や実などを形によって分類整理すること ④郷土室 ○大倉山及びその附近の略地図を見ること	①運動 ○リズム遊び (えんそく・おうま) ○物語り遊び (野遊び・お祭り) ○徒競走 ○ボール遊び(大球ころがし) ②運動会 ③衛生 ○運動のあとには休憩を適当にすること ○けがをした時の注意 ○うすぎの習慣をつけること ④体力測定 ○走力(五〇メートル) ○投力 ○跳力 ○懸垂力 ⑤毎月の体格測定

月	言語	数量形	音楽	造形	図書館その他	健康教育
十一	①聞き方 ○郵便局・警察・消防署などの見学をして話の要点をとらえること ②読み方 ○文章のすじを正しくつかむ (この町)(心に生きることば)(がんのなかま) ○声を出してはっきり読む (いろいろなあいて) ③話し方 ○自分の考えを相手にわかるように氣をつけて話すこと ④作文 ○形容詞や副詞を使って文章を上手に作る工夫をする ⑤書き方 ○かたかなの形や筆順は全部できるようにする ○句読点・かぎの使い方を練習する	①(かいもの) ○計算 (何＋何)＋(何＋)＝(何＋何) (何＋何)＋(基数) 繰上り (何＋何)—(基数) 繰下りなし ○一次元の表をかく ②(おみせごっこ) 計算 (何十何)＋(基数) (何十何)—(基数) 繰上り繰下る場合 ③(けいさんのおけいこ)	①(石やさん) ○歌唱 音を正しくつかむ ②(きしゃ) ○歌唱 リズムを正確にする ③(大男の行進) ○鑑賞 ④(汽車) ○器楽 リズム譜になれる	①(ふでたて) ○紙細工 ○物指の使い方 ○展開図の見方 ②(きれいな箱と模様) ○紙細工と図案 ○展開図の見方 ○箱に組立てる場合を考えて模様のかき方の工夫 ③(手さげ) ○紙細工 ○展開図の見方 ○図案の工夫 ④(ゆうびんきょく) (２) ○思想画 ○郵便局の建物 働く人々から取材する	①図書館 ○掛図を見ること ○紙芝居を演出すること ○幻燈を見る ○略図を見て大体のようすを知る ②校外施設 ○商店街 ○巡査派出所 ○師範前郵便局 ○世田谷消防署 これらの場所に行って調査をしたり資料を集めたりする	①運動 ○鬼あそび(子ふやし鬼・場所取り鬼) ○リレー(かけっこ) ○模倣遊び(動物のまね) ○器械遊び(跳箱遊び) ②衛生 ○早寝早起きの習慣 ○傷害の防止に氣をつけること ○うすぎの習慣 ③毎月の体格の測定

月	十二
言語	①聞き方 ○話の要点をとらえること ②読み方 ○抑揚断続に注意して読むこと （ことばあそび） （いろはがるた） （クリスマス） ○声を出してはっきり読むこと ③話し方 ○見たり聞いたりしたことを順序立てて話す ④作文 ○「なぞなぞ」「ことばあそび」を作ること ○日記をかくこと ⑤書き方 ○字を美しく速く書くことの練習
数量形	①（かるたのはこ） ○かるたをいれる箱の展開図をかく ○センチメートルを使って測る 十（もうすぐお正月） ○加法減法でこれまで練習したものによる問題解決 ○七曜表を作る ③（けいさんのおけいこ）
音楽	①（風の日） ○歌唱 律動的にうたう ②（ポスト） ○歌唱 ③（手紙） ○歌唱 拍子（二拍子）と休譜 ④（わらの中の七面鳥） ○鑑賞
造形	①（かるたのはこ） ○紙細工 ○かるたをいれる箱を製作する ○表の図案を工夫する ②（こま・たこ） ○紙細工 ○中厚紙とひごを使ってこまを作る ○こまの模様を工夫する ○ひごと半紙を使ってたこを作る ○たこの絵や字を工夫する ③（消防自動車） ○思想画 ○消防署を見学したあとで消防署のようすや消防自動車を中心にする
図書館その他	①図書館 ○読書記録の初歩的なとり方 ○掛図を見る ○幻燈を見る ②商店街・消防署などを訪問して話をきいたり資料を集めたりする
健康教育	①（運動） ○鬼あそび（子ふやじ鬼） ○リズム遊び（スキップ遊び） ○模倣遊び（お家つくり） ②衛生 ○うすぎの習慣 ○手を洗ったりしてぬらした時は必ずよくふくこと ○手足の摩擦をして凍傷を防ぐこと ③毎月の体格測定

月	一
言語	①聞き方 ○人の話をよろこんで聞く態度 ○落着いて人の話を聞くこと ②読み方 ○長文（うらしまたろう）を読んで文のすじをつかむこと ○抑揚をつけておもしろく読むこと ○声を出さないで読む話し方 ○表情や身ぶりを工夫して話すこと ○順序を立てて話すこと ④作文 ○八〇〇字程度の文がかけるようにする ○写生文をかく （雪） ⑤書き方 ○ひらがなかたかなを美しく書く練習
数量形	①（お正月） ○一段階及びかんたんな二段階の問題解決 ○加法 （二位数）＋（二位数） 和が百以下 繰上りある場合 ②（ちょきん） ○円・銭のよび方復習 ○計算復習 ○三数累加 ③（けいさんのおけいこ）
音楽	①（はねつき） ○歌唱 （♫）のリズムを理解する ②（大さむ小さむ） ○歌唱 ④（お早よう） ○歌唱 ④（トルコ行進曲） 「ベートーベン」 ○鑑賞 ⑤（はねつき） ○器楽 （♫）のリズムの正しい奏法 ⑥音楽物語
造形	①（手紙さし） ○紙細工 ○展開図の見方 ○物指を使って細かい部分を記入して展開図を完成する ○色紙を使って模様や図案を工夫する ②（冬の景色）（2） ○思想画 ○パノラマ ○雪の日の景色を思い出してかく ○無彩色についてしらべる ○でんわ　（3） ○紙細工 ○紙で輪を作りその底に薄い丈夫な紙をはったものを糸でつないで電話を作る
図書館その他	①図書館 ○図書の愛護 ○掛図を見ること ②科学室 ○理科実験用具の正しい使用法 ビーカー・ガラス棒・試験管・試験管立
健康教育	①運動 ○鬼遊び（子ふやし鬼） ○リズム遊び（スキップ遊び） ○雪遊び（雪だるまつくり・雪なげ） ②衛生 ○「しもやけ」の防止について ○うすぎの習慣 ○手足をぬらした時は必ずよくふくこと ○「かぜ」をひいた時の注意 A かぜの流行する時は群集の中に出入しないこと B 外から帰ったらうがいをすること C 患者に近よらないこと ③毎月の体格測定

月	言語	数量形	音楽	造形	図書館その他	健康教育
二	①聞き方 ○友達の話を比較しながら聞くこと ○話の要点をとらえる ②読み方 ○文章のすじを正しくつかむこと （一つのものでも） ○詩（四季）を読んで内容をつかむこと ③話し方 ○文法的に正しい話し方ができる ○表情や身ぶりを工夫して話すこと ④作文 ○形容詞や副詞を使って文章を上手に作ること ⑤書き方 ○ひらがな・かたかながが正しく美しく速く書ける	①（雪） ○センチメートル ○計算の復習 ②（いろいろなもんだい） ○減法 （二位数）－（二位数） 繰下りのある場合 ○一段階及びかんたんな二段階の問題解決 ○三数累減 ③（けいさんのおけいこ）	①（雪） ○歌唱 きれいな発声と発音 ②（冬） ○歌唱 ③（春を待つ） ○歌唱 拍子感（三拍子） ④（ガボット） 「ゴセック」 ○鑑賞 ⑤（春を待つ） ○器楽 旋律楽器（木琴）をいれる	①（春を待つ）（2） ○写生 ○暖かな日をうけてもうすぐ春になるのを待っている野山の特色を見つけて写生する ②（おひな様）（4） ○紙細工 ○おひな様とごちそうを色紙・画用紙を使って作る ③（学藝会）（3） ○学藝会について次の点について工夫する ・ぶたいのかざりつけ ・大道具小道具 ・出演するものの服装の工夫	①図書館 ○映画「冬の芽」を見る （微速度撮影写眞を見る） ②科学室 ○「冬の芽」を虫めがねで観察する	①運動 ○鬼遊び（場所取り鬼・子ふやし鬼） ○リズム遊び（スキップ遊び） ○模倣遊び（やきゅう） ○物語遊び（うさぎとかめ） ○雪遊び（雪だるまつくり・雪なげ） ②衛生 ○顔・耳・鼻・口の清潔 ○うすぎの習慣 ○「しもやけ」の防止法 ○「かぜ」をひいた時の注意 ③毎月の体格測定
三	①聞き方 ○劇や脚本を見たり聞いたりしてすじをつかむこと ②読み方 ○脚本を読む （はごろも） ○長い文章を読んでそのすじをつかむ ○抑揚継続に注意して読むこと ③話し方 ○脚本のせりふのいい方になれること ○表情や身ぶりを工夫して話すこと ④作文 ○季節だよりをまとめること ○二年生の思い出を八〇〇字程度の作文にかく	①（もうすぐ三年生） ○これまでにならった計算を使った一段階及びかんたんな二段階の問題解決 ○一次元の表を作ること ②（けいさんのおけいこ）	①（赤い鳥小鳥） ○歌唱 正しい音程 ②（まわりっこ） ○歌唱 ③（春が來た） ○歌唱 楽しく美しくうたう 拍子感（四拍子） ④（春が來た） ○鑑賞	①（季節だより）（5） ○季節だよりをまとめる ○各季節の動物・植物について生物暦を作りそれを図画にかく ○春―さくら・チューリップ・なのはな・すいせん・もんしろちょうなど ○夏―ひまわり・あさがお・かんな・ほうせんか・せみ・とんぼなど ○秋―なでしこ・すすき・ききょう・はぎ・赤とんぼなど ○冬―うめ・なんてん・ふくじゅそうなど ②（もうすぐ三年生）（2） ○思想画 ○二年生の一年間の中から最も印象に残っていることを思いだしてかく ○分團で一枚ずつ共同製作することもよい	①図書館 ○図書の愛護 ②科学室 ○季節だよりをまとめること ・図表 ・生物暦	①運動 ○鬼遊び（一人鬼子ふやし鬼） ○リレー（折返しリレー） ○器械遊び（跳箱遊び） ○ボール遊び（球けり・球送り） ②衛生 ○手足の清潔 ○睡眠時間について ○眼の清潔 ③毎月の体格測定

低学年カリキュラムの実際（終）

あとがき

われわれが新教育研究の末翼に立ち上った昭和二十年からここに五星霜、その間、連続したきびしい日々の教育現実の中に、愛する児童のすこやかな成長を念願しつつ、真の教育の歩みを求めてひたすら精進してきた。

毎週のカリキュラム研究会は、酷熱の夏の休暇にも、厳寒の冬の休みにも、生活の悪條件にも屈せず、强行されてきた。同僚の二人までが、研究の途上で病床の人となったが、われわれの研究は、すこしもたゆむことなく、更に累積されてきた。

ここにカリキュラムの実験シリーズとして、まとめあげられた五つの記録は、今日までの実験報告であって、われわれにとってまことに貴重な記録である。この努力の結晶が、いささかなりとも新教育の推進に益するところがあるとするならば、それは、われわれの何よりも幸いとする所である。敢えて世の多くの教育実験家各位の、心からの御叱正と御批判をお願いする次第である。

カリキュラムが日々改訂されることは、カリキュラムそのものの本質からくる宿命である。われわれはここに、希望と勇気を新たにして、明日のカリキュラムをめざして更に精進を誓うものである。

昭和二十四年十月八日

あとがき

カリキュラムの実験シリーズ（全五巻）研究会員

東京学藝大学・第一師範男子部附属小学校

主事 ○五十嵐清止

饗場一雄
○加藤嘉男
小堤勝郎
高島久光
西脇秀夫
伴　憲三郎
山崎幸一郎

大野忠男
木島　孝
近藤嘉子
高橋利平
西村二郎
増田耕一
大和淳二

勝田榮三郎
栗原靜一
鈴木　勇
新國重人
○花村郁雄
武藤重治
渡邊　正

○印は第三集『低学年カリキュラムの実際』執筆者

『低学年カリキュラムの実際』執筆者

昭和二十四年十一月二十五日 印刷
昭和二十四年十二月 一 日 發行

カリキュラムの實驗シリーズの III【低學年カリキュラムの實際】

定價 貳百貳拾圓
地方賣價 貳百参拾圓

編著者 東京學藝大學・第一師範男子部附屬小學校
發行所 長 里 靜
印刷所 東京都千代田區神保町三ノ二三 和田印刷所

發行所 學藝圖書出版社
本社 東京都杉並區下井草三十一
營業所 東京都新宿區牛込矢來町四四
電話九段(33)四六四七番
振替東京九九七五二番

當社出版書籍中、不完全な品には責任を負います。

書名	著者	内容	體裁・定價
ガイダンス	都立八高教授 松木茂	新教育の中心目標ともいうべきガイダンスの組織とその運營について、アメリカの大學に學びアメリカの文獻に通じた著者が、豐富な體驗と多年の研究により最新の資料を縱橫に生かしてまとめた研究と實驗報告。	B6判上製 二二〇頁 定價一五〇圓 送三〇圓
ホームルーム	聖學院高校教授 今井先	生徒が民主社會の立派な成員となることができるよう教育的經驗を與えようとするその生徒活動と、生徒指導の組織ホームルームの正しい運營を理論的に實際的に解說、著者は文部省ホームルーム委員の新銳。	B6判上製 二五〇頁 定價一五〇圓 送三〇圓
櫻田カリキュラム	櫻田小學校長 古川正義	C・I・E指定、社會科の實驗學校として全國的に有名な櫻田小學校、その櫻田カリキュラムの全貌を最も具體的に發表した尊い實驗記錄。カリキュラム理論も本書により初めて生命を吹きこまれた教育界待望の書	A5判上製 二八〇頁 定價二五〇圓 送四〇圓
新しい性教育	前文部省教育研修所員 長里清	新しい性教育を容易に世の父兄誰もがその家庭で、幼稚園小學中學高等各學校の全教師がその學校で、大膽に正しく實施できるように多くの實例を示しつつその理論的根據を明かにした唯一の性教育の指導書。	B6判上製 二〇〇頁 定價一三〇圓 送三〇圓
新教育の哲學的基礎	早稻田大學教授 小澤恒一	日本の教育が何故に根本的刷新をせねばならなかったかの必要性から說き起して新教育の方法を具體的にのべたもの特に小學校と中學校の實際教育にふれて興味深く且親しみやすく新教育の哲學的根本問題を說く。	B6判上製 二〇〇頁 定價一三〇圓 送三〇圓

學藝圖書出版社發行・教育書目（一部）

書名	著者	内容	體裁・定價
小學校における學級經營の新しい要領	東京高師主事 佐藤保太郎	新しき學校經營の在り方より、各學年の學級經營計畫の詳細について、東京高師附屬小學校の教官が同校における實際教育の成果と研究とを發表したもの、學級經營上のあらゆる問題ここに展開好評絕大の書。	A5判上製 一八〇頁 定價一五〇圓 送三〇圓
小學校における教科指導の新しい要領	東京女高師主事 堀七藏	小學校教育の目標を達成するがために、文部省の學習指導要領にもとづき東京女高師附屬各教官が研究討議したその實際教育により得た國語、社會、算數、理科、體育、音樂、圖畫工作、家庭各教科指導要領を解說。	A5判上製 三四〇頁 定價二八〇圓 送四〇圓
小學校における學習効果判定の新しい要領	東京女高師主事 堀七藏	多年の傳統と權威ある東京女高師附小陣の勞作、新教育の焦點ともいうべき學習効果の判定につき各教科毎にその要領を詳細に解說したもの。前揭の學級經營教科指導の二著と共に新教育要領の三部作である。	A5判上製 三六〇頁 定價三〇〇圓 送四〇圓
小學校における理科指導の新しい要領	東京女高師教官 阿久澤榮太郎	さきに女高師より全國に發せられた兒童疑問調査に基き、新たなる理科指導要領を展開したもので、まさしく日本理科教育報告ともいうべき注目の書。指導目標、學習の材料、學習指導計畫、學習指導の實際など。	B6判上製 五二〇頁 定價二五〇圓 送四〇圓
小學校ダンスの實際指導	東京女高師教官 鈴木綾子	新しい小學校の樂しいダンスの正しい指導書、リズム練習から創作的表現指導の各學年教案、實際指導記錄や圖解や樂譜など多數を加えたすぐ役立つ教材解說。學校におけるダンス、低學年、中學年、高學年指導等	B6判上製 一八〇頁 定價一三〇圓 送三〇圓

東京学芸大学・第一師範附属小学校 編著

カリキュラムの実験シリーズ IV

中学年カリキュラムの実際

東京 学芸図書出版社

序

シカゴ大学の一般教養の物理学教科書の最初のところに、アインシュタインの言葉が引用してある。「総ての科学の目的は、それが自然科学であろうが、心理学であろうが、われわれの経験を調整して、一つの論理的なシステムに締詰させることである」と。そうして科学の研究について、大学のプリントは次のように記してあった。科学研究でいちばん重要なことは、科学者の学説がどういうものであるかを知ることより、その学説の根拠となるところを理解することである。太陽への距離や、原子の大きさや、地球の年代を知ることより、そのことがどうして決定されたかがわかることが大切である。また遊星が太陽の周囲を運行することを学ぶより、それらの理論の基礎を理解することが重要であると教えている。真の理解は批判的評価から得られるもので、学説の結論に通暁しても、その目的を達することは出来ない。この考察は結局われわれを科学の方法の研究に導くのである。

あらゆる科学的知識の究竟的な資料は右によれば経験である。この点で附属小学校は経験の調整者として恵まれた場を与えられたものである。かような意味の科学者の立場において、われわれは新しい多くの教育学説の根拠の理解につとめ、その方法の現実的批判的評価にあたり、附属小学校としての新しい教育への基礎的な組織の構成と実験とを目標とすることにした。先ずはじめに学校の教育計画に立脚して、学校カリキュラムの形態を明確にした。翻訳のままでなく、またいわゆる Board of Education のカリキュラム型のそのままをとるのでもなく、これを経験に生かし、多くの問題をとらえ、それに対する解答を研究して、およそ実験的方法による附属小学校のカリキュラム形態を構成した。次に児童学習活動の実際と環境構成が課題としてとりあげられた。基礎学習も一つの教育計画の根本として強調された。

新教育と称するもの、コア・カリキュラムなども実験された。そして教育本来の目的に應ずるわれわれの態度を明かにし、目標と内容との一貫性を希求した。

なお附属小学校の研究体制は六学年をただてに三つのシステムを並行させている。Aは綜合的な生活経験課程のコースをとり、Bは学習指導要領に準ずるコースにより、Cは低学年において綜合学習を、高学年において分科した学習のコースをとるものである。そしていずれも九年課程としての実験を行っている。

以上の目標のため、現在一年及び二年には研究担任として、東京学藝大学の教育学・心理学担当の教官が配属されている。かようにして附属小学校は主事を中心に、全教官が眞摯に、そして情熱的な教育愛に、心魂をつくして教育の場にあたった。経驗の調整と実験が重ねられた。

この度それらの研究記録が集められて、第一集より第五集までが刊行されるようになった。たがいに励ましあい、助けあって、ようやく今日の成果を得たのである。私は最近フィラデルフィア・パブリックスクールの社会科の研究発表である「生活と学習」というレポートを見た。その序文にこのカリキュラム計画の委員の数は三十九人であって、スタンフォード大学とコロンビア大学の教育学部の助言を得、またフィラデルフィア市の六百人の教員・校長・指導主事・教育委員の批判と示唆をうけ、インサービスコースの人達からも多くの協力を得たと記してあった。私共の研究も、ぜひかように広い方面からの忠言を願うものであって、新しい時代の教育振興のため、この機会に多くの御批正をいただきたく思っている次第である。

昭和二十四年十月

東京学藝大学長　木　下　一　雄

中学年カリキュラムの実際　目　次

カリキュラムの実驗シリーズ・(VI)

中学年カリキュラムの実際

第一章　序　　説

第一節　われわれの態度

一、カリキュラムと現場教師

小学校のカリキュラムはつきつめた意味では、児童のすくやかな成長発達を助成するために学校が用意した教育の計画的なプログラムであると解される。ここに「学校が用意した」というのは、教育基本法や学校教育法及びその関係諸法規が要求しているような國社会の要求、地方教育委員会や地域社会生活の事実からきている地域社会の要求に應えつつ学校環境を整備して、児童の興味・能力・経驗などの実状に即して、最も具体的にたてられた教育計画をカリキュラムと考えるからである。勿論、骨子には國で示す部分もあるし、地域社会に共通な地方計画としてのカリキュラムは都道府縣の教育委員会において作成されるべき性質のものである。けれども本当に社会の要求と学区児童の要求に合った具体的なものとするのは学校である。

学校においては、従って、國社会及び地域社会の要求が十分明かにされていなければならないし、人間としての児童及び興味においても能力においても、経驗においてもいろいろ個人差のある学区児童の実体がわかっていなければならない。そして、カリキュラム構成には、何故に、現行のカリキュラムが改善せられなければならないかについて切実な必要感が痛感されていなければならない。この必要感は、一方において社会事態が大きく変化し教育に対する考え方が轉換したところから起るであろうが、具体的には、現行カリキュラム、例えば、社会科の進め方とか、理科学習の実際等に苦心を重ねた人々の苦心の中からもり上がる。そして社会人は、直接児童の生活活動の上にカリキュラム改造の必要を発見するのである。

この必要感にせまられてするわれわれ教育現場人にとつて、カリキュラムの構成と展開は従つて常にカリキュラムの改造であり、改造の絶えざる過程であると考えられる。私共は昭和二十一年に新しい国語、二十二年にかけて社会科・理科その他に関して各科毎の研究に専念した。そしてその主なるものは「社会科の進め方」「単元による理科学習の実際」等の書として世に問うたのであるが、そこに多くの問題を発見したので、カリキュラム委員会を設けて研究を進めた。それから二年、その間、各方面からいろいろと立派な研究が報告されたけれども、われわれは、学校の学習環境の現代化と学習形態の民主的轉換に多くの努力を拂つて、児童の学習活動そのものを充実する工夫に没頭した。カリキュラム研究部の方で部分的でも一つの小さな試案が出ると早速これを実験してみた。そして必要な調査を整え、施設を工夫した。このようであつたから、私共のカリキュラム研究は遅々として地に着いて這うような歩みで、華やかさが少しもない。今もなお這いつづけている。本書も、歩みつつある実験の記録報告である。

生活経験学習といい、コア・カリキュラムと呼んでも、殆んどそれが狭い教室の中で教師を中心に進められるとしたら、時折校外に調査見学に出るとしてもそれは教授技術の如何に止つて、まことに生活学習の名に値しないではなかろうか。教師スタッフの問題や教室・特別教室等の学校施設は勿論、例えば　少くともよく整えられて児童の学習活動に應ずるような学校図書館がなければ、児童はどうして自発的な「生活の在り方」（Way of Living）において学習ができるであろうか。児童の生活経験として学習が進められるためには、少くとも学校図書館の他、学校放送局・十六ミリトーキーそれから例えば顕微鏡幻燈・実物幻燈・紙芝居・人形芝居・劇化・音質のよい蓄音機などが十分学習の中に用いこなされカリキュラム化されていなければならないだろう。それから郷土参考室のような学校博物館とか創作鑑賞室とか科学室というような施設が学習室として十分児童のものとなつていなければならない。このようになつてこそ児童の

学習形態は一変し、教室の壁を越えて学校全体に拡がり、学校の柵を越えて地域社会に伸びて行くだろう。われわれ教育現場人にとつて教育は事実であつて、カリキュラム専門家のようにカリキュラムの理想的形式だけに興味を奪われることはできない。農夫はよい作物を作ることが仕事であつて、美しい蝶を追つて作物を踏み荒してはならないのである。

二、全人的な成長発達

カリキュラムといえばコア、コアと言えば生活単元の経験的学習と考えられ、カリキュラムの構成や問題は、殆んど、コア・コースの単元設定とその手続きに集中されている。そして、社会の要求とみらるべき世論は学力の低下を嘆く声に喧すしい。カリキュラムが基本において社会の要求に聞くべきならば、それだけでもこの声を無視してはならないだろう。われわれは、教育の本質から考えて、成長発達は全人的でなければならないと信ずる。社会生活の機能として要求される基礎的な諸能力は、理想的には総て生活経験として学習されるから、別に基礎学習として特設する必要はないであろうが、われわれの今までの実験では学習形態上まだなかなかうまくゆかない。それで生活学習と基礎学習とを分けて扱つている。カリキュラムの構成に当つても、生活学習の単元計画と基礎学習の能力表作成とを同じ重さで考えた。勿論、生活学習によつて達成される能力は、できるだけこれに期待し、かなり系統的な系統的練習を必要とする技能的なものを基礎学習として考える。そして、この基礎学習の指導計画に努力し、基礎学習を重視して全人的成長発達を特に強調する。

三、研　究　の　体　制

私共の学校は、児童を教育する本質的な使命の他に附属学校として特殊な任務をもつている。すなわち大学の研究施設であり、教生の観察・参加・実習の機関であり、実験実証をしなければならない。それで研究の体制はA・B・Cの

三つの型になっている。A・B・C共に一年から六年まで各学年各一学級一組づつからなっているから、各学年三組の総計十八学級である。A学級は生活経験カリキュラムの研究にあてられている。B学級は現行の國語・社会・算数・理科・音楽・図画・工作・家庭・体育及び自由研究のカリキュラム研究。C学級は低学年において統合学習、高学年に進むに従って分科体制をとる学級である。何れも実験中で特にC学級の場合、現在は実施第一年であるから仮りに低学年でA学級的なもの、高学年でB学級的なことをやっているが、その移行が何処で如何に進めらるべきかは大きな研究問題である。この三類型はそれぞれ独自の研究問題を持っているが、相互に切磋し合い影響し合って行きたいと思っている。

カリキュラム研究は大きな仕事であって到底短い歳月の間には望まれないので、九年研究の計画である。特に一年学級と二年学級には、教育心理学の教授六名が各一名づつついて、研究面を担当し担任教師と協同して調査研究及び指導に当っている。まことに本書は、わずか二年間にわれわれが試みてきたカリキュラム改善の実験記録である。

第二節　カリキュラムの構成と展開

一、構成の一般的手順

一般的に言って、カリキュラムの構成と展開に関しては、（1）構成計画の樹立　（2）教育目標の設定　（3）カリキュラム・パターンの決定　（4）カリキュラム枠組の形成　（5）単元計画（6）単元の展開計画　等があげられている。これに先立って、われわれ現場人にとっては、何故に現在のカリキュラムが改善せられ再構成されなければならないか、に関する切実な要求と必要感が痛感されていなければならない。

1、構成計画の樹立　現行カリキュラムを改善しなければならない必要が、理論的にも実際的に痛感されたならば、これを解決するような新しいカリキュラムを構成する計画がたてられる。計画内容としては、（1）構成に関する一般原理を確立すること。これは構成操作の指針とし原則とする必要があるからである。（2）構成のための民主的な人的組織を設けること。教育課程は明確な教育原理に基づき、調査蒐集の可能なあらゆるデーターによって國社会及び地域社会の要求と人間としての担任児童の要求と能力に即するような本当の意味のよい課程を構成するには一人の学者や二三の教師が文献や報告書の類を幾つか集めて適当に取捨しただけでは果されないからである。そこで一般には、教育長・教育課程主事・指導主事のような教育行政官・教育学者・心理学者・社会学者のようなカリキュラム研究の権威者・校長及び教師・それに教育に識見を持っている一般市民などによって委員会が組織されて、その力によって総合的な一貫した活動がなされなければ、ならないとされている。その組織としては、目的設定委員会（または管理委員会）・構成委員会・実験委員会及び改訂委員会を根幹とし、必要に應じて調査委員会その他特別の任務を持った委員会が設けられるのがよいとされている。併しこれは、都道府縣單位の地方計画構成のための組織基準であって、学校單位の改善カリキュラムの構成に際しては、この図式通りには行かない。

われわれのような学校では教師の数に制限があり、それ等が殆んど同等に關心と能力を持っている上に、皆んな学級を持って直接、学習の指導に当っている。それに秀れた教育学・心理学関係の教授連は勿論、各科指導の専門教授連が緊密な協力の体制におかれているのである。初め委員会は一般基準に従って設定されたのであるが、この特殊事情に應じて漸次改訂されて行った。（本シリーズ第一集第一章参照）

2、教育目標の設定　教育を、目的目標の問題、その目標を達成するための内容、内容を目標に関連して生かすための学習指導法及び効果の評價、の四つの領域に分け、カリキュラムを教育の内容に関する問題であると限定するならば、教育目標の設定に関する仕事は、本来、カリキュラム構成の主要部分ではないと言える。併し目標に対して、そこに、到達するための内容を如何にするかということは、目標に関連して考察さるべき極めて重要な問題である。

教育目標はどのような原理に立ち、如何なる段階を経て設定されているかということはカリキュラム改善における重大な關心である。これは基本的には、教育をどう考えるかという教育観に立っている。そして、（1）教育目的の根源は、社会の理想と課題でなければならない。それは社会成員である個人個人の活動として実現されて行く性質のものである。（2）従って、教育目標はその性質として、常に各人によって達成されつつ更に次の活動を導く指標でなければならない。（3）機能として見れば教育目標は、現実の学習活動を導く力を持ち、活動を評價する規範として働く。であるから具体的で達成可能なものでなければならない。

目標設定の仕方には、（1）歴史的に集積された文化を傳達し、その價値を理解させ、これによって、精神や技能を訓練しようとする立場から設定される價値観に立つもの、（2）社会生活の機能を分析して社会生活に必要な能力を抽出して、教育目標をこれ等の能力の獲得という形で示そうとするもの、（3）望ましい行動特徴の分析によるもの、がある。何にせよ、その手続きとして、（1）社会理念を解明し、（2）学校教育によって充足される國社会及び地域社会の要求と、人間としての、そしていろいろな個人差をもった現実の児童の要求と能力とを発見しなければならない。これを発見する手続きとして、（イ）包括的に、人間の本性と必要を研究する。（ロ）社会施設や社会傾向を調査分析する。（ハ）大人の社会生活活動を分析する。（ニ）専門家の意見を集めてその一致点を見出す。など種々あるが、実際は社会生活の機能を分析し、これを中心として、これ等の諸方法を総合的に用い、児童の要求と能力とにらみ合わせて決定されるのである。

3、カリキュラム・パターンの決定　カリキュラムには、純粋な教科カリキュラムから純粋な経験カリキュラムまで、その中間にこの両者の性質を如何なる程度に含んでいるかの度合によってさまざまな形式がある。両者の性質を等分に持っているものとして廣領域カリキュラム（現行、社会科・理科等のように）をおくならば、より教科的なものとして、相関・融合・コア・などのカリキュラム型があり、より経験的なものとして綜合・コア等の型がある。コア・カリキュラムは内容の実体が極めて多義的であって、名称だけではその如何なるものかは理解されないからである。

カリキュラム形式の文献的研究は、教育現実の分析と並行して行われ、教育現実の改善に足場がおかれなければならないから、カリキュラム・パターンの決定は、強く学校の現実に支配される。教育は事実であって、常にこの事実をいたわり、そして育てる立場に立って眞に生きたカリキュラムをわれわれは求めようとしている。

4、枠組の形成　これは、いわゆるスコープとシークェンスの決定に関している。スコープのとり方には、從来、種々の方法が用いられていた。例えば、教科書に從うもの、教育目標から演繹する仕方、トピック法、学習活動の單元によるもの、興味中心によるもの、などがあるが、それ等は、主として児童研究と社会生活の機能の分析という方法が强調されている。カスヴェルとキャンベルによって指導されたヴァージニヤ案がその先駆的役割をなし、その後各方面でいろいろな研究がなされたのであるが、それ等三十種の資料を分析して九つにまとめたミシシッピー案をみても、社会機能に関するリストは殆んど一つの傾向を示している。我が國におけるこの種の報告もその域を脱していない。われわれもこれ等の資料に基づく文献的な研究と地域社会機能の分析によった。（本シリーズ第一集参照）

シークェンスは一般的傾向を見るには児童の発達に関する心理学の研究が必要であるが、基本的には、実際に自分の学校の児童が如何なる興味と能力とをもって、如何なる活動をしているかの実態を明かにして、これに基づかなければならない。（本シリーズ第一集参照）

二、生活学習の單元計画と基礎学習の能力表作成

カリキュラムの内容は偏したものであってはならない。一般に社会生活の機能を分析して社会生活に必要な諸能力をあげ、これが獲得という形で全人的発達を促すように作られるべきである。だから、スコープとシークェンスによる枠組の相当欄には、（1）先ず、スコープ毎に必要な諸能力があげられ、シークェンスに應じて、系列づけられるべきである。それを能力表といっている。（2）なお同様にして相当する課題を配当する。ここに課題とは一般に問題單元と呼ばれているものであるが、この表をわれわれは課題表と言っている。「課題」とそこで修得される「能力」とは、本来一体的なものであって理想的には、総て生活経験学習のなかで生活経験として修得される筈のものである。けれどもわれわれの現状では、特に系統を追って、かなり継続的な練習を要する技能的なものは、生活学習と別けて基礎学習とすることとなった。勿論、基礎学習は生活学習に直結していとなまれるものであって決して孤立したものではない。

三、問題單元の選定と單元計画

問題單元はスコープ毎にあげられた学習されるべき問題であつて、それぞれシークェンスに従つて学年毎に配列される。これ等の課題は児童の学習經驗のなかに期待されている資料單元の要素と考えられるから、要素單元と呼ぶ人もある。これをそのまゝ資料單元にしているところもあるが、われわれは、これは相当詳細なものであるから、別に学年毎に幾つかのテーマを設け、これ等に課題表に示されたその学年の問題單元を包括して資料單元を作つた。その單元において期待される能力も出來るだけこれに包含させようとしている。資料單元の数は、低学年に多く高学年に少い。この資料單元一覧を單元表と呼んでいる。

單元計画の第一段の仕事は單元表に示された各々の大單元について、そこで期待されるいろいろな經驗として、如何なる理解や知識、態度や鑑賞、技能や習慣が、習得形成されるかを相当詳細に計画することである。經驗そのものの充実をはかるために施設や資料を調えて、ふさわしい環境を構成する計画もここに含まれている。ここに單元展開のための地域社会調査が必要であり、児童の興味・能力・傾向等についても具体的な資料が必要である。この地域社会と児童と両者に関する具体的な資料に基づいてはじめて單元計画がいとなまれるからである。これが非常によく児童の興味と能力とを捉えているならば、児童自身が選んだ学習計画も学習活動もおのずからこれに一致し、期待された經驗や能力が残りなく達成されるだろう。勿論、環境構成を上手にやつて児童達が自然に資料單元に乘つてくるように導く工夫は教師の大切な教育技術である。何れにしても、カリキュラムの展開計画における單元は、教師の計画した資料單元であつて、社会科学習要領補說では、これを基底單元と言つている。実際の学習活動はこれを基底として営まれ資料として進められなければならないからである。そして実際の学習活動は、児童が活動主体であつて、それが本当に児童のものとなるには児童の自主的な学習計画に基づくことが望ましい。児童が計画して実施する姿に切り替えられたものが学習單元なのである。

第三節　本書の内容及び活用法

一、本書の内容

本書は、当校の研究になる『カリキュラムの実驗』シリーズ五集のうち、第四集をなすものである。

シリーズの概略と本書との関係を述べると、第一集は『カリキュラムの構成と実際』であつて、構成の理論と、經驗学習・基礎学習・健康教育を論じ、調査の実際と、学校生活の全体計画を述べたものであつて、第一集冒頭の序説におけるカリキュラム構成の方法論や第一章の当校カリキュラムの実際等は、その要約をなすものである。詳しくは第一集を参照されたい。

第二集は、学習指導篇『学習環境の構成と実際』であつて、新しい学習指導の方法と実際を扱つたものである。学習指導の方法と、学習に利用される地域社会・図書館・科学室・健康室・郷土参考室・創作室等の環境施設利用について述べてある。

第一集・第一章において「低学年の学習指導法」を述べてはいるものの、本書はカリキュラムの実際を主目的として学習指導に活用されるよう企図したために、第二章においては一部の要約にとどまつている。学習指導については第二集を参照されたい。

第三集以下は低・中・高学年の「カリキュラムの実際」篇であつて、それぞれ二学年ずつを單位として扱つてある。本書は三・四学年のカリキュラムの実際である。第三集・第五集を参照の上、学年の発展的な姿を了解されたい。

さて本書第三集の第三章「中学年の指導目標」には、児童及び社会調査の結果と、教師の經驗と記録とから設定された課題表と、單元との関連を表示し、次に教育目標から設定された中学年の目標について表示してある。

第四章「中学年の児童の実態」には、社会意識・知的欲求・情意的意識・時間的意識・空間的意識の発達の概要を述べて児童の実態を明らかにした。

第五章以下は三・四学年別に、指導計画・経験学習単元の解説・基礎学習の指導について実際的に述べることとした。

二、本書の活用法

本書はカリキュラムの実験の実際篇であるので具体的に使用し易いことを目標として編集した。指導計画・経験学習単元の解説及び基礎学習の指導に紙数を多く割いたので、学習指導法・指導目標・児童の実態については極く少数の紙数しか用いなかった点、詳しくは、前述のように第一集並に第二集を参照されたい。

次に本書の活用法を述べよう。

①低学年の学習指導法　経験学習の開始計画から、学習活動の展開に即して導入・問題の限定及び研究組織・研究と作業・概括及び仕上げ・評價までの概要を述べてある。

また経験学習と基礎学習・健康教育の関係や研究組織について要約的に述べてある。学習指導法の概要を了知されたい。

②中学年の指導目標　三・四年の課題と単元との関係の一覧表が載せてある。これにより学年の課題と単元の関係を知っていただきたい。

次に学校教育目標から設定された目標が理解・態度・能力別に掲げてある。中学年の到達目標を知っていただきたい。

③中学年児童の実態　学習指導に先立ち児童の実態が究明されなくてはならない。社会意識・知的欲求・情意的意識・時間的意識・空間的意識の実態の概要を知っていただきたい。

④指導計画　経験学習と基礎学習との関係がわかるように一覧できるようになっている。

生活指導は主として経験学習の展開と並行してなされるわけであるが、指導の系列が明確になるよう取出して要項を示してある。習慣形成のためには反覆指導をしなければならぬことはいうまでもないが、強調すべき時期を示したわけである。

基礎学習は、言語・数量・音楽・造形を主とするが、学校図書館利用の技術的な面と、創作室・郷土参考室・健康室その他諸施設の利用の技術的な面と、強調すべき点及び継続的な指導を要すべきもので経験学習の系列の中に入らない科学的な技術その他を、図書館その他の項にいれてある。

健康教育は経験学習の中に入る部面が相当に多いが、習慣形成のための系列を示すために別欄を設けた。

年次計画から実際指導の場合には、月間計画が立てられなければならない。これは年次計画を月別に見て、具体的な案としなければならない。次に週間計画・日課表という順に学習活動の展開に應じ、児童の実態・現場に應じて立案されるわけである。本書では週間計画及び日課表の一例を示した。

⑤経験学習単元の解説　経験学習の資料単元をあげた。できるだけ児童の実態と活動を予想して作成したのであるが、どこまでも資料単元であって実際の児童の活動や興味の変化に應じて動機づけ・展開が、週間計画・日課表に組まれなければならない。

解説中、開始計画の資料の項には各単元毎にその全部を挙げることはできないので、同様な資料は前単元を参照されたい。なお資料としては中学年の児童にはむつかしいものも載せてあるが、絵画や写眞だけを利用するようなものも挙げてある。着手計画はその準備・導入の種々相を挙げたので、これらから数種が選ばるべきである。

⑥基礎学習の指導　年次計画に示したものに題材を加えてややこまかに挙げた。週に配当できるものはできるだけ配当してある。

第二章　中学年の学習指導法

第一節　中学年の経験学習と基礎学習との指導

中学年は、その名のしめすように中間的学年であり、過渡的傾向をもつた学年である。すなわち低学年においては、児童のものの考えかたは、自己中心的傾向がつよく主客未分であり、直覚的にものごとを判断する傾向が濃いし、高学年においては、客観的・論理的・抽象的・分析的に判断してゆく傾向がつよい。三学年・四学年は、その中間的・過渡的傾向をしめし、そのうち三学年は、むしろ低学年に近く、四学年は、高学年に近いといえる。学習指導もこのような実態にもとづいて考えられるのである。まず一般的な学習指導の方法から考えてみよう。

学習の指導は、一般的に導入・研究作業（研究理解）・概括（整理）・活用（應用）等の数段階に分けて行われる。

⑴導入　においては、問題をはつきりと意識し、その領域をみきわめるのである。中学年においては、児童自らが自主的にはつきりと問題をつかむということは、なかなか困難なことであるから、教師は、問題をひきだすように示唆や助言をあたえることを考えなければならない。教室に問題と関係のある絵・ポスター・写真・図表・模型・標本等を展示陳列したり、映画や幻燈を映写して児童を刺戟すること、児童の経験の話し合いを整理して児童のもつている問題を意識させること等がそれである。これを要するに、中学年の導入段階の指導は、教師の周密周到な準備と、心くばりによつて、児童の本来持つている要求や興味にめざめさせ、児童に活動の原動力と方向とをしめしてやることである。もちろん、このような指導はどの学年においてもいわれることであるが、自主的傾向をしめしながらも十分自主的でない中学年においてはとくに留意しなければならない点である。

⑵研究作業（研究理解）　の段階においては、とらえた問題の解決のために研究の組織や、方法を考え、実験その他の作業を行つて、結果を見出し、理解・態度・能力等を獲得する段階である。中学年の児童は、その実態から考えて、（特に四学年においては）かなりの程度まで深まるべきである。すなわち、組織においては、導入において把握された問題をさらにこまかく分析し、問題の性格や方向・領域等をはつきりと認め、各自の個性や、興味・要求等に應じて問題を選択し分團を組織し、研究の分化と能率化にすすむことがのぞましい。

⑶研究作業　においては、まず問題を分析と綜合によつて再確認し結果の見通し（予見）を行い、つぎにそれについての解決方法が考えられなくてはならない。方法のうちで中学年にふさわしいものは、観察・測定・実験・器具・模型・図表等の作成、説明をきくこと、映画・幻燈・写眞・掛図・標本等を見ること、見学・参考図書の利用等が考えられる。教師は児童がこのような諸方法を活用し、能率的に研究が行われるように指導を考えなくてはならない。このような研究方法が児童に獲得されてこそ、自発的な問題解決の意欲が湧いてでるものである。

⑷概括（整理）　の段階においては、問題の把握から解決までの全過程を概観し、まとめる指導がなされなくてはならない。概括のしかたには、いろいろ考えられるが、研究発表会・展覧会・かんたんな報告書の作成などがあげられる。また、研究の態度や方法を反省批判して、きたるべき新しい経験に役立つように指導することがのぞましい。

⑸活用（應用）　の段階においては、問題の研究によつて得た新しい経験を活用して、未知の経験の獲得にむかうことである。

自由研究の発展、技術の練習、原理の應用による製作・創作、等が考えられる。

以上は、概ね経験学習の指導についての留意点であつたが、これを要するに、中学年の学習指導は、自主的・自発的に学習する基礎的態度や能力をやしなうことであり、さらに分團学習・討議・劇化・図書館利用・聴視覚教具・施設の利用・現場学習等の諸学習法を理解し、学習の場を拡大するとともに、学習の方法を社会化することである。

基礎学習においても、学習指導の重点には変りないが、言語・数量・音楽・造形・図書館利用その他について、基礎的な能力を系統的に獲得し反復練習によつて、完全に身につけることに重点がおかれなければならない。中学年における基礎学習は、経験学習の基礎として直結するものがきわめて多く、基礎学習の成果は、ただちに経験学習に影響するからである。

第二節　中学年の学習指導の重点

中学年における学習指導の一般的なことがらは大体以上のごとくであるが、以下いろいろの学習法について、かんたんな説明をこころみよう。

一、分團学習　児童の学習活動を活溌にし、学習を能率化する方法として適当である。中学年頃からは、次第に本格的な分團活動をしつけてゆくことがのぞましい。経験学習においては、問題別に分團の編成が行うようにし、基礎学習においては、能力別に編成をしてみるのがおもしろい。分團の編成を固定して児童を分團の枠にあてはめるようでは、分團学習の妙味を発揮することはできない。

二、現場学習　経験学習においては、現場学習の機会が多い。中学年からは、この学習法が大きな意味をもってくる。見学や旅行、その他の学習において、経験を拡充するとともに、学習の方法に工夫を加え、見っぱなし・聞きっぱなしにならぬように指導すべきである。

三、討議学習　相互に意見を発表しあい、批判をして、よりよい考えをまとめてゆくことは自主的傾向の芽生えてくる中学年には学習法として指導が必要である。討議の基本的態度や技術を身につける指導がなさるべきである。

四、図書館及びその他の学習施設の利用　図書館・科学室・郷土室・創作室・健康室等の学習施設の機能や機構を理解し、利用法をわきまえてゆくことは、自発的な学習活動を刺戟し、発展させるのに有効である。中学年には、これに関する基礎的な理解や、利用の方法・態度をしつけてゆくのである

五、劇化学習　児童の表現活動を指導することは、自発活動を刺戟し創作意欲を旺盛にし生活経験を拡充するものであるから、このような諸傾向の発展を期待される中学年の児童には、特に望ましい学習法であり、指導が必要である。

第三章　中学年の指導目標

学年の指導目標は、学校の教育目標から発達段階に應じて決定されなければならない。学校目標設定に際しては、一つの資料として父兄の調査を実施して参考とした。

学校教育目標（略・第一集参照）を分析検討して得たものが、第二表に挙げる中学年の指導目標である。

指導目標はいうまでもなく経験学習單元展開の活動として、また、その結果として得られるものであるので、学習課題を挙げ、それと單元との關係を第一表にかかげる。

◇課題と単元との関連

（第一表）

課題（三年）		1.私たちの学校	2.私たちの生活	3.夏の生活	4.郷土の交通	5.秋の学校	6.郷土の慰安	7.冬の生活	8.私たちの町
生命財産の保護保全	○食物の腐敗を防ぐにはどうすればよいか		○	○					
	○かかり易い病氣の予防法はどうすればよいか		○	○		○		○	
	○どうしたらよいからだになれるか		○	○		○		○	
	○私たちの町を安全に住みよくするためにどんな施設があるか				○			○	○
	○どうしたら危険から身をまもることができるか			○	○	○		○	
	○学級のものを大切にするにはどうすればよいか	○							
自然資源の保護利用	○動植物はどのように人間の役に立っているか		○		○	○	○	○	○
	○動植物はどのようにして飼育栽培すればよいか	○		○		○	○	○	
	○水や土地はどのように利用されているか		○	○		○			○
物の生産	○食物や衣料その他の品物はどのようにして生産されるか		○			○		○	○
	○私達の町で生産されるものにどんなものがあるか		○			○		○	○
物の分配消費	○食物や衣料その他の品物はどのようにして手に入れるか		○					○	○
	○物を使うにはどんなことに氣をつけたらよいか	○	○					○	○
物の運輸	○食物や衣料その他の品物はどのようにして運ばれてくるか		○		○			○	○
通信交通	○東京の交通路や交通機関はどのように発達しているか			○	○	○	○		○
	○東京の通信網はどのように発達しているか			○					○
生安厚慰	○郷土の人達は年中行事をどのように楽しんでいるか			○			○	○	
教育	○郷土の教育施設にはどんなものがあるか	○		○			○		○
	○学校の施設をどう使ったらよいか	○				○			
宗教的美的表現	○家の中を美しくするにはどうしたらよいか		○	○				○	
	○郷土の祝祭行事にはどんなのがあるか			○			○	○	
政治	○学校の自治はどのようにしたらよいか	○							
	○学校や学級のきまりはなぜ守らねばならぬか	○							

（四　年）

課題		よい学校	大昔の生活	たのしい生活	武藏野の秋	世田谷の発達	ひらけゆく東京	安全で便利なくらし
生命財産の保護保全	○どうして食物の好き嫌いはいけないか	○		○				
	○病氣にかからないようにするにはどうすればよいか	○		○				
	○丈夫なからだになるにはどうすればよいか	○		○				
	○よい生活をするためには着物の選び方や住居についてどのような工夫がいるか			○				
	○安全な生活をするにはどんなことに注意したらよいか		○					○
	○学校の物を大切にするにはどうすればよいか	○						
自然資源の保護利用	○生物にはどんな種類があってどんな生活をしているか	○			○			
	○動植物の飼育栽培にはどんな方法があるか	○			○			
	○水道・ガス・電氣等はどのように使えばよいか			○				○
	○東京の自然資源にはどのようなものがあったか					○	○	
	○熱や電池は生活にどのように利用されているか							○
物の生産	○私たちの祖先は自然環境をどのように利用し衣食の生産を図ってきたか		○			○	○	
	○郷土ではどんなものがどのように生産されているか					○	○	
	○東京の商工業はどのように発達してきたか					○	○	
物の分配消費	○いろいろの物資は郷土ではどのように分配されているか					○	○	
	○お小遣を上手に使うにはどうしたらよいか			○				○
物の運輸	○配給の物資や郷土の商店の品物はどのようにして運ばれてくるか					○	○	
	○学校給食の品物はどのようにして運ばれてくるか	○				○	○	
交通通信	○郷土の交通路や交通機関はどのように発達してきたか					○	○	
	○自然環境はどのように交通や通信に影響を與えているか		○				○	
厚生慰安	○郷土の厚生慰安の施設にはどんなものがあるか					○	○	
	○長い休暇はどのように利用したらよいか			○				○
教育	○東京にはどんな教育施設があるか					○	○	
	○学校の施設をどのように利用したらよいか	○				○	○	
宗教的美的表現	○教室を美しくするにはどうしたらよいか	○		○				
	○郷土の祝祭行事はどんなのが行われてきたか					○	○	
政治	○学校の自治はどうなっているか	○		○				
	○郷土の自治はどのようにして行われているか					○	○	

◇中学年の指導目標

（第二表）

教育目標	三年	四年
（理解）		
1. 健康	○かかりやすい病氣と予防法 ○よい食物	○栄養・運動・睡眠の必要
2. 生活の合理化	○計画的生活	○安全で便利な生活
3. 社会的理解	○学級社会	○学校社会
4. 自治的精神	○学級自治会	○学校自治会と市区の自治
5. 仕事と生産	○地域社会の生業	○勤労の精神
6. 交通・通信・運輸	○東京近傍の交通　○電車・汽車・電話	○同上
7. 新聞・雑誌・ラジオ	○うちのラジオ・新聞	○同上
8. 教育	○学級生活	○学校生活
9. 数理	○基本的な数量（千・容積） ○基本的な計算（乗法九々） ○加減筆算法　○素朴な形	○基本的な数量（一万・重さ） ○四則計算の意味と算法 ○小数の意味　○素朴な形
10. 大自然の理法と天然の資源	○動植物の飼育栽培 ○土地・水の利用	○生物の種類と生育 ○空と地面　○熱・電池
11. 文学	○冒険小説・歴史小説・	○同上
12. 藝術	○配色 ○形の蒐集・整理・保管 ○児童劇 ○簡單な旋律・拍子	○色の集め方・整理の仕方 ○同上 ○児童劇・人形劇 ○樂譜形式・構成・旋律・拍子
（態度）		
1. 科学的態度	○ものごとを突込んで研究し、わけもなく盲従したり雷同したりしない	
2. 主体的で責任を持つ	○納得のできないことは理解できるまで調査し、実験したり、話し合ったりする	
3. 確心をもって熱心に	○熱心に根氣強く勉強し仕事をする	
4. 人格の尊重	○誰とでもよく親しみけんかをしない ○自分に都合のよいことだけを考えない	
5. 協調	○兄弟や友だちと力を合わせて仕事をする	
6. 礼儀	○言葉遣や行儀を正しくする　○来客に対して礼儀正しくする	
7. 公共の福祉	○学校のものを大切にする　○学校のきまりを守る　○学級や学校のためになることをする ○火の用心・交通道徳に氣をつける	
8. 審美的	○絵画や自然の美を鑑賞すると共に自分のへやや教室等の美化をはかる	
9. 健康の習慣	○早ね早起き・よくかんで食べる・手足の清潔・好ききらいをなくす等のよい習慣ができているかを反省して、積極的によい習慣をつくる	
（技能）		
1. 言語技術	○標準語を使いこなす ○まとめた文章がつくれる ○人の話をよく注意して持続してきける ○よく意味をとらえて読める	○同上（全） ○早く正しく書ける
2. 数量的処理	○千までの数え方・書き方　○乗法九々 ○加法減法計算（筆算） ○容積の測定（桝） ○絵グラフ・棒グラフ	○一万までの数え方書き方 ○四則計算　○小数計算 ○重さの測定（秤）　○距離の測定（巻尺） ○折れ線グラフ ○図を画く（コンパス・定木）

3.道具の使用	○簡単な道具を巧みに使える	○日常生活に普通な用具は巧みに使える
4.家事の処理	○食卓の支度や後片附ができる ○自分のへやの清潔整頓ができる	
5.問題解決の技能	○やや正確に事物を観察する　○問題のありかをとらえられる ○問題解決の計画がかなりよくできる　○簡単な資料を調査し蒐集し整理する ○参考書を使いはじめる	
6.事態反應力	○学校環境に適應した適當な生活行動ができる	○学級自治会の司会ができる ○図書館・科学室・創作室等特殊環境に適應した行動ができる
7.音楽	○自然な発声技術を習得し発展する　○旋律・リズム・音程等が巧みに歌える ○簡単な楽譜がわかる	
8.美術製作	○自分の思う絵が相当にかける ○素朴な図案がかける ○簡単なものが製作できる ○色彩・形態感覚がだんだんはっきりしてくる	○同上 ○簡単な製図ができる ○同上 ○同上

第四章　中学年の児童の実態

第一節　中学年児童の身体的発達

中学年の児童の身体状況は、一・二学年の低学年児童に比較して、きわめて発育が著しい。身長・体重・胸囲の増加が目立ち、全体の均勢がとれてくるのもこの期であり、行動全体に活潑さを加えてくる。ことにこの傾向がはっきりするのは、第四学年であって、この期には、児童としての体位の基礎が一應できるのである。運動などにおいても、神経や筋肉のはたらきが発達して複雑なこまかい動作ができ機敏に行動することができるようになるので、高学年と共に運動をたのしむことができるようになる。

第三学年は、このような身体発達の準備期であり、基礎のできる時期である。従ってすべての実態がそうであるように身体的発達においても、三学年は、二学年の延長として漸移的な発達を示す傾向があり、四学年は三学年を準備期乃至基礎として、高学年に類似の傾向を示すものである。いわゆる発達の漸移地帯・過渡期ということができるのである。

第一節　中学年児童の知的発達

児童の知的発達をうかがうには、いろいろの仕方があるであろうが、疑問の調査において、かなりの程度知ることができる。すなわち疑問を整理してみると、大別して社会生活に関係あるもの、宗教・藝術に関係あるもの、科学に関係あるものに分類ができる。全体的なものとして科学関係のものが圧倒的に多く、それも理科的なものに集中している。社会生活に関するものがこれにつぎ、宗教・藝術に関するものは、最下位におかれる。中学年においては、宗教・藝術に関するものは、殆んど見られず、大部分（約85％）が科学関係に限られ、残部が社会生活に関するものである。

中学年においては宗教・藝術関係では、三年生においては、神についての問題が多く、それも神の存在を一應肯定した類のものが多い。四年生においてはこの傾向が稍と変って、神の存在そのものを問題にする。

社会生活に関しては、三・四年共に学校生活に関するものが多く、四年生の方が質的にやや深いものがみられるのが特徴である。

科学関係は大別して、数に関するものと理科的なものとに分類できるが、量的にいって理科的なものが全学年を通じて圧倒的で（約88％）、中学年の比率も概ねこれに近い。数に関するものは、数学や計算法についてであって、知的な発達をうかがうのに大きな手がかりとなるようなものはきわめて少ない。ただ四年生において、数学の進歩について問題をだしているのが注目される。理科的なものは、疑問数が最も多いので分類整理に困難な点があるが、植物・動物・土と空・機械と道具・人間等に分類して結果を考察してみると、全学年を通じて、人間に関するものが一番多い。

中学年においては、三年生において衣食に関するものがいちじるしく、四年生においてはこの傾向は下り坂となり、三年生にみられなかった発生や進化・遺傳・分類等の問題がとりあげられ、生殖の問題も三年生に比較して質量共に増しているのが注目される。人間について頻数の多いものは土と空である。これはこの期の児童の遠い未知のものに対するあこがれの傾向を示しているようである。これについで多いのは道具と機械で、三・四両学年共に道具類（日用品・雑貨・文具類）よりは機械類に問題が集中しており、特に電氣関係に多い。

その他三年生には、音についての疑問が多く、四年生には、光に関するものが問題となっている。これらのことから中学年の児童が論理的・活動的なものに関心をもち、特に四年生は三年生にくらべて、より客観的・抽象的傾向をたどることがうかがわれる。さて、機械と道具につぐものは動物及び植物であるが、動物は植物にくらべて比率が上廻っている。頻数からみると動・植物共に三年生の方が高く、一年生の傾向と類似している。動物においては生態に、植物においては、発生や繁殖に問題が集中しているのが注目される。これらの傾向をまとめて考えてみると、動・植物に対する関心は、三年生にいちじるしく、これは低学年の傾向とほぼ共通し、しかも関心は、動的なものに多く向うものであることがうかがわれる。

以上の諸傾向を綜合的に考察すると、中学年の児童の知的発達は、未知のものへのあこがれ、動的なものへの関心がいちじるしく、四学年は三学年にくらべて、論理的・客観的傾向をたどり、静かに落ちついてものごとをながめようとする態度がうかがわれる。

これらのことから、中学年は、知的にも三学年はむしろ低学年に近い傾向をしめし、四学年は高学年に近い実態をしめして、漸移期にあることが、かなりはっきりとうかがい得られるのである。

第二節　中学年児童の情意的意識の発達

中学年においては、主客分化のきざしが三年生頃から見られる。自分の学級の掃除をよろこんですることなどはこの傾向のあらわれである。すなわち主客が分化するところに、自主的な行動の意欲が生まれ、それが仕事への積極的行動となってあらわれるのである。この傾向は、四年生になるとさらにいちじるしくなって、主観がめざめ、自主的傾向が一層強くなる。自治への関心が深まり、実証的態度があらわれてくのは、このためである。

中学年の児童の自由な願望をしらべて、これを整理してみると、三年生においては、自分の現在の生活に直接していて到達しがたいことがら、たとえば「お金持ちになりたい」、「着物がほしい」、「グローブがほしい」等がきわめて多い。四年生においてもこのような傾向はまだかなりつよいが、「よい学級にしたい」、「平和な國にしたい」、「仲よくしたい」等の生活の向上を内容とした相当程度の高い願望がめばえてくることがみられる。願望が物質的なものから精神的なものへと移行するのである。

友人関係を観察してみると、低学年においては友人のえりごのみも少なく誰とでもよかった交際が、次第に固定化してきて自然に遊びや学習のグループが発生してくる。この傾向は三年生より四年生にはっきりとしている。

これは、児童の個性化が次第に進み、友人を批判する眼ができ、自己の適應できるよりよい環境を求めるようになるからである。

児童の生活にグループが生まれると、各々のグループ間にいさかいの起ることもある。これは、この期の児童には、十分な社会性の発達がないために、概して、うつり氣で興味や欲求が永續せず、わがままで怒り易く、一時的な興奮や衝動にかられ易い傾向があるからである。

以上のことがらから、中学年児童の情意の発達は、自主的・主観的傾向に漸移し、行動にも倫理的批判や反省が生まれ、豊かな情操の世界にも踏み入るが、いろいろな点で未発達の点が少なくない。

第四節　中学年児童の時間的　空間的意識

中学年の時間的意識　三学年においては、その傾向がむしろ二年生に近く、ものごとの始めや終りについて問題にする傾向がつよく、時間をはっきり限定するような傾向はきわめて少ない。いわばきわめて漠然とした時間のひろがりであるが、四年生になると時間を限定し、ある特定の時間のひろがりのなかにおけることがらを、問題にしてくる傾向がうかがわれる。

中学年の空間的意識　三学年における空間は、第一節範疇・空・海・地球等のように、きわめてひろがりのはっきりとしないか、また限定されたとしても局限される傾向がつよく、四学年にもそのような傾向はかなりつよいが、さらにどことどこの國（アメリカ）、地球のどこ（赤道）というように、空間のひろがりを具体的に示すようになる傾向が見えてくる。また限定されたひろがりも、郷土の一部分から相当の範囲に拡大されてくることがうかがわれる。これは生活領域のひろがりをしめすものである。

第五節　中学年児童の社会的意識の発達

三学年の社会意識の特徴は、社会意識の基盤が低学年の遊びであったのにくらべて現実の社会に移行してくることである。正常な学校生活や家庭生活がその基盤となってくるのである。このように環境としての社会を意識してくるので、その社会に適應する基本的態度が意識にのぼってくる。すなわち対人関係に関心をしめし、「自分はどのようにしなければならないか」ということをおぼろげながら考えるようになる。

現実の社会へ関心を深める当然の結果として、社会に生起するいろいろの生活現象や、社会そのもののはたらきにも目をむけることにもなるのである。このような傾向は殆んどそのまま四学年に移行するものであるが、三学年に見られない特徴は、三年でめざめた現実社会への関心がさらに具体的に意識され、地域社会乃至は國、という明瞭な限定を加えることであり、ただ単に、社会の範疇が明確化されるのみならず、よりよい社会の形成という積極的生活態度を示すことである。社会の生活現象や機能に興味をもつにしても、漠然とした欲求よりは、はっきりとした目的をもっている場合が少なくない。三学年には、みられなかった政治への関心が芽生えてくるのも、このような傾向のあらわれであるう。これを要するに、中学年では社会への関心が具体的になり、社会がはっきりと意識され、その社会を積極的にみつめるようになるのである。

第五章　第三学年の指導計画

第一節　年次計画

経験学習単元はカリキュラム構成の種々なる手続きを経て構成され、種々の実態調査に基いて児童の興味と欲求に應じられるよう計画されているのであるが、学習経験を通じて習得することが予想される基礎的な知識や技能もある。基礎的な知識や技能には経験学習以前にあらかじめ習得しておく方がよいものもあろうし、展開に当って必要とするものもあろう。学習活動の開展をよりよくするために、また種々の活動が偏するようなことのないために、また多くの児童の興味と要求とに應じられるよう多様な活動を含めるために、年間を通じて計画されなくてはならない。

年次計画はこのような必要の上に設定されるのである。しかしながら実際の児童の学習指導においては興味の変動も情勢の変化も、あるいはまた展開の発展に伴なって変更した方がよい場合もできよう。そこで月間計画・週計画・日計画（日課表）という経過を経て、計画立案し指導しなければならないのである。

次に年次計画を掲げる。

	月	四	五
	生活暦	入学式・始業式 学校自治会（委員選挙） 身体検査 （メートル法公布記念日） （天皇誕生日）	八十八夜 憲法記念日 護歯デー 子供の日 母の日 小運動会
	單元	私たちの学校	私たちの生活
経験学習	学習活動	うれしい三年生（新しい教室） 楽しい学校にするためにはどのようにすればよいか（係の決定） 学校しらべをする 施設・働く人・歴史・昔の学校・町の教育施設 自治会 自治会を開く 学校自治会や委員会を見学する 楽しい学校を主題として自治会を開く	学校図書館と学級文庫 学校図書館見学・利用・読書帳・学級文庫の整理・利用・蔵書調べ 学級園 天氣・温度調べ・季節便り 春のたねまきをする すまいと生活 お家調べ　勉強室の設計 大昔の家を調べる 農家と都会の家を比較する 外國の家や異なった地方の家調べ。電氣の調べをする。石炭の調べをする。
経験学習	生活指導	○学級自治 ・会の進め方 ・係の決定 ・仕事の計画 ・清整・日直 ・遊び・下校のきまり ○学校施設・学校備品の使い方	○環境衛生と環境美化 ・身のまわりの衛生 ・校舎校具の使い方 ・校舎の美化　花をかざる ・住居の美化　清潔整頓 ○勤労の習慣 ○清整・整頓の習慣 ○放送の聴取
基礎学習	言語	（三年生になって—作文） （討議のし方） （学級新聞の編集） （学級日記）と日記 （手紙） ・他校と通信する	詩 ・詩を読む ・詩を作る （栽培日記） （擬人的表現による詩） （幻燈台本） ・台本を読む ・台本つくり ・演出
基礎学習	数量	・時刻時間人数 ・人数の統計 ・位置の観念 ・二位数と基数の加減 ・かけ算の意味の理解 ・二の段 ・五の段の九々	・二・五の段の事実問題 ・三の段の導入 ・三・六の段の九々 ・三・六の段の事実問題 ・四・八の段の九々の理解と練習
基礎学習	音楽	歌唱 ・発声 ・音程 ・ハ調の読譜 ・リズム 鑑賞 ・聞く態度 ・歌い方 器樂 ・木琴 ・ハーモニカ	歌唱 ・音程 ・ハ調の視唱 ・発音 鑑賞 器樂 ・二拍子の拍子感
基礎学習	造形	（学校） ・正確な表現 ・写生表現 ・クレヨンの重色 ・見取図 ・平面図 （ふうとう） ・図の見方 ・製図	図の見方 製図して役に立つものをつくる （いろいろな家） ・写生表現 ・粘土表現 ・説明図 （パノラマ） ・中厚紙の使い方
基礎学習	図書館其他	施設の使い方 よい学級文庫にしよう ・学校図書館の見学 ・図書係 ・学級文庫の利用のし方 ・良書選択	学校図書館と学級文庫 ・見学と利用 ・本の扱い方 上手に本を読もう ・読書生活 ・蔵書調べ ・読書ノート 放送のきき方
	健康教育	○姿勢 ○身体の清潔 ○身体の測定 ○鬼遊び ○リレー ○ボール遊び ○リズム遊び	○環境（学級住居）の衛生 ・清整整美 ・窓の開閉 ・道路と清潔 ○鬼遊び ○リレー ○ボール遊び ○リズム遊び ○器械遊び

	月	六	七
	生活暦	齲歯予防デー 更衣 時の記念日 入梅 夏至	七夕 土用入り 盂蘭盆会 終業式・夏休み
	單元	夏の生活	
経験学習	学習活動	食物と生活 食物調べ　配給所見学 食物が手に入るまでの経路 食物の調べ　理法・貯蔵法を調べる 食物と病氣について調べる 衣服と生活 衣服調べ　材料調べ 絹織物が手に入るまでの経路 夏の着物について調べる 大昔の人々の衣服・着物の変遷 夏の野 夏の野の観察・動植物の採集・標本つくりをする 分類・飼育・栽培する	夏の天氣 つゆの継続観察をまとめる 七夕まつりをする 月の観察をする にじの観察をする 夏休み 夏の健康生活について考える 夏休みの計画をたてる 夏の便り・郵便局の見学をする 海の研究について話し合う
経験学習	生活指導	○食事訓練 ・食事の前に手を洗う ・食後に口をすすぐ ・食物や世話に感謝する ・静かによい姿勢でたべる ・給食の手傳い ・好嫌偏食過食をしない ○公徳の理解	○交通訓練 ・道路の通行横断の注意 ・乗物の注意安全に行儀よくする ○礼法ことば ・訪問の態度 ・品のよい態度とことば
基礎学習	言語	（参考書を読む） 物語 ・長文読解 ・構想 ・脚色 （思索的な読み） ・会話の訓練	（傳説） （学級日記） （日記集） （擬人風の文） （夏の便り）
基礎学習	数量	・四・八の段の事実問題 ・kg單位の理解と実例 ・時計つくり ・直角の観念 ・三角定規の角の比較 ・三角定規の使い方 ・七・九の段の九九の理解と練習	・七・九の段の事実問題 ・1dlの理解と実例 ・加減簡便法 ・乘法九々 ・二位数同志の加減 ・九々の問題 ・絵グラフ
基礎学習	音楽	歌唱 ・四拍子 ・二部輪唱 鑑賞 ・オーボー 器樂 ・リズム ・譜 樂典 ・附点四分 ・音譜・休譜	歌唱 ・二拍子 ・三拍子 器樂 ・拍子の打ち方強弱 ・リズム樂器
基礎学習	造形	（絵図） ・すじ道のわかる絵図 （写生） ・分類と写生 ・標本 ・精密写生 模様 ・便化模様 ・帯の模様	（たんざく） ・紙細工 ・思想表現 形集め 粘土表現 （絵巻物） （課題）
基礎学習	図書館其他	参考書を使う ・必要な参考書を選ぶ ・報告書を書く時参考書名を書く かいこの飼育観察 動植物標本のつくり方 ・つくり方 ・分類 ・保存	継続観察の処理 ・科学室 上手に本を読もう ・多く読む ・くわしく読む ・作業する
	健康教育	○正しい食事 ○食器の衛生 ○衣服の衛生 ・衣服の清潔 ・着物の着方 ○夏の病氣の予防法 ○リレー ○ボール遊び ○リズム遊び ○器械遊び	○身体各部の清潔 ○休養睡眠 ○夏休みの健康生活 ○ボール遊び ○リズム遊び ○模様遊び ○水遊び

月	九	十
生活暦	二百十日 始業式 二百十日 十五夜 夏休み自由研究発表会 展覧会 彼岸 秋分の日	十三夜 運動会 遠足
単元	郷土の交通	秋の学校
経験学習 学習活動	交通調べ 通学地図・旅行地図つくり 道路の交通調べをする 駅の調べをする 東横線・玉川線調べをする 交通のしかた 交通の規則や注意を調べ話し合う 交通機関の研究 いろいろな乗物を調べる	交通文化博物館の見学をする 自転車の研究・運転をする 運動とからだ 体格測定の結果の考察をする 健康の要素を調べる 運動会をする 農家のしごと 農家の見学 秋の自然・人の働き・収納作業・農耕用機械・動物・副業 大昔の農業を調べる 秋のたねまきをする
生活指導	○学級自治 ・学校のきまりを守る ・係の仕事のわかち合い ○交通訓練 ・道路交通 ・乗物に乗る時の注意	○食事訓練 ・給食に協力 ・給食の意義 ・食事の態度 ・食物のとり方 ○集会訓練 ・時間を守る ・國体訓練 ・品のよいことば・態度 ○交通訓練 ・國体交通の注意
基礎学習 言語	（人物を表現した文） ・対話 （対話と音の表現） ・場面の変化 ・文の構成 （会話の表現）	・ことばのはたらき ・生活文 童話 （叙景文・作文） （シナリオ） ・読みと情景 ・シナリオ化する
数量	・千までの数 ・三位数以内の加減計算 ・累加累減 ・二位数同志の簡便法 ・九々の應用 ・二段階問題 ・二次元の表 渦線	・除法の準備 x×a=b a×x=b ・乗法交換の法則 ・長さの概測と実測 ・除法一段階の問題 ・計算練習 二位数加減 乗法九々 x×a=b a×x=b
音楽	歌唱 ・附点八分 ・音譜 ・擬音 ・ハ調視唱 鑑賞 ・シューベルト 楽器 ・リズム ・速度	歌唱 ・写譜練習 ・発声 ・表現 ・拍子 鑑賞 ・フルート 創作 ・一―二小節
造形	（思想表現） （絵地図） （交通しらべ） ・スケッチ ・見取図 ・模型（紙工） ・写生表現 ・粘土表現	・模型（紙工） （ポスター） （思想表現） 図案 ・図形図案 （精密写生） （紙芝居） ・稲の一生 （花ごよみ花時計）
図書館其他	文集をつくろう ・文集の意義 ・とじ方 ・本のつくり ・よい学級文庫にしよう ・良書推せん ・図書の集め ・文庫の整理	公共施設の利用 ・種類目的 ・利用のし方 図書館の利用 ・排列と選択 ・出し方・かえし方 ・閲覧表の書き方
健康教育	○姿勢 ・腰掛の姿勢 ・運動の姿勢 ○傷害の防止 ・交通と事故 ・運動と傷害 ○リレー ○リズム遊び ○器械遊び ○物語り遊び	○病氣けがの予防 ○学校給食と衛生 ○運動と衛生 ・運動と服装 ・運動と清潔 ○リレー ○ボール遊び ○リズム遊び ○物語り遊び

月	十一	十二
生活暦	文化の日 勤労感謝の日	防火週間 （冬至） 終業式 クリスマス
単元	郷土の慰安	冬の生活
経験学習 学習活動	山と川 山と川の見学　採集・蒐集 山や川を利用保護している人 公園 町の慰安施設を調べる 碑文谷公園に行く 上野公園に行く 動物園 動物園に行く 人間に役立つ動物を調べる よい遊び あそびのいろいろを調べる 年中行事について調べる お祭りについて調べる	よい遊びを計画しておこなう 遊び道具の製作・かず遊び・音楽会・対抗球技・かべ新聞・磁石遊び としの市を調べる お正月 お正月を迎える 冬休みの計画を立てる クリスマスについて調べる
生活指導	○公共施設の使い方 ○國体訓練 ・國体の交通 ・國体の遊び ・大勢での物の使い方 ・集合のし方 ○遊びの指導 ・仲よく遊ぶ ・よい遊びを工夫する ・下校時刻 ○放送聴取	・よく聴く ・まとめる ○避難訓練 ・火の用心 ・おちつき ・す早くよい判断で行動 ○品のよい態度とことば ○外國の國旗
基礎学習 言語	（科学的観察の文） 物語 ・外國童話 ・表現味 ・演出 詩 ・創作 （劇化） ・大昔の狩猟 （科学的な文） ・発見 ・工夫したことの作文	（かべ新聞） ・いろいろな言語表現 ・編集 （製作の苦心） ・製作の苦心の文
数量	・方位の理解 ・いろいろの概測 ・三位数までの加減（繰上下二） ・a×x=b ・x×a=b ・わり算の意味の理解 ・乗法九々により直ちにできる除法の練習	・除法一段階の問題 ・等分除 ・包含除 ・計算練習 乗除法練習 二位数加減 三位数基数の和百以上 反対の減法
音楽	歌唱 ・身体的表現 鑑賞 ・モーツァルト （器楽）	歌唱 ・写譜練習 ・ハ調の読譜 ・リズム ・音感 鑑賞 （学級音楽会）
造形	（写景図） （地図） （思想表現） （絵地図） （平面図） （模型） （鉛筆速写） （模型） ・紙工 ・粘土 （絵巻物）	（かべ新聞） 役に立つもの ・材料工作 （大勢の人のいる絵） （ポスター） （年賀状） （製作） たこ・かるた
図書館其他	図書館の利用 ・公共図書館の利用のし方 ・本を上手に読む ・目的によって本を選ぶ 物理的な材料の使用 ・材料 ・道具	かべ新聞の編集 ・内容方法 ・新聞が編集されるまで 上手に本を読もう ・読書生活の反省 ・読書計画
健康教育	○傷害の防止 ○うす着の訓練 ○休養・睡眠 ・休養とレクリエーション ○鬼遊び ○リレー ○ボール遊び ○器械遊び	○皮膚の摩擦 ・感冒と凍傷 ・摩擦の訓練 ○鬼遊び ○ボール遊び ○模擬遊び

月	生活暦	單元	経験学習：学習活動	経験学習：生活指導	基礎学習：言語	基礎学習：数量	基礎学習：音楽	基礎学習：造形	基礎学習：図書館其他	健康教育
一	元日 お正月 小寒 始業式 (成人の日) 大寒		楽しかったお正月 ・お正月の町のようす・遊び ・年頭のかくごを作文する ・一年間の月ごよみをつくる 燃料と生活 ・温度調べをする ・燃料調べをする ・炭・まき・れんたん・電氣・石炭・燃料の発達・ガス会社の見学 ・燃料のじょうずな使い方を調べ実験する ・火災の予防について話し合う	○礼法とことば ・服装と態度 ・他人に面接する態度 ・正しい品のよいことば ○暖房の注意 ・用心と換氣 ○自治の訓練 ○遊びの指導 ・冬の遊びの工夫 ○食事訓練	(お正月) ・年頭のかくご 物語 ・脚色演出 ・詩・文・劇・物語の創作	・カレンダーつくり ・一年は十二カ月の理解 ・棒グラフ ・九々の問題 ・年齢の問題 ・除法の問題 ・繰上り二回までの三位数同志千以下の筆算 ・零の意味	歌唱 ・歌詞 ・リズム ・拍子・発声 鑑賞 ・音色 (器樂) 創作 ・リズムかえ	(思想表現) (写生表現) (絵巻物) (紙芝居) ・比較 色 ・明度比較 ・ごばんめもよう (配色)	よい学級文庫にしよう ・読んだ本 ・学級文庫と学校図書館 ・文集つくり 火器の扱い方 ・マッチ ・電氣ガス ・ランプ	○姿勢 ・正しい姿勢 ・元氣な姿勢 ○冬の病氣の予防 ○鬼遊び ○リレー ○リズム遊び
二	節分 立春	私たちの町	冬の自然 温度の変化と生物の関係 動植物の冬越しのようす 雪の観察をする 学校の近所 屋上からの眺望をする 景観図をつくる 施設の調べ・分類・生活との関係をまとめる	○環境衛生と美化 ・衣食住全体を考える ・冬の衛生と火災予防 ○公共施設の使い方 ・正しく使う	(疑問を推論する文) ・ことばのはたらき ・体験の作文 (あそびの作文)	・繰下り二回までの三位数同志の筆算 ・零の意味の理解 ・値段釣銭の計算 ・小数の準備 ・貨幣しらべ	歌唱 ・写譜 ・発音 鑑賞 器樂	(思想表現) (景観図)		○衣食住の衛生 ・冬の着物と清潔 ・食器の衛生 ・暖房と換氣 ・清整 ・清整の時の衛生

月	生活暦	單元	経験学習：学習活動	経験学習：生活指導	基礎学習：言語	基礎学習：数量	基礎学習：音楽	基礎学習：造形	基礎学習：図書館其他	健康教育
二			世田谷の中心 学校の位置を調べる 世田谷と東京都との関係を調べる 世田谷区役所とその附近の見学 郷土の模型をつくる	・きまりを守る ・迷惑をかけない ・目的に合う ○ものの使い方 ・保管のし方 ○交通訓練 ○集会訓練	詩集 ・いろいろの詩集 ・自分たちの詩集 劇の脚本 ・長文読解 ・古典的なもの	・加減乗除の事実問題 ・千までの範囲で三位数と三位数の加減筆算練習（繰上下二回）	創作 ・自作の歌詞に旋律をつける	(私たちの町) ・スケッチ ・模型製作 ・共同作業	私たちの町の図書館 ・図書館の見学 ・学校図書館の利用	○鬼遊び ○リレー ○リズム遊び ○なわとび
三	桃の節句 学藝会 母の日 彼岸 春分の日 修了式		東京の生活 私たちの生活を中心にした展覧会・発表会を開く 町の生活と東京都の生活との関係を調べる 町の生活と都会の生活との関係を調べる	○礼法 ・服装・態度・ことば ・内外國旗に対する態度 ○自治の訓練 ・生活の反省 ・個人の生活の種々相 ・分團や学級の生活 ・学校の自治と学級	・演出 ・演出効果 ・敬語 ことば ・ことば集め ・分類 ・発音	・乗除法一段階の事実問題 ・加減法による一・二段階の問題 ・棒グラフの書き方読み方	歌唱 ・リズム ・十六分音譜 ・八分の六拍子 ・身体的表現 器樂 鑑賞	材料・廢品使用 思想表現 材料を選んで作る 作品の整理と鑑賞	継続観察のまとめ ・温度 ・関係 文集をつくろう ・編集のし方 ・目次 ・表紙・カット	・身体の測定 ・身長・体重・胸囲の生長の変化をみて考察する ○鬼遊び ○ボール遊び ○リズム遊び ○器械遊び

第二節　週間計画

年次計画から更に月間計画に盛られたカリキュラムは、あくまで教師の計画であって、児童の活動が余りに偏頗にならないように勘案されたものに過ぎない。週間計画・日課表といえども児童の活動を予想した教師のプランにとどまるのである。特に児童にとっては、長期にわたる活動の計画立案は不可能であって、週間計画の立案を最大可能の範囲とすべきであろう。

年次計画・月間計画の基盤に立って週間計画が立案されなければならない。動的で興味の変動甚だしい児童だからということで計画不要ということにはならない。教育活動は有意義な経験を通じての継続的な成長の過程であり、活動の結果として新しい意味を興えるところのものでなければならないところから、常に目的的に構成されなければならないものである。

さりとて、計画はあくまで計画であって、計画そのままを興えるのでは、教師中心の教授に堕し去ってしまうのである。綿密な計画のもとに児童を計画立案に参興させ、さらに生活と学習展開に応じて発生した興味と欲求に応じられるだけの融通性を持たなければならないのであって、ここに週間計画の重要性が存するのである。

週間計画立案上の留意点を略記しよう。

1. 週間計画の設定と反省の機会とを設けて、児童自らの計画に切り換えられなければならない（勿論それ以前の教師の周到綿密な計画を要する）。児童の必要と興味とを基礎として考案されなければならない。
2. 課題・季節・行事などによって変更はあろうが、教育目標達成のためになるべく多くの廣汎な活動が含まれることが望ましい。
3. 体育・遊戯・休養・習慣形成等、生活全般が有意的・有機的に含まれていなければならぬ。
4. 児童の個性や欲求に應じられるような機会を多く持たなければならない。分團・個別指導の機会を考慮する。
5. 知識・理解・鑑賞・創作・作業など、新しい経験の拾得からの変動に應ぜられるよう弾力性あるものでなければならない。

次に週間計画の一例を表示し、次節に日課表の例を示そう。

五月第四週計画案

	月	火	水	木	金	土
9.00–9.40	一週間の計画設定 農家見学の組織	住宅調べの研究報告・展示。農家と住宅の比較	分團研究（学校図書館・郷土參考室）○家の材料の生産と経路（今週より分團）○大昔の人々の家・外國・風土の異なる地方の家	同右作業	家の形を展示する（各人・近所・外國・他地方）各々のちがいとそのわけを考察する	家庭学習 ○自由研究 ○共通課題 1. 家庭の電氣器具の精密写生 2.「電氣の旅」の絵話・絵図の構想
9.40–10.20	近所の農家の見学					
10.20–10.40		（自由運動時間）				
10.40–11.20	文学 石炭（文・國・上・四）概括 紙芝居構成の研究	文学・造形 石炭を主題にした紙芝居製作（分團）	算数 四・八の段の九々の練習	家の材料の種類（全員） 生産と経路・多くの人々の働き（分團発表・討議）	造形 色々の形の家（粘土表現）	
11.20–12.00	算数 四・八の段の九々の理解		紙芝居 演出の工夫（分團）	算数 四・八の段の評價		
12.00–12.40	晝食（音樂）					
12.40–1.00		おたのしみ会（レクリエーション） 反省と話し合		おたのしみ会（レクリエーション） 反省と話し合		
1.00–1.40	体育 フットベースボール	（清整）	音楽 歌唱　ひばり 鑑賞　ひらいたひらいた	（清整）	文学 石炭の紙芝居発表会	
1.40–2.00	反省と話し合		反省と話し合		算数 個別指導 四・八の段の九々百以下の加減	
2.00–2.30	（清整）		（清整）		一週間の反省 家庭学習の課題設定（清整）	

第三節　日課表の例

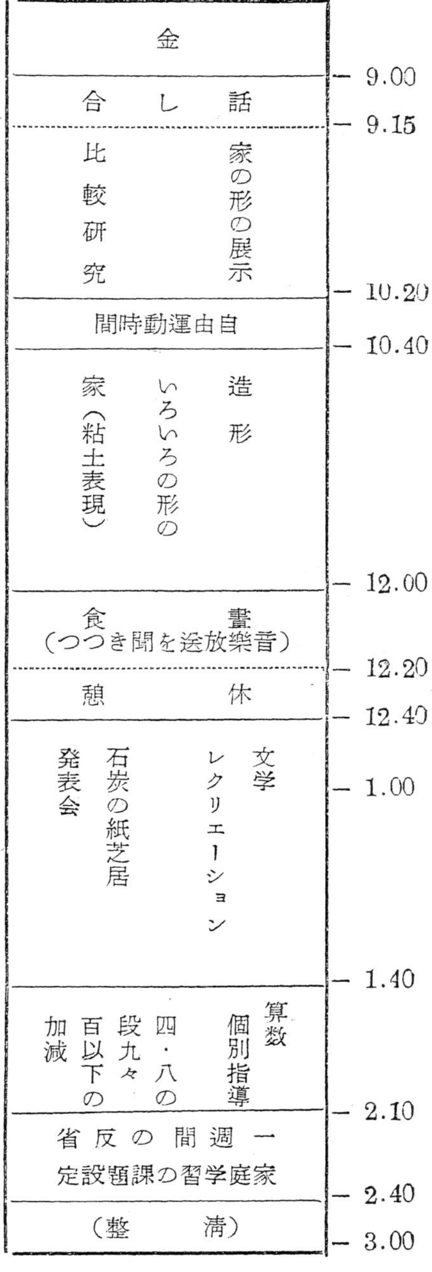

時刻	金
9.00–9.15	話し合
9.15–10.20	比較研究　家の形の展示
10.20–10.40	自由運動時間
10.40–12.00	造形　いろいろの形の家（粘土表現）
12.00–12.20	晝食（音楽放送を聞きつつ）
12.20–12.40	休憩
12.40–1.40	文学　レクリエーション　石炭の紙芝居発表会
1.40–2.10	算数　個別指導　四・八の段九々　百以下の加減
2.10–2.40	一週間の反省　家庭学習の課題設定
2.40–3.00	（清整）

（平日は晝休みは一時まで）

1. 話し合（九—九・一五）
○朝のあいさつ
○今週の学習経過の話し合
○今日一日の生活のプラン設定
2. 家の形の比較研究（九・一五—一〇・二〇）
○今まで調査研究した家の形を展示する。

自分の家・近所の家・農家住宅・商家・外國の家・風土の異なる地方の家

○比較研究して使用の目的と自然環境に適應していることを知る。

①外形のちがい　②間取や施設のちがい　③家の材料・つくり方のちがい

3. 自由運動時間（一〇・二〇—一〇・四〇）

N・H・Kの学校放送聽取の時間を考慮して決定した。この時間は主として自由運動に当てられるが、この時間を利用してグループの研究準備や、特別な訓練・行事に当てることもある。

4. 造形（一〇・四〇—一二・〇〇）

いろいろな家（粘土表現）

グループで研究したさまざまな家の形を粘土表現する。木や布などの補助材料も使う。

5. 晝食（一二・〇〇—一二・二〇）

○学校給食をする。

○学校放送の音樂を聞きながら楽しく食事をする。

○音樂以外の学校放送（例—放送劇・話の泉・お話しなど）のある日は、一二・二〇—一二・三五まで聞く。

6. 休憩（一二・二〇—一三・四〇）

○平日は一・〇〇まで休憩・運動。

7. 文学・レクリエーション（一二・四〇—一・四〇）

○分團毎に創作した石炭を題材とする紙芝居の実演をし鑑賞する。

○話しことばの修練をする。

○演出の効果を工夫する。

○紙芝居の構成の良否を考える。

8. 算数・個別指導（一・四〇—二・一〇）

○四の段・八の段の九々練習。

○百以下繰上り下り一回の加減法練習。

9. 一週間の反省と家庭学習課題の設定（二・一〇—二・四五）

○一日の生活の反省。

○一週間の学習経過と生活の反省。

○生活委員会に提出する問題の発見。

○家庭学習課題の設定。

①自由研究課題の進行の話し合

②共通課題の設定

a. 家庭の電氣器具の構造写生

b. 「電氣の旅」の絵話・絵図の構想

第六章　第三学年の経驗学習單元の解説

経驗学習單元は、兒童の必要と興味に基づき、社会的要求を如実に反映した兒童が生活課題として解決すべき問題を包含するものでなければならない。

教育目標・学年目標の設定、スコープの決定、シークェンス決定のための各種の兒童調査　社会の要求と生活課題の調査・経て設定された課題表から、八つの單元が設定された。

八つの單元・兒童の興味や必要や生活暦・季節などを勘案して次のように排列した。

月	單元	副單元
四	私たちの学校	うれしい三年生
		自治会
		学校図書館と学級文庫
五		学級園
	私たちの生活	すまいと生活
		食物と生活
六		衣服と生活
七	夏の生活	夏の野
		夏の天氣
		夏休み
九	郷土の交通	交通調べ
		交通のしかた
一〇	秋の学校	運動とからだ
		農家のしごと
一一		山と川
	郷土の慰安	公園
		動物園
一二		よい遊び
一	冬の生活	お正月
		燃料と生活
二	私たちの町	冬の自然
		学校の近所
三		世田谷の中心
		東京の生活

第一節　私たちの学校

一、單元一　私たちの学校（四月第一週より五月第二週まで凡そ五九時）

二、單元設定の理由

1、兒童の要求と興味から

低学年から中学年への進級は、児童にとって大きな喜びである。新しい教室への魅力もさることながら、一年間生活して来た学校を有機的な関連のもとに見ようとする傾向をもち、さらに学級においては勿論　学校生活全般にわたって自主的にふるまおうとしてたくましい活動を展開しようとする。

この機において、学校生活を反省し一年間の計画を立てることは有意義なことである。

児童調査の結果を見ると、教育に対する関心は非常に強く、しかも「学校に博物館をつくりたい」とか、「よその学校を見にゆきたい」など、積極的な関心と傾向を示している。

2、社会的要求

低学年の生活は未だ自律的な行動が多く、衝動的・瞬間的で興味の持続も短かかった。主客分化のきざしを持って来る三年生進級を機に自治的な経営に参加させることは彼らの生活を拡充向上させるものとして要求されている。

3、単元の内容

（イ）楽しい学校にするためにはどうすればよいか。

（ロ）学校の施設をどう使ったらよいか。

（ハ）学級の自治はどのようにしたらよいか。

（ニ）学校や学級のきまりは、なぜ守らねばならないか。

（ホ）学校図書館やその他の施設、学級文庫をどのように使えばよいか。

（ヘ）学級園をどう利用したらよいか。

4、既有経験との関連

一年「たのしい学校」、二年「二年生になって」の両単元も学年始めに当って、入学・進級の喜びの中に学校の施設や利用のしかたなどについて学ぶのであるが、本単元においては、さらにその内容を深めて有機的な関連のもとに、施設の利用を自主的・自覚的にしようとするものである。

やがて、これは郷土のあらゆる機関や、人の有機的なつながりを理解するであろう。

三、目　標

1、理　解

（イ）いろいろな学習方法についての理解

（ロ）学校自治をよくするための役割分担の方法や係の仕事の内容

（ハ）学校の施設や働く人々の仕事を知る

（ニ）施設の正しい使い方の理解

（ホ）学校の歴史についての理解

（ヘ）町の教育施設のいろいろを知る

（ト）自治会の進め方の初歩的な理解

（チ）楽しい学校にするための協力

（リ）学校図書館に働く人の仕事を理解する

（ヌ）本の排列のしかたの初歩的な理解

（ル）学校図書館のきまりの理解

（ヲ）学級文庫をよいものにするための理解

（ワ）学級園にすむ虫のようす・ちょうの変態のしかたを知る

（カ）咲いている花・草のようすを知る

（ヨ）いろいろな植物のふやし方を知る

（タ）花の生態、おしべ・めしべの働きを知る

2、態　度

（イ）教室の整備を工夫して積極的にする態度

（ロ）よい学級にしようとする態度

（ハ）学習を計画的にする態度

（ニ）教室美化の態度

（ホ）施設を正しく使う態度

（ヘ）働く人々に対して感謝する態度

（ト）学校を楽しくするために協力する態度

（チ）図書館で静かに本を読む態度

（リ）図書を正しく利用する態度

（ヌ）読書生活をだんだん高めていく態度

（ル）読書記録をつづける態度

（ヲ）よい本を進め合う態度

（ワ）学級文庫を積極的に利用し整備しようとする態度

（カ）自然の恵みを学ぶ態度

（ヨ）観察・採集・飼育する態度

（タ）手入れを進んでする態度

（レ）生長に関心を持ち興味を持って学習する態度

3、能　力

（イ）言語技術

- まとめて話す。
- まとまった文を書く。
- 文を推敲してよいものにする。

・人の話を注意して聞き正しく聞きとる。
・一冊の本を読み通す力。
・手紙を書く能力・共同して新聞を編集する。

（ロ）数を統計的に処理する能力。
（ハ）科学室の簡単な道具が使える能力。
（ニ）自分の本を整頓し排列する能力
（ホ）問題解決の技能。
・飼育・栽培を継続観察する能力。
・関係的に見てすじ道を見出す能力。
・よい本を選択し読書記録をつくる能力。
・作品を類別し展示・発表する能力。
（ヘ）事態反應力。
・施設を正しく使う能力。
・学校生活を楽しくするための協力。
（ト）音楽
・自然な発声技術。・旋律・リズム・音程などが正しく歌える。
（チ）美術製作
・見取図・平面図を書く技能。・働く人をかく技能。

四、開始計画

1、利用する施設・資料の調査

（イ）学校図書館・科学室・郷土参考室・創作室・音楽室・健康教育室をはじめ、教官室・應接室・教育研究所・会議室・給食室・作業員室・購買部・学校園・学級園・休育遊戯施設等、各室・各施設全体が利用・調査の対象となる。これらの諸施設は、学年始め既に完全なる運営が行われ、年間計画が完全に樹立されていなければならぬ。

（ロ）学級教室・学級文庫・学級園の経営は、学習の進行とともに拡充されてゆくわけであるが、教師は年間経営計画を確立しておかねばならぬ。

（ハ）用意すべき資料。
①学校校舎平面図
②学校概覧・学校要覧
③「私の本箱」（藏書目録）用紙
④学級日記・読書帳・観察記録・楽しい学校ポスター等の参考児童作品
⑤幻燈用フイルム＝春の科学（自然観察の手引）（F・F・D）芽立（F・F・D）虫をたずねて（小さいファーブル）（F・F・D）昆虫の生活（理研）土のめぐみ（ヒカリ）

2、着手計画

（イ）三年生になった心持を話し合ったり、文に書いたりする。

（ロ）学校規律・清整美化・各種研究施設利用のポスターの展示。学級かべ新聞の展示。

（ハ）三年生になってしたいことの調査＝学校や教官に対する希望調査。
（ニ）学校自治会・委員総会・委員会の傍聴。
（ホ）学校の施設、働く人の調査。

五、予想される学習活動

1、導入と問題の設定

（イ）三年生になった心持を話し合う。
（ロ）二年生の生活の反省と、三年生になってしたいこと、氣をつけて行きたいことを話し合う。
（ハ）学級の生活・学校の生活をしてゆく上に不便なこと、改善しなくてはならないことを話し合う。

このような活動を通して、学校生活の全分野に目をつけ、自主的で自治的な楽しい学校生活をおこなうにはどうすればよいかを考え、次のような問題を設定する。

①うれしい三年生
楽しい学校にするために、学習法を考え学級経営に参加し、学校の施設の利用の仕方や、学校の歴史を調べる。

②自治会
学級の自治を、どのようにしたらよいか。学校の自治はどのようにおこなわれているかを知り、学級の自治的な運営をしてゆく。

③学校図書館と学級文庫
学校図書館をどのように利用したらよいか。学級文庫をどのように整備したらよいか。

④学級園
学級園の経営をどのようにするか。

継続観察をして、植物と日光・肥料・水分などの関係を調べる。

研究組織は副単元毎に必要により、興味により、分團編成する。

2、研究と作業

うれしい三年生

（新しい教室）（凡そ二五時）

（イ）三年生になった心持や覚悟を作文する。作文を鑑賞し、三年生としてどのように過すかを考える。

（ロ）楽しい学校にするためには、どのようにすればよいか話し合い、実践する。

①教室の整備・備品の移動・配置をする。

②学習の仕方を話し合う。

計画をしっかりたてること。

話し合いの仕方をどうするか。

調査研究はどのようにしたらよいか。

分團学習はどうしたらよいか。

共同作業はどうしたらよいか。

家庭学習・自由研究はどうしたらよいか。

③学級代表・班長・副班長を選挙する。

班別をする。各係や日直を決定し、その仕事の計画をたてる。

④清整美化する。

清整の班別を決定し、清整の仕方を話し合う。

⑤各係の仕事の計画を立て、発表して話し合う。（各係分團全員）

• 教室に花をかざったり、窓の開閉に氣をつけ実践する。（整美係・厚生係）

• 学級新聞を編集する。（学藝係・班長）

学級新聞の編集の仕方、発行の分担を決定する。

• 学級文庫のきまりをつくる。（図書係）

• 温度表・季節だよりをつくる。（科学室係）

• そのほか生活係・郷土室係・創作室係・放送係の計画を立てる。（各係）

⑥学級日記をつける。形式を決める。

• 形式の整った学級日記を読む。

• 自由形式の学級日記を読む。（國語読本）

（ハ）学校しらべをする。

①学校の施設をしらべる。

②学校に働く人の仕事をしらべる。

③各施設の見取図や、働く人の絵をかく。

④学校の平面図をかく。（共同作業）

⑤学校の歴史をしらべる。

⑥昔の学校のようすをしらべ、今の学校と比較する。（分團・自由研究）

⑦よその学校や、町の教育施設をしらべる。

（ニ）学校しらべの報告書を書き、各施設の利用の仕方や、働く人に対してどうすればよいかを話し合う。

（ホ）新しい教室、おそうじの絵をかく。

自　治　会

（凡そ一四時間）

（イ）自治会を開いて、四月のはじめからの生活の反省をする。

①議長・副議長・記録係のきめ方。　②議題の決定。

③議事の進め方、発言の仕方。　④学級の自治はどのようにおこなわれたかを主題にして話し合う。

（ロ）学校自治会・委員総会・各委員会を傍聴して会の進め方や話し方を知る。

（ハ）再び自治会を開く。

みんなで協力して楽しい学校にするには、どうすればよいかを主題にして話し合う。

①傍聴した自治会・委員会と、前に開いた学級自治会とを比較して、どのようにすればよい自治会となるかを話し合う。

②下校のきまりや遊びのきまり、学校備品や施設の利用の仕方について話し合う。

③下級生や上級生に対してどうすればよいか話し合う。

④他の学校のお友達に対してはどうかを話し合う。

（ニ）「なかよしこよし」の歌をうたい、この曲に合わせて作詞する。

（ホ）入学した一年生の数を町別に調べ、一年生の登下校の世話をする。

（ヘ）他の学校のお友達と通信する。

①手紙のよい書き方を話し合う。

・いろいろの手紙を読む。（文・国三上・五）

②数枚を選んで手紙を書く。（分国）

③ふうとうをつくる。

学校図書館と学級文庫　（凡そ九時間）

（イ）学校図書館に行って本を読んだり、利用しているようすを見学する。

（ロ）働いている先生や図書委員の仕事を知る。

（ハ）学校図書館の本の排列の仕方を知る。

（ニ）学校図書館の本の利用の仕方を話し合い実践する。

①学校図書館のきまりを調べる。

②本の出し方・借り方（図書閲覧用紙の記入）・かえし方（用紙に特に感想を書くこと）・ページのめくり方、その他本の扱い方を正しくする。

（ホ）読書帖をつくる。

①書名・著者名・発行所・読んだ月日・どの本を読んだか、は必らず書く。

②できれば感想を書く。さらにできれば本のあらすじや、ぬき書きをする。

（ヘ）感想を発表し、よい本を進め合う。

（ト）学級文庫の整理や利用の仕方を話し合う。

学級文庫に欲しい本を話し合う。

（チ）蔵書調べをする。（家庭作業）

「私の本箱」用紙を配布し家庭で記入し、綴じて学級文庫に備え、利用の便宜を得る。

①蔵書数を絵グラフにかく。

②図書を分類してみる。それを絵グラフに書く。

学　級　園　（凡そ五時間）

（イ）二年生の時の学級園の仕事や、季節便り・天気しらべのことを話し合う。

（ロ）二年生の時よりも充実したものにしてゆく。

①温度しらべを加える。　②図や表に表わす。

③温度の変化と、植物の生長・人の活動との関係をしらべてゆく。

（ヘ）春のたねまきをする。

①まく種の選定、　②学級園の手入れと種まき。

③今後の世話の話し合い＝（施水・施肥・除草）。　④観察記録をつくる。

3、 **總括及び仕上げ**

（イ）学習展示会と発表会をひらく。

本単元の学習における報告書・絵画・図表等、作品の展示をする。

発表会は父兄や学校で働く人たちを招待して開く。

（ロ）発表会について、発表の方法について討議し、学習法について話し合う。

（ハ）研究の成果を学級新聞にのせる。（課外）

六、評　　價（略）

目標の理解・態度・能力別に査証する。

1、学習活動としての評價。2、学習の結果の評價。

3、学習前の状況を明らかにしておく。評價を明確にするためである。

第二節　私たちの生活

一、單元二　私たちの生活（五月第三週より六月第三週まで凡そ七〇時間）

二、單元設定の理由

1、 **兒童の要求と興味から**

（イ）低学年においては、きもの・家など生活環境に対して相当大きな関心を示してはいたのであるが、三年生になると、生活の問題を社会的環境の中に関連的に眺めようとする傾向を持ってくる。

人的・物的の環境のいずれもが、最早他と切離して単独には存在しないことに氣づき、社会的な関連のもとに探ろうとする意欲が盛んとなってくる。

（ロ）衝動的な欲求の域から脱して、自主的にかつ積極的に問題を捉えて、生活改善への欲求を強く示してくる。

（ハ）社会生活のはじめはいつか。衣服や住居のはじめはどんなであったか等、歴史的な考察をはじめると共に、物の生成・始源、特に大昔の生活に対しての関心が、高まっている。

（ニ）行動的であり、好奇心が強くなり、知識を求めようとする傾向が強くなっている。生活全般に対して探求を廣めようとする。また、風土の異なる地方や外國の生活と比較したいという欲求を持つ。

2、 **社会的要求**

困難な事情のもとにあって、社会の衣食住、自然資源の保護・利用・生産、家庭生活の改善に関する要求は強い。

（イ）資源と生活との関係を理解させたい。

（ロ）生産から入手までの過程と、そこにたずさわる人々の労苦を知らせたい。

（ハ）生産に対する努力と工夫とを知らせたい。

（ニ）物に感謝し、物を大切にさせたい。物の浪費を防ぎたい。

（ホ）生活の合理化・生活の改善に関する要求も強く、生活の実態を兒童に調査させ、身近なところから兒童の協力を要望している。

（ヘ）健康で明かるい家庭にするための理解と協力を望んでいる。

3、 **單元の内容**

（イ）動植物はどのように人間に役に立っているか。

（ロ）水や土地はどのように利用されているか。

（ハ）食物や衣料その他の品物はどのように生産されるか。

（ニ）食物や衣料その他の品物はどのようにして手に入れるか。

（ホ）物を使うにはどんなことに氣をつけたらよいか。

（ヘ）食物や衣料その他の品物はどのようにして運ばれてくるか。

（ト）家の中を美しくするにはどうすればよいか。

（チ）食物の腐敗を防ぐにはどうすればよいか。

（リ）かかり易い病氣の予防法はどうすればよいか。

（ヌ）どうしたらよいからだになるか。

（ル）私達の町で生産されるものにどんなものがあるか。

4、既有経験との関連

廣く既習の全単元・全経験に関連を持つ。一・二年の「私のうち」では、主として家族の構成とか家族生活の調和などの点に触れたのであるが、本単元では発展的に家庭生活の合理化への関心を高め、生活と社会との関連を中心にして展開してゆく。

三、目　標

1、理　解

（イ）住居が生活上必要なことを理解する。

（ロ）住居が合理的あるいは不合理にできているところを知る。

（ハ）電氣の効用や使用法を知る。

（ニ）石炭の用途を理解する。

（ホ）家の材料や建て方を知る。

（ヘ）外國や風土の異なる地方の家のようすを知り、自然を利用し自然に適應しているようすを理解する。

（ト）食物の種類の多いことを知る。

（チ）動植物の利用を知り、動植物が人間にどのように役に立っているかを理解する。

（リ）主食配給について種類・量・方法・経路などについて知る。

（ヌ）主な食物が手にはいるまでの経路を知る。

（ル）食物の調理や貯藏法にはいろいろある。

（ヲ）弁当の腐敗を防ぐ方法を知る。

（ワ）食物からうつる傳染病の種類を知る。

（カ）食事について好嫌・食過・偏食をしない。

（ヨ）いろいろの衣料の恩恵を受けている。

（タ）衣料を提供してくれる動植物について理解する。

（レ）衣料の生産から入手までの経路を知る。

（ソ）衣料の保全法を知る。

（ツ）私たちは社会の恩恵を受けて生活していることを理解する。

2、態　度

（イ）生活を合理化しようとする態度。

（ロ）自分の部屋や身のまわりのものを改善しようとする態度。

（ハ）生活の中に課題を発見する態度。

（ニ）配給を受け、配給に協力する態度。

（ホ）食物の生産や分配について感謝する態度。

（ヘ）食物を適量に偏食しない態度。

（ト）衣料を大切にし感謝する態度。

（チ）歴史的に考察する態度。

（リ）科学的に究明処理する態度。

（ヌ）社会の人や物に対し感謝する態度。

3、能　力

（イ）言語技能

- 研究をまとめて発表する。他人の研究を聞いて内容がわかる。
- 研究報告書を書く。
- 文を読解する。

（ロ）重さの測定ができる。

（ハ）道具の使用、家事の処理。

- 家庭の道具を正しく使う。
- 家庭生活を合理化するため身近なことを実践する。

（ニ）事態反應力。

- 危險から身を守る能力。
- 家庭生活を楽しくするための協調。

（ホ）問題解決の技能。

- 合理的にものを考える能力。

- 分類し処理する能力。・継続飼育・観察能力。
- 問題解決の計画をたてる力。
- 参考書を使い歴史的に考察する能力。

（ヘ）美術製作
- 間取図を書く。・形を正しく写生する。
- 立体的な表現能力。（紙工・粘土）

四、開始計画

1、利用する施設・資料の調査

（イ）施　設

郷土参考室・健康教育室・科学室・学校図書館。

（ロ）資　料

- 目で見る社会科（毎日新聞社編）＝すまいの文化・世界の家日本の家（すまいの歴史）・私たちの祖先（考古学の話）・電氣の世界・川と人生
- 科学グラフ＝（家の話・電氣の話・石炭の話・私たちの家畜）
- 今の家昔の家（藤島亥治郎）家はどのようにしてできるか（文部省）家庭生活（龍山京）世界の住居（滝香宰雄）
- 電氣の研究（我家の爸）（松田栄）　子供の電氣（青芝進二）石炭を生む山（大宮昇）鉄と石油（川崎喜一）樹木と私たち（江山正美）木のお話（安藤運）地中の宝（渡辺芳太郎）水と生活（黒瀬孝六郎）火と人間（滝香宰雄）　火の話（飯島俊一）児童工業物語（原田三夫）
- 私たちの食物（萩原文二）稲と米の話（原島重彦）穀物の話（永井威三郎）水産ものがたり（新野弘）　小さな水産科学者（寺尾新）僕の農園研究（毛利亮太郎）農業物語（福島要一）やさしい肥の科学（生田信保）身体と食物（児文・正木不如丘）子供生理衛生物語（小金・石川寅吉）児童の生理学（桑野久任）
- 私たちの生活史（衣服篇）（後藤守一）○きもの（石田龍次郎）

- 幻燈フイルム＝住居のうつりかわり（コニグラフ）坑内見学（理研）はたらく石炭（ヒカリ）貝塚物語（理研）　新しい日本の歴史（毎日）僕の電氣実験（コニグラフ）傳染病（毎日）赤助の一生（理研）回虫（毎日）蚕の科学（理研）　歯を磨きましょう（コニグラフ）時の科学（コニグラフ）
- 展示物＝各地各國の家　大昔の家　送電経路　石炭の用途（石炭の木表）食物栄養表　間取図参考品

（ハ）地域社会の利用し得る施設や資料。

①各児童の家庭の調査　②児童近隣の家庭

③学校近隣の農家　④建てかけの家

⑤多摩川温室村・梨桃園

2、着手計画

（イ）学校の便・不便（合・不合理）の点を整理して家庭調査の伏線とする。

（ロ）機械化・合理化された外國の学校及び家庭の写眞、大昔の人々の生活を表現した絵画の展示。

（ハ）木材の伐採から入手まで、捕鯨から入手までの経路を説明した絵図の展示。

（ニ）ロビンソン・クルーソーの物語。

（ホ）「大むかしの人々」まえがきの読解。

無人島に流された想定のもとに、その場合の行動の話し合い。現在の生活と比較。

（ヘ）「住居のうつりかわり」幻燈を見る。

五、予想される学習活動

1、導　入　（凡そ二時間）

着手計画における種々の展示物や物語・想定を話し合い、学校生活において世話になっている人や施設、便・不便を話し合っているうちに、家庭生活についても便・不便、世話になっている人々を調べるように導入してゆく。

2、**問題の限定と研究組織**（凡そ二時）

①便・不便の話し合いからお家しらべをすることを決定し、世話になっている人々からすまい・食物・衣服の三部門（副單元）の研究を決定する。

三副單元において研究・調査したい希望を調査し整理して、なお研究につれて更に研究したい事項を記入できるようにしておく。

②三副單元を研究グループに固定することなく、各副單元毎に、トピックについて必要に應じグループを編成することとする。

3、**研　究　と　作　業**

すまいと生活　（凡そ三五時間）

（イ）すまいは私たちの生活にとってどのように大切であるか話し合う。

（ロ）自分の家を調べる。

①家の間取図を書く。（方眼紙使用）

②生活するのに工合よくできているところや不便なところを調べる。

• 間取・家の向き（日当り・風通し）• 各部屋の構造 • 家の衛生設備 • 台所の設備

③使っている便利な道具や機械を調べる。

• 使用の目的や原理によって分類してみる。（分團）

• 家の電氣器具を調べて写生する。

• 電氣の効用や使用法を話し合う。

（ハ）電氣が発電されてから送られてくるまでを調べて図解する。（読書・幻燈・写眞）

①電氣の旅を表現した文を読む。

②電氣は何の力で発電されるか調べる。

• 川のうた（文・國三年上・一）を読む。

• 石炭の用途を調べる。

• 石炭（文・國三年上・四）を読み・紙芝居をつくる。

（ニ）いろいろな家を調べる。（分團）

①いろいろな家の形を写生する。

②大昔の人々の家を調べる。（読書・絵画・幻燈）

③外國の家や、氣候・風土の異なる地方の家を調べる。

④粘土でいろいろな家をつくる。

⑤比較して、使用の目的や自然に適應しているようすを知る。

（ホ）近所の農家を見学する。＝住宅と比較して改善した方がよい点を考える。

（ヘ）家の建て方や材料を調べる。

①建てかけの家を見学する。

②家の建て方を図解する。

③家の材料を調べて分類する。

（ト）自分の勉强室を理想的に設計し、パノラマをつくる。＝自分の家の勉强室をできるだけよくするように工夫する。

食物と生活　（凡そ一五時間）

（イ）食物調べをする。

①主食・副食・調味料に分けてみる。

②主な營養素に分けてみる。
③食物として利用される動植物を調べる。
(ロ) 主食配給所を見学する。
①配給される主食の種類と配給量や重さを調べる。
②配給の方法を調べる。
③配給所に働く人々の仕事を知る。
④生産者から配給までの経路を調べ絵図をかく。
⑤主食配給を受ける時の注意や、主食をいただく心持を話し合う。
(ハ) いろいろな食物が手に入るまでの経路を調べる。(分園)
①生産地や生産の方法を聞いたり、本で調べる。
②多摩川梨桃園温室村を見学する。
③輸送の方法や入手までの経路を調べる。
④その間に働く人々の仕事のようすを知る。
(ニ) 食物の調理法や貯藏法を調べる。
①いろいろな調理法や貯藏法を調べる。
②大昔の人々の調理や貯藏法と比較し発明・発見のあとを知る。
③弁当が腐敗しない工夫をする。
(ホ) 食物と病氣について話し合う。
①食物からうつる傳染病。(幻燈・読書)
②食物の攝取量と食事時の注意。

③偏食の矯正。

衣服と生活　(凡そ一二時間)

(イ) 衣服・身につけるもの調べをする。
①からだ・頭・手足につけるもの、持つものに分ける。　②絵にかく。
(ロ) 衣服・身につけるもの(衣料)の材料をしらべる。
①衣料の材料になる動植物を調べる。　②衣料の標本をつくる。
③日本にある材料と、外國から買わなければならないものを知る。衣料の不足のわけを考える。
(ハ) かいこを飼う。幻燈を見る。
(ニ) まゆから生糸・織物にして入手されるまでの経路を調べ、絵図をかく。
その他のものについても調べる。(自由研究)
(ホ) 夏の着物について話し合う。
①夏の着物の衣料や、あつさや、色などについて考える。
②着物を清潔にしないと病氣になることを話し合う。
③着物を保全するために藥品を用いたり、虫干しをする。
(ヘ) 大昔の人々の衣服について本を読む。
着物のうつりかわりを調べ、なぜそのようになってきたかを考える。

4、**概括及び仕上げ**

(イ) 研究物や製作物を分類展示し、系統的に企画した発表会をもつ。
(ロ) 分園研究したものは研究の概要をプリントする。
(ハ) 代表参考作品を学級新聞にのせる。

六、評　價（略）

第三節　夏　の　生　活

一、單元三　夏の生活（六月第四週より七月まで、凡そ四六時間）

二、單元設定の理由

1、兒童の要求と興味から

（イ）この期の兒童は、主客の分化がやゝ明確になり、身体的な発達と相まつて、活動が活潑となつてくる。特に夏ともなれば解放的で、行動的な心意は外界に対して積極的に出ようとする。

（ロ）動植物に対する興味はまことに熾烈で、採集し飼育栽培したいという欲求が強い。

（ハ）動植物が自然環境の中にあつて、どのような生態・形態を持つて、自己防衛と保存のために自然に適應しているかということに興味を持つ。

（ニ）動物の発生について興味を持つ。

（ホ）身体的な発達が旺盛であつて競争心も強く、健康についての関心が強い。

（ヘ）兒童は楽しい夏休みを期待している。いろいろの計画をめぐらしている。

（ト）動的な海へのあこがれ・関心が強い。

2、社　会　の　要　求

（イ）行動圏の拡大に伴なつて兒童の危険・傷害が多くなつているので、危険防止の要求が強い。

（ロ）夏は食欲の衰える兒童が多くなり、夏やせが多い。傳染病の跳梁する時でもある。食物に対する注意や衛生施設の改善に手を盡くすことは一つの大きな課題である。

（ハ）兒童を持つ家庭においては、夏休みを迎えることは、大きな関心事である。家庭の雰囲氣の中に調和し、協力することを望んでいる。それにもまして規律正しい節度ある生活を設計し、実践することを望んでいる。

（ニ）夏の動植物採集は兒童にとつて大きな喜びである。無茶な捕獲にならないよう採集のもつ意義を知らしめ、害益虫、毒・藥草について知らせることは望ましいことである。

このような関心と欲求から、この單元が設定されたのである。

3、單　元　の　内　容

（イ）夏の自然について観察する。

（ロ）動植物の自己保存はどのようにされているか。

（ハ）郷土の人たちは年中行事をどのようにたのしんでいるか。

（ニ）どうしたらよいからだになるか。

（ホ）どうしたら危険から身をまもることができるか。

（ヘ）かかり易い病氣の予防法はどうすればよいか。

（ト）食物の腐敗を防ぐにはどうすればよいか。

（チ）水や土地はどのように利用されているか。

（リ）東京の通信網はどのように発達しているか。

（ヌ）東京の交通路や交通機関はどのように発達しているか。（夏休み中の活動による課題）

（ル）郷土の教育施設にはどんなものがあるか。

（ヲ）郷土の祝祭行事にはどんなものがあるか。

4、既有経験との関連

前単元が生活と社会との関連を主として展開したあとを受けて、間近に控えた夏休みの生活を描きながら、そして近く来る七夕を中心に夏の自然観察をするのである。一年「なつやすみ」・二年「たのしい夏」と発展的に学習されるわけであるが、夏休みの生活設計を充実したものとし、さらに海についての関心を高めてゆくのである。

自然観察については、単元一「私たちの学校」——学級園と密接な関連を持つ。

三、目標

1、理解

（イ）夏の動植物のありさまについて理解する。
- 春・夏の同じ種類のちょうのちがい。
- ちょうの変態の仕方。
- 種のちらし方。
- 動物の自己保存の方法。
- 春・夏草の名と、そのちがい。

（ロ）にじや・星・星座について理解する。
（ハ）月のみちかけについて理解する。
（ニ）健康と運動・休息・食物との関係を理解する。
（ホ）病気の予防法を理解する。
（ヘ）日課表や予定表をむりなくつくり、規律ある生活をする。
（ト）郵便や電信・電話の送信から受信までの経路を知る。
（チ）海の生物について理解する。
（リ）海水のようすを理解する。
（ヌ）海と人間生活との関係を知る。
（ル）海を利用する人々のはたらきを知る。

2、態度

（イ）自然に親しみ興味を持つ態度。
（ロ）観察・採集・飼育・栽培などを進んでおこなう態度。
（ハ）注意深く行動する態度。
（ニ）自然の恵みや美しさを尊ぶ態度。
（ホ）空と土の諸現象を関係的にみる態度。
（ヘ）生活を計画的に実行する態度。
（ト）規則正しい生活をする態度。
（チ）生活を反省的にみる態度。
（リ）病気を予防し健康なからだにしようとする態度。
（ヌ）海に親しみ注意深く行動する態度。
（ル）観察・採集・分類に興味を持つ態度。

3、能力

（イ）言語能力
- 観察飼育の研究をまとめて発表する。
- 研究発表を聞いて自分の研究と比較する。
- 目的に合った本を読み、読解し要約する。
- 相手に応じた手紙を書く。
- 作文・作詩をする能力。

（ロ）数量的処理
- 時刻や時間がわかる。
- 容積を測定する。

（ハ）家事の処理・事態反応能力
- 家庭生活を自律的・計画的にする。
- 家庭の手傳いができる。
- 危険を防止する能力。

（ニ）問題解決の技能
- 計画を立てて研究する能力。
- 継続観察・飼育栽培する能力。
- 関係的に考察する能力。
- 分類する能力。
- 合理的に処理する能力。
- 参考書を使用する能力。

（ホ）美術製作
- 精密写生
- 思想表現
- 立体表現

四、開始計画

1、利用する施設・資料の調査

（イ）施設

科学室（植物・動物・貝殻標本）・郷土参考室・健康教育室・学校図書館。

（ロ）資料（私たちの生活参照）
- 動物の話（トルストイ）　おもしろい動物の話（下泉重吉）お庭の動物研究（植村利夫）動物図鑑（高島春夫）四季の昆虫（古沢潔夫）たのしい昆虫採集（土方敏夫）日曜日の昆虫採集（木村小舟）自然のしくみ（服部静夫）
- お庭の植物研究（中路正義）植物園での研究（佐々木尚友）花草木（原田三夫）

- 星の世界（野尻抱影）日本の星十二ヵ月（野尻抱影）空と地面（花村郁雄）四季の星図（小田幸子）
- 海の科学（野満隆治）海の少年科学者（寺尾新）海の実驗室（寺尾新）
- 幻燈用フイルム、月の世界（ニッグラフ）太陽の話（ヒカリ）星座めぐり（理研）夏の星座（ニッグラフ）せみ（ニッグラフ）猫とひまわり（理研）水泳（毎日）手紙の旅（日精）

（ハ）地域社会の利用し得る施設や資料。

①夏の野・田畑の観察。②地域社会や各地の七夕行事。

③世田谷郵便局（本局）•電話局。④海。

2、着手計画

（イ）夏にしたいこと、調べたいことの調査。

（ロ）この頃の天氣や生活や動植物のようすなどを話し合う。

- つゆのこと。
- 温度やしつ氣や氣分。
- 動植物のこと。
- つゆあけと、夏休みの来ること。

（ハ）動植物標本・にじの絵・海の絵の展示。

（ニ）去年の夏休みの思い出――成功したことや失敗したことなど。

五、予想される学習活動

1、導　入

（イ）この頃の温度や季節便りの話し合い。

（ロ）六月末から七月にかけての行事を話し合い、七夕・つゆあけ・うらぼん・夏休みなどを知る。

（ハ）学級園のこのごろのようすを話し合う。

2、問題の限定と研究組織　（凡そ一時間）

季節便りや夏休みの昆虫・植物採集などを契機として夏の野に行くこととし、七夕まつりをして星や月の観察をすることを決定し、夏休みの生活設計をするよう問題を限定する。

全体学習が中心となるが、必要に應じて同じ作業のグループをつくる。

3、研　究　と　作　業

夏　の　野

（一〇時間）

（イ）夏の野に行って研究することの計画をたてる。

①夏の野に見られる生物について話し合う。　②夏の作物を調査する。

③観察・採集・飼育栽培するもの。　④標本のつくり方を調べたり聞いたりする。

（ロ）夏の野にゆく。

①動植物の観察をする。

- 生態・形態を観察する。　• どんな方法で自己のからだを護っているか。
- 種のちらし方を調べる。　• 莖草・葉草を調べて形態のちがいを知る。

②動植物を採集する。

③夏の田畑の作物を調査する。

④夏の自然や、夏の花を写生する。

（ハ）夏の野の整理をする。

①動物の精密写生をする。

②採集したものを分類し、標本を作る。

・保存の方法を考える。

③採集したものを飼育栽培し、日記をつける。

④夏の生きものの発表会を開く。

⑤夏休みには、多くの生きものを觀察・採集・飼育したり、標本を作ることを話し合う。

夏の天氣　（凡そ一三時間）

（イ）この頃の天氣について発表する。

①温度表・季節便りにあらわれた特徴。

②この頃の天氣や生活について氣がつくこと。

・つゆのこと。　・かびのこと。

③「雲と風」の歌をうたう。

（ロ）食物の腐敗を防いだり、衣服や食物のかびを防ぐには、どうしたらよいか調べる。

（ハ）七夕まつりをする。

①七夕の傳説を調べる。

②牽牛・織女星をみつける。こと座・わし座をみつける。　（家庭研究）

③いろいろな星や星座を觀察・記録したり、傳説を調べる。　（自由研究）

④七夕まつりをする。

・クレヨンや墨でたんざくを書く。　・七夕かざりをつくる。　・七夕の文や詩や絵を書く。

⑤町の人たちや他の地方の七夕行事を調べる。

⑥うらぼんをどのように送っているかを調べる。

（ニ）月のみちかけを觀察する。

①月の出の時刻やみちかけを経続觀察・記録する。　（家庭作業）

②月のみちかけの起るわけを考える。

（ホ）にじについて調べる。

①にじを觀察する。　②きり吹きでにじをつくってみる。

③太陽の光をプリズムで七色にわけてみる。　④にじのでき方を考える。

⑤にじの詩をつくる。

夏休み　（凡そ一七時間）

（イ）去年の夏休みの生活で樂しかったことや、失敗したことなどを話し合う。

（ロ）夏の健康について話し合う。

①規則正しい生活をすること。　②運動と休息。

③食物と健康。　④かかり易い病氣とその予防法。

（ハ）夏休みの計画をたてる。

①日課表をつくる。　②夏休みの予定表をつくる。

③夏休みに利用するいろいろの施設。

（ニ）夏の便りを書く。

①この頃の生活を知らせる手紙を書く。

②夏休みに、先生や友人に便りを書く。

③世田谷郵便局（本局）電話局を見学する。

・郵便局・電話局の機構や各係の仕事を調べる。　・手紙のみちを調べて絵巻物をかく。

・「私の旅(二)」(文・國三上・二)を読む。
④「ポスト」の歌をうたう。
(ホ)海について話し合う。
①海岸や海での注意を話し合う。
②海にいって観察することを話し合う。
・海水のみちひ　・波　・海水と岩や砂との関係。
・動物・海藻・貝がらなどの採集　・たろう(文・社・六)を読む
③海と人間生活との関係を調べる。
④海を利用している人々のはたらきを調べる。
⑤観察の報告書を書いたり、採集したものを分類する。

4、概括及び仕上げ　(凡そ三時間)

(イ)夏の野・夏の天氣と生活とについての報告書を展示、また採集した標本を展示する。
(ロ)夏休みの計画表の展示会と計画の発表会と討議會とを持つ。
(ハ)夏の生活の成果は、九月の学級発表会・展覧会・学校発表会に発表することを話す。

六、評　價　(略)

第四節　郷土の交通

一、單元四　郷土の交通　(九月第一週より一〇月第一週まで凡そ六〇時間)

二、單元設定の理由

1、兒童の要求と興味から

(イ)行動圏が拡大されて、地域社会から廣く東京都よりさらに近縣に及ぶ。知的欲求の强化は、教育・厚生慰安はじめ各種の社会的な施設を利用するために交通機関を利用することが多い。
(ロ)交際の意識の発達が著しい。行動領域の拡大と相まって交通機関への関心は高い。
(ハ)夏休みを送った兒童は、交通機関を利用して種々の地域に出たことであろう。各種の交通機関の長所や短所に触れ、利用上の注意や規則について考えたり、改善の方法などについても関心をもっているであろう。また特殊な地方の乘物に触れた兒童もあることであろう。

2、社会の要求

(イ)交通事故の多い社会の現状から、交通に対する注意や心構えは大切なことである。
(ロ)交通は社会を、そして國を、結び世界を結ぶくさりである。交通の進歩に伴って、世界は時間的に距離的に短縮されて來た。しかるに困難な種々の狀況から先進國に遅れること数等である。進歩のあとをたどり先人に感謝すると共に、進歩改善について次第に考えさせてゆきたい。
(ハ)社会調査の結果は交通の社会的意義・重要性、困難の打開、交通道徳の昂揚等、関心と要求とが頗る强い。

右のような観点から郷土の交通を單元として設定したわけである。

3、單元の内容

(イ)東京の交通路や交通機関は、どのように発達しているか。
(ロ)どうしたら危險から身を護ることができるか。
(ハ)私たちの町を安全に住みよくするためにどんな施設があるか。
(ニ)動物はどのように交通・運輸に役立っているか。

（ホ）食物や衣料、その他の品物はどのように運ばれてくるか。

（ヘ）交通機関にはどのようなものがあるか。大昔の交通はどのように行われたか。

4、既有経験との関連

長い夏休みを終えた児童は、休み中に交通機関を利用して各地各所に出向いている。この経験を直ちにとりあげて郷土の交通の現状や交通機関の利用法を考えてゆくのである。四年「東京の発達」・五年「交通と通信」へ連絡するもので、郷土（私たちの町）を中心にして児童の行動領域である東京・近県の一部に及ぶ。

三、目　標

1、理　解

（イ）方位や簡単な地図の記号を知る。

（ロ）道路はどのように利用されているかを理解する。

（ハ）駅員の仕事を理解する。

（ニ）交通機関が町の発達に大きな力を与えていることを理解する。

（ホ）道路通行規則を知る。

（ヘ）自転車乗用規則を知る。

（ト）交通機関が安全に運行するために工夫していることを知る。

（チ）交通機関を利用する時の注意を理解する。

（リ）いろいろな交通機関の種類を知る。

（ヌ）交通機関が自然に適応するように工夫されていることを知る。

（ル）自転車の全体の構造とはたらき、部分のはたらきを知る。

2、態　度

（イ）調査を正確におこなう態度。

（ロ）働く人に感謝し協力する態度。

（ハ）交通の規則を正しく守る態度。

（ニ）交通機関を利用し協力する正しい態度。

（ホ）科学的に観察処理する態度。

3、能　力

（イ）言語技術

- 面接して話を聞き話の要点をとらえる。
- 研究の結果をまとめて発表する能力。
- 文を読み内容を正確に読みとる。

（ロ）数の統計的な処理ができる。

（ハ）自転車の操作、運転がだんだんできるようになる。

（ニ）問題解決の技能

- 地図を読む初歩的な能力。
- 計画を立てて正確に調査し処理する能力。
- 関係的に合理的に考察する能力。
- いろいろな条件に分類する能力。

（ホ）事態反応力

- 危険を除き注意深く行動する能力。
- 交通機関を正しく利用する能力。

（ヘ）美術製作

- 地図・絵地図をかく。
- 見取図やスケッチを正しくかく。
- 模型を製作する。

四、開　始　計　画

1、利用する施設・資料の調査

（イ）施設

郷土参考室（地図・交通機関・模型）・科学室（自転車）・学校図書館

（ロ）資料

- 郷土地図　学校中心地形図　東京都交通図　関東地方　日本地図　・目で見る社会科　交通の発達（別技篤彦）
- 科学グラフ　電車の話　機関車の話　船の話　自動車の話　電気機関車　アメリカの航空機
- やさしい交通の話（日本交通公社編）交通と通信（三井高陽）機関車の旅（富塚清）汽車の話（山田三三男）汽車汽船（辻二郎）船（関谷健哉）自動車の理科研究（宇井芳雄）橋（成瀬勝武）ぼくらの交通（新城常三）
- 幻燈フイルム　橋物語（ニーグラフ）自転車（ニーグラフ）燈台（ニーグラフ）燈台を守る人（理研）昔の船と今の船（F・F・D）

（ハ）地域社会の利用し得る施設

㊤道路交通調査（三谷町・三軒茶屋）

②駅の調査（第一師範・中里・澁谷）　③東急本社　④交通文化博物館

2、着手計画

（イ）通学調査（ロ）夏休みに行ったところの調査。

（ハ）利用した交通機関の種類を話し合う。（ニ）交通機関を利用した時の体験を話し合う。

（ホ）学校中心地形図・世田谷目黒區地図・東京都交通図の展示。（ヘ）交通機関の絵画・写眞・模型の展示。

五、予想される学習活動

1、導入と問題限定・研究組織　（凡そ三時間）

夏休み中にいったところの話し合い、利用した交通機関の話し合いを、展示物を利用しながらしていくうちに交通調べをすることを決定し、個人の問題を出し合って分團の問題を決定し、分團毎に問題を発表し、全体で分類し問題を設定する。通学別による分團調査とし、問題によっては興味毎にグループを編成する。

2、研究と作業

交通しらべ　（凡そ二五時間）

（イ）クラスの通学地図をつくる。　（共同作業）

①郷土地図の中に、自分の家を記入する。　②区・町別に住居の統計をとる。

③利用している交通機関をしらべる。

（ロ）夏やすみに行ったところを絵地図にかく。

①東京都内でいったところを記入する。　（共同作業）

②東京都外でいったところを記入する。　③利用した交通機関をしらべる。　④「汽車」の歌をうたう。

（ハ）交通しらべをする。　（分團）

①交通しらべの計画をたてる。

• 道路の交通しらべ。

三谷町（環狀道路）
三軒茶屋（大山街道）
の比較。

• 駅のしらべ。　• 東横線・玉川線のしらべ。

②道路の交通しらべをする。　（分團）

• 主な道路の地図をかく。　（共同作業）

• 環狀道路と大山街道の二手にわかれ、きまった時間内に通る乗物や人数を上り下りにわけて調べる。

③駅の調べをする。

東横線第一師範駅・玉川線中里駅。

• 見学の許可を得る。　（代表）

• 駅のスケッチをする。

• 駅の見取図を書いて、駅の施設を記入する。

• 駅の仕事しらべをする。

駅長・出札係・乗客係・小荷物係・配車係などの活動を見、仕事を聞く。

• 本社の組織や仕事を聞く。

• 乗降客の数を聞く。

何時頃が一番多いか。　どこへ行くか。　切符の賣上狀況を聞く。

• 貨物調べをする。　あつかう荷物の数。

どんなものが輸送されるか。　ものの行先。

・電力はどこからどのようにして送られて來るか聞く。
・電車の通行を安全にするために、どのように苦心しているか調べる。
　シグナル・電鈴・信号・ふみきり。
・駅の模型をつくる。　（共同作業）
④東横線・玉川線の調べをする。（分團）
・両線の歴史を調べる。
・いつできたか。　どのようにしてつくられたか。　創設当初の苦心を聞く。
・両線創設以前の交通は、どのようにおこなわれていたか、町の古老の話しを聞く。
・学校建設頃（昭和十一年）のようすを聞いたり、空中写眞を見たりする。
・町の発達と両線との関係について聞いたり考えたりする。
・各駅の乗降客の数や、最も利用の多い時間などを調べる。　（通学班）
⑤郷土の交通図をかく。　（共同作業）
・道路の通じかた。　・電車・バスの系統。＝各駅の乗降客数を絵地図にかく。

交通の仕方　（凡そ二八時間）

（イ）交通のしかたを調べる。
①交通の規則を話し合う。
・右側通行。　・道路横断の方法。
②電車やバスなどに乗る時の注意を話し合う。
③自動車や自轉車などのスピード規則を聞く。
④自轉車乗用規則を知る。

⑤交通のしかたを表現した文を読む。
・私の旅（文・國三上・（二）一）　・ありがとう（同・三）・たろう（文・社）一・二を読む。
（ロ）交通の事故について調べる。
①事故発生件数と原因。
②交通巡査の仕事を調べる。
（ハ）どのようなものによって、交通をしているか調べる。　（分團）
①交通機関の種類を調べ、絵にかく。
・陸上の交通機関。
・水上（河川・海洋）の交通機関。
・港の模型を見る。六年生の話を聞く。船のいろいろをつくる（粘土）。「みなと」の歌を歌う。
・空中の交通機関。
②各種の交通機関の動力をしらべる。
・動力別に交通機関の絵をかく。
③各種の交通機関の発達の歴史を調べる。交通文化博物館を見学する。
④特殊な地方の交通や、外國のかわった交通のしかたを調べる。
⑤交通機関のなかった時代の交通のしかたを調べる。
⑥自動車の模型をつくる（紙工）。
（ニ）自轉車の構造を調べ、運轉する。
①自轉車に乗って走ってみる。　②自轉車の走るようすをみる。
③自轉車の精密写生をする。

④自轉車の構造を調べる。

•どんな部分からできているかを調べる。　•各部分のはたらきを調べる。

⑤自轉車の運轉をして、乗れるようにする。　⑥自轉車の掃除のしかたを知る。

⑦自轉車のをう歌たう。

3、**概括及び仕上げ**　(凡そ四時間)

(イ) 調査したいろいろののりものの模型を製作し、前に製作した駅の模型を合わせて交通機関の模型をつくる。

(共同作業)

(ロ) 実地研究に交通訓練を大小種々のグループで実施する。

(ハ) 通学の往復の交通のしかたについて反省の機会をしばしば設ける。

六、評　價　(略)

第五節　秋　の　学　校

一、單元五　秋の学校　(一〇月第二週より一一月第一週まで凡そ五八時間)

二、單元設定の理由

1、兒童の要求と興味から

(イ) 秋ともなれば心身の発達は目ざましく食慾はいよいよ旺盛で、運動能力も次第に発達し、運動とからだ、食物とからだについての関心が高い。運動会はいやが上にも兒童の行動を積極的にしてゆく。

(ロ) 秋は氣候がよく、秋の自然を観賞したい欲求をもつであろう。特に前單元で交通の学習を展開した後だけに、この欲求は盛んなるものがあろう。

(ハ) 秋はまた收穫のときであり、この方面の関心も高くなっているであろう、兒童調査の結果は生産に対する関心の高いのがこの学年の特徴である。そしてみずからも生産したいという情熱的な欲求を示している。

2、社　会　の　要　求

夏の暑氣に体力を消耗していた身体を恢復し、よいからだにする時期として、運動に、自然に、身体を鍛えたいという要望をもつ。また生産・分配・消費に対する社会の要求も多岐に渡っており。浪費の排除と生産意欲の向上とを図りたいと要求している。

3、單　元　の　内　容

(イ) かかり易い病氣の予防法はどうすればよいか。

(ロ) どうしたら、よいからだになれるか。

(ハ) どうしたら、危險から身を守ることができるか。

(ニ) 学校の施設をどう使ったらよいか。

(ホ) 動植物はどのように人間に役に立っているか。

(ヘ) 水や土地はどのように利用されているか。

(ト) 動植物はどのようにして飼育栽培すればよいか。

(チ) 食物や衣料その他の品物はどのようにして生産されるか。

(リ) 私達の町で生産されるものにどんなものがあるか。

(ヌ) 東京の交通路や交通機関はどのように発達しているか。

4、既有経験との関連

生命財産の保護保全、自然資源の保護利用、物の生産に関して既習単元と関連を持ち、前単元「郷土の交通」の学習のあとを受けてやや遠くの方に出かけて実践する。

一・二年の「たのしい秋の学校」・「たのしい秋」とは、発展的な関連を持つ。

三、目標

1、理解

（イ）かかり易い病気の種類、伝染病の媒介経路を知る。
（ロ）学校給食のあるわけを知る。
（ハ）献立の必要なわけを知る。
（ニ）偏食のいけないわけを知る。
（ホ）体力と体格・習慣の関係を知る。
（ヘ）運動の種目を知る。
（ト）農家の仕事のあらましを知る。
（チ）農耕用機械の種類と用途とを知る。
（リ）農耕に利用される動物を知る。
（ヌ）農家の副業の種類・動植物の利用を知る。
（ル）大昔の農耕を知り、現在と比較する。
（ヲ）秋に多く獲る物を知る。
（ワ）土地のようす、自然の変化について理解する。
（カ）植林の必要なことを知る。
（ヨ）川のでき方、川の水のはたらき、川の石や砂などについて理解する。
（タ）川や山の利用・保護について理解する。

2、態度

（イ）食物の好嫌・偏食をしない。
（ロ）食事の世話をしてくれる人に感謝する。
（ハ）運動を積極的に楽しむ。
（ニ）運動の規則を守って協調する。
（ホ）責任をもって行動する。
（ヘ）見学を立案し実行する。
（ト）交通規則を守り協力する。
（チ）労働に対して感謝する。
（リ）飼育栽培の世話を進んでする。
（ヌ）家庭菜園の世話を進んでする。
（ル）地球上の表面の変化に興味を持ち、自然の変化に対する関心を持つ。
（ヲ）自然の調和・美しさ・恵みを尊ぶ。
（ワ）環境に興味を持つ。
（カ）物事を深く究明し、すじ道の通った考え方をする。

3、能力

（イ）言語技術
- 見学・観察記録をまとめて発表する。
- 面接して話の要点をとらえる。
- 文を読解し、自分でも創作する。

（ロ）グラフを比較・考察・処理する能力。
（ハ）家庭菜園の手傳いを計画的にする。
（ニ）問題解決の技能。
- 採集・飼育栽培・分類記録の能力。
- 現象を関係的に考察する能力。
- 問題解決の計画を立て実行する。
- 分担した作業をなしとげる。

（ホ）危険から身を防ぎ、積極的によいからだにしようとする。
（ヘ）旋律・リズム・音程などが巧みにうたえる。
（ト）地図・精密写生・思想画・写生画をかく。

四、開始計画

1、利用する施設・資料の調査

（イ）施設

健康教育室・給食室・郷土参考室・科学園・学級園・学校図書館

（ロ）資料（「私たちの学校」・「私たちの生活」・「夏の生活」参照）

- 山の科学（見文・今井半次郎）益虫と害虫（植村利夫）私たちの鳥（内田清之助）渡り鳥（内田清之助）鳥の生活と巣箱（山階芳麿）
- 幻燈フイルム＝秋の科学（自然観察の手引）（F・F・D）土のめぐみ（ヒカリ）山の植物（F・F・D）木の実草の実（F・F・D）渡り鳥（理研）渡り鳥（コニグラフ）冬の渡り鳥（F・F・D）鳥の進化（F・F・D）野鳥の巣と卵（理研）

（ハ）地域社会の利用し得る施設・資料

①学校附近の農家。②大倉山及び附近の農家。③向ヶ丘遊園地・御嶽山。

2、着手計画

（イ）秋の学校行事について話し合う。　（ロ）体格測定・体力テストの結果を表示する。

（ハ）学校給食の献立・栄養表を展示する。　（ニ）秋の自然や風物を写した絵画写真の展示。

（ホ）幻燈「秋の科学を」見る。

五、予想される学習活動

1、導入と問題限定　（凡そ二時間）

展示したものの活用により、秋の学校行事を話し合っていくうちに、運動とからだ、農家のしごと、山と川、の三副単元を設定する。研究は全員学習が主となるが、問題によりグループを編成する。

2、研究と作業

運動とからだ　（凡そ二〇時間）

（イ）体格測定の結果を考察する。

①四月からの体格測定の結果をグラフに書く。　②四月からの変化を考察する。

③身長・体重・胸囲の増加のしかたを比較する。　④たろう（文・社）三、を読む。

（ロ）健康の要素を調べ、話し合う。

①病気しらべをする。

- 四月からの欠席統計をとる。
- かかったことのある病気を話し合う。
- 病気の種類を調べる。

かかりやすい病気とその原因。　伝染病の伝染経路。

②食物とからだの関係を調べる。

- 食物の栄養を調べる。
- 九月からの学校給食の献立を調べ、その好嫌を調べ、偏食と健康の関係とを考える。
- 最近一週間の家庭の献立を調べ、母親の苦心に感謝する。
- 偏食を矯正する。

③運動とからだとの関係を調べる。

- 体力検査をおこなう。　・一学期の体力検査と比較する。
- 体力と体格、体力と運動の習慣との関係について考える。　・運動と疲労との関係を調べる。

（ハ）運動会。

①運動会の出演種目を、先生と相談して決定する。　②運動会の出演種目を理解する。

③団体運動と個人運動とにおける態度について話し合う。　④運動会当日の役割を決定する。

⑤運動会の絵をかく。

農家のしごと　（凡そ一八時間）

（イ）農家の見学をする。

①見学の計画をたてる。　②乗物についての注意を話し合う。

③沿線の秋の自然・人の働きを見る。　④稲の収納作業を見学する。

⑤お百姓さんの話を聞き、種まきから収納までのしごとを知る。

⑥農耕用の機械を調べる。　（分團）

- どんなものがあるか。　・なにに使うか。　・農耕用機械の絵をかく。　・「村の水車」の歌をうたう。

⑦農耕用の動物を調べる。

- どんなものを、どんなふうに使っているか。

⑧農家の副業を調べる。

・副業にはどんなものがあるか。　・動植物を、どのように利用しているか。　・農産加工品の製造過程を調べる。

（ロ）見学の記録をつくる。　（分團）

①秋の自然についての作文を書く。

②農耕用機械・動物・副業について絵にかいたり、報告書を作る。

③「稲の一生」の紙芝居をつくる。

④農家の一日、農家の一年の、絵巻物をかく。

（ハ）大昔の農業のようすを参考書で調べ、現在の農耕法と比較する。

（ニ）秋の種まきをする。

①春の種まき、栽培のしかたを反省する。　②観察記録・飼育栽培日記を整理して、花時計・花ごよみをつくる。

③秋の種まきをする。　④家庭菜園の仕事を、家の人と話し合ってする。

山と川

（凡そ一五時間）

（イ）山と川との見学にゆく計画をたてる。

①山や川についての経験を話し合う。

②仕事の順序と方法を話し合う。

・山にいって調べることを話し合う。　・準備するものを話し合う。

・山や川で観察・採集・蒐集するものを決定し、その整理の計画をたてる。

③見学地までの地図をかく。

（ロ）山と川との見学をする。

①山や川のできかたについて考える。　②山の写景図を書く。

③「山の歌」をうたって元氣よく山に登る。　④山の観察をする。

・岩石・砂・土・粘土。　・地層。　・動植物の生育のようす。　・泉。　・植林のようすと、そのはたらき。

⑤川の観察をする。

・川水の流れ方。　・川水の作用

⑥石・砂・動植物を採集・蒐集して分類する。

⑦川の保護はどのようにおこなわれているか。

（ハ）山や川を利用・保護している人の活動を調べる。

・「きのことり」の歌をうたう。

（ニ）山と川との見学をまとめる。

①山と川についての感想文や絵をかく。　②観察したことの報告書をつくる。

③採集・蒐集したものを分類・飼育・栽培する。

・毒草・薬草・食用野草。　・山の石・川の石。　・植物・動物の標本。　・学校園に植えて栽培する。

3、総括及び仕上げ　（凡そ三時間）

（イ）体力検査・体格測定・運動会の結果を表示する。　（分團）

（ロ）農家の仕事・山と川との展示会・画表会を開く。発表の一部を世話になった農家に送る。

六、評　價（略）

第六節　郷土の慰安

一、單元六　郷土の慰安（一一月第二週より一二月第二週まで凡そ七二時）

二、單元設定の理由

1、児童の要求と興味から

（イ）児童の社会意識の発達を見ると、一・二年に余り見られなかつた厚生慰安に対する関心が向いていて、子供会とか遊びの工夫、仲よく遊びたいといつたような対人的な関係を強調して来ている。

（ロ）道具の使用に関する知的欲求は強く、やがてこれらを日常生活や遊びの中に利用したいという欲求を示している。科学的な遊戯を楽しもうという傾向をもつている。

（ハ）動物の飼育利用、動物園に対する関心がつよい。

（ニ）社会意識の発達、生活領域の拡大、交際の意識、レクリエーションに対するきざし、環境の美化に対する関心、等からこの單元をとりあげた。

2、社会的要求

（イ）行動的・冒險的な傾向にある児童の行動圏の拡大に伴う遊び、危險からの防護、遊びの善導に対する社会の要求は強い。

（ロ）厚生慰安施設の充実・完備に対する社会的要求は非常に強く、荒廃と営利主義に禍された各種の施設改善に対する要望となつている。この間にあつて施設のよき利用・選択は子を持つ社会人の重大な関心事である。

（ハ）社会的傳承行事が一方に因習を、一方に麗わしい傳統をもつて傳承されて来たのであるが、よき傳承を維持しようとする要求がある。

3、單元の内容

（イ）町の慰安施設にはどんなものがあるか。

（ロ）動植物はどのように人間に役に立つているか。

（ハ）郷土の人達は年中行事をどのように楽しんでいるか。

（ニ）郷土の祝祭行事にはどんなものがあるか。

（ホ）公園はどのように利用したらよいか。

（ヘ）動物はどのように飼育すればよいか。

（ト）よい遊びとはどんなものか。

（チ）東京の交通路や交通機関はどのように発達しているか。

4、既有経験との関連

一年の「こうえん」・「たのしいあそび」・「たのしい秋の学校」二年の「たのしい遊び」と関連を持つ。三年では動植物の利用・飼育、交通機関の利用で前單元と関連がある。

三、目標

1、理解

（イ）町の慰安施設にはいろいろなものがある。

（ロ）都市生活と公園との関係がわかる。

（ハ）公共物の利用の仕方がわかる。

（ニ）公園にはいろいろな施設がある。

（ホ）池のでき方がわかる。

（ヘ）地下鉄はなぜつくられたかわかる。

（ト）動物を分類することができる。

（チ）動物の飼い方・飼料・食べ方がわかる。

（リ）動物の四季の変化や、自己保存の仕方がわかる。

（ヌ）動物が人間に役立つていることがわかる。

（ル）大昔の人々の狩猟の有様がわかる。

（ヲ）よい遊び、悪い遊びの判断ができる。

（ワ）國民の祝日の行事がわかる。

（カ）年中行事のおくり方がわかる。

（ヨ）磁石の性質、保存の仕方、つくり方がわかる。

2、態　度

（イ）公共物を利用する態度。

（ロ）楽しく仲よく清潔にして遊ぶ態度。

（ハ）動物を愛護する態度。

（ニ）よい遊びをし、悪い遊びをしない。

（ホ）よい遊びを進んで工夫する態度。

（ヘ）スポーツを楽しみ協調する態度。

（ト）図書館を静かに利用する態度。

（チ）科学的に考え、すじ道をきわめ出す態度。

（リ）科学的な現象についての興味・観察・研究の態度。

3、能　力

（イ）言語技術

- まとめてすじ道の通った話ができる。
- 人の話をよく注意し持続して聞ける。
- よく意味をとらえて読める。
- かべ新聞の編集が分担してできる。
- 劇化の能力。

（ロ）数量的処理

- 絵グラフが書ける。

- いろいろな数あそびができる。

（ハ）道具の使用

- 道具を利用して遊び道具ができる。
- 磁石の扱い方。工夫して磁石遊びができる。

（ニ）問題解決の技能

- 訪問の計画立案、問題解決の計画ができる。
- 参考書が使える。
- 動物の四季の変化と生態との関連的な見方ができる。
- 性質を究め、すじ道の通った考え方をする能力。

（ホ）事態反應力

- 安全に施設が利用できる。
- 協調して遊ぶことができる。
- 善悪の判断ができる。

（ヘ）音楽・旋律・リズム・音程等が巧みに楽しんでうたえる。

（ト）製作技能

- 思想画・精密写生・絵地図・地図の初歩的なものが書ける。
- 模型製作ができる。

四、開　始　計　画

1、利用する施設・資料の調査

（イ）施設

- 郷土参考室（地域社会資料・地図・公園模型）・科学室（動物標本、磁石・レンズ・その他光学材料）・創作室・学校図書館

（ロ）資料

- 動物園での研究（高島春雄）動物園（石川千代松）動物図絵（高島春雄）
- 遊びの理科研究（内藤卯三郎）おもちゃの理科研究（坂本孝）
- 科学あそび（栗山重）模型製作ＡＢＣ（子供の科学編）僕の工夫（富塚清）
- 楽しい物理学（村上正和）理科あそび絵本（入木秀次）我家歳年中行事（沼田頼輔）

（ハ）地域社会の利用し得る施設　　　碑文谷公園・上野公園・動物園

2、着　手　計　画

（イ）慰安施設利用の経験調査。（ロ）慰安施設を記入した郷土の絵地図展示。

（ハ）公園・動物園の地図　絵図・写眞の展示。（ニ）既習の役に立つ動物の研究展示。

（ホ）年中行事の調査研究。（ヘ）遊びの調査。

五、予想される学習活動

1、導入と問題の限定　　　（凡そ三時間）

（イ）町の慰安施設にはどのようなものがあるか。

（ロ）慰安施設を利用した経験を話し合う。

（ハ）行ってみたいところを話し合い、山や川は既に前単元で行った所であるし、映画館はよい映画のかかった時に行くこととし（ここで映画館の利用の仕方を話し合う）、公園・動物園に限定する。

（ニ）学校生活で楽しい生活をするにはどうすればよいか話し合い、問題として取上げる。

2、研究組織　（凡そ一時間）

全員学習を主とし、問題により必要に應じて分團編成をする。

3、研究と作業

公園　（凡そ二〇時間）

（イ）町の慰安施設にはどのようなものがあるか調べる。

①公園・遊園地・運動場・映画館・川・ハイキングコース。　②慰安施設を絵地図にかく。（共同作業）

③たろう（文・祉）五・はくぶつかん、を読む。

（ロ）公園について話し合い、公園しらべの計画をたてる。

①いったことのある公園を地図に書く。　②公園をどのように利用したかを発表する。

③公園があるわけについて考え、都市生活と公園との關係を知る。　④公園を利用する時の注意を話し合う。

⑤公園しらべの計画を話し合う。

（ハ）碑文谷公園にゆく。

①公園の施設を調べる。　②公園の地図を書く。

③公園の管理者に話を聞く。

・利用者と利用上の注意　・公園創立当時のようすや、その後のようす。　・公園の今後の整備計画。

④池のでき方について考える。

⑤公園で楽しく遊ぶ。

・仲よく安全に施設を利用する。　・清潔にする。

⑥公園の動植物を観察する。　⑦公園の絵をかく。

（ニ）上野公園にゆく。

①上野までの道すじを調べて地図を書く。

②地下鉄について調べる。

・いつごろできたか。　・どうして地下鉄をしいたか。　・どのようにしてつくったか。

③公園の施設を調べて地図をかく。

國立博物館・科学博物館・美術館・図書館・動物園・グラウンド・書道展場・都民文化会館・寛永寺・不忍池・自治会館・（音楽学校）・（学士院）。

④上野公園の模型をつくる。　（共同作業）

動物園　（凡そ一五時間）

（イ）動物園にいった経驗を話し合う。

（ロ）動物園見学の計画をたてる。

（上野公園の見学と同日に実施する。）

（ハ）動物園について調べる。　（分團）

①動物の種類。　②動物の形態・生態を調べ、写生する。　③飼い方の話しを聞く。　飼料と食べ方との研究をする。

④動物の四季の変化や自己保存について、調べたり聞いたりする。

⑤生態・形態・自己保存などの研究の報告書を書いたり、作文を書く。

⑥動物園の模型をつくる。　（共同作業）

紙工・粘土表現。

⑦「七つのこやぎ」の歌をうたう。

（ニ）動物は、どのように人間に役立っているかを調べる。　（分團）

・毛皮・衣料・食用・労役・運搬・保護・愛玩用

・利用のようすを絵図にかく。　（共同作業）

（ホ）動物の家畜化の歴史を調べる。　（自由研究）

（ヘ）大昔の人々の狩猟のありさまを調べる。

・狩猟のありさまを劇化する。　（分團）

よい遊び　（凡そ三〇時間）

（イ）あそびのいろいろについて調べる。　（分團）

①戸外・室内の遊び。　②一人でする遊びと大勢でする遊び。　③四季の遊びを調べる。

④よい遊び・悪い遊びについて話し合う　⑤遊びについての注意や工夫を話し合う。

（ロ）年中行事について調べる。　（分團）

①國民の祝日について調べ、その由來や、行事を知る。

②郷土の年中行事を調べ、そのおくり方を知る。

③年中行事の絵巻物をつくる。　（共同作業）

（ハ）お祭りについて調べる。　（分團）

①祭りのようすを絵にかく。　②祭りの由來を調べる。

③祭りの行事・服装・ごちそうなどを調べる。　④変った地方の祭りの話を聞く。

⑤外國の祭りについて調べる。

（ニ）よい遊びを計画しておこなう。

①なかよし会（おたのしみ会）を計画する。

②遊び道具を工夫して作る。

・冬の遊び道具。・のぞきめがねなど。・「ぼくの発見」（文・國三下・九・(一)）を読む。

③かずあそびをする。

・てんとりあそび。　・おはじき遊び。　・カード遊び。

④学級音楽会を開く。

・リズム遊び。　・舞踊。　・歌。　・器樂。　・レコード鑑賞。

⑤分團対抗球技をする。

・野球。　・ドッジボール。

⑥かべ新聞をつくる。　（分團）

・今までの学級新聞の反省をする。

・「かべ新聞」（文・國三下・六）を読む。

・たろう（文・社）四―（五）を読む。

・話の創作をする。

・紙芝居・劇・幻燈・シナリオの脚本をつくる。

・今までの種々の作品を集めて、かべ新聞の編集をよいものにする。

⑦学校図書館を利用する。

・図書館の物語を読み、劇に仕組んだり紙芝居にしたりする。

⑧磁石あそびをする。

・磁石あそびをいろいろ工夫してやる。

・磁石がひくものと、ひかないものとがあることを調べる。

・磁石をつくる。

4、概括及び仕上げ　（凡そ三時間）

（イ）模型・製作物の展示会を開く。

（ロ）いろいろの遊びの遊び方やその絵を書いた本をつくる。

（ハ）よい遊びの工夫の成果を学級新聞に発表する。学校新聞にも投稿する。

六、評　価（略）

第七節　冬の生活

一、単元七　冬の生活（十二月第三週より一月第一週まで凡そ六七時間）

二、単元設定の理由

1、児童の要求と興味から

（イ）前単元郷土の慰安において年中行事を取り上げて調査研究した後であり、冬の遊び用具をこしらえたり、正月の遊びを話し合った直後であり、クリスマスも正月も間近に迫って来て児童の興味と関心はここに集っている。

（ロ）寒気もいよいよ深くなり、燃料に対する関心や火災に対する関心が高まって来ている。

（ハ）動植物に対する関心は強く、姿を変えた植物やいなくなった動物は、寒い冬中どうしているだろうかと疑問を持つ。また冬の楽しみの一つとして雪を待っている。

2、社会の要求

（イ）社会的な傳承行事としていかなる家庭においても、正月は行事の多い、そして親戚・知己との接触の多い時であり、家庭親睦の時であり、また一年の総決算と新しい年の出発で家庭は忙しくもあり、児童に対してよりよい態度・礼法と勤労とを望んでいる。

（ロ）不足・不自由な生活の中に、炊爨（すいさん）に暖房になくてはならない燃料に対する感謝と節約の要求は強いものがある。

（ハ）火災は一時にして家具家財を失い貴重なる人命をもうばい去る。防火思想と火災時におけるよき判断と行動とは、切実に望まれている。

以上のような興味と欲求の上に、冬の生活を単元として設定した。

3、単元の内容

スコープ一・生命財産の保護保全より、スコープ五・物の運輸に至る殆んどすべての課題と、家の中を美しくするにはどうすればよいかを含む。その他家庭生活上の課題を含む。

4、既有経験との関連

正月に関連した単元、物の生産・運輸・分配、自然観察を含む前単元と関連する。

三、理　解

1、理　解

（イ）としの市のようすがわかる。

（ロ）風俗習慣の由来がわかる。

（ハ）正月のよい遊びを工夫する。

（ニ）礼法・面接・接待の仕方。

（ホ）気温と人の活動・生活の変化がわかる。

（ヘ）燃料の種類にはいろいろある。

（ト）燃料のつくり方や運ばれ方のあらまし。

（チ）火気取扱いの注意がわかる。

（リ）消防署のはたらきがわかる。

（ヌ）熱による物の質や状態の変化について理解する。

（ル）生物の越冬のようすを知る。

（ヲ）季節のようすと生物の状態の関係を知る。

2、態　度

（イ）年賀状を心をこめて書く。

（ロ）遊びを工夫する態度。
（ハ）大掃除や家の手傳いを進んでやる。
（ニ）礼儀正しく、ことばも態度もよくする。
（ホ）内・外國の國旗を大切にする。
（ヘ）継続観察と記録ができる。
（ト）計画的に行動し究明するまで続ける態度。
（チ）科学的にこまかに観察し処理する態度。
（リ）環境に興味を持つ態度。

3　能　　力

（イ）言語技術
- すじ道の通った話がまとめてできる。
- 人の話や発表をよく聞く。
- 文・詩・かくごが書ける。
- よく意味をとらえて読める。

（ロ）数量的処理
- 月ごよみが正しく書ける。
- ガスメーターが読める。

（ハ）道具の使用
- 火器を注意し節約して使える。

（ニ）家事の処理
- 家の掃除・かざりなどの手傳いができる。

（ホ）問題解決の技能
- 科学的に継続的に観察する。
- 測定・採集・記録する能力。
- 関係的に考察しまとめて結論を出す能力。
- 参考書を使ったり人の話を聞く。

（ヘ）事態反應力
- 生活を計画的にすることができる。
- あいさつや礼法を正しくする。
- 遊びを工夫することができる。
- 火災を予防し、火氣を注意し、燃料を節約する。
- 危険から身を守ることができる。

（ト）音楽
- 発音技術・旋律・リズム・音程が正しい。
- 簡単な音譜がわかる。

（チ）美術製作
- 目的にあったものができる。（ポスター・年賀状）
- 思想画がかける。

四、開　始　計　画

1、利用する施設・資料の調査

（イ）施設

郷土参考室・学校図書館・科学室・健康教育室。

（ロ）資料

火と空氣（川崎喜一）火の話（飯島俊一）火と人間（北野道彦）我家数年中行事（沼田頼輔）

幻燈用フイルム＝お行儀（コニグラフ）明かるい電燈（コニグラフ）電氣（毎日）雪の結晶（理研）

（ハ）地域社会の利用し得る施設・資料

①第一師範駅・三軒茶屋マーケット　②（教会）　③ガス会社　④世田谷消防署　④防火ポスター

2、着　手　計　画

（イ）十二月－一月の家庭行事・年中行事を調べる。
（ロ）年賀状・クリスマスカード・防火ポスターの展示。
（ハ）温度表・季節便りの考察と継続。
（ニ）種々な火器の絵画の展示。

五、予想される学習活動

1、導　　入　　　（凡そ二時間）

（イ）この頃の行事や自然について話し合う。
　　温度表や季節便りを見て話し合う。
（ロ）十二月から一月・二月の家庭行事・年中行事を調べる。冬の私たちの生活や自然をまとめて、冬の生活として学習してゆくことにする。

2、問題の限定と研究組織　　　（凡そ二時間）

十二月から一月・二月にかけての行事を調べてゆくうちに、防火週間・年越し・お正月・節分・立春など出てくるであろう。

そこで副單元としてお正月、冬の自然を、さらに防火週間をきっかけとして冬の火氣取扱いから燃料と生活を副單元に加える。

學習活動の主なものは話し合いのうちに出て來るであろうが、その全貌は到底児童たちにとってはつかめないであろうから、副單元毎に話し合いの上決定することとし、研究組織もその折決定してゆく。

副單元の學習期間は僅ぼ決定する。

3、研究と作業

お正月　（凡そ二五時間）

（イ）としの市を調べる。

①町のようすを調べる。　②店のようすを調べる。　③としの市のようすを絵にかく。

④ふだんと変っているところを調べる。　・賣っているもの。　・それはなにに使うものか。

・かざり・正月の遊び用具（たこ・羽子板など）。・みかんなどの生産地や由來などを調べる。

⑤防火ポスターを書く（防火週間・町のポスター）。

（ロ）お正月を迎える。

①年賀状を書く。絵を入れた美しいものを書く。

②お正月の遊びを工夫する。

・「たこ」（文・國三下・十）の文を讀む。・たこを作る。

・「たこあげ」・「お正月」の歌をうたう。

・いろはがるたをつくる。　（共同作業）

・お正月にする室内・戸外遊戯を話し合う。

③礼・あいさつ・客の接待はどのようにしたらよいか話し合う。

④お正月のかざりをする。

・かざりの由來を考える。　・古老の話を聞き、正月の行事やかざりの傳承的な社会的風習を知る。

⑤大掃除をする。　⑥冬休みの計画をたてる。

（ハ）クリスマス

①クリスマスはどういう日か調べる。　②教会での行事を聞く。

③外國のクリスマス行事や子供の生活の話を聞く。

（ニ）樂しかったお正月

①お正月の町のようす・お正月の遊びの絵をかく。

②お正月にしたこと、行ったところなどの文や詩を書く。

③年頭のかくごを作文する。　④一年間の月ごよみをつくる。　（分團）

燃料と生活　（凡そ二五時間）

（イ）温度調べをする。

①氣温がどんなふうに変化してきたかを温度表によって考察する。

②氣温の変化にともなって、人の活動がどんなに変って來たかを季節便りによってまとめる。

③温度の一日の変化を細かに觀察して、夏の温度と比較する。

（ロ）燃料しらべをする。

①家庭で使っている燃料の種類をしらべる。

石炭・ガス・電氣・炭・まき・れん炭など。

②炭やまきについて調べる。

・炭やきの方法を調べる。

・炭やまきがどこでつくられ、どのようにして運ばれてくるか調べる。

③ガス会社を見学する。

・石炭ガスの製法を知る。　・家庭に送られる方法を聞く。

・使用法や使用上の注意を知る。　・ガスのメーターを読む。

④燃料の発達を調べる。

・大昔の人々はどのようにして火を使ったかを調べる。

・人間はどのようにしていろいろの燃料を使うようになったかを調べ、紙芝居につくる。　（共同作業）

（ハ）燃料のじょうずな使い方を知る。

①こんろと湯わかしの実験をする。

・炭火のじょうずなおこし方を工夫する。

・こんろの戸のあけぐあいを調節する。

②ガス・電熱器・まき・れん炭などのじょうずな使い方を調べ、話し合う。　（分團）

（ニ）火災の予防をする。

①火氣使用上の注意を話し合う。

②消防署を見学して、消防署の仕事と消防隊の活動のようすを知る。

③火災の原因や損害について調べる。

（ホ）冬の衛生について話し合う。
- ①冬の衣服とその衛生。
- ②身体の清潔。
- ③うがいの励行と摩擦。
- ④温度の調節と換氣。

冬の自然　（凡そ一二時間）

（イ）温度の変化にともなって、植物の生長がどんなに変化してきたかをまとめる。

（ロ）節分・立春について話し合う。

（ハ）動物の冬越しのようすを調べる。

①冬眠するもの。　②生態をかえるもの。

（ニ）昆虫を採集し、飼育する。

（ホ）冬の木を観察する。

①落葉するものとしないものの表をつくる。　②なぜ落葉するかを考える。

（ヘ）冬の芽を観察する。

①冬の芽の保護されているようすを調べ、保護の仕方を分類する。　②冬の芽を継続観察する。

（ト）雪についてしらべる。

①雪の観察をする。　②雪あそびをして、雪あそびの絵をかく。

③だれの力（文・國三下・七）を読む。　④幻燈「雪の結晶」を見る。

4、概括及び仕上げ　（凡そ一時間）

（イ）年頭のかくご、正月の作文を集めて文集をつくって廻覧する。

（ロ）研究物・製作物はまとめて学年末に展示することとする。

（ハ）春からつづけて来た温度表・季節便りをだんだんまとめてゆく。

六、評価　（略）

第八節　私たちの町

一、単元八　私たちの町（二月第一週より三月第一週まで凡そ四六時間）

二、単元設定の理由

1、児童の要求と興味から

（イ）郷土地域社会を中心にして学習を展開して来た本学年の最後を迎えるについて、今まで調査研究して来たものを綜合して有機的に私たちの町を眺めることは望ましい。

（ロ）社会意識の拡大に伴なって漠然とした社会意識が明確となり具体的となって、すべてのスコープに関心がゆきわたるようになり、社会を積極的に見つめるようになって来ている。

（ハ）情意的な欲求として、社会を改善・進歩させたいという傾向をもつようになり、社会で一人前になりたいという意欲が強く示されて来る。

2、社会の要求

社会を改善し国土を荒廃から復興させたいという要求は切なるものがある。国土復興の単位は郷土社会にある。郷土社会に対する意識を明確にし、その実態をつかんで行動することを望んでいる。

3、単元の内容

本単元はスコープの全分野にわたり、課題全体を綜合的に含んでいる。特に社会を統制し社会の進歩改善を図る施設機関を中心とし、東京都並びに近県との関連において地域社会を見ようとするものである。

4、既有経験との関連

既有のすべての経験を綜合するものであるから既習単元のすべてに関連し、全スコープに関連をもっている。

三、目標

1、理解

（イ）学校の近所や世田谷区役所附近の施設がわかる。

（ロ）種々の施設と生活との関係がわかる。

（ハ）施設の立地條件が考えられる。

（ニ）家や学校の位置がわかる。

（ホ）世田谷が東京のどの部分に位置しているかがわかる。

（ヘ）世田谷の中心は区役所附近である。

（ト）区役所と生活との関係がわかる。

（チ）吏員の仕事のあらましがわかる。

（リ）区の現況が大体わかる。

（ヌ）町の生活と東京都の関係が大体わかる。

（ル）いなかの生活と東京の生活とのつながりがわかる。

2、態度

（イ）すじ道を立てて研究する態度。

（ロ）わからないことを理解できるまで調査研究し話し合う態度。

（ハ）熱心に根氣強く調査し、作業する態度。

（ニ）働く人々に感謝し協力する態度。

（ホ）協調して研究を分担し、責任を果す態度。

（ヘ）礼儀正しく面接する態度。

（ト）公共施設を正しく使い、他人に迷惑をかけない。

（チ）共同作品を分担して美的に正確に仕上げる態度。
（リ）生活と社会施設とを関係的に考察する態度。
3、能　力
（イ）言語技術
・まとめて他人にわかるようすじ道を立てて話し、途中でつまずかない。
・他人の話や発表を正しく聞きとる。
・報告書をわかり易く書く。
（ロ）数量的処理
・区勢の概要がわかる。・方位がわかる。
（ハ）道具の使用
・模型製作が正しく美しくできる。
（ニ）家事の処理
・いろいろな家庭の手傳いが正しくできる。
（ホ）問題解決の技能
・問題解決のための計画、調査の計画がよくできる。
・資料を蒐集し整理する。
・社会施設を明確に調査できる。
（ヘ）事態反應力
・共同研究・作業が正確にできる。
・家庭生活を協調してできる。
・社会的な行動ができる。
（ト）美術製作
・建物や施設を正しくかける。
・模型製作を全体の調子を考えてつくれる。
・地図や景観図の初歩的なものがかける。

四、開始計画

1、利用する施設・資料

（イ）郷土参考室（地図・社会施設資料）・学校図書館・創作室。
（ロ）資料。
・日本地理大系　日本地理風俗大系（大東京篇）世田谷区誌　目黒町誌　豊多摩郡誌　郷土の文学的資料（荏原部教育会編）東京市政・東京都勢概要　社会調査資料
・幻燈フイルム＝婦人警察官（理研）
（ハ）地域社会の利用し得る施設・資料。

世田谷区役所・税務所・電話局・郵便局・消防署・警察署・公会堂・出張事務所、その他調査・研究をしていない学校の近所の施設。

2、着手計画

（イ）入学以来実地見学した場所を話し合う。
（ロ）郷土の交通で製作した地図・夏休みに行った所の絵地図、その他各単元で学習した研究報告・製作物を展示する。
（ハ）屋上から展眺していろいろの施設を確認する。
（ニ）生活で世話になり関連のある社会の施設や機関を分類してみる。

五、予想される学習活動

1、導　入　（凡そ二時間）

イ、一年間、さらに入学以来実地見学した場所について話し合う。
ロ、生活で世話になり、関連のある社会の施設や機関を分類する。

2、問題の限定と研究組織　（凡そ二時間）

学習の総括として私たちの町を学習し、町の模型をつくることとする。作業の順序は学校の近所・世田谷の中心とし、さらに東京都との関連を考察して東京の生活の三副単元を設定し、研究組織は通学別の分團編成を主とすることとする。

3、研　究　と　作　業

学校の近所　（凡そ一〇時間）

（イ）入学以来実地見学した場所について話し合い、郷土地図に彩色する。（機能別）（分團）
①地図の方位や記号について理解する。　②景観図の初歩を理解する。

（ロ）屋上から町を展眺し、主な建物をたしかめ、地図に彩色する。地形の大略を知る。

（ハ）各自の下車駅や町を中心として、主な建物や施設を調べる。

①施設の種類とその仕事の大要を調べる。　②主な施設の建物のスケッチをする。

（ニ）種々の施設を分類し、そのはたらきをまとめ、各々の関係や、私たちの生活との関係を確認する。

①生命・財産を保護・保全する施設。　②自然資源を保護・利用するための施設。

③物の生産施設（農場・工場）。　④商店街・マーケット・デパートと住宅街の分布。

⑤交通や通信の施設、主要道路の分布。　⑥厚生・慰安の施設。

⑦宗教・教育教養に関する施設。　⑧政治統制の施設。

これらの施設を、地図上に発見したり、記入する。

世田谷の中心　（凡そ一五時間）

（イ）世田谷区における学校の位置をたしかめ、目黒区との関係を考え、学校の位置を知る。

（ロ）東京都における世田谷の位置を知る。

（ハ）世田谷の中心は、世田谷区役所附近であることを知り、見学の計画を立て実施する。

①四年生に世田谷見学の報告や、世田谷の歴史について話を聞く。

②世田谷区役所を見学する。

- 区役所の機構を調べ、生活とのつながりを考えたり、話を聞く。
- 区役所の吏員の仕事（各課の仕事）を聞く。
- 都庁と区役所との関係を聞く。
- 区の現在のようす（人口・戸数・世帯数・職業・復興計画など）を聞いたり、区の発展の歴史を聞いたりする。

③区役所附近の種々の施設を調べる　（分団）

税務所・電話局・郵便局（消防署）警・察署・公会堂。

- 各施設の機能を調べ、スケッチする。

（ニ）郷土の模型をつくる。

学校の近所・世田谷の中心で調べたことを中心にして私たちの町の模型をつくる。

①分担研究した地域や施設の主な建物を作る。　②郷土地図を拡大し、道路や鉄道を書く。

③土地の利用を彩色する。　④製作した建物を配置する。

4、総括及び仕上げ

東京の生活　（凡そ一七時間）

（イ）私たちの生活を中心にした展覧会・発表会を開く。

①製作した郷土の模型を中心にして、三学年一カ年間に学習した報告書や製作物を関係的に展覧する。

②分担をきめて、各種の施設の機能と生活との関係をまとめて発表し話し合う。

（ロ）町の生活と東京都の生活との関係を話し合う。

①出張事務所と区役所と都庁。　②配給所と営團本部。

③店と卸賣市場。　④町の生産品と都の工場生産品。

⑤特定郵便局と世田谷郵便局と中央郵便局。　⑥交通の系統（電車・バス・道路）。

⑦学校や慰安施設。

その他すべて東京都と深いつながりをもっていることを理解する。

（ハ）町の生活といなかの生活との関係を話し合う。

①いなかの生活を知る。

- 農家のしごと、その他の研究物、休み中などの自由研究で、いなかの生活を表現したものを展示する。

・いなかにいったことのある者の経験を聞いたり、書物によって調べる。

②私たちの生活と、いなかの生活との違いを考える。

③私たちの生活が、どのようにいなかに頼っているかを調べる。　（分団）

・衣生活について。　・食生活について。　・住居について。

六、評　価（略）

第七章　第三学年の基礎学習の指導

第一節　基礎学習の内容

基礎学習とは基礎的な知識を理解し、基礎的な技能を練習によって技術化し機械化する学習であって、次のような必要によってなされる。

1、経験学習で習得が予想される基礎的な知識や技能。

（イ）経験学習前にあらかじめ理解し練習しておく方がよいもの。

（ロ）経験学習の展開から必要にせまられて習得するもの。

2、経験学習には直接しばしば表われてはこないが、生活上必要と思われる基礎的な知識や技能。

したがって基礎学習の内容には言語・数量・音楽・造形・図書館、その他の五部門となる。

図書館その他というのは、学習活動展開に際して特に技術的な指導を要する施設の利用のほか、経験学習の単元に盛られないような継続観察のようなものが含まれる。

第二節　基礎学習の指導

基礎学習は理解と練習とによって技術化し能力化する学習であるから、当然興味を中心にしてその方向に分けるという方法よりは、能力別グループ編成によって学習されることが多くなるであろう。

大凡そ次のような段階によって進められる。

1、問題把握の段階。

2、研究理解の段階。

3、練習体得の段階。

4、應用発展の段階。

5、整理評價の段階。

次に基礎学習の年次計画表を掲げる。

利用を便にするため題材を掲げた。表中（　）は経験学習と関連を持つものである。なお週別のできるものは、できるだけ開始の時期を該当箇所に書くことによって示した。

健康教育は、経験学習と密接な関連をもって指導されることが望ましいことであるし、また当然であるが、習慣形成にまで指導するためには反覆指導すべきであるので、基礎学習と共に示すこととした。

月	言語	数量	音楽	造形	図書館その他	健康教育
四	・（三年生になった心持を作文し鑑賞する） ・（討議のしかたを工夫） ・（学級新聞を編集する） ・各班・各係の活動を中心にした編集（学級日記）・日記 ・学級日記の形式内容を話し合う ・形式の整った学級日記を読む ・形式ばらない学級日記を読む「文・國三上・十」 ・よい形式を決定して学級日記を書く ・自分の生活記録をつづっていく （手紙の書き方） ・手紙の書き方 ・手紙の効用 ・他の学校と通信する「文・國三上・五心と心」	・時刻・時間・人数「登校」 ・時刻・時間・人数等を綜合的に指導する ・五分単位で時刻や時間を表わす ・1日＝24時　1時＝60分 ・地区別一年生の人数「新しい教室」 ・地区別人数の比較 ・左右上下前後間等の観念（教室・座席） 計算練習 ・二位数と基数の加減（繰上り・下りあり） かけ算の導入「たねまき」 ・かけ算の意味理解 ・倍・かけるの意味 ・×のよみ方 二の段・五の段の九九 ・二の段の導入と九九の練習 ・五の段の導入と九九の練習	歌唱「さくら」 ・きれいな発声 ・音程 創作 ・豊かな感情の啓培 歌唱「春の小川」 ・ハ調の読譜 鑑賞「春の小川」 ・音楽を聞く態度 ・よい歌い方をきく （歌唱）「なかよしこよし」 ・リズムを正しくとる ・曲に合う詩を作る 器楽「春の小川」 ・旋律楽器（木琴・ハーモニカ）を練習する	（学校） ・施設の見取図・平面図 ・働く人々のようす（写） ・新しい教室（思） ・おそうじのえ（思） ○形態・色彩・明暗・陰影の正確な表現 ○写生による表現 ○クレヨンの重色 ○見取図・平面図の書き方 （ふうとうつくり） ○展開図の見方 ○簡単な製図	（施設の使い方） ・学校図書館・科学室・郷土参考室・健康教育室・創作室の目的を知り利用の仕方を考える ・よい学級文庫にしよう ・学校図書館の見学 ・学級の図書係の仕事 学級図書館の本の紹介 学級文庫の貸出 よい本を選ぶ ・学級文庫の利用 本をていねいに扱う きまった日にかえす ・よい本を選び相談して学校文庫に備える	○姿勢 ・いろいろな場合の姿勢 ・特に腰掛・机の姿勢 ○身体の清潔 ・手足の清潔 ・顔の清潔 ・うがいの習慣 ○身体の測定 ・測定結果を記録する ○鬼遊び・拳鬼 ○リレー ・回旋リレー ・なわとびリレー ○ボール遊び ・円形ドッジボール ・対列フットボール ○リズム遊び ・ギャロップ遊び ・まりつき

月	五
言語	詩「まどをあけると」 ・いろいろな詩を読む ・詩情を味わう ・韻律の美しさを味わう ・いろいろな詩の詩境や詩情を比較する ・詩を創作する ・詩を呼びかけに書く （栽培日記を書く） （擬人的表現の詩） ・擬人的な表現のおもしろさを味わう ・川の利用のしかた ・擬人的表現による作文を書く「川のうた」 （幻燈台本形式）「石炭」 ・幻燈・紙芝居の台本つくり 場面のとり方・編集技術
数量	（問題解決） ・二・五の段の九々を要する事実問題 ・円のまわりがさしわたしの約三倍ということを実測で知る ・三の段の九々の導入 三の段・六の段の九々 ・三の段の九々の理解と練習 ・六の段の九々の理解と練習 （問題解決） ・三・六の段の九々を要する事実問題 四の段・八の段の九々 ・四の段・八の段の九々の理解と練習
音楽	（器樂）「なかよしこよし」 ・二拍子の拍子感を確実にやる 歌唱「古机」 ・音程 ・ハ調の視唱 樂典 ・八分音譜 ・八分休譜 歌唱「ひばり」 ・発音を明瞭にする 鑑賞「ひらいたひらいた」 歌唱「サイレン」
造形	○図の見方 ・図を見て作り方を考える ・作る順序がわかる ○製図して役に立つものを作る ・作るものの製図を正確にする ・役に立つものを作る （いろいろな家の形） ・郷土のいろいろな家の形を写生する ・外國や異風土の家をかく。粘土でつくる。 ・家の建て方の説明図 （パノラマ） ・自分の勉強室を理想的に設計した設計図をかく ・設計図によってパノラマをつくる （中厚紙の使い方）
図書館その他	学校図書館と学級文庫 ・見学と利用 図書館の機能調べ 図書館のきまり ・本の出し方・借り方・かえし方・本の扱い方 上手に本を読もう ・読書生活の反省 ・読書調べ ・読書ノートのつけ方 発芽の実験 ・用具の扱い方 放送のきき方 ・静かに聞く ・話の内容をつかむ ・記録を必要とするものは要点を書く ・音量の調節をする
健康教育	○歯の衛生 ・環境衛生 ・清整整美をきちんとする ・汚さないよう、汚したらすぐに清整する ・ほこりを立てない ・風のある時の窓の開閉 ・廊下・庭・道路をいつもきれいにするよう氣をつける ○手つなぎ鬼 ○リレー ・置換・回旋リレー ○ボール遊び ・送球競争 ・ドッジボール ○リズム遊び ・ギャロップ・音遊び ○器械遊び ・棒登り ・跳び上り・下り

月	六
言語	・創作演出 話しことばの修練 ・石炭の利用のしかた （電氣の旅の文を読む） 参考書の読み方 長文の物語 ・長文を読解する ・外國童話のおもしろさを味わい理解を深める ・構想のおもしろさを読みとる ・子どもしばい・紙しばいの脚本につくり演出する ・性格を表わす話し方「金のさかな」 思索的な文 ・思索的な読みを深め神秘な世界について考える ・会話の訓練「あさがおの花」
数量	（問題解決） ・四・八の段の九々を要する事実問題 （重さ）「主食の配給」 ・kg単位による重さの理解 ・kg単位で実測する （時計の見方） ・時計をつくる ・時計の針をよむ。時刻や時間がわかる 角 ・時計の両針の間の角から直角を見出し、正しい直角の観念を得る ・三角定規の角の比較 ・三角定規の使い方 七の段・九の段の九々 ・七の段・九の段の九々の理解と練習
音楽	歌唱「おそうじ」 ・拍子感（四拍子） 器樂「おそうじ」 ・リズム譜に習熟する 樂典 ・附点四分音譜 ・附点四分休譜 歌唱「こぶとり」 鑑賞「ガボット」「オーボー」樂器の名称 歌唱「かねがなる」 ・二部輪唱の練習
造形	（絵図） ・主食について生産から配給までの経路を絵図にかく ・いろいろな食物の入手までの絵図をかく （衣服・身につけるもの） ・つける部分・季節材料などに分類して写生する ・衣料の標本をつくる ・生糸の生産から入手までの絵図をかく （夏の自然・夏の花の写生） （動物の精密写生をする） 模樣 ○夏の花・動物の便化模樣 ○帯の模樣
図書館その他	参考書を使う ・学習に必要な簡単な参考書を読む （住居・食物・衣服） ・資料を調べ集めて整理する ・研究報告書を書く 参考書の書名を書いておく かいこの飼育・継続観察 ・飼育の方法 ・桑の葉（飼料）の與え方 ・観察記録のつけ方 動植物標本のつくり方 ・植物標本のつくり方 ・動物標本のつくり方 ・分類の仕方 ・保存の仕方
健康教育	○静かに正しい姿勢でよくかんで食べる ○好嫌・偏食・過食をしない ○食器をきれいに洗う ○歯の清潔 ○衣服の衛生 ・着物を汚さない ・下着を時々かえる ・しめった着物を着ない ・運動着・ねまきの着方 ・服裝をきちんとする ○夏の病氣の予防法 食物・食事・害虫 ○リレー ・置換・なわとびリレー ○ボール遊び ・フットベースボール ・対列フットボール ○リズム遊び ・らんさん遊び ○器械遊び ・脚かけ上り・棒登り

月	言語	数量	音楽	造形	図書館その他	健康教育
七	傳説を讀む ・（七夕の傳説を讀む） ・星の傳説を集める ・傳説を脚色して演出する ・（七夕まつりの文や詩をつくる） （学級日記と日記） ・学級日記の反省 ・要点をとらえて書く ・記録を正しく文字を美しく書く ・日記集をつくる 擬人風の表現 ・擬人風の表現のおもしろさ・文の構成 ・擬人文の作文 （夏の便り） ・生活報知の文	（問題解決） ・七の段・九の段を要する事実問題 容積［大きさくらべ］ ・1l＝10 dl ・l dlの単位でいろいろないれものの容積をはかる 計算練習・問題解決 ・加減交換法則を活用した便利な算法 ・乘法九々の練習 ・二位数と二位数の加減（一〇〇以下） ・乘法九々を應用した事実問題 絵グラフ ・絵グラフの読み方・書き方（点とり遊び）	（歌唱）［雲と風］ ・拍子感（三拍子） （器樂）［雲と風］ ・拍子の打ち方 ・拍子の强弱 （歌唱）［ぼんおどり］ ・三拍子の練習 （器樂）［ぼんおどり］ ・リズム樂器の奏法 （歌唱）［ポスト］	（七夕まつり） ・七夕のかざりをつくる クレヨン・すみで短册を書く いろいろなかざりを工夫してつくる ・七夕の絵をかく ○形集め 球・球の部分・長い球・平たい球・卵形に屬するものを集めて分類的に整理する ○粘土表現 夏の野菜・木の葉・貝 （絵巻物） ・手紙のみちを絵巻物にかく （海） ・海の自然・海の遊び ・採集物の精密写生	継続観察の処理 ・温度表・季節便りをまとめてつづける ・月・星・にじの観察をつづける ・空と天氣との関係を調べる ・かいこの観察 ・科学室の道具を正しく使い片附ける 上手に本を読もう ・数多くの本を読む ・上手な本の読み方 くわしくていねいに読む 要点をつかむ ・本を読んで物語りを作ったり、紙しばいや子供しばいにしくんだり、研究報告書を書く	○身体各部の清潔 ・手・足・顔の清潔 ・歯・眼・耳・鼻の衞生 ・うがいの習慣 ・入浴の習慣 ○休養・睡眠 ・早ね早起、適当に眠る ・ねまきの始末 ・休養時間をとること ・日射病に氣をつける ○夏休みの健康生活 ・きまりよい生活 ・運動と休養を適当にとる ○ボール遊び ・フットベースボール ・送球競争 ○リズム遊び ・ギャロップ遊び ○模擬遊び（機械） ○水遊び ・鬼ごっこ　・石拾い

月	言語	数量	音楽	造形	図書館その他	健康教育
九	人物を表現した物語 ・人物の心や性格を表す話しぶり ・対話の読みぶりや声の調子を表現する ・子供しばいや紙しばいを創作し演出する 演出効果を考える ・人物を表現した文を作る［りょうかんさん］ （交通の仕方） ［私の旅（一）］ ・対話と音だけの表現から情景を読みとる ・体験をまとめて話す ・カタカナと撥音 ［ありがとう］ ・会話の表現	・千までの数の数え方書き方 ・三位数以内で繰上り下りのない簡單な加減計算の練習 計算練習 ・三位数以内で繰上り下り一回以内の加減 ・簡單な累加累減計算 ・二位数と二位数の加減の特別な場合の便法 ・乘法九々の練習 （問題解決） ・乘法九々應用のやや複雑した事実問題 ・乘法と加減とを要する二段階の事実問題 ・簡單な二次元の表の見方 ・渦線への興味・実験	（歌唱）［汽車］ ・附点八分音譜の歌い方 （器樂）［汽車］ ・リズムを正しくとり各樂器の速度を整える 歌唱［村まつり］ ・擬音をきれいに歌う 鑑賞［樂興の時］ ・シューベルトのモーメントミュージカル （歌唱）［みなと］ ・ハ調の視唱 創作 ・一音―二音を埋める練習	夏休みの一日 ○思想表現　重色 （絵地図） ・夏休みにいったところを共同作業する ・方位・距離などを考えて正確にかく （交通しらべ） ・駅のスケッチ ・駅の見取図を書く ・駅の模型をつくる ・郷土の交通図を書く 道路・電車・バスの系統を正しく （交通機関） ・いろいろな乘物の絵をかく 走る所・動力別に分類してかく 特殊な地方の交通や外國のかわった交通のしかた ○粘土表現いろいろな乘物	文集をつくろう ・いろいろの文を集めて文集をつくる ・文集の意義について考える ・文集のとじ方を工夫する ・本のつくりのあらましを知る よい学級文庫にしよう ・休み中に読んだよい本を進め合う ・図書の集め方を工夫する ・文庫の整理をする	○姿勢 ・腰掛の姿勢 ・運動の姿勢 ・いろいろな作業の時の姿勢 ○傷害の防止 ・道路通行・乘物利用の注意 ・けがの場合の態度 ・運動と傷害 氣分をひきしめて運動する けがの場合の態度と簡單な処置 ・回旋・置換リレー ○リズム遊び ・ギャロップ・音遊び ○器械遊び ・跳び越し・前まわり ○物語り遊び ・汽車の旅

月	十
言語	・ことばの生きたはたらきを知る ・生活を反省する ・感謝の念を表現する文を作る 童話を読む ・長文の童話や一冊の本を読んで筋をつかむ ・順序だてて話す ・表情や身振を使って話す （秋の自然の叙景作文） （シナリオ）「かかし」 ・シナリオを読みその情景をつかみとる ・飛躍した表現をつづり合わせてすじ道をつかむ ・幻燈をシナリオに書いたり、見た映画の一部をシナリオに書く
数量	（問題解決） ・$x \times a=b$ の x を求め除法の準備をする ・乗法交換の法則 ・右の一段階の問題 長さを測る「はばとび」 ・長さを概測する ・尺その他で測定 除法の導入と理解 ・$a \times x=b$ の x を求め除法の準備をする ・右の一段階の問題 計算練習 ・百以内の二位数と二位数の加減 ・乗法九々の練習 ・$x \times a=b$ ・$a \times x=b$
音楽	（歌唱）「自轉車」 ・写譜練習 創作 ・一―二小節を埋める 練習 鑑賞「白鳥」 ・管楽器（フルート） ・サンサーンス 歌唱「のぎく」 ・きれいなやさしい発声 鑑賞「ハンガリヤ舞曲五」 （歌唱）「村の水車」 ・表現 ・拍子
造形	・自動車の模型をつくる 中厚紙の使い方 （運動会） 〇運動会のポスター 運動会の絵をかく 図案 △□◇を使って図案をかく （農家のしごと） ・農耕用機械の精密写生をする ・「稲の一生」の紙芝居をつくる ・（花ごよみ・花時計）
図書館その他	公共施設の利用 ・博物館見学の反省 ・公共施設の種類 ・公共施設の利用目的 図書館の利用 ・図書の選択をする ・図書の配列の仕方を知る ・本の出し方・かえし方を正しくする ・閲覧票の書き方 継続観察の整理
健康教育	〇病氣けがの予防 ・傳染病の予防 ・寄生虫の予防 〇学校給食と衛生 ・食物・食器の清潔 ・よくかんでなんでもたべる ・食後の休養 〇運動と衛生 ・運動しやすい服裝 ・運動したあとの身体と衣服の衛生 〇リレー ・置換・なわとびりレー 〇ボール遊び ・送球競争 ・ドッジボール 〇リズム遊び ・マウンテンマーチ 〇物語り遊び（運動会）

月	十一
言語	イソップ物語 ・物語りや劇のおもしろさを味わう ・教訓的なものをつかみとる ・ことばの表現のうまみをつかむ ・子供芝居に演出する 詩　「空のうた」 ・詩の表現のおもしろさを味わう ・詩情を高めて創作へ （大昔の狩猟のありさまを劇化する） （科学的な読みもの） ・科学的な態度を読みとる ・冬の遊び道具の工夫を作文する 「ぼくの発見・月と雲」
数量	方位と概測（遠足） ・磁石で方位をきめる ・いろいろの概測 歩幅・指・両手を開いた幅などによる 計算練習 ・三位数までの加減計算（繰上り下り一回） ・乗法九々によって $a \times x=b$、$x \times a=b$ を求める わり算 ・わり算の意味の理解 ・÷の読み方 ・わるの意味 ・乗法九々によって直ちに解答できる除法の練習
音楽	（歌唱）「山のうた」 ・三拍子の身体的表現 歌唱「きのことり」 創作 ・旋律・拍子を変える 練習 （歌唱）「七つのこやぎ」 鑑賞「ロンド・モーツァルト」 ・音楽物語モーツァルト （器楽）「七つのこやぎ」
造形	（山と川） ・見学地までの地図を書く ・山の写景図をかく ・見学のようすを表わした絵をかく （公園） ・慰安施設の絵地図 ・公園の平面図をかく ・公園での遊びの絵をかく ・公園の模型をつくる （動物園） 〇動物の鉛筆速写 ・動物園の模型つくり 紙で建物を作る 動物を粘土で作る ・役に立つ動物の絵 （年中行事の絵巻物） ・絵と文字の部分の構成を考えて年中行事の絵巻物をかく ・祭のようすをかく
図書館その他	図書館の利用 ・公共図書館がどこにあるか ・公共図書館の利用のし方 ・本を上手に読む 参考書を選ぶ ぬき書をする 感想を書く 物理的な材料の使用 ・目的に合うように材料を使う ・材料や道具の性質を考える ・材料を使って遊び道具をこしらえる
健康教育	〇傷害の防止 ・交通機関の利用 ・野や山での注意 〇うす着の訓練 ・なるべくうす着する ・無理無茶をしない 〇休養睡眠 ・よい姿勢でねる ・適当な睡眠をとる 夜ふかしをしない ・スポーツを楽しむ ・休息と作業のバランスをとる 〇手つなぎ鬼 〇リレー ・回旋・なわとびりレー 〇ボール遊び ・送球競争 ・ドッジボール 〇器械遊び ・横まわり・逆上り

月	言語	数量	音楽	造形	図書館その他	健康教育
十二	（かべ新聞）「かべ新聞」 ・学級新聞の反省 ・編集の方法・内容 ・詩の創作・作文詩 ・紙しばい・子供しばい・幻燈・シナリオ脚本の創作 ・発明・発見したこと ・一口話・なぞ・つづき話 ・研究調査の結果 ・まんが・さしえ ・いろいろと工夫してよい学級新聞をつくる （製作の苦心）「たこ」 ・製作の楽しみを味わう ・創造力と友情とを読みとる ・自分が製作したものの苦心を作文する	（問題解決） ・乗法九々を用いてできる除法の一段階の事実問題 ・等分除の場合 ・包含除の場合 計算練習 ・乗法九々を用いた乗法・除法の練習 ・三位数までの範囲で加減練習（繰上下一） ・二位数と基数の和が百をこえる場合の計算練習 ・百以上の数と基数との差が二位数となる場合の計算練習	歌唱「日のくれ」 ・写譜練習 （学級音楽会を開く） 鑑賞「小牧神の入場」「ユーモレスク」 （歌唱）「お正月」 ・八調の読譜練習 （歌唱）「たこあげ」 ・元気なリズム ・音楽の感じに対する理解	（かべ新聞の編集） 役に立つもの ○材料あつめ ○組みたてて力を考える ○文房具を工夫する （としの市のようす） ・としの市のようすをかく ・大勢の人のいるにぎやかな絵をかく （防火ポスター） ○構成を考える ○色彩の調和を考える （年賀状を書く） （たこをつくる） （いろはかるたをつくる）	かべ新聞の編集 ・編集の内容のきめ方 ・方法 ・新聞がどのようにして編集されるかの本を読む 上手に本を読もう ・読書ノートを見せ合って比較し読書生活を反省する ・冬休みの読書計画を立てる	（分団対抗競技） ・ルールを守って楽しくする ・準備運動をよくする ○皮膚の鍛錬 ・感冒と凍傷から守るために鍛錬を励行 ・毎日つづけて乾布または冷水摩擦をする ・入浴し身体を清潔にする ○子取り鬼 ○ボール遊び ・円形ドッジボール ・対列フットボール ○模倣遊び ・消防夫

月	言語	数量	音楽	造形	図書館その他	健康教育
一	（お正月） ・楽しかったお正月の作文・詩 ・年頭のかくごをかく 物語の脚色・物語創作 脚色「うさぎさん」 ・内容・話の筋をまとめ構成をつかむ ・物語りのおもしろさを味わう ・物語りを脚色演出する ・読みものに親しみ読みとったものを詩や文や劇に仕組んでみる ・物語の創作	（カレンダー） ・一ヵ年間のカレンダーをつくる ・各月の日数を知る ・一年は十二ヵ月であることを知る ・グラフの読み方・書き方 問題解決 ・乗法九々の事実問題 ・年齢に関する事実問題 ・乗法九々を用いてできる除法の事実問題 三位数に三位数を加えて和が千以下の場合の筆算の理解と練習（繰上り二回に及ぶ） 0+3；3+0ということから零の意味の理解	歌唱「太陽と北風」 ・歌詞の理解 （器楽）「お正月」 創作 ・旋律のリズムをかえる練習 歌唱「冬の夜」 附点音譜のリズム 鑑賞「管絃楽の楽器」「アンダンテとロンド」 ・楽器の音色 歌唱「夜中」 ・拍子 ・明瞭な発音	（お正月） ・お正月の町のようす ・お正月の遊びの絵 冬のけしき ○写生表現 （火の歴史） 火の歴史を絵巻物と紙芝居両方に表現し両者の構成のちがいを発見する 美しい色 ・色　無彩色十一段階 有彩色と無彩色の明度の比較当合 ・ごばんめもよう 二一三色を配合してもようをかく	よい学級文庫にしよう ・休み中に読んだ良書について話し合う ・学級文庫と学校図書館との関係 学級への貸出 文庫に備えたらよい本 文集をつくる 火器の扱い方 ・マッチのすり方 ・電燈の扱い方 ・電熱器の扱い方 ・ガスの扱い方 ・ランプの扱い方	○姿勢 ・正しい姿勢で話を聞いたり作業する ・寒さに負けないで元気のよい姿勢をとる ○冬の病気の予防 ・かぜの予防 ・うがいの励行 ・皮膚の鍛錬 ・厚着をしない ・運動の後の清潔 ・凍傷の予防 ○等鬼 ○リレー ・回旋リレー ・なわとびリレー ○リズム遊び ・まりつき遊び ・らんきん遊び

月	二
言語	疑問を推論する文 ・疑問を推論し追究してゆく態度を読みとる［だれの力・あさがお］ ・生命・成長・生理について考える ・疑問を解決した体験を作文する （雪あそびの作文） 詩集をつくる ・いろいろないい詩をあつめて詩集をつくる ・自分たちの学級詩集をつくる 劇の脚本 ・劇の脚本のおもしろさを味わう ・長文を読解する ・古典的なおもしろさを味わう
数量	三位数から三位数を減ずる場合の筆算の理解と練習（繰上り二回迄）3−0，5−0 ということから零の意味の理解 （買物ごっこ） ・値段を調べたり買ったものの値段を計算したりする ・つり銭の勘定をする ・2円15銭を2.15円と書いたりして小数の準備をする ・日本の貨幣を調べる（両がえ遊び） ・買物や両がえに関し加減乗除を主とする事実問題の解決 計算れんしゅう ・千までの範囲で三位数と三位数との加減の筆算練習（繰上り下り二回）
音楽	歌唱［赤い小馬車］ 創作 ・自作の歌詞に旋律をつける 鑑賞［管絃樂の樂器］ 歌唱［さかなやさん］ 器樂［さかなやさん］ 歌唱［とこや］ ・写譜練習 ・発音
造形	（雪あそび） 思想表現 （景観図） ・見学した場所 ・屋上から展望できるところ （私たちの町） ・いろいろな施設のスケッチをする ・建物の模型をつくる ・地図を拡大して建物やいろいろの記号彩色をして郷土の模型をつくる
図書館その他	私たちの町の図書館 ・図書館の見学 働く人々 利用者と利用のようす ・学校図書館と比較し学校図書館の利用について考える
健康教育	○衣食住の衛生 ・冬の着物の着方と清潔 ・食器を清潔に保つ ・空氣の温度とよごれによって換氣する ・ほこりをよくぬぐう 清掃にはマスクを用いてやる ・水を使ったらよく手をぬぐう。乾かない手を火にあぶらない ○手つなぎ鬼 ○リレー ・なわとびリレー ・回旋リレー ○リズム遊び ・音遊び・まりつき ○模擬遊び（なわとび）

月	三
言語	・脚本を演出する 演出の効果をいろいろ考える 舞台効果 音樂・擬音効果 ・けい語を修練する ことば ・ことば集めをする ・文字を分類する ・ひらがな・かたかなの五十音図 ・ことばを五十音にわける ・発音の仕方［ぼくの発見（二）］
数量	問題解決 ・乘法九々を用いて直ちに解答できる乗除の一段階の事実問題の解決 ・加法・減法による一段階及び二段階の事実問題の解決 棒グラフの読み方・書き方 ・一ヵ年の研究の統計的なまとめ ・学習日数 ・出席者・欠席者 ・継続観察のまとめ
音楽	歌唱［私はおんがくか］ ・リズム ・樂典十六分音譜 器樂［私はおんがくか］ ・リズム譜になれる 歌唱［春をさがしにいきましょう］ ・拍子（八分の六） 鑑賞［管絃樂の樂器］ 歌唱［春が來た］ ・リズム ・身体的表現
造形	人形と人形の道具 材料・廃品を使って使る ひなまつり ・思想表現 アルバムと表紙 材料をえらんで作る ・作品の整理と鑑賞 ・よい作品を鑑賞する ・作品を整理して形をそろえ表紙をつくる ・美術作品を鑑賞する
図書館その他	継続観察のまとめ ・四季の温度の変化をまとめる ・四季と動物や人間の活動との関係をまとめる 文集をつくろう ・編集の仕方 ・目次のあらわし方 内容のあらわし方 ・表紙のつくり方 カットを入れる
健康教育	○身体の測定 ・一年間の身長・体重・胸囲の成長をまとめる ・増加減少の時期を考える ・増加減少の時期を考える ・健康の習慣や態度について不十分なところを反省する ○子取り鬼 ○ボール遊び ・ドッジボール ・送球 ○リズム遊び ・ギャロップ遊び ○器械遊び ・脚かけ上り　逆上り

【備考】　國語学習は表中にスキル面を入れることができなかつたので別記する。

・國語基礎学習三年の目標　（○印四年に加わるもの）

聞き方
- ・注意して人の話を聞きわける　・聞く時と話す時との区別をする　○批評態度できく
- ・ラジオの聞き方とその態度　・話の要点をとらえる
- ・話のすじを正しくつかむ　・話を鑑賞的態度で聞く

読み方
- ・文章の内容を概括する　・文章の構造を理解する　○文章の主題をとらえる
- ・文章のすじを正しくつかむ　・声を出してはっきり味わって読む　○声を出さないで早く読み文章のすじをとらえる
- ・声を出さないで読む　・抑揚断続に注意して読む　○ローマ字や文を読む　○辞書のひき方を知る
- ・文章を鑑賞的態度で読む　・語法に関心をもって読む　○叢材をふえんする　○文章の内容を批評的な態度で読む
- ・掲書の文を読む　・脚本・子どもの新聞を読む　○俳句・短歌を読み味わいその情景をつかむ
- ・詩シナリオを読みその情景をつかむ　・紙芝居を演ずる
- ・本や雑誌を好んで読む　・長文や一冊の本を読みとおす

話し方
- ・発音や語調に注意して話す　・標準語で話す
- ・敬語・ていねい語をつかって話す　・文法的に正しい話し方をする
- ・その場にふさわしい話題をえらんで話す　・見たこと、聞いたことを順序立てて話す
- ・その場によく合った声量で話し、集会での話し方をいろいろ工夫する
- ・討議の時の話し方を工夫する　・批評の仕方を考える　○論理的な話のはこび方になれる　○集会で司会者としての話し方を工夫する
- ・質問・疑問提示の話に対する答え方　・紙芝居の演出をする　○すべての面に考慮をはらい円熟した演出をする
- ・表情や身ぶりを工夫して演出する

作文
- ・八〇〇字程度の文が書ける　・童話・童　をつくる
- ・叙景・叙事・叙情等各種の詩を作る　・生活から取材した文をつくる
- ・いろいろな感想文を書く　・いろいろな相手に手紙を書く
- ・日記文をかく　・推敲の仕方を知る　○短歌・俳句をつくる
- ・簡単な記録をする　・写生文を書く　○いろいろな観察日記をかく
- ○各種の詩をつくる
- ・報告文をつくる　・説明文を書く　○推敲になれる
- ・詩を散文にする　・批評文をかく　○ぐう話・逸話・伝記などをかく
- ・形容詞・副詞のつかい方　・紙芝居をつくり演出する　○種々な記録の仕方
- ・なぞなぞをつくる　・童話をつくる　○詩劇をつくる　○標語をつくる
- ・よびかけをつくる　・新聞記事を書く　○子ども会の規約をつくる
- ○講話の要点を記録する
- ○掲話をかく
- ・新聞編集をする　・笑話をつくる

書き方
- ・視写　・聴写　・黒板に伝言を書く　・清書をする
- ・教育漢字・カタカナの字形と筆順　○ローマ字の形と筆順　○ローマ字文の書き方　○ペン使用法
- ○はやく美しくかく　○白紙に文字をかく　○図解する力
- ○要点を符号でつづる力

第八章　第四学年の指導計画

第一節　指導計画の立て方

学習指導は、大別して経験学習と基礎学習とに分けることができる。これらの指導計画を立てるのには、まず、学習指導の一年間の見透しをつけるために、年次計画を立てなくてはならない。

①年次計画　年次計画は、一年間の経験学習・基礎学習の指導の系列が見透せるような表解式にあらわすことがのぞましい。またこれに國家・郷土・学校等の行事で児童の生活に関係の深いものを生活暦として挙げておくことも便利である。年次計画をたてる際、予め考えておかなければならないことは、年間における総時数及び各学習の比率及び時数である。できれば月別におよその時数を各学習別に考えておくことである。これは、学習指導要領等を参考にし、学校の実状を考えて定める。

②週間計画　年次計画の次に必要な計画は、週間計画である。これは、従来の時間表に相当するもので、学校の時程に従って一週間の学習指導の要点を明らかにしておくものである。

③日課の計画　週間の計画にもとづいて、日課の計画がなされなくてはならない。これは学習指導のうちでもっとも直接的なものであるから綿密に、具体的に計画されなくてはならない。それ故、学習指導案もかなり詳しく、具体的に立てる必要がある。

これを要するに、学習の指導計画は、年・月・週・一日、と次第に具体的に立てられなくてはならないのであって、しかもそこに、一貫した指導の系列があることが要求される。さらに学年の指導計画は、他の学年の指導計画と密接な連関をもっていることが必要で、縦横に整然とした統一性のあることがのぞまれる。以下、指導計画のそれぞれについて具体的に挙げてみよう。

学習課程と時間数（四学年）

月＼学習	経験学習	基礎学習 言語	数量	音楽	造形	図書館その他	健康教育	計
4	40	10	8	6	6	6	8	84
5	55	14	10	8	6	7	11	111
6	55	14	10	8	6	7	11	111
7	28	6	6	4	4	4	6	58
9	40	10	9	7	6	6	10	88
10	52	14	11	8	7	7	12	111
11	52	14	11	8	7	8	12	112
12	40	10	9	6	6	6	6	83
1	40	10	9	6	6	6	6	83
2	56	13	11	8	6	7	6	107
3	42	10	11	6	5	6	7	87
計	500	125	105	75	65	70	95	1035
%	49%	12%	10%	7%	6%	7%	9%	100%

第四学年　学習指導年次計画

（△）は経験学習と連絡あることを示す

月	4	5
生活暦	入学式 始業式 委員選挙 学校自治会 身体検査 メートル法公布記念日 天皇誕生日（二九）	八十八夜 憲法記念日（三） 子供の日（五） 護歯デー
単元	よい学校（約53時）	大昔の生活
経験学習　学習活動	①学校と学級との自治 ○学級会のすすめかたを知る ○学校自治委員の選挙をする ○学級の自治組織をつくる ○四年生の実践目標をきめる ○実践事項をきめる ②学校（級）生活の合理化 ○学校（級）の美化を工夫する ○たのしい学習（自由研究と図書館利用）の工夫 ○健康な生活について考え工夫し実践する ③学校（級）園の経営 ○学校（級）園を工夫して設計する ○学校（級）園に生物を飼育・栽培する	○春の生物しらべをする ○春の天氣しらべをする ①大昔の遺蹟と遺物しらべ ○多摩川畔古墳貝塚をしらべる
経験学習　生活指導	○自治への関心と協力 ○民主的な学級会の運営 ○公正な選挙をする ○環境美化の習慣をつける ○学習施設を大切に利用する ○生物をかわいがる	○友人と協力して仕事する
基礎学習　言語	○文章の内容・構造をまとめる ○文章の主題をつかむ ○味わって読む ○放送台本をよみこなす ○ことばのはたらきを理解する ○観察日記を読む（書く） ○叙景文や脚本をつくる	○文章の内容・構造・すじ等をつかむ ○文章の主題をつかむ
基礎学習　数量	○一万までの数を書いたり読んだりする ○四位数までの加法と減法（和一万以下繰上三回まで） ○和の意味をまとめる ○問題解決	○四位数の加法と減法（繰上下三回） ○差の意味をまとめる
基礎学習　音楽	○読譜と視唱（ハ調） ○発声法 ○表情 ○音程・リズム ○拍子 ○器楽 ○樂典 ○鑑賞	○読譜と視唱（ト・ヘ調） ○記録練習
基礎学習　造形	○色を明度と色相によって整理する ○遠近による形の変化（△） ○展開図のかきかた ○厚紙の利用のしかた	○形とかげの表現法
基礎学習　図書館その他	○図書館のできかたとはたらき・利用法（△） ○農具のつかいかた（△） ○生物のかい方（△）	○春の自然の継続観察（△） ○顕微鏡のつかいかた（△）
健康教育	○鬼遊び ○リレー ○ボール遊び ○リズム遊び ○姿勢をよくする（△） ○教室や部屋をきれいにする（△）	○鬼遊び ○リレー ○ボール遊び ○リズム遊び ○器械遊び

月	5	6	7
生活暦	母の日 小運動会	更衣 むし歯予防デー（四） 時の記念日（一〇） 入梅 夏至	七夕（七） 土曜入り お盆
単元	大昔の生活（約75時）		たのしい生活（約74時）
学習活動	○國立博物館で古代の遺物をしらべる ○遺蹟と遺物しらべの研究発表会をする ②大昔の生活しらべ ○大昔の住居しらべをする ○大昔の衣生活のしらべをする	○大昔の食生活をしらべる ○大昔の生活の苦心を考える ○大昔の社会生活をしらべる ・言葉と文字・信仰と習慣・経済生活・社会秩序・害敵防禦・交通等	①丈夫なからだ ○自分たちのからだのつよさをしらべる ○健康法を考え実践する ○健康法についてくわしくしらべる ・運動・休養と健康生活との関係 ・食物と健康生活の関係 ・からだや環境の清潔と健康生活 ・病氣やけがの應急手当法を知る
生活指導	○ものを大切に取扱う	○仕事を根氣よくやる	○健康に関心をもつ ○健康法の計画的実践 ○ほどよい運動をする ○偏食しない ○からだをきれいにする
言語	○脚本をよみ情景をよみとる ○語法に関してよむ ○劇をする ○作文や脚本をつくる	○文章の内容・すじをつかむ ○詩や脚本の情景をつかむ ○詩や劇の鑑賞をする ○詩や脚本をつくる	○文章の内容・構造・すじをよみとる ○夏の自然をよみとる ○味わってよむ
数量	○被乗数が二・三位数で乗数が基数または基数の二・三位数の乗法	○小数による量のあらわしかたと量の理解（1/10位まで） ○小数（1/100位まで）の加減（上下二回繰まで）	○二次元の表のつくりかた よみかた（△） ○グラフのつくりかた よみかた（△）
音楽	○発声法 ○表情・音程・リズム・拍子 ○器楽 ○二部合唱 ○鑑賞	○読譜及び視唱（ト・ハ調） ○発声法 ○表情・音程・拍子・リズム ○二部合唱 ○和音練習 ○鑑賞	○読譜及び視唱 ○発声法 ○音程・拍子・リズム ○樂器について ○樂典
造形	○模様のつくりかた ○粘土による器物のつくりかた（△）	○形の主体的表現（粘土） ○形と明暗の正確な表現	○配色のしかた ○模様のかきかた
図書館その他	○郷土室の利用のしかた（△） ○参考書のつかいかた（△）	○創作室の利用のしかた（△） ○夏の自然観察	○健康室の利用のしかた（△）
健康教育	○身体の測定 ○からだの清潔	○リレー ○ボール遊び ○リズム遊び ○器械遊び ○食物の衛生 ○病氣の予防 ○体力の測定	○リズム遊び ○水遊び ○器械遊び ○夏の衛生 ○病氣・けがの手当（△）

<table>
<tr><th colspan="2">月</th><th>7</th><th>9</th><th>10</th></tr>
<tr><td colspan="2">生活暦</td><td>学期終
夏休始め
二百十日
第二学期始</td><td>二百二十日
夏休展覧会
研究発表会
十五夜
彼岸
秋分の日</td><td>十三夜
運動会</td></tr>
<tr><td colspan="2">單元</td><td colspan="2">たのしい生活</td><td>武蔵野の秋（約68時）</td></tr>
<tr><td rowspan="2">経験学習</td><td>学習活動</td><td colspan="2">②よいくらしかた
○夏休みのくらしかたを工夫する
○第二学期の生活を考えて実践する
・夏休みの生活反省をする
・二学期の計画をたてる
・二学期の覚悟と抱負の発表
△学級行事の決定をする
△夏休み作品展・研究発表会の企画と実施
△学習活動の反省と計画をたてる
○よい家庭生活を工夫する</td><td>①たのしい秋の学校生活
○本のよいよみ方を工夫する
○遠足と運動会の計画を立てて実施する
②秋の自然しらべ
○秋の天氣しらべをする
・秋の天氣の特徴をつかむ
・秋分の頃の太陽についてしらべる
・星と月・太陽を調べる</td></tr>
<tr><td>生活指導</td><td colspan="2">○計画的生活をする
○自発的に仕事をする
○よい遊びの工夫をする
○長上を尊敬する</td><td>○明かるい公正な運動
○他人に迷惑をかけない
○交通道徳をよく守る
○よい本をえらんでよむ</td></tr>
<tr><td rowspan="5">基礎学習</td><td>言語</td><td colspan="2">○説明文や叙景文をつくる
○文章の内容・すじ・構造等をつかむ
○味わってよむ
○素材をふえんする
○情景をよみとる
○鑑賞的によむ</td><td>○飼っている動物などの生活をかく
○文章の内容・すじをつかむ
○文章の主題をつかむ
○素材をふえんする</td></tr>
<tr><td>数量</td><td colspan="2">○かんたんなちずの理解とかきかた
○コンパス定規等のつかいかた</td><td>○円の理解
○g単位で重さをはかる（△）
○1kg＝1000g
2kgと300g＝2.3kg</td></tr>
<tr><td>音樂</td><td colspan="2">○鑑賞
○読譜及び視唱（ハ・ト調）
○発声法
○表情・拍子・音程・リズム
○和音練習
○二部合唱
○樂典</td><td>○鑑賞
○読譜と視唱（ト・ハ調）
○発声法
○音程・拍子・リズム
○器樂</td></tr>
<tr><td>造形</td><td colspan="2">○竹材の性質理解と竹細工の仕方
○ものの形の理解</td><td>○形態色彩明暗陰影の正確な表現</td></tr>
<tr><td>図書館その他</td><td colspan="2">○やさしい天氣図のみかた（△）
○辞書のできかたと使用法（△）</td><td>○本のえらび方（△）
○よい読書法（△）
○科学室の利用（△）
○天体望遠鏡の扱いかた（△）</td></tr>
<tr><td colspan="2">健康教育</td><td colspan="2">○水遊び
○リズム遊び
○器械遊び
○休養と睡眠
○衣食住の衛生</td><td>○リズム遊び
○リレー
○器械遊び</td></tr>
</table>

<table>
<tr><th>月</th><th>10</th><th>11</th></tr>
<tr><td>生活暦</td><td>遠足</td><td>文化の日（三）
立冬
勤労感謝の日（二三）</td></tr>
<tr><td>單元</td><td>武蔵野の秋</td><td>世田谷の発達（約92時）</td></tr>
<tr><td>学習活動</td><td>○秋の動物しらべをする
・野の虫・蚕・家畜・作物の害虫のしらべ
○秋の野の植物しらべをする
○秋の畑のしらべをする
・畑の手入れ・作物の収穫をする
・作物の植・蒔つけをする
・畑の土をしらべる
○秋の川のしらべをする
・多摩川のようすを観察する</td><td>①昔の世田谷
○世田谷城と豪徳寺とのしらべをする
・世田谷城址の見学調査をする
・世田谷と吉良氏との関係をしらべる
・豪徳寺を見学調査する
・豪徳寺と吉良・井伊氏との関係をしらべる
○世田谷の地名しらべをする
・地名の考察から昔の世田谷を考える
○世田谷の商業のおこりと発達をしらべる
・ぼろ市を見学調査する</td></tr>
<tr><td>生活指導</td><td>○自然に親しむ
○自然資源を大切に利用する</td><td>○礼儀正しく行動する
○文化的遺産を愛護する</td></tr>
<tr><td>言語</td><td>○よく味わってよむ
○寓意をとらえる
○横書きの文章をよみこなす
○観察日記や寓話をかく</td><td>○長文をよみこなす
○文章の内容・構造・すじをつかむ
○情景をよみとる
○素材をふえんする
○紙芝居や劇をして演出する</td></tr>
<tr><td>数量</td><td>○kg単位であらわしたものをg単位になおす
○秤をうまくつかう</td><td>○世田谷の地図をつくる
○時・分単位で時間や時刻をあらわす</td></tr>
<tr><td>音樂</td><td>○樂典
○鑑賞</td><td>○讀譜と視唱（ヘ・ハ調）
○発聲法
○音程・拍子・リズム
○樂器
○樂典
○鑑賞</td></tr>
<tr><td>造形</td><td>○木材の性質理解とつかいかた</td><td>○構図のとり方
○厚紙・粘土等による立体構成（模型のつくり方）（△）</td></tr>
<tr><td>図書館その他</td><td>○秤のつかいかた
○生物標本のつくりかた（△）
○作物のそだてかた（△）</td><td>○郷土室の利用（△）
○学校図書館の整備
○距離のはかりかた（△）
○磁針のつかいかた（△）
○地図のみかた（△）</td></tr>
<tr><td>健康教育</td><td>○物語遊び
○よい姿勢
○よい運動のしかた
○秋の衛生</td><td>○鬼遊び
○リレー
○器械遊び
○傷害の防止
○看護法</td></tr>
</table>

月	生活暦	單元	経験学習　学習活動	経験学習　生活指導	基礎学習　言語	基礎学習　数量	基礎学習　音楽	基礎学習　造形	図書館その他	健康教育
12	防火週間　二学期終　冬至	世田谷の発達	・世田谷・新宿の発達についてしらべる　・昔の世田谷の交通路をしらべる　②今の世田谷の生活　○世田谷めぐりをする　○世田谷の商業と生産とをしらべる　○世田谷の交通・通信についてしらべる　○世田谷の文化施設をしらべる　○世田谷の教育と政治とをしらべる　・世田谷の教育施設をしらべる　・区役所の機構や機能をしらべる　・世田谷区の消防・警察の状態をしらべる　③将来の世田谷　○将来の世田谷の姿について考える	○公共施設を大切にする　○安全に生活する	○黙読を巧みにする　○味わってよむ　○文章の内容・構造・すじをつかむ　○ことばのはたらきを理解する　○文の主題をつかむ　○生活文を手ぎわよくかく	○被除数が四位数以下で除数が基数であまりのない除法　○単位分数の理解	○読譜と視唱（ハ調）　○表情・音程・拍子・リズム　○発声法　○器楽　○楽典　○作曲練習	○ポスターのかきかた（△）　○ウドテープの利用法	○読書記録の整理　○図表と統計のかきかた（△）	○鬼遊び　○ボール遊び　○冬の衛生
1	元日（一）　正月　小寒　第三学期始　成人の日（一五）	ひらけゆく東京（約96時）	①東京の発達　○江戸のおこりをしらべる　○江戸の開拓をしらべる　・江戸が苦心によって開拓されたようすをしらべる　○江戸の町の統治をしらべる　・江戸町奉行の統治や町人の自治組織についてしらべる	○文化遺産を愛護する　○他人の考えを尊重してわがままをしない	○長文をよみこなす　○俳句をよみ鑑賞する　○情景をよみとる　○文章の内容・構造・すじをよみとる	○速さ（△）　○わり算の概算（約何倍）　○被除数が四位数以下で除数が基数であまりのない除法	○読譜と視唱（ヘ・ト調）　○発声法　○表情・音程・リズム・拍子　○楽典　○作曲練習　○鑑賞	○紙芝居のつくりかた（△）	○冬の自然観察	○鬼遊び　○リレー　○物語遊び
1	大寒	ひらけゆく東京	・○江戸の繁栄をしらべる　・江戸の地区制、武士・町人の生活のようすをしらべる　・交通路の発達をしらべる　○明治維新による江戸から東京へのかわりかたをしらべる　○明治以降の東京の発達をしらべる		○素材をふえんする　○主題を話す　○俳句をつくる　○手紙をかく	○正方形と長方形　○こよみ		○動く模型の工夫（△）		○ひび・しもやけの予防と手当
2	節分　立春	ひらけゆく東京	②今の東京の生活　○東京をながめる（東京の概観）　○東京の商工業をしらべる　○東京の交通と通信をしらべる　○東京の文化施設をしらべる　○東京の教育と政治をしらべる　③未来の東京	○品のよい態度　○公共施設を大切にする　○文化機関を利用する	○長文をよみこなす　○黙読・音読が巧みにできる　○文章の内容・構造・すじをつかむ　○情景や味わいを説明する	○被乗数が二・三位数、乗数が二位数、または被乗数が一位数、乗数が二・三位数の乗法	○読譜と視唱　○発声法　○表情・音程・リズム・拍子　○器楽　○楽典　○鑑賞	○幾何もようのつくりかた　○厚紙細工のしかた	○冬の自然観察　○略図や分布図のかきかた	○ボール遊び　○鬼遊び　冬の衛生
3	桃の節句　学藝会　母の日（六）　彼岸　春分　終了式　卒業式（二五）　春休み始	安全で便利なくらし（約12時）	①便利な生活　○書物の便利さをしらべる　○電氣の便利さをしらべる　○熱の便利さをしらべる　○機械と道具との便利さをしらべる　②安全で便利な生活の工夫　○時間の有効なつかいかた　○金銭の有効なつかいかた　○生活用品（具）の有効安全な生活の工夫　・文房具・図書の扱い方の工夫　・電氣・水道のつかいかた	○生活を合理化する　○ものをていねいに扱う　○安全に身を守る　○ものを工夫して生かす	○音読・黙読が巧みにできる　○文章の内容・構造・すじがつかめる　○文章の主題がつかめる　○和歌をよんで意味や情景が	○被除数が四位数で除数が基数の除法（あまりの有・無の場合）　○わり算の験算	○読譜と視唱（ハ調）　○発声法　○表情・音程・リズム・拍子　○楽典　○作曲練習　○鑑賞	○スケッチのしかた　○家庭用品の工夫（△）	○本のできかた（△）　○本の修理（△）　○電氣の扱いかた（△）	○鬼遊び　○ボール遊び　○リズム遊び　○危険防止　○春の衛生

3	・燃料のつかいかたの工夫 ・機械・道具の手入れと扱い方の工夫	○和歌をつくる

週間計画表（自6月20日　至6月25日）

単元　たのしい生活「丈夫なからだ」　四学年三組　担任　増田耕一

時刻 ＼ 月日・曜	6月20日 月	6月21日 火	6月22日 水	6月23日 木	6月24日 金	6月25日 土
9.00	朝礼	話合い	話合い	話合い	話合い	家庭研究
10.00	適当の話し合い 丈夫なからだの話し合い 問題の限定	身体検査体力テスト の整理	身体検査体力テスト の整理	（言語）「にげたらくだ」劇化	からだのしらべの研究問題設定	
10.20	運動及び集会	〃	〃	〃	〃	
10.40	（数量）小数の復習	（言語）「にげたらくだ」せりふと情景のしらべ	（数量）小数の加法	健康法しらべ（方法のしらべと実施の計画）	（図書館その他）夏の天気調べの方法と計画	
11.00	（言語）詩の創作		（音楽）（鳥居）		（音楽）（鳥居）	
12.00	昼食	昼食	昼食	昼食	昼食	
12.20	休憩	休憩	休憩	休憩	休憩	
1.00	体力しらべ	（造形）ともだちの顔の写生	（体育）	保健のポスター作り	（数量）小数の減法	
2.00–3.00		（造形）友だちの顔の写生			学級自治会（反省と計画）	

◎日課の計画

日課の計画の一例として、六月二十日（月）の場合を掲げる。これは週間計画に示されたものと殆んどおなじである。

時刻 ＼ 月日・曜	6月20日 月
9.00–9.10	朝礼
9.10–10.20	一週間の予定の話し合い 「丈夫なからだ」についての話し合い（健康生活に関する問題の限定）
10.20–10.40	
10.40–11.00	小数の復習（数量）
11.00–12.00	詩の創作（言語）
12.00–12.20	昼食　校内放送
12.20–1.00	休憩
1.00–3.00	体力しらべ（懸垂・五十メートル疾走・ボール投・幅跳）
3.00–3.20	清掃

さて、前掲の計画表は、週間計画の抜書にすぎないものであるから、これをもう少し詳しく計画だてる必要がある。つぎにその一例を掲げる。

◎日課の計画表

時刻 ＼ 学習	学習内容
九・〇〇–九・一〇	朝礼　（夏の衛生について、主事講話）
九・一〇–	経験学習 (1)　単元「たのしい生活」――（丈夫なからだ）―― (2)　学習の内容 前時までに「たのしい生活」を主題として話し合いを行い学習問題を設定した。その一つが「どうしたら丈

経験学習

夫なからだになれるか」である。本時は「丈夫なからだ」の学習についてどんな順序に学習をすすめるかを話し合い学習の課題を設定する導入の段階である。

(3) **本時の目標**

(a) 理　解

○健康は生活を明かるくゆたかにする。
○運動は健康保持に大切である。
○健康の程合いは、身体検査や体力テストの結果からおよそ知ることができる。
○作業は、計画を立てて順序よくすると成果があがる。

(b) 態　度

○研究や作業を熱心に綿密にする。
○進んで自分の考えをのべ、友だちの考えも受け入れる。
○研究や作業は、よく協力してやる。
○安全に身を守り健康を保ち進める。

(c) 能　力

○健康生活について問題を持ち解決の計画を立てることができる。
○健康生活について討議をし、自分の意見を人に傳えることができ、人の意見を理解して受入れる。

(4) **学習の資料と施設**

施設（健康室）
資料（運動の写眞・絵・ポスター、その他健康生活に関係ある写眞・絵・図表等）
（幻燈スライド＝野球・水泳。（毎日・教一））

(5) **予想される学習活動**

(a) 健康や運動に関する写眞・絵・図表等の展示。幻燈の映写。
(b) 展示物や幻燈についての話し合い。
(c) 前時までの学習をふりかえる。
(d) 本時の仕事の確認をする。
(e) からだを丈夫にする仕方を考える。（分團別に）

時刻	教科	内容
	経験学習	(f) いろいろの考えを討議によって検討する。 (g) 学習の問題を決める。（問題の設定） ○からだの丈夫さしらべ。　○保健の方法しらべと実施の計画。 ○からだのしらべ (h) からだの丈夫さしらべの計画を立てる。 ○体力しらべの実施と整理。（六月二十日午後・六月二十一日） ○身体検査の整理。（六月二十一日） ○欠席しらべの実施と整理。（六月二十一日） (6) **評　價** 「(3)本時の目標」にかかげた諸項の達成度を評定尺度法にて測定して決める。
一〇・二〇	健康教育	運動及び休憩
一〇・四〇	基礎学習	（数量）＝小数の復習 $\frac{1}{100}$の位までの小数の加減で繰上がり下がり二回までの場合の練習をし、正確に早くできるようにする。
一一・一五	基礎学習	（言語）＝詩の創作 既習の教材「夕明かり」の発展として詩の創作をする。情景や情感を、すなおに写し出すことに重点をおく。
一二・〇〇		晝　食　校内放送（「放送劇」もん白ちょう）
一二・二〇		休　憩
一・〇〇	経験学習	（からだの丈夫さしらべ） 体力しらべ（懸垂・五十メートル疾走・ボール投・幅跳）
三・〇〇		

第九章　第四学年の経験学習単元の解説

第四学年の経験学習は、地域社会や児童の実態から、環境適應の基礎的理解・能力・態度を獲得することをねらい、人間の自然環境への適應の姿を歴史的にながめたり、それにともなう開拓の労苦とたゆまざる精神等をつかみ、さらに眼を轉じて現実の社会における安全生活・合理化生活の基礎を学ぶのである。そのために、課題表をまとめて七つの單元を設定し、学習活動を展開する。單元のあらましを概観すると、つぎのようになる。

第四学年單元の一覧表

單元名	月	週数	時数	学習の中心
1、よい学校	4—5上	約4週	約53時	○学校生活の合理化（自治の研究） ○春の自然研究
2、大昔の生活	5上—6中	約6週	約75時	○古代の生活様式の研究
3、たのしい生活	6中—9下	約5週	約74時	○健康保健の研究 ○学校・家庭生活の合理化
4　武藏野の秋	9下—10	約5週	約68時	○学校生活の合理化（運動と読書） ○秋の自然研究
5、世田谷の発達	11—12	約7週	約92時	○郷土の開拓の歴史 ○今の郷土の生活 ○社会生活の向上
6、ひらけゆく東京	1—2	約7週	約36時	○東京の開拓の歴史 ○今の東京の生活 ○社会生活の合理化
7、安全で便利なくらし	3	約3週	約42時	○安全生活 ・合理的生活の工夫

第一節　よ　い　学　校

一、單元一　よ　い　学　校　（四月上旬から五月上旬まで凡そ四週・五三時間）

二、單　元　設　定　の　理　由

1、兒童の要求と興味から

（イ）新しい学年を迎えるということは、兒童にとつて、なによりも切実な経驗であり、希望と抱負とにみちた興味の中心である。とくに、四学年は学校生活もなかばをすぎてむしろ上級に近い学年であり、低学年から高学年に飛躍する時期である。一般にこの期の兒童は変化にみちた活動をよろこび、そこにいつも有意義な経驗を獲得するものであるから、新学年の経驗を体系づけて学習の素材とすることはのぞましいことである。

（ロ）この期の兒童は、一般的に心身の発育が著しい。すなわち、身体的には、体重や胸囲の増加が目立ち、男女の特性の差もやや見えてくる。また精神的にものごとを客観的・論理的・分析的に見る傾向がでて知的欲求は急速に廣さと深さとをましてくる。社会意識の発達にしても、遊びを中心とした社会からぬけでて、現実的な社会（学校・

家庭・地域社会）生活に興味をもち、対人関係や、社会改善の意欲が芽生えてくる。

（ハ）これらの児童の実態からうかがわれる要求は、「新学年への望ましい適應」がおもなものであって、これを分析してみると、

①学校（学級）生活の自治についての理解と実践。　②のぞましい交友関係をつくること。

③学校（学級）生活の合理化。（整美された環境の設定、学習の能率化）

④自然の科学的探究

などであろう。

（ニ）この單元は、このような児童の興味や要求を満足するために設けられた。

2、社会の要求から

（イ）現実の社会の実相は、思想的にも経済的にも、その他あらゆる面において社会不安をはらみつつある。これのよってきたるところは、民主化が徹底していないことであり、民主化を徹底するための根本條件である、社会連帯制の自覚、封建性の排拭、生活の合理化・能率化等が痛切に要求されている。

（ロ）理想的な民主社会の建設のために、社会生活の合理化の關心や理解と実践　自治精神の强調、主体的・科学的態度や、人格尊重、社会生活への協調的態度などが社会調査の結果要求されている。

（ハ）この單元は、現実的・理想的社会の要求を相当の程度にみたすものである。

3、單元の内容（この單元はつぎの課題解決を内容とする）

（イ）学校（級）の自治とはどんなことか。

学校（級）の自治生活をうまくするのには、どんなことをしたらよいか。

（ロ）学校の生活をたのしくむだなくするのには、どうしたらよいか。

○学校を氣もちよくするのには、どうしたらよいか。

○学習をうまくするのには、どうしたらよいか。

4、既有経驗とのつながり

（イ）この單元は、スコープ中、自然資源の保護利用、生産、厚生・慰安、教育、美的・宗教的表現、政治等の各項に關係をもち、自主的・合理的・郷土的な生活経驗を発達段階とする児童に適合するものである。

（ロ）この單元は、一年「たのしい学校」・二年「二年生になって」・三年「私たちの学校」の学習において獲得された諸経驗の拡充発展であり、五年「よい家庭生活」・六年「生活の合理化」において学習される諸経驗の基礎となる。

二、目　　標

1、理　　解

（イ）自治とは、自分たちの意志で社会組織をつくり、社会生活がたのしく合理的に行われるように協力して自主的に運営することである。

（ロ）学級会は学級の自治活動の機関であって、一定の組織や運営の方法があること。

（ハ）学校にも定まった自治組織があり、各自がその運営に協力しなければならない。

（ニ）学校の自治活動をするために、いろいろの委員があり、各委員は、仕事をよく理解し、責任を重んじなければならない。

（ホ）選挙には、いろいろの方法があり、公正に民主的に行われなければならない。

（ヘ）生活を合理的に能率化するのには、まず環境の整備が大切であること。

（ト）環境の整備は、細心の心づかいが必要である。

（チ）清掃は工夫することによって能率があがること。

（リ）勤労は　生活によろこびをもたらすものであること。

（ヌ）学校には、学習のためにいろいろの施設があり、これをうまく利用すると学習が能率的にできること。

（ル）学校図書館には、学習やレクリエーションのための図書が蒐集されており、幻燈や映画の施設があること。

（ヲ）図書館は学校生活に大きな意味をもっていること。

（ワ）図書館の本は、定まった分類法によって規則正し

く配架されていること。

（カ）学校（級）園には、いろいろの草花や作物が栽培されていて、学習や学校の美化に役立っている。

（ヨ）作物や草花は、常に手入れが大切である。

（タ）手入れには除草・灌水・駆虫・追肥・土よせ・芽かき・枝どめ等が必要である。

（レ）植物がそだつのには、肥料が必要であり、とくに作物には、それぞれ適する肥料がある。

（ソ）各々の季節には特徴があり、それは気象の観測や自然の変化によってつかむことができる。

（ツ）気候と生物のそだちかたには、深い関係がある。

（ネ）動物のうちには、人にかわれて役に立っているものが少なくない。

（ナ）動物には卵を生むものと、子を生むものとがある。

（ラ）動物の子は親に似ているところと、ちがったところがある。

（ム）植物には花のさくものとさかないものとがある。

（ウ）植物には、物にまきつくものがある。

（ヰ）風・昆虫などによって実をむすぶものがある。

（ノ）植物の一生には、それぞれきまった順序がある。

（オ）花にはいろいろの構造があり、おしべ・めしべは実をむすぶ働きがある。

（ク）めばなと、おばなとは、働きがちがう。

2、態　度

（イ）学校生活を計画的にし、能率的・合理的に展開する。

（ロ）盲従したり、雷同したりしないで、はっきりと自分の考えで行動する。

（ハ）春の自然をつきつめて研究してみる。

（ニ）根氣よくものごとをやりとげる。

（ホ）まじめに一所懸命作業をする。

（ヘ）相手の意見を受入れて、独善的な行動をしない。

（ト）他の友だちのことをよく考えて迷惑をかけない。

（チ）お互いに親しみ協力して、自治生活を営んでゆく。

（リ）学校や学級のきまりをきちんと守る。

（ヌ）学校の施設を大切にする。

（ル）学校や学級のためになることを進んでやる。

（ヲ）自然に親しみ恩恵を感謝する。

（ワ）生物を愛護する。

（カ）自分の部屋や教室等の美化をはかる。

（ヨ）健康であかるく学校生活をする。

2、能　力

（イ）自分の意見をまとめて発表できる。

（ロ）相手の意見の要点をつかむことができる。

（ハ）他人の意見を受入れたり、批判したりすることができる。

（ニ）気温の変化、生物の生長などを数量的に測定して図表にあらわすことができる。

（ホ）虫めがね・顕微鏡・試験管・ビーカー・シャベル・くわ・じょうろなどの道具がうまくつかえる。

（ヘ）身のまわりをきちんと整頓することができる。

（ト）学校内外の清掃が能率的にできる。

（チ）環境を美化する工夫ができる。

（リ）学級会の司会ができる。

（ヌ）委員の選挙が公正にできる。

（ル）自分の責任を自覚して果すことができる。

（ヲ）友人と協力して仕事を分担してできる。

（ワ）いろいろのきまりを自発的に守ることができる。

（カ）生活に目あてをきめて自発的に行動できる。

（ヨ）生活をいろいろ工夫して、ゆたかにたのしくしてゆくことができる。

（タ）春の生物の生活について、研究の問題を自分でつかむことができる。

（レ）研究のための資料を蒐集したり、整理したりして利用することができる。（参考書の利用も含む）

（ソ）研究のために図書館・科学室・創作室・健康室・郷土室・学校（級）園等の施設をうまく利用することができる。

（ツ）生物を継続的に飼育・栽培することができる。

（ネ）春の生物の生態や、天候の変化を継続的に観察して、その記録ができる。

（ナ）図書の分類のあらましをすることができる。

（ラ）研究や美化のために必要な絵や図がうまくかける。

（ム）生活をたのしくするために、歌の音程やリズム旋律が正確にうたえる。

四、開　始　計　画

1、この単元の学習に役立つ施設と資料

（イ）施　設

校舎（教室・廊下・その他）・校庭・学校園（学級園）・学校図書館・科学室・創作室・郷土室・健康室。（以上校内）

自然文化園（井の頭）・動物園（上野）・植物園（小石川）・多摩川河畔・学校附近野原（野沢　都立高校附近）。（以上校外）

（ロ）資　料

①参 考 図 書

○すばらしい世界へ（マロン・リーフ）

○民主主義（ゴスリン）　○私たちの討論会（石橋勝治）

○春の生物（中山周平）　○僕の農園研究（毛利兼太郎）

○タネの話（宮沢文吾他）　○穀物の話（永井威三郎）

○自然のしくみ　服部静夫）　○お庭の動物研究（植村利夫）

○益虫と害虫（植村利夫）　○昆虫の生活（岩田久二郎）

○生物はどのように育つか（文部省）　○生物（川西良吉）

○私たちの身のまわりにどんな生物がいるか（文部省）　○地面はどのようになっているか（文部省）

○空と地面（花村郁夫）　○虫の世界（畑勝編）　○新しい昆虫採集と標本の作り方（新村太郎）

○日本動物図鑑（岡部徹他）　○日本植物図鑑（牧野富太郎）

②幻燈スライド及び映画フイルム

○顕微鏡下の世界（理研）　○春の科学（F・F・D）　○土のめぐみ（ヒカリ）　○芽立（F・F・D）　○虫をたずねて（F・F・D）　○昆虫の生活（理研）　（以上スライド）　○新しい学校（日本映画社）　○稲の話（1）・（2）（十字屋）

○かえるの話（十字屋）　○もんしろ蝶（十字屋）　○春（十字屋）　○さくら（十字屋）　（以上フイルム）。

③その他

○春の生物のようすを説明した絵・写真・掛図等　○春の生物の標本、及び飼育・栽培してある生物。

2、着 手 計 画

（イ）新学年になったよろこびを話し合う。

（ロ）新学年を迎えての抱負や覚悟を話し合う。

（ハ）新学年の意義や価値について考える。

（ニ）望ましい学校生活を描いた映画や幻燈等を映写したり、写真や絵などを展示する。

（ホ）春の自然に関係ある映画・幻燈などの映写・写真・絵等の展示、標本の陳列 春の生物の飼育・栽培等をする。

（ヘ）学校自治や、学習施設の利用等についてのポスターを校内に展示する。

五、予想される学習活動

1、導　入（凡そ二時間）

（イ）望ましい学校生活に関係ある写真や絵等を教室に展示する。

（ロ）新学年を迎えたよろこびを話し合う。

（ハ）新学年を迎えての抱負や覚悟を各自が発表する。

（ニ）四年生になってどんなことをしなければならないかを考える（三年生の時も反省しながら）。

（ホ）映画「新しい学校」をみて感想をいいあう。

（ヘ）「よりよい学校生活」を課題の中心とすることを決める。

2、問題の限定と研究及び組織

（イ）問題の限定

①学校や学級の自治は、どうしたらうまくできるか。

②学校（級）生活をたのしくすごすのには、どうしたらよいか。

③春の生物は、どんな生活をしているか。

（ロ）研究と組織

研究	組織
①学校と学級の自治（凡そ一〇時間）	
○学級会を行う。	
（Ａ）学級会の進めかたを知る。	学級全体の話し合い
● 議長・副議長・書記等の役員をきめ、その仕事を理解する。	
● 議案について知る。	
● 議案の審議のしかたを知る。	学級全体の話し合い
● 議決のしかたを知る。	
● 決議事項の確認のしかたを知る。	
（Ｂ）学級会を実施する。	
● 学校の自治委員を選挙する。	
△委員の種類と人員。	
△委員の役目の理解。	
△学級代表の役目と人員。	
△委員選挙の基準について話し合う。	
△選挙の方法と心得とを知る。	
△選挙を実施して開票する。	
● 学級の自治組織をつくる。	
△学校自治委員の学級での仕事を知る。	
△学級全員の各部の所属をきめる。	
△各部委員が中心となって部会をひらき仕事の計画を話し合う。	
● 四年生の実践目標をきめる。	

研究	組織
△四年國語（中）「みんなで話し合い」をよむ。	
△四年生の実践目標について話し合い決める。（自治生活・合理的生活・科学的探求等）	
● 実践事項をきめる。	
△各部の計画を発表討議して、実践事項をきめる。	
△学級新聞の発行。	
△学級図書館の整備。	
△学級規約の制定。	
△日直制の実施	
△研究発表会の実施等。	
②学校（級）生活の合理化（凡そ一五時間）	
○学校（級）の美化。	
（Ａ）美化された学校や学級の写真を展示する。	学級全体の話し合い
（Ｂ）学校（級）美化のポスターを作る。	
（Ｃ）学校（級）美化について討議し実践の方法を考える。	
（Ｄ）学校（級）の美化を実践する。	
△掃除方法の工夫。	
△掃除責任の完遂。	
△通風・採光の工夫。	
△備品類の整理　整頓。	
△成績物・参考資料の展示、陳列の工夫。	

研究	組織
● 装飾品による装飾。	
● 校庭の清掃・除草・樹木の手入。	
● 学校（級）園の手入。	
○たのしい学習。	
（Ａ）自由研究について話し合う。	学級全体の話し合い
● 自由研究とはどんなことをするのかを理解する。	
● 自由研究のしかたを知る。	
△問題のつかみかた。	
△研究組織のつくりかた。	
△研究のすすめかた。	
△研究のまとめかた。	
● 課題をきめて、班を編成する。	
（Ｂ）学習施設の利用のしかたを知る。	
● 図書館その他の学習施設が利用されている実況を見学する。	
● 学習施設を理解し、その有効な利用法をわきまえる。	
例「図書館の利用」	
△図書館とはどんなところか。	
△図書館にはどんな施設や備品があるか。	
△図書館にはどんな本があり、その利用の実情はどうか。	
△図書館のきまりはどうなっているか。	
△図書の閲覧や貸出はどうなっているか。	
△図書はどんなふうに整理してあるか。（図書の分類）	

研究	組織
△図書の扱いはどうしたらよいか。	
△図書係の先生や委員は、どんな仕事をしているか。	
△図書をうまく読むのにはどうしたらよいか。	
○健康生活。	
（Ａ）欠席をしない「丈夫なからだ」になるにはどうしたらよいかを話し合い、実践事項をきめて実践する。	学級全体の話し合い
③学校（級）園（凡そ一三時間）	
○学校（級）園の計画と実践。	
（Ａ）学校（級）園の経営について話し合う。	学級全体の話し合い
（Ｂ）学校（級）園の設計図を工夫してみる。	
（Ｃ）学校（級）園をつくる。	
● 草花をうえる（あさがお・百日草・ひまわり・金れん花・たんぽぽ・すみれ等）	
● 作物をうえる。（いね・きゅうり・トマト・かぼちゃ・なす・じゃがいも・さつまいも等）	
● 動物をかう。（にわとり・うさぎ・みつばち・金魚・かえる・めだか等）	
○学校（級）園や教室に生物を飼育・栽培する。	分團作業
（Ａ）草花や作物のそだてかたを知る。	
● 種のえらびかた。	
● 苗床のつくりかた。	
● もとごえの施しかた。	

研　究	組織
◉土質の吟味。 ◉種をまく時期とまきかた。 ◉発芽後の手入のしかた。 △間引き　△除草　△灌水　△移植　△追肥 △中耕　△土よせ　△駆虫等。 （B）動物のそだてかたを知る。 ◉卵のかえしかた。 ◉適当な餌の種類と量。 ◉生育の環境のつくりかた。（巣・小屋・水質等） ◉害敵の駆除と防禦等。 〇春の生物しらべ。 （A）学校（級）園で飼育・栽培している生物を中心として生物しらべをする。 ◉春の生物に関係ある映画や幻燈（四、単元計画の資料参照）を見て春の生物の生活を理解する。 ◉学校（級）園に飼育・栽培している生物の生活を	分團作業

研　究	組織
観察してしらべる。 △春にはどんな動物や植物がいるか。 △春の生物はどのように育つか。 （うさぎ・もんしろちょう・おたまじゃくし・いね・きゅうり） （かぼちゃ等の生育の観察日記をつける） （四年國語「もんしろちょう」・「うさぎ日記」・「いねを育てて」をよむ） △春の動物や植物の形態をしらべる。 △役に立つ動物や植物をしらべる。 △春の昆虫や野草を集めて標本をつくる。 〇春の天氣しらべ。 （A）毎日の天氣の統計をとる。 （B）氣温、太陽の高さ、日出・日入の時刻・方向、風向などをしらべて記錄する。 （C）春の天氣の特徴をつかむ。	分團作業と研究

3、**概括と仕上げ**（凡そ三時間）

（イ）「よい学校生活」についての理解と実践の確認。（自治活動、学校生活の合理化等について）

（ロ）「よい学校生活」を内容とする劇化。

（ハ）春の生物しらべ・天氣しらべの報告書をつくる。

（ニ）春の生物しらべ・天氣しらべの研究発表会。

（ホ）研究資料（絵・図表・その他製作物）の整理と展示。

（ヘ）この単元の学習の感想と反省。

六、評　價

1、これは、目標に照らして査証されなければならない。

2、目標にかかげた、理解・態度・能力について、

（イ）学習前の状況　（ロ）学習活動として　（ハ）学習の結果

を評定尺度によって評價する。

第二節　大昔の生活

一、単元二　大昔の生活（五月上旬から六月中旬まで凡そ六週・七五時間）

二、単元設定の理由

1、**児童の要求と興味から**

（イ）主客未分の自己中心的傾向から脱して、論理的・科学的な思考に向いつつあるこの期の児童は、ものの始源についての関心が次第に高まってくる。これは、知的欲求のあらわれであるとともに、歴史的意識のあらわれでもある。調査の結果にあらわれた具体的な問題として、「昔のものについて知りたい」とか、「昔の生活はどんなであったか」・「人間のいちばん始めは何か」などがあげられる。

（ロ）児童の欲求にみられるもう一つの傾向は、すでに「よい学校」でとりあげた生活環境へのよりよい適應の欲求である。

原始人の生活を研究することは、人間の進歩を知るという文化的な意図の外に、自然環境への適應の基本的な姿を学びとることができ、児童の生活向上意欲に大きな示唆を與えるものである。

また未知にあこがれ、冒険的な行動をよろこぶ児童の実態にも適合している。

（ハ）さらに児童の空間意識（地理的意識）のひろがりにも十分に地域社会にまでひろがり、その発展についてかなりの關心を示している。

（ニ）この單元は、児童のこのような要求や興味を滿足し、有効な諸経験の獲得を期待して設定された。

2、社会的要求から

（イ）現在の社会は、敗戰・占領下という特殊事情の下にあり、ただでさえ資源の少ない貧困の社会情勢を更に困難な情況に追いこんでいる。困難な環境のもとにいかにして再起するかが当面の課題である。

そこには、当然資源の愛護と活用、生活の合理化、科学的水準の向上等が要求される。

（ロ）望ましい民主社会は、地域社会を基盤として生まれる。地域社会の現状を理解するとともに、地域社会を築きあげた先人の功績や苦心をしのび、文化的遺産を知ることは基本的な要求としてあげられる。

（ハ）この單元は、以上のような社会の諸要求を滿足させるものである。

3、單元の内容（この單元は、つぎの問題解決を内容とする）

（イ）大昔の人は、どのように自然資源を利用していたか。

（ロ）大昔の人の生産や消費は、どのように行われたか。

（ハ）大昔の人は、自然の脅威をどのように防いでいたか。

（ニ）大昔の人は、どんな社会生活をしていたか。

4、既有経験とのつながり

（イ）この單元は、スコープ中、生命財産の保護・保全、自然資源の保護・利用　生産、消費と分配、物の運輸、交通・通信、厚生・慰安、教育、宗教的・美術的表現、政治等に関係をもち、児童の知的・歴史的・地理的興味、自主的・論理的傾向をもつ発達段階に適合する。

（ロ）この單元は、一年「私のうち」・「学校の近所」、二年「私のうち」・「町の人」、三年「私たちの町」等の学習の発展である。

三、目　標

1、理　解

（イ）大昔は、今から約三千年以前までをいう。

（ロ）郷土には、古代の遺蹟や遺物が残っている。

（ハ）博物館には、人類の文化的遺産を蒐集・整理してある。

（ニ）大昔の祖先の生活は、遺蹟や遺物から科学的に推察することができる。

（ホ）大昔の人は、自然の動・植物をそのまま食物としていたが、次第にいろいろの調理法を発明した。

（ヘ）大昔の人は山火事や木・石の摩擦から火を得た。火はきわめて大切にされた。

（ト）大昔の人は、食器に貝がら、石や土の器物、やがて金屬器も使用した。

（チ）大昔の人は狩漁に、石器・骨器・金屬器・弓矢などをつかった。

（リ）時代がすすむと農業もひらけ、農具も発明された。

（ヌ）大昔の人は草木の皮・葉、動物の皮などでかんたんな服裝をした。時代がすすむにつれて織物も発明された。

（ル）大昔の人は始め洞穴・樹上・草むら・やぶ等に生活し、次第に木や土・石を利用して家をつくった。その後住み易いようにいろいろ工夫をしていった。

（ヲ）大昔の人は海岸・水辺・山ぎわ・丘の上など、生活に便利なところに集團的に住みついた。

（ワ）大昔の人の生活は、不安定で苦労がきわめて多かった。

（カ）大昔の人の社会生活は、かんたんであったが、やはり秩序は保たれていた。

（ヨ）大昔の人は生活の必要から、ことばや文字を発明した。

（タ）大昔の人はいつも害敵になやまされていた。それをさけるために石や金属で武器が工夫された。

（レ）大昔の人は、病氣や自然の災害になやまされていた。ここから迷信や信仰が生れた。

（ソ）大昔の人は、徒歩・動物・丸木舟などによって交通をしていた。

（ツ）大昔の人は、かんたんな消費・分配の生活をしていた。（物々交換）

2、態　度

（イ）身のまわりのことについて疑問をもつ。

（ロ）自分から進んで、ものごとの眞相を明らかにしようとする。

（ハ）すじみちを通して考えをすすめ、問題を解決することに努力する。

（ニ）大昔の祖先の苦心をしのんで、困難なことも根氣よくする。

（ホ）生活のみちをきりひらいた、大昔の祖先に感謝する。

（ヘ）友人と協力して研究をする。

（ト）原始時代の資料をていねいに取扱う。

（チ）工夫して新しいものを作り出す。

（リ）自然を愛護し恩恵に感謝する。

3、能　力

（イ）自分の意見を発表し、他人の発表を批判できる。

（ロ）大昔の文化の発達を、年表であらわすことができる。

（ハ）研究の報告書を作ることができる。

（ニ）自然の資源を有効に利用することができる。

（ホ）遺蹟や遺物をくわしく観察することができる。

（ヘ）遺蹟や遺物のようすを、図や絵であらわすことができる。

（ト）大昔の祖先の生活について、研究問題をつかむことができる。

（チ）大昔の生活について、研究の計画をたてることができる。

（リ）研究のためいろいろの資料を集めて利用できる。

（ヌ）大昔の生活をいろいろの参考書からしらべることができる。

（ル）遺蹟や遺物の分布について地図をよんだり、つくったりすることができる。

（ヲ）ものごとのうつりかわりを、順序をたてて考えることができる。

（ワ）事実をもとにして推論をすることができる。

四、開始計画

2、この単元の学習に役立つ施設と資料

（イ）施設・郷土室・創作室・多摩川畔古墳貝塚群・國立博物館。

（ロ）資　料

①参考図書

・大昔の人々（文部省）・人間はいかに生活を展開したか（石田龍次郎）・人間の歴史をたずねて（北野道彦）・石器と土器の話（蒔田栄一）・博物館（近田静陸）・貝塚の話（酒詰仲男）・貝塚の話（四年國語・下）・日本古代文化の話（後藤守一）・新しい日本の歴史（毎日新聞社）・ことばと文字の歴史（塩田紀和）・日本の住居のうつりかわり（國立博物館）・火と人間（北野道彦）・人間のはじめ（湯浅明）・発明の歴史・火の巻（山崎好雄）。

②スライド

・新しい日本の歴史・第一巻（毎日数）・住居のうつりかわり（コニグラフ）・貝塚物語（理研）。

③その他

・古代の遺物の写眞及び現物（または模造品）・古代の生活をあらわした絵・古代の住居の模型・多摩川附近遺蹟群を示す地図・古代の年表・現存未開人の生活をあらわした写眞等。

2、着手計画

（イ）石器・土器・埴輪等の遺物を陳列する。

（ロ）遺蹟・遺物の写眞・絵等を展示する。

（ハ）多摩川畔の貝塚や古墳群を見学する。

（ニ）原始生活について話し合う。

（ホ）古代文化の研究者の話をきく。

（ヘ）郷土室や博物館を見学する。

（ト）古代の生活を内容とした紙芝居を見る。

（チ）「貝塚物語」・「住居のうつりかわり」・「新しい日本の歴史」などの幻燈を見る。

（リ）「大昔の人々」ほか原始生活についてかいた参考書をよむ。

（ヌ）現存未開人の生活をしらべる。

五、予想される学習活動

1、導　入（凡そ二時間）

（イ）原始生活について話し合う。

（ロ）古代の年表遺蹟・遺物の写眞・絵・現物・模造品・復原品等の陳列・展示及び幻燈の映写。

（ハ）原始文化研究者の話をきく。

（ニ）原始人の生活についてしらべることを話し合い、單元の方向を決定する。

2、問題の限定と研究及び組織

（イ）問題の限定

①古代の遺蹟や遺物は、どのようになっているか。

②古代の生活は、どのように行われていたか。

• 大昔の人は、家をどのようにしていたか。　• 大昔の人は、衣食生活をどのようにしていたか。

• 大昔の人は、生活にどんな道具をつかっていたか。　• 大昔の人はどんな社会生活をしていたか。（言語・文学・信仰・部落生活・経済生活等）　• 大昔の人は、どんな困難な環境で生活したか。

• 大昔の人は、害敵をどうして防いだか。　• 大昔の人はどのように交通したか。

（ロ）研究と組織

研　究	組　織
①**大昔の遺蹟と遺物しらべ**（凡そ一九時間） ○多摩川畔の古墳・貝塚をしらべる。 （A）目的地附近の地形・遺蹟の分布などを地図でしらべる。 （B）古墳や貝塚、石器や土器などについて幻燈・写眞・図版・参考書・講話等で予備知識を得る。 （C）遺蹟・遺物を現場でしらべる。 • 現場についての説明をきく。 • 現場のようすを図や絵にかく。 • 遺蹟については、大きさや置き等を測る。 • 遺蹟と地形との関係を観察する。 • 蒐集を許されている遺物（土器の破片等）をさがしあつめる。 • 石器や土器その他の遺物の形・質・図案等をしらべる。 • その他必要なスケッチ・記録などをしておく。 （D）調査の結果をまとめて報告しあい、疑問の点をはっきりさせる。 ○國立博物館のしらべ。	分團研究
（A）遺蹟・遺物のしらべについて話し合い、疑問として残った問題を確認し、國立博物館には完全な資料があるので、問題解決に便利であることを話す。	学級全体で話し合い
（B）博物館に行き整のった資料を見学する。 • 古代の遺物について概観する。 • 遺物の種類を知る。 • 遺物の復原形を知る。 • 遺物の発達を知る。	分團研究
（C）博物館の係の人の説明をきき、質問もして、問題の解決に努力する。	学級全体で話をきく
○研究発表会をする。 （A）発表題目と発表者をきめる。 （B）プログラムをつくる。 （C）発表資料をととのえる。 （D）案内状を出す。 （E）司会者をきめる。 （F）発表会を行う。 （G）発表についての質疑應答・討議・及び教師の批判。	分團・作業別発表
②**大昔の生活しらべ**（凡そ五〇時間）	分團研究
○大昔の住居をしらべる。 （イ）「大昔の人々」・「日本の住居のうつりかわり」（以上参考書）「住居のうつりかわり」（スライド）・「古代住居模型」等の資料の研究及び郷土室・博物館の見学によって古代の住居のようす及びその発達を知る。 （B）住居と自然條件との関係について、考えてみる。	住居班・衣食班にわける

研究	組織
● 地形と古代聚落とのつながりを綜合模型に作ってみる。 (C) たて穴式住居、その他の住居の模型を作る。 ○大昔の衣食生活をしらべる。 (A) 古代の食物の種類・獲得法・調理法・保存法等を参考書によってしらべる。 (B) 大昔の発火法について参考書でしらべ実験してみる。 (C) 食生活に使用した道具のいろいろ（土器・石器・骨器・木器の調理・狩漁具）を郷土室・博物館・図書館にある資料で研究する。 (D) 原始農業の姿をしらべる。 ● 農耕のおこった理由。 ● 農耕の始期と規模、農耕具の発達。 ● 作物の生産・消費の状況。 等について静岡縣登呂遺蹟の資料を中心に博物館・参考書で研究する。 (E) 衣服の原料・形式・発達等を参考書でしらべる。 (F) 古代の服装をしてみる。 ○大昔の生活の苦心について考える。	学級全体の話合いで分團研究及び

研究	組織
(A) 大昔の人と自然との関係を参考書でしらべる。 ● 大昔に棲息していた動・植物を参考書でしらべる。 ● 大昔の自然の脅威を想像する。 ● 古代人はその脅威をどのように克服し利用したかを、参考書及び現存未開土人の生活から推しはかる。 (B) 大昔の生活がきわめて不便・不安定であったことを知る。 ● 現存未開土人と文明人との生活を比較する。 ● 「ロビンソン・クルーソー」や「十五少年」の物語りをよんで原始生活の苦労を知る。 ● 石器作り・土器作り、いろいろの発火法等を実験して、古代人の生活の苦労を知り、現在の生活と比較する。 ○大昔の社会生活についてしらべる。 (A) 古代の言葉や文字、信仰や習慣、経済生活、社会的統制、害敵の防禦、交通の方法等について参考書及び現存未開土人の生活を手がかりとして研究する。	学級全体の話し合い分團研究

3、**概括及び仕上げ**（凡そ四時間）

（イ）古代の生活についての概括を話し合う。

（ロ）古代の生活について研究した報告書や資料（絵・図表・制作模型・遺物その他）を整理する。

（ハ）古代の生活についての研究発表会をする。

（ニ）古代の生活を内容とする幻燈スライド、絵巻、紙芝居、劇等を創作する。

（ホ）「古代の生活」研究の感想を発表・討議する。

六、評　價（略）

第三節　たのしい生活

一、単元三　たのしい生活（六月中旬から九月下旬まで凡そ五週・七四時間）

二、単元設定の理由

1、**児童の要求と興味から**

（イ）この期の児童は、身体的にかなりの発達をしめし、知的欲求・情意的発達・社会意識もそれぞれ論理的・審美的・自主的な傾向をたどって、行動全体が活力に溢れ溌剌としている。

（ロ）この期の児童の実態から、ともすると活力にまかせ、粗暴な行動や運動の偏頗、学習の不熱心、望ましくない交友関係などがあらわれ勝ちである。

（ハ）しかしながら児童の実態に直結する傾向として、未知へのあこがれ、身体の保全、自主的社会生活、生活改善等の諸要求が芽生えている。

（ニ）この単元は、以上のような児童の諸傾向を考慮し、有効な諸経験を獲得するために設けられた。

2、社会の要求から

（イ）現在の社会の実態から、科学的水準、保健衛生の思想（とくに社会衛生）の徹底、保健の習慣形成、家庭生活の能率化、民主化の程度等において極めて不十分なるものがあり、社会の民主化を少なからず阻んでいる。

（ロ）望ましい民主的社会においても、安全健康な生活、あかるい交際、生活の能率的技術化、家庭生活の民主化が痛切に要求される。

（ハ）この単元は、このような社会的諸要求をも満足させ、民主的社会の建設に役立つものである。

3、単元の内容（この単元は、つぎの問題解決を内容とする）

（イ）運動・休養・食生活等は、健康の保持とどんな関係があるか。

（ロ）安全健康な生活は、どうしたらできるか。

（ハ）保健の習慣は、どのようにしたら形成できるか。

（ニ）生活の能率化・科学化はどうしたらよいか。

（ホ）あかるい学校、家庭の生活は、どうしたらよいか。

4、既有経験とのつながり

（イ）この単元は、スコープ中、生命財産の保護・保全、厚生・慰安、教育、美的・宗教的情操、政治等に深い関係をもち、児童の生活に対する積極的傾向や知的欲求に適合するものである。

（ロ）この単元は、一年「じょうぶなからだ」・「たのしい学校」、二年「丈夫なからだ」・「二年生になって」、三年「私たちの生活」、四年「よい学校」で学習した諸経験の発展であり、より有効な経験を獲得する。

三、目　標

1、理　解

（イ）運動はやりすぎると害がある。ほどよい運動は健康を保つのに大切である。

（ロ）休養は健康のために必要である。

（ハ）入浴や睡眠は疲労を回復する。

（ニ）健康には日光・空気・熱・湿気等が影響する。

（ホ）健康を保ち進めるためには、自分のからだについてよく知り、適した方法をとらなければならない。

（ヘ）健康を保つためには、いろいろの種類の食物を組合せてとらなければならない。

（ト）食事は、気もちよく、正しくしなければならない。

（チ）からだや環境が不潔であると、病気にかかりやすい。

（リ）病気の中には、細菌によって起るものがあり、伝染をする。

（ヌ）伝染病は、注意することによって予防できる。

（ル）からだには、病気を治す力がある。この力を強くすることもできる。

（ヲ）病気やけがの中には、かんたんな手当でなおすことのできるものがある。

（ワ）病気は、手当次第で早くなおる。

（カ）健康は、保健についての習慣が継続されなくては、保つことができない。

（ヨ）健康は自分一人の問題でなく、社会全体に深い関係がある。そのためいろいろの社会施設がある。

（タ）いろいろの量を小数であらわして計算すると、きわめて便利である。

（レ）夏休みは学校をはなれて、自主的に生活し有効な経験を獲得する期間である。

（ソ）計画をたてて生活をすると、夏休みを有効にすごすことができる。

（ツ）学校や家庭の生活を計画をたてて設計すると、能率的に生活することができる。

（ネ）学級会は、一人々々が責任ある言動をして民主的に運営しなければならない。

（ナ）分團学習や討議学習・劇化などは、学習をたすけ有効にする。

（ラ）辞書をつかいこなすと、自主的な有効な学習ができ生活を能率化する。

（ム）展覧会や研究発表会は、学習を有効にするために必要である。

（ウ）家庭生活には秩序があり、その秩序を重んじなければ楽しい家庭生活はできない。

（ヰ）生活は、自分の心がけ次第でたのしくすることができる。

2、態　度

（イ）日常生活を、科学的にすじみちをたてて考えていく。

（ロ）迷信にとらわれないで、科学を尊重する。

（ハ）研究・作業を熱心に綿密にする。

（ニ）専門家（医師・看護婦・保健婦・教師・父母等）の意見をきき、わがままをしない。

（ホ）研究や作業は、よく協力してやる。

（ヘ）礼儀を守り、人に迷惑をかけないようにする。

（ト）社会衛生に関心をもつ。

（チ）すべての人が健康でたのしくいられるようにする。

（リ）自然を愛し恩恵に感謝する。

（ヌ）生活環境の清潔と美化に留意する。

（ル）安全に身を守り、健康を保ち進める習慣をやしなう。

3、能　力

（イ）人の発表をきき、批判をすることができる。

（ロ）健康生活や夏休みの生活の体験を、記述することができる。

（ハ）健康・保健についての研究の報告書ができる。

（ニ）健康生活や能率生活について劇化の脚本をつくることができる。

（ホ）小数の意味がわかり、量を小数であらわし、かんたんな計算ができる。

（ヘ）重さや長さ・時間等の測定ができる。

（ト）折線グラフ・棒グラフ等をよみ、かくことができる。

（チ）かんたんな統計ができる。

（リ）体温計・湿度計等がうまくつかえる。

（ヌ）ピンセット・はさみ・メス・試験管・ヨードチンキ、マーキュロクローム・オキシフル等のかんたんな医療器具や薬品をつかうことができる。

（ル）計画的に日常の生活を処理することができる。

（ヲ）時間をむだなくつかうことができる。

（ワ）生活をたのしくゆたかにしていく工夫ができる。

（カ）健康生活や能率的な生活について問題をもち、解決の計画をたてることができる。

（ヨ）健康生活に関係のある生活現象を観察することができる。

（タ）健康室や参考図書、その他の資料をつかって保健の問題を解決することができる。

（レ）健康を保ち進めることができる。

（ソ）保健の習慣を身につけることができる。

（ツ）危険から身を守ることができる。

（ネ）病気やけがの應急処置ができる。

（ナ）いろいろの学習法を有効に利用し、学習の効果をあげることができる。

（ラ）辞書や参考書をつかいこなして、生活を能率的にすることができる。

（ム）劇化において、美術的な効果をあげることができる。

四、開始計画

1、この単元の学習に必要な施設と資料

（イ）施　設

・健康室　・給食室　・科学室　・学校図書館（以上校内）　・日赤博物館　・公衆衛生局　・愛育会　・保健所　・区役所　・傳染病研究所　・國立病院　（以上地域社会）。

（ロ）資　料

①参考図書

・児童スポーツ（野口源次郎）・運動の話（針重敬喜）・栄養と植物（川島四郎）・やさしい体の科学（生田信保）・子供生理衛生物語（小学生文庫）・栄養はどうしてとるか（神戸伊三郎）・身体と食物（正木不如丘）・児童の生理学（桑野久任）・子供の生理衛生物語（正木不如丘）・寄生虫をどうふせぐか（岩田正俊）・微生物の話（永田義夫）・じょうぶなからだ（加藤富男）・どうしたらじょうぶなからだになれるか（文部省）・微生物と病気（木谷威男）・医学のあゆみ（平沢興）・家庭生活（鶴山京）・民主主義（ゴスリン）・すばらしい世界へ（マロソリーフ）。

②スライドとフイルム

・傳染病（毎日数）・回虫（毎日数）・若杉君とツベルクリン（理研）・あなたはいつ結核になるか（理研）・歯を磨きましょう（コニグラフ）・野球（毎日数）・水泳（毎日数）（以上スライド）・消化の話（十字屋）・血液の循環（十字屋）（以上フイルム）。

③その他

- 衛生教育に関する掛図。
- 図表（身体検査表・体力テスト表・視力表）。
- 絵・写真＝寄生虫の絵（写真）・運動の絵（写真）・むし歯の絵（写真）。
- 標本・模型＝人体模型・歯の標本・骨格模型（標本）。

2、着手計画

（イ）学級生活の現状について話し合う。　（ロ）楽しい学校生活や家庭生活について話し合う。

（ハ）生活合理化を内容とする写真・絵・紙芝居等を見る。　（ニ）学級で学藝会・運動会・遠足等をおこなつた経験を話し合う。

（ホ）学校生活や家庭生活の向上に関するポスター・絵・写真等を展示したり、映画や幻燈をする。

五、予想される学習活動

1、導　入（凡そ二時間）

（イ）学級生活について自治活動・学習活動・美化作業・健康生活等を反省する。

（ロ）健康生活・安全生活・合理的生活に関する写真・絵・ポスター・図表等を展示する。

（ハ）学校・家庭での健康生活・安全生活・合理的生活は、どうしたら実現するかを考えることを話し合つてきめる。

2、問題の限定と研究及び組織

（イ）問題の限定

①どうしたら健康で安全な生活ができるか。

②生活をむだなく楽しくするのには、どうしたらよいか。

（ロ）研究と組織

研究	組織
①丈夫なからだ（凡そ四二時間） ○からだのしらべ。 （A）運動についての話し合いをする。 （B）運動についての写真・絵・ポスターの蒐集と展示。 （C）運動のポスターをつくる。 （D）身体のじょうぶさをしらべる。 ● 体力テストを実施して小数を利用して記録をとり、結果を図表やグラフにつくる。 ● 身体検査の結果を小数を利用して図表やグラフにつくる。 ● 欠席について、欠席者・欠席日数・病名等を統計する。 ● 体力テスト・身体検査・欠席のまとめから学級の標準体位や、優秀体位の級友（健康児）などを決定し、学校における自分の体位の程度を発見する。	学級全体の話し合い及び作業
○健康法を考え実践する。 （A）保健のための習慣として、のぞましいものを考える。 （B）それらが健康法として適当であるかどうか検討する。 （C）保健を内容とするポスターを工夫してつくる。 （D）保健の習慣形成をする実践方法について工夫し実践する。	分團研究
○健康法についてくわしくしらべる。 （A）運動や休養は、どうして健康に大切であるかをしらべる。 ● 運動しているときの筋肉や骨のうごきかたをしらべる。 ● 運動をした後のからだの変化を観察する。（発汗・呼吸・脈の変化） ● 運動後からだの状態が変化するわけを考える。 ● 運動の継続でつかれることの実験をする。 ● 運動後の疲労の回復法を考える。 ● 過激な運動と病氣との関係を知る。 ● 適当な運動は健康によいことを知る。 ● よい運動とは、どんな運動かを考える。 ● 休養による疲労の回復と仕事の能率とについて、考える。 ● 休養にはどんなものがあるかを知る。 ● 一日や一週間の生活で休養のとりかたを工夫する。 （B）食物と健康生活との関係をしらべる。 ● 食品表、むしばの絵（写真）、歯のみがき方の絵、	分團研究 運動班・食物班・衛生班・病氣班等

研究	組織
悪い歯ならびの写真、消化器系統の図・模型、人体模型等を陳列・展示する。	
● 健康と栄養との関係を参考書でしらべる。	
● 食品表等から食物と栄養との関係を理解し、偏食のわるいことを知る。	
● 歯のはたらき、歯の生理等を参考書でしらべ、むしばのできるわけや、その手当、歯の磨き方、よくかんでたべる習慣の大切さを理解する。	
● 消化経路を消化器の絵図や参考書でしらべる。	
(C) からだ、環境の清潔と健康との関係を調べる。	
● 不潔によって起る病気の種類と恐ろしさとを知る。	
● 細菌によって起る病気と傳染経路とを調べる。	
● か・はえ・しらみ・のみの生態をしらべ、その驅除法を工夫する。	
● 傳染病の予防法についてしらべる。	
● 傳染病研究所・保健所・病院など保健に関係のある社会施設を見学し、社会衞生の問題を考える。	
● 健康によい環境を理解し、よい環境をつくることを工夫する。	
(通風・採光・温度・湿度等について考える)	
(D) 病氣やけがの應急手当法を知り、実習する。	
● 病気にかかったときのからだの変化(体温・呼	

研究	組織
吸・脈・食慾・体重の変化)によって、自己診断の方法を心得る。	
● 病氣(かぜ・腹痛・頭痛等)・けが(鼻血・骨折・切りきず・すりきず・やけど等)の手当法を知り実習する。	
● かんたんな医療器具(ピンセット・メス・はさみ等)・材料(ガーゼ・ホウタイ・消毒綿)・薬品(マーキュロ・オキシフル・ヨードチンキ等)の使用法をわきまえ実習する。	
② よいくらしかた(凡そ二六時間)	
○夏休みのくらしかたを工夫する。	学級全体の話し合い、及び分團研究
(A) 夏休みの意義について考える。	
(B) 夏休みのくらしかたの工夫。	
● 夏休みの仕事を考え、検討してきめる。	
● 仕事を計画の中に組み入れる。	
(日課表や綜合計画表の工夫)	
(C) 夏休みの整理をどうするかを考える。	
○第二学期の生活	学級全体の話し合い、及び作業
(A) 夏休みの生活反省。	
● 夏休みの経験の発表。	
● 夏休みの生活の反省(計画とどうであったか)	
(B) 二学期の計画	
● 一学期の生活の反省。	
● 二学期の覚悟と抱負との話し合い。	

研究	組織
● 学級行事の決定(行事予定をつくる)	
● 夏休み作品展覧と研究会と発表会との企画と実施。	
● 学習活動の反省と計画。	
△自治活動の反省と計画。	
△学習法の反省と計画。	
経験学習の反省(問題のつかみかた。研究態度と資料施設のつかいかた。研究のまとめかた・発表のしかた等)	
基礎学習の反省。	
学習法の活用。	
(討議法・分團学習・劇化学習・現場学習等)	

研究	組織
辞書のつかいかた。	
(辞書のできかた。辞書のひきかた)	
○よい家庭生活	分團研究
(A) 家庭生活の現状の反省。	
(B) 家庭生活の工夫。	
● 時間のつかいかた(学習、手傳い遊び、休養、食事・睡眠等)	
● よい遊びかたの工夫。	
● 健康保持の工夫。	
● 家庭学習の工夫。	
● 道具の工夫。	
● 父母・祖父母、その他家人に対する態度の反省。	

3、**概括及び仕上げ**(凡そ四時間)

(イ) 健康・安全な生活について、研究したことをまとめ発表をする。

(ロ) 健康生活を内容とした劇　創作して発表する。

(ハ) 健康・安全・合理的生活を刺戟するポスターの展示。

(ニ) 生活合理化の工夫の発表。

(ホ) 健康・安全・合理的生活の継続的実践の体験発表。

(ヘ) この単元学習の反省と感想との発表。

六、評　価(略)

第四節　武蔵野の秋

一、単元四　武蔵野の秋（九月下旬から十月下旬まで凡そ五週・六八時間）

二、単元設定の理由

1、**児童の要求と興味から**

（イ）第四学年の秋ともなれば、児の身体的発育はめざましく、夏やせもすっかり回復して、はちきれるばかりであり、運動に対する意欲もきわめて旺盛である。また秋の落着いた自然的環境に刺戟を受けて学習にも関心が向いてくる。同時に青空がすみわたり、秋虫がすだき、みのりをもたらす秋の自然は、児童の知的・情意的傾向とむすんで生物の生活や、気象の変化に対する興味をそそるものである。

（ロ）しかし運動に対する意欲は、健康生活や生活の合理化を考慮しないと、過度に陥ってのぞましい学校生活や家庭生活がいとなまれない結果になるし、また自然に対する児童の関心や興味は、これを刺戟し発展させないと、表面的な理解や好奇心の満足に終ってしまう傾向がある。自然に親しみ、自然の恩恵を感謝し、自然資源の保護・保全について有効な経験を獲得するのには、これらの関心や興味を効果的に発展させなくてはならない。

（ハ）この単元は、このような児童の実態を考慮に入れ、有効な経験を発展させるために設けられた。

2、**社会の要求**

（イ）現在の社会の実態からすると、自然資源の保護と利用及び生産の向上による国土の再建が痛切に要求される。しかしながら自然に対する関心や資源の保護・利用、生産については、科学的な理解と技術とが低いといわざるを得ない。

（ロ）望ましい民主社会にあっては、自然の愛護、自然資源の保護・利用、生産の能率化は、地域社会の生活の安定の基盤であり、発展の基礎である。

（ハ）この単元は、このような社会の諸要求に應えるものである。

3、**単元の内容**（この単元はつぎの問題の解決を内容とする）

（イ）秋の学校生活を有効にすごすのには、どうしたらよいか。

（ロ）秋の畑や野山はどんなようすか。

（ハ）秋の天氣のようすは、どう変るか。

4、**既有経験とのつながり**

（イ）この単元は、スコープ中、自然資源の保護利用、物の生産、美的・宗教的表現、厚生・慰安、教育等に関係をもち、児童の生活改善、自然に対する興味等の発達段階に應えるものである。

（ロ）この単元は、一年「たのしい秋の学校」、二年「たのしい秋」、三年「秋の学校」の学習の発展であり、秋の自然や生活についてのより高次の経験を獲得するものである。

三、目　標

1、**理　解**

（イ）運動は、氣分を爽快にし、健康を増す。

（ロ）運動は、勝敗にこだわらず公正に行うのがよい。

（ハ）遠足や運動会は、綿密な計画のもとに行うのがよい。

（ニ）遠足によって地域社会の自然や生活のようすがわかる。

（ホ）学習参考書やその他のよみものは、よいものをえらんで工夫してよむと有効である。

（ヘ）秋分のところの、太陽の出入方向・時刻・高度を知る。

（ト）秋の天氣の特徴が氣温・雨量・風向・濕度等からわかる。

（チ）月・太陽・星等の運行について理解する。

（リ）月・太陽等のようすがわかる。

（ヌ）恒星や惑星について理解する。

（ル）北極星や星座のことがわかる。

（ヲ）植物の実や種の生成、構造・散布がわかる。

（ワ）植物の繁殖の方法を理解する。

（カ）秋咲きの花の生理や構造がわかる。

（ヨ）一年生・多年生草本の意味がわかる。

（タ）秋の植物の生理（冬支度）がわかる。

（レ）秋鳴く虫及びその他の昆虫の生態・形態を理解する。

（ソ）秋收穫する作物（さつまいも・いね等）の生理や形態・処理の方法がわかる。

（ツ）いねの害虫の発生・生活習慣・形態・駆除法がわかる。

（ネ）秋蒔きの作物のそだて方がわかる。

（ナ）作物によい土がわかる。

（ラ）土の種類・成因等を理解する。

（ム）家禽や家畜、その他有用動物の飼養法・利用法がわかる。（とくにかいこについて）

2、態　度

（イ）生活の改善や秋の自然について科学的・自主的に究明しようとする。

（ロ）事実を尊重し、研究は実証的である。

（ハ）自然に興味をもちよく観察をする。

（ニ）熱心に根氣づよく研究をすすめる。

（ホ）友人とよく協力して、能率的に学習する。

（ヘ）自然科学上の発見をした先人の功績を知り、畏敬し有効に利用する。

（ト）校外に出かけたとき、行儀よくして他人に迷惑をかけない。

（チ）校外に出かけるときは、交通道徳をよく守る。

（リ）学校の体育施設を大切に取扱う。

（ヌ）自然の恵みに感謝し、美しさを鑑賞する。

（ル）生物の観察、飼育・栽培等によって生物に親しむ。

（ヲ）戸外での生活をたのしむ。

3、能　力

（イ）秋の学校生活や自然について作文をかいたり、研究の報告書を作ったりすることができる。

（ロ）生活の改善や、秋の自然研究について討議することができる。

（ハ）畑の收穫物の量を測定して、図表にあらわすことができる。

（ニ）温度や濕度・雨量を測定してグラフにあらわすことができる。

（ホ）磁針・寒暖計・雨量計・濕度計・風向計・時計・等の測定器具、虫めがね・顕微鏡・天体望遠鏡・農具、動・植・鑛物の採集用具・星座盤等がつかえる。

（ヘ）健康を保ちすすめることができる。

（ト）本の整理や整頓ができる。

（チ）天氣の変化、生物の生活の観察・記録ができる。

（リ）秋の生活や自然に関心をもち、問題をつかむことができる。

（ヌ）問題解決の見とおしと計画がたてられる。

（ル）秋の動・植物の標本、鑛物の標本をつくることができる。

（ヲ）参考書やよみものを選択し、能率的によむことができる。

（ワ）星座がわかり、星で方角を知ることができる。

（カ）動・植物を飼育・栽培して生活を観察し、結果の処理もできる。（かいこを育ててまゆをとる等）

（ヨ）作物の害虫が駆除できる。

（タ）秋の自然を美しく正確に描写できる。

四、開始計画

1、この単元に役立つ施設と資料

（イ）施　設

- 科学室・学校（級）園（以上校内）
- 井の頭自然文化園・植物園・氣象台・科学博物館・多摩川畔・学校附近野原（以上地域社会）

（ロ）資　料

㈠参　考　書（「よい学校」にかかげた自然関係のものは省く）

- 人間をめぐる自然（石田龍次郎）・植物から作物へ（斎藤清）・植物はどうして生長するか（瀬戸伊三郎）・植物の生き方（堀七蔵他）・植物はどうしてふえるか（瀬戸伊三郎）・稲と米の話（原島重彦）・園藝と小家畜（千葉敬止）・動物と私たち（藤原正義）・たのしい昆虫採集（土方毅夫）・みつばちの生活（砂村秀治）・蟻の世界（矢野宗幹）・クモの生活（高木勝次）・子供動物学

（小学生全集）・昆虫図絵（植村利夫）・氣象の話（大谷東平）・氣象の話（山田國親）・天体の話（野尻抱影）・太陽（野尻抱影）・日本の星十二ヵ月（野尻抱影）・星の世界（高城武夫）・子供の天文学（原田三夫）・空には何がみえるか（文部省）・地面はどのようになっているか（文部省）・天文の話・鉱物の話（小学生全集）・空と地面（花村都雄）・僕の地質学（鑓沼茂三郎）

②スライドとフイルム

● 月の世界（ニニグラフ）・コロ助のバイオリン（ニニグラフ）・太陽の話（ヒカリ）・星座めぐり（理研）・秋の科学（F・F・D）・木の実草の実（F・F・D）・土のめぐみ（ヒカリ）・虫をたずねて（F・F・D）・蚕の科学（理研）・せみ（ニニグラフ）・昆虫の生活（理研）（以上スライド）。・稲の話（1）（2）（十字屋）・蝶の一生（十字屋）・蚕の話（1）（2）（十字屋）・種子の散布（十字屋）・にわとりの話（十字屋）（以上フイルム）

③その他

- 掛　図（秋の生物、土と空、を説明した絵図等）
- 写眞・絵（台風の被害をあらわしたもの、秋の野山をうつしたもの、秋の雲等）
- 標　本（秋の生物の標本、鉱物標本、土壌の種類の標本）

2、着手計画

（イ）運動会や遠足のたのしさについて話し合い、運動会や遠足を実施する。（ロ）秋の自然の恵みや美しさについて話し合う。（ハ）秋の虫や草花を飼育・栽培して観察する。（ニ）秋の氣持よい氣候と学習のことについて話し合う。

（ホ）秋の自然や收穫等を内容とした写眞・絵等を展示する。

（ヘ）秋に関係ある映画や幻燈を見る。

五、予想される学習活動

1、導　入（凡そ三時間）

（イ）「秋の科学」等の幻燈を映写する。（ロ）秋の自然の美しさ、たのしさを話し合う。

（ハ）学校の近所の野原に行き、動植物のようすを観察する。秋の動植物を育てる。

（ニ）秋の写眞や絵で教室をかざる。（ホ）秋の行事について話し合う。

（ヘ）秋の生活や自然について、しらべることを話し合って決める。

2、問題の限定と研究及び組織

（イ）問題の限定

①遠足と運動会、讀書はどうしたらうまくできるか。

②秋の畑・野山はどんなようすか。

③秋の天氣は、どう変るか。

（ロ）研究と組織

研　究	組　織
①たのしい秋の学校生活（凡そ一五時間） ○遠足と運動会。 （A）遠足と運動会のたのしさについて話し合う。 （B）遠足や運動会の計画について考える。 （C）遠足を実施する。 ● 畑や野山の自然のようすを観察する。 ● 動植物、石ころの採集。 ● 畑や野山の生物をしらべる。 ● 土や空の観察。 ● 秋景色を描く。	学級全体の話し合い及び分團作業
（D）遠足の整理 ● 蒐集資料の分類・整理・展示。 ● 研究の報告書つくりと発表。 ● 遠足のようすを、や文にする。 ● 遠足の反省。 （E）運動会を実施する。 （F）運動会の反省。 ○本のよみかた。 （A）学校（級）図書館の利用を反省する。 （B）分類や、辞書のつかいかたについて復習する。	

研究	組織
(C) もっている本のしらべをする。	
(D) よい本・悪い本の選択について話し合い、具体的にえらぶ。	
(E) 本のよみ方を工夫する。	
読書記録のつくりかたを考える。	
②秋の自然のしらべ（凡そ四六時間）	
○秋の天氣しらべ。	
(A) 夏から秋への氣候のうつりかわりについて氣づいたことの話し合い。	学級全体の話し合い及び分園作業
(B) 秋の天氣の特徴をつかむ。	
• 氣溫の変化をしらべグラフにかく。	
• 毛髪・セロファン等で濕度計を工夫してつくり、濕度をはかる。	
• 風をしらべる。	
△風力をはかる工夫をして風力をはかる。	
△風向計や風船で風向を知る。	
• 雲のでかたや、形をしらべる。	
• 雨量を雨量計ではかってしらべる。	
• 毎日の天氣を符号によって記録する。	
(C) 秋分前後の太陽についてしらべる。	
• 日出・日入の時刻の変化をこよみや觀測によってしらべる。	
• 日出・日入の方向の変化を觀測する。	
• 南中時の太陽の高さの変化をかげの長さの変化で知る。	
(D) 星と月・太陽についてしらべる。	
• 月、土星・火星、等を天体望遠鏡でみる。	
• 月のみち、かけを觀察する。	
• 秋の星座を星座盤や説明で知る。	
• 北極星を見つけて方角がわかる。	
• 宇宙の構造　天体の運行、太陽・月　星の成因・ようす等について参考書でしらべる。	
• 「月の世界」・「太陽の話」・「星座めぐり」等の幻燈をみる。	
○秋の動物しらべ。	分園作業
(A) 鳴く虫をしらべる。	
• コウロギ、スズムシ、キリギリス、等の鳴く虫を飼って育てる。	
• 鳴く虫の生活のようすや、鳴き方をしらべる。	
• 「コロスケのバイオリン」の映写をする。	
(B) その他の秋の虫をしらべる。	
• 秋の虫の標本をつくる。	
• 秋の虫を飼って、形や生態を研究する。	
• 「昆虫の生活」・「虫をたずねて」を映写する。「せみ」・「せみの一生」	
(C) 蚕のしらべ。	
• 「蚕の科学」　「蚕の話」を映写する。	
• 蚕を卵から育てて生育のようすを觀察する。	

研究	組織
• 蚕のからだをしらべる。	
• まゆから絹糸をつくる。	
(D) 学校園の動物（にわとり・うさぎ）のせわをする。	
• 「にわとりの話」を映写する。	
(E) 作物の害虫をしらべる。	
• 害虫（イナゴ・ズイムシ・ウンカ・ヨトウムシ・シンクイムシ）等の生態をしらべる。	
• 害虫の駆除法を工夫する。	
○秋の植物しらべ。	分園作業
(A) 秋の野草をあつめ、野草園をつくる。	
(B) 秋の野草をあつめて標本をつくる。	
(C) 秋の草花をしらべる。	
• 花のしらべをする。	
• 実　種のできかた、種の運ばれかたをしらべる。	
• 「木の実草の実」・「種子の散布」を映写する。	
• 秋の季節と植物のようすの変化とをしらべる。（植物の冬仕度）	
○秋　の　畑	分園作業
(A) 秋の畑の手入れをする。	
(B) さつまいも・いね等の収穫をし、収穫量を測る。	
(C) いねを処理して米にしてみる。	
• 「いねの話」を映写する。	
(D) 秋蒔の野菜の蒔付や植えつけをする。	
(E) 畑の土をしらべる。	分園研究
• 畑の土の種類をしらべる。	
• 作物のそだち方と土との関係を実験してたしかめる。	
• 土のできかたを切通しの觀察や参考書によってしらべる。	
• 「土のめぐみ」を映写する。	
○秋　の　川	学級全体の研究　分園研究
(A) 多摩川に行き川のようすをしらべる。	
• 川の景色を絵にかく。	
• 石ころあつめをする。	
• 流れ方・水量・侵蝕・川原のようすを觀察する。	
(B) 川のできかたや、利用について、参考書でしらべる。	

3、**概括と仕上げ**（凡そ四時間）

○秋の学校生活や自然しらべで学習したことをまとめて話し合う。（概括する）

○秋の自然しらべの資料を分類・整理して展示陳列をする。

○秋の収穫物を展覧する。

○研究を報告書にまとめ、発表会をひらく。

○この単元の学習に対する感想の話し合いと反省とをする。

六、評　價（略）

第五節　世田谷の発達

一、單元五　世田谷の発達（十一月上旬から十二月下旬まで凡そ七週・九二時間）

二、單元設定の理由

1、兒童の要求と興味から

（イ）兒童は、この時期においては、社会意識が現実の社会である地域社会にむかい、その社会によりよく適應することをのぞむようになる。また兒童の心理的な特性から自主的・論理的・客観的にものごとをながめる芽生えができ、地理的・歴史的な関心も顯著になつてくる。

（ロ）兒童のこのような傾向も適切に指導しないと、興味や要求の滿足が一時的・皮相的なものにおわつて、あたらよい芽生えが枯死してしまう傾向が多分にある。兒童の興味や要求を連鎖的に永続させ、よりよい社会の建設をはかることは、きわめてのぞましい。

（ハ）この單元は、兒童のこのような傾向から、地域社会をよくみつめ、理解すると共に適應の能力や態度を獲得するため設定された。

2、社会の要求から

（イ）地域社会の実情からすると、民主化には、いろいろの障碍が横たわつている。これらの障碍を克服して、のぞましい民主社会を建設するためには、地域社会のあるがままの姿の認識が要求される。

（ロ）望ましい民主化においては、地域社会の生活に関心をもち、その発展に貢献することが要求される。この要求を分析すると、

地域社会の現生活において、安全生活、資源の愛護と利用、生産、分配・消費、運輸・交通・通信、健康生活、教育、政治、文化遺産の愛護に関する理解・能力・態度の獲得。

歴史的発展について、開拓の精神・苦心、封建制度下の生活の理解と批判、都市の発達形態の理解、商業の発達理解等が特に要求される。

（ハ）この單元は、このような社会の要求を滿足するために設定された。

3、單元の内容（この單元は、つぎの問題解決を内容とする）

（イ）昔の世田谷のようすは、どうであつたか。

（ロ）今の世田谷の生活は、どのように行われているか。

4、既有経験とのつながり

（イ）この單元は、地域社会の生活全般にわたつての学習であるので全スコープと深い関係をもち、論理的・自主的・郷土的（地理的・歴史的）関心を深めつつある兒童の発達段階に適合したものである。

（ロ）この單元は、一年「学校の近所」二年「町の人」三年「郷土の交通」「郷土の慰安」等の学習の発展であり、四年「大昔の生活」で獲得した経驗内容の進展・拡充である。

三、目　標

1、理　解

（イ）地名には、その土地の発達に深い関係のあるものがある。

（ロ）世田谷の昔の領主は、吉良氏であった。そのほか酒井氏・井伊氏なども関係があった。

（ハ）領民は領主の統治下に、農業を中心として封建的な生活をしていた。

（ニ）世田谷城は、吉良氏の居城であった。今でも城址が残っており、当時の規模を偲ぶことができる。

（ホ）豪徳寺は、今から約三百九十年前にでき、吉良氏井伊氏と関係が深い。

（ヘ）宇佐神社も吉良氏と関係が深い。

（ト）世田谷の町は、世田谷城の城下町として開けた。

（チ）昔の世田谷の町は、今の玉電上町駅の南に発達した。

（リ）元宿・上町・下町・新宿等の地名は、その名残をとどめている。

（ヌ）天正の頃から、上町、下町の辺に、一・六の日に楽市が開かれ、これが後にぼろ市とかわった。

（ル）世田谷の商業は、楽市やぼろ市を中心としてさかんになった。

（ヲ）豪徳寺の北にある松原宿にも昔の商業地の名残がみられる。

（ワ）昔の世田谷にも大山・鎌倉街道等の交通路が発達し、人々の生活を便利にしていた。

（カ）玉川電車沿線は明治の始めに開け、次第に三宿太子堂・三軒茶屋等に商業の中心が移っていった。

（ヨ）世田谷区には、区役所があり、区民の生活の諸をし、警察や消防署は、区民の生活を火災から安全に保護している。

（タ）区長・区会議員は区民の選挙によってえらばれ、区の仕事を処理する。

（レ）区には、予算があり、計画的に財政が行われている。

（ソ）区役所には、いろいろの係があり、区民の生活が分担して処理されている。

（ツ）世田谷にも商（工）業がところどころに発展しており、区民の生活に役立っている。またこれらの商（工）業が発達するのには、それ相当の理由があった。

（ネ）世田谷区は閑静で居住に適しているので、住宅地として発達し消費地区の傾向がつよい。

（ナ）世田谷には商（工）業地・住宅地について、農地がひらけ、相当の農産物がある。

（ラ）世田谷では、いろいろの物資が円滑に区民に配給されるように工夫されている。

（ム）世田谷区には、厚生や慰安の施設があり、区民の健康生活、教養の向上等に役立っている。

（ウ）世田谷区内には、私鉄・バス・交通路等が相当に発達し、区民の生活を便利にし、世田谷の発達に役立っている。

（ヰ）世田谷には、いろいろの教育施設がある。

2、態　度

（イ）郷土の生活に関心をもち、その実態を究明する。

（ロ）郷土の生活について、ねばりづよく、分析的・綜合的にしらべる。

（ハ）友人と協力して研究や作業をすすめる。

（ニ）郷土の文化の進歩に貢献した祖先に感謝する。

（ホ）個人と社会のつながりを自覚し、他人に迷惑をかけないようにする。

（ヘ）郷土の文化的遺産や、資源を愛護する。

（ト）公共の施設を愛護し、ゆたかな社会生活をする。

（チ）交通道徳を守り、生命の安全を図ると共に、他人に迷惑をかけない。

（リ）社会的な統制を理解し、すすんでそれに従う。

（ヌ）封建制度を批判し、民主主義のありかたをつきつめて考える。

（ル）郷土を愛し、美化することに努力する。

3、能　力

（イ）世田谷の発達についてしらべ、報告書にまとめることができる。

（ロ）世田谷のうつりかわりについて、古老や研究者、その他事業の関係者等に面接して話をきき、要点をまとめて記録する。

（ハ）世田谷の生活実態を数量的に調査して、統計表やグラフにあらわす。

（ニ）物差・コンパス・定規・巻尺・磁針・等がうまくつかえる。

（ホ）郷土室を有効に利用することができる。

（ヘ）郷土の生活に疑問や課題をもち、かなり系統的に究明することができる。

（ト）郷土の課題の解決に関して、計画がでぎ、それに従って、研究をすすめることができる。

（チ）調査や見学、参考図書・古文書・地図・年表、その他の資料の活用によって、課題の結論をひきだすことができる。

（リ）郷土の生活をあらわした模型・地図・統計表・グラフ・絵等の資料を作成することができる。

四、開始計画

1、この単元の学習に役立つ施設と資料

（イ）施　　設

- 郷土室・図書館。
- 区役所・区役所出張所・保健所・都立病院・消防所・警察署・郵便局（世田谷二等）・電話局（世田谷・松沢）・私鉄会社（東急・帝都・京王・小田急等）・公園（駒留、駒繋、宇佐等）・商店（駒沢・三軒茶屋附近）・工場（用賀附近）・銀行・諸学校。
- 豪徳寺・宇佐八幡・ぼろ市・世田谷旧家（大庭氏）。

世田谷址、

（ロ）資　　料

①参　考　図　書

- 昔と今（文部省）・僕らの東京（島岡静二）・東京都（浅香幸雄）・日本地理大系（大東京篇）・東京都勢概要・日本地理風俗大系（大東京篇）・城下町の発達（小野晃嗣）・江戸名所図絵（斎藤幸雄他）・御府内備志考（三島政行）・新編武蔵風土記稿（昌平黌地誌局）

②そ　の　他

- 絵・写真（開〃計画（イ）に示した諸施設の写真・絵等）
- 地　図（五万分ノ一東京西南部地図、世田谷区全図、昔の世田谷の地図）
- 統計表・グラフ（世田谷の生活実態をあらわしたもの。例〃人口、生産・交通等）
- 年　表（世田谷の発達を示したもの）
- 系　図（吉良氏・毛利氏・井伊氏）
- 模　型（世田谷城址模型・世田谷上・下町附近模型）

2、着　手　計　画

（イ）日常生活の基盤が世田谷区にあることを話し合い、世田谷区に関係のある、絵・写真等を見て話し合いをする。
（ロ）世田谷城址・豪徳寺・ぼろ市・宇佐八幡・区役所等を見学して、世田谷の今昔について考える。
（ハ）世田谷区の地図をもとにして、おもしろい地名をしらべ、そのおこりについて話し合う。
（ニ）世田谷の発達に関係ある絵・写真・古文書・模型・地図・年表等を展示・陳列する。
（ホ）世田谷の発達にくわしい古老・研究家等から話をきく。

五、予想される学習活動

1、導　　入（凡そ三時間）

（イ）世田谷の発達に関係のある絵・写真・古文書・模型・地図・年表等を展示・陳列する。
（ロ）世田谷の名所や古蹟について説明をきく。
（ハ）三軒茶屋の部のようす、世田谷城址・豪徳寺等を見学にゆく。
（ニ）世田谷の昔と今との生活についてしらべることを話し合ってきめる。

2、問題の限定と研究及び組織

（イ）問題の限定

①昔の世田谷の生活は、どのように行われ、どのように発達してきたか。
②今の世田谷の生活はどのように行われているか。
③これからの世田谷は、どうなるか。

（ロ）研究及び組織

研　究　作　業	組織	研　究　作　業	組織
①昔の世田谷（凡そ二七時間）		○世田谷城址・豪徳寺・宇佐八幡・ぼろ市風景の写真。	

研究作業	組織
絵・地図等の展示、城址模型等の陳列をする。 ○地図によるめずらしい地名の発見と話し合い。 ○研究課題の設定。 (A) 世田谷城と豪徳寺。 (B) 世田谷の地名しらべ。 (C) 世田谷の商業のおこり。 ○昔の世田谷のしらべをする。 (A) 世田谷城と豪徳寺。	学級全体の話し合い
● 世田谷城についてしらべる。 △世田谷城についてあらましの話をきく △世田谷城に行き、ようすを観察する。 (附近の地形、城の規模等について) △世田谷城の復原模型を作ってみる。 △世田谷と吉良氏との関係をしらべる。 △世田谷城を中心とした当時の世田谷のようすを地図や地形の観察から絵図やパノラマにあらわしてみる。 △吉良氏の治下の領民がどんな生活をしていたか考える。 ● 豪德寺についてしらべる。 △豪德寺にいつて豪德寺の起源やうつりかわり等について、話をきく。 △豪德寺の見学(建物・寺域・有名人の墓地等) △豪德寺と吉良氏・井伊氏の関係をしらべる。	學級全体の話し合い及び分團研究

研究作業	組織
△豪德寺のまねき猫の由来をしらべる。 △豪德寺の模型、附近の地図等の作成、及び附近の写生。 △豪德寺の外、吉良氏に縁故のある寺社(勝光院・勝國寺・淨德院・宇佐八幡)をしらべる	
(B) 世田谷の地名しらべ。 ● 世田　の地名で特色のあるものを地図の観察や話し合いからさがす。 ● 世田谷元宿・新宿・上町・下町・経堂・駒沢・上馬(引沢)・中馬(引沢)・下馬(引沢)・三軒茶屋・三宿・太子堂・若林・野沢・弦巻・深沢・新町等の地名のおこりについて、説明をきいたり、話合って考える。 ● 地名の考察から昔の世田谷がどんなところであったかをまとめる。 ● 世田谷の略図をかき、しらべた地名や目黒川・烏山用水・北　用水・蛇崩川等の水系等を書入れる。	学級全体の話し合い及び分團研究
(C) 世田谷の商業のおこりと発達のしらべ。 ● 世田谷城址を中心とした地図を観察し、元宿・新宿・上町・下町の位置をはっきり知る。 ● 世田谷新宿(上町・下町)の街道を歩き、町なみを観察し、家なみや町のにぎやかさをしらべる。とくに昔の面影を残しているところをくわ	学級全体の話し合い及び分團研究

研究作業	組織
しくしらべる。 ● 昔の世田谷新宿のようすについて、土着の古老等の話をきく。 ● ぼろ市に関して、土着の旧家に行き古文書を見たり、話をきく。 ● ぼろ市のようすを観察し、取引されている品物や、店の数、客の数、種類等をしらべる。 ● ぼろ市の商人に、ぼろ市のうつりかわりをきく。 ● ぼろ市風景を絵にかいたり、作文にしたりする。 ● 城下町の発達についてしらべ世田谷城と世田谷元宿・新宿の関係をはっきりとする。 世田谷新宿の発達についてしらべてまとめる。 (ぼろ市のおこりとその発達) ● 世田谷新宿の全体を立体模型に作る。 ● 昔の世田谷の主要交通路(大山・鎌倉街道)等をしらべ、町の発達との関係を考える。 △世田谷の略図をかき、主要街道と宿とを入れて交通路と宿の発達をはっきりつかむ。 **②今の世田谷の生活**(凡そ三八時間)	
○今の世田谷の生活(政治・経済・文化等)に関係のある絵・写眞・図表等を展示する。(昔の世田谷の資料も比較対照のために展示陳列することがのぞましい) ○世田谷に関係のある友人の住居しらべをして、それを手がかりに世田谷の生活を話し合う。 ○世田谷区の全図を観察して区全体を概観し「昔	学級全体の話し合い

研究作業	組織
の世田谷の調べ」の話し合いと関連して今の世田谷の生活に関心をむけ研究問題を設定する。	
(A) 世田谷めぐり。(B) 世田谷の商業と生產。 (C) 世田谷の交通と通信。(D) 世田谷の文化施設。(E) 世田谷の教育と政治。 ○今の世田谷の生活をしらべる。 (A) 世田谷めぐり ● 世田谷の生活に関係ある主要場所を巡回して、世田谷の概観を得る。(三宿・三軒茶屋 若林・経堂方面・下北沢・上北沢方面・駒沢・玉川方面等) ● 巡回のようすや感想を方面別に報告する。	学級全体の話し合い及び分團研究
(B) 世田谷の商業と生產。 ● 世田谷の商業地である三軒茶屋 駒沢・下北沢・経堂を見学・調査し、報告書・統計表・グラフ等にまとめる。 △商店の軒数と分類。 △取引商品の種類・價格と取引高・純益。 △商品の仕入系統。△最近の商取引の傾向。 △商店の悩み△世田谷の商業の将来の見通し等 ● 各商業地区の発達の歴史をしらべる。 ● 世田谷の商業地区の分布を図にかき、商業発達の原因をしらべる。 ● 農業地帯(世田谷区の周辺部)に行き農業会や農地などで農業生產の実情を調査してまとめる。 △農產物の種類と生產高。	分團研究

研究作業	組織
△農家の生活。 △農産物のさばきかた。 △農家のなやみ。　△世田谷の農業の今後等。 • 世田谷区の農地の分布を図にあらわす。 • 区内の工場を見学して工業生産の実情について話をきき要点をまとめる。 • 銀行や郵便局に行き、区民の経済生活の一面を説明してもらう。 • 配給公園や区役所等に行き、区内の配給の実情について話をきき要点をまとめる。 （C）世田谷の交通と通信。 • 三年の「郷土の交通」の学習でどんなことをしたかを話し合う。 • 世田谷の交通機関にはどんなものがあるかをしらべ、系統を略図に書き入れる。 • 世田谷の交通機関に関係のある私鉄会社に行き、区の交通事情について説明をきく。 • 三軒茶屋・駒沢・下北沢・その他の数ヵ所で、交通量の調査をして、世田谷の交通の実情をつかむ。 • 世田谷の主要道路の系統をしらべ略図にかき、交通路線との関係をしらべる。 • 道路や交通機関が、世田谷の発達に影響していることを商業の発達と関係づけてまとめる。	分園研究

研究作業	組織
• 交通機関利用の心得について話し合う。 • 区内の郵便局・電話局を見学し、通信事務がどのように行われているかをしらべる。 （D）世田谷の文化施設。 • 区役所に行き、世田谷の文化施設の種類・数、利用の実情、今後の計画等について話をききまとめる。	学級全体で見学しさらに分園研究
• 区内の公園めぐりをして、設置の由來・施設・分布等をしらべる。 • 二子多摩川にゆき、休養・慰安地としての実情を観察する。	学級全体で話をききさらに分園研究
（E）世田谷の教育と政治。 • 区内の小学校に通信して、教育の実情を調査してまとめる。 • 世田谷区内の教育施設の種類や数・所在等をしらべる。 • 区役所の教育関係者や、小学校の校長から区の教育の実情について話をきいて要点をまとめる。 • 区役所にゆき、区役所のはたらきや、しくみについて説明をきく。 • 区の議事堂を見学し、区会のはたらきや、区会議員の仕事・選挙等についてしらべる。 • 区役所の機構をわかりやすく図表にあらわしてる。	

研究作業	組織
みる。 • 区の財政について話をきき、予算や税金のあらましについて知る。 • 区の住宅問題の実情を面積・人口等と関連して、説明してもらい要点をまとめる。 • 区の衛生・保健等について、関係者から説明をきき、保健所や病院を見学する。 • 消防署・警察の見学によって、はたらきやしくみをしらべ、火災予防や犯罪予防について考える。	
③将来の世田谷（凡そ一〇時間） ○世田谷の発達のあとをふりかえってみて、今後改善しなければならないことがらを考える。 ○将来の世田谷の姿を話し合う。 ○東京都の都市計画について説明をきき、将来の世田谷を設計して、図や模型にあらわしてみる。	分園研究

3、**概括と仕上げ**（凡そ四時間）

（イ）世田谷の発達について、作成した報告書の類をまとめ、学習のあとをふりかえる。

（ロ）世田谷の研究に利用したり、製作した資料を展示・陳列する。

（ハ）世田谷の発達について、研究発表会を開く。

（ニ）学習のために資料を提供してくれたり、見学・調査の便をはかったり説明をしてくれた人々に、感謝の礼状を出す。

（ホ）この單元の学習の反省と感想の発表。

六、評　價（略）

第六節　ひらけゆく東京

一、單元六　ひらけゆく東京（一月上旬から二月下旬まで凡そ七週・九六時間）

二、単元設定の理由

1、児童の要求と興味から

（イ）この期の児童には論理的・科学的な思考の芽生えが見られると同時に、現実的な社会や対人関係が意識され、よりよい生活への意欲が起ってくる。歴史的な発展や地理的なひろがりにも興味を加えてくる。

（ロ）このような児童の実態にもとづき、本学年においてはすでに、「大昔の生活」・「世田谷の発達」の単元を設け学習をすすめて来た。しかしこの学習は、さらに発展して「東京の発達」を探ることに進むのがのぞましい。これは、五・六学年において国土・国際社会生活に眼をむける基盤としてきわめて重要である。

（ハ）この単元はこのような児童の実態と、それにもとづく経験の発展とを考慮して設定された。

2、社会の要求から

（イ）社会の現状は、戦禍の被害からの立上りが十分でなく、人心の荒廃と、物資の缺乏、占領下の特殊事情等のために保健・衛生、資源、生産、分配・消費、交通・通信・運輸、教育、政治の各方面において隘路が少なくない。これらの悪條件を克服して、よりよい社会の実現に努力することは、現下の社会の痛切な要求である。

（ロ）望ましい民主的社会の建設の立場から地域社会のよりよい発展が要求される。これらの要求を分析してみると、公衆衛生思想の徹底、保健衛生に関する理解と関心、災害予防、資源の愛護と開発、生産の創造化、生産過程の理解、國土復興と生産向上、分配・消費の合理化、交通の社会的意義の理解、交通機関の整備・改善、厚生・慰安施設の強化、民主政治の理解、生活と政治の直結、等であることがうかがわれる。

3、単元の内容（この単元は、つぎの問題解決を内容とする）

（イ）東京はどのように発達してきたか。

（ロ）東京の生活は、どのように行われているか。

（ハ）これからの東京をどのようにしたいか。

4、既有経験とのつながり

（イ）この単元は、地域社会である東京の発展を学習内容とするので、全スコープに関係をもち、児童の地理的・歴史的・社会的、知的関心の発達段階に適合するものである。

（ロ）この単元は、一年「学校の近所」、二年「町の人」、三年「私たちの町」の発展であり、既有の学習経験を拡大・深化したものである。

三、目　標

1、理　解

（イ）江戸城は遠く江戸氏・太田氏などによっておこされたが徳川家康の江戸入城によって基礎が定まり、江戸の町はその城下町として発達した。

（ロ）徳川氏は、江戸幕府を開き、いろいろの職制の下に國土を統治した。これによって封建制度が確立した。

（ハ）江戸の町は、年と共に発達し、それにともなっていろいろの開拓事業が苦心して行われた。

（ニ）江戸の町の生活は、次第に欧米の大都市なみの人口をもち士・工・商の階級制度のもとに活溌に行われた。

（ホ）江戸の町は、階級的に地区制ができていた。

（ヘ）現存する地名・町名には江戸の生活の名残をとどめているものがある。

（ト）江戸は諸國の中心であり、交通路も日本橋を起点として全國に通じた。

（チ）交通や通信は現在にくらべてきわめて不便であった。

（リ）江戸の町は、江戸町奉行によって統治されていた。また民間にも町名主・五人組・町火消等の自治組織ができてきた。

（ヌ）國の内外の情況の変化により、徳川三百年の政権が崩れ、明治維新が実現した。

（ル）明治維新によってわが國は文明國として出発し、江戸は東京と変り面目を一新した。

（ヲ）明治以後、大正・昭和と文化が発達し東京も繁栄したが、戦火によって焦土と化した。

（ワ）わが國は昭和二十年の八月から民主的な平和國家

として再出発し、東京も復興に立上った。

（カ）東京は、関東平野にあり東京湾にのぞんでいて、台地（山手）と平地（下町）とにわけられる。（その他、地理的自然をも理解すること）

（ヨ）東京は商工業が発達し、都民の日常生活と密接な関係をもっている。

（タ）東京は、交通・通信が網状に発達し、都民の生活を助けると共に、国土全体にも大きな役割を果している。

（レ）東京には、厚生・文化の施設が発達していて、都民の保健・衛生・娯楽・慰安・教養生活をゆたかにしている。

（ソ）東京には、いろいろの教育施設がある。

（ツ）東京には、都廳その他の政治機関があり、都民の生活の世話をしている。

（ネ）都知事や都会議員は選挙によって選ばれ、都の政治を行う。

（ナ）都には、設備の整のった消防署・警察があり、都民の生命・財産の保護に貢献している。

（ラ）未来の東京は、文化都市として、より合理的に改善されなくてはならない。

2、態　度

（イ）東京の昔と今とについて、ねばり強くつきつめてしらべる。

（ロ）東京の発達について順序正しく研究をすすめる。

（ハ）友人とよく協力して、研究を能率的にすすめる。

（ニ）東京を建設した先人の努力に感謝する。

（ホ）社会の人に礼儀正しく接し、迷惑をかけない。

（ヘ）郷土を愛し、その発展に関心をむける。

（ト）封建制度を批判し民主的社会の建設に努力する。

（チ）社会の共同性・連帯性を自覚し協力する。

（リ）社会的統制に自ら従い、自治の関心や自覚を高める。

（ヌ）社会の公共施設をよく利用し愛護する。

（ル）交通道徳をよく守る。

（ヲ）都市美化の関心を高める。

（ワ）都市の健康生活に留意する。

（カ）複雑な都市生活を安全にすごす。

3、能　力

（イ）東京や江戸の生活を面接・見学・調査・参考書等によって研究し、研究報告をまとめる。

（ロ）東京の生活の過去・現在・未来について討議・批判することができる。

（ハ）東京の生活実態を数量的に処理し、統計表・グラフ等にあらわすことができる。

（ニ）郷土室・図書館等を有効に利用できる。

（ホ）東京の生活に課題をもち、自主的にしらべる。

（ヘ）江戸や東京の生活について絵・図・写真・地図・模型等の参考資料を集めたり、利用したり、作ったりすることができる。

（ト）江戸や東京の生活を参考書でしらべることができる。

（チ）都市の未来について、計画をしたり、考案したりすることができる。

四、開始計画

1、この単元の学習に役立つ施設及び資料

（イ）施　設

- 郷土室・図書館（以上校内施設）。
- 国立博物館・警視廳・警察署・消防署・病院・保健所・衛生試驗所・魚市場・青物市場・配給公團・商店・百貨店・工場・貨物駅・運送会社・駅・都交通局・私鉄会社・郵便局・新聞社・放送局・電話局・公園・動植物園・図書館・映画館・劇場・諸学校・都関係政治機関（都廳・区役所・区役所出張所等）（以上校外施設）。

（ロ）資　料

①参考図書

- 昔と今（文部省）・東京都（芦田幸雄他）・僕らの東京（島田静二）・新しい日本歴史（四・五・六・七巻）（毎日新聞社）
- 新しい警察（渡辺宗太郎）・交通と通信（三井高陽）・都市計画と国土計画（石川栄耀）・武蔵野歴史地理（高橋源一郎）
- 武蔵野及び其の有史以前（鳥居龍藏）・明治維新（羽仁五郎）・新編武藏風土記稿（昌平黌地誌局）・江戸名所図絵（斎藤幸雄他）・御府内備考（三島政行他）・江戸繁昌記（静軒居士）

②その他

○地　図　・東京都（都市）の地図　・行政区分を示すもの　・人口密度をあらわすもの　・地形をあらわすもの　・産業をあらわすもの　・交通・通信等をあらわすもの等。

- 江戸時代の地図類（絵図等）。

○模　型　●東京都（都市）の地形・町名・交通等を示したもの。

○写眞・絵図版　●東京の生活を示した絵・写眞・図版等。　●江戸の生活を示した絵・錦絵等。

○統計表及び図表　●東京の生活実態を示した統計表及び図表（グラフ等）。　●江戸から東京への発達を示す年代表。

2、着　手　計　画

（イ）「大昔の生活」・「世田谷の発達」で学習したことを思い出して話し合う。

（ロ）今の東京や江戸の生活について話し合う。

（ハ）博物館に行って江戸時代の文化のようすを見学する。

（ニ）江戸や東京に関係のある写眞・絵・錦絵等を展示する。

（ホ）東京の生活のようすを観察する。

（ヘ）東京の生活にくわしい人の話をきく。

五、予想される学習活動

1、導　入（凡そ三時間）

（イ）「大昔の生活」・「世田谷の発達」で学習したことを思い出して話し合う。

（ロ）東京の発達に関係あるいろいろの資料を展示する。

（ハ）東京の街のようすを見学にゆく。

（ニ）話し合いで東京の発達をしらべることをきめ、研究の課題を見つける。

2、問題の限定と研究及び組織

（イ）問題の限定

①東京は、昔からどのように発達してきたか。

②今の東京の生活のようすは、どのように行われているか。

③これからの東京は、発達するのが、のぞましいか。

（ロ）研究と組織

研　究	組　織
①東京の発達（凡そ三七時間） ○昔東京は江戸といったことを話し合う。 ○江戸の発達を示す年代表、江戸の生活をあらわす絵・錦絵・絵図等の展示。 ○江戸の発達について研究の課題を決める。 （A）江戸の起原。　（B）江戸の開拓。 （C）江戸の町の統治。　（D）江戸の繁栄。 （E）江戸から東京へ。　（F）東京の発達。	学級全体の話し合い
○江戸の発達の研究をする。 （A）江戸のおこりをしらべる。 ●年表・参考書等でしらべたり、講義をきいて江戸氏・太田道灌の頃の江戸をしらべ家康の江戸入城（一五九〇年）から城下町として江戸が開けたことをしらべる。 ●初期のころの江戸城下町のようすを参考書等でしらべる。 ●江戸幕府の開設についてしらべる。 （B）江戸の開拓をしらべる。 ●江戸が苦心によって開拓されていったようすをしらべる。	分團研究

研　究	組　織
△日本堤築造（一六二〇年）・霊岸島埋立（一六二四年）・木挽町辺埋立（一六五八年）・本所深川の開拓（一六五八年）・神田上水完成（一七〇九年）・玉川上水完成（一六五三年）等。 （C）江戸の町の統治をしらべる。 ●江戸町奉行のしごとをしらべる。 ●町人の自治組織（五人組・町火消等）についてしらべる。 ○封建政治のようすをしらべ、民主政治との比較をする。 （A）江戸の繁栄をしらべる。 ●江戸の地図や絵図と今の東京の地図とを比較して、どのようにちがっているかをしらべる。 ●江戸の町の範囲や人口をしらべ図や表にあらわす。 ●江戸城を中心として、大名屋敷、武士や旗本の屋敷、下層武士・商店・農地等がどのように分布していたかをしらべる。（江戸時代の地区制をしらべる） ●武士の生活をしらべる。	

研究　／　組織

- 町人の生活（問屋や商人のようす）をしらべる。
- 江戸を中心として、諸國にのびる街道をしらべ江戸時代の宿駅の繁栄のようすをしらべる。

（B）江戸から東京へ。

- 江戸末期の世の中のようすをしらべ、報告書をつくり年表にまとめたり、紙芝居・劇等にする。
- 明治維新とはどんなことかをしらべる。
- 明治維新になって、東京がどのように変ったかを政治・教育・文化の方面等からしらべる。（報告書・絵・劇化等でまとめる）

（C）東京の発達。

- 明治・大正・昭和の三代にわたって東京がどのようにひらけていったかを、市域・人口の膨脹商工業・交通・文化施設の発達等について、写眞・絵・統計・グラフ・年表等の資料を利用したり製作したりしてしらべる。

②今の東京の生活（凡そ四二時間）　　学級全体の話し合い

〇今の東京の生活を内容とする絵・写眞・新聞切抜き等を蒐集・展示し、東京都の地図（都市部分）等を掲示する。

〇戦災の経験や、状況を思い出し、東京の復興を話し合う。

〇今の東京の生活を分析してしらべることをきめ、研究問題を設定する。

研究　／　組織

（A）東京をながめる。（B）東京の商工業。
（C）東京の交通と通信。（D）東京の文化施設。
（E）東京の教育と政治。

〇今の東京をしらべる。

（A）東京をながめる。　　学級全体での見学と分園研究

- 学校の屋上・台地（上野・九段等）等から東京の町を展望する。
- 遊覧バス等の利用によって、東京の街のようすを観察し、氣のついたことを記録する。
- 東京の地図（都市部分）や立体地形模型等によって東京の地形、町の分布、交通路の発達等を観察する。
- 参考書によって東京の地理的自然（位置・地形・氣候等）をしらべる。
- 参考書で東京の人口・面積・特別区（二十五区）の名称と区分とをしらべ、色わけ地図・統計表やグラフとしてあらわす。
- 東京の地区制（商業地区・工業地区・住宅地区風致地区等）をしらべ、分布図にまとめる。

（B）東京の商工業。　　学級全体での見学と分園研究

- 商店や工場に行き、取引や生産のようすを見学し状況について説明をきく。
- 魚市場・青物市場を見学し、漁獲や生産の場所、その品目・入荷量・輸送・配給の経路等についてしらべる。
- 百貨店に行き、その機構や商品をしらべ、営業の方針、その実際、今後の見通し、都民の消費生活等について説明をきく。
- 東京の商工業について、商工業地区、その立地の條件、生産・販賣の製品、商品の種類と量、販路・配給等を参考書でしらべ、見学や調査の結果とあわせて、報告書や図表等をつくる。

（C）東京の交通と通信。　　分園研究

- 國鉄・私鉄等の主要駅で、最近の交通事情等について説明をきく。
- 駅や道路で交通量の調査をして統計表やグラフにまとめる。
- 道路の道幅・舗装・街路樹等についてしらべる。
- 新聞社・放送局・電話局・電信局・郵便局等を見学し、東京の通信の現状を説明してもらう。
- 地図によって、主要道路や交通機関の系統をしらべ発達網の実情を統計表・グラフ・略図等によってあらわす。
- 東京港にゆき、海運の実情をみて、東京港の規模・役目・出入船舶数・トン数・行先、積卸し荷物の量・種類、港の将来性等についてしらべる。
- 参考書によって東京の交通・通信の発達をしらべ、現場の学習とむすびつけてまとめる。
- 交通機関の愛護や交通道徳について討議する。
- 通信機や、交通機関の橋梁・港などの模型をつくる。

（D）東京の厚生と文化施設。　　分園研究

- 東京の病氣の統計をしらべる。
- 東京の保健施設を見学し、都民の保健・衛生について話をきく。
- 図書館（上野・日比谷）等に行き施設や備品・藏書、運営のしかた、利用の状態等について見学し説明をきき、学校図書館と比較する。
- 美術館や博物館を見学する。
- 動物園・植物園・公園（日比谷・浜離宮・上野・新宿御苑等）を見学する。
- 東京の文化施設の種類・数・分布、施設利用の状態等について話をきき、参考書等でしらべてまとめる。
- 理想的な公園・動物園等の設計図をかいたり立体模型をつくったりする。
- 文化施設の写生をする。

（E）東京の教育と政治。　　学級全体で見学及び分園研究

- 新しい教育制度や、教育委員会のしごとなどについて話をきく。
- 他の学校の友だちに通信をして学校生活のようすをききあわし、東京の学校生活のようすをつかむ。
- 区役所や都廳の教育関係者に、東京の小学校の

研究	組織
敎育の実情を話してもらう。（小学校数・児童数・敎員数・予算・施設等） • 東京には、どんな学校がどのくらいあるか参考書等でしらべて、統計表やグラフにまとめる。 • 参考書によつて東京都廳の役目と機構とをしらべ一覧表にまとめる。 • 都廳に行き、都の行政や、都廳の機構や機能について說明をきく。 • 都廳で都議事堂を見学し都議会について說明をきく。 • 都議会について、都会議員の選挙、都議会の仕事等を参考書でしらべる。 都の財政関係者に、都の財政の話をきき、予算（歳出と歳入）についてしらべる。	
• 消防署や警察署の関係者に、都民の生命・財産の保護について、はたらいている事の說明をきき犯罪や火災の件数、災害の種類と原因、及びその予防、消防・警察の機構等をしらべる。 • 災害予防について標語やポスターを作る。 ③未来の東京（凡そ一〇時間） 〇東京と世界の大都市（ニューヨーク・ロンドン・パリ等）とを比較してみる。 〇今の東京の生活で改善したいことがらを討議して発見する。 〇東京都の都市計画について話をきく。 〇新しい東京の夢を絵や図・模型などであらわしてみる。	学級全体での話し合い及び分團研究

3、**概括及び仕上げ**（凡そ四時間）

（イ）江戸や東京の生活を報告書にまとめる。

（ロ）江戸や東京の生活を絵や図表にまとめたものを展示する。

（ハ）江戸の生活について討議や作文等によつて批判する。

（ニ）江戸の生活を劇化する。

（ホ）江戸や東京の生活について発表会をする。

（ヘ）未来の東京の構想を表現した作品を展示・陳列して批判をする。

（ト）この單元の学習の反省と感想の発表をする。

六、評　價（略）

第七節　安全で便利なくらし

一、單元七　安全で便利なくらし（三月、凡そ三週・四二時間）

二、單元設定の理由

1、**児童の要求と興味から**

（イ）この期の児童には、知的欲求の一つの特色として、新奇なものをよろこび未知のものへのあこがれがつよく、創作・考案の意欲も見えてくる。機械や道具の取扱いや、構造・機能にも興味をもち、生活を合理的に展開しようとする意欲も芽生えてくる。

（ロ）このような児童の諸傾向を伸ばし、有効な諸経驗を獲得するためには、そのうらづけとして、ものの愛護や安全生活への関心がやしなわれなければならない。

（ハ）四学年の單元の学習のねらいは、児童の実態に即して、地域社会の自然や人間関係をしらべることであつたが、そのしめくくりとして安全な合理的生活を学習し、第五学年の國土を中心とした合理的社会生活研究の基礎とする。

（ニ）この單元は、このような児童の要求や興味及び学習の実態から設定された。

2、**社会の要求から**

（イ）現在の我國の社会は、生活合理化の実があがつておらず、一般的に科学的水準が低く技術的にも普及していない。機械や器具についての無知がどれ程生活を不便にし、危険を伴なっていることか。また資材や資源の少ないわが國においては、アメリカのように高度に生活を能率化することは望めないにしても、些細な工夫と心掛とによって楽しい生活のできることが少なくないであろう。機械や器具の使い方も、もう一と工夫あったら、危険も予防でき能率もあがり壽命も伸ばせるのである。このような生活改善の努力は、國家再建の底力となる。

（ロ）望ましい民主社会においては、合理化された能率的な安全生活が要求される。

（ハ）この単元は、これらの社会の要求を満足させるものである。

3、**単元の内容**（この単元はつぎの問題の解決を内容とする）

（イ）どうしたら安全な生活ができるか。

（ロ）むだのない生活は、どのように工夫したらできるか。

（ハ）生活を能率的にしているものにどんなものがあり、それらをどんなに扱ったらよいか。

4、**既有経験とのつながり**

（イ）この単元は、スコープ中、生命・財産の保護・保全、天然資源の保護・利用、生産・消費、厚生・慰安等にとくに関係が深く、機械や道具に興味をもち、新奇のものにあこがれる児童の発達段階に適合している。

（ロ）この単元は一年「たのしいあそび」、二年「たのしい遊び」、三年「私たちの生活」等に関係し、既有の諸経験を整理してより深い経験の獲得をねらうものである。

三、目　標

1、**理　解**

（イ）生活は、工夫してむだをなくすことによって、向上する。

（ロ）時間・金銭・資源・道具等は浪費してはならない。

（ハ）時間・金銭・物は、つかいかたによってきわめて有効である。

（ニ）ものの生産には、多大の資源と労力とがかかる。

（ホ）機械や道具を上手に扱うと、仕事が早く、らくにうまくできる。

（ヘ）機械や道具は、手入れが大切である。

（ト）機械は、いろいろの部分からでき、各部分がいろいろの働きをし、そのはたらきが組合わさって大きなはたらきをする。

（チ）てこ・歯車・とろ・斜面・滑車・輪軸・らせん・くさび・ふりこは機械の要素である。

（リ）電氣や熱は、生活を便利にしている。

（ヌ）機械・電氣・火は、扱い方が悪いと大きな危険が起る。

（ル）ちょっとの注意で大きな危険をさけることができる。

（ヲ）つまらぬものでも、工夫すれば、有効に使うことができる。

（ワ）本のつくりがわかる。

2、**態　度**

（イ）生活の能率化・合理化について究明する。

（ロ）生活の向上について、科学的にしらべる。

（ハ）失敗にこりず、ねばり強くやりとおす。

（ニ）工夫・考案して新しいものをつくり出す。

（ホ）科学的な発明や発見をした先人に感謝し、その業績を尊重する。

（ヘ）科学的作品に興味をもつ。

（ト）友人と協力して仕事をする。

（チ）時間・金銭・資源等を大切にする。

（リ）道具や機械は、ていねいに扱う。

（ヌ）けがや火災によって、他人に迷惑をかけない。

（ル）注意深く行動して危険を防止する。

3、**能　力**

（イ）安全生活・合理生活について研究報告をつくる。

（ロ）自分の工夫や考案を人に説明する。

（ハ）電氣・ガスのメーターをよみ、消費量をグラフにつくる。

（ニ）電熱器・電燈・懐中電燈・電池・ラジオ・自轉車・時計・ガス・水道・こんろ・魔法びん・火なしこんろ・煙突等の道具や機械が上手に扱える。

（ホ）道具や機械のかんたんな手入れと修理ができる。

（ヘ）時間・金銭・消耗品等を計画的に使うことができる。

（ト）廃物を工夫して利用する。

（チ）科学室・図書館を有効に利用できる。

（リ）合理的生活・安全生活について問題をつかむことができる。

（ヌ）生活を合理化・能率化する工夫ができる。

（ル）便利な機械や道具を考案し工作する。

（ヲ）機械の構造や機能を観察する。

（ワ）参考書や材料を有効につかう。

（カ）機械のはたらきを考える。

（ヨ）危険から身を守ることができる。

四、開始計画

1、この単元の学習に役立つ施設及び資料

（イ）施　設　科学室・学校図書館・科学博物館・製本工場・

（ロ）資　料

①参考図書

• 模型製作ＡＢＣ（子供の科学）• たのしい模型工作（相沢次郎）• 工作入門（浦敏雄）• 百万人の工作（清水好志）• 僕らの電氣学（瀬谷秀雄）• 電力とモーター（上嶋慶平）• 電氣の科学（実野恒久）• かん電池でどんなことができるか（文部省）• 湯はどのようにしてわくか（文部省）• 熱の話（金子洋一）• 火と空氣（山崎喜一）• 熱・電氣（増田耕一）• おもちゃの理科研究（坂本孝）。

②スライド

• 僕の電氣実驗（コニグラフ）• 鉄ちゃんのモーター（コニグラフ）• 明かるい電燈（コニグラフ）• 電氣（毎日教）

③その他

• 掛図（電氣器具、電氣のはたらき、機械の原理等を説明したもの）

• 写眞と絵（合理化された生活を示す写眞や絵）

• 模型（モーター・電鈴・電信機模型等）

2、着手計画

〇毎日の生活を考えてむだがないかを反省する。

〇日常の生活で危険に遭った経驗について発表し合う。

〇機械・道具の便利さについて話し合う。

〇科学室や科学博物館に行っていろいろの機械を扱かってみる。

〇便利な道具を工夫してみる。

〇便利に工夫された家庭生活の写眞や絵を展示する。

〇合理的なむだのない生活、ものの愛護等を内容とするポスターを展示する。

五、予想される学習活動

1、導　入（凡そ二時間）

（イ）科学室に行き、いろいろの機械を扱かってみる。

（ロ）機械や道具の便利さについて話し合う。

（ハ）合理化された家庭生活のようすをあらわした写眞や絵を展示し、物の愛護のポスターをかかげる。

（ニ）毎日の生活を便利に氣持よくすることを学習の主題にすることを話し合う。

2、問題の限定と研究及び組織

（イ）問題の限定

①どのようなものがわれわれの生活を便利にしているか。

②どうしたら生活のむだをはぶき、安全で便利な生活ができるか。

（ロ）研究と組織

研　究	組　織
①便利な生活（凡そ一八時間） 〇書物はどのように便利かをしらべる。	

研　究	組　織
（Ａ）本の便利さについて話し合う。 （Ｂ）本のできかたについてしらべる。	

研究	組織
●製本会社で本のできる順序を見学する。 ●本のできかたについて話をきく。 ●本の体裁についてしらべる。 ●本の印刷部分について、扉・目次・はしがき・索引・文献・表・図・版・奥附等の役目をしらべる。 ●索引のつかいかたを工夫する。 ●自分たちで、研究報告書や文集等の本を作ってみる。	学級全体での話し合い及び研究
○電気の便利なことをしらべる。 （A）電気の利用について写真・絵・挿図などを展示する。 （B）科学室にいって電気器具や模型を扱かってみる。 （C）電気の利用について話し合う。	学級全体での話し合い及び分團研究
（D）かん電池やその利用について参考書や実験でしらべる。 ●かん電池の構造をしらべる。 ●豆球をつける。 ●かいちゅう電燈のしらべをする。 ●電池あそび（電磁石・電信機・モーターシグナル等）をする。 （E）「僕の電気実験」・「鉄ちゃんのモーター」等を映写する。	分團研究

研究	組織
○熱の便利さをしらべる。 （A）熱の利用について話し合う。 （B）熱の利用についての写真や絵・熱器具等を展示・陳列する。	学級全体での話し合い及び分團研究
（C）熱をしらべる。 ●こんろと火おこしとをしらべる。 ●湯のわきかたをしらべる。 ●燃料についてしらべる。	
○機械や道具の便利さをしらべる。 （A）日常役に立っている便利な機械や道具について話し合う。 （B）機械や道具の原理をしらべる。 ●てこ・歯車・ころ・斜面・輪軸・滑車・らせん・くさび・ふりこ等のはたらきをかんたんにしらべる。	学級全体での話し合い及び分團研究
②**安全で便利な生活の工夫**（凡そ一八時間） ○時間の有効なつかいかたを工夫する。 （A）時間が合理的につかわれていない反省。 （B）時間のつかいかたの工夫。 ●生活予定を計画的にする。 （予定表・日課表を作る） ●生活の反省をする。（日記をかく） ●仕事の能率化を工夫する。	学級全体での話し合い及び研究

研究	組織
○金銭の有効なつかいかたの工夫。 （A）日常の経済生活の反省。 （B）金銭のつかいかたの工夫。 ●予算のたてかたを知る。 ●収支計算の方法をしらべる。 ●計画的につかうことを知る。	学級全体の話し合い及び研究
○生活用品（具）の有効（安全）なつかいかたの工夫。 （A）文房具・図書の扱い方の工夫。 ●紛失・損耗の防止法を工夫する。 ●図書について、目録・目次・索引の使用法、分類の理解、読書記録の活用を工夫する。 （B）いろいろの廃物を利用して便利な道具を作ってみる。 （C）電気・水道のつかいかたの工夫。 ●節約の方法を工夫する。 △毎日・毎週・毎月の使用量をメーターからよんでグラフにかく。 △スイッチ・栓の使用を工夫する。 ●安全に使用することを工夫する。 △水道やその附近を不潔にしない工夫をする。 △ショート・感電・漏電・過電圧・過電流の危険を知り、防止法を心得る。	分團研究
●電気器具のかんたんな修理法を知る。（ニクロム線のつなぎ方など） （D）燃料のつかいかたの工夫。 ●ガスの性質を理解して危険防止をする。 ●燃料の不始末から火災を起さないように工夫する。 ●火力の調節のしかたを工夫する。 ●火をよく燃やす工夫をする。 △まきのわりかた・たきかたの工夫。 △こんろの窓のあけかたの工夫。 △送風のしかたの工夫。 △煙突の利用のしかたの工夫。 ●火の保たせかたの工夫。 ●余熱の利用を知る。 △まほうびん・火なしこんろの利用。 ●燃料のえらび方を知る。	分團研究
（E）機械と道具の扱い方の工夫。 ●工具（ねじまわし・ペンチ・やっとこ・はさみ・きり・かんな・小刀等）の正しい扱い方を知る。 ●工具の手入法を実習する。 ●時計・ラジオ・自轉車・ポンプの取扱い方、かんたんな修理法を知る。	学級全体での実習と研究

3、**概括と仕上げ**（凡そ四時間）

（イ）安全で便利な生活をするのに注意すべきことをまとめる。

（ロ）ポスター・写真　絵等で安全生活・合理的生活を宣伝する。

（ハ）安全で便利な生活の工夫の発表会を開き、すぐれたものを選ぶ。

（ニ）熱や電気についての研究をまとめて報告する。

（ホ）工夫・考案品の展覧会をする。

（ヘ）この単元の学習の反省と感想の発表をする。

六、評　価（略）

第十章　第四学年の基礎学習の指導

基礎学習の内容は、言語・数量・音楽・造形・図書館その他、の五つに分けられる。基礎学習は、児童が有効な経験を獲得するために必要な、いろいろの技術を習得するために設けられている。健康教育は、経験学習の内容として扱われる面が少なくないが、習慣にまで形成してゆくためには、技術的な継続的な練習が必要であり、その意味においてはむしろ基礎学習的な性格を多分に帯びてくる。ここでは、便宜上基礎学習と並列に考えて、指導の体系をたてた。第四学年における基礎学習の比率は（健康教育を含めて）、ほぼ五一％で経験学習と相半ばしている。基礎学習の総時ならびに各学習の月別予定時数は、大体上の通りである。

月＼学習	言語	数量	音楽	造形	図書館その他	健康教育
4	10	8	6	6	6	8
5	14	10	8	6	7	11
6	14	10	8	6	7	11
7	6	6	4	4	4	6
9	10	9	7	6	6	10
10	14	11	8	7	7	12
11	14	11	8	7	8	12
12	10	9	6	6	6	6
1	10	9	6	6	6	6
2	13	11	8	6	7	6
3	10	11	6	5	6	7
計	125	105	75	65	70	95
対総時数%	12%	10%	7%	6%	7%	9%

以下、各月別に第四学年基礎学習の指導計画の大要をしるす。

月	四
言語⑩	◎きく ①話の内容・話ぶり等を批判的態度できく ②話の要点・すじを正しくつかむ ○読む ①文章の内容・構造をまとめる ②文章の主題をとらえる ③情景を味わいながらよむ ④ことばのはたらきを理解する ⑤放送台本をよみこなす ⑥観察日記をよみこなす ◎話す・書く・作る ①自分の意見をはっきりと要領よく話す ②早く美しくかく ③叙景文・脚本等をつくる ④観察日記をかく ◎教科書との連絡 △(校内のかしの木) △(手ということば) △(もんしろちょう) △(うさぎ日記)
数量⑧	①一万までの数をかいたりよんだりする ②四位数までの加法と減法(和一万以下繰上下がり三回まで) ③二つ以上の数を加えたとき順序をかえて加えてもよい ④いくつかの数を引く場合、それらの減数を加えて和を求め、その和を引いてもよい ⑤和の意味をはっきりとさせる ⑤乗法と加法、乗法と減法とを組合わせた二段階の問題解決 ◎教科書との連絡 (勉強の用意)
音楽⑥	①ハ調・ヘ調の読譜及び視唱。 ②発声法。 ③表情・音程・リズム・拍子(4/4 2/4) ④楽典(速度及び発想記号) ⑤器楽演奏 ⑥鑑賞(ロッシーニ ウイリアムテル) ◎教科書(みんなで歌う)との連絡 △(春) △(はたらく歌)
造形⑥	①色を明度と色相によって整理する ◎(色あつめ) ○布切・毛糸・色紙等の小片を集め三原色の仲間に分類する。または明色暗色に分け、紙に貼って分類の正確さを知る ②遠近による形の変化 ◎(学校の写生)(△) ○校舎の写生等を行って遠近による形の変化をはっきりつかむ ③展開図のかきかたと厚紙細工のしかた ○(学校の模型)(△) ○校舎その他の建物の模型を作るために展開図のかきかたと、厚紙細工のしかたとを理解する
図書館其他⑥	①図書館の利用法(△) ○図書館を活用するために図書館のはたらきやしくみを理解する ・図書館の役目 ・図書館の設備と備品 ・図書館のきまり ・図書館の本(冊数・分類法等) ・図書委員のはたらき ②農具のつかいかた(△) ○校農園をうまく経営するために・くわ・シャベル・じょろその他の農具の正しいつかいかたを知る ③生物のかいかた(△) 春の生物の飼育・栽培法をはっきりとつかむ。
健康教育⑧	◎体育 ○鬼遊び(手つなぎ鬼) ○リレー(回旋リレー) ○ボール遊び(ドッジボール) ○リズム遊び(ギャロップ遊びまりつき) ◎衛生 ○姿勢 ・教室内の姿勢。 ・運動・歩行時の姿勢 ○教室・廊下等の美化 ・環境美化の心得 ・清掃の分担 ・清掃用具 ・清掃方法 ・採光と通風

△は経験学習と連絡のあること。
⑩⑧は……取扱い時数を示す。

月	五
言語⑭	◎きく ①話の要点・すじ等を正しくつかむ ◎よむ ①文章の内容・構造等をまとめてつかむ ②声を出して味わってよむ ③正しく早くよむ ④脚本をよみ・情景をよみとる ⑤読法に関心をもってよむ ⑥文章の主題をとらえる ◎話す・かく・つくる ①文章の内容・情景等を説明する ②報告文・生活文・逸話などをかく ③脚本によって劇をする ◎教科書との連絡 (汽車の中) (作文) ▲(貝塚の話)
数量⑩	①加数・被加数が共に四位数で和が一万以下繰上り三回まで ②被減数・減数が共に四位数で繰下がり三回まで ③同数の寄算はかけ算によってできる ④かけ算は、寄算でたしかめることができる ⑤2×3と3×2とは同じ答になる(交換の法則) ⑥N×0は0・N×1はNである。 ⑦被乗数が二・三位数、乗数が基数の乗法 ⑧被乗数が基数で、乗数が二・三位数の乗法 ⑨差の意味をまとめる ◎教科書との連絡。 (かんたんなかけ算)
音楽⑧	①ト調・ハ調の読譜及び視唱 ②記譜練習 ③発声法 ④表情・音程・リズム・拍子(2/4 4/4) ⑤器楽演奏。 ⑥和音練習。 ⑦二部合唱。 ⑧鑑賞(ビショップ きりひばり) ◎教科書の連絡 (すずが鳴る) (田植)
造形⑥	①形とかげの表現法。 ◎(おもちゃ・器物) ○人形・動物・玩具・器物等を写生し、正しく形・陰影などを写し出す練習をする ②模様のつくりかた ◎(花の色と花の模様) ○模様の初歩として色々の花をあつめ、色しらべをし、模様化したり模様の構成を行う ③器物のつくりかた(△) ◎(器物つくり) ○粘土をつかって、大昔の土器を模作したり・茶わん・灰皿等の器物をつくる
図書館其他⑦	①郷土室の利用(△) ○郷土室利用のためにその機能や機構を理解する ・郷土室の役目 ・郷土室の設備と備品 ・郷土室の利用の心得 ・郷土室の利用法 ・郷土室委員のはたらき ②参考図書の使い方(△) ○書相談の仕方 ○分類法をはっきりとつかむ ○分類目録のつかいかた ○ぬきがきや記載資料の活用法 ③春の自然観察 ○四月の單元学習の内容を継続的に行う ④顕微鏡のつかいかた ○顕微鏡の構造・使用上の注意、検鏡物の処理法などを実習する
健康教育⑪	◎体育 ○鬼遊び(拳鬼) ○リレー(なわとびリレー) ○ボール遊び(フットベース) ○リズム遊び(音遊び) ○器械遊び(脚かけ上り棒登り) ◎衛生 ○身体測定 ・身長・体・胸囲・坐高 ○からだの清潔 ・手・足・髪の清潔 ・運動後の清浄 ・衣服の清潔

月	六
言語⑭	◎きく ①話のすじを正しくつかみ、鑑賞的態度できく ◎よむ ①声を出して味わってよむ ②文章の内容をまとめてつかむ ③文章の主題をよみとる ④詩や脚本の情景を考えながらよむ ⑤文章の内容を批判的態度でよむ ◎話す・かく・つくる ①脚本をすじをまとめて話す ②詩の鑑賞をする ③脚本をもとにして劇をする ④詩や脚本をつくる ◎教科書との連絡 （月明かり） （にげたらくだ）
数量⑪	①$\frac{1}{100}$位までの小数を使って量をあらわしたり、あらわした量を理解する ②小数の概数をまとめる ③$\frac{1}{100}$位までの小数の加法・減法、繰上・下がり二回まで ④長さをm単位km単位mm単位、金銭を円単位であらわす ○身体検査や体力テストの結果の整理を問題として小数の学習を行う（△） ○学級費・学用品費の整理等によって学習するも可 ◎教科書との連絡 （小数の寄算・引算）
音楽⑧	①ト調・ハ調の読譜及び視唱 ②記譜練習 ③表情・音程・拍子（$\frac{3}{4}$）リズム ④二部合唱。 ⑤和音練習。 ⑥鑑賞（ブラームス　ハンガリア舞曲五番） ○教科書との連絡 （散歩） （海辺）
造形⑥	①形の立体的表現 ◎（たて物） ○記憶や写生によって建築物を粘土で立体感をもった表現をする。古代の住居模型・学校校舎・普通家屋・近代建築等を題材とする いかに簡略化して立体的に表現するかに問題がある。建物の要点をつかみ、各部分の比例を考え、垂直や傾斜の度合をよくあらわす ②形と明暗の正確な表現 ◎（友だちの顔） 顔の全体の形、各部分の比例を正しくかき、明暗をよくみて立体的に表現する
図書館其他⑦	①創作室の利用 ○創作室を有効に利用するために創作室について理解する ・創作室のやくめ ・施設と備品の理解 ・利用の心得 ・利用法 ・創作室委員のやくめ ②夏の自然観察 ○生物の自然観察は単元の学習で行われたが、夏は補充的に基礎学習で行う ○夏の生物や天氣に関心をもち、自然観察を継続的に行う
健康教育⑪	◎体育。 ○リレー（置換リレー） ○ボール遊び（送球競争） ○リズム遊び（らんさん遊び） ○器械遊び（逆上り） ○体力テスト ◎衛生 ○食物の衛生 ・食器の清潔 ・食物のえらびかた ・食物の腐敗 ○病氣の予防 ○近視の予防・矯正 ○寄生虫の駆除

月	七
言語⑥	◎きく ①話の要点をとらえる ②話のすじを正しくつかむ ◎よむ ①文章の内容をまとめ構造を理解する ②声を出さないで味わってよむ ③情景をよみとる ④声を出して、抑揚等に氣をつけてよむ ⑤夏の自然のようすをよみとる ⑥文章の表現のしかたをつかむ ◎話す・かく・つくる ①文章のすじを説明する ②情景をあらわす ③説明文・叙景文等をつくる ◎教科書との連絡 （天の川） （あぶらぜみ）
数量⑥	①二次元の表のよみかた・つくりかた（△） ○身体検査や体力テスト等の結果を二次元の表にまとめたり、二次元の表をみて表の意味を理解する ②折線グラフ・棒グラフのよみかた・つくりかた（△） ○身体検査・体力テストの整理を行ったり・氣温の変化をしらべたり等して、結果を棒グラフや折線グラフにしてあらわすことまたはグラフから量をよみとることを練習する ③小数計算の練習。 ◎教科書との連絡。 （表とグラフ）
音楽④	①ハ調の読譜及び視唱 ②発声法 ③音程・拍子（$\frac{4}{4}$）リズム ④記譜練習 ⑤楽器の知識（フルートとピッコロ） ⑥楽典（スタッカートと[illegible]） ⑦鑑賞（ドリゴのセレナード） ◎教科書との連絡。 （夏の朝） （ふうりん）
造形④	①配色のしかた ◎（色くらべ） ◎（アップリケ） ○配色の良否をいろいろの色片でしらべ、よい配色について理解する ○配色の知識を生かして、地色と図案がよく調和したアップリケを工夫する ②模様のつくりかた ◎（ベースト図案） ○模様のいろいろについて実物によって理解する ○ベースト図案のつくりかたを理解して実習する
図書館其他④	①健康室の利用法（△） ○健康室を有効に利用するために、しくみとはたらきとを理解する ・健康室のやくめ ・健康室の施設と備品 ・健康室利用の心得 ・健康室委員のやくめ ・健康室の利用法 ②夏の自然観察 前月に引きつづいて夏の自然のうつりかわりを観察する 特に氣温の変化、太陽の高さに注意する。 また天の川等にも関心をむける
健康教育⑥	◎体育 ○リズム遊び（ギャロップ遊び） ○水遊び（石拾い、犬かき） ○器械遊び（逆上り） ◎衛生 ○夏の衛生（△） ・夏の身体の衛生 ・夏の食物の衛生 ・夏の住居の衛生 ・夏の衣服の衛生 ○病氣・けがの手当法（△） ・頭痛・腹痛、等 ・すりきず・切きず・骨折等

月	言語⑩	数量⑨	音楽⑦	造形⑥	図書館其他⑥	健康教育⑩
九	◎きく ①話の内容を鑑賞的・批判的態度で ②話をよくきいて要点やすじをつかむ ◎よむ ①文章の内容をまとめる ②文章のすじを正しくつかむ ③声を出して味わってよむ ④情景をよみとる ⑤素材をえらんで ⑥文章の内容を批判する ◎話す・かく・つくる ①要点をはっきりと話す ②美しくかく ③感想をまとめてかく ④文を発表する ⑤飼育生活等の動物の ◎教科書との連絡。 △（ろうかのはらもみじ）（おはじき合）	①表とグラフ ○七月に学習した表とグラフのかき方よみ方を練習する ②地図のかき方を理解し、かんたんな地図を描く ○屋上に上って見わたし、方向・位置・距離等を話し合い、地図に記入する ③コンパスのつかい方・半径・直径 ○円周・円の中心・半径・直径等の用語を理解し、コンパスの使用法を深めると理解する ◎教科書との連絡。 （「グラフと表」「かんたんな地図の測定」）	①ヘ調・ト調の諸譜及び視唱 ②発声法 ③音程・拍子（$\frac{2}{4}$・$\frac{3}{4}$）・リズム ④和音合唱 ⑤二部合唱 ⑥楽典（ポプ・カイネとダ） ⑦鑑賞（メヌエット ベートーベン） ◎教科書との連絡 △（秋の虫） （白い月かげに）	①竹材の性質理解と竹細工のしかた ◎（竹のおもちゃ） ○竹材を利用してできる玩具（ふえ・竹とんぼ・人形・）等の製作を行い、竹材の性質を理解すると共に、かんたんな利用法を工夫する ②立体の形の理解と描写 ◎（形あつめ、丸い物の写生） ○球・円柱・円錐・直方体等の立体をあつめて整理する ○林ご・ボール・風船・花びん等の球形の立体のかきあらわしかたの練習をする	①辞書のできかたと使用法（一） ・辞書の意味 ・辞書の種類 ・語の排列のしかた ・辞書のひきかた ・辞書のえらびかた ・辞書と生活とのつながりについてしらべ学習する等 ②天氣図のみかた（△） ・氣象台発行の天氣図に関心をもち、低氣圧や高氣圧の配置・進路等が大体わかるように上みかたを練習する	◎体育 ○水遊び（鬼ごっこ・犬かき・平泳ぎ） ○リズム遊び（マウンテンマーチ） ○器械遊び（跳び上り・下り） ◎衛生 ○休養と睡眠 ・運動と休養 ・睡眠時間 ○衣食住の衛生 ・運動と服裝 ・偏食の矯正 ・清潔と採光・通風

月	言語⑭	数量⑪	音楽⑧	造形⑦	図書館其他⑦	健康教育⑫
十	◎きく ①話の要点をつかむ ②話のすじを正しくきく ③話を鑑賞的・批判的態度できく ◎よむ ①文章の内容をまとめる ②文章のすじをつかむ ③文章の主題をとらえる ④情景を味わってよむ ⑤書きかえてよむ ◎話す・かく・つくる ⑥素材をえらんで・かく・つくる ①文章の順序を明確にする ②感想を批判的に ③観察日記や記録文をかく ④横書きになれる ◎教科書との連絡 △（詳記）ていねいを育て	①単位で重さをはかる ②グラムをgとかく ③1kgは1000gである ④2kgと300gを2.3kgのようにkg単位であらわす ⑤kg単位であらわしたものをg単位になおす ⑥はかりの使用法を知る ⑦小数の計算練習 ○秋の作物の収穫をとりあげ問題とする ○重さの感覚によってかるくなるよう正確にする ○重量の測定を正確にできるように ◎教科書との連絡 （測定、「いものとりいれ」）（△）	①ト調・ヘ調の諸譜及び視唱 ②発声法 ③音程・拍子（$\frac{2}{4}$・$\frac{4}{4}$）・リズム ④器楽演奏 ⑤楽典（スラーとタイ） ⑥鑑賞（モーツァルトのトルコ行進曲） ◎教科書との連絡 △（野球） △（かけあし）	①形・色彩・明暗・陰影の正確な表現 ◎（秋景色）（△） ○遠足や学校の附近の秋色景を題材とし構図を工夫し形・色・明暗・陰影を精密に写生する 場合によっては、スケッチ風に練習するも可 ②木材の性質理解と、そのつかいかた ◎（木の枝細工）（△） ○五学年で扱う木工の基礎として、秋の野山のどこででも得られる木の枝を利用して、野趣豊かな玩具や家具・器具等の模型などを工夫する。これによって、小刀のつかい方や、手入法も学ぶことができる	①本のよみ方（△） ○本の選択のしかたを知る ○よい読書法を工夫する ・目録の利用法を知る ・書相談のしかたを知る ・ぬき書や傍線を引くなど技術をわきまえる ・読書記録のつくりかたを知って行う ②科学室の利用法（△） ○科学室の役目 ○科学室の施設と備品 ○科学室利用の心得 ○科学室の利用法 ○科学室委員のはたらき ③天体望遠鏡・秤等のつかいかた（△） ④昆虫採集や植物採集の作り方（△） ⑤作物のそだてかた（△）	◎体育 ○リズム遊び（マウンテンマーチ） ○リレー（置換リレー・なわとびリレー） ○器械遊び（逆上り・前まわり） ○物語り遊び（運動会） ◎衛生 ○よい姿勢 ○よい運動のしかた ○秋の衛生 ・秋のからだ ・秋の衣服生活 ・秋の食生活 ・秋の住居

月	言語⑭	数量⑪	音楽⑧	造形⑦	図書館その他⑧	健康教育⑫
十一	◎きく ①話の要点やすじを正しくとらえる ②話を鑑賞的にきく ◎よむ ①声を出して味わってよむ ②長文をよみこなす ③文章の内容・構造・すじ等をよみとる ④情景をよみとる ⑤鑑賞的態度でよむ ◎話す・かく・つくる ①文のすじを順序よく説明する ②文の内容を鑑賞的・批判的に話す ③物語りをよんで脚本にかく（つくる） ④紙芝居や劇を脚本をもとにして演出する ◎教科書との連絡。（みにくいあひるの子）	①かんたんな地図をつくる（△） 〇九月に学習したかんたんな地図のかきかたを利用して世田谷城址附近・世田谷新宿の辺の地圖を作る ・距離の測定（歩測・巻尺による） ・縮尺 ・方位 ・地形・地物の記号等を誤まりなく記入する ②時分単位で時間や時刻をあらわす 〇見学・調査の一日の予定を時・分単位であらわし時刻を定め、時間を計算する ②整数加減法・乗法・少数加減法・名数単位変換の練習 ◎教科書との連絡（かんたんな地図遠足のしたく）	①ヘ調・ハ調の読譜及び視唱 ②記譜練習 ④音程・拍子（2/4 3/4）リズム ④楽器の知識（トランペット・クラリネット） ⑤楽典 |1.2.3| 4. ⑥鑑賞（ローザスの波をこえて） ◎教科書との連絡（キク）（お米）△	①構図のとりかた ◎（静物写生） 〇果物・花・玩具等の静物を鉛筆で写生し、効果的な構図のとりかたについて研究するとともに、形・陰影・明暗等の正確な表現をねらうものである クレオンを使用しても、差支えないが、構図に主眼をおくこと、バックより、ものそのものを忠実に写生のするようにしたい ②厚紙・粘土による立体構成（△）（六月「たてもの」と連絡） ◎（町の模型） 単元の学習と連絡して、郷土の町のようすの一部分を粘土・厚紙等によって表現する。分團作業が適当であろう	①郷土室の利用（△） 五月の学習を徹底する ②学級図書館の整備 〇学校図書館利用の進歩と共に学級図書館の整備をする ・図書蒐集のしかた ・図書の分類・整理 ・閲覧・貸出方法の工夫 ・図書係のしごと ・学級図書館利用の心得（きまり） ③距離の測定法、磁針の利用法、地図の見方等について練習する（△）	◎体育 〇鬼遊び（子取り鬼） 〇リレー（回旋リレー） 〇器械遊び（跳上り下り・跳越し） ◎衛生 〇傷害防止 〇運動と傷害について 〇看護法 ・貧血の看護のしかた

月	言語⑩	数量⑨	音楽⑥	造形⑥	図書館其他③	健康教育⑥
十二	◎きく ①話のすじ・要点をとらえる ②話を批判的・鑑賞的態度できく ◎よむ ①默読が巧くできる ②声を出して、味わってよむ ③文章の内容・構造・すじをよみとる ④ことばのはたらきを理解する ⑤文章の主題をとらえる ◎話す・かく・つくる ①文章の主題や内容・情景などをふえんして話す ②主題のはっきりとした文章にすることを工夫する ◎教科書との連絡（組みあわせ）（音というもの）（つばめ）	①被除数が四位数以下で、除数が基数で余りのない除法 ②除法の意味（包含除と等分除） ③除法の驗算法（除数×商は被除数に等しくなる） ④単位分数を理解する 〇日常生活で等分除包含除によって解決を必要とするものを問題として行う 〇計算の方法は、かけ算九々をもととして行う ◎教科書との連絡（かんたんなわり算）	①ハ調の読譜及び視唱 ②記譜練習 ③表情・音程・拍子（2/4）リズム ④発音法 ⑤器楽演奏 ⑥楽典（タクトのとりかた） ⑦作曲練習 ⑧鑑賞（ウェーバーアンビルコーラス） ◎教科書との連絡（麦ふみ）（つばめ）	①ポスターのかきかた ◎（ポスター） 〇すでに単元の学習においてポスターはかいてきたが、効果的なポスターのかきかたを工夫するのがねらいである。単元の学習と関連して、交通安全・防火・公共物の愛護等を題材とする ・人の注意をひきやすくする ・美しく感じのよいものにする ・宣傳内容を明瞭にすることに留意する ③ウッドテープの利用法 ◎（しおり） 〇ウッドテープの基本的な編方を習い本のしおりや花瓶敷などを工夫する	①読書記録の整理 〇十月から始めた読書記録を整理しその実績や記録のとり方を反省し、更によいものを工夫する ②図表と統計のかきかた 〇単元の学習でしばしば利用される図表や統計のかきかたについて反省し、きれいに正確にかくことを練習する	◎体育 〇鬼遊び（釜鬼） 〇ボール遊び（ドッヂボール・送球競争） 〇冬の衛生 ・冬のからだ ・冬の衣服生活 ・冬の食物 ・冬の住居

月	教科	内容
一	言語⑩	◎きく ①話の要点やすじを正しくききとる ②話の内容、話しぶりなどを批判的鑑賞的態度できく ◎よむ ①声を出して味わってよむ ②文章の内容・構造・すじをとらえる ③長文をよみこなす ④俳句をよみ、鑑賞する ⑤情景をよみとる ⑥批判的な態度でよむ ◎話す・かく・つくる ①文章の主題をとらえて説明する ②俳句をつくる ◎教科書との連絡 （夕やけ） （先生とみなさんへ） （どんぐりと山ねこ）
	数量⑨	①速さについて理解する ②わり算の概算（約何倍） ③被除数が四位数以下で除数が基数で余りのある除法 ④正方形と長方形 ⑤こよみ ○七曜表、大の月と小の月 ○学習は、單元の学習と連絡をとって、速さくらべ等を題材とする ○こよみの学習は、新しい年のこよみを作ることを題材とする ○形の学習は、こよみと連絡して行う ◎教科書との連絡 （かんたんなわり算「いまとむかし」「こよみ」）
	音楽⑥	①へ調・ト調の読譜及び視唱 ②発声法 ③表情・音程・リズム・拍子（2/4・4/4） ④樂典（休止符） ⑤作曲練習 ⑥鑑賞（バッハのミユーゼット） ◎教科書との連絡 （紙しばい） （まめまき）
	造形⑥	①紙芝居のつくりかた ◎（紙芝居）（△） ○單元の学習にしばしば利用される紙芝居の作りかたを学習する 紙芝居の構成は、十乃至十二枚を標準とし、場面のとりかたを考え、絵は印象的で説明的な要素を十分工夫することに留意する ②厚紙の利用による模型のつくりかた ◎（動く模型） ○厚紙を利用して、自動車・電車をつくり、ゴム動力などで動かす工夫をする。複雑な実物を簡略化し、展開図をかき、組立てる
	図書館その他⑥	①冬の自然観察 ○秋の自然観察にひきつづいて冬の自然観察を行う とくに氣温の変化、太陽高度・霜・氷・生物の冬ごし等について観察する
	健康教育⑥	◎体育 ○鬼遊び（拳鬼・子とり鬼） ○リレー（なわとびリレー） ○物語り遊び（汽車のたび） ◎衛生 ○冬の衛生 ・ひび・しもやけの予防と手当

月	教科	内容
二	言語⑬	◎きく ①話の内容を批判的・鑑賞的態度できく ②話の要点とすじをとらえる ◎よむ ①默読・音読がうまくできる ②文章の内容や構造すじを理解する ③文章の主題をとらえる。 ④脚本をよみこなす ⑤情景をよみとる ⑥味わいながらよむ ⑦長文を読みこなす ◎話す・かく・つくる ①文のすじや内容を説明する ③文の情景や味わいを説明する ④脚本をもとにして劇をする ◎教科書との連絡 （どんぐりとやまねこ） （なかよし） （山のスキー場）
	数量⑪	①被除数が二・三位数、乘数が二位数または被乘数が二・三位数、乘数が二・三位数の乘法 （筆算） ②收支計算 ○学用品の買入れ等を問題にして学習する ○收支計算については、購買部のしらべによって学習に入る ◎教科書との連絡 （かけ算）
	音楽⑧	①へ調・ハ調の読譜と視唱 ②発声法 ③表情・音程・拍子（2/4・4/4）リズム ④樂典（音名と階名） ⑤器樂演奏 ⑥鑑賞（ビゼーのアルルの女） ◎教科書との連絡 （木を植えよう） （春の歌）
	造形⑥	①コンパスと定規の利用による幾何模様 ◎（もようつくり） コンパスと定規を使用してできる幾何もようを工夫・考案する。形の変化と共に配色の変化、調和に氣をつけて学習する。 ②厚紙細工のしかた 展開図のかきかた ◎（家具のいろいろ） ○中厚紙や厚紙をつかって・机・腰掛、鏡台・タンス等の家具類を表現する。家具の全体の形、各部の割合・折り曲げかた切込みかた、糊のつけかたに注意する
	図書館其他⑦	①冬の自然観察 一月の継続をする ②略図や分布図のかきかた（△） ○單元の学習に、しばしば必要な略図や分布図をうまくかくために必要な基礎技術を練習する ・原図の縮図や拡大図のかきかた ・鉛筆のけづりかたと線のひきかた ・墨入れの仕方 ・ドットのうちかた ・交通路や町の記入のしかた ・標題や図中の文字の記入のしかた
	健康教育⑥	◎体育 ○鬼遊び（拳鬼・手つなぎ鬼） ○ボール遊び（ドッジボール） ◎衛生 ○冬の衛生 ・傷害防止 ・運動後の処置

月	言語⑩	数量⑪	音楽⑥	造形⑤	図書館その他⑦	健康教育⑦
三	◎きく ①話の要点・すじを正しくつかむ ②話を批判的にきく ◎よむ ①音読・黙読がよくできる ②文章の内容・構造・すじ等がつかめる ③文章の主題がつかめる ④和歌をよんで意味や情景がわかる ⑤文を味わいながらよむ ◎話す・かく・つくる ①文章の内容・すじ主題等について説明する ②文章の情景をあらわす ③和歌をつくる ◎教科書との連絡 （ちよ紙） （泉を求めて） （一ぴきのくも） 言語の学習系列の詳細については第七章末尾参照のこと	①被除数が四位数、除数が基数で、余りのない除法（筆算） ②被除数が四位数、除数が基数で、余りのある除法（筆算） ③余りのあるわり算の験算 ○除数に商をかけ、余りを加えると被除数に等しくなる ○教科書にならって「いねつくり」の生活学習から導入するのもよいが、学校や学級の実情にそくした適当な問題を題材とすることがのぞましい ◎教科書との連絡 （わり算）	①ハ調の読譜及び視唱 ②発声法 ③表情・音程・拍子（4/4）・リズム ④作曲練習 ⑤楽典（高・低音部記号） ⑥鑑賞（パデレフスキーのメヌエット） ◎教科書との連絡 （遠くの町）	①形や明暗・陰影の速写による表現 （風景のスケッチ） ○スケッチのしかたを練習する。風景の全体の感じや、遠近・比例等を短時間のうちにつかみとり写し出すと共に、明暗や・陰影も主要な点は表現するようにする。静物や人物のスケッチに発展するも可 ②家庭用品の工夫（△） （電燈のかさ） ○電燈のかさは一例であるが、厚紙を主材料として角柱形・角錐形・円錐形等の形の工夫とともに、図案の工夫もするのである その他、粘土・ひご・角材等を材料として工夫するのものぞましい	①本のできかた（△） ○本そのものについてよく理解し、利用と愛護とを完全にする ・本全体の体裁をしらべる ・本の印刷部分である「扉・目次・本文・註・索引・奥附等」について理解し、索引の利用法などをよく練習したり、自分たちで完全な体裁を備えた文集などを編集する ○本の愛護 ・本の取扱いかた、カバーのかけかた、かんたんな修理法等を実習する ②電氣の扱いかた（△） ○感電や漏電して事故を起さないような安全に扱う実習をする （絶縁のしかた、メーターの使い方等）	◎体育 ○鬼遊び（手つなぎ鬼・子取り鬼） ○ボール遊び（ドッジボール） ○リズム遊び（マウンテンマーチ） ◎衛生 ○危険防止 ・運動傷害 ・交通事故 ○春の衛生 ・春のからだ ・春の運動

中学年カリキュラムの実際（終）

あとがき

われわれが新教育研究の末冀に立ち上った昭和二十年からここに五星霜、その間、連続したきびしい日々の教育現実の中に、愛する児童のすこやかな成長を念願しつつ、眞の教育の歩みを求めてひたすら精進してきた。毎週のカリキュラム研究会は、酷熱の夏の休暇にも、嚴寒の冬の休みにも、生活の惡條件にも屈せず、強行されてきた。同僚の二人までが、研究の途上で病床の人となったが、われわれの研究は、すこしもたゆむことなく、更に累積されてきた。

ここにカリキュラムの実験シリーズとして、まとめあげられた五つの記録は、今日までの実験報告であって、われわれにとってまことに貴重な記録である。この努力の結晶が、いささかなりとも新教育の推進に益するところがあるとするならば、それは、われわれの何よりも幸いとする所である。敢えて世の多くの教育実験家各位の、心からの御叱正と御批判をお願いする次第である。

カリキュラムが日々改訂されることは、カリキュラムそのものの本質からくる宿命である。われわれはここに、希望と勇気を新たにして、明日のカリキュラムをめざして更に精進を誓うものである。

昭和二十四年十月八日

カリキュラムの実験シリーズ（全五巻）研究会員

東京学藝大学・第一師範男子部附属小学校

主事 ○五十嵐清止

饗場一雄　加藤嘉男　小堤勝郎　高島久光　西脇秀夫　伴憲三郎　山崎幸一郎

大野忠男　木島孝　近藤嘉子　高橋利平　西村二郎　○増田耕一　大和淳二

勝田榮三郎　栗原靜一　鈴木勇　新國重人　花村郁雄　○武藤重治　渡邊正

○印は第四集『中学年カリキュラムの実際』執筆者

『中学年カリキュラムの実際』執筆者

昭和二十四年十一月二十五日 印刷
昭和二十四年十二月 一 日 發行

カリキュラムの實驗シリーズ Ⅳ【中學年カリキュラムの實際】

定價 貳百貳拾圓
地方賣價 貳百參拾圓

編著者 東京學藝大學・第一師範男子部附屬小學校
發行所 長 里 靜
印刷所 東京都千代田區神保町三ノ二三 和田印刷所

發行所 學藝圖書出版社
本社 東京都杉並區下井草三十一
營業所 東京都新宿區牛込矢來町四四
電話九段(33)四六四七番
振替東京九九七五二番

當社出版書籍中、不完全な品には責任を負います。

書名・著者	内容	體裁・定價
ガイダンス 都立八高教授 松木茂	新教育の中心目標ともいうべきガイダンスの組織とその運營について、アメリカの大學に學びアメリカの文獻に通じた著者が、豊富な體驗と多年の研究により最新の資料を縦横に生かしてまとめた研究と實驗報告。	B6判上製 二二〇頁 定價一五〇圓 送三〇圓
ホームルーム 聖學院高校教授 今井先	生徒が民主社會の立派な成員となることができるよう教育的經驗を與えようとするその生徒活動と、生徒指導の組織ホームルームの正しい運營を理論的に實際的に解説、著者は文部省ホームルーム委員の新鋭。	B6判上製 二五〇頁 定價一五〇圓 送三〇圓
櫻田カリキュラム 櫻田小學校長 古川正義	C・I・E指定、社會科の實驗學校として全國的に有名な櫻田小學校、その櫻田カリキュラムの全貌を最も具體的に發表した尊い實驗記録。カリキュラム理論も本書により初めて生命を吹きこまれた教育界待望の書	A5判上製 二八〇頁 定價二五〇圓 送四〇圓
新しい性教育 前文部省教育研修所員 長里清	新しい性教育を容易に世の父兄誰もがその家庭で、幼稚園小學中學高等各學校の全教師がその學校で、大膽に正しく實施できるように多くの實例を示しつつその理論的根據を明かにした唯一の性教育の指導書。	B6判上製 二〇〇頁 定價一三〇圓 送三〇圓
新教育の哲學的基礎 早稲田大學教授 小澤恒一	日本の教育が何故に根本的刷新をせねばならなかつたかの必要性から説き起して新教育の方法を具體的にのべたもの特に小學校と中學校の實際教育にふれて興味深く且親しみやすく新教育の哲學的根本問題を説く。	B6判上製 二〇〇頁 定價一三〇圓 送三〇圓

書名・著者	内容	體裁・定價
小學校における學級經營の新しい要領 東京高師主事 佐藤保太郎	新しき學校經營の在り方より、各學年の學級經營計畫の詳細について、東京高師附屬小學校の教官が同校における實際教育の成果と研究とを發表したもの、學級經營上のあらゆる問題ここに展開好評絶大の書。	A5判上製 一八〇頁 定價一五〇圓 送三〇圓
小學校における教科指導の新しい要領 東京女高師主事 堀七藏	小學校教育の目標を達成するがために、文部省の學習指導要領にもとづき東京女高師附屬各教官が研究討議したその實際教育により得た國語、社會、算數、理科體育、音樂、圖畫工作、家庭各教科指導要領を解説。	A5判上製 三四〇頁 定價二八〇圓 送四〇圓
小學校における學習効果判定の新しい要領 東京女高師主事 堀七藏	多年の傳統と權威ある東京女高師附小陣の勞作、新教育の焦點ともいうべき學習効果の判定につき各教科毎にその要領を詳細に解説したもの。前掲の學級經營教科指導の二著と共に新教育要領の三部作である。	A5判上製 三六〇頁 定價三〇〇圓 送四〇圓
小學校における理科指導の新しい要領 東京女高師教官 阿久澤榮太郎	さきに女高師より全國に發せられた兒童疑問調査に基き、新たなる理科指導要領を展開したもので、まさしく日本理科教育報告ともいうべき注目の書。指導目標學習の材料、學習指導計畫、學習指導の實際など。	B6判上製 五二〇頁 定價二五〇圓 送四〇圓
小學校ダンスの實際指導 東京女高師教官 鈴木綾子	新しい小學校の樂しいダンスの正しい指導書、リズム練習から創作的表現指導の各學年教案、實際指導記録や圖解や樂譜など多數を加えたすぐ役立つ教材解説。低學年、中學年、高學年指導等學校におけるダンス、	B6判上製 一八〇頁 定價一三〇圓 送三〇圓